责任编辑：薛　治
责任印制：李未圻

图书在版编目（CIP）数据

消息赋古注通疏／一明注疏. -- 北京：华龄出版社，2017.4

ISBN 978-7-5169-0961-4

Ⅰ．①消…　Ⅱ．①一…　Ⅲ．①方术-研究-中国-古代 Ⅳ．①B992

中国版本图书馆 CIP 数据核字(2017)第 069402 号

书　　名：消息赋古注通疏
作　　者：一明　注疏
出版发行：华龄出版社
印　　刷：九洲财鑫印刷有限公司
版　　次：2017 年 11 月第 1 版　2017 年 11 月第 1 次印刷
开　　本：720×1020　1/16　　印　　张：37.75
字　　数：568 千字
定　　价：188.00 元(全二册)

地　　址：北京朝阳区东大桥斜街 4 号　　邮　　编：100020
电　　话：(010) 58124218　　传　　真：(010) 58124204
网　　址：http://www. hualingpress. com

消息賦古注通疏

黄绍勋题

作者简介

姜伟敏，男，字一明，号兰野居士。1962 年出生于江苏常州，中文专业，皈依道教正一派。从上世纪八十年代起开始专研中国古代易学文化。自九十年代初定居深圳后，对传统命学探索倾注了大量心血。经过长期不断努力，作者在禄命古法研究领域有了可喜突破，在一些重要理论方面获得学术界认可。目前作者从事中医文化传播事业，并致力于道医与禄命文化相结合的研究与实践。

电 子 邮 箱：yimingluolu@ 163. com

公众微信号：jiangyiming-66

总目录

序言 …… 1

卷首

《珞琭子消息赋》原文 …… 1

《钦定四库全书》版徐子平《珞琭子三命消息赋注》提要 …… 4

《钦定四库全书》版释昙莹《珞琭子赋注》（二卷）提要 …… 6

《钦定四库全书》版释昙莹《珞琭子赋注》原序 …… 7

《新雕注疏珞琭子三命消息赋》李仝序文注释与分析 …… 9

《新雕注疏珞琭子三命消息赋》黄丕烈跋文注释与分析 …… 13

《新编四家注解经进珞琭子消息赋》王廷光序文注释与分析 …… 17

点校凡例 …… 1

注疏章目（总七十七章） …… 1

上卷 …… 1

下卷 …… 227

附录 …… 505

一、学术研究

二、附表

跋 …… 546

序　言

阅古书，清朝之前为《消息赋》注解者至少有八家，但流传至今注文惟有徐子平、王廷光、李仝、释昙莹、东方明、万民英六家。其中清朝文渊阁本《钦定四库全书》（下简称《四库》）编印有徐子平注文（下简称《四库》徐注本或徐注本）和释昙莹注文（下简称《四库》释注本或释注本）。释注本中除释昙莹注文外，尚保留有大部分王廷光、李仝注文；元朝版《新编四家注解经进珞琭子消息赋》（无名氏编六卷，下称《新编》）汇编有徐子平、王廷光、李仝（除"卷末有例"外）、释昙莹四家注文；宋朝版《新雕注疏珞琭子三命消息赋》（下称《新雕》）基本保留有李仝注文（除"卷末有例"外），完整保留有东方明疏文。六家注中，除万民英为明朝人士外，其他经考究均为宋朝人士。万民英注文录自《四库·三命通会》（下简称万版或《四库》万版），其注多采拾于诸家，但甚少标明出处。另外二家是郑潾、赵寔，迄今佚失不见。

《康熙字典》引《增韵》曰："一呼一吸为一息。"故"息"代表阴阳相合而滋长，有繁衍生发之义。如谓"休息"，乃因果关系，因"休"而"息"，指在休止中获得生息，义同"休养"，处于能量储备阶段。如谓"消息"，则既有因果关系，又有并列关系。"因果"指有"消"始有"息"，有"息"始有"消"；"并列"指同时寓含消亡与滋生二义，其中吉凶祸福共存。不论"因果"抑或"并列"，"消"与"息"始终互相交织，"祸兮福之所倚，福兮祸之所伏"贯穿于天地乃至人们生活各个方面。今人则以吉凶传闻定之"消息"，乃古义衍生也。珞琭子《消息赋》实为中华禄命史上阐述三命五行阴阳消长之不朽经典。

《消息赋》及其注本流传中有不同书名组合。徐注本为《珞琭子三命消息赋注》；释注本为《珞琭子赋注》；万版为《消息赋》；《新编》为《新编四家注解经进珞琭子消息赋》，其所载王廷光序自称注本为《注解珞琭子三命消息》；《新雕》为《新雕注疏珞琭子三命消息赋》，其所载李仝序中称之《珞琭子消息赋》；徐大升《渊海子平》亦称之《珞琭子消息赋》；《五行精论》所引赵寔版为《赵氏新注珞琭子赋》；南北宋晁公武（公元1105年？—1180年？）《郡斋读书志》与宋末元初马端临（公元1254年—1324年）《文献通考·经籍考》，皆载有书目《珞琭子三命》一卷、《珞琭子疏》五卷；明朝焦竑（公元1540年—1620年）《国史经籍志》书目中载《三命消息赋》一卷（珞琭子）、《三命消息赋》七卷（王班）、《东方朔珞琭赋疏》十卷；明末清初钱曾（公元1629年—1701年）《读书敏求记》书目载《注解珞琭子三命消息赋》二卷；清朝徐元文（公元1634年—1691年）《含经堂集》书目载王廷光《珞琭子三命消息赋》三卷等等。不论书名是否将“消息赋”与“珞琭子”联系在一起，所有注本皆认可《消息赋》或《三命消息赋》乃珞琭子所著。那么，珞琭子何许人也？

《消息赋》著者书中自云：“臣出自兰野。”东方明疏曰：“臣者，是子晋于君臣父子之称。”南宋朱弁《曲洧旧闻》云：“世传《珞琭子三命赋》不知何人所作，序而释之者以为周世子晋所为。”王廷光注曰：“及东方朔疏序，又以为周灵王太子子晋之遗文。”“东方朔”实为“东方明”之讹。后人认为珞琭子是东周周灵王太子子晋，其实是受东方明疏序误导所致（详见本书第十四章）。从文体角度看，先秦尚无骈俪文出现，且据史书记载东方朔是西汉汉武帝时人，可《消息赋》原文有“至于公明季主，尚无变识之文。景纯仲舒，不载比形之妙”之句。其中管辂（公元209年—256年），字公明，为三国时期曹魏术士，著《周易通灵诀》、《占箕》等书；司马季主，西汉方士，《史记·日者列传》载：“楚人司马季主，通《易经》，述黄帝、老子，博闻远见云云”；董仲舒（公元前179—前104），汉代大儒，著有《天人三策》、《春秋繁露》等；郭璞（公元276年—324年），字景纯，吾国堪舆集大成者，其著《葬经》等等。由于郭景纯乃两晋时期人，故《消息赋》产生之时代应为两晋后，珞琭子亦绝非东周周灵王太子子晋。楚颐在释昙莹版《珞琭子赋注》序中言：“陶弘景自称珞琭子，盖取夫不欲如玉如石之说。”经本书分析此言可信度颇高，珞琭子抑或为南朝梁国隐士陶弘景（公元456—536年，人称“山中宰相”。详见本书第十四章王注）。

既知清朝前为《消息赋》注解者至少有八家，次第如何？《四库》为释昙莹《珞琭子赋注》（二卷）作“提要”中云：“臣等谨案钱曾《读书敏求记》，称《珞琭子三命消息赋》二卷，王廷光、李仝、释昙莹、徐子平四家注解。”但释昙莹在其《珞琭子赋注》原序中道：“郑潾、李仝得志于前，单见浅闻续注于后。”证明在释昙莹之前不但有李仝、王廷光，尚有郑潾注本，且郑潾较李仝更早。李仝在《新雕注疏珞琭子三命消息赋》序中道：“今取郑潾所注解，当者载之。”但郑潾《消息赋》注本后世佚失，诸家注本亦不见其只言片语。同样佚失尚有《五行精纪》中所载《赵氏新注珞碌子赋》注文，据后人考辨为赵寔所撰（坊间有“辑本”流传）。迄今郑、赵二人生平及注本问世时间皆不详。

《四库》总纂官纪昀等人在为释昙莹《珞琭子赋注》（二卷）提要中曰：“臣等谨案钱曾《读书敏求记》……廷光之书进于宣和癸卯，昙莹之书成于建炎丁未，在廷光后五年。”此“后五年”指廷光之书后第五年（公元1127年），与王注序言“宣和五年”（公元1123年）相符。在《新雕注疏珞琭子三命消息赋》篇首印有李注序言，乃宋仁宗（《新雕》讹为“宋神宗”）登极三十六年己亥岁，即嘉佑四年（公元1059年），比王廷光书早六十四年。至于李仝、王廷光、释昙莹三人生平可从各自书序中略知一二，此不赘述。

徐子平年代自古众说不一。《四库》编纂徐子平《珞琭子三命消息赋注》“提要”中言：“相传宋有徐子平者，精于星学，后世术士宗之，故称‘子平’。又云，子平名居易，五季人。”“五季人”，即五代人也。《四库》“又云”之说大概源于明代学者章甫（号濯缨）《濯缨亭笔记》，其中有“五代时则有麻衣道者、希夷先生及子平辈”云云。经本书考证，徐子平撰《珞琭子三命消息赋注》应属北宋后期至南宋初期。（详见附录：从《珞琭子三命消息赋注》考证徐子平之朝代。）

《新雕》问世年代未有定论，按宋朝晁公武《郡斋读书志》中所载书目，坊间称之为“宋本”。《新雕》正文首页印有“宜春李仝注，东方明疏”，后人以为《新雕》乃东方明对李仝注所疏，但通阅全书却未发现一处对应解释，两者皆是直接对《消息赋》原文进行注解，撰编合成一册乃好命者所为也。至于东方明年代亦扑朔迷离。北宋末南宋初晁公武《郡斋读书志》（袁刊本）中、宋末元初马端临《文献通考·经籍考》中、清朝钱曾《读书敏求记》中皆载：“《珞琭子疏》五卷，皇朝李全（“仝”之讹）、东方明撰。”但明朝焦竑《国史经籍志》书目中载《东方朔珞琭赋疏》十卷，以至后人讹传其名。据本书考究，第三十六章东疏有曰“天圣甲子，男在一宫，女在二宫”之句，无意间透露出此书大致背景。按一元六十年，上中下三元共一百八十年，以公元604年（隋仁寿四年）为上元甲子年推算，北宋天圣二年即公元1024年恰为中元甲子年。“天圣”明白无误是指北宋年号。中国历史上唯有北宋仁宗赵祯皇帝起过此年号，天圣年号自公元1023年至1032年，其中公元1024年即天圣二年正好为甲子年。据此，本书推测东方明为北宋人士可能性极大。前言《新雕》序文为嘉佑四年己亥李仝作，嘉佑四年为公元1059年，在天圣二年公元1024年之后三十五年，故又推东方明所处年代与李仝相近，起码不会早于北宋朝代，因北宋立国是公元960庚申年，至公元1024年相距有六十四年。考北宋晁公武《郡斋读书志》（袁刊本）载有“《珞琭子疏》五卷，皇朝李全（“仝”之讹）、东方明撰。”所谓“皇朝”，指当代朝廷，与“国朝”义同。如此看，晁公武所处宋徽宗时代与李仝、东方明年代较近，其言甚为可信。

如以《消息赋》问世于南北朝时期来看，迄今已有一千五百年左右历史。较晋朝之《玉照定真经》与唐朝之《李虚中命书》两书，于撰写风格而言，《消息赋》行文接近于骈俪体，字句精美隽永，具有江南清绮文风之意境，读之朗朗上口，令人百阅不厌；而同为三命经典《玉照定真经》与《李虚中命书》，《四库》“提要”认为前者文句“不甚雅驯”，后者“文笔有古奥难解”、“又有鄙浅可嗤者”，但文体较《消息赋》灵活自由。于命理阐述而言，《玉照定真经》侧重于原命四柱细凿，文句简洁明晰，吉凶囊括人生百态；《李虚中命书》侧重于六十甲子纳音、五行干支，“不及生人时刻干支”，但“议论精切近理，多得星命正旨。”（参见《四库》“提要”）；《消息赋》则不啻兼顾四柱与岁运、纳音与干支，且神杀与典故、三命与堪舆交相呼应，其中义理须神悟方得意会，颇具《易经》与黄老之底蕴，非坊间浅闻之士所为也。

盖《消息赋》非普通古三命之文，李仝谓其“乃三命五行之指南也”，不愧为吾国传统文化遗产中不可多得之瑰宝。此赋问世于南北朝骈体文全盛时期，又为道教趋向定型时期，且著者具有渊厚学识，不啻通晓三命、卦爻、堪舆，尚有星学、医学、文学及修道之功底，吾人得此命赋岂不弥足珍贵乎？自古迄今，尚无其他命籍如此赋一般被众多学者竞相注疏。后学愚陋，穷经皓首，惟阅此赋有性命双修之感。欲效珞琭子“千希得一”，予潜心校疏，遂集诸家先贤之赋注于一册，奉于中土盛世，以表相得益彰。

祈愿天地消息永鉴清台，人间正道兴行，代代相传。

中华黄帝纪年四千七百一十三年

岁次丙申丙申月曲直书屋一明谨序

珞琭子《消息赋》原文

录自《四库》徐子平注本

元一气兮先天，禀清浊兮自然。著三才以成象，播四气以为年。以干为禄，向背定其贫富。以支为命，详逆顺以循环。运行则一辰十岁，折除乃三日为年。精休旺以为妙，穷通变以为玄。其为气也，将来者进，功成者退。如蛇在灰，如鳝在尘。其为有也，是从无而立有。其为无也，天垂象以为文。其为常也，立仁立义。其为事也，或见或闻。崇为宝也，奇为贵也。将星扶德，天乙加临。本主休囚，行藏汩没。至若勾陈得位，不亏小信以成仁。真武当权，知是大才而分瑞。不仁不义，庚辛与甲乙交差。或是或非，壬癸与丙丁相畏。故有先贤谦己，处俗求仙。崇释则离宫修定，归道乃水府求玄。是知五行通道，取用多门。理于贤人，乱于不肖。成于妙用，败于不能。见不见之形，无时不有。抽不抽之绪，万古联绵。是以河公惧其七杀，宣父畏其元辰。峨眉阐以三生，无全士庶。鬼谷播其九命，约以星观。今集诸家之要，略其偏见之能，是以大解曲通，妙须神悟。臣出自兰野，幼慕真风。入肆无悬壶之妙，游街无化杖之神。息一气以凝神，消五行而通道。乾坤立其牝牡，金木定其刚柔。昼夜互为君臣，青赤时为父子。不可一途而取轨，不可一理而推之。时有冬逢炎热，夏草遭霜。类恐阴鼠栖冰，神龟宿火。是以阴阳反测，志物难穷。大抵三冬暑少，九夏阳多。祸福有若祯祥，术士希其八九。或若生逢休败之地，早岁孤穷。老遇建旺之乡，连年偃蹇。若乃初凶后吉，似源浊而流清。始吉终凶，状根甘而裔苦。观乎萌兆，察以其元。根在苗先，实从花后。胎生元命，三兽定其门宗。律吕宫商，五虎论其成败。无合有合，后学难知。得一分三，前贤不载。年虽逢于冠带，尚有余灾。运初至于衰乡，犹披尠福。大段天元羸弱，宫吉不及以为荣。中下兴隆，卦凶不能成其咎。若遇尊凶卑吉，救疗无功。尊吉卑凶，逢灾自愈。禄有三会，灾有五期。凶多吉少，类大过之初爻。福浅祸深，喻同人之九五。闻喜不喜，是六甲之亏盈。当忧不忧，赖五行之救助。八孤临于五墓，戌未东行。六虚下于空亡，自乾南首。天元一气，定侯伯之迁荣。支作人元，运商徒而得失。但看财命有气，逢背禄而不贫。若也财绝命衰，纵建禄而不富。若乃身旺鬼绝，虽破命而长年。鬼旺身衰，逢建命而夭寿。背禄逐马，守穷途而凄惶。禄马同乡，不三台而八座。官崇禄显，定知夹禄之乡。小盈大亏，恐是劫财之地。

生月带禄，入仕居赫奕之尊。重犯奇仪，蕴藉抱出群之器。阴男阳女，时观出入之年。阴女阳男，更看元辰之岁。与生地之相逢，宜退身而避位。凶会吉会，伏吟反吟。阴错阳差，天冲地击。或逢四杀五鬼，六害七伤。地网天罗，三元九宫。福臻成庆，祸并危疑。扶兮速速，抑乃迟迟。历贵地而待时，遇比肩而争竞。至若人疲马劣，犹托财旺之乡。或乃财旺禄衰，建马何避冲掩。岁临尚不为灾，年登故宜获福。大吉生逢小吉，反寿长年。天刚运至天魁，寄生续寿。从魁抵苍龙之宿，财自天来。太冲临昴胃之乡，人元有害。金禄穷于正首，庚重辛轻。木人困于金乡，寅深卯浅。妙在识其通变，拙说犹神。巫瞽昧于调弦，难希律吕。庚辛临于甲乙，君子可以求官。北人运行南方，货易获其厚利。闻朝欢而旋泣，为盛火之炎阳。克祸福之赊遥，则多因于水土。金木未能成器，听哀乐以难名。似木盛而花繁，状密云而不雨。乘轩衣冕，金火何多？位劣班卑，阴阳不定。所以龙吟虎啸，风雨助其休祥。火势将兴，故先烟而后焰。每见凶中有吉，吉乃先凶。吉中有凶，凶为吉兆。祸旬向末，言福可以迎推。才入衰乡，论灾宜其逆课。男迎女送，否泰交居。阴阳二气，逆顺折除。占其金木之内，显于方所分野。标其南北之间，恐不利于往来。一旬之内，于年中而问干。一岁之中，求月中而问日。向三避五，指方面以穷通。审吉量凶，述岁中之否泰。壬癸乃秋生而冬旺，亥子同途。甲乙乃夏死而春荣，寅卯一类。丙寅丁卯，秋天宜以保扶。己巳戊辰，度乾宫而脱厄。值病忧病，逢生得生。旺相峥嵘，休囚灭绝。论其眷属，忧其死绝。墓在鬼中，危疑者甚。足下临丧，面前可见。凭阴察其阳祸，岁星莫犯于孤辰。恃阳鉴以阴灾，天年忌逢于寡宿。先论二气，次课延生。父病推其子禄，妻灾课以夫年。三宫元吉，祸迟可以延推。始末皆凶，灾忽来而迅速。宅墓受杀，落梁尘以呻吟。丧吊临人，变宫商为薤露。干推两重，防灾于元首之间。支折三轻，慎祸于股肱之内。下元一气，周居去住之期。仁而不仁，虑伤伐于戊己。至于寝食侍卫，物有鬼物，人有鬼人。逢之为灾，去之为福。就中裸形夹杀，魄往丰都。所犯有伤，魂归岱岭。或乃行来出入，抵犯凶方。嫁娶修营，路登黄黑。灾福在岁年之位内，发觉由时日之击扬。五神相克，三生定命。每见贵人食禄，无非禄马之乡。源浊伏吟，惆怅歇宫之地。狂横起于勾绞，祸败发于元亡。宅墓同处，恐少乐而多忧。万里回还，乃是三归之地。四杀之父，多生五鬼之男。六害之徒，命有七伤之事。眷属情同水火，相逢于沐浴之乡。骨肉中道分离，孤宿尤嫌隔角。须要明其神杀，轻重较量。身克杀而尚轻，杀克身而尤重。至于循环八卦，因河洛以遗文。略之定为一端，究之翻成万绪。若值攀鞍践禄，逢之则佩印乘轩。马劣财微，遇之则流而不返。占除望拜，甲午以四八为期。口舌文书，己亥慎三十有二。善恶相伴，摇动迁移。夹杀持邱，亲姻哭送。兼须详其操执，观厥秉持。厚薄论其骨状，成器藉于心源。木气盛而仁昌，庚辛亏而义寡。恶曜加而有喜，疑其大器。福星临而祸发，以表凶人。处定求动，克未进而难迁。居安问危，可凶中而卜吉。贵而忘贱，灾自奢生。迷而不返，祸从惑起。殊常易旧，变处为萌。福善祸淫，吉凶异兆。至于公明季主，尚无变识之文。景纯仲舒，不载比形之妙。详其往圣，鉴以前贤。或指事以陈谋，或约文而切理。多或少剩，二义难精。今者参详得失，补缀遗踪。窥为心鉴，永挂清台。引例终编，千希得一。

《钦定四库全书》版徐子平《珞琭子三命消息赋注》提要

臣等谨案：《珞琭子三命消息赋注》二卷，宋徐子平撰。珞碌子书为言禄命者所自出。其法专以人生年月日时八字推衍吉凶祸福。李淑《邯郸书目》谓其取“琭琭如玉，珞珞如石”之意，而不知撰者为何人。朱弁《曲洧旧闻》云：“世传《珞琭子三命赋》不知何人所作，序而释之者以为周世子晋所为。”然考其赋所引，有秦河上公。又如悬壶化仗之事，皆后汉末壶公、费长房之徒，则非周子晋明矣。是书前有楚颐序，又谓珞琭子者，陶宏景所自称。然禄命之说至唐李虚中尚仅以年月日起算，未有所谓八字者。宏景之时又安有是说乎？考其书始见于《宋艺文志》。而晁公武《读书志》亦云：宣和建炎之间是书始行，则当为北宋人所作。旧称某某，皆依托也。自宋以来，注此赋者有王廷光、李仝、释昙莹及子平四家。子平事迹无可考，独命学为世所宗，今称推八字为子平，盖因其名。刘玉《已疟编》曰：江湖谈命者有子平，有五星。相传宋有徐子平者，精于星学，后世术士宗之，故称“子平”。又云，子平名居易，五季人。与麻衣道者、陈图南、吕洞宾俱隐华山，盖异人也。今之推子平者，宋末徐彦升，非子平也云云，其说不知何所本。然术家之言，百无一真，亦无从而究诘也。其注久无传本，惟见于《永乐大典》中者尚为完帙。谨采掇裒辑，釐为上、下二卷，以符《宋志》之旧。其中论运气之向背，金木刚柔之得失，青赤父子之相应，言皆近理。间有古法不合于今者，是则在后人之善于别择耳。又考《三命通会》亦载有《珞琭子》寥寥数语，与此本绝不相合，盖由原书散佚，谈命者又依托为之。伪中之伪，益不足据，要当以此本为正也。

乾隆四十六年三月恭校上。

总纂官：臣纪昀、臣陆锡熊、臣孙士毅

总校官：臣陆费墀

《钦定四库全书》版释昙莹《珞琭子赋注》（二卷）提要

臣等谨案钱曾《读书敏求记》，称《珞琭子三命消息赋》二卷，王廷光、李仝、释昙莹、徐子平四家注解。今考《永乐大典》所载，凡有二本：一本则徐子平注，一即此本独题昙莹之名，而廷光与仝之说悉在焉。或钱氏之本乃后人辑四家之说合为一书，故所题撰人之名互异，抑此本为昙莹撮王李之注附以己说，故其文兼涉二家与。廷光之书进于宣和癸卯，昙莹之书成于建炎丁未，在廷光后五年，知非与廷光等仝注。而卷首董巽、楚颐二序亦惟称昙莹一人，则当以《永乐大典》独题其名为是也。其说往往以命理附合易理，似不及徐子平注为明白切实，然如所列王廷光推演命限一条颇为精确，昙莹自论孤虚一条亦有可采择，与徐氏之书并行亦可谓骖之靳矣。上卷之中三家之注并载，下卷之中则昙莹之注多，而廷光与仝注少。又昙莹自序以李仝郑潾并称，而卷中无潾一语，疑传为脱佚，或《永乐大典》有所删节，亦未可定也。廷光与仝爵里事迹均无可考，李仝之名《读书敏求记》作“同”，晁公武《读书志》作“仝”，亦莫详孰是。昙莹号萝月，嘉兴人，以谈易名一时，洪迈《容齐随笔》载之称曰“易僧”，其以易理言命，盖由于是云。

乾隆四十六年九月恭校上

总纂官：臣纪昀、臣陆锡熊、臣孙士毅

总校官：臣陆费墀

《钦定四库全书》版释昙莹《珞琭子赋注》原序

序一

夫质判元黄，气分清浊，三才既辨，万象已陈，珞琭子书斯文举矣。是知荣枯否泰，得丧存亡，若鉴对形，妍丑自见。古所谓“不知命无以为君子”，余获其文积有年矣，而禅余之暇，未尝忘之。于是立节苦心求仁，养志不言之教可以为师。郑潾李仝得志于前，单见浅闻续注于后，将使来者用广其传，凡我同流无视轻耳。

建炎改元丁未太岁夷则望日嘉禾释昙莹序

序二

不知命无以为君子，诚谓消息盈虚之理，殆难逃乎数。珞琭子实天下命论之母也，根其萌兆，得其荣枯，深造其旨者，玄断神遇。象外之微不可得而言传，故于情性善恶成败贱贵，视之指掌万无一失焉。其或推究不尽其妙，休咎罕中乎的，岂智虑之不至耶？抑亦临文而自昧耳。嘉禾莹师深得其道，不愧古人，慨然剖判而注解之，欲后之读者沿流而得其本，寻谛而获其真。携以过予，索为序引。予笑与之曰：“师徒知有涯，既生之后者也，于未兆时而能卜哉?”莹瞠若有间，罄折而诺。

建炎戊申重十日董巽公权序

序三

陶弘景自称珞琭子，盖取夫不欲如玉如石之说。方其隐居时号为“山中宰相”，故著述行者尤多。命书作赋其言愈见深妙，至于凝神通道，岂浅闻之士所能及哉？题篇直曰“珞琭子”，则谓陶弘景，复何疑焉？莹师禅老能研究成文，用心亦已勤矣，警化诚不浅尔。世莫知珞琭子为谁，因以所闻而叙之。

朝议大夫前通判郴州军州事赐紫金鱼袋楚颐养正撰

序四

珞琭子者不知何许人，古之隐士也，自谓“珞琭子”。一为布德立义，二乃指归成败。岁时绵邈，斯文盛行，洞鉴人伦，为世所实，故以珞琭子称之。

《珞琭子赋注》（卷上）篇首无名氏序

《新雕注疏珞琭子三命消息赋》李仝序文注释与分析

予观《珞琭子消息赋》，乃三命五行之指南也。数家之是，孰为之是？文皆穿鉴，义据两楹，迷误后人，羌谬千里。况命者，天默定也，贵贱否泰，岂偶然哉？圣人有言："不知命，无以为君子。"夫知命自珞琭子始，尝因劬瘁之暇，笺释其文，皆出诸书，诚非暗昧，有所未悟，以待来者，厥有通论五行之旨。今取郑潾所注解，当者载之，又于卷末录数十件灼见灾福之例。虽古传神杀百有余坐，然三命中所当用者，十无三四。其间推之有本末，中之有取舍，设如食神、学堂、三奇、官印、禄中有禄、财中有财、天乙贵人、天官贵神之类。人所共知，且不明〇〇〇者，遇〇〇〇。有以生而得之而为福浅者，有以运而逢之而为福深者。今之学者但广记为功，推步之际，并未审奥妙之极、秘异之说，尽用十二位中诸坐神杀，考其常理，以谈吉凶，是宜执一迷万，举多乖误。故又将近代显达人命载为证验，要夫后学见举一隅得以三复。其有理不能以笔尽，心自许而人惑者，别置口谀以断其疑。所有数处说住宅修造、行方嫁娶之事，今亦为注。是攻阴阳二宅之流，所用固非三命之说，学者尤宜详之至哉！天地之大，鬼神之奥，一言而蔽者，斯文也。迩因韩钦圣学士喜予于此，为得相勉，传之于世，开导后人，阴德所存，此无由惜，遂命工刻印。

嘉祐四年己亥十二月二十一日宜春李仝

宋神宗登极三十六年己亥岁刊

注释：

予观《珞琭子消息赋》，乃三命五行之指南也。数家之是（诸多命书皆自以为是），孰为之是（究竟哪家为是）？文皆穿鉴（众多命书穿凿附会），义据两楹（义据对立），迷误后人，差谬千里。况命者，天默定也，贵贱否泰，岂偶然哉？圣人（孔子）有言："不知命，无以为君子。"夫（自称）知命自珞琭子始，尝因劬瘁（qú cuì 劳累）之暇，笺释其文（注释此赋），皆出诸书（皆出自他人之书），诚非暗昧（实非晦涩），有所未悟（因己有所未悟），以（欲以）待来者，厥（jué 其人）有通论五行之旨（智慧）。今取郑潾所注解，当者载之（参考其恰当部分引载于我注），又于卷末录（又于我卷末录郑注）数十件灼见（明显）灾福之例。虽古传神杀百有余坐（座），然（然而）三命中所当（适合）用者，十无三四。其间推（推演）之有本末（主次先后），中之有取舍，设如食神、学堂、三奇、官印、禄中有禄、财中有财、天乙贵人、天官贵神之类。人所共知，且不明○○○者，遇○○○。有以生而得之而为福浅者，有以运而逢之而为福深者（或有神杀以人命生而得之却为福浅者，或有神杀以后运逢之而为福深者）。今之学者但广记为功（今之学者只以博记众多神杀为炫耀之功），推步之际（推演命理步骤之时），并未审奥妙之极、秘异之说（并未审其奥妙之极，更何况揭其秘异之说），尽用十二位中诸坐神杀（将十二位辰支推出之神杀全部用来推命），考其常理（考虑其肤浅之理），以谈吉凶，是宜（如此容易）执一迷万，举多乖误（凭太多神杀反成乖误）。故（所以我注文）又将近代显达人命载为证验，要夫（想要）后学见举一隅得以三复。其有理不能以笔尽（注中自觉有理却不能以笔尽意），心自许而人惑者（心中自己确定而旁人有疑惑者），别置口诀以断其疑（另行置口诀部分不释，以断其疑惑后人）。所有（《赋》中所有）数处说住宅修造、行方嫁娶之事，今（我今）亦为注。是（此为）攻阴阳二宅之流（专看阴阳二宅之堪舆家），所用固非三命之说，学者尤宜详之至哉！天地之大，鬼神之奥，一言而蔽者（以一篇二千多字赋文来阐述概括），斯文也（惟有此文也）。迩（近来）因韩钦圣学士喜予于此（携郑潾注本送我），为得相勉（为得到学命者相互勉励），传之于世，开导后人，阴德所存（以利阴德所存），此无由惜（指排除吝惜及顾虑），遂命工刻印（于是命嘱工坊刻印)。

嘉佑四年己亥十二月二十一日宜春李仝

宋神宗(为“宋仁宗之讹”)登极三十六年己亥岁刊

分析:

第一、“夫知命自珞琭子始,尝因劬瘁之暇,笺释其文,皆出诸书,诚非暗昧,有所未悟,以待来者,厥有通论五行之旨。”可证李仝“知命自珞琭子始”,而非师承;“尝因劬瘁之暇,笺释其文。”可知其平日事务劳碌,只能忙里抽闲注解《赋》文。“皆出诸书,诚非暗昧,有所未悟,以待来者,厥有通论五行之旨。”指其注解皆引自诸书,实非字句晦涩,而是李本人有所未悟难以明言,故欲以待来者阐,寄望于来者须有精通五行之高见。

第二、“今取郑潾所注解,当者载之,又于卷末录数十件灼见灾福之例。”今有幸得郑潾所注解卷本,于是参考其恰当部分引载于自己注本,又于郑潾卷末录得数十件明显灾福之命例。可见李注本中有部分注解来源于郑潾注文,又知李注原“卷末有例”中“数十件灼见灾福之例”录自郑潾注本,惜诸版李注均脱佚。

第三、“故又将近代显达人命载为证验,要夫后学见举一隅得以三复。”可知其原“卷末有例”中部分为当时显贵达士之命。由于古代信息闭塞,能获得如此多显达人命载为证验,故推测李仝非庶民阶层。

第四、“迩因韩钦圣学士喜予于此,为得相勉,传之于世,开导后人,阴德所存,此无由惜,遂命工刻印。”据考韩钦圣学士为韩宗彦,字钦圣,生年不详,仁宗庆历二年(公元 1042 年)进士,卒于嘉佑五年(公元 1060 年),即携郑潾书送李仝后第二年去世。韩宗彦学识渊博,与当时文人墨客交往颇深,相传为欧阳修长女婿。欧阳修诗有《和韩学士襄州闻喜亭置酒》,梅尧臣诗亦有《和韩钦圣学士襄阳闻喜亭》,王安石《临川先生文集》载有《祭韩钦圣学士文》。获当时名流韩钦圣学士赠书,可推测李仝亦是朝中文人。所赠且为命书,更知李仝在当时上层人物中颇有命理威望。由“遂命工刻印”,则推测李仝职位与当时朝中书籍刊印部门有关,在一定程度上弥补《四库》释注本“提要”中所谓“廷光与仝爵里事迹均无可考”之憾（廷光官爵参见下文“《新编》王廷光序文注释与分析”）。

第五、序后落款年份为“宋神宗登极三十六年己亥岁刊”，“宋神宗”为“宋仁宗”之讹，可推断《新雕》非李注原版，李注东疏合册乃后世好命者撮编而成。

《新雕注疏珞琭子三命消息赋》黄丕烈跋文注释与分析

道光纪元，岁在辛巳四月，王废基书摊高姓携一本书来，为《新雕注疏珞琭子三命消息赋》。书仅三十三页，索直饼金亦如之，且不可留，但一展卷而已。估人既去，检诸家藏书目——晁氏《读书志》载《珞琭子疏》五卷；焦竑《经籍志》载东方明（原误疏）《珞琭子疏》十卷；徐氏《含经堂》书目载王廷光《珞琭子三命消息赋》三卷；钱氏《读书敏求记》载《注解珞琭子三命消息赋》二卷。方知此书虽星命之学，历来著录若是。况原刻岂易得之邪？爰复往巡之，幸以价昂未有收者，遂勉购之。其为卷三，可正钱《记》“二卷”之误。标题李仝注、东方明疏，可补《晁志》脱注人姓名及东方明之失，并正《焦志》“朔”字之误，“十”字之误。至于后附李燕推阴阳二卷，此与《晁志》五卷之说合，而其书则从未有闻也。不意余年来，群书散佚之后而仍复见此秘册，虽欲罢，不能矣，我生何幸！而于翰墨因缘，犹若是之深也邪，破涕为笑，不觉书魔之，故智复萌已四月中旬。迄七月下旬，意兴都无二暇作跋记。其颠末入中秋月，神采稍旺，因书此数语志之。至于储藏家胜朝登学圃堂，国朝入传。是楼墨迹图章尤足引重，至今日之出自谁何？吾不得而知之。

八月哉生明荛夫记

注释：

道光纪元（元年），岁在辛巳四月（公元一八二一年阴历四月），王废基（春秋吴王宫废基位于苏州市古城区）书摊高姓携一本书来，（书名）为《新雕注疏珞琭子三命消息赋》。书仅三十三页，索直饼金（索要书值金饼）亦如之（亦同书页数，即三十三块金饼），且不可留（留下察阅），但（只可）一展卷而已。估人（“估”，沽也。卖书人）既去（已经离去），检（我检索）诸家藏书目——晁氏《读书志》载《珞琭子疏》五卷；焦竑《经籍志》载东方明（原“明”讹为“朔”）《珞琭子疏》十卷；徐氏《含经堂》书目载王廷光《珞琭子三命消息赋》三卷；钱氏《读书敏求记》载《注解珞琭子三命消息赋》二卷。方知此书虽星命之学，历来著录若是（历史上竟有如此多藏书目录载其书名）。况原刻（原版刻本）岂易得之邪？爰复往巡之（于是回去寻此书），幸以价昂未有收者（幸好由于此书价昂，尚未有收购者），遂勉购之（则勉强购买下来）。其为卷三（三卷），可正《钱记》“二卷”之误。标题李仝注、东方明疏，可补《晁志》脱注人姓名及东方明之失，并正《焦志》“朔”字之误，“十”字（十卷）之误。至于后附李燕推阴阳（指《新雕李燕阴阳三命》）二卷，此与《晁志》五卷之说合，而其书（指《新雕李燕阴阳三命》）则从未有闻也。不意余年来（没想到晚年以来），群书（指其生平众多藏书）散佚之后而仍复见此秘册，虽欲罢，不能矣（感慨万千，欲罢不能），我生何幸（我此生何其幸运）！而于翰墨（笔墨）因缘，犹若是之深（还有如此幸运之深缘）也邪，破涕为笑，不觉书魔（痴魔）之，故智复萌（神智初醒）已四月中旬。迄七月下旬，意兴（意念兴趣）都无二暇（无余暇）作跋记。其颠末入（自己魔颠病态最后进入）中秋月（阴历八月），神采稍旺，因书此数语志之（趁神采稍旺书写此跋数语以志之）。至于储藏家胜朝（前朝，即明朝）登（登记）“学圃堂”，国朝（当代国家朝廷）入传（入市面流传）。是楼（指此“学圃堂”藏书楼）墨迹图章尤足引重（引人重视），至今日之出自谁何（墨迹图章究竟出自何位藏书家）？吾不得而知之。

八月哉生明（阴历八月初三）荛夫记

分析：

第一、“道光纪元，岁在辛巳四月，王废基书摊高姓携一本书来。”道光元年辛巳为公元1821年，王废基书摊姓高者携《新雕》书来。“王废基”位于苏州市古城区原春秋吴王宫废址，可知本跋作者在当时苏州城内以藏书出名。本书考“荛夫”，姓黄名丕烈（公元1763—1825年），字绍武，一字承之，号荛夫，荛圃，绍圃等，是清朝“赏鉴”派藏书家代表人物。痴迷宋代古本，又自号“佞宋主人”。

第二、“书仅三十三页，索直饼金亦如之，且不可留，但一展卷而已。”可知当时“秘册”交易规则，只可一展卷而已，且不可留。书主索要价格竟以书页数计三十三饼金。据考清朝市面常见饼金一枚大约二十至三十克左右，真可谓“千金散尽为藏书”。

第三、“晁氏《读书志》载《珞琭子疏》五卷；焦竑《经籍志》载东方明（原误朔）《珞琭子疏》十卷；徐氏《含经堂》书目载王廷光《珞琭子三命消息赋》三卷；钱氏《读书敏求记》载《注解珞琭子三命消息赋》二卷。”其中“晁氏《读书志》”指南宋藏书家晁公武（公元1105年？—1180年?）《郡斋读书志》；“焦竑《经籍志》”指明朝藏书家焦竑（公元1540年—1620年）《国史经籍志》；“徐氏《含经堂》”指清朝藏书家徐元文（公元1634年—1691年）《含经堂集》；“钱氏《读书敏求记》”指清朝藏书家钱曾（公元1629年—1701年）《读书敏求记》。

第四、“徐氏《含经堂》书目载王廷光《珞琭子三命消息赋》三卷”与《新编》中王序自谓“注成三万余言，分为上下二卷”卷数不符。“钱氏《读书敏求记》载《注解珞琭子三命消息赋》二卷”与《新编》中《王氏经一进〈注解珞琭子三命消息（阙“赋”字）〉序”》所言书名基本一致，可知《读书敏求记》中“载《注解珞琭子三命消息赋》二卷”疑指王廷光注本原版。《四库》编纂释昙莹《珞琭子赋注》“提要”却言：“臣等谨案钱曾《读书敏求记》，称《珞琭子三命消息赋》二卷。”书名脱漏“注解”二字。《读书敏求记》原文曰：“此批注者，王廷光、李仝、释昙莹、徐子平四家也。”故疑为《新编》，但元版《新编》为六卷，又与钱氏“二卷”之说不符。不论钱氏《读书敏求记》所载是否为《新编》，荛夫言“其（《新雕》）为卷三，可正钱《记》‘二卷’之误”为张冠李戴。

第五、“（《新雕》）标题李仝注、东方明疏，可补《晁志》脱注人姓名及东方明之失，并正《焦志》（指焦竑《国史经籍志》）‘朔’字之误，‘十’字之误。”予考《读书敏求记》载：“《经籍考》有《珞琭子疏》五卷”。《经籍考》指元初马端临所著《文献通考·经籍考》，而《经籍考》

又引自晁公武《郡斋读书志》，三者皆注明"《珞琭子疏》五卷"为"皇朝李全（"仝"之讹）、东方明撰"，并无所谓"《晁志》脱注人姓名及东方明之失"。

第六、"不意余年来，群书散佚之后而仍复见此秘册，虽欲罢，不能矣，我生何幸!"反映荛夫晚年生活艰难，以至群书散佚，但仍不惜重金收买古本。

第七、"至于储藏家胜朝登'学圃堂'，国朝入传。"指此书胜朝（"胜朝"指被本朝所胜之朝代，指明朝）被藏书家收入至"学圃堂"，国朝（指当今朝代）流入市面相传。此书卷首有"吴郡唐寅子畏桃花坞学圃堂藏书"墨迹，考唐寅为明朝吴郡（苏州府）人（公元1470年—1524年），字伯虎，后改字子畏，号六如居士、桃花庵主等，建有"桃花坞学圃堂"。

第八、"是楼墨迹图章尤足引重，至今日之出自谁何？吾不得而知之。"指"学圃堂"藏书楼墨迹图章特别容易引人重视，至今日究竟出自谁手，不得而知。言外之意，虽荛夫认为此《新雕》"况原刻岂易得之邪?"但对此书是否出于所谓"吴郡唐寅子畏桃花坞学圃堂藏书"表示怀疑。

第九、落款"八月哉生明荛夫记。"指辛巳年阴历四月荛夫得此《新雕》后"书魔之"，后"其颠末入中秋月，神采稍旺，因书此数语志之。"竟为此书神魂颠倒四个月，直到阴历八月份才撰写此跋，"哉生明"指阴历初三。此辛巳年作跋可见其健康已不佳，但仍痴魔于藏书。四年后，即乙酉年荛夫辞世。

《新编四家注解经进珞琭子消息赋》王廷光序文注释与分析

《王氏经一进〈注解珞琭子三命消息〉序》

保义郎监内香药库门臣王廷光

臣闻贯三才为一气，则数之所合，混冥于象帝之先，甄一气为三才，则数之所生。肇形于奇偶之变，则一二三之数，天地自此以生阴阳，自此以运万物，自此以造也。是以伏羲画之以为卦，文王重之以为爻，箕子演之以为法，而老氏论其所始者，必出于三，列子究其所终者，必极于九，岂外是哉？〇是以降，术家之学推之于数者，其类浸多，而休咎悔吝之占，盈虚衍忒之候，先后修短之期，高卑巨细之品，或见于眡气察色，谶纬浸象，推步星，考系音声，多骈旁枝，靡漫流宕，不可胜道，而要之议论，有合于圣贤画卦、重爻、立法而得其指归者，珞琭子三命而已。故其意之所诣，探赜索隐，钩深致远，研穷精微，该极象数，合散消息，损益盈虚，推而广之，至于无所终穷。然极其至要，以三者一寓于支幹纳音，而五行之代谢，六气之盛衰，大衍之用，乾坤之策，播之于二十四气，总之于三百六旬者，率以是为宗主焉。非深得性命之理者，畴克能之。臣愚不才，尝收其书而读之，朝又考覈，寤寐以思，幸有一得则著之于篇，缀葺补联，岁月滋久，遂溢编帙而不量，其区区之陋，解释元义，注成三万余言，分为上下二卷，愿有献焉，非敢以是名家而自售其臆说也，兹盖伏遇。

皇帝陛下以天为宗，以道为门，而兆圣人之变化，以事兼伎而得天，纵之多能于三皇五帝之术，既已追蹑其高风，而诸子百家之学虽有一介而不废。臣幸生斯时，陶染渐渍涵濡，游泳于陶镕之中。譬如阳春之和，鼓舞万类，而候虫时鸟，神意动荡，不得不以其所能者，吐喙一鸣。至以其说一归于命，则庶几君子知之，则思居易，以安其常；小人知之，则思循分，而寡其过。其于补助教化，或有万一。

伏惟

陛下赦其愚瞽僭越之诛，不以刍荛之贱而加择焉，不胜幸甚！不胜幸甚！

宣和五年八月初四日臣谨序

注释：

臣闻贯（连贯）三才（天地人）为一气，则数之所合，混冥（阴阳未分前为混沌）于象帝（“象”，指天地自然万象；“帝”，指阴阳万象之主宰）之先，甄（鉴别）一气为三才，则数之所生（老子曰：“道生一，一生二，二生三，三生万物”）。肇形（形体出现）于奇偶之变（单数与双数之变化），则（则衍生出）一二三之数，天地自此以生阴阳，自此以运（运行）万物，自此以造（以形成世界）也。是以伏羲画之以为卦（伏羲推演出“先天八卦”），文王重之以为爻（周文王重新改为“后天八卦”，又推演出六十四卦，并作卦辞爻辞），箕子演之以为法（箕子为先秦商国纣王之叔父，通晓“洪范九畴”治国大法），而老氏（老子）论其（万事万象）所始者，必出于三（三生万物），列子（列子为战国时期人，介于老子与庄子之间道家学派重要传承人物）究其（万事万物）所终者，必极于九（上九，亢龙有悔），岂外是哉（岂有其他正确之说）？○是以降（自此以后），术家之学推之于数者，其类浸多（其术数种类逐渐增多），而休（吉庆）咎（凶祸）悔（懊悔）吝（吝惜）之占（占卜），盈（盈实）虚（虚空）衍（推演）忒（差错）之候（推演出容易差错之虚空时候），先后修短之期（推算出事情发生先后及长短时间），高卑巨细之品（推算出物体高矮大小之等级），或见于眂（“眂”为“视”之异体字）气察色（相人相宅），谶纬（谶书和纬书之合称，皆为秦汉间巫书）浸象（利用谶纬配合万象事物），推步星（按北斗七星推罡步。参见书后附录：略谈“三元九宫”起推法），考系音声（土金木火水五行配宫商角徵羽五音），多骈旁枝（滋生诸多旁枝末叶之术），靡漫流宕（杂乱蔓延流行），不可胜道（难以道尽）。而要之议论（而能议论其中要旨），有合于圣贤画卦、重爻、立法而得其指归者（指归于伏羲、文王、箕子、老子、列子之道），（惟有）珞琭子三命而已。故其意之所诣（故珞琭子所阐述之赋意），探赜（古奥）索隐（隐秘），钩（发掘）深致（达至）远，研穷精微，该极象数（“该”通假“赅”，全面极致通晓象数），（阴阳五行）合散（集散）消息（消长），损益盈虚，推而广之，至于无所终穷。然极其至要（然而极其主要观点），以三者（天地人为三才）一寓于支、榦、纳音（“榦”为“干”异体字。王注认为干为禄、为天元；支为命、为人元；纳音为身、为地元。）而五行之代谢，六气（风、寒、暑、湿、燥、火）之盛衰，大衍之用（大衍之数五十，其用者四十九），乾坤（天地阴阳）之策（占卦用之蓍草），播之于二十四气（二十四节气），总之于三百六旬者（三百六十天，十天为一旬），率以是为宗主焉（大都以上面所谓“圣贤画卦、重爻、立法”为宗主）。非深得性命之理者，畴克能之（“畴”，“谁”也；“克”，“胜任”也。谁能胜任乎）？臣愚不才，尝收其书（珞琭子之《消息赋》）而读之，朝又考覈（“覈”是“核”之异体字。指早上起来就反复考核其义），寤寐以思，幸有一得（心得）则著之于篇，缀（缝衣）葺（修缮）补（弥补）联（联系），岁月滋夂（“滋”，增加也；“夂”为“久”之异体字。心得岁月积累），遂溢（装不下）编帙（书衣）而不量（不计其数），其区区之陋解（其皆区区之陋见），释元义注成（解释赋文原义之注汇成）三万余言，分为上下二卷，愿有献焉（心愿献给皇上），非敢以是名家而自售其臆说也（不敢借此名家之书而趁机发布自己臆说），兹盖伏遇（在此有幸伏谢皇恩）。

皇帝陛下以天为宗（尊崇），以道为门（法门），而兆（预见）圣人之变化，以事（政事）兼伎（伎数、方术）而得天（得天下大治），纵（“从”之异体字，“随从”之义）之多能（多精通）于三皇五帝（三皇，指燧人氏、伏羲氏、神农氏；五帝，指黄帝、颛顼、帝喾、尧、舜）之术，既已追蹑（登高谓之“蹑”）其高风（此二句出自《前汉·扬雄传》：“蹑三皇之高踪。”），而诸子百家之学虽有一介（存有三皇五帝之一术）

而不废。臣幸生斯时（此朝代）陶染（“陶”通假“淘”，感染之义），渐渍（逐渐沾染）涵濡（滋润），游泳于陶镕（“陶”是粘土制容器，“镕”是金属制容器。此处比喻熏陶于皇恩英明之朝）之中。譬如阳春之和，鼓舞万类（自然万物），而候虫时鸟，神意动荡，不得不以其所能者（将自己比作虫鸟之能），吐喙（鸟嘴）一鸣。至以其说（指书中之述）一归（皆归）于命（命理），则庶几（几乎）君子知之，则思居易（居简易之所），以安其常（以安定作为常态）；小人知之，则思循分（遵守本分），而寡其过（减少过错）。其于补助教化，或有万一（指书中命理可对臣民补助教化，即使只有万分之一概率）。

伏惟（古人谦敬之词，多用于臣子献皇上奏章中。）

陛下赦其（所献赋注）愚瞽（愚笨盲目）僭越（超越本分）之诛（罪罚），不以刍荛（浅陋）之贱而加择焉，不胜幸甚！不胜幸甚！

保义郎监内香药库门臣王廷光

宣和五年八月初四日臣谨序

分析：

第一、序首言“保义郎监内香药库门臣王廷光”表明其朝廷官职。“监内香药库门臣”指监管朝廷香药库货物之官员。在中国古代，香料大都是舶来品，宋代仿效“盐仓监”机构设立“香药库监”进行管理，以增加朝廷财政收入。“门臣”指部门首长。王廷光级别为“保义郎”，属正九品官职，位列北宋武职五十二阶中序列第五十。《四库》释注本“提要”中曾云：“廷光与仝爵里事迹均无可考。”幸得此序始知廷光爵位矣。

第二、此《新编》篇首有《王氏经一进〈注解珞琭子三命消息〉序”，可知王廷光原注本题为《注解珞琭子三命消息（阙“赋”字）》，可证清朝钱曾《读书敏求记》载《注解珞琭子三命消息赋》二卷应为王注本。亦证《四库》编纂释昙莹《珞琭子赋注》（二卷）提要曰：“臣等谨案钱曾《读书敏求记》，称《珞琭子三命消息赋》二卷。”应为“称《注解珞琭子三命消息赋》二卷”。但《读书敏求记》原文曰：“此批注者，王廷光、李仝、释昙莹、徐子平四家也。”故又疑《读书敏求记》所载《注解珞琭子三命消息赋》为《新编》，而《新编》为六卷，非二卷。其前四卷均为“新编四家注解经进珞琭子消息赋”，后二卷为“新编四家补注经进珞琭子消息赋”。“补注”部分恰为《四库》释注本中第五十章至第七十七章（除第七十章外）所脱漏王李二家之注文。由于清《四库》释注本来源于明《永乐大典》，可见元刻《新编》版的发现弥补了《永乐大典》释注本“下卷”中所脱佚王李二注之憾。据此进一步推断，《永乐大典》释注残本在元版《新编》之前就流行，故《新编》后二卷题名为“新编四家补注经进珞琭子消息赋”。另外，《新编》王注应来自王廷光注本原版，《新编》徐注应来自《永乐》与《四库》同一注本，《新编》李注应来自《永乐》及《四库》中释注所引同一注本，乃因其中同阙“卷末有例”，亦非出自李注本原版也。

第三、从《读书敏求记》书目载《注解珞琭子三命消息赋》二卷（与王序言“注成三万余言，分为上下二卷”相符）；《含经堂集》书目载王廷光《珞琭子三命消息赋》三卷来推断，《王氏经—进〈注解珞琭子三命消息（赋）〉序》中阙“赋”字应为脱漏所致。其中“进”字乃进献之义，故此序旨在为上奏皇帝而写。序中诸如“臣闻贯三才为一气”；“愿有献焉，非敢以是名家而自售其臆说也，兹盖伏遇”；“皇帝陛下以天为宗”；“臣幸生斯时”；“伏惟：陛下赦其愚瞽，僭越之诛，不以刍荛之贱而加择焉，不胜幸甚！不胜幸甚！”云云皆为证。“王氏经”不过是后人编册时另行标题而已，意为“王廷光注文”。

第四、“臣愚不才，尝收其书而读之，朝又考覈，寤寐以思，幸有一得则著之于篇，缀葺补联，岁月滋久，遂溢编帙而不量，其区区之陋，解释元义，注成三万余言，分为上下二卷，愿有献焉。”可知王注乃日积月累，利用业余时间，经历漫长岁月而成。本为其研究笔记，“愿有献焉”应是受他人向皇上推荐。

第五、“陛下赦其愚瞽僭越之诛，不以刍荛之贱而加择焉，不胜幸甚！不胜幸甚！”可知王廷光注本当时通过特殊渠道已经得到皇帝认可，并准许刻印。

第六、“宣和五年八月初四日臣谨序”为宋徽宗时期，即公元1123年，距公元 1126 年导致徽宗被俘“靖康之耻”早三年。此时北宋与北方金辽二国边界矛盾日益突出，朝廷内部贪污腐败盛行，而王序所谓“皇帝陛下以天为宗，以道为门，而兆圣人之变化，以事兼伎而得天。”“臣幸生斯时，陶染渐渍涵濡，游泳于陶镕之中。”云云，皆为粉饰之言。

点校凡例

1. 本书以简体汉字对珞琭子《消息赋》原文及徐子平、王廷光、李仝、释昙莹、东方明、万民英六家注文进行标点、校勘，并进行疏证。根据诸家注文来自于宋朝《新雕》、元朝《新编》，清朝《四库》等版本，本书汇编诸家注疏，起首分别用粗体［徐注］、［释注］、［新编］、［新雕］、［万版］、［疏证］来标示，以区别各自不同版本。诸家注疏版本在本书作者［疏证］中则分别以徐注本（必要时以《四库》徐注本，区别于《新编》徐注文）、释注本（必要时以《四库》释注本，区别于《新编》释注文，即昙莹注）、《新编》、《新雕》、万版（或《四库》万版）来简称（参见序言）。至于诸家注疏文在本书作者［疏证］中则分别以徐注（必要时以《四库》徐注来与《新编》徐注区分）、王注（必要时以释注本王注来与《新编》王注区分）、李注（必要时以释注本李注来与《新编》李注和《新雕》李注区分）、昙莹注（必要时以释注本昙莹注来与《新编》昙莹注区分）、东疏、万注简称。

2. 因徐注三命观点与诸注论述有诸多差异，且对后世影响较大，本书每章编排则以徐注为首，可方便读者上下对比。各版本内诸注排列先后亦不依著者年代，以保留各原版诸注文编排次序。

3. 本书上下卷及注疏章目划分，均以徐注本所分《消息赋》原文段落为参照。其中每章《消息赋》原文之诸版和诸注段落差异不另行标示，但诸版和诸注《消息赋》原文字句差异则在该页脚注内注明。释注本、《新雕》、《新编》原卷目划分则在每章《消息赋》原文脚注中以“某某版第几卷终”提示。本书著者疏文则排在诸版各家注文后，以“疏证”标示。

4. 本书除每章开头珞琭子原文采用脚注外，章中针对诸家注文之注释则镶嵌在“疏证”中呈现给读者，以尽量免去页面上下对照和页张前后翻阅之不便。如有涉及到他章已阐述注疏内容，为避免赘述，则以“参见上下文第几章某某注”标示，其中囊括该注“疏证”内容。

5. 注文校对以《四库》徐注本、《四库》释注本、《新雕》为底本，与《新编》王、李、昙莹、徐四注相互对照。本书此举主要是欲尽量保留各版注本异同之处，同时又能弥补《四库》释注本中所脱漏王、李二家注文。

6. 本书非训诂专著，所收编诸版注本不论是否底本，其中之错字、脱字、衍字、讳字、异体字、古今字等经确认，或予以校证，或在不影响字义句义文义前提下，为阅读方便而直接据改，如《新雕》东疏原文全篇以“王”通“旺”，则直接以“旺”勘正之。

7. 诸版本与《新编》校对有差异，但字义、句义、文义无歧，一般不予出校记，以免注文过于饾饤支离；有须标示处，则在字句后［］内引《新编》注文加“”对照，注明［“○○”亦合］或［“○○”亦不合］。义歧者一律出校，在该字句后［］括号内引《新编》注文加“”进行对照，并注明［“○○”合义］或［“○○”不合］。校对正讹未明者，则在［］中加“”插入问号标示，如［“○○”?］。凡［］内未注明“亦合”、“亦不合”、“合义”、“不合”或“?”者，则为《新编》中衍字衍句，如［○○］；而〈〉内字句，皆为诸版与《新编》校对后显示之衍字衍句，如〈○○〉，以便阅者复核，但少数无明显歧义之衍字衍句则不予标示。

8. 每章诸家注疏起首，用粗体［］符号标明［徐注］、［释注］、［新编］、［新雕］、［万版］、［疏证］，只是为了便于区别各版注本和本书作者疏证，与上面第七条内容无关。

9.《新雕》目前尚无古善本发现，本书仅根据坊间残本整理李仝、东方明注疏，缺损一字以“○”标记，缺损二字以“○○”标记，缺损三字或以上则以“○○○”标记。

10. 由于六家注文对原赋文部分观点表述各异，本书针对某些代表性学术观点在附录中以列表汇总形式展示，以利读者查阅对比。

注疏章目

上卷

01. 元一气兮先天，禀清浊兮自然。著三才以成象，播四气以为年 …… 3
02. 以干为禄，向背定其贫富。以支为命，详逆顺以循环 …… 12
03. 运行则一辰十岁，折除乃三日为年。精休旺以为妙，穷通变以为玄 …… 20
04. 其为气也，将来者进，功成者退。如蛇在灰，如鳝在尘 …… 29
05. 其为有也，是从无而立有。其为无也，天垂象以为文 …… 34
06. 其为常也，立仁立义。其为事也，或见或闻 …… 38
07. 崇为宝也，奇为贵也。将星扶德，天乙加临。本主休囚，行藏汩没 …… 44
08. 至若勾陈得位，不亏小信以成仁。真武当权，知是大才而分瑞 …… 57
09. 不仁不义，庚辛与甲乙交差。或是或非，壬癸与丙丁相畏 …… 65
10. 故有先贤谦己，处俗求仙。崇释则离宫修定，归道乃水府求玄 …… 71
11. 是知五行通道，取用多门。理于贤人，乱于不肖。成于妙用，败于不能 …… 77

12. 见不见之形，无时不有。抽不抽之绪，万古联绵 ……………………………… 81
13. 是以河公惧其七杀，宣父畏其元辰。峨眉阐以三生，无全士庶。鬼谷播其九命，约以星观。今集诸家之要，略其偏见之能，是以大解曲通，妙须神悟 ……………………………… 86
14. 臣出自兰野，幼慕真风。入肆无悬壶之妙，游街无化杖之神。息一气以凝神，消五行而通道 ……………………………… 96
15. 乾坤立其牝牡，金木定其刚柔。昼夜互为君臣，青赤时为父子 ……………………………… 102
16. 不可一途而取轨，不可一理而推之。时有冬逢炎热，夏草遭霜。类恐阴鼠栖冰，神龟宿火 ……………………………… 107
17. 是以阴阳反测，志物难穷。大抵三冬暑少，九夏阳多。祸福有若祯祥，术士希其八九 ……………………………… 113
18. 或若生逢休败之地，早岁孤穷。老遇建旺之乡，连年偃蹇。若乃初凶后吉，似源浊而流清。始吉终凶，状根甘而裔苦 ……………………………… 118
19. 观乎萌兆，察以其元。根在苗先，实从花后 ……………………………… 128
20. 胎生元命，三兽定其门宗。律吕宫湯，五虎论其成败 ……………………………… 131
21. 无合有合，后学难知。得一分三，前贤不载 ……………………………… 139
22. 年虽逢于冠带，尚有余灾。运初至于衰乡，犹披尠福 ……………………………… 146
23. 大段天元羸弱，宫吉不及以为荣。中下兴隆，卦凶不能成其咎 ……………………………… 152
24. 若遇尊凶卑吉，救疗无功。尊吉卑凶，逢灾自愈。禄有三会，灾有五期 ……………………………… 159
25. 凶多吉少，类大过之初爻。福浅祸深，喻同人之九五 ……………………………… 171
26. 闻喜不喜，是六甲之亏盈。当忧不忧，赖五行之救助 ……………………………… 178

27. 八孤临于五墓，戌未东行。六虚下于空亡，自乾南首 …… 186
28. 天元一气，定侯伯之迁荣。支作人元，运商徒而得失 …… 191
29. 但看财命有气，逢背禄而不贫。若也财绝命衰，纵建禄而不富 …… 195
30. 若乃身旺鬼绝，虽破命而长年。鬼旺身衰，逢建命而夭寿 …… 207
31. 背禄逐马，守穷途而凄惶。禄马同乡，不三台而八座 …… 211
32. 官崇禄显，定知夹禄之乡。小盈大亏，恐是劫财之地 …… 221

下　卷

33. 生月带禄，入仕居赫奕之尊。重犯奇仪，蕴藉抱出群之器 …… 229
34. 阴男阳女，时观出入之年。阴女阳男，更看元辰之岁 …… 237
35. 与生地之相逢，宜退身而避位。凶会吉会，伏吟反吟。阴错阳差，天冲地击 …… 244
36. 或逢四杀五鬼，六害七伤。地网天罗，三元九宫。福臻成庆，祸并危疑。扶兮速速，抑乃迟迟 …… 256
37. 历贵地而待时，遇比肩而争竞。至若人疲马劣，犹托财旺之乡 …… 266
38. 或乃财旺禄衰，建马何避冲掩。岁临尚不为灾，年登故宜获福 …… 272
39. 大吉生逢小吉，反寿长年。天刚运至天魁，寄生续寿 …… 277

40. 从魁抵苍龙之宿，财自天来。太冲临昴胃之乡，人元有害 …… 284
41. 金禄穷于正首，庚重辛轻。木人困于金乡，寅深卯浅 …… 288
42. 妙在识其通变，拙说犹神。巫瞽昧于调弦，难希律吕 …… 292
43. 庚辛临于甲乙，君子可以求官。北人运行南方，货易获其厚利 …… 296
44. 闻朝欢而旋泣，为盛火之炎阳。克祸福之赊遥，则多因于水土 …… 301
45. 金木未能成器，听哀乐以难名。似木盛而花繁，状密云而不雨 …… 306
46. 乘轩衣冕，金火何多？位劣班卑，阴阳不定 …… 311
47. 所以龙吟虎啸，风雨助其休祥。火势将兴，故先烟而后焰 …… 317
48. 每见凶中有吉，吉乃先凶。吉中有凶，凶为吉兆 …… 322
49. 祸旬向末，言福可以迎推。才入衰乡，论灾宜其逆课。男迎女送，否泰交居。阴阳二气，逆顺折除 …… 327
50. 占其金木之内，显于方所分野。标其南北之间，恐不利于往来。一旬之内，于年中而问干。一岁之中，求月中而问日。向三避五，指方面以穷通。审吉量凶，述岁中之否泰 …… 334
51. 壬癸乃秋生而冬旺，亥子同途。甲乙乃夏死而春荣，寅卯一类 …… 344
52. 丙寅丁卯，秋天宜以保扶。己巳戊辰，度乾宫而脱厄 …… 348
53. 值病忧病，逢生得生。旺相峥嵘，休囚灭绝。论其眷属，忧其死绝 …… 354

54. 墓在鬼中，危疑者甚。足下临丧，面前可见 …… 360
55. 凭阴察其阳祸，岁星莫犯于孤辰。恃阳鉴以阴灾，天年忌逢于寡宿 …… 364
56. 先论二气，次课延生。父病推其子禄，妻灾课以夫年 …… 370
57. 三宫元吉，祸迟可以延推。始末皆凶，灾忽来而迅速 …… 375
58. 宅墓受杀，落梁尘以呻吟。丧吊临人，变宫商为薤露 …… 380
59. 干推两重，防灾于元首之间。支折三轻，慎祸于股肱之内。下元一气，周居去住之期 …… 385
60. 仁而不仁，虑伤伐于戊己。至于寝食侍卫，物有鬼物，人有鬼人。逢之为灾，去之为福 …… 394
61. 就中裸形夹杀，魄往丰都。所犯有伤，魂归岱岭 …… 401
62. 或乃行来出入，抵犯凶方。嫁娶修营，路登黄黑 …… 407
63. 灾福在岁年之位内，发觉由时日之击扬。五神相克，三生定命。每见贵人食禄，无非禄马之乡。源浊伏吟，惆怅歇宫之地 …… 412
64. 狂横起于勾绞，祸败发于元亡。宅墓同处，恐少乐而多忧。万里回还，乃是三归之地 …… 421
65. 四杀之父，多生五鬼之男。六害之徒，命有七伤之事 …… 431
66. 眷属情同水火，相逢于沐浴之乡。骨肉中道分离，孤宿尤嫌隔角 …… 438
67. 须要明其神杀，轻重较量。身克杀而尚轻，杀克身而尤重 …… 444

68. 至于循环八卦，因河洛以遗文。略之定为一端，究之翻成万绪 …… 450

69. 若值攀鞍践禄，逢之则佩印乘轩。马劣财微，遇之则流而不返 …… 454

70. 占除望拜，甲午以四八为期。口舌文书，己亥慎三十有二 …… 461

71. 善恶相伴，摇动迁移。夹杀持邱，亲姻哭送。兼须详其操执，观厥秉持。厚薄论其骨状，成器藉于心源。木气盛而仁昌，庚辛亏而义寡 …… 468

72. 恶曜加而有喜，疑其大器。福星临而祸发，以表凶人 …… 480

73. 处定求动，克未进而难迁。居安问危，可凶中而卜吉 …… 484

74. 贵而忘贱，灾自奢生。迷而不返，祸从惑起 …… 489

75. 殊常易旧，变处为萌。福善祸淫，吉凶异兆 …… 492

76. 至于公明季主，尚无变识之文。景纯仲舒，不载比形之妙 …… 496

77. 详其往圣，鉴以前贤。或指事以陈谋，或约文而切理。多或少剩，二义难精。今者参详得失，补缀遗踪。窥为心鉴，永挂清台。引例终编，千希得一 …… 500

上卷

上卷

第一章

元一气兮先天，禀清浊兮自然。著三才以成象，播四气以为年。

[徐注][①]“元”者，始也；“一”者，道生一，冲气也。有物混成，先天地生。以看命法论之，如人初受胎月在母腹中男女未分。以四柱言之，则知人本命也，尚未有生月日时，即贵贱寿夭未分，故云”一气”。以大道言之，则混一气而生育天地也，主祖宗之宫也。阴阳既分，清气为天，浊气为地。地法天，天法道，道法自然。以命术言之，则如在母胎中以是成形，男女已分也。以大道言之，天地分也。以四柱言之，则生月是也，主父母宫。天地人为三才。以命术言之，是人生日是也，乃人身自得之宫，看下临何宫分也。“四气”者，布木火水金以为四时，各旺七十二日，土旺四季，各旺十八日，故为一年，五行之休旺也。以看命论之，是人生时也。以四柱论之，本命生月生日生时四柱也。每一宫有“三元”，有天元、人元、支元。生时主子孙也，更看生时天元不居休败，居于旺相，则佳矣，死囚则见多而晚成。

[疏证][②] 徐注曰，“元”者，原也，始也；“一”者，道生一，冲气也。“元”即“一”，属于《道德经》中“有物混成，先天地生”。

本章徐注从“命法”、“命术”、“四柱”及“大道”几方面对原文进行阐述。

“元一气兮先天”者：以看命法论之，定义为“胎月”，如人初受胎月在母腹中男女未分；以四柱言之，定义为本命，所谓“则知人本命也，尚

① 文渊阁《钦定四库全书》本《珞琭子三命消息赋》收有徐子平注解，以下简称［**徐注**］（参见《点校凡例》第一条和第八条）。

② 一明先生疏证，以下简称［**疏证**］（参见《点校凡例》第一条和第八条）。

未有生月日时，即贵贱寿夭未分，故云‘一气’。”即指本命是生年（参见下文“播四气以为年”节中“本命加生月生日生时四柱也”）；以大道言之，则混一气而生育天地也，定义为祖宗之宫，即年柱也。

“禀清浊兮自然”者：禀清浊分阴阳后，自然形成天干地支，清气为天，浊气为地。地法天，天法道，道法自然。以命术言之，则如在母胎中以是成形，男女之命已分也；以大道言之，天地分，阴阳成形也；以四柱言之，则生月是也，主父母宫，主旺衰之气也。

“著三才以成象”者：“著”，昭著，显示也。天地阴阳结合产生“三才”，即天元地元人元（天元是天干、地元是地支、人元是支藏之干）。以命术言之，是人生日，乃人身自得之宫，即日柱，看其座下临何宫分深浅也。

“播四气以为年”者：“四气”者，布木火水金以为四时，各旺七十二日，土旺四季，各旺十八日，共三百六十日，故为一年，五行之休旺也（此段徐注与本章下文李注行文类同，可参见李注）。以看命论之，是人所生时间也。“以四柱论之，本命生月生日生时四柱也。”指年柱即本命。可知徐亦“以年为本”，不过只是“主祖宗之宫”看，而非以此为本论“禄命身”三命。又曰“每一宫有三元，有天元、人元、支元。”亦与诸家观点不同。生时指出生时辰，主子孙也。“更看生时天元不居休败，居于旺相，则佳矣，死囚则见多而晚成。”是指生时主晚限，又主子孙宫，断子孙兴衰要看生时天元（时干）不居休败；居于旺相，则佳矣，处于死囚，则多见晚生而少成。又时干对年支忌为杀，否则为子孙朝元为凶也。（参见下文第六十七章徐注。）

徐注此处言“以四柱论之，本命生月生日生时四柱也”，后世把四柱断命定为子平术之原因大概来源于此。清朝《四库》纂编者曰：“然禄命之说至唐李虚中尚仅以年月日起算，未有所谓八字者。”其依据应是唐朝韩愈《昌黎先生集》中收录之《殿中侍御史李君墓志铭》，描述李虚中：“喜学，学无所不通，最深于五行书。以人之始生年月日所值日辰，支干相生，胜衰死王相，斟酌推人寿夭贵贱利不利，辄先处其年时，百不失一二。”后人对“日辰”仅仅理解为日柱干支，故断言李虚中舍去时辰推命。《说文解字》曰：“辰，房星。天时也。”清朝段玉裁注：“房星晨正，为农事所瞻仰，故曰‘天时’。引申之，凡‘时’皆曰‘辰’。”意思说“辰”本来仅指“天时”即二十四节气与七十二侯，专门为农事所瞻仰。后来引申为时间量化单位，如一个时辰。事实上在四柱禄命术语中，从古到今，“年辰”与“月辰”鲜有听说。至于“日辰”，在东汉王充《论衡·诘术》与北宋沈括《梦溪笔谈·象数一》中皆把十天干当作“日”，十二地支当作“辰”，故“日辰”是泛指干支，而非专指日柱干支之义。可部分命书却偏偏把“日辰”当作日柱，如《渊海子平》中《金玉赋》曰：“年伤身主，乃父与子而不亲。时克日辰，是子不遵于父命。”本书第二十四章王廷光注曰：“一说以太岁、月建、日辰、大小运五处皆来朝会凶杀，所聚于五行天地之气，刑克本命，斯亦谓之灾，有五期者欤。譬之癸亥生辛酉月壬戌日庚子时叶命，四十岁大运丁巳，小运乙巳，太岁壬寅，月建戊申，日辰庚申是日也。”问题在于韩愈文中“日辰”假设为广义干支，那么下句为何要重复“支干”二字？如果“日辰”作为日柱干支来使用，那么前面“年月日”之“日”字是否又显多余？而这两种情况对韩愈这样惜墨如金之文章大家来说，发生可能性极低。既然如此，把“日辰”当作时辰来解释则比较符合上下文义。“以人之始生年月日所值日辰，支干相生，胜衰死旺相”可直译为：“以人降生年月日所处之时辰，通过支干相生关系，分析五行之盛衰死旺相。”当然仅凭“支干相生”来分析“胜衰死旺相”尚不够，但韩愈作为一个非命理学家人士来替李虚中写墓志铭，后人亦可理解。有趣之处是，为徐子平《珞琭子三命消息赋注》作“提要”之总纂官纪昀先生，在其晚年《阅微草堂笔记·槐西杂志卷二》中却改变当初“然禄命之说至唐李虚中尚仅以年月日起算，未有所谓八字者”之观点，曰“按天有十二辰，故一日分为十二时，日至某辰，即某时也。故时亦谓之日辰。”又曰：“据此以推，似乎‘所直日辰’四字当连上‘年月日’为句，后人误属下文为句，故有不用时之说耳。予撰《四库全书总目》，亦谓虚中推命不用时，尚沿旧说，今附著于此，以志予过。”其实要证明李虚中用不用时辰推命，不必凭某些非命理家之撰文，后人只要多阅读古代禄命专著，从其字里行间到处都能找到李虚中甚至鬼谷子论命用时辰之证据。如下：

《鬼谷遗文》曰：“四柱者，胎月日时。胎主父母祖宗者十分，主事者二分。月主时气者十分，主事者六分。日主未得气者十分，主事者八分。时主用度进退向背力气胜负皆十分。吉与凶同。”（本书《鬼谷遗文》皆引自《李虚中命书》，下文皆同。）

《李虚中命书》虚中注：“月为建元分四时之休旺，故主三元气用所出十分。是月与时为宾主以辅三元，故主立气立事十分，是将来临月分，亦定灾福之六分。日主月内四时向背之气十分，三元贵贱之气及胎本共时八分，时主元吉凶及胎月日之气皆十分。故言吉凶变异胜负之力同等也。”

《珞琭子三命消息赋》曰：“灾福在岁年之位内，发觉由时日之击扬。”徐子平注曰：“凡说岁中休祥，专责日时与太岁相克、刑害、冲破言之。生日为妻，时为子。日时与太岁和合及财官有用无诸坏者，依事类而言之。如太岁与日时相刑，或六合、三合中有元辰七杀者，凶。亦看类而言之。”（参见本书第六十三章）

徐大升《渊海子平·论日为主》：“予尝观唐书所载，有李虚中者，取人所生年月日时干支生克，论命之贵贱寿夭之说，已详之矣。”

万民英《三命通会·论年月日时》：“唐李虚中独以日干为主，却以年月时合看生克制化，旺相休囚，取立格局……此发前贤所未发，故今术家宗之。”

徐子平是否为四柱命术开创者，从其《珞琭子三命消息赋》注述中看出，徐完全是以一个命理继承者之角色对其注解。至此，关于鬼谷子、李虚中，乃至珞琭子古法论命是否仅凭三柱而不理时辰之争，当休矣！

[新编]① 王注曰，一气浑沦形质未离，孰为阴阳。太始既肇，裂一为三，倏忽乃分，天得之而轻清，是为三阳；地得之而重浊，是为一阴；人位乎天地之中，禀阴阳冲和之气。故珞琭子此是寓之于三命，故此轻清者为十干主禄，谓之“天元”；重浊者为纳音主身，谓之“地元”；天地各正其位，成材乎两间者，乃所谓人也，故中有十二支主命，谓之“人元”。然所为此者，皆本于一元之气，著而三才，播而为四时。故曰：“元一气

① 元刻《新编四家注解经进珞琭子消息赋》，无名氏编，六卷，以下简称 **[新编]**（参见《点校凡例》第一条和第八条），汇编有徐子平、王廷光、李仝（除“卷末有例”外）、释昙莹四家注文。

兮先天，禀清浊而自然。著三才以成象，播四气以为年。”

李注曰，“元”者，始也。“一气”者，道生一，冲气也。有物混成，先天地生。禀清气为天，浊气为地。地法天，天法道，道法自然。立天地人三才，以成八卦四象。《下系》云：“八卦成列，象在其中矣”。又云：“易之为书也，广大悉备，有天道焉，有人道焉，有地道焉，此三才之道也。”布木火金水之气四时，各旺七十二日，土旺四季，各旺十八日，［“各一十八日”亦合］共三百六十日也，是故以为一年。

［疏证］王注曰，一气浑沦，浑沌不清状。内外形质未离，岂可辨识阴阳乎？太始即既肇。既肇者，初始也。裂一为三，倏忽乃分为天地人三才。天得之而轻清，在上是为三阳；地得之而重浊，在下是为一阴；人位乎天地之中，禀阴阳冲和之气，故珞琭子将其寓之于三命，以轻清者为十干主禄，谓之“天元”；以重浊者为纳音主身，谓之“地元”；天地各正其位，成材乎两间者，乃所谓人也。故其中有十二支主命，谓之“人元”。然产生此源头，皆本于一元之气，分而著（显示）为三才，播而为四时。故曰：“元一气兮先天，禀清浊而自然。著三才以成象，播四气以为年。”

李注曰，“元”者，为始也。“一气”者，老子曰：“道生一，一生二，二生三，三生万物；万物负阴而抱阳，冲气以为和。”万物分为清浊二气，禀清气为天，浊气为地。又引老子曰：“人法地，地法天，天法道，道法自然。”故八卦四象，来自于天地人三才，是反映客观世界之产物。《易经·系辞下》云：“八卦成列，象在其中矣”。又云：“《易》之为书也，广大悉备，有天道焉，有人道焉，有地道焉。兼三材而两之，故六。六者，非它也，三才之道也。”为何“布木火金水之气四时，各旺七十二日，而土旺四季，只各旺十八日”？考《神枢经》云：“五行旺各有时，惟土居无所定，乃于四立之前，各旺一十八日。”又考《五行大义》载“《龟经》云：“土：木动为辰土，火动为未土，金动为戌土，水动为丑土。又云：甲乙寅卯为辰土，丙丁巳午为未土，庚辛申酉为戌土，壬癸亥子为丑土。凡五行之王（“王”通“旺”），各七十二日。土居四季，季十八日。并七十二日，以明土有四方，生死不同，此盖卜筮所用。”考《渊海子平》“论天地干支暗藏总诀”中一岁土日为七十二日，但每季土日不满十八日。再考《渊海子平》“又节气歌”与《三命通会》“用神经”、“玉井奥诀”，每季土日虽十八日，但一岁土日又不止七十二日。自古迄今，十二月人元司令日数皆不同（参见附录：表九）。孰为之是，有待天下学者精进明之。

[释注][①] 昙莹注曰，元亨利贞［“凡亨利贞”不合］，乾之德也。始于一气，盖一气者，出乎象数之先［“象帝之先”合义］而太易之首。老氏曰：“有物混成，先天地生。”“易有太极，是生两仪。”清轻者上［“清轻上者”亦合］而为天，天职主覆［“生覆”不合］。浊重者下［“浊重下者”亦合］而为地，地职主载［“生载”不合］。两仪既分，三才乃着。故人法地，地法天，天法道，道法自然。又云：“广大配天地，变通配四时。”春暖秋凉，冬寒夏热；三光电捲，四时［“四序”亦合］风驰。如环之无端，终而复始；岁功毕矣，而成一年。

[疏证] 昙莹注中“元亨利贞”，为《易经》乾卦卦辞，代表乾卦之德性。乾与坤俱来自于先天，即元一气，为太易之首所生之天地也。“象数之先”应为“象帝之先”。语出老子《道德经》：“吾不知谁之子，象帝之先。”指“一气”出乎于天帝诞生之前。“老氏”即老子。《道德经》曰：“有物混成，先天地生。”“易有太极，是生两仪。”清轻者上而为天，天职（本质）主覆盖；浊重者下而为地，地职主承载。两仪既分，三才乃着。“三才”者，《易经·系辞下》曰：“有天道焉，有人道焉，有地道焉。兼三才而两之，故六。六者非它也，三才之道也。”“才”字，《说文解字》注为“木之初也”。木既初，尚未成形，可象征一种组成某类事物之最原始物质，老子曰“三生万物”。“三才”则代表人世间基本元素，即天、地、人。故《易经》以三爻成卦，象征天、地、人三元素；上是天位，下是地位，中是人位。中正不偏，乃中庸之德，人之大道也，命理以中和为美。《三字经》曰：“三才者，天地人。三光者，日月星。”又《易经·系辞》云：“广大配天地，变通配四时。”阴阳两仪为天地，演变成春暖秋凉，冬寒夏热；天上三光（日月星）电卷（“卷”通“捲”），地上四时（四序即四季）风驰。如圆环之无端，终而复始；岁功毕矣，而成一年，

---

① 文渊阁《钦定四库全书》本《珞琭子三命消息赋》收有释昙莹注释，以下简称 **[释注]**（参见《点校凡例》第一条和第八条）。释注本中释昙莹注文则简称“昙莹注”。释注本中除释昙莹注文外，尚保留有大部分王廷光、李仝注文。

人得天地之气在其中。命理乃是吾国先人在天地四季循环交替漫长岁月中，所探索出符合人生规律的学问。

[新雕][①] 李注曰，“元”者，始也。“一气”者，道生一，冲气也。有物混成，天地也［“先天地生”合义］。禀清为天，禀浊为地。地法天，天法道，道法自然。立天地人三才，以成八卦曰“象［“八卦四象”合义］。《下系》［《卜系》不合］云：“八卦成列，象在其中矣”。又云：“易之为书也，广大悉备，有天道焉，有人道焉，有地道焉，此三才之道也。”布木火水金以为四时，［“之气于四时”亦合］，各旺七十二日，土旺四季，各旺十八日［“各一十八日”亦合］，共三百六十日也，是故以为一年矣。

东疏曰，“元”者，道之宗也。“一”者，道之数也。一气具运万物化生其道，元一气兆成十干，其阳干从日精而化，阴干自月魄而生，其甲日月中见己，其己月日以从甲。庚日月有乙异，辛月日用丙亲，壬日月发丁力，癸月日以戊功。以上十干名天德相合，阴阳交会。若人胎月日时干德相合，是名德也。更详身财禄官印在何方位。天清地浊，干清支浊，五行旺相处为清，死绝胎墓为浊。若人胎月日时遇清，多处生者，主少病有福。死绝墓胎多处生者，主贫困多灾。其清旺人，运〇〇〇显旺气也。死绝墓胎多差，衰浊人运入旺清中却显浊恶也。其在旺〇〇〇，鬼在鬼中却旺，更看官印财命也。“三才”者，天地人。又日月星，其象也，又五行禄命身也，又神气精。若人胎月日时，又当五行正遇三才旺处生，末有福惠；若值三才死绝墓胎处生〇〇〇。〇〇〇土能包含造化养育四时。在春随木，三月化土。在夏随火，六月化土。在秋随金，九月化土，在冬随水，十二月化土。四序不失其职也。其水是五行之初，土是五行之末，水能包含滋养万物，万物从水土而生，故水土所生同归路而行。

[疏证] 李注见上文。

东疏中“元一气兆成十干”中“兆”字，原指中华先古时期，人们占验吉凶时灼龟甲所成之裂纹，此处比喻为分裂成十个天干。何为“日精”“月魄”？《汉武帝内传》有：“致日精得阳光之珠，求月魄获黄水之华。”

---

① 宋刻《新雕注疏珞琭子三命消息赋》基本保留有李仝注文（除“卷末有例”外），完整保留有东方明疏文，以下简称［**新雕**］（参见《点校凡例》第一条和第八条）。。

日精为太阳之光所聚，为阳干；月魄乃月亮之华所会，为阴干。十干阴阳按日月相合名为“天德相合”，即日干阳甲见月干阴己，月干阴己从日干阳甲；日干阳庚见月干阴乙，月干阴乙从日干阳庚；日干阳丙见月干阴辛，月干阴辛从日干阳丙；日干阳壬见月干阴丁，月干阴丁从日干阳壬；日干阳戊见月干阴癸，月干阴癸从日干阳戊。“若人胎月日时干德相合”者，何解？隋朝萧吉《五行大义》曰：“干德者，甲德自在，乙德在庚，丙德自在，丁德在壬，戊德自在，己德在甲，庚德自在，辛德在丙，壬德自在，癸德在戊。此十干者，甲、丙、戊、庚、壬为阳尊，故德自处；乙、丁、己、辛、癸为阴卑，故配德于阳，有从夫之义，所以不自为德。”可见干德者，仅是年上阳干见四柱阳干或年上阴干见四柱阳干为是，即甲见甲、乙见庚、丙见丙、丁见壬、戊见戊、己见甲、庚见庚、辛见丙、壬见壬、癸见戊而已，如年上阳干见四柱阴干，即甲见四柱己、丙见四柱辛、戊见四柱癸、庚见四柱乙、壬见四柱丁或年上阴干见四柱阴干，皆非干德也。《五行精纪》中载“岁干德”为甲己年见甲、乙庚年见庚、丙辛年见丙、丁壬年见壬、戊癸年见戊；“月干德”为甲己月见甲、乙庚月见庚、丙辛月见丙、丁壬月见壬、戊癸月见戊是也。故知天德合与干德合有同有异矣（参见书后附录：表三）。善术者能根据天德与干德相合来指出财禄官印在何方位。东疏认为，天清地浊，天干为清，地支为浊；旺相为清，死绝胎墓为浊。如三命遇胎月日时四柱为清（相旺），主少病有福；遇四柱死绝墓胎（为浊），主贫困多灾。“其清旺人，运〇〇〇显旺气也”句按上下文理解，指生于“清旺”之人遇“浊衰”之运显旺气也。“死绝墓胎多差，衰浊人运入旺清中却显浊恶也”，指生于“衰浊”之人遇“旺清”之运中却显浊恶也。“其在旺〇〇〇，鬼在鬼中却旺”，指生于“衰浊”之人在旺地中为衰，鬼人在鬼地中却旺。“更看官印财命也”，指官印财命皆可如此看。（东疏此处以“旺极”“衰极”观点阐述，相当于今人所谓“从旺”　“从衰”也。参见本书附录：探明东方明“旺衰吉凶”之我见。）

“三才”者，代表天地人。在天又代表日月星，取其象也；在五行三命方面，又代表禄命身也；在人身上，又代表神气精也。若人生在胎、月、日、时，“三才”在死绝墓胎处生，正遇五行偏衰，则一生贫贱。

四季为土，能包含造化养育四时。在春随木为寅卯，三月化土为辰；在夏随火为巳午，六月化土为未；在秋随金为申酉，九月化土为戌；在冬随水为亥子，十二月化土为丑。其水是五行之初，乃天一生水也；土是五行之末，乃地五中央为土也。"水能包含滋养万物，万物从水土而生，故水土所生同归路而行。"此观点在五行十二宫中体现为水土同行（参见下文第三十五章王注）。

［**万版**］[①] 此原造化之始，三命之所由生也。三命以干为禄，谓之"天元"；以支为命，谓之"人元"；以纳音为身，谓之"地元"。此古人窥见造化，所以法天地而体阴阳，配四柱而成八字。此珞琭首言之义也。

［**疏证**］《李虚中命书》载《鬼谷遗文》曰："干主名禄贵权，为衣食受用之基；支主金珠积富，为得失荣枯之本；纳音主才能器识，为人伦亲属之宗。"虚中注曰："干为天元禄，故主贵爵衣食之正本也。支为地元财命，至此比形立象始终之元，故主贫富运动荣枯。纳音为人元身命，故主贤愚好丑形貌材能度量，凡有生则披我生克爱憎，故为人伦亲眷也。"《五行精纪》载《金书命诀》曰："干为禄，定贵贱；支为命，定修短；纳音为身，察盛衰。夫人生处得禄，命身居旺相宫，三才有气，则为快乐长寿之命，若禄、命、身值死绝，三才无气，则为尘埃，困窘之命矣。"而万注却把三才阐述为："三命以干为禄，谓之'天元'；以支为命，谓之'人元'；以纳音为身，谓之'地元'。"此观点与徐注本章三命三元观有所不同，上面徐注没有提出"三命"概念，只是说"以四柱论之，本命生月生日生时四柱也。"仅强调年柱本命"主祖宗之宫"而未涉及到禄身二命，指出所谓"三元"即天元（天干）、人元（支中藏干）、支元（地支）。相关内容请参见下文第二十八章"天元一气，定侯伯之迁荣。支作人元，运商徒而得失。"（诸家"三元"观点汇总，参见书后附录：表六。）

---

① 明代万民英注文录自《四库·三命通会》，以下简称［**万版**］（参见《点校凡例》第一条和第八条）。

第二章

以干为禄，向背定其贫富。以支为命，详逆顺以循环。

[徐注]“干”者，是生日天元也。看干下有何支，支内有何人元，而与生日天元为禄，或有禄印，或有财帛。假令六甲日生人，甲子生旺，甲寅建禄，甲辰为财库，甲午为妻财，甲申为官印，甲戌为财官。其甲子以水生木。如秋生，并十二月生，则有官贵命，官印无失。甲以庚辛为官，印为子，有癸善制其丁。故曰“癸乃甲之印绶”也。更须消息四柱内外，吉凶轻重，而配其休祥。其言不可大疾［“太疾”亦合］，疾则不尽善矣。“向”者，要生日天元向其禄马也。如无禄马向其财帛，或有向其寿限，向其旺相也。假令六甲生日天元，若得夏至生，而居辰、戌、丑、未，并丑位之上［“并五位之上”不合］，则有财帛，及有祖基。若是秋生，居巳、酉、丑、申、戌，四柱之内，别无丙丁，则甲之向禄也。甲以金为官印，秋生金旺，故曰“向”也。若运到西方者，亦向禄也。运行南方及四季亦向财也。若生月内，有官印于生日天元，则主官出祖宗。如生月及支内，有财于生日天元，则主有祖财。若生时支内有财，别无刑冲［“别无冲刑”亦合］克破，则主自立财［“则主自立”不合］。其论官、论财，更须精其休旺轻重言之，财库并旺相为佳。官长生、官库、官旺相为妙。“支”者，十二支也。支内有天元，十干甲禄在寅，乙禄在卯之类，宜生日天元取年、月、时中内天元配其吉凶，或有财帛，或有官印，或寿或夭。假令甲日天元属木，取金为官印，取土为财帛，见丙为寿星，见乙并亥卯未为劫财，合用官印或财帛须精休旺言之。

[疏证]徐注明确提出“干者，是生日天元也”，并提出“禄”两种不同含义：一种是看四柱地支是否临官，如甲禄在寅、乙禄在卯之类；一种是看官禄，如：“若是秋生，居巳、酉、丑、申、戌，四柱之内，别无丙丁，则甲之向禄也。甲以金为官印，秋生金旺，故曰‘向’也。若运到西

方者，亦向禄也。”下文徐注中对“禄”之诠释和运用大都偏向于“官禄”，但个别章节也体现“临官”之义。至于对“以支为命，详逆顺以循环”并未提出见解。

徐曰，此“干”者，是生日之天元也。要定其贫富，则看日干下有何支，支内有何人元，而与生日天元为禄，或有禄印，或有财帛，向背如何？假如六甲日生人，甲子生旺，甲寅建禄，甲辰为财库，甲午为妻财，甲申为官印，甲戌为财官。其甲子，以水生木。如秋（申酉戌月）生，或十二月（丑月）生，皆为金气，则会有官贵命，支下子水印，可谓官印无失矣。甲以庚辛为官，印为子，有癸善制其伤官丁火。故曰“癸乃甲之印绶”也，即癸是护甲官之印绶。“以支为命，详逆顺以循环”就是更须消息（此处“消息”当动词，即把握消长状态）四柱内外，吉凶轻重，而配其官禄休祥（即吉祥）如何。其言不可有背禄之大疾出现，疾则不尽善矣。“向”者，则要生日天元向其禄马也。在徐注中，禄有时指建禄，有时指官禄；马有时指财帛，有时指驿马，须根据上下文来理解。此处禄马应指官禄和驿马，故又曰：如四柱无禄马向其财帛之气，却有向其寿限，即向其旺相之气亦不失佳命也。可见在徐注中，日主之旺相并不比官禄财帛重要，当然在缺乏官禄财帛之命中，旺其寿限亦是人生之幸。假如六甲生日天元，若得午月夏至生，而四柱居辰、戌、丑、未，并丑位之上，则有财帛，及有祖基。若是三秋生，居巳、酉、丑、申、戌，四柱之内，别无丙丁，则甲之向官禄也。甲以金为官印，秋生金旺，故曰“向禄”也。若运到西方者，亦向禄也。运行南方及辰戌丑未四季亦向财也。若生月内有官印，对于生日天元来讲，则主官出祖宗。如生月及支内有财，对于生日天元来讲，则主有祖财。若生时支内有财，别无刑冲克破，则主中年后自立财。其论官禄、论财帛，更须精其休旺轻重言之。财帛以财库并旺相为佳。官禄以长生、官库、官旺相为妙。“以支为命”之支者，指十二支也。支内有天元，十干甲禄在寅，乙禄在卯之类。此“禄”指寿禄，属日元有根，再见食神为真寿星也。当然要并重天干，宜生日天元取年、月、时中内天元配其吉凶，看或有财帛，或有官印，或寿或夭。假如甲日天元属木，取金为官印，取土为财帛，见丙为寿星，食神可制杀免灾，见乙并亥卯未为劫财，以上合用于官印或财帛，须精推四柱休旺方言之。

[释注]［王注曰］，“干”，犹木之榦也，榦强为阳；“支”，犹木之枝也，枝弱为阴。十干之禄寄于十二支中，阳道顺行，阴道逆运。阳禄自生而顺数，阴禄自死而逆数，皆遇本音临官以寓焉。且如甲禄在寅，甲日阳禄自亥长生中，向阳而顺数到寅位临官［“寅为临官”亦合］也。乙禄在卯，乙日阴禄，自午死气中，背阳而逆数至卯为临官也。此盖阳生则阴死［“阴化”不合］，阴生则阳死，阴阳二气交媾万物由此以生也。唯人物之最灵者也，禀一气而贯三才。以干禄所主者，贫富也，或坐禄向禄者，不富则贵。或破禄背禄者，不贫则夭。譬甲禄在寅，命得寅以坐之，〈复〉遇丑以向之，逢申以破之，见卯以背之。《经》云：“向禄则生，背禄则死。”故禄前一辰曰“羊刃”，禄后一辰曰“禄库”，此所谓“向背定其贫富”者欤。十二支曰“命”，命之所司者，修短定焉。盖得之以顺者，则命之所遇于五行生旺三合六合者也。不顺者则逢休囚六害四冲三刑者也。人之禀受阴阳逆顺之气，在乎支干之中，周而复始，往来循环。如寒暑之运四时而无穷者也，得此者寿，失此者夭。故曰：“以支为命，详逆顺以循环。”

李注曰，十干为禄，甲禄在寅，乙禄在卯，丙戊禄在巳，丁己禄在午，庚禄在申，辛禄在酉，壬禄在亥，癸禄在子是也。此言向者可定其富，背者可定其贫，大约如此，不可一途而取也。防有时日遇吉神，须通变消息。十二支子丑寅卯辰巳午未申酉戌亥，以为命。阳男阴女从生月顺行，阴男阳女从生月逆行。

昙莹注曰，干禄推之有向背，吉凶究之有浅深。背而逆之者，可定其贫；向而顺之者，以言其富。然而不在一途而取轨，亦有逢背禄而不贫，于是支作人元，运会从而得失［“运商徒而得失”不合］，男迎女送，否泰交居，会吉会凶，作用定矣。

[疏证] 王注曰，“干”者，犹木之干也，“干”坚强为阳；“支”者，犹木之枝也，“枝”柔弱为阴。十干之禄寄于十二支中，阳干依支道顺行，阴干依支道逆行。阳干禄自长生宫而顺数，阴干禄自死宫而逆数，皆遇本干音（字音）所寓之支为临官焉。且如甲禄在寅，甲日阳禄自亥长生中，向阳而顺数到寅位，即临官也。乙禄在卯，乙日阴禄自午死气中，背阳而逆数至卯为临官也。此盖阳生则阴死，阴生则阳死，阴阳二气交媾万物由

此以生也。唯人类为最灵长者也，禀一气而贯三才。以干禄所主者贫富也，或坐禄向禄者，不富则贵。或破禄背禄者，不贫则夭。譬如甲禄在寅，命得寅以坐之，甲寅人复遇丑冠带以向之，逢申绝地以破禄之，见卯帝旺以背离之。《经》云："向禄则生，背禄则死。"故禄前一辰曰"羊刃"，禄后一辰曰"禄库"，此所谓"向背定其贫富"也。十二支曰"命"，年命之所司旺衰者，可定寿修短焉。大概来讲人命顺者，多因所遇于五行生旺三合六合者也。命不顺者，则逢休囚六害四冲三刑者也。人之禀受阴阳逆顺之气，在乎支干之中，周而复始，往来循环。如寒暑之运四时而无穷者也，得此旺者寿，失此衰者夭。故曰："以支为命，详逆顺以循环。"

此处提到"禄前一辰曰'羊刃'，禄后一辰曰'禄库'"，如以天干临官为中心按地支原顺序推，推出五阳干甲、丙戊、庚、壬，"羊刃"在禄前一辰分别在卯、午、酉、子，"禄库"在禄后一辰分别在丑、辰、未、戌；推出五阴干乙、丁己、辛、癸，"羊刃"在禄前一辰分别在辰、未、戌、丑，"禄库"在禄后一辰分别在寅、巳、申、亥。但《五行精纪》引《八字金书》曰："禄库，甲乙库未丙丁戌，戊己壬癸辰中立；庚辛若向丑中行，一生衣食终须吉。"即甲乙库未，丙丁库戌，戊己壬癸库辰，庚辛库丑。按王注"禄后一辰曰禄库"推，不但五阴干推出寅、巳、申、亥非禄库，连五阳干推出丑、辰、未、戌亦无法对应禄库。如将王注所谓"禄库"仅作四库而言，则五阴干应以天干临官为中心按地支原顺序反推，推出五阴干乙、丁己、辛、癸，"羊刃"分别变为寅、巳、申、亥，"禄库"分别变为辰、未、戌、丑。但《五行精纪》《渊海子平》《三命通会》等众多命籍所载五阴刃皆为四墓，而非四孟，可见王注在羊刃观点上与古法看法不同，反而与近代《命理探源》《千里命稿》等书一致。（"羊刃"可参见下文第七十一章昙莹注）

李注曰，十干为禄，甲禄在寅，乙禄在卯，丙戊禄在巳，丁己禄在午，庚禄在申，辛禄在酉，壬禄在亥，癸禄在子是也。此言向者可定其富，背者可定其贫，大约如此，不可一途而取也。读者须留意，此章李是从火土同行而言，其下文第八章"言勾陈得位者，戊己人生於七月，母在子乡有信而仁"，却从水土同行角度阐述。不过亦要防有背禄之命，却时日二柱遇吉神，须通变消息断之。十二支为子丑寅卯辰巳午未申酉戌亥，以支为命。要定命运干禄向背，阳男阴女从生月顺行，阴男阳女从生月逆行，故看干禄旺衰是以生月出发为主。

昙莹注曰，干禄推之有向背，吉凶究之有浅深。背禄而逆之者，可定其贫；向禄而顺之者，以言其富。然而不在一途而取轨，亦有逢背禄而不贫者。于是要看支作人元，看运向背从而定得失，阳命男迎女送，否泰交居，会吉会凶，作用相反而定矣。

此章王注中“《经》云”不知为何书，可参见下文第十八章东疏部分。“六害”者，参见下文第三十六章。王、李、昙莹所指“干禄”泛指天元临官，落实在四柱中论贵贱寿夭则围绕年干看禄，诸家详细解释天干如何阳顺阴逆依十二支命得出临官禄位。并指出何为“向禄”，何为“背禄”。所谓“向禄”是指天干阳顺阴逆十二宫临官之后位，所谓“背禄”是指临官之前位。如甲之向禄为丑，背禄为卯，而乙之向禄为辰，背禄为寅；丙之向禄为辰，背禄为午，而丁之向禄为未，背禄为巳。结合大运以此类推，可定其贫富。不过针对“干禄向背”之说，李、昙莹两人都认为只是“大约如此，不可一途而取也”，“亦有逢背禄而不贫”者，故还要详察“以支为命，详逆顺以循环”，当然亦离不开三命中纳音身。（参见下文第二十九章“但看财命有气，逢背禄而不贫。若也财绝命衰，纵建禄而不富。”）

［新雕］李注曰，十干为禄，甲禄在寅，乙禄在卯，丙戊禄在巳，丁己禄在午，庚禄在申，辛禄在酉，壬禄在亥，癸禄在子是也。此言向者可定其富，背者可定其贫，大约如此，不可一途而取也。防有时日遇吉神，须通变消息。十二支子丑寅卯辰巳午未申酉戌亥，以为命。阳男阴女从生月顺行，阴男阳女从生月逆行。

东疏曰，五行定体为人之禄命身。“禄”者，禀阳气而生。“命”者，附阴而长。“向背”者，阳干顺行，阴干逆行，以五行精旺休养衰定其贫富也。若当生时值日月，干相对于命，本干须生月日时；本干却衰，如月干下日，日干下时，时干下旺，各为福旺之人也。若却月日时干主则为福长，详此以福力旺盛如禄，则受其福，却禄旺盛，如福必干枯之，禄必定贫寒。若是两停，衰亦却有福。子午人，卯酉为魁罡。卯酉人，子午为魁罡，寅申巳亥人亦此例是也。六阳支顺行，六阴支逆行，阴阳支干皆前后五辰两处，名“支德合”。若人生月日时得遇者，如不隔位，又后遇者，主有大福。假令壬寅人，六月丁未，又得丁酉日是也。循环者，疏在下句。

［**疏证**］李注见上文。

东疏曰，四柱推贫富寿夭来自于五行定为禄命身一体。“禄”者，禀阳气而生，体现在天干；“命”者，附阴而长，体现在地支。“向背”者，就是阳干顺行地支十二宫，阴干逆行地支十二宫，依天干在十二宫中旺休养衰之位定其贫富也。至于此“干”是以年干或月干、还是日干或时干为主，除上面徐注明确定为日干外，其他诸家都未加以说明。本书认为，古法中所谓“干禄”在狭义上指主本两干（即日干、年干）逢地支临官位，广义上指年月日时天干在四柱地支中得生旺之气。东疏此章部分句子别拗生涩，为尽量阐述原义，下面逐句解释：

“若当生时值日月”者——如当禄命身三元出生时正值日于月令，则为旺相。

“干相对于命，本干须生月日时”者——天干相对于支命来讲，不一定只是依赖于月令是否值日，本干（即年干）只要在月日时三柱任何一支得禄或得生旺亦可。

“本干却衰，如月干下日，日干下时，时干下旺，各为福旺之人也”者——如逢年干不得令而衰弱，但只要日干在月下得禄或生旺；或日干坐衰支且不得月令，但只要时干在日下得禄或生旺；或时干并不在日下得禄或生旺，但只要时干坐支下自旺，亦各为福旺之人也。为何唯独不提“年下月”？鬼谷子曰“大抵年为本则日为主，月为使则时为辅。”“使”即是“用”，可见月柱是出镃基或用神之最佳场所，如月干坐支已经衰败，要借他支得禄或生旺亦为徒劳。

“若却月日时干旺则为福长，详此以福力旺胜如禄，则受其福”者——年干虽衰，但月日时干有一干旺相则亦为福长，如此福力旺盛则如同得干禄，则受其福。

“却禄旺胜，如福必干枯之，禄必定贫寒”者——但年日干皆得禄，他支亦旺盛，其人福禄反必干枯，得禄亦必定贫寒。

学者多留意上面观点，对照下文第五十章，东疏曰："大凡五位俱要阴阳旺盛，五行不衰三，则向旺生者，有福也。便将胎看上祖荣枯，以月观少年向背，以日详中主浅深，以时问老年福德。其本则是禄也，月干日干时干是福也。"即围绕年胎月日时各干旺衰论命吉凶，突破当今学界以为古人论命，非"以年为本"即是"以日为主"的单一思路。

若是两停，衰亦却有福。若年干与日干力量两停不差上下，虽同为衰败但彼此和睦，亦有福气可言。子午人，卯酉为魁罡；卯酉人，子午为魁罡，寅申巳亥人亦此例是也（参见下文第三十四章东疏）。如子午命逢卯或酉入四柱，或卯酉命逢子或午入四柱，其凶性如同魁罡非同一般，寅申巳亥也如此。六阳支顺行，六阴支逆行。起运时（古命书未注明男女命一般即为"乾造"），年上六阳支大运干支则顺行，年上六阴支大运干支则逆行。"阴阳支干皆前后五辰两处，名'支德合'。若人生月日时得遇者，如不隔位，又后遇者，主有大福。"指命中阴阳支干前后五辰前后同时相合，名谓"支德合"。若人命生月日时得遇者，且不隔位，又在后面日时遇者，主有大福。《五行大义》曰："支德者：子德在巳，丑德在午，寅德在未，卯德在申，辰德在酉，巳德在戌，午德在亥，未德在子，申德在丑，酉德在寅，戌德在卯，亥德在辰。此皆以其夫生助之所也。"

举例：

（二）——甲造

乾：壬　丁　丁　〇

　　寅　未　酉　〇

假令壬寅人，六月丁未，又得丁酉日是也。如壬寅人，生于六月丁未，又得丁酉日，干上有日月二丁合壬，支下有月未日酉合寅，上下皆前后五辰相合，且不隔位，乃名曰"支德合"也。（参见书后附录：表三）

[万版]"干"，犹木之幹；"支"，犹木之枝。统言之，干阳而支阴也；分言之，干支各有阴阳也。十干之禄，寄十二支中，阳道顺行，阴道逆转，皆自长生而数，通本音临官以寓焉。此阳生阴死、阴生阳死、自然之理也。以干为禄而推之，则有向背。如甲禄在寅，遇丑则谓之向，见卯则谓之背。故禄前一辰曰"羊刃"，禄后一辰曰"禄库"。《经》云："向禄则

生，背禄则死。”此所谓向背定其贫富者欤！以支为命而详之，则有逆顺。如阳男阴女，从生月顺行；阴男阳女，从生月逆行。人禀受阴阳逆顺之气，在乎干支之中，周而复始，往来循环，如寒暑之运四时而无穷者也。故曰：“以支为命，详逆顺以循环。”昙莹曰：“干禄推之有向背，吉凶究之有浅深。背而逆者，可定其贫；向而顺者，以知其富。然而不在一途取轨，亦有逢背禄而不贫。于是支作人元，运商徒而得失，男迎女送，否泰交居，会吉会凶，作用定矣。”

［**疏证**］万注前部分大致引自王注，后部分为“昙莹曰”。万注对干禄之观点基本与王、李、昙莹、东四家无异。对于徐注中强调“干”是生日天元，在向背禄神认识上不同之观点，万注未论及。

第三章

运行则一辰十岁，折除乃三日为年。精休旺以为妙，穷通变以为玄。[①]

［徐注］行运则一辰十岁，折除乃三日为年。折除者，一年二十四气，七十二侯。命有节气浅深，用之而为妙。假令六甲日生人，以金为官印，得六月下旬生，则有官印者，［兼］有祖财。更若顺行，阳运［“阳命”合义］则为佳，逆行则运背矣。甲以金为官印，南方火能夺甲之贵。南方火土之分，却向财帛。若七八月尤佳。若六月上旬或中气生，则无官。若年、月、时在申［“甲”不合］、巳、酉、丑位，更运行西方，则却有官印，而亦荣显也。若六月中气或初气下生，却更年与时在寅午戌、亥卯未［“巳卯未”不合］之位，更天元有丙丁，只是商贾［“商徒”不合］之命也。其五行休旺，已具前述［“前术”不合］。凡看命见贵贱，未可便言，且精四柱内外，天元并三合有无克夺所有之贵。假令壬午日生，乃禄马同乡，切不可年、月、时、中有甲乙并寅卯，若春生则甲乙旺，土死则壬背禄也；若夏秋生虽见甲乙寅卯亦有官印；夏生土旺则官印旺也，秋生则甲乙绝而无害，余仿此。假令壬子年，壬子月，丙申日，辛卯时，然丙申、辛卯，天地六合。被太岁是壬子，更壬子月，二壬刑于卯位，此合而不合也。若丙取辛作妻，定因财致祸，而身灾也。凡看命，切详内外五行相合有无忌神，更看所用者内外天元得浅深向背而用之。

［疏证］四柱排起大运只需根据出生日，按年柱阳男阴女顺数至下一个节气，或阴男阳女逆数至上一个节气，以三日为一年、一日为四个月、三时辰为一个月、一时辰为十天得出起大运之时间。再依阳男阴女顺排或阴男阳女逆排之规律，从生月前后干支引出首个大运。徐注中提到“一年

---

① 释注本为“穷通变以为元”。

二十四气”中包含有十二个节气和十二个中气，还提到“七十二侯”，其实十二中气和七十二侯在排大运过程中可以忽略，徐只不过是以此阐述月令气之深浅对天元之强大影响力。假如六甲日生人，以金为官印，在未月中气或初气生，则火土有余气，再遇年时在寅午戌亥卯未木火之位，更有天元丙丁透出，只是火土食伤生财为商贾之命。如在未月下旬或申酉月出生，或若年月时在申、巳、酉、丑位，更运行西方，则有官印显荣也。当然六甲人未月下旬生，则以阳命顺行为佳，逆行则运背矣。

凡看命定贵贱，未可见官禄与否便断言，且要精究四柱内外，天元并三合有无克夺所有之贵。

假如壬午日生，日主禄马同乡（午中有己土官星为禄，丁火财星为马），切不可在年、月、时中有甲乙并寅卯食伤，壬水若春生则甲乙木旺，土死则壬背禄无官也。若夏秋生虽见甲乙寅卯亦有官印，为何？因夏火焚木生土、秋金制木护土则官印存焉。下面举例：

（三）——甲造

乾：壬　壬　丙　辛

　　子　子　申　卯

丙火子月为衰，壬杀当令，后人当视为七杀格。日主得时支卯印化杀，但木不透干，化杀力量有限，故丙火极度衰弱。然丙申与辛卯天地合，卯木贪合忘生，丙辛如化气为水成功，亦不失为佳造。可惜二壬支子刑于卯位，坏了申卯合，所谓“合而不合也”。如此一来，日弱杀重而制化不力，若丙取辛作妻财，财一方面耗尽日主元气，一方面财滋杀攻身，故“定因财致祸，而身灾也”。所以“凡看命，切详干支内外五行相合有无忌神，更看所用者内外天元得浅深向背而用之。”徐注此处指“所用者”是指财官或有利于追求财官之神，其与《玉井奥诀》所谓“月气浅深，何者主权”之用神不是一个概念，后者是依据月令之客观存在，是命局中所占据主导地位最有力量最能作用于命局之某五行干支之气，从十神角度看就是最有用之神，简称“用神”（参见下文第七章徐注，第二十四徐注万注）。用神一旦确定，再看对日主之喜忌如何？如（三）——甲命造日弱七杀为用为忌，表面看丙辛合似乎妻财来就日主，如同六爻中财爻来合世爻主得财，却不知八字命理财会破印滋杀伤身。徐注举此命例是欲以阐明珞琭子“精休旺以为妙，穷通变以为玄”之重要性。

［释注］王注曰，物不精不为神，数不妙不为术。故“精”者，神之所合，“妙”者，智之所通。术之机微，可以性释而已。夫运者，人生之传舍。推命之说，先以三元、四柱、五行生死格局致合以定根基，然后考覈运气协而从之，以定平生之吉凶也。且根基如木，运气如春，春无木而不著，木无春而不荣。赋以根基浅薄者，如蒿莱之微，春气潜发亦能敷茂，［“岂能”合义］久耶？根基厚壮者，如松柏之实，不为岁寒之所变也。此所谓先论根基，后言运气者欤。大运一辰十岁者，何也？盖一月之终晦朔周而有三十日，一日之内昼夜周而有十二时，总十日之运气，凡三日有三十六时，乃见三百六十日为一岁之数，在一月之中有三百六十时，折除节气算计三千六百日为一辰之十岁也。人生以百二十岁为周天，论折除之法者，必用生者实历过日时数其节气以合岁月之数也。故阳男阴女，大运以生日后未来节气日时为数，顺而行之。阴男阳女，大运以生日前过去节气日时为数，逆而行之。譬之甲子阳男十二月二十四日巳时生是月也。二十九日申时立春，阳男数以未来之日，自二十四日巳时至二十五日巳时方是［“方曰”亦合］一日之实数，至二十九日申时正，得五日三时之节气，实历过六十三时［“六十三日”不合］，［折除过六十三时］折除计六百三十日，是乃一岁奇九月之大运，起于丁丑，必自十二月生日后实经历过二十有一，是日月运方移宫，是越三岁九月之内方是甲子十二月生，行一岁奇九月之大运也。斯所谓［“以所谓”亦合］大运一辰十岁，折除以三日为年者欤。今人行运多用约法论，以一岁奇八月起运，便以二岁，九月过矣。殊不明折除实历之数也，故著此篇以明学者。所谓“精休旺以为妙”者，论行运至五行生旺之地，如木之得春，其敷荣华实则可知矣。或行运至五行休败之地，如木之逢秋则衰朽枯槁，亦可见矣。人之四柱五行休旺生死之理，在乎悟理穷幽，达微通变，消息以尽形容之妙。故曰：“精休旺以为妙，穷通变以为玄。”

李注曰，古法每行大运一辰十岁，阳男阴女折算未来日，以三日为一年，是一日主四个月，顺行。阴男阳女算过去日，亦三日为一年，是一日主四个月，从生月逆行。旧以月朔计其日数，后来精于术者多以节气为定，从长用之。言能精其五行旺相死囚休废，穷极其通变之理，则为妙又为玄也。

昙莹注曰，凡行大运逆顺，推迁过去节用阳女阴男，未来节用阳男阴女。但管一辰十岁，约在三日为年。推而行之谓之“通”，化而裁之谓之“变”。变通之理，得失［“得矣”不合］吉凶之义存焉。故能为妙为玄，尽善尽美。

［**疏证**］释注本引《消息赋》原文为“穷通变以为元”，原赋文为“穷通变以为玄”。此由于清朝纂校官为避康熙皇帝玄烨之名讳而改“玄”为“元”（参见下文第八章徐注）。

王注曰，物不精炼不为神，数不玄妙不为术。故精者乃神之所相合，妙者乃智之所相通。命术之机微玄妙，只可以从性质上解释而已。大概讲“运”者，似人生流动之屋舍。推禄命之说，先以三元四柱、五行生死、格局致合以定根基，然后考覈（“覈”为“核”异体字）运气协而从之，以定平生之吉凶也。所谓“格局致合”指原命格局至贵贱于何层次（参见下文第四十四章王注、第六十四章万注）。且命基如木，运气如春，春无木而不显明，木无春而不发荣，论命不看命则为妄断。指根基浅薄者，如蒿莱野草之微，虽逢春气潜发亦能敷（开花）茂（茂盛），可其能久乎？根基厚壮者，如松柏之实，不为岁寒之所变也。此所谓先论原命根基，后言运气者欤。

“大运一辰十岁者，何也？盖一月之终，晦朔周而有三十日，一日之内昼夜周而有十二时，总十日之运气，凡三日有三十六时，乃见三百六十日为一岁之数，在一月之中有三百六十时，折除节气算计三千六百日为一辰之十岁也。”其中“晦朔周而有三十日”应属于阴历，“晦”指阴月末一日，“朔”指阴历初一日，每月晦朔前后一、二日不见月亮。禄命八字采用干支纪年纪月法，不以阴历初一为分界线，而是以节令为准，交节前为上个月节令，交节后为下个月节令。

“人生以百二十岁为周天”者，皆因一日有十二时辰，一年有十二月，而八字以日为主、以年为本，故人命以十二运为一周天也。论折除之法者，必用生时前后节气以合岁月之数而算出起大运时间。故阳男阴女，大运以生日后未来节气日时为数，顺而行计之。阴男阳女，大运以生日前过去节气日时为数，逆而行计之。举例：

（三）——乙造

乾：甲　丁　○　○

　　子　丑　○　巳

譬如阳男甲子年十二月二十四日巳时生。二十九日申时立春，阳男命顺数未来之日，自二十四日巳时至二十五日巳时方是一日之实数，至二十九日申时正，得五日多三个时辰，实为六十三时辰，以一时辰折合十日计，共六百三十日，乃二十一个月。则一岁零九月起大运，起于丁丑，必自十二月生日后实经历过二十一个月，逢二个立春，虚岁三岁零个九月，即甲子人丁丑月生，经乙丑年，至丙寅年戊戌月起大运，亦即“行一岁奇（余数）九月之大运也”。其中要法皆依据出生日，按年柱阳男阴女顺数至下一个节气，或阴男阳女逆数至上一个节气，以三日为一年、一日为四个月、三时辰为一个月、一时辰为十天得出起大运时间，此所谓“折除以三日为年”者欤。王言“今人行运多用约法论”，“约法”指粗略计法，如本以经一岁零八月后起运，却言大约以二岁起运，如此则超过一岁零九月有三个月矣。此类殊不明折除实历之数，故著此篇以明示学者。

所谓“精休旺以为妙，穷通变以为玄”者，王注简明，此不赘述。

李注曰，禄命古法每行大运一辰为十岁。阳男阴女折算未来节气日，以三日为一年，是一日主四个月，从生月顺行排大运。阴男阳女算过去节气日，亦三日为一年，亦是一日主四个月，从生月逆行排大运。但旧时以阴历朔日作为月份交接计其起运天数，后来精于术者多以节气为定，从此长用之。如此则言能精其五行旺相死囚休废，穷极其命理通变之理，则为妙玄也。

昙莹注曰，凡行大运逆顺，推迁过去节用阳女阴男，未来节用阳男阴女，但管一辰十岁，约在三日为年。推而行之谓之“通”，化而裁之谓之“变”。故“穷变通以为玄”也。

以上诸家论述起大运主流方法与现代学者观点相同。另外从中亦了解到王、李以前推演起大运曾有“约法”和“月朔法”存在，实践证明其误差甚大。

［新雕］李注曰，古法每行大运一辰十岁。阳男阴女折筭未来日，以三日为一年，一日主四个月，〈从生月〉顺行。阴男阳女筭过去日，亦三日为一年，是一日主四个月，从生月逆行。〈须凭节气，故云“折除”。〉［旧以月朔计其日数，后来精于术者多以节气为定，从长用之。］言能精其五行旺相死囚休废，穷［极］其通变之理，则为妙又为玄也。

东疏曰，“运”者，气也。天真元气运动循环，无有休息者。人立法制，又定为人之运气也。盖人禀天真元气而生，其气运行不以男女，俱起于子。“子”者，元气发生之始也。所生之后，左右分行，故为阴阳也。阳自戊子顺行三十得戊巳，配天数之奇象，阳气之左行也。阴自庚子逆行二十得辛巳，配地数之偶象，阴气之右行也。其阴阳二气俱至于巳，而阳奇阴偶之数，合天地之数五十。故人神气传胎结孕于巳，故巳为受胎之始。自受胎之后，男自丁巳顺数十月得丙寅，故男行年一岁起丙寅也。女自辛巳逆数十月，得壬申，故女行年一岁起于壬申，常言“小运”也。大运一辰十岁，以三日为一年，阳男阴女顺行，未来日筭。阴男阳女逆行，以过去日也。常年“大运”也。其中月须专取得节后几日，不以月一日为正也。其大运从月干而起，则便是气运也。如别有运气者，则虚说，脱其宗体也。其三日为一年者，所为天阳十干，皆在阴阳月日中生也，其十干从月初，一二三日，日中生甲；四五六日中生乙；七八九日中生丙；十十一十二日中生丁，只言此三日生一干，以日月配生之足。故一月有三十日，生十干也。故三日为一年起运是也。精者，明也。旺者，盛也。旺休死绝，五行当旺盛为强，死绝胎墓成形沐浴皆为休是也。当五行正旺时生，为人有通变福寿，好用谋略也。当五行衰休时生，为人为性酷毒鬼害，诳诈残疾也。假令六戊人，在九月癸亥日丑时是也，得五行都旺也，其九月干壬水日干癸水，其水都在旺位，名贵绝之地，主有福寿。假令乙卯人，五月辛酉日甲午时是也，乙卯禄命是木，于八月受胎，人中破绝。五月木死，酉日木又绝，午时木亦死，木身又是绝○○○。

［疏证］《新雕》李注与前面释注本李注基本相同（“筭”为“算”异体字），只不过释注本李注多出有“旧以月朔计其日数，后来精于术者多以节气为定，从长用之”衍句，与本章东疏所谓“其中月须专取得节后几日，不以月一日为正也”观点相同。可见起码在宋朝前，以阴历月朔而非

节气来计算起大运时间之法确实曾经存在。

本章东疏有两方面值得关注：一是排小运之法与后人按醉醒子以时辰起不同，即男行年一岁顺起丙寅，女行年一岁逆起于壬申，为“常言小运也”，大运则仍按“节气法”算。二是起首大运与诸家不同，一般起大运，依生月前后干支起顺行逆行，而东疏则从生月本干支起运。考诸家注例，惟有徐注（三十六）——乙造起大运与东疏同，详见下文该章。

东疏曰，“运”者，气也。天地间真元之气运动循环，无有休息停顿。人命四柱立法排运，又定为人之运气也。盖人禀天真元气而生，其运气不以男女区别，俱起于子。子者，元气发生之始也。气所生之后，左右分行，故为阴阳也。阳自戊子顺行三十得戊巳（应为丁巳），配天数之奇象，阳气之左行也。阴自庚子逆行二十得辛巳，配地数之偶象，阴气之右行也。其阴阳二气俱至于巳，而阳奇阴偶之数，合天地之数五十。人神气传胎结孕于巳，故巳为受胎之始。自受胎之后，男自丁巳顺数十月得丙寅，故男行年一岁起丙寅顺行也。女自辛巳逆数十月，得壬申，故女行年一岁起壬申逆行，常言小运也。此段关于小运（行年）来源之解释，后人难以琢磨来龙去脉，不如萧吉《五行大义》写得明白：“六甲者，男从丙寅左行，女从壬申右转，并至其年数而止，即是行年所至，立于其处也。可从算以推之，男以实年加二算而左数，女以实年加一算而右数，并从甲子旬始，尽其算，即是立处也。其以男从丙寅数，何者？日生于寅，日为阳精，男从阳，故取日，丙为太阳，故取丙以配寅。女从壬申数，何者？月生于申，月为阴精，女从阴，故取月，壬为太阴，故取壬以配申。阳故左行，阴故右转。”

大运一辰十岁。起初运时间，以三日为一年，阳男阴女顺行，从出生日至未来交节日筭（“筭”为“算”之异体字）。阴男阳女逆行，以出生日至过去交节日计算也。这就是常言起大运之法也（原文“常年”为“常言”之讹）。其中月令须专取节气交脱日后确定，不以阴历月初一日为正也。其首步大运从生月而起，则便是气运也，非同诸家排大运皆从生月后月起，此点在东疏命例中有所运用，但并非皆照此推，读者须留意。东认为如别有起运气者，则为虚说，脱其正宗本体也。

其三日算为一年者，因十干属于天阳，皆在阴阳月日中生也。其十干在每月三十日中各有生气之日，从月节气后起，一二三日中生甲；四五六日中生乙；七八九日中生丙；十十一十二日中生丁，余干仿此推。只言此三日生一干，以日月配生之足。故一月有三十日，共生十干也。六十甲子中，每干为一年，故三日为一年起运是也。但事实上，每月干支在排日顺序上不会固定，东疏所谓“一二三日中生甲、四五六日中生乙”等云云，其理论出处及实际运用，后世难觅其踪影。“精休旺以为妙，穷通变以为玄”是对偶句。“精”者，精通也；旺者，旺盛也。旺休死绝者，五行当盛时为强为旺，死绝胎墓成形沐浴皆为休时是也。故此二句应理解成：惟有明白五行干支休旺之规律才能得其奥妙，惟有穷尽五行干支之变通才能得其玄秘。而非东疏所谓“当五行正旺时生，为人有通变福寿好用谋略也；当五行衰休时生，为人为性酷毒鬼害诳诈残疾也。”举例：

（三）一丙造					（三）一丁造					
乾：	戊	壬	癸	癸	乾：	乙	壬	辛	甲	受胎：癸
	○	戌	亥	丑		卯	午	酉	午	酉

（三）一丙命造，年干戊土得月令戌墓有根气，月干壬水坐冠带，日主癸水皆得亥丑拱子为禄，四干都在旺位，名贵绝之地。东疏以年月日时干旺衰论命吉凶观点可参见上文第二章和下文第五十章。不过东疏仅从干禄角度就得出此命“主有福寿”，根本不提支命和纳音身，未免过于粗略。（三）一丁命造，年干禄支命皆是木，本来木受胎于八月酉宫就先天不足，再逢月时午宫为死地，又遇酉日绝地；日主辛金坐禄处于两午中间，也无生机可言，在东疏看来则“当五行衰休时生，为人为性酷毒鬼害诳诈残疾也。”

东疏此处曰“旺休死绝，五行当旺盛为强，死绝胎墓成形沐浴皆为休是也。”与其下文第二十六章曰“其五行有旺衰，死绝胎墓成形沐浴六位，皆为余盛帝旺之地也。”皆与与旺对立。故下文第五十三章有“若人之命与纳音身在长生、帝旺、临官、冠带、衰、病此六处生者”之句。但文末第七十七章其又所谓“夫‘六位旺处’是：长生、冠带、临官、帝旺、衰、成六位也。‘六位绝处’：病、死、墓、绝、胎、沐浴。”不同。前者强调的是“休”，带“成形”；后者强调的是“绝”，带“病”，其余死、绝、胎、墓、沐浴五位皆同。（参见本书附录：探索东方明“旺衰吉凶”之我

见）

［万版］先言干支，则八字定矣。行运，乃三命之最要者。故首举其法，以示人焉。运行，则一辰十载；折除，乃三日为年。此古人立运之法也。折除要明实历之数，命有节气浅深不同，运有就生就节互异，中间或休或旺，要与八字符协。有喜生旺而恶休败，有宜休败而嫌生旺，千变万化，非达玄通幽消息，以尽造化之妙，其孰能与于斯？

［疏证］万注此处对起排大运并未详述，大概明朝始对大运起排方法已趋于统一。不过万注提出起运“折除要明实历之数”，是对前人“約法”和“月朔法”之否定，另外推出要辩证看待四柱中五行休旺，“要与八字符协”。既要干支“喜生旺而恶休败”，又要干支“宜休败而嫌生旺”，如此方能真正达到“精休旺以为妙，穷通变以为玄”之境界。

第四章

其为气也，将来者进，功成者退。如蛇在灰，如鳝在尘。[①]

[徐注]“气”者，四时向背之气也。假令六甲六乙［“六甲乙”不合］生日，春生，则无官；夏生，则有财；秋生则向禄；冬生则生旺。秋生得申巳酉丑或壬戌庚辰，则有官印重矣。若生时却居寅午戌巳上，更有戊己丙丁在时中，则官减半言之。如本位犯丙丁南方火位亦夺甲之印也。五行当权者用之为福；不当权者用之无庆。假令金用火为官印，九夏生则向官，七月生则气退，即官不迁进也。当用之神旺相则有庆［“则神庆”不合］；死囚休败则退也。又如，水命人以土为官印，却得十月、正月、二月生，虽有土而不中用，以五行退，则不当权而休息，此论五行气退罢权［“气足罢权”不合］之道。如蛇鳝之在灰尘，则何可长久也？

[疏证]徐注认为，“气”，乃四季之气，将来者进则谓之“向”，功成者退则谓之“背”。一气当令，必有一气背令。假令六甲六乙生日人，春生木旺，则无官；夏生火土旺，则有财；秋生金旺，则向官禄；冬生水旺，则泄禄生旺。秋生得申巳酉丑或壬戌庚辰，则有金水官印相重矣。若生时却居寅午戌巳上，更有戊己丙丁在时中，火土烤金，则官禄减半言之。如日主本位犯丙丁南方火位亦夺甲之官印也。五行当权而旺者用之为福禄；不当权而退气者用之无吉庆。假如金用火为官印，九夏（参见下文第十七章徐注）生则向官，七月生则气退，即官不迁进也。当用之神旺相则有吉庆；死囚休败则退福也。又如，水命人以土为官印，却得十月、正月、二月生，虽有土而不中用，因五行气退，则不当权而休息，此论五行气退罢权之道。为何言“十月、正月、二月生，虽有土而不中用”？因十月为亥，正月为寅、二月为卯，其中皆有木气也。要注意在子平学说中，

① 释注本在“将来者进”后印有衍句“其为形也”。

财官是禄命所关注之终极目标，在当权者用神并不支持财官之情况下，凡八字组合最有利于财官之五行十神皆要加以利用，同样为水命人生于亥、寅、卯月，虽有土而不中用，但有火泄木生土，亦谓败中有成，不至于一生碌碌无为矣。所以命中之用神与命主财官之神有时并不一致，则要看四柱中是否有其他五行生扶发挥作用（参见下文第七章徐注、第二十四徐注万注）。“如蛇鳝之在灰尘，则何可长久也?”是比喻与月令背道而驰之五行如无救助则难以作为。从徐所谓“当用之神旺相则有庆；死囚休败则退也”看，水命人生于亥、寅、卯月，土水皆向病死墓绝同行也，此观点与其下文第六十一章“水土同行”一致。但其第二十九章所谓“土绝在亥，故以土日生人，运到亥为厄运也”，又体现出“火土同行”之观点，学者应注意甄别研究（参见书后附录：表七）。

［释注］王注曰，太虚寥廓，一气往来，瞬息不停。阴生乎阳［“阴生息阳”不合］，于是乎“息”。阳生乎阴，于是乎“消”。息自息也，消自消也，阴阳错行于四时之中，未始有终穷焉。所谓“将来者进”，如木人得水运，水之将来以生我木，木得水之气以向生，而可以谋进也。功成者退，如木人行火运，木之生火，火既旺，而木消矣。《经》云：“他生我休，理之自然也。”譬之蛇鳝皆属火类，其气休废［“其气尘”不合］而化为灰尘之物，是土进而火退。火之生土是不得志而就意，思而作睿曰“圣”，是圣人［“是故圣人”合义］动则合心而进，静则尽理而退，明五行盈虚之至数，识三元成败之相因，明斯正性，复斯常道，功成名遂身退，天之道也。

李注曰，诸家之注至此俱不明其理，言五行之为气也，播于四时，故言“将来者进，功成者退”，谓五行之气。春木旺则火相，土死金囚水休也；夏火旺则土相，金死水囚木休也；中央土旺［“中火土旺”不合］则金相，水死木囚火休也；秋金旺则水相，木死火囚土休也；冬水旺则木相，火死土囚金休也。五行之用循环进退，人若行运行气，每居一辰之数，相者既进，旺者则退。言如蛇在灰，如鳝在尘，喻功成者退也。蛇鳝火也，《神枢经》云：“穴居囚死为土［“火至囚死为土”合义］，休废为灰。”巳生人三兽，为蛇为鳝为蚓。故知蛇鳝为火，至囚死休废则在尘在灰也。

昙莹注曰，其为气也，刚柔相推而生变化。《易》曰："变化者，进退之象也。"将来进者如春夏，功成退者似秋冬。得运迎之以临冠帝旺，失时背之以休废死囚，则祸福吉凶诚可见矣。灰蛇鳝尘［"灰蛇尘鳝"合义］，翼轸同宫，皆处巳上，或同或异。鳝蚓为水土之属，居尘必忧，腾蛇乃灰火之属［"腾蛇乃灰火之神"亦合］，处灰为乐，顺其所同则吉，乖其所趣则凶。《易》曰："方以类聚，物以群分，吉凶生矣。"

［疏证］王注"太虚寥廓"谓之道，道生一，一气往来，瞬息不停。一生二，阴阳相生，阴生乎阳，既在其中滋长亦在其中消退；阳生乎阴，既于其中消退亦在其中滋长。"息"来自于滋长之地也，"消"来自于消退之方也。阴阳交错行于四时之中，无始有终穷之说。所谓"将来者进"，如木人得水运，水之将来以生我木，木得水之气以向生，而可以谋进也。"功成者退"，如木人行火运，木之生火既旺，而木起消退矣。《经》云："他生我休，理之自然也。"（疑出自《五行经》，参见下文第十八章东疏。）譬如蛇鳝皆属火类，其气休囚而化为灰尘之物，是土进而火退。火之生土是不得志而被动泄气，思而作睿（明智）曰"圣"，是故圣人动则合心（合神，指天道）而进，静则尽理（尽消息之理）而退。引申到为人处世而言，明五行盈虚之至数，识三元成败之相因，功成名遂，急流勇退，天之道也。

李注曰，提到"诸家之注至此俱不明其理"，可知在李仝之前已经有数家《消息赋》注本流传在世。按《新雕注疏珞琭子三命消息赋》李仝所作序文年份推算，当时为宋仁宗嘉佑四年（公元1059年）已亥十二月，比宋徽宗宣和癸卯年（公元1123年）王廷光进书早六十四年，比释昙莹成书于宋高宗建炎丁未年（公元1127年）注本早六十八年，更比明朝万民英《三命通会》早大约五百年。从李注解《消息赋》之命理角度看，与东、王、昙莹一同沿袭仍是李虚中之古三命路线，其并未受到后来子平命理学说影响（徐注成书大概在北宋末南宋初间。详见附录：从《珞琭子三命消息赋注》考证徐子平之朝代）。

至于李注批"诸家之注至此俱不明其理"是哪几家？本书所考（参见下文第三十六章东疏），除东方明注文有可能早于李注外，尚有《新雕》

所载序文中提到“今取郑潾所注”和南宋廖中《五行精纪》中所引《赵氏新注珞琭子赋》，但目前并无发现有郑版、赵版二家善本或残本流传，也不确定赵寔所处年代是否在李仝之前。不过据后来释昙莹在其序文里提到“郑潾李仝得志于前”来判断，郑潾确实是个命理学家，并且可以确定郑潾之注早于李注年代，可惜后人在李、昙莹两人注文中却无法捕捉到郑潾只言片语。李注对珞琭子“其为气也，将来者进，功成者退。如蛇在灰，如鳝在尘”之解释，主要是引用《神枢经》里“火居囚死为土，休废为灰”之观点，认为蛇鳝蚓为巳火，在尘在灰则为囚死休废矣。

昙莹注“其为气也，刚柔相推而生变化”，是对上文第二章珞琭子所谓“以干为禄，向背定其贫富。以支为命，详逆顺以循环。”而言。《易经》曰：“变化者，进退之象也。”论四季，将来进者如春夏，功成退者似秋冬。论禄命，得运迎之以临冠帝旺，失时背之以休废死囚，则祸福吉凶诚可见矣。“灰蛇鳝尘，翼轸同宫，皆处巳上，或同或异”是指在中国古天文二十八星宿里，“翼”为火蛇、“轸”为水蚓，其同居朱雀宫巳位。昙莹注认为两者虽皆处巳火，但仍然“或同或异”。故“鳝蚓为水土之属，居尘必忧。腾蛇乃灰火之属，处灰为乐”，人命五行与蛇鳝相同，顺其所同则吉，乖其所趣则凶。《易经·系辞上》曰：“方以类聚，物以群分，吉凶生矣。”至于中释注本中《消息赋》原文在“将来者进，功成者退”句间插有“其为形也”句，阅诸版《消息赋》原文均无此句，以其对原文含义无影响，此不作探讨。

[新雕] 李注曰，诸家之注至此俱不明其理，言五行之为气也，播于四时，故言之将来者进，功成者退，谓五行之气。春木旺则火相，土死金囚水休也。夏火旺则土相，金死水囚木休也。中央土旺［“中火土旺”不合］则金相，水死木囚火休也。秋金旺则水相，木死火囚土休也。冬水旺则木相，火死土囚金休也。五行之用循环进退，又若［“人若”不合］行运行气，每居一辰有数，相者既进，旺者则退，言如蛇在灰，如蟮在尘，喻功成者退也，蛇蟮火也，《神枢经》云：“灰至囚死为土［“火至囚死为土”合义］，休废为灰。”巳生人三兽，为蛇为蟮为蚓，故知蛇蟮为火，至囚死休废则在尘在灰也。”

东疏曰，其为气也，运气也。过去者运，则名运退；未来者运，则名进。在灰尘也，上小运也，在恶运中，进退都难也。

[**疏证**] 李注见上文。

东疏认为”其为气也”指运气，过去之气名为运退，未来之气名为运进。在灰在尘，身处之小运凶，逢大运吉且进气则无凶；小运吉，逢大运恶且退气则进退维谷也。

[**万版**] 气，五行之气也，播于四时。如春则木旺、火相、土死、金囚、水休，迎之以临官、帝旺，将来者进；背之以休废、死绝，成功者退。五行之气，循环进退，人之行运，每居一辰，相者既进，旺者则退，当权者用之为福，不当权者用之无益。若五行，气过则退，蛇鳝皆属火类，火至囚死为土，休废为灰。巳中三兽，为蛇、为蟮、为蚓，故知蛇鳝为火，至囚死休废则在尘在灰，是土进而火退也。莹和尚曰："鳝蚓为水土之属，居尘必忧。螣蛇乃灰火之神，处灰为乐。"方以类聚，物以群分，顺其所欲，则吉；乖其所趋，则凶。即物可以观造化也。人之行运，虽同一宫，而气有进退；所处不异，而命有生死。见其不可不精休旺、穷通变也。此说得之。

[**疏证**] 万注此处清楚可以看出，"当权者用之为福，不当权者用之无益。"之句出自徐注；"巳中三兽，为蛇、为蟮、为蚓，故知蛇鳝为火，至囚死休废则在尘在灰。"之句出自李注；"鳝蚓为水土之属，居尘必忧。螣蛇乃灰火之神，处灰为乐。"之句明言引自昙莹注；下文第七章亦有部分文句出自王注。可见明朝万所处时代，徐、李、王、昙莹四家《消息赋》注本较为流行，而东疏在万注中通篇未有被引用和提及。上面诸家注疏各有其理，但最阐述最明白恰当应属廖中《五行精论》中："珞琭子言将来者进，功成者退，是月令之奥旨。《神白经》说中气后五日行建旺，如十二月大寒节五日后生，有庚辛者为功成，有甲丙者为将来，盖十二月以金为立事，又庚为天德，却前有立春甲旺丙相，火木有将来之福，如庚辛是功成者也，他宜详此。"

第五章

其为有也，是从无而立有。其为无也，天垂象以为文。[①]

[**徐注**] 此五行论于绝地而建贵也，五行绝处有禄马。假令丁亥、丙子、庚寅、甲申、乙酉、戊寅、壬午、癸巳、己卯、己亥，皆从无，天元受绝休囚之地［“皆是五行天元受绝休囚之地”亦合］，却成贵强之位。《鬼谷》曰：“干虽绝而建日［“干虽绝而建禄”合义］。”《成鉴》曰：“受气推寻，胎月须深，亦当论生日天元破絶而贵也。”《赋》言五行穷絶处无也，絶中建禄则有也。凡此者，皆合大道，贵而清也。《易》曰：“悬象著明，莫大乎日月。”日月者，天之文也。阴阳之柄也。日往则月来，暑往则寒来，皆一生造化［“阴阳造化”合义］之文也。

[**疏证**] 子平学说离不开财官禄马，对“其为有也，是从无而立有”之句，徐认为“此五行论于绝地而建贵也”，“贵”即指禄马。可如果按照“以日为主”来看五行处绝地，应该身衰无疑，再逢禄马岂能贵乎？后人在《渊海子平》里面经常会读到诸如语句：《玄机赋》“一世无权，身衰遇鬼”；《继善篇》“用神不可损伤，日主最宜健旺”，“非夭则贫，必是身衰遇鬼”；《络绎赋》“财旺身衰，因财丧命”。况且下文第二十三章徐注：“‘天元’者，干也。虽临禄马之地，若天元被伤而本气羸弱，则亦不能为荣。假令壬午人四月生，更别位戊己相克，贵而不贵也，可作虚名及无禄言之。”故徐此章列十对干支“丁亥、丙子、庚寅、甲申、乙酉、戊寅、壬午、癸巳、己卯、己亥”，是按从格角度去理解“是从无而立有”。《四库》徐注为“皆从无，天元受绝休囚之地”，《新编》徐注为“皆是五行天元受绝休囚之地”义亦通。

为了确定何为不“从无”，徐注引经据典——《鬼谷》《成鉴》二书

---

① 万版为“天垂象以示文”。

观点：

《鬼谷》即《鬼谷遗文》也，曰："干虽绝而建禄。"指年或日干虽自坐死绝，却得月时建禄。此"建禄"为临官之禄。又引《成鉴》曰："受气推寻胎月须深，亦当论生日天元破絶而贵也。"指天元绝（"绝"古称受气）于月令，推寻到胎月须根气极深，亦可论其作天元破绝之贵神也。徐在整篇《消息赋》注文里有若干处引用到《成鉴》行文，其他诸家则未有涉及者，不知何朝代人士所撰。

又言《消息赋》大意是，五行穷絶处无禄相救则为"无"（从无），如在穷绝中建禄则为"有"（不从无）也。通过徐对第二章"以干为禄，向背定其贫富"；第二十三章"大叚天元羸弱，宫吉不及以为荣"；第三十章"若乃身旺鬼绝，虽破命而长年。鬼旺身衰，逢建命而夭寿"阐述，学者可以清晰认识到徐子平在强调"财官""禄马"之同时，仍然注重日主健旺。

至于"其为无也，天垂象以为文"，徐引用《易》曰："悬象著明，莫大乎日月。"来解说比较可行。此处指八字如同自然界万物，人们无法触摸到之事物表面上似乎为"无"，其实此所谓"无"如同天象中不可缺少之行文部分，每时每刻在日月宇宙不断运行，只是若隐若现而已，故曰"天垂象以为文"。北齐刘昼《新论·慎言》："日月者天之文也，山川者地之文也，言语者人之文也。"天有天文，地有地文，人有人文。《说文解字》："文，错画也，象交文。"即纹也。后来纹理连用，地文亦称地理。

［释注］王注曰，太易未判，万象同体。一气之运，伸于东南，屈于西北。而有无孰［"而无熟"不合］为此者，物之自然也。自无言之，无则入隐而未显；自有言之，有则有象而可名。盖五行乃万物之本，气性流行，错而致用［"功用"不合］。其为有也，事类相感，祸福之变，发而未萌。太空〈生〉阴阳，阴阳生五行，是无从此而有者也。其为无也，则以德［"则修德"亦合］治气，铸金钧声［"钓声"不合］，太初七明会于牵牛，汉元年五星聚于东井。上天垂象，列五星为文，其谓五行。或有或无之说，使元微之士以智取之。

李注曰，此正明有五行。若言其无，则又有金木水火土五星垂象为文，岂云“无”也？

昙莹注曰，播物之初，孰为之有，太极之后谁为之无。盖有出于无，无生于有，在天成象，在地成形，变化见矣。

［**疏证**］王注曰：“太易未判，万象同体。”即老子所谓：“有物混成，先天地生。”下文则指：自然之气，皆伸展于东南春夏，萎缩于西北秋冬。而其间产生“有”与“无”之状态，皆为物之自然也。从“无”方面讲，“无”不过是入隐而未显；从“有”方面讲，“有”不过是有象而可名目。所以五行是万物之本，气性流行，有隐有现，有败有成，旺者为用。一种事物出现并非偶然，它可以从其他事类相互感应中预示祸福之变，发生于未萌状态。太空生阴阳，阴阳生五行，就是从无而生有也。“无”还体现在诸如“以德治气，铸金钧声”方面。何为德？符合本心、顺乎自然行为即为德，亦就是说一个人遵本心而倚天道，其命运之气则可得以治理。何为铸金？吾国古代大型乐器皆由金属铸成，如编钟。故将铸金代表乐器。古代乐器分五音和七音，五音为宫、商、角、徵、羽五个音阶；七音为宫、商、角、变徵、徵、羽、变宫七个音阶。“铸金钧声”就是同时协调地奏响五个或七个音阶，产生非常美妙又震撼之音乐，此惟有在遵循音阶本性和规律之前提下才会出现，犹如“太初七明会于牵牛，汉元年五星聚于东井”这般壮观神奇。“太初”指《太初历》，施始于汉武帝太初元年。“七明”指七曜，即日、月、金、木、水、火、土。“牵牛”即牛宿。“五星”指金、木、水、火、土。“东井”即“井宿”。整句大意为：铸金钧声就好比汉元年《太初历》实施时，天象七曜（相对七音）相会于牛宿，五星（相对五音）相聚井宿，可谓群星连珠，光芒璀璨，此乃自然规律之体现，可遇不可求也。如此看来上天垂象，列五星为天文，其谓之五行。至于或有或无、忽隐忽现之说，应该由通晓五行玄微之士以智取之。

李注曰，此证明天地有五行之气。若言其无，则又有金木水火土五星垂象为文，岂能云无气乎？

昙莹注曰，造物主创造万物之初是如何产生“有”，太极分阴阳之后又如何体现“无”。大概来讲，有出于无，无生于有；在天成日月星象，在地成山河形状，从宏观至微观，不同事物有不同之表现，变化则显现矣。

［新雕］李注曰，〈言五行之道，是从无而立也。太极生两仪，两仪生四像是也。〉此证明有五行。若言其无，则天有［“则又有”不合］金木水火土五星，垂象为文，岂云无也？

东疏曰，“其为有”者，前有好运也。“从无立有”者，从恶运中建好运也。“其为无”者，运气见在其形。“天垂象以为文”者，气象也。人在气象之中。

［疏证］《新雕》李注比《新编》和释注本中李注多“言五行之道，是从无而立也。太极生两仪，两仪生四像是也”衍句。“像”为“象”异体字。指“四象”出自“两仪”，“两仪”出自“太极”，“太极”出自“无”。若言“无”为虚无，则天有金木水火土五星，垂象以为文，被人们认识，岂云为“无”耶？

东疏曰，“其为有也，是从无而立有”者，指前有好运是从无中来也。“其为无也，天垂象以为文”者，其好运变无，反成恶运，亦可从天垂象通过八卦之文观察出来。气见在其形，气象也。人在气象之中，可赋文示之于人也。可见东疏将“有”、“无”两者定义在好运与恶运之范围。此与诸家相比，立意独特。

［万版］此正明五行之气，是从无而立有，故借天象五星以明之。盖播物之初，孰为之有？太极之后，谁为之无？有出于无，无生于有。在气成象，在地成形，变化见矣。

［疏证］万注对徐注将“从无而立有”等同于“绝地而建贵”解释未加以评价，此从侧面也说明万民英并不认可徐注观点。万注更多是站在李注、昙莹注两家角度来看待“无”“有”之问题。“此正明五行之气”之“正明”在上文李注中为“证明”，其余皆引自李注、昙莹注二家注文。“在气成象”可看作“看天成象”，与“在地成形”相通，人在其中就是一个小宇宙。八字则是人与生俱来之宇宙密码，与“形”与“象”环境相配合，成为一张由天地联合颁发之生命度牒。

第六章

其为常也，立仁立义。其为事也，或见或闻。

［**徐注**］五行者，在天为五星，在地为五岳，在人为五脏。推而行之则为五常。常有可久之道，则秉乎仁义者［“人义者”不合］。《易》曰：“立天之道，曰阴与阳。立地之道，曰柔与刚。立人之道，曰仁与义。”人之道，非仁与义则不能立也。命遇金者必要木，有木者须要金，是谓有刚济柔仁而尚勇。遇此格者多贵。《赋》曰“金木定其刚柔”是也。“其为”也者，今术者将人生年月日时中支匹配［“中外匹配”合义］吉凶作为也。或见者，年月日时上天元也。或闻者，支内人元也，甲在寅之类。又辰乃水土之库，戌火库，丑金库，未木库，辰中有乙是春木之余气，未中有丁是夏火之余气，戌内有辛是秋金之余气，丑中有癸是冬水之余气。有春分、秋分、夏至、冬至二十四气七十二侯分阴阳所主之事以定贵贱。〈此一句事最多〉，今术者看命而定吉凶，知见与不见之理，执法而善用之则为妙矣。

［**疏证**］从上面第四章“其为气也”、“其为形也”（仅见于释注本），到第五章“其为有也”、“其为无也”，再到本第六章“其为常也”、“其为事也”，皆是对前面第三章依“运行则一辰十岁，折除乃三日为年”排出八字后对“精休旺以为妙，穷通变以为玄”之进一步阐述。非“精休旺”和“穷通变”，则不能理通“其为气”、“其为形“;”其为有”、“其为无”;“其为常”、“其为事”，而此“六其”是八字干支五行之六纲要。在把握“六其”前提下，始可开展下面诸如“崇为宝”“奇为贵”等一系列操作层面上之分析。何为“常”? “常”，往往代表一种事物或行为之恒量状态。“五常”指仁、义、礼、智、信。五行中木主仁、金主义、火主礼、水主智、土主信。《消息赋》原文只提到“立仁立义”是便于赋文句对称而已。正如仁义成柔刚相配，智礼则为水火既济。五行对应五常除在鉴定人品性

格方面极为重要，它们之间对立面相互作用和碰撞更是提升命格层次之重要因素，在这方面子平格局理论有突出贡献。“其为事也，或见或闻”如何理解？徐曰：“或见者，年月日时上天元也；或闻者，支内人元也，甲在寅之类。”指能见其形，为年月日时上之天元（干元）也；能闻其声，是四支内之人元（藏干），如甲在寅中之类也。又如辰乃水土之库，戌乃火之库，丑乃金之库，未乃木之库，也仅藏而闻之。又如辰中有乙是春木之余气，未中有丁是夏火之余气，戌内有辛是秋金之余气，丑中有癸是冬水之余气，亦匿而不见形也。随之春分、秋分、夏至、冬至二十四气七十二侯分阴阳所主之事以定贵贱。“此一句事最多”为衍句。既然藏干则是不见其形只闻其声，善术者在判断命象事理时，只有执法（掌握要领与分寸）兼顾到“或见或闻”，才能体会到吉凶了然心中之妙趣。

（第四、五、六章可参见下文第十二章“见不见之形，无时不有。抽不抽之绪，万古联绵。”）

［释注］王注曰，扬子曰：“道以道之，德以德之，仁以仁之，义以义之，礼以礼之，天也。合则从，离则散。”老氏谓：“失道而后德，失德而后仁，失仁而后义，失义而后礼。”扬氏所谓五常合于道者也，老子所谓五常离于道者也。然以合离之义言之［“然合离义令言之”不合］，其道一也。语道之全，无不在矣。夫天一以生水，水为精而精无杂［“水为精而精无”不合］，所以主智，智不仁也。地二以生火，火为神而神无息，所以主礼，礼不义也。天三以生木，木为魂而魂无囚，所以主仁，仁不智也［“所以主人，不智也”不合］。地四以生金，金为魄而魄无相，所以主义，义为权也。天五以生土，土为意而意无旺，所以主信，信不变也。五行用而为“五常”，则道德仁义在乎其中。故曰“其为常也，立仁立义［“立仁义”不合］”者欤。五行达为“五事”，一曰貌、二曰言、三曰视、四曰听、五曰思。貌曰恭、言曰从、视曰明、听曰聪、思曰睿。恭作萧，从作义，明作哲，聪作谋，睿作圣。天之五事，独思而作睿曰“圣者”，何也？盖土处于中宫，周遍无际，五行万物［“方物”不合］皆归之，而分体用。厚德载物，居中不用者［“居中不动者”亦合］，土之体也。散在四维各旺一十八日者，土之用也。土禀冲和，气之所散而为稼，敛而为穑，万物归

根复命，然后无思之思，无为之为，寂然不动，感而遂通，故谓之圣也。圣字从耳以听之，从口以命之，思以成之，故终之于土。五常五事皆五行之变化，与人事［之］相通，人之情性去就，见闻动静皆不逃乎此数，故曰："其为事也，或见或闻。"

李注曰，言五行为"五常"［"太常"不合］也，木为仁，金为义，火为礼，水为智，土为信，立"五常"也。言五行为"五事"［也］，视、听、言、貌、思，尔是五行之事，原在见闻之中也。［"尔是五行之事，见闻君见听也"不合。］

昙莹注曰，阴阳二气，弥满六合，物物得之，况于人乎？虽金木水火土之用，则宫商角徵羽在是而已矣。其为"五常"也，仁义礼智信。其为"五事"也，视听言貌思，可知也。

［疏证］王注中提到的"扬子"，应为"杨子"，其姓杨名朱字子，乃先秦时期之显学思想家和哲学家。杨子曰："有道之环境就以道之方式去相处，有德之环境就以德之方式去相处，有仁之环境就以仁之方式去相处，有义之环境就以义之方式去相处，有礼之环境就以礼之方式去相处，此为天道。遇相合之环境就顺从，逢背离之环境就离开。"老子曰："无道之环境就施之以德，无德之环境就施之以仁，无仁之环境就施之以义，无义之环境就施之以礼。"王认为杨子与老子之五常观点同是道、德、仁、义、礼（与儒家五常有差异），但在现实环境中运用仍有差别，前者一味强调"天道"对"五常"之环境影响，后者则随遇而安，不能行道则施之以德，不能行德则施之以仁，以此类推。故王注曰："扬氏所谓五常合于道者也，老子所谓五常离于道者也。"但不论"合"或"离"，仅字义有所不同，其中它们所遵循之道理却同出一撤。并说"五行用而为五常"、"五行达为五事"。何谓"五事"？即"一曰貌、二曰言、三曰视、四曰听、五曰思。""常"，往往代表一种事物或行为之恒量状态；"事"，仅仅是透过本质而呈现出来一种外在表像。"五事"又会产生五种气质和品行，即"貌曰恭、言曰从、视曰明、听曰聪、思曰睿；恭作萧，从作乂，明作哲，聪作谋，睿作圣。"思、睿、圣三者次第列五，五居中央为土。土处于中宫，厚德而载物。土何为"稼穑"？《康熙字典》解为："种之曰稼，敛之曰穑。"即农事。作为五行来看，播木火金水四气在四方，土居中央。故

阴阳五行学说以气散为稼，气敛为穑，即万物作而复归根命，曰“无为”，亦曰“土”也。土“寂然不动，感而遂通，故谓之圣也。‘圣’（聖）字从耳以听之，从口以命之，思以成之，故终之于土。”所以“五常五事皆五行之变化，与人事相通，人之情性去就，见闻动静皆不逃乎此数。故曰：‘其为事也，或见或闻。’”至于“夫天一以生水，地二以生火，天三以生木，地四以生金，天五以生土。”出自《易经·系辞》：“天一、地二、天三、地四、天五、地六、天七、地八、天九、地十。天数五，地数五，五位相得而各有合；天数二十有五，地数三十，凡天地之数，五十有五，此所以成变化而行鬼神也。”另外《尚书大传·五行传》里有：“天一生水，地二生火，天三生木，地四生金。地六成水，天七成火，地八成木，天九成金，天五生土”。以数字对于五行则一六为水、二七为火、三八为木、四九为金、五十为土。“厚德载物，居中不用者，土之体也。散在四维各旺一十八日者，土之用也。”是指辰戌丑未四季土气主事天数。按《三命通会·用神经》统计：辰中乙木七日、癸水五日、戊土一十八日；未中丁火七日、甲木五日、己土一十八日；戌中辛金七日、丙火五日、戊土一十八日；丑中癸水七日、庚金五日、己土一十八日（参见书后附录：表九）。

此章王注对“常”与“事”作深度解析，尽管乃一家之言，但却是诸家中最为详细之阐述。

李、昙莹二注皆把仁、义、礼、智、信定为“五常”，视、听、言、貌、思定为“五事”。

［新雕］李注曰，言五行为天常［“太常”亦不合］也。木为仁，金为义，火为礼，水为智，土为信，立“五常”也。言五行为“五事”也，视、听、言、貌、思，亦是［“尔是”不合］五行之事，见闻则视听也［“见闻君见听也”不合］。

东疏曰，立常立义者，人事也。木多则立仁，金腐则义寡。或见或闻者，古今四序。戌为天孤，辰为地孤，丑为鬼孤，未为人孤。人在四孤，只是少时妨害。

［疏证］《新雕》李注“言五行为天常”与《新编》李注“言五行为太常”均不合义，应以释注本李注“言五行为五常”合义。《新雕》李注最

后一句为“见闻则视听也”，较上文释注本李注与《新编》李注更切合原文“或见或闻”。

东疏认为，立常立义之类说法，皆对应人事而言。如木多则仁立，金腐则义寡，其余五行仿此。“序”即开头、序幕之义。《五行精纪》引用《烛神经》曰：“戌为天门，故戌曰天孤；辰为地门，故辰曰地孤；未为人门，故未曰人孤；丑为鬼门，故丑曰鬼孤。此是天涯地角，故为四孤之气。”五行之气，或透或藏，或见或闻，皆序幕于四孤，亦终墓于四孤。“少时妨害”者，乃早限困顿也。若人运限在四孤之地，有命书谓逢“财官锁闭少年，不发墓中人是也。”亦为一说。

[万版] 五行，在天为五星，在地为五岳，在人为五脏，推而行之，则为五常，常有可久之道。《易》曰：立天之道，曰阴与阳；立地之道，曰柔与刚；立人之道，曰仁与义。人之道，非仁与义。则不能立也。《书》曰：“二五事，一曰貌，二曰言，三曰视，四曰听，五曰思。”五常、五事，皆五行之变化，与人事相通。人之性情去就，见闻动静，皆不逃乎此数。或见、或闻，如金木水火土则见，而宫商角徵羽则闻；貌言视听思则见，而肃乂哲谋圣则闻。盖五行之用，至不可胜穷，非圆机明智之士，孰能精察而默识之哉？

[疏证] 万注曰，五行在天为五星，在地为五岳，在人为五脏，推而行之，则为五常，“常”就是长久不变之道。并用《易经》中“立天之道，曰阴与阳；立地之道，曰柔与刚；立人之道，曰仁与义。”来说明《消息赋》“其为常也，立仁立义”，体现人在仁、义、礼、智、信“五常”中之某种状态。从马王堆汉墓出土之帛书《五行》篇与郭店楚墓出土之竹简《五行》篇，则把五行归纳为“仁、义、礼、智、圣”。据当今学界认为，此两本《五行》为同一本书，为春秋时代儒家学派重要代表人物子思所著。但为何后人称之为“五常”，并将“信”取代“圣”？学者庞朴认为先秦时期作为道德范畴之“五行”（仁、义、礼、智、圣）与阳阳学说之“五行”（金、木、水、火、土）读音有别，前者读 wu heng，后者读 wu xing，而五行（wu heng）以避讳而改称五常，乃汉文帝刘恒以降导致；德行规范为五常并固定在仁义礼智信上，则是汉武帝董仲舒以后形成。虽

然此五行非彼五行，正如五星五岳五脏对应金木水火土，仁义礼智信（圣）则是五行学说在中国儒家道德领域里之延伸。古代不但有“五常”，还有“五事”，如《尚书》曰：“五事：一曰貌，二曰言，三曰视，四曰听，五曰思。”故万注曰：“五常、五事，皆五行之变化，与人事相通。”隋朝萧吉《五行大义》中有专门“论五常”“论五事”之章节，学者可详之。中国历史流传下来之众多术数中，真正能够诠释人之性格品行之命术恐怕非四柱八字莫属。至于“其为事也，或见或闻”者，万注把“见”范围定在“金木水火土”和“貌言视听思”，把“闻”范围定在“宫商角徵羽”和“肃乂哲谋圣”，亦为一说。

第七章

崇为宝也，奇为贵也。将星扶德，天乙加临。本主休囚，行藏汩没。[①]

［徐注］“崇”者，尊也。凡看命，主本得则成庆，并上下三元禄马为奇，切忌别位岁月时中冲克破本位，有损则或贵而轻也；损之重则贵而不贵也。生日历贵地而日旺不可击损也，故曰“崇为宝也”。又如命中有掌寿、掌财、掌灾福之辰，亦不可被别位制伏、刑克、损夺，被损则有灾祸［“被损则有灾福”不合］。假令甲日生人，年月日时中庚［“中损庚”不合］来克身，有乙或卯巳午火，则能救之也。为福之地，不可被伤。祸聚之地［“聚祸之地”亦合］，不可无救。三奇为贵者［“奇为贵者”不合］，谓年月日时内外三为［“三元”合义］匹配者，三奇禄马则贵命也，更看禄马所乘轻重而言之。《三奇歌》云：“甲己六辛头，乙戊向庚求，丙辛遭癸美，丁壬辛更优［“丁庚壬更优”合义］，戊癸逢乙妙，己壬并甲游，庚乙丁须聴，辛甲丙同周，壬丁己堪重，癸丙戊何愁。”“将星”者，月将也。“扶德”者，德辰也，又曰“六合”也。假令壬寅年、庚戌月、癸卯日、乙卯时，九月将在卯，扶其生日，更得九月金土六合，卯戌合，乙庚合，戊癸合，如此五行各不居休败，则贵命也，可作两府［“两制”不合］之上贵格言。虽生日取合前面贵气，若亦本主［“主本”亦合］休囚，即不为贵命也，只可作虚名言之。故曰“本主休囚，行藏汩没”也。

［疏证］徐注认为“崇者，尊也”，不可侵犯也。下文第二十四章又曰：“‘尊’者，年月日时内外三元有最得力者是也。”纵观子平理论，年月日时之中，以年为本为尊；月日时之中，以日为主为尊；月日时之气，以月为令为尊；十神之中以官为贵为尊；用神之中以最紧要为尊；最紧要

---

① 《新雕》为“天一加临”。

者以最得力者为尊。凡看命，主本（指崇者或尊者）得则成庆，并以四柱上下三元（天元、地元、人元）禄马（财官）为奇。主本为崇为尊，“切忌别位岁月时中冲克破本位，有损则或贵而轻也；损之重则贵而不贵也。”特别是生日历财官贵地而日需旺，不可击损也。又如命中有掌寿之辰，如食神、印星；掌财之辰，如食伤、官星；掌灾福之辰，如比劫、食伤、印星，亦不可被别位制伏、刑克、损夺，被损则有灾祸。假令甲日生人，年月日时中庚杀来克身，有乙劫合庚杀或卯巳午食伤制杀，此所谓掌灾福之辰，则能救之也。故“为福之地，不可被伤。祸聚之地，不可无救。”至于“奇为贵”者，子平所指为三奇禄马，与《鬼谷遗文》中所谓五行三奇有区别。就三奇禄马来讲要求年月日时内外三元要与之匹配，更要看禄马所乘轻重而言之。何谓“三奇禄马”？在子平学说中，禄为官、马为财。正如《三奇歌》所云，大意为：甲人有己财辛官，乙人有戊财庚官，丙人有辛财癸官，丁人有庚财壬官，戊人有癸财乙官，己人有壬财甲官，庚人有乙财丁官，辛人有甲财丙官，壬人有丁财己官，癸人有丙财戊官，皆为三奇禄马。但八字不仅仅透有财官禄马就一定大富大贵，还要看是否“将星扶德，天乙加临”。“将星”者，《五行精纪》曰：“马后二辰，是前有驿马攀鞍，更遇天乙、天德，则吉气厚盛。”指将星是驿马星后二位，犹如将星前面有战车卫士攀鞍开道，再加上有天乙、天德贵人保佑，则吉气尤为厚盛，近代命书大多以年支日支查“寅午戌见午、巳酉丑见酉、申子辰见子、亥卯未为卯”定之。但徐却曰：“将星者，月将也。”所谓月将者，就是一月之将。但它不同于寅卯辰等十二月主气以节气日为交接，而是以中气日为交接。

下列：

雨水至春分，月将为亥，登明将。

春分至谷雨，月将为戌，河魁将。

谷雨至小满，月将为酉，从魁将。

小满至夏至，月将为申，传送将。

夏至至大暑，月将为未，小吉将。

大暑至处暑，月将为午，胜光将。

处暑至秋分，月将为巳，太乙将。

秋分至霜降，月将为辰，天罡将。

霜降至小雪，月将为卯，太冲将。

小雪至冬至，月将为寅，功曹将。

冬至至大寒，月将为丑，大吉将。

大寒至雨水，月将为子，神后将。

民国止止居士所撰编《星命抉古录》观点同子平，认为将星扶德“凡月将，如寅月见亥，卯月见戌（即六合也）再见天月二德，必大贵。月将者即日月交会于躔（音chán，原义为兽之足迹，后指太阳运行轨迹）。天月二德，即月支得旺相之气也。得之必大贵，历试不失。”每个“月将”前后分属两个不同月令，只有与月令主气有六合情况下才能交会显贵。如登明月将为亥，雨水至惊蛰属寅月，寅亥六合；惊蛰至春分属卯月，卯亥非六合，则不论。

举例：

（七）——甲造

乾：壬　庚　癸　乙

　　寅　戌　卯　卯

癸水生于戌月，日干无根气弱，但因癸生于下半月霜降与立冬之间，引动亥水，且九月生人日时二柱带太冲卯将，故曰“扶其生日”。查年“壬癸兔蛇藏”，得天乙贵人加临月将，即天乙与月将同为卯支。由于癸水偏弱，乙庚合化金为印制食伤；卯戌、戊癸皆合化火（月令主气戊土合日干癸水）为财生官，故“如此五行各不居休败，则贵命也，可作两府之上贵格言”。两府指当时北宋朝廷设立中书省（管民政）和枢密院（管军事）两机构。抑或有人会问三奇禄马和天月二德在何焉？“癸丙戊何愁”，殊不知戌中戊土为官禄，寅中丙为财马；戌月见丙火为二德，此命虽干不透丙，同样寅中之丙火亦合，此乃子平术比古三命更强调支中藏气（人元）之体现。相对于下文第二十一章昙莹注“尝试论之，其寅与亥合而不见亥，但得壬者是也”云云，徐在干支运用细节上亦具有异曲同工之妙。但如果日主虽有三奇、月将、二德、天乙等贵气，却本主（子平对“本”之定义不局限于年，诸如月令、禄马、用神，乃至“命中有掌寿、掌财、掌灾福之辰”，皆为本为祟也）休囚，“即不为贵命也，只可作虚名言之。故曰：‘本主休囚，行藏汩没（即沉没）也。’”可知子平在论五行财官同时，也重视神杀运用，并深谙其理论与诀窍。

至于“将星扶德”中“德”字，在古代原指某一现象或事物之表象，如《康熙字典》引《韵会》曰：“四时旺气也。”最能体现春夏秋冬之特点；后泛指某一现象或事物之正面，故《康熙字典》又引《正韵》曰：“凡言德者，善美，正大，光明，纯懿之称也。”在老子眼里“道”属“阴”，乃天地之根本规律；“德”属“阳”，乃天地运转所表现出来之现象。故三命古法中凡是“干德”、“支德”、“天德”、“月德”之类，指最能体现其外在正面品行的特征。徐注所谓“德辰也，又曰”六合“也”，指六合是支辰最能体现高贵品质的德行，其中包含了儒教文化“以和为贵”思想。“干德”五合亦如此。

［释注］王注曰，“崇”者，卑之反。“奇”者，偶之对。物以积而高之为崇。在五行，上生下者是也。物以无与偶之为奇，在五行异而不群者是也。年月日时四柱有五行上生下曰“崇”也，或更带官印禄马，学馆词源，天德生气，贵神符合，则斯人也，必为间世之宝器耳。“三奇”者，乙丙丁、甲戊庚是［也］，四柱五行得吉杀生旺［“得之生旺杀”不合］，于禄马中带三奇、印绶、天德、贵神之感格斯命也，必致身于贵显耳。故曰“崇为宝也，奇为贵也”。将星扶德，天乙［“天一”不合］加临者，驿马后二辰谓之“将星”，其上更加之天乙、天德兼遇崇奇禄马，则所谓出将入相之格也。本主休囚者，以年为本，以日为主。其谓本主者，盖遁月从年而为本，遁时从日以为主。起节时以年日为本主也。人生主本在乎五行旺相之处，加以诸贵神从之则贵富其可知矣。或五行休囚死绝，又背禄马贵神，纵有［“徒有”亦合］崇宝奇贵，将星扶德，天乙加临，亦不免于行藏汩没也。譬之甲子年乙亥月戊子日庚申时命，甲子自死之金当生，受乙亥绝火之制，加以戊子日为本命之鬼，金火本主皆在亥子而休囚，庚申时又逢禄绝之鬼［“禄绝天鬼”不合］，虽有甲戊庚之三奇，而其主本休囚，纵有小官，此命也不免一生行藏汩没。故知命以五行为先，神杀则从而次之矣［“则从而之矣”不合］。

李注曰，凡上生下为宝。故云“崇为宝也”。下生上为义，上克下为制，下克上为贼，上下比为尊。盖以干为上，以支为下，若遇宝与义，是一生有福人。遇制宜行威武，遇贼多有横事，宜防慎其所得，惟遇比和则一［“则吉”合义］。“三奇”，乙丙丁又甲戊庚是也，生遇多富贵，故云“奇为贵也”。不论阳男阴男，阳女阴女，皆取本命冲前辰为将星。假令丙寅男在八月生，此谓生月遇将星，兼是天乙贵人之位。若更遇天德月德，禄马尤为贵也。卷末有例。此复释上文，虽遇三奇，又“将星扶德，天乙加临”。谓胎月为主，生月为本，若本主在于休囚之位，则行藏汩没，沉滞也。然亦更看日时如何，此举其一隅也。假令丙寅命十一月受胎，八月生，二火胎月汩没于子，丙火［“生火”不合］死休于酉，乃甲子旬无戌亥，幼年便行空亡运，虽有诸贵神为救，凶多吉少，若运到吉处，亦不全福。虽生于财马旺乡，不至甚美，此珞琭子消息之妙也。

昙莹注曰，“崇”为宝也，“奇”为贵也。高而不可以位及，贵而不可以价求。盖言独善其身［“其书”不合］如玉如宝，或若将星扶德，天乙加临，所谓吉将交临［“交差”不合］而福臻成庆也。然举将星天乙则诸宫吉杀皆可知矣。须要明其神杀轻重较量，斯之谓与。或曰：“明运气之本，推虚实之基，而取其月也。”盖胎月为本主之乡，故尔若或生逢衰败早岁孤穷，其为本主休囚，行藏汩没与。

［**疏证**］关于“三奇”，除上面徐注中引用《三奇歌》之外，《鬼谷遗文》与《五行精纪》亦有“三奇”论述，内容各自不同。《鬼谷遗文》所指是五行三奇：“五行各有奇仪，须分逆顺。甲戊庚金奇，喜辰戌丑未或金方；乙丙丁火奇，喜寅午戌或酉方；丙辛癸水奇，喜亥子丑申辰方；丁壬甲木奇，喜寅卯辰亥方；甲己丙土奇，喜四季及寅亥午申方。岁胎月日时者顺，时日月胎岁者逆。”《五行精纪》所载是天上三奇和地下三奇：“天上三奇日月星，则乙为日奇、丙为月奇、丁为星奇；地下三奇甲戊庚，则甲为阳木之魁，戊为阳土之君，庚为阳金之精。”当今许多命书尚有天上、地下、人中三奇之说，与《五行精纪》不同是天上三奇变成甲戊庚，地下三奇变成乙丙丁，人中三奇变为壬癸辛，令后人莫衷一是。

王注认为，“崇”者，卑之反。如年月日时四柱有五行上生下，或更带官印禄马，学馆词源，天德生气，贵神符合，曰崇也。“奇”者，偶之对。“三奇者，乙丙丁、甲戊庚是也，四柱五行得吉杀生旺，于禄马中带三奇、印绶、天德贵神之感格斯命也。”“感格”者，感应而变化。“斯命”者，此命也。强调仅仅三奇还不够，还须吉杀生旺，并带禄马、印绶、天德等贵神响应，才成将该命变成贵格。故曰：“崇为宝也，奇为贵也。”“将星”提法亦与徐注月将法不同，以驿马后二辰谓之“将星”，即以年日查“寅午戌见午、巳酉丑见酉、申子辰见子、辛卯未为卯”取之。如将星“其上更加之天乙、天德兼遇崇奇禄马，则所谓出将入相之格也”，此与徐注“可作两府之上贵格言”相去无几。如此看来三奇兼将星、二德、再天乙加临（《新编》中部分“天乙”讹为“天一”），只要主本生旺而非休囚，则不会郁郁寡欢“行藏汩没”。下面举例：

（七）——乙造

乾：甲　乙　戊　庚

　　子　亥　子　申

此造按今人看月令透甲为官，地支半会半合两个财局，日主无根无气从财从官，干上杀来混官而合官留杀，取清为用。又木禄在亥水长生，如大运格局不破，定为仕途中人。但要看禄位深浅，则以三命古法较为可靠。王注批道：年为本，先看甲子，纳音金处死位，月日皆纳音火制金，以卑犯崇，本薄。次看日为主，戊子纳音火子位气弱，主衰。再看月令，“金火本主皆在亥子而休囚”，可断早限不得志。“加以戊子日为本命之鬼”，指本命虽处帝旺但被戊鬼压身，主中年困顿。最后看庚申时，晚限又为年干甲木禄绝之鬼，更主此命一生行藏汩没。此命虽得有甲戊庚之三奇，但主本休囚，至多不过小官也。由此可见，“故知命以五行为先，神杀则从而次之矣。”

李注对“崇”看法与王注同，凡是上生下则为崇为宝，即以干为上，以支为下。并指出：下生上为义，上克下为制，下克上为贼，上下比为专。命若遇“宝”与“义”是一生有福之人；遇“制”则适宜行威武之位；遇“贼”多有凶横之事，宜防其所得之财；惟遇“比”则平和归于一心。“三奇”，同《五行精纪》中所载，即命带乙丙丁或甲戊庚是也。“将星”者与诸家不同，李认为“不论阳男阴女，阴男阳女，皆取本命冲前辰为将星。”指本命所冲之字前面一辰为将星。举例：丙寅男八月酉生，谓生月酉既是将星，又兼天乙贵人（丙丁猪鸡位）加临，故大贵。与诸家观点一致处是，李亦认为将星兼天乙，再遇天月二德与禄马，尤为贵也。又说卷末有例，可查《新雕》不见。除将星外，李注此处“本主”观点似乎也不符《鬼谷遗文》所谓“大抵年为本则日为主，月为使则时为辅”之三命原则，而是“谓胎月为主，生月为本”。但看李注下文第二十四章中（二十四）——甲造命例，所谓“假令丙午水命人生于七月，虽运马而前行，历亥子运二十年，丙午禄俱火也，遭五鬼所害性命”，则完全是围绕年上三命推吉凶，故本书认为李注“谓胎月为主，生月为本”，乃是针对旺衰在四柱所凭借之地位而言。至于“亦更看日时如何。”且看其举例“丙寅命十一（戊子）月受胎，八月生”之造并无涉及到日时如何，“二火胎月汨没于子”之“二火”指干禄火和身纳音火，又丙火死休于八月酉金（生月），未更看日时如何也。早年行戌亥两个空亡运，李认为“虽有诸贵神为救，凶多吉少”，即使“运到吉处亦不全福”，乃空亡之故，确在理上。

昙莹注曰，“崇为宝也，奇为贵也”，指崇高而不可以地位论及，尊贵而不可以市价求之。大概言人命独善其身者，如玉如宝，清纯芜杂，或若将星扶德，天乙加临，所谓吉将交临而福臻成庆也。凡将星天乙则诸宫吉杀，须要明其神杀轻重较量，才可福臻成庆。引申有书曰：“明运气之本，推虚实之基，而取其月也。”指要明确运气之根本，推断虚实之基础，应该取其月令旺衰。不过胎月为本主之乡，如果有人生逢衰败则早岁孤穷，此为“本主休囚，行藏汨没”之含义。昙莹此处虽未道明“本主”为何，却以“盖胎月为本主之乡”有别于李注“谓胎月为主，生月为本”之观点，因昙莹在其序中曾言“郑潾、李仝得志于前”，故其对李注文不会不知。

昙莹此引或曰“明运气之本，推虚实之基，而取其月也。”出于何书未详。此言又在其下文第十八章引某书言中出现：“作四柱之君父，为吉凶之至尊，而立其年也。明运气之本，推虚实之基，而取其月也。观安危之兆，察苦乐之原，而取其日也。定贵贱之本，决死生之期，而取其时也。辨荫幼之始，究未立之前，而取其胎也。”疑为当时流行命籍也。

［**新雕**］李注曰，凡上生下为宝，故云“崇为宝”也。下生上为义，

上克下为制，下克上为贼，上下比为尊。盖以干为上，以支为下，若遇宝与义，是一生有福人也。遇制宜行威武，遇贼多有横事，宜防慎其所得〈失〉，[惟] 遇比和则吉。"三奇"，乙丙丁〈为三奇〉；又有甲戊庚〈为三奇〉遇者多贵，故云"奇为贵"也，〈卷末例〉。不论阳男阴女，阳女阴男，皆取本命冲前〈一〉辰为将星。假令丙寅男在八月，此谓生月遇将星，兼是天一贵人之位。若更遇天德月德禄德，禄德尤贵，卷末有例。此复释上文，虽遇三奇，又有"将星扶德，天一加临"，谓胎月为主，生月为本，若本主在于休囚之位，则行藏汩没，沉滞也。然亦更看日时如何，此举其一隅也。假令丙寅命十一月受胎，八月生，二火胎月囚没［"汩没"合义］于子，生月［"生火"不合］死休于酉，乃甲子旬无戌亥，幼年便行空亡运，虽有诸贵神为救，凶多吉少。若运到处［"若运到吉处"合义]，亦不全福，虽生于财马旺乡，不至甚美，此珞琭子消息之妙也。

东疏曰，三命也，须寻至理。歌曰："甲子逢庚午，相冲本破神。次去逢辛未，终为不利身。命禄难昌盛，乃须观杀刑。若居比和处，定是不忧人。"东疏又曰，乙为日奇，丙为月奇，丁为星奇，以上须六乙人前后五辰上见庚，六丙人前后五辰上见辛，六丁人前后五辰上见壬也。申子辰人马在寅木，卯为身马，辰为宅马，巳为墓马，午为壮马，未为财马。巳为劫杀，午为灾杀，未为岁，申为天，酉为月，戌为地，亥为亡辰。巳酉丑人马在亥水，子为身马，丑为宅马，寅为墓马，卯为壮马，辰为财马。寅为劫杀，卯为灾杀，辰岁，巳天，丑月，未地，申亡辰。以立太岁到处，即财物、官职、婚姻，皆吉。假令壬寅人，六月丁未又遇丁酉也。如乙亥人，三月庚辰又庚午日也。如辛丑七月丙申，又遇丙午日也。若不重遇，值遇重合，则不名奇也。庚辰人八月乙酉，又遇乙亥日庚辰时，此为绝奇耳。

东疏又曰，"将星扶德"者，"将星"，亡辰前一辰也；"扶德"者，与主本相合。"扶"者，助也，日德扶助于将星也。"天一加临"者，曰贵神加临本命也。假令辛亥人，寅为亡辰，卯为将星，〇〇〇辛卯月又得丙申日，此名将星扶德也。二月辛卯与丙合德也，却遇到〇〇〇，丙申日贵神加临在亥也。如此生者必贵也。若不冲前一辰取者，非也，何有扶德乎？

东疏又曰，"本"者，禄也，"主"者月干也。"行"者，五行也。

“藏”者，五行伏藏也。“汩”者，五行流散也。“没”者，五行没绝也。长生处为动，本位处为伏藏，沐浴处为汩，散死位处为没绝。以年干为○，月干为气，其月下若遇败绝位，土生名为休囚，主为事多隐藏汩没伏○○也。

［疏证］ 李注见上文。

东疏分三部分。

1. 崇为宝也，奇为贵也：

东疏对“崇为宝也”看法不着眼于干上支下之间生克尊卑之分，仍“以年为本”去理解三命之崇之宝。有命歌云：“甲子逢庚午，相冲本破神。次去逢辛未，终为不利身。命禄难昌盛，乃须观杀刑。若居比和处，定是不忧人。”大意为：“甲子命逢庚午，干支天克地冲，本命之神破损。再逢日时辛未，官杀混而终身不利。命禄是否昌盛，乃须观察恶杀有无相刑。若柱间干支五行比和相处，一生定是无忧人。”在三奇问题上，除本章上面昙莹注里讲到诸家命书之不同提法，此处东方明更有独特见解，曰：“乙为日奇，丙为月奇，丁为星奇，以上须六乙人前后五辰上见庚，六丙人前后五辰上见辛，六丁人前后五辰上见壬也。”亦就是说八字并非以乙丙丁顺排即是三奇，而是要按乙丑人见庚申、庚午；乙亥人见庚午、庚辰；乙酉人见庚辰、庚寅；乙未人见庚寅、庚子；乙巳人见庚子、庚戌；乙卯人见庚戌、庚申，以及六丙和六丁人仿此推，方为够格。那么甲戊庚三奇是否亦要仿此而论呢？东疏未加说明。

东疏文中提到，申子辰人驿马在寅木，前一辰之卯木为身马，前二辰之辰土为宅马，前三辰之巳火为墓马，前四辰之午火为壮马，前五辰之未土为财马；巳酉丑人驿马在亥水，前一辰之子水为身马，前二辰之丑土为宅马，前三辰之寅木为墓马，前四辰之卯为壮马，前五辰之辰为财马。其中对冲、伏吟之马吉凶相间，如申巳人见驿马、子酉人见壮马，辰丑人见宅马，诸马吉凶均须参以刑冲破害权衡言之。又曰申子辰人见巳为劫杀，见午为灾杀，见未为岁杀，见申为天杀，见酉为月杀，见戌为地杀，见亥为亡辰（即亡神，下同）；巳酉丑人见寅为劫杀，见卯为灾杀，见辰为岁杀，见巳为天杀，见午为月杀（原文“丑月”为讹），见未为地杀，见申为亡辰。即劫杀前一辰为灾杀、前二辰为岁杀，前三辰为天杀，前四辰为月杀，前五辰为地杀，前六辰为亡辰，此说弥补和纠正了《五行精纪·卷二十八》中所引《三命钤》之讹传。至于“以立太岁到处，即财物、官职、婚姻，皆吉。”指流年见太岁三奇，即“六乙人前后五辰上见庚，六丙人前后五辰上见辛，六丁人前后五辰上见壬也”，指三奇作用重过众马诸杀，遇之财物、官职、婚姻，皆吉。下面看东疏举例说明：（凡未注明男女命，则当乾造看，余例皆同。）

（七）——丙造				（七）——丁造			
壬	丁	丁	○	乙	庚	庚	○
寅	未	酉	○	亥	辰	午	○
（七）——戊造				（七）——己造			
辛	丙	丙	○	庚	乙	乙	庚
丑	申	午	○	辰	酉	亥	辰

以上（七）——丙、（七）——丁、（七）——戊为三柱，（七）——己为四柱，东疏认为“三奇”并非是乙丙丁或甲戊庚顺齐即是，而是只要“六乙人前后五辰上见庚，六丙人前后五辰上见辛，六丁人前后五辰上见壬也”为是。但符合“六乙人前后五辰上见庚”，惟有（七）——丁造乙亥人见庚午、庚辰符合要求，其余（七）——丙、（七）——戊、（七）——己三造均不在乙丙丁或甲戊庚三奇范围内，上述四造共同特点是年干合双财或合双官，且所合支辰为前后隔五辰，犹如六爻中财官来合世爻为财官来就我为吉也。但东疏又曰，命造若非遇干禄而仅仅是重合财官，则不名奇也。只有象（七）——己造那样“庚辰人八月乙酉，又遇乙亥日庚辰时，此为绝奇耳”。如此看来，东方明根本不把三奇局限在乙丙丁或甲戊庚范围内，所有年六阳干前后五辰上见财于命或年六阴干前后五辰上见官于命，更要透遇干禄方为绝奇耳。至于此四个命造与上面众多马星和诸多恶杀有何关联，东疏在文中无任何阐述。

2. 将星扶德，天一加临：

东疏对将星定义为“将星，亡辰前一辰也。”《五行精纪》引申《三命钤》云：“亡神在劫杀前六辰是也。”即申子辰见巳为劫杀，见亥为亡神，见子为将星；亥卯未见申为劫杀，见寅为亡神，见卯为将星；寅午戌见亥为劫杀，见巳为亡神，见午为将星；巳酉丑见寅为劫杀，见申为亡神，见酉为将星。上面王注对将星定义为："驿马后二辰谓之将星。"其辰位与东疏"将星，亡辰前一辰也"相同。何谓"扶德"？"扶"，扶助也。两者相合方可相助，彼此相离岂可相扶？故"扶"又为相合。"将星扶德"则是将星合天月二德也。如二德在主本，将星来扶德，尤贵。"日德扶助于将星"就是日主坐二德贵人被将星扶助；"天一加临者，曰贵神加临本命也"即天乙贵人降临在本命年支也。下面举例：

（七）——庚造

乾：辛　辛　丙　〇

　　亥　卯　申　〇

亥卯未见申为劫杀，见寅为亡神，亡辰前一辰见卯为将星。"辛月日用丙亲"名天德相合（参见上文第一章东疏），辛卯月得丙申日，上下柱合，合则谓"扶"，故东疏曰"此名将星扶德也。"（有书以卯月见申为天德贵人）。文中"却遇〇〇〇"之句有若干字残阙，或许指申为劫杀损贵，但因"丙申日贵神（天乙贵人）加临在亥也"，年上天乙贵人最善逢杀化吉，则"如此生者必贵也"。至于"若不冲前一辰，取者非也，何有扶德乎？"指如不以冲前一辰取者，则不以为是将星，此例又何来扶德之谓乎？指"皆取本命冲前一辰为将星"之说（参见本章上文李注），并非是"扶德"之根据也。

3. 本主休囚，行藏汩没：

在"本""主"看法上，子平以日为"主"，但"本"字定义不局限于年为"本命"（参见上文第一章徐注），诸如月令、禄马、用神，乃至"命中有掌寿、掌财、掌灾福之辰，皆为本为祟也。而王注则与《鬼谷遗文》中"大抵年为本则日为主，月为使则时为辅"相一致，即"以年为本，以日为主"。李注却从取旺衰角度"谓胎月为主，生月为本"。昙莹注则以"盖胎月为本主之乡"又间接否定李注旺衰观点。此处东疏看法是："'本'者，禄也；'主'者，月干也。"与上面诸家又有区别。其实各家对四柱禄命切入点由于不同时代、地区、流派传承之缘故，故在文字表述方面出现差异亦不足为奇。最后，东疏对"行藏汩没"解释为："行"者，五行也；"藏"者，五行伏藏也；"汩"者，五行流散也；"没"者，五行没绝也。长生位主发动，本库位主伏藏，沐浴位主汩溺，散死位（衰病死绝）主没绝。即五行之气处在藏、汩、没三种休囚状态，把“行”当名词主语看，而非动词“运行”之义。如此一来“本主休囚”，是因为五行之气处在藏、汩、没之处而造成，而非“本主休囚”，使行运处在伏藏汩没之状态。两者之解都有可取之处。

［**万版**］“崇”者，卑之反。“奇”者，偶之对。物以积而高，高之为崇；在五行，上生下是也。物以无与偶之为奇，在五行异而乃群是也。“将星”，月将也。“德”，天、月德也。“天乙”，贵神也。生年为本，生日为主。休囚对生旺言。人命今年、月、日、时四柱，有五行上生下，有“三奇”乙丙丁，更带将星、德贵，主本生旺得地，所谓吉将交临，而福臻成庆，此为至贵之命。《赋》先言崇奇为宝贵，后言主本忌休囚。见崇奇为难遇，以主本为切要，而诸方神杀则次而言之。是知命以五行为先，生旺为上，将星德贵又神杀之最吉者欤。徐曰：崇以主本言，凡命中掌寿、掌财、掌灾福之辰，亦谓之“崇”。奇以禄马言，凡命中财官、印食，亦谓之“奇”。“德”者，日支德辰，即“六合”也。如壬寅年、庚戌月，癸卯日，乙卯时，九月将在卯，扶其生日；五行九月，金土六合，卯戌合，乙庚合，戊癸合。如此五行，各不居休败之地，则贵。似非赋义。

［**疏证**］万注文中引用徐、李、昙莹三家注文占大部分比率。此处“‘崇’者，卑之反。‘奇’者，偶之对。物以积而高，高之为崇；在五行，上生下是也。物以无与偶之为奇，在五行异而乃（“乃”为“不”之讹）群是也。”则完全是复制王注原文。其中“异而乃群是也”之“乃”显然是“不”之误。由于万所处之明朝，上述诸家注本尚在坊间流行，作为后学者来注解《消息赋》不会不受到前辈们影响，在前人研究基础上取舍分析亦是正常之学术途径，但从万民英通篇注文来看，采拾於徐注、王注、李注、昙莹注内容近八九成，且甚少注明出处，不能不说与其在历史上的命学地位不太相称。

下来看，“将星，月将也。”与徐注一致。“本主”观则同王注“生年为本，生日为主。”至于三奇乙丙丁、将星、德贵等均无特别提示。不过万注在本章亦有亮点之评析，曰：“《赋》先言崇奇为宝贵，后言主本忌休囚。见崇奇为难遇，以主本为切要，而诸方神杀则次而言之。是知命以五行为先，生旺为上，将星德贵又神杀之最吉者欤。”点出即便珞琭子此般古三命祖师，亦是以主本五行生旺至上，而诸方神杀则次之，这对后人学习和研究古法命理有不小启发作用。万民英对徐注所谓“凡命中掌寿、掌财、掌灾福之辰，亦谓之‘崇’。奇以禄马言，凡命中财官、印食，亦谓之‘奇’。德者，日支德辰，即‘六合’也。”及其对上面（七）——甲造之点评不以为然，认为“似非赋义”。

有关诸家对“三奇”观点汇总，可参见书后附录表二。

第八章

至若勾陈得位，不亏小信以成仁。真武当权，知是大才而分瑞。[①]

[徐注]“勾陈”，戊己土也；“得位”者，戊己日生，临于寅卯并亥卯位下，有官印长生、帝旺、库墓，乃禄马之乡。“不亏小信以成仁”者，土厚，〈主〉信也，更得位，则能成仁矣。此三奇贵印，即君子也。故曰“以成人之美”[“以成仁之美”合义]也。《赋》曰“约文而切理”者也。又曰“真武当权”者，壬癸生日也。以壬午、癸巳、壬辰、壬戌、癸丑、癸未日生也，或四季月亦是，下有官印、禄马旺相墓库而成庆，此乃作上格贵命〈言〉也。

[疏证]宋朝因宋太祖赵匡胤之父赵弘殷，其字“玄朗”。南北两宋为了避讳其“玄”字，宋本中“玄武”多用“真武”或“元武”替代。除下文徐注第五十八章有一处“玄武”外，所有徐注其他章节，以及《四库》释注本、《新编》中，凡“玄武”皆以“真武”或“元武”避讳之，此一乃相关注本出自于宋朝，而明《永乐大典》注本又袭宋本，清《四库》注本又出自于《永乐大典》之故，二乃清朝《四库》纂校官因康熙皇帝玄烨之名而继续避讳所致。但《新雕》中所有“玄武”则均未作避讳处理，此大概与《新雕》为匿名人士所编，且流传不如其他注本广泛有关，作为秘籍收藏，被翻刻避讳的机会则少。不过古人避讳亦视字义而定，如上文第三章原文“穷通变以为玄”仅有释注本避讳为“穷通变以为元”外，其他版本均未避讳。又如下文第十章“归道乃水府求玄”，原文及诸版注文均未作避讳处理，若避讳作“求真”“求元”则难合其义也。

徐认为“勾陈”为土，戊己也；“真武”为水，壬癸也。“大才”即

① 《新雕》为“玄武当权”。

“大材”也。何为得位？何为当权？徐认为只有戊己日位下临于寅卯并亥卯，壬癸日位下临于午、巳、辰、戌、丑、未日或四季月生方是。如此置土之厚薄、水之深浅而不顾，不理其他干支，只看日主坐财官禄马旺相而成庆，断为三奇贵人。可见子平对财官在禄命中之运用已至极限，在徐观念里勾陈土非财官相加难以成仁，玄武水非财官相临而不能分瑞。“瑞”者，祥瑞、吉利也。但现实中勾陈与玄武人拥有禄马富贵，却大有小信不仁与小才而无瑞者。徐认为《消息赋》之所以未将“勾陈得位”与“真武当权”之法逐一阐明，是由于此赋“约文而切理”者，点到为止也。“约”者，原为缠束，精炼之义也（见下文第七十七章）。至于“真武当权”者，壬癸生人显赫如：以壬午、癸巳、壬辰、壬戌、癸丑、癸未日生也，下有官印、禄马旺相墓库而成庆，徐言之“上格贵命”也。

[释注] 王注曰，圣人书不尽言，言之精也。言不尽意，意之微也。斯皆神妙之谓。《注》云：“以勾陈真武二神取其宅位，以决吉凶。”殊不知珞琭子举此二神，盖言水土之性耳。水土者，五行变化之本，四孟受气，水土同源，二物俱生于申也。“勾陈”者，土神也，至申金乡，母居子家，信而有仁。《传》曰：“信属土，义属金，土之生金，信之教兴，则义之瑞应。”此鹊巢有驺虞之应。《易》曰：“安土，敦乎仁［“以敦仁”不合］。”故曰“勾陈得位，不亏小信以成仁”者欤。其“真武当权”者，“真武”，水神也，至申金乡，子居母家，坐水之长生、学馆，水之所生［“水之所主”不合］者，饱学［“博学”亦合］多智，襟抱疏明。故曰：“知是大才之分瑞。”

李注曰，此陈六神得位当权则为美也。“六神”者，如易卦之六神也。此法十干皆从寅起，甲乙寅起青龙，丙丁寅起朱雀，戊己寅起勾陈，庚辛寅起白虎，壬癸寅起元武［“玄武”亦合］，六神数至末一周［“至末周”合义］却从申起，内有滕蛇一神，常随朱雀行之。言“勾陈得位”者，戊己人生于七月，母在子乡有信而仁。“真武［“玄武”亦合］当权”者，壬癸人生于七月，又为学堂，故有大才分得瑞气也。

昙莹注曰，“勾陈”为土之将，其于常也，为信。“真武”当权乃水之神，其于常也，为智。信也者，足以达于圣。智也者，足以撰其道。五行之用独善于兹。是故金木恶其生旺，水土不嫌死绝。或若生居旺地，福德加临，可谓得位当权，出群之器。

［疏证］前面第四章李注提到“诸家之注至此俱不明其理”，已知在李仝之前有数家《消息赋》注本流传于世。此处王廷光又提到“注云：‘以勾陈真武二神取其宅位，以决吉凶。’殊不知珞琭子举此二神，盖言水土之性耳。”此“注云”为何家？上文第四章分析过，当今确定在王注之前对《消息赋》作注解有三家，即郑潾、李仝及东方明。至于东方明其人，明朝收藏家焦竑在万历年间刻印《国史经籍志》，其中列有书目《东方朔珞琭赋疏》十卷，但本书第十四章《消息赋》原文“入肆无悬壶之妙，游衢无化杖之神”之典故出自于《后汉书》，所载东汉方士费长房传说，尚有原文中提及之管公明与郭景纯，分别为三国和两晋时代时代方士，而史料记载东方朔是西汉汉武帝时代之人，岂能给后人著作注疏乎？从清朝藏书家黄丕烈（号荛夫）在道光纪元辛巳年为《新雕注疏珞琭子三命消息赋》作跋文来看，晁公武（生于北宋，卒于南宋）《郡斋读书志》目录载有《珞琭子疏》五卷，而今人所见《新雕注疏珞琭子三命消息赋》扉页题有“宋本注疏珞琭子三命消息赋三卷，李燕阴阳三命二卷”，合起来共五卷，与晁氏《郡斋读书志》所载卷数一致。据此可以推断，晁氏《郡斋读书志》与焦竑《国史经籍志》所列书目《珞琭子疏》应皆为东方明疏。据查晁公武生于公元1102至1106年间，卒于公元1174至1190年间，大概是淳熙年间。本书认为，从淳熙年间往上二百多年里面，除徐子平、郑潾、李仝、王廷光、释昙莹这几位命理家注解过《消息赋》之外，东方明或许是与李仝时代相近又一位命理家，其所著《新雕》应该早于王廷光注本在坊间流行，故下文第十四章王注曰：“世传珞琭子以为梁昭明太子之所著，及东方朔（“朔”为“明”之讹）疏序。”从《新雕注疏珞琭子三命消息赋》编排格式来看，李注前东疏后，似乎是东方明在李仝注文基础上进一步研究之注疏（对原文注解称之为注，对注文再进行解释称之为疏），但从内容来看东疏文根本没有对注文进行疏解，而是直接针对原文进行注解。况且李注文中多处提到“卷末有例”，而《新雕》卷末却无一例踪影。此书赋序落款为“嘉佑四年巳亥十二月二十一日宜春李仝”，疑为引自李仝注本之原叙，但后标有“宋神宗登极三十六年己亥岁刊”字样，查历史

年表“嘉佑四年巳亥”应为“宋仁宗登极三十六年己亥”，可能是后人刻工在翻印李仝原著时失误所致。据此，本书判断《新雕》乃是后人把李、东两家注文撮合在一起，伪称《新雕注疏》而已。至于为何不见东方明自叙及落款之原因有待于学界进一步发掘。本书经对徐、李、昙莹、东四家评注之考究，均未见有注云“以勾陈真武二神取其宅位，以决吉凶”之句，到底是出自郑氏注文或赵氏注文，还是有其他未知《消息赋》注文，目前不得而知。

王注认为，圣人（借指珞琭子）书不尽言，旨在表达精炼之需；文字不尽意，是由于表达对象有无数细微之处。此皆要神领意会方得其妙也。或有《消息赋》注本在解释“勾陈得位，真武当权”时，把土或水人是否命带宅舍作为吉凶之依据，“殊不知珞琭子举此二神，盖言水土之性耳。水土者，五行变化之本，四孟受气，水土同源，二物俱生于申也。”可知王注奉行“水土同行”（参见书后附录：表七）。何为宅舍？《五行精纪》载：“凡命前五辰为宅舍，若遇有气之乡，及有吉神临之，主有好宅舍，门阀崇峻，宗族贵盛，子孙华显。”一个八字单凭某个吉神就可定论似乎不切实际，而是应该从它们五行本性出发去分析。“勾陈者，土神也，至申金乡，母居子家，信而有仁。”土人，性敦而仁。土到金乡，母居子家，母慈子旺。犹如鹊让窠臼之仁，驺虞不食它兽之应（鹊巢驺虞之说见于《朱子语类》），才能真正体现诚信和仁慈之质量，乃谓“勾陈得位”。“真武，水神也，至申金乡，子居母家……所生者，饱学多智，襟抱疏明。”真武（即玄武），主水主智，至金乡生旺，主饱学多识，可奉献才智于社会，乃谓“真武当权”也。

李注认为，原文陈述以六神得位当权为美。“六神”者，青龙、朱雀、勾陈、滕蛇、白虎、玄武也。“六神者如易卦之六神”指如易卦六爻中天干配六神，即甲乙起青龙、丙丁起朱雀、戊日起勾陈、己日起螣蛇、庚辛起白虎、壬癸起玄武。如甲乙日起卦，则初爻起青龙、二爻为朱雀；丙丁日起卦，则初爻起朱雀、二爻为勾陈，余仿此推。至于推“六神得位当权”，则将六神与十二辰配合起来，故曰：“此法十干皆从寅起，甲乙寅起青龙，丙丁寅起朱雀，戊己寅起勾陈，庚辛寅起白虎，壬癸寅起元武（“元”为“玄”之避讳字），六神数至末一周却从申起，内有滕蛇一神常随朱雀行之。”但六神中勾陈与滕蛇位置须前后调换，即甲乙年生人，寅月起青龙、卯月为朱雀、辰月为滕蛇、巳月为勾陈、午月为白虎、未月为玄武，“六神数至未周却从申起”是指从申月起青龙、酉月为朱雀、戌月为滕蛇、亥月为勾陈、子月为白虎、丑月为玄武。“内有滕蛇一神常随朱雀行之”是指勾陈滕蛇不以配戊己之年区分，而是滕蛇在前、勾陈在后，常随朱雀后行之。所谓“勾陈得位”者，是指戊己人寅月起勾陈，生于七月，恰好是六神一周从申复起勾陈。由于水土同行，勾陈土至申为长生，故谓“勾陈得位”；又土为母、金为子，故戊己人见申为母入子乡，又谓“母在子乡有信而仁”。“真武当权”者，指壬癸人寅月起玄武，亦生于七月，同是六神一周从申复起玄武。玄武属水，水土同行，长生在申，故谓之“当权”。又以水人见申为学堂（参见下文第二十六章徐注），故有大才分得瑞气。

昙莹注认为，勾陈与真武惟有在得令得势，又福德贵神加临前提下，始可谓得位与当权。同时提出金木与水土不同用法，即金无火锻炼，木无金雕琢，皆不成器，是故金木恶其生旺无依；水土不嫌死绝者，指不当令而得势相助，亦不至于贫瘠。可以看出释昙莹对“得令”“得势”之解释与上面三家观点不同。

［新雕］李注曰，此陈六神得位当权则为美也。“六神”者，如易卦之六神也。此法十干皆从寅起，甲乙寅起青龙，丙丁寅起朱雀，戊己寅起勾陈，庚辛寅起白虎，壬癸寅起玄武。六神数至未周却从申起，内有腾蛇一神，常随朱雀行之。言“勾陈得位”者，戊己人生于七月，母在子乡有信而仁。“玄武当权”者，壬癸人生于七月，又为学堂，故有大才分得瑞气也。

东疏曰，“勾陈”在青龙后一辰也，正月七月在亥，二月八月在丑，三月九月在卯，四月十月在巳，五月十一月在未，六月十二月在酉。甲乙在巳，丙丁在辰，戊己在寅，此实悮也。谁不知青龙正月七月在子，是甲也。明堂在丑，是乙也。天刑在寅，是丙也。朱雀在卯，是丁也。金匮在辰，是戊也。天德在巳，是己也。白虎在午，为庚也。玉堂在未，是辛也。天牢在申，是壬也。玄武在酉，是癸也。司命在戌，是空也。勾陈在亥，亦是空也。是故，正月七月勾陈在亥，二月八月青龙在寅，三月九月在辰，他仿此。“勾陈得位”也，在七月生人得亥时也，遇不亏小信，以一成仁也。

东疏曰，“玄武”者在勾陈后二辰也。如正月七月在酉，二月八月在亥，亦依上数起之，正月七月青龙在子，玄武在酉，二月八月青龙在寅，玄武在亥也，他准此。“当权”者，酉生人正月七月是也，亥人二月八月生是也，丑人三月九月生是也，此乃配定十干，甲青龙，乙明堂，丙天刑，丁朱雀，戊金匮，己天德，庚白虎，辛玉堂，壬天牢，癸玄武，空司命，空勾陈也。生月遇此，玄武下生人也，遇重德神、贵神、重印、重官建，则贵人也。假令辛酉人，七月丙申月，又遇丙辰日，其丙与辛合，名重德也。又乙酉人，正月生戊寅，又戊辰日，其二戊〇乙印也，名重印。又丁卯人，十月辛亥月，贵神下生，又遇丁酉日贵神，名重贵神也。又己丑人，九月甲戌月，是辛丑日生，是名重建官，主人高贵也。

［疏证］李注见上文。

东疏此章以十二星神值配十二月辰来阐述。十二星神为青龙，明堂，天刑，朱雀，金匮，天德，白虎，玉堂，天牢，玄武，司命，勾陈也。以口诀“寅申需加子，卯酉却居寅。辰戌位辰上，巳亥午间存。子午临申地，丑未戌上寻”起，即分别以子、寅、辰、午、申、戌六辰起青龙，依次顺值十二个月，周而复始，勾陈排在青龙后一辰。如正月七月生人，依“寅申需加子”，子上起青龙，则勾陈在亥；二月八月生人，依“卯酉却居寅”，寅上起青龙，则勾陈在丑；三月九月生人，依“辰戌位辰上”，辰上起青龙，则勾陈在卯；四月十月生人，依“巳亥午间存”，午上起青龙，则勾陈在巳；五月十一月生人，依“子午临申地”，申上起青龙，则勾陈在未；六月十二月生人，依“丑未戌上寻”，戌上起青龙，则勾陈在酉。

至于甲乙月生人，勾陈在巳；丙丁月生人，勾陈在辰；戊己月生人，勾陈在寅，此实悮（通“误”）也。谁不知正月七月生人青龙在子上，属甲也；明堂在丑，属乙也；天刑在寅，属丙也；朱雀在卯，属丁也；金匮在辰，属戊也；天德在巳，属己也；白虎在午，属庚也；玉堂在未，属辛也；天牢在申，属壬也；玄武在酉，属癸也；司命在戌，遁空也；勾陈在亥，亦遁空也。是故，正月七月生人勾陈在亥，二月八月生人青龙在寅，三月九月生人青龙在辰，他仿此。所谓“勾陈得位”，即土得火土位也，如勾陈在丑位之人必生二月八月是也，勾陈在未位之人必生五月十一月是也。但如三命土人七月生人，子上起青龙，则亥上为勾陈。虽非亥月生，如得亥生时，犹勾陈得位也。“遇不亏小信，以一成仁也。”是指时上土气弱小，但遇之仍不亏小信（五常中土主信），故土人以得一土而成仁贤也。

上面是对“勾陈得位”阐述，下面是对“玄武当权”分析。

东疏曰，玄武者在勾陈后二辰也。如正月七月生人，玄武在酉；二月八月生人，玄武在亥。亦依上数起之，即正月七月青龙起子，玄武在酉；二月八月青龙起寅，玄武在亥也，他准此。

“当权”者，玄武在酉宫之人必生正月七月是也，玄武在亥宫之人必生二月八月是也，玄武在丑宫之人必生三月九月是也。亦指除却正月七月、二月八月、三月九月玄武当权，其他六个月分别处卯、巳、未三宫，为水之死绝养无气之地。此乃配定十干，甲青龙，乙明堂，丙天刑，丁朱雀，戊金匮，己天德，庚白虎，辛玉堂，壬天牢，癸玄武，空司命，空勾陈也。其中玄武配癸干，生月遇此玄武下生人，再遇重德神、重贵神、重印、重官建，则贵人也。

假如辛酉木人，生七月丙申月，木绝之地，幸得此年酉宫玄武当权为生，又遇丙辰日，其二丙与辛合，名重德也（辛见丙为合天德，参见上文第一章东疏）。又如乙酉水人，生正月戊寅月为病，此年亦酉宫玄武当权为印，玄武配癸水，乃乙之贵神，又生戊辰日，其二戊遥合乙印（癸水）也，名曰重印也。又如丁卯水人生十月，午位起青龙，玄武在卯宫不当权，但丁人十月亥月生本为玄武地，恰亥为天乙贵神，又遇丁酉日为天乙贵神，故名重贵神也。又己丑火人，九月甲戌月生人，是辛丑日生，辰位起青龙，丑位玄武当权，年日二丑建玄武为身火之官，是名重建官。以上“四重”皆主人大才、高贵、祥瑞也。

由此知，古禄命在发展历史上，曾采用十二星神值配十二月辰来定五行是否得位当权。除此外，十二星神尚可被用于黄道黑道择吉时。（参见下文第六十二章昙莹注。）

［万版］此举水土，以例其余。“勾陈”为土之将，其于常也为信。

"真武"乃水之神，其于常也为智。信也者，足以达于圣；智也者，足以撰其道。五行之用、独善于兹。得位者，戊己生七月，母在子乡；当权者，壬癸生七月，子居母家。二物同源，仅生于申故也。徐以戊己坐临寅卯、并亥卯未；壬癸坐临午巳，及辰戌丑，未下有官印、禄马、旺相、库墓为得位当权。似与赋义有背。不若只以土生四季，水遇三冬为是。

［**疏证**］万注沿用宋代避讳字"真武"来代称"玄武"。曰珞琭子是以勾陈和真武来举例，其实五行皆有得位与当权之令。"不亏小信以成仁"者，土主信，不会因失小信坏仁，故厚德载物，足（量足）以达于圣也；"真武当权，知是大才而分瑞"者，水主智，利万物而不争，知是大才而与万物分瑞（祥瑞），足（量足）以撰（把握）其道也。具体到土水何以得位与当权，则谓"戊己生七月，母在子乡；当权者，壬癸生七月，子居母家。"与王注、李注观点一致。何为要引出王注中"水土同源，二物俱生于申也"之概念呢？在伏羲八卦配洛书图中，一、六之数处北方，属于水地，而艮卦处六，坤卦处一，两卦皆为土。后天八卦中申在坤位，乃水之长生地，故曰水土二物俱生于申。但"水土同源"属形而上范畴，虽古代禄命家大都奉行，不过在后世子平命家著述中渐渐被抛弃，经实践证明子平术用"火土同源"观点批断八字精准度较高。至于徐注中以水土坐官星来解释勾陈得位与真武当权，万亦认为"似与赋义有背"。其实在万民英《三命通会》中所注《玉井奥诀》里曾尖锐指出："只因徐子平以日为主，专取财官，误了后人多少错会了义。"最后万坦言，土水真正意义上得位与当权，"不若只以土生四季，水遇三冬为是。"此观点是清朝学者沈孝瞻《子平真诠》中"八字用神，专求月令"理论之主要来源，可是子平本人在此解释勾陈得位与真武当权时，却并未以主气为用神角度出发。

第九章

不仁不义，庚辛与甲乙交差。或是或非，壬癸与丙丁相畏。

[徐注] 前二句是贵命切忌五行交差，甲己、乙庚、丙辛、丁壬、戊癸是阴阳相合而成贵命也。若甲见庚、乙见辛之类，皆是五行阴阳不合而交差也，乃无福之命。更有交差之论，且如甲以金为官印，见火而亦曰交差，则不成庆也。更有十二支交差，如午与未［“寅与未”不合］合，却被戌刑、丑破、卯辰破于未位，此亦曰“交差”。卯与戌合而忌辰冲、丑刑、戌未三刑也；辰与酉合，而忌午之破为害，余可例求焉。“是”者，五行［“丑行”不合］和合也，成庆而贵也。“非”者，五行内外阴阳不起［“阴阳不和”合义］，即不是贵命也。丁畏癸，丙壬相畏故也。若丁见壬即为合，丙见癸即为官，一阴一阳曰“道”，偏阴偏阳曰“疾”，正合则为贵命，偏合不为贵命也。宜消息而言之。

[疏证] 何为“仁”？仁，从人从二，指人与人之间，彼此遵循和睦相处之道德规范；何为“义”？古通“宜“，《论语·为政》曰：“见义不为，无勇也。”故以公正又合宜之道德行为曰“义”。儒家把“仁”、“义”、“礼”、“智”、“信”合在一起，称为“五常”。其中“仁”与“义”乃为人处世最核心两要素，放在五常前二位，故《说卦传》曰：“立人之道，曰仁与义。”从古到今，命理界在五行干支运用上有个重要之共识，即和为贵、离为贱。“和”，乃相合成仁；“离”，乃交差而不仁。不管是古法还是今法，不管是重神杀还是重用神，四柱合多刑寡，非贵即寿；反之冲多合少，非夭即贫。四柱刑冲之命，亦称差命。交差之命，纵然腰缠万贯亦为不义之财，终归众叛亲离，故徐注曰“贵命切忌五行交差也”。同性相离，异性相合。天干五合为：甲己、乙庚、丙辛、丁壬、戊癸；地支六合为：子丑、寅亥、卯戌、辰酉、午未、巳申。交差者，如甲见庚、乙见辛之类同性相斥；或合者被坏，如甲己合见乙，乙庚合见丙，又或午未合，却未

被戌刑、丑破之类。当然子平论命不离财官，又曰："且如甲以金为官印，见火而亦曰交差，则不成庆也。"此乃官见伤官之谓，不必非属"交差"之类也。"是"者，五行阴阳之道也，如丁见壬、丙见癸为官之类；"非"者，偏阴偏阳相交不和，如丁见癸、丙见壬为鬼之类也。

[释注] 王注曰，五行之为物，其相生也，所以相治也。方其相生［"相治"合义］，则生而不穷，及其相治则祸福相半。是故甲乙为东方之木，庚辛为西方之金，彼其自有仁义之理存焉。丙丁为南方之火，壬癸为北方之水，彼其自有是非之义存焉。何以言之？凡阳庚合于阴乙，阴辛合于阳甲，则木荣金生，曰偶合之［"曰阳之"不合］，则仁义兼济，刚柔相乘，阴阳冲和，庚辛甲乙不相交差也。甲见庚，乙见辛，木辱金化，曰孤曰奇，纯阴不长，纯阳不生，阴阳不和，甲乙木不能保仁，庚辛金不能崇义，所谓"不仁不义，庚辛与甲乙交差"也。"或是或非"者，阳丙畏于阳壬［"是于"不合］，而非畏于阴癸［"阴丁"不合］，阴丁畏于阴癸［"癸是畏于"不合］，而非畏于阳壬。丙见壬、丁见癸，谓之"禄鬼"，是相畏也。及其丙见癸、丁见壬之谓"禄官"，非相畏也［"非相畏旺"不合］。盖阴见阴，二女同居，其志不同。阳见阳，两男共处，其性不和，亦无造化。故谓之相畏也。及其男女同其志，通也，又何畏之有也？盖言壬癸丙丁有是畏非畏之说。

李注曰，上文既先陈六神，此又消息十干，各依"五子元遁"，见十干憎爱，我克为官。假令庚辛逢甲乙，大获天财，似伤于仁义。丙丁逢壬癸为官，人为［"官为"合义］禄鬼，故有"或是或非"之说。

昙莹注曰，"不仁"者，甲申乙酉是也，"不义"者，辛卯庚寅是也。凡命遇此一辰始可言之，缘寅申庚甲之交差，卯酉乙辛之暗战。丙与壬［"丙遇壬"合义］，则丙非壬是［"则丙非壬"不合］，丁逢癸，则癸是丁非。子午同然，巳亥一揆。此法最〈重〉要细而详之，则言仁义是非百发百中。

[疏证] 王注曰，五行之所以为物形，在于其相生又相治（相制）也。正因为其相制则生而不穷，及其相制则有祸亦有福，吉凶参半。是故甲乙为东方之木，庚辛为西方之金，彼其自有仁义之理存焉。丙丁为南方之

火，壬癸为北方之水，彼此其各自有是非之义存焉。何以言之？凡阳庚合于阴乙，阴辛处于阳甲，则木荣金生，曰偶合（指阴阳相处）之则仁义兼济，刚柔相乘，阴阳冲和，惟有庚辛甲乙不相交差而不相冲也。若甲见庚，乙见辛，则阳对阳、阴对阴，木辱金化，谓交差而相冲克也。指木人甲见庚、乙见辛同性被克，为鬼为辱而坏“仁”，金人庚见甲、辛见乙同性相克会消耗自身能量而坏“义”，此“所谓不仁不义”也。“曰孤曰奇”者，纯阴不长，纯阳不生，阴阳则不和，甲乙木不能保仁，庚辛金不能崇义。故“不仁不义，庚辛与甲乙交差”者，即命中庚克甲，又同时辛克乙。“或是或非”者，阳丙畏于阳壬，而非畏于阴癸，阴丁畏于阴癸而非畏于阳壬。丙见壬，丁见癸，谓之禄鬼，是相畏也。及其丙见癸，丁见壬，谓之禄官，非相畏也。盖阴见阴，二女同居，其志不同。阳见阳，两男共处，其性不和，亦无造化。故谓之相畏也。“及其男女同其志，通也”句，在廖中《五行精纪》中被引为：“及男女同居，其志通也。”是指男女同居，阴阳交合，志趣相投，又何畏之有也？盖或是或非，言壬癸丙丁有“是畏”（“真畏”为杀）之处和“非畏”（“假畏”为官）之处也。

释注本与《新编》中李注“我克为官”在《新雕》中为：“我克者为财，克我者为官。”应以《新雕》合义。假如庚辛金逢甲乙木，皆为干禄，故曰“大获天财”，乃为受禄之财，似有伤于仁义之隐。“或是或非”者，此处以“丙丁逢壬癸为官，官为禄鬼”例，读者应留意李仝与上文王廷光均提到“禄鬼”和“禄官”之说。王注中“丙见壬、丁见癸谓之‘禄鬼’，是相畏也。及其丙见癸、丁见壬之谓‘禄官’，非相畏也。”学术界一般认为，“官禄”之提法始于子平说，但事实上，本章李注、王注皆用“禄鬼”、“禄官”来表达鬼杀和官贵。《鬼谷遗文》曰：“体重须鬼，禄轻须官。”古法中“禄”一般指比禄，包含干禄支禄，而非与官鬼（官杀）联系在一起使用。在《李虚中命书》注文里，今人也绝对看不到“官禄”一词。此处李、王之注出现“禄鬼”、“禄官”用法，一方面说明当时命理界在对待“禄”义上，崇尚古法之命理家们也渐渐接受当时开始流行“官禄”之说；另一方面亦说明，宋朝子平术之产生与流传是源于当时命理文化变革之社会环境。

昙莹注对“不仁不义”观点并无特别之处，但“或是或非”则从天干扩大至地支，即："丙遇壬，则丙非壬是，丁逢癸，则癸是丁非。子午同然，巳亥一揆。"可谓"胜者为王败者为寇"，世间万物皆然也。

[新雕] 李注曰，上文既先陈［"先谏"不合］六神，此又消息十干，各依"五子元建遁"［"五子元遁"亦合］，见十干憎爱。〈我克者为财〉［"我克为官"不合］，〈克我者为官〉。假令庚辛逢甲乙，大获天财，似伤于仁义。丙丁逢壬癸为官，又为［"官为"亦合］禄鬼，或有［"故有"合义］或是或非之说。

东疏曰，六甲人七月生，六庚人正月生，六乙人八月生，六辛人二月生，其位上立。"其"，庚辛行，甲乙行，木仁于庚辛，金义于甲乙；"位上立"，其庚辛人运至西方本位也，方知甲乙财不相滋，此甲乙显不仁也。甲乙人运至东方本位上，亦知庚辛官不相荣，此庚辛验于不义也。丙丁人遇壬癸为官，壬癸人遇丙丁是印。丙得癸为官，得壬相畏。癸得丙为印，得丁相畏。丁遇壬为印，得癸相畏。壬得丁为印，得丙相畏。相得者为是。相畏者为非，余准此。

[疏证] 李注见上文。

东疏曰，六甲人申月生，六庚人寅月生，六乙人酉月生，六辛人卯月生，木金皆立于绝地。"其位上立"是何意？"其"，指庚辛五行为金，甲乙五行为木，木仁则对于庚辛而言，金义则对于甲乙而言。"其位"指庚辛人与甲乙人之本位，亦叫禄刃之地。"其位上立"，指其庚辛人运至西方本位，为木绝之地，方知甲乙财不相滋生，故云"甲乙显不仁"也；甲乙人运至东方本位上，为金绝之地，亦知庚辛官不相荣，故云"庚辛验于不义"也。但从子平术角度看，六甲人申月生，六庚人寅月生，六乙人酉月生，六辛人卯月生，皆身衰财官旺，须行比刃之地而发也。

东疏下半部分，出现"壬癸人遇丙丁是印"、"癸得丙为印"、"丁遇壬为印"、"壬得丁为印"四句不符当今五行干支生克观念之论述，要解此疑首先须明白，古人对"印"理解并非特指生三命五行相生者，而是指得财官贵气者。在宋朝《五行精纪》中虽然有正印偏印之说，但却与后来十神（即正财偏财、正官偏官、正印偏印、比肩劫财、食神伤官）理论无法联系起来，《五行精纪》曰："五行正印，乙丑金印、癸未木印、壬辰水印、甲戌火印、丙辰土印。以上正印，凡人遇之，得本家印最佳，若水命人得壬辰为日时者。”又曰：“偏印，水人得火印，火印带水印，偏印也，亦作贵命断之，而次于本家印，余准此。”又载《玉霄宝鉴》云：“若所得非本家印者，谓之偏正印。”从“水人得火印，火印带水印，偏印也”来看，起码在宋代，禄命理论界对于“印”之概念仍然侧重于财官，得财生官即谓得印，故在本书徐注等诸家注文中，逢官亦多以得印谓之。（参见下文第三十九章昙莹注。）

此章东疏以财生官为“是”为“印”、财生杀为“非”为“非印”之角度，来阐述“或是或非，壬癸与丙丁相畏”，即对我有助于官贵者为印，对我造成凶杀者是畏。故“丙丁人遇壬癸为官，壬癸人遇丙丁是印”，大致来讲丙丁人遇壬癸得官为贵，壬癸人遇丙丁得财为印。但细分来讲，“丙得癸为官”，阴阳为吉也；“得壬相畏”，阳阳为凶也。“癸得丙为印”是指，丙生戊为官，是癸之贵神，故为印；“得丁相畏”是指，丁生己为鬼，是癸之凶杀，故相畏。“丁遇壬为印”是指丁人遇壬为官印，“得癸相畏”是指丁人以癸为凶杀。“壬得丁为印”是指丁财生己官为壬之官印，“得丙相畏”是指丙财生戊杀为壬之凶杀。故以相得为贵印者为“是”，相畏是凶杀者为“非”，余准此。东疏文中以财为印之述不止于此，下文第二十一章、第三十二章、第四十三章、第四十七章、第六十七章、第六十九章等均有阐述。但东疏在运用“以财为印”观点时仅对天禄而言，支命与身却不在此范围，如其下文第四十三章“庚辛临于甲乙，君子可以求官。北人运行南方，货易获其厚利”；如其下文第十八章“假令壬戌水人，生在十月己酉日卯时，其水以火为财”，“假令推财者，以甲子金人得木为财”；如其下文第二十九章“假令丁酉六月丁未月己未日辛未时，丁为火禄，酉为金命，纳音火身。其火以金为财，财与命都是金，在六月禄带旺也”，“假令乙卯人，八月乙酉月，日时生虽俱乙禄，其乙卯木在酉上都绝也，又水以火为财，在死位。若也财绝命衰，纵建禄而不富也，即主贫困薄贱也”等等。

至于东疏为何仅以干禄见财为贵印，大概与其下文第二十九章所谓“若详财看命，推贵详禄，看官推位”观点有关，盖以禄（年干）详四柱（胎月日时）干支有财官者，皆谓贵印也。此与《五行精纪》引《金书命诀》“干为禄，定贵贱；支为命，定修短；纳音为身，察盛衰”中所谓“干为禄，定贵贱”观点一致。（有关官印之论，可参见下文第六十七章徐注。）

［万版］上言当权得位，则不交差，不相畏也。若甲见庚，乙见辛，丙见壬，丁见癸，犹二女同居，两男并处，阴阳不合，不成庆也。庚辛主义，甲乙主仁，以交差，故“不仁不义”。丙丁主礼，壬癸主智，以相畏，故“或是或非”。若庚合于乙，辛合于甲，则刚柔相乘，仁义兼济，非交差也。若丙见癸官，丁合壬禄，则阴阳相配，水火既济，非相畏也。或以甲申、乙酉为不仁，庚寅、辛卯为不义，缘寅申庚甲之交差，卯酉乙辛之暗战；丙遇壬，则丙非壬是；丁逢癸，则癸是丁非。子午同然，巳亥一揆。凡命遇此一辰，始可言之。

［疏证］万注在第八章中最后认为，勾陈与玄武之得位与当权“不若只以土生四季，水遇三冬为是。”不存在“交差”与“相畏”之忧。但此处万注却以是否“交差与相畏”来区分是否“得位与当权”，只因阴阳之别也。徐注曰：“若甲见庚，乙见辛之类皆是五行阴阳不合而交差也。”交差与相合对立，交差其实就是阳见阳鬼、阴见阴鬼，相畏亦同，则谓“不仁不义”也。但若庚合于乙，辛见于甲，则刚柔相乘，仁义兼济，非交差也。若丙见癸官，丁合壬禄，则阴阳相配，水火既济，非相畏也。但《消息赋》原意，乃言五行得位与当权是注重气之自然深浅，而非指五行在八字十神关系中社会地位之高低。至于“子午同然，巳亥一揆”完全是引用昙莹注原文。“凡命遇此一辰，始可言之”，是说子命遇一午辰冲，或午命遇一子辰冲，或诸如巳与亥、卯与酉、寅与申亦然，始可按“不仁不义”、“或是或非”言之。

第十章

故有先贤谦己，处俗求仙。崇释则离宫修定，归道乃水府求玄。①

[**徐注**] 固有达贤之士自谦而处俗尘，降心火［“想心火”不合］而进于水府，养丹砂而成妙道矣。以看命言之，五行中有水火既济之命也。又如丙子生人得亥子时或申子辰水位，亦曰“既济”。假令丙申、丙辰、丙子、丁亥、丁丑、丁酉生人或火以水相济成庆，皆为水火既济之命也。［《赋》云大抵五行通道也，此是为赋前贤指事以陈谋也。遇此命，须要分别消息而言之，可为妙也。］

[**疏证**] 徐注以修行言之，达贤之士谦己待人，处俗求仙，出污泥而不染，修身养性。离宫为火，水府为坎宫。火为心，水为肾，故“降心火而进于水府，养丹砂而成妙道矣”。以看命言之，五行中有水火既济之命。又如丙子生人得亥子时或四柱合申子辰水位，亦曰“既济”。”并举例丙申（申为水之长生）、丙辰（辰为水之库）、丙子、丁亥、丁丑、丁酉（酉为水之沐浴）生人皆是。或有人认为《易经》水火既济卦应为坎上离下，此处干火支水乃离上坎下，应属火水未济之象，似乎徐言“皆为水火既济之命也”不甚恰当。其实徐注是从干支代表人体之象角度而言，人体五脏心上肾下，惟有修炼“降心火而进于水府”，方可处俗求仙和水府求玄，继而说明其他五行相生相克亦须恰到好处方可相济成庆。故《新编》徐注衍句曰：《消息赋》此章大概是讲，精于五行之理与修道相通。遇以上之命格，须要分别五行消息而言之，可得修道之妙境也。

[**释注**] 王注曰，《易》曰：“天道亏盈而益谦，地道变盈而流谦，鬼神害盈而福谦，人道恶盈而好谦。”谦者，以德为主，以礼为辅。德以直

① 《新雕》为“固有先贤谦己”。

心为主，故致其内刚。礼以恭钦为主，故致其外柔。其先贤谦己，能立德辅礼，安命处顺，依乎中庸，明于至理，和于近，达于生，以至于命也。顺于德，通于变，将以尽于性也。性也者，理于义，明于性，将以穷于理也。先贤君子穷理尽性，修德谦己，潜光隐耀，畜藏其＜德＞，不以名位栖于心，不以声色动于内。混俗同尘，求仙慕道，急流中能勇退者，如范张之徒是矣。泛五湖而从赤松子之游，所谓谦己处俗，全身远害者欤。虽然斯亦归之于命也。盖四柱中有进退神，五行内得生休气，天德会遇贵神之所感格者也。“崇释则离宫修定”者，离为火，论火则木在其中矣，火性无息，息则非火，火自木生而从木灭。《阴符》曰：“火生于木，水发必克［“才发必克”不合］。”火无形而叶草木以成体。李虚中论“以乙亥之火，不嫌于绝象，归而得玄珠［“元珠”不合］”正所谓也。“崇释”者，当观火木之用，了知物我两忘，以寂化为本，湛然入定［“湛然二定”不合］，真实不空，不立一物，动中静也，慧生定也，如此则谓“崇释则离宫修定”者欤。或四柱五行本诸此，兼之空亡带德，六害逢贵，斯命也，则清高明悟之士，其可见矣。又论“归道乃水府求玄”者，水者，天一而生，去道未远，渊而静［“渊而虚”不合］，静而明，是为天下之至精。离无而入有，亲而不尊，位居北方，终藏万物，得之者精，抱一而不离亦化［“不离变化”合义］，所以在我。水得生气，衍万物［“近万物”不合］而无所由，命万物而无所听。“归道”者，禀水之［一］气，夺五行造化，积之自然，以致长生。盖五行之中唯水无死，死则非水也，庶几于道者也。故曰：“崇释则离宫修定，归道乃水府求玄”。此论僧道之命［“伤道之命”不合］，归五行有无用，得之者达，失之者否，不专谓修心养性之事而已。

李注曰，此珞琭虽离五行［“衰离五行”不合］，言先贤处俗，或崇释氏，或好仙道，亦不离五行也。离为火，内属心脏，释教志论在了悟其心与。《楞严经》云：“若离前尘［“前程”不合］，有分别性，即真汝心。”故“离宫修定”也。坎为水，内属肾。《玉函经》云：“肾者，引也。生金之本，性命之根。有窍通于舌下，常生神水，左曰金津，右曰玉液。若能漱咽，下灌丹田；丹田既满，流传骨髓；骨髓既满，流传血脉；血脉既满，上传泥丸宫，反归于肾。如日月循环，既曰‘玄珠’。”此乃“归道者，水府求玄”也。

昙莹注曰，仁义每乖于得失是非，常绊于荣枯，于是日用不知，曾无休息。故有先贤谦己，处俗求仙，割爱辞亲，少私寡欲，崇释以灭心之火，归道乃益肾之精。内守精神，外除妄想，达物我非有，明色究竟，空者莫非是也。

［**疏证**］王注引用《易经·谦卦》曰：“天道亏盈而益谦，地道变盈而流谦，鬼神害盈而福谦，人道恶盈而好谦。”指天道往往使盈满者亏损而弥补不足者；地道往往使盈满者溢出而流向空虚者；鬼神往往危害盈余者而福荫损缺者；人道亦往往厌恶自满者而喜好谦逊者。谦者，就是以德为主，以礼为辅。主张混俗同尘，求仙慕道，如范张之徒功成而身退是矣。“范张之徒”指范蠡和张良。范蠡字少伯，春秋时期辅佐越国勾践兴越灭吴，一雪会稽之耻。功成名就之后急流勇退，化名姓为鸱夷子皮，西出姑苏，泛一叶扁舟于五湖之中，遨游于七十二峰之间。后来虽然经商成巨富，但最终散尽家财而济贫，自号陶朱公。张良，字子房，为秦末汉初杰出谋士，与韩信、萧何并称为“汉初三杰”。张良协助汉高祖刘邦在楚汉战争中夺得天下，又助吕后扶持刘盈登上太子之位。他精通黄老之道，不留恋朝廷官职，在韩信等功臣被害后，便“愿弃人间事，欲从赤松子游耳”（见于《史记·留侯世家》）。其实赤松子并非张良同时代人，根据东晋史学家干宝所著《搜神记》收录古代民间传说叙述，赤松子应为神农氏时代司雨之神，他曾教神农服用所谓“冰玉散”长生不老之药。传说炎帝神农最小女儿亦追随他学道，两人竟一齐成仙升天而去。后来到高辛氏时代，他又以呼风唤雨之神漫游人间，故被后人称为雨师。王注此处引用范张两人之典故来说明“故有先贤谦己，处俗求仙”乃“全身远害者欤”，必须懂得急流勇退。故四柱中亦要留意那些善于进退之神，恰到好处把握五行各气生休之状态。惟有如此，遇天德贵神则会因五行调和之命格而感应发挥其作用。“感格”者，感应而变化也。

“崇释则离宫修定”之“崇”指崇尚、遵循、追求，作动词用。上文第七章“崇为宝也，奇为贵也”之“崇”，指崇高、尊贵或重要之事物，比作四柱中之主本、用神、吉神、天干等，当名词用。“释”者，指佛教创始人释迦牟尼。释道并称则指佛教与道教。《阴符》指《阴符经》，亦称

《黄帝阴符经》、《黄帝天机经》或《轩辕黄帝阴符经》，相传此书出自黄帝，系道家哲学理论之来源，但疑是后人伪作，具体成书年代至今尚无定论。“火生于木，水发必克”指火离不开木，水发动灭火，就必须连木一起克除。在今人所见之《阴符经》中“火生于木，水发必克”却作“火生于木，祸发必克”，不过意思相近，可理解为火是依赖于木生存，水祸要灭火必须将木克除掉。“归道乃水府求玄”之“归道”，王注认为是指天一生水之北方坎宫，在五行中唯有水气夺五行之造化，生生不息，最接近于修道之本质。并引李虚中论“以乙亥之火，不嫌于绝象，归而得玄珠”，指乙亥纳音火，虽处十月寒冬为游魂之火，但得亥中藏气甲木而不为绝象，犹如得水府玄珠而归道也。《新编》以“元珠”避讳“玄珠”，义同。又言“崇释则离宫修定，归道乃水府求玄”不专门针对“修心养性之事而已”，乃“论僧道之命”矣。指看僧道之命，要注重火与水在五行中如何处于一个“有无”状态，得到者方能“修定”“求玄”为僧道，失去者则非僧道之命。但如此一来与前句“故有先贤谦己，处俗求仙”之文义似乎难以连贯。前面是引用范张两人之典故来说明要“全身远害者欤”，必须懂得急流勇退。故四柱中亦要留意那些善于进退之神，恰到好处把握五行各气生休之状态，如遇天德贵神就会因五行调和之命格而感应发挥其作用。此处“崇释则离宫修定，归道乃水府求玄”者，指以追求释道两教修行之法来把握五行进退与中和。故下面第十一章“是知五行通道，取用多门”，说明前面是从技术层面来阐述如何从多门多角度来进行五行之取用。

释注本李注首言“此珞琭虽离五行”句，在《新雕》李注中作“此珞琭子广论五行”句。前者认为珞琭子虽离开五行而谈谦己、求仙、崇释、归道，其实“亦不离五行也”。其列举佛教经书《楞严经》云：“若离前尘，有分别性，即真汝心。”心主离主火，故释教宗旨就是“了悟其心”。而道教则重视肾气之引导，肾主坎主水主一，乃先天之本。故道教四方神（东方青龙木、南方朱雀火、西方白虎金、北方玄武水四神）中，惟有玄武被列为“大帝”（避讳为“真武大帝”），武当山道观甚至将其作为“玄天真武大帝”列为最高尊神供奉。《玉函经》应为《广成先生玉函经》，乃唐朝道家人物杜光庭所撰写之脉学著作，里面详细阐述肾水如何通过穴脉在人体中日月循环炼成而玄珠。可见李注与王注虽然皆认为珞琭子原意并

“不专谓修心养性之事而已”，但李注不同于王注是并无涉及到“僧道之命”方面，而是仅通过释道两教不同修行途径来说明五行间之玄妙关系。

昙莹注认为，仁义与是非往往困于得失荣枯，可一般人对眼前事物习以为常，并没意识到五行每日每时皆处于休息起伏之中。所以先贤知命而顺应天道，“崇释以灭心之火，归道乃益肾之精”，内守精神，外除妄想，不刻意追究身外之物，看空明色者，则无“或是或非”之忧矣。此与王李二注不同，昙莹注完全是将五行运行之规律用到释道修心养性方面来。

［新雕］李注曰，此珞琭子广论五行，言先贤处俗，或崇释氏，或好仙道，亦不离五行也。离为火，内属心脏，释教至论在了悟其心。故《楞严经》云：“道离前尘，有分别性，即真汝心。”故“离宫修定”也。坎为水，内属肾。《玉函经》云：“肾者，引也。生金之本，性命之根。有窍通于舌下，常生神水，左曰金津，右曰玉液。若能嗽咽，下灌丹田；丹田既满，流传骨髓；骨髓既满，流传血脉；血脉既满，上传泥丸宫，反归于肾。如日月循环，故曰‘玄珠’。”此乃“归道者，水府求玄”也。

东疏曰，求圣贤之道，不轻本躬于己也。“崇释”者，僧也。“离宫”者，心也。归道求玄于水府，元气长存，透出主死，寿延无数。故此二教者，论水火之功也。

［疏证］李注见上文。

东疏曰，求圣贤之道，要适应处俗世而求仙道，不轻易放松修行于己。“崇释”者，崇为信仰，释家为僧，为佛教也。“离宫”者，心火也。“归道”者，归，为皈依；道，为道教也。“求玄”者，求仙也。“水府”者，肾藏也。指信佛者虽注重修炼心火，皈道者虽注重修炼肾水，但此二者修炼皆不可偏废，彼此元气要保持长存，只要一方透泄失衡即主死，寿延亦无胜数矣。故《消息赋》借此释道二教，论证五行水火调配之功也。

［万版］仁义每乖于得失，是非常绊于荣枯，于是日用不知，曾无休息，故有先贤谦己，处俗求仙。割爱少私寡欲，或崇释以灭心之火，或归道以益肾之精，内守精神，外除幻妄，达物我非有，明色空究竟者，莫非是也。

［疏证］万注皆引自昙莹注文，只不过“割爱辞亲，少私寡欲”少

"辞亲"二字，"明色究竟空者"变为"明色空究竟者"而已。其实，通过以上诸家分析，读者应该亦可以明白，此章"故有先贤谦己，处俗求仙。崇释则离宫修定，归道乃水府求玄"是针对上文"勾陈得位"、"真武（玄武）当权"、"不仁不义"、"或是或非"四种现象而言。土主信得位，玄武主智当权，但不可太过，否则亢龙有悔；金之锻炼、木之雕琢要恰到好处，否则不仁不义；水火之交要有分寸，否则或是或非难分。犹如人生在世，要学先贤谦己，守拙抱朴，修身养性，降心火引肾水，求相合，避交差，急流勇退，方可"处俗求仙"矣。故下章有"是知五行通道，取用多门。理于贤人，乱于不肖。成于妙用，败于不能"之说。

第十一章

是知五行通道，取用多门。理于贤人，乱于不肖。成于妙用，败于不能。

［徐注］“取用多门”谓人命生处各自不同，基本亦异，吉凶向背。行运用法，所主者异兆。故曰“取用多门”，即非一途而取轨也。亦要人用心消息五行所归，即知吉凶也。贤达之人深悉［“深明”亦合］造化，愚者岂能晓了？《易》曰：“苟非其人，道不虚行是也。”

［疏证］徐注认为，“取用多门”指人命出生时四柱各自不相同，亦就造成基本五行有差异，继而引起吉凶不同之结果。行运用气之法，要把握主导五行之气给命局所形成异常之兆。故曰：“取用多门。”即非一途而取轨。“轨”，轨迹，规律也。命中取用，有多种角度多种途径，要根据“人”（即日主）分辨吉凶性质以利我用。而且所用之神亦并非一成不变，要密切注意行运所带来变化，用心判断五行消息所归，方可吉凶了然于心。故命理惟有贤达之人方能深悉造化，愚者岂能晓了？《易经·系辞下》曰：“既有典常，苟非其人，道不虚行是也。”指既有《易经》宝典，但若非真正通晓此书精髓之贤者来运用，易道则不可能凭空虚行在此世间。徐引用此话旨在说明，不肖（无贤能）之辈难以真正把握五行取用之门道也。（有关“用神”参见上文第三章第七章徐注、下文第二十四章徐注万注。）

［释注］王注曰，道藏于冥冥之中，混然无形。运行乎天地之间，不可以一体而言之者，五行也。自春至夏出而显，自秋至冬敛而藏。六合之内物无洪纤巨细，皆五行之造化，与道之相荡也。如此然道无乎不在，物无乎非道。《洪范》论五行相代［“相伐”不合］旺废，鬼神之所以寓之天地之间，运四时往来而无穷者也。太极言天地之父，太极言天地之母，五

曰天之中数，五气得之然后成象。五行有成理，有常性，有正命，顺其成理，达其常性以受正命，是知五行变化通乎大道，何所不该也？盖其取用不一，故谓“多门”。且如丁卯火人克癸酉金为财，常流所知者火之克金，不知金之复［“金之后”不合］能销火者。何也？盖丁卯乃自败之火以为体，而至酉已死矣，力不能胜癸酉自旺之金，火复为金之所制，此所谓财化为鬼者欤。斯理自非元悟［“玄悟”合义］之士岂能与此？是故贤者得之［“待之”不合］能穷理尽性，释五行之妙用。愚者失之终亦自昧而无所得。能者成之［“养之”不合］而取福，不能者败之以［取］祸。故曰“理于贤人，乱于不肖。成于妙用，败于不能”也。

李注曰，此承上文而发端，言五行无所不通，各随其趣，故“取用多门”也。贤者识其远者大者，故理。不贤者失其小者近者，故乱也。能用则妙，不能则败也。

昙莹注曰，天道在于和，德在于顺，义在于理。和于道者，将以知命［“至命”不合］也。顺于德者，将以尽性也。理于义者，将以穷理也。和则不悖矣，顺则不逆矣，理则不乱矣。学而不思，非所以尽性也；思而不学，非所以穷理也。能穷理又能尽性，则于命也。奚为哉？故曰：“理于贤人，乱于不肖。成于妙用，败于不能。”

［疏证］王注曰：道藏于冥冥宇宙之中混然无形，运行乎天地之间以五行之气交替而言之。五行自春至夏出而显外，自秋至冬敛而藏内。地支六合之内，物无洪纤巨细，皆不出五行之造化，与道之运行相配合。《礼记·乐记》曰：“阴阳相摩，天地相荡。”“相荡”就是相互作用相互影响。如此然则所谓貌似虚无之“道”在世间无处不在，而所谓具体实在之物体又无不是道之形态。《尚书·洪范》论五行旺废相互交替，犹如鬼神寓天地之间出没，随四时运作往来而循环无穷也。“五行相代旺废”之“代”本义为更迭，“鬼神之所以寓之天地之间”之“鬼神”指客观世界里出现非人类意志可以控制之现象。《尚书·洪范》之“洪”是“宏观”之义，“范”是规范之义，相传是箕子向周武王所讲述五行“天地之大法”。太极分阴阳，天为父为阳，地为母为阴，五数居中，五气具备然后成象，逐为五行。故箕子言：“五行：一曰水，二曰火，三曰木，四曰金，五曰土。水曰润下，火曰炎上，木曰曲直，金曰从革，土爰稼穑。”润下、炎上、

曲直、从革、稼穑皆是五行具体形态，谓之“象”。“五行有成理，有常性，有正命”如何解释？所谓“成理”，指五行之间生克合化等关系；所谓“常性”，指五行各自所具有不同性质；所谓“正命”，《孟子》曰：“尽其道而死者，正命也；桎梏死者，非正命也。”“正命“用在此应指五行寄生十二宫中不同状态，最符合天地阴阳之道结局。所以只有顺其成理，达其常性，以受正命，是知五行变化通乎大道，由此出现任何现象有何所不该乎？盖（因为五行之成理、常性、正命）故其取用不一，故谓“多门”。如丁卯纳音火人克癸酉纳音金为财，浅闻者所知只是火之克金，不知金之复能销火者。何也？因为丁处卯宫为病，乃自败之火以为体，纳音火而至酉已死矣，力不能胜癸酉纳音自旺之金，体之丁火反被酉金生癸水所制，此所谓财化为鬼矣。此中之理非真正悟玄之士岂能得到？是故贤者志士得之能穷理尽性，释五行之妙用；愚者俗士失之终亦自昧而无所得。故曰：“理于贤人，乱于不肖。成于妙用，败于不能“也。

李注对“取用多门”之理解为：“言五行无所不通，各随其趣。”指五行不仅仅针对三命而言，还可依具体问题采取各种趋利避害之法去实践。对“贤人”与“不肖”者，则引《论语》：“子贡曰：文武之道，未坠于地，在人。贤者识其大者，不贤者识其小者，莫不有文武之道焉。”指阴阳之道与文武之道相同，惟有“贤者”能把握五行之大道，“不肖”者只能局限于枝节末叶。故能善用阴阳五行者则妙，不能者则败也。

昙莹注则从学习态度和方法方面来看待“贤人”与“不肖”，未在易理或五行方面加以分析。

［新雕］李注曰，此上文发明［“发端”合义］，言五行无所不通也。各随其趣，故取之［“取用”合义］多门也。贤者，识其远者大者，故理。不贤者，识其［“失其”不合］小者近者，故乱也。能用则妙，不能则败。

东疏曰，“五行通道，取用多门”者，为修道以五行修炼多门。“理于贤人”者，贤达之人，只于心火肾水修成。“乱于不肖”者，执迷之人也。“成于妙用”者，成于妙道也。“败于不能”者，坏于无能解人也。

［疏证］《新雕》与《四库》释注本、《新编》中李注文字稍有出入，但文义无甚区别，重要是对《四库》与《新编》中“不贤者失其小者近

者”之“失”勘正为“识”字。

东疏认为，此章是为修道者而言，强调以五行修炼虽有多种门道，但重在心火肾水相交之修炼。其妙理惟显于贤达变通之士，而非执迷不悟之人；其成于通晓阴阳妙道者，而败于不晓五行之徒。

［**万版**］道无乎不在，物无乎非道。五行变化，通乎大道，何所不该，其取用不一，故谓多门。如识者取之以修定，仙者取之则求玄。自非顿悟之士，岂能与此？是故贤者得之，能穷理尽性，达五行之妙用；愚者失之，终亦自昧，而无所得。能者养之以取福，不能者败之以取祸。《易》曰：“苟非其人，道不虚行。”

［**疏证**］万注基本观点与李、昙莹、东三者相似，认为珞琭子原意是把五行取用之法作为修行之道来推广。虽然万与徐皆引用《易经·系辞下》所谓“苟非其人，道不虚行”，可万注是用五行取用来指导修行，而徐是用修行来说明五行取用“通道”（指五行取用与修道相通）之关系。相对来看，由于《消息赋》是一篇命理著作，用修道上五行运用来说明命理上“取用多门”应较符合珞琭子本意。

第十二章

见不见之形，无时不有。抽不抽之绪，万古联绵。[①]

［**徐注**］“不见之形”者，内天元也，库墓余气节令也，冲刑克破也，及五行休旺匹配生死也。三合贵地，禄马妻财父母皆不见之形也。只闻其有形，而用之自然应验矣。凡取用法，则比蚕妇抽丝之妙。善取者，能寻其头绪，自然解之得丝也。不善者，不知头绪，万古联绵也。凡言命中贵贱吉凶，先得头绪，〈则灾祥自然应验矣〉。生时坐禄，甲日见寅时，乙日见卯时之类，时坐本禄，更看岁月有无刑冲克破本禄，禄旺用之，［抽不抽之绪］云云。

［**疏证**］徐注认为，“不见之形”者，指地支内天元也，如寅中甲丙戊、申中戊庚壬等，亦谓“人元”。或库墓余气节令也，如辰戌丑未，其中人元需冲刑克破得以飞出；以及五行阴阳顺逆处十二宫休旺定生死，消中滋息，息中至消，遁无其形也。还有一类“不见之形”者，如三合为贵地，其代表禄马妻财父母皆为“不见之形”也。如日主戊土生六月逢亥卯未三合官贵之局，只需闻其官贵之形，而用之自然应验矣。凡取用神之法，则好比蚕妇抽丝之妙，善于操攥者，能寻其头绪，自然解之得丝也。不善抽丝者，不知头绪，犹如万古联绵之乱，错综复杂也。凡是要断言命中贵贱吉凶，须先理清头绪（取用），则灾祥自然应验矣。如逢生时坐禄，甲日见寅时，乙日见卯时之类为可见之禄，亦要留意岁月“见不见之形”来刑冲克破，或“无时不有”来危害时上本禄，当然亦有人以身禄俱旺则喜用岁月来相制之说。故曰：“禄旺用之。”“用之”指岁月来制约时禄，但因身禄俱旺反而为喜也。《五言独步》中“建禄生提月，财官喜透天”亦为此意。以上种种皆是从无序到有序，可谓“抽不抽之绪”云云。

① 释注本为“万古连绵”。《新编》卷一终。

[释注] 王注曰，圣人虚其心则内景［“内竟”不合］洞明，灼万物而无所隐。天下之理，幽至于鬼神，昭然可以见所不见之形矣。所谓“见不见之形”者，言十干禄寄十二支中，有见不见之形存焉。所言甲禄在寅，寅为显见之禄，甲不见寅而见戌，以“五子元遁”戌见甲戌，戌为甲之禄堂，此所谓“不见之禄”矣。甲以辛为官，辛禄在酉，甲受金伤［“金赐”合义］，酉为时见之官，甲不见酉而见未，谓天官遁甲入羊群。盖未有辛，此谓不见之官矣。十干禄循环乎十二支中，有见与不见之形，则无时不有也。抽不抽之绪，阳气生于子，而旺于卯，而终于午也。阴气生于午，而旺于酉，而终于子也。盖阳生则阴死，阴变则阳化。子为孳萌，午为长盛［“长子”不合］，子午乃阴阳生化之所始终。无极也，阴极则阳生，阳极则阴生。气自子午中孚毕［“孚甲”不合］，抽乾［“抽轧”合义］而出，出入无迹，往来不穷，如丝絮［“丝绪”合义］之联绵，万古不断之义耳。

李注曰，《太元经》云：“以见不见之形，抽不抽之绪，与万类相连［“异万类用连”不合］也。”作赋者引此言，推晷刻见阴阳之形，抽出其绪，万类生死，更相连袭也。

昙莹注曰，《太元》云：“见不见之形，抽不抽之绪。”则日迁月变，暑往寒来，代废代兴，更休更旺，一显一晦，一缩一抽，绵绵若存，无时不有。

[疏证] 王注认为“见不见之形”仅对凡人而言，圣人则虚其心则内景洞明，灼映万物而无所隐藏。天下之理，即使幽微如鬼神，圣人昭然亦可见所不见之形矣。老子《道德经》曰：“致虚极守静笃，万物并作。吾以观复，夫物芸芸各复归其根。”相传天干地支六十甲子为远古时期中华轩辕黄帝命官史大挠氏所创。若真如此，此大挠氏应是游来于天地间之真人，干支六十甲子岂非其在虚极守静笃，万物并作之状态下所领悟到一种破译天地奥秘之符号？

甲乙丙丁戊己庚辛壬癸十天干甲骨文图：

子丑寅卯辰巳午未申酉戌亥十二地支甲骨文图：

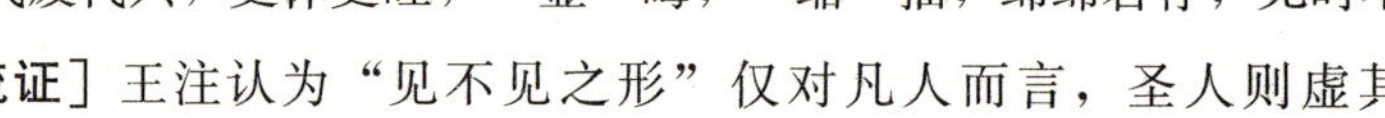

甲骨文主要指殷墟甲骨文，距今大约有3100—3400年，而黄帝时代距今有4500年以上。甲骨文之前中华先祖使用干支字形状如何？除传说中大挠氏所创外，天干地支到底如何出现？现在已难以知晓。但可以肯定，在上古时期人类生存条件恶劣及科技水平原始环境下，有干支六十甲子之运用，人们则可用来指导生活和生产，其涉及范围几乎包括吾国祖先生存繁衍所有方面，如天文、地理、历法、计时、气候、祭祀、占卜、农事、军事、政治等等领域。从干支本身来讲，所谓“见不见之形“者，是言十干禄寄于十二支中有见不见之形存在。甲禄在寅，寅为显见之禄，是可见之形也；甲人不见寅禄而见戌，《五子元遁》口诀“甲己还加甲”，从子上起甲子，顺数至戌正好是甲戌，则戌为甲人之禄堂，此亦所谓“不见之禄”，是不可见之形也。同样，甲以辛为官，辛禄在酉，甲以受金官为赐，故喜酉金为时见之官也。如甲不见酉官而见未，按“五子元遁”口诀“甲己还加甲”，从子上起甲子，顺数至未正好是辛未，谓“天官遁甲入羊群”，即未上有辛官，此谓不见之官而有官位也。所以说十干禄循环乎十二支中，虽然有看不见之形，可其存在之处无时不有也。“抽不抽之绪者”，阳气生于子月冬至，而旺于卯月春分，而终于午月夏至也。阴气生于午月夏至，而旺于酉月秋分，而终于子月冬至也。阳生则阴死，阴变则阳化。如果万物以子位为孳生萌芽之地，那么到午位必是生长茂盛之顶峰，其败象也随之酝酿而生；反之亦然。故子午乃阴阳互为生化之所，无所谓谁始谁终，即无极也。阴极则阳生，阳极则阴生，气如植物种子在子或午地孚（通“孵”）化完毕，发芽抽干而出，出入细微无迹，生死往来不穷，如此好似丝絮之联绵不绝，万古永不消逝之义耳。

李注曰，《太元经》（即《太玄经》。下同。）云：“以见不见之形，抽不抽之绪，与万类相连也。”作赋者珞琭子引申于此，旨在通过日晷和刻漏之类定时器，来显示原本是“见不见之形”时间变化，辨别其阴阳形态，如日夜及春夏秋冬，理清貌似无序之绪，从而揭示出世间万物生生死死皆有袭承与联系。故《太玄经》又云“其道游冥而挹盈，存存而亡亡，微微而章章，始始而终终”也。

昙莹注亦曰，“见不见之形，抽不抽之绪”为《太玄经》所云，旨在说明日迁月变、暑往寒来、代废代兴、更休更旺、一显一晦、一缩一抽等阴阳变化。其中关系看似对立，实质是阴中有阳、阳中有阴；你中有我、我中有你，貌似杂乱混沌无章，但却万古绵绵若存，任何一方都不曾真正消逝过，故谓“无时不有”也。

［新雕］李注曰，《太元经》云：“以见不见之形，抽不抽之绪，与万类相连［“异万类用连”不合］也。”作赋者引此言，推晷刻见阴阳之形，抽出其绪，万类生死，更相连袭也。

东疏曰，“见不见之形”者，大道元气也。视之不见，听之不闻，在于人之玄牝往来也，如丝绪之联绵不绝也。“无时不有”，此言之鼻孔喘息也，呼吸用之不倦。故“不抽之绪，万古联绵”者，道也，一气从父母之元气也。

［疏证］李注同上。

东疏指，“见不见之形”者，是无为而不为，虚极生道，乃为谷神，其视之不见，听之不闻，犹如母体产门之神秘玄妙，生育连绵不绝也（引自《道德经》：“谷神不死，是谓玄牝。”谷为虚，牝为雌性产门）；“无时不有”者，此言人之鼻孔喘息也，呼吸用之不倦，不可停顿也；“（此处脱‘抽’字）不抽之绪，万古联绵”者，就是由“见不见之形，无时不有”产生之“道”也，其唯一之气是从父母之元气（即天地混沌太极）处传承下来。

［万版］“见不见之形”，如十干禄寄十二支，有见不见之形存焉。甲禄寅，寅为显见之禄；不见寅而见戌，以“五子元遁”至戌见甲戌，戌为甲之禄堂，此所谓不见之禄。甲以辛为官，辛禄酉，甲受金鸡，酉为明见之官；不见酉而见未，以天官遁甲入羊群，未上有辛，此所谓不见之官。抽不抽之绪，如阳气生子旺卯终午，阴气生午旺酉终子，阳生则阴死，阴变则阳化。子午乃阴阳化生之始终，无极也。阴极则阳生，阳极则阴生，气自子午中乎，甲抽扎而出，出入无病，往来不穷，如丝绪之联绵，万古不断之义。《太玄》云：“见不见之形，抽不抽之绪。”则日迁月变，暑往寒来；代废代兴，更休更旺；一显一晦，一缩一抽；绵绵若存，无时不有。盖阴阳五行，有见不见，有抽不抽，其理玄妙，其机发泄，无物不有，无时不然，自有天地人以来便如此，要顿悟何如。

［**疏证**］此章万注前半部分从开头至“如丝绪之联绵，万古不断之义”，基本上是引王注文；后半部分从“《太玄》云”至“绵绵若存，无时不有”，则完全取自昙莹注文。从“盖阴阳五行”至末句“要顿悟何如”，方是万本人注解，味同嚼蜡，无甚特别之处。本章李、昙莹、万三家注文中均提到《太元经》或《太玄经》（宋清两朝以“元”避“玄”之讳，万注袭宋本之故）。《太玄经》为西汉末年扬雄所撰，也称《扬子太玄经》，简称《太玄》或《玄经》。《太玄经·卷七》曰：“以见不见之形，抽不抽之绪，与万类相连也。”晋朝范望注道：“‘抽’，出也；‘绪’，业也。言天地阴阳不可得形而数，故推之刻漏度之，晷景以见其形，以出其业，万物之类至于死生更相连袭也。”指天地阴阳所表现出来是一种貌似杂乱无章之头绪，既不可形状亦不可量化，所以只能用刻漏来衡量其度数，用日晷影子来显示其形状，以此得出它（阴阳）变化之规律，万物生死间之因果关系则更容易理清。此章从五行干支角度而言，徐注与王注最具有针对性。

第十三章

是以河公惧其七杀，宣父畏其元辰。峨眉阐以三生，无全士庶。鬼谷播其九命，约以星观。今集诸家之要，略其偏见之能，是以大解曲通，妙须神悟。①

[徐注] 此令术者，既要见年月日时，取其有克而为用者是何？作官印用之，作官鬼用之。假令甲见庚或见申位为官为鬼，须见金木轻重之用言之。假令丙日生人逢亥七杀，亥中有壬，丙见壬为七杀。丁到子位［"丁到巳子位"不合］，甲到申，辛到午，壬到巳，戊到寅，己到卯，庚到巳皆为七杀之地，主有灾。如当生元有七杀，运更相逢即重矣，不利求财，主有灾。如当生岁月日时元无七杀，则灾轻。故《赋》中引"宣父畏以元辰"者，即非前位辰也［"前位元辰也"不合］。是当生年月日时位［元］有七杀，害生月生时者，乃名"元有元辰"也，即为灾重矣。《虚中》云："当生元［"生年"合义］有则凶重，无则凶轻。"所以宣父畏以元辰者，是宣父命中元有杀害［"元有所害"亦合］之辰也。又戊见甲［"戊见申"不合］、己见乙为七杀，戊己人在十月生，正月生，虽生时居巳午或更有庚辛，亦夭寿，为土死不能生〈弱〉金，〈金〉囚不能胜旺木。《赋》云："建禄而夭寿。"余仿此。昔者峨眉先生精通三命，每言贵贱，少有全者；鬼谷先生以九命之术，约以星宫［"约以星官"不合］。为赋此［"此为赋"合义］前贤自谦而言之，与物难穷，理则同也。

[疏证] 徐认为命术者在看四柱时，要关注年月日时之相互关系，特别要留心取克我且气旺为用神所形成是一种什么格局，或许是官印格局，或许是官杀混杂格局，其所造成之结果则截然不同。假如甲日生人见庚或见申位表面为官为鬼，因申中藏有不见之壬水为印，如透干则为官印格

---

① 《新雕》为"宣父畏以元辰"、"约以星官"；《新编》与万版为"是以未解曲通"。

局，否则须分辨金与木孰轻孰重而言用。假如丙日生人逢亥七杀，因亥中藏有甲木壬水，丙见壬透而不见甲，则为七杀鬼格。其余如丁到子位、甲到申、辛到午、壬到巳、戊到寅、己到卯、庚到巳皆为七杀之地，如亦无印透，则主有灾。但当生辰四柱元（通“原”）有七杀，大运再相逢则尤其严重，不利求财，主有灾祸；如当生辰岁月日时原无七杀，大运再相逢则灾轻。故《消息赋》中引言“宣父畏以元辰”（珞琭子原文“宣父畏其元辰”）者，指非“阳男阴女冲前一辰，阴男阳女冲后一辰”（参见下文本章李注文）之元辰，而是说生辰年月日时四柱内原有七杀，特别鬼害生于日主两侧之月时者，乃称之为“元有元辰”，即原局本来就存在之杀辰，其造成之灾祸则尤其严重。《李虚中命书》曰：“所逢者当生年有，则吉凶重；当生年无，则吉凶轻。”所以“宣父畏以元辰”者，指孔宣父（即孔子）命中原来就有杀害之辰。又如戊日生人见甲、己日生人见乙为七杀，上日生人在亥十月生或寅正月生（后人以寅亥月令中藏气透出木为七杀格），虽生时辰居巳午为印或更有庚辛食伤，但再遇木运亦会夭寿。因为土遇冬为囚、遇春为死，不能生金；金遇冬为休、遇春为囚，弱金不能胜旺木七杀也。故《消息赋》云：“建禄而夭寿。”（参见本书第三十章“鬼旺身衰，逢建命而夭寿”。）指身衰之命纵有建禄，但鬼旺破禄而终归夭寿也。从前有个峨眉先生虽精通三命，但每断士庶贵贱，亦少有周全无缺。所以鬼谷子先生以九命之法论命，并辅以星宫之法，其旨在弥补三命不足。今珞琭子集诸家之要，略其偏见之能，始能大解曲通，其中奥妙之处非须神悟而不得也。徐认为本赋列举四位圣贤（河公、宣父、峨眉、鬼谷四者相关注解参见本章下文）是为了阐述吾国四柱禄命发展离不开在无数先辈之探索，虽每个门派不可穷尽世间万事万物，但先人所揭示之道理如出一撤。故曰：“与物难穷，理则同也”。

[释注] 王注曰，日月扬辉，河洛开奥，阴阳五行之书出焉，出于诸子百家之学，驰骋偏见，各自立说，不可胜数［“声数”不合］，然其元妙中性命之理者，珞琭子三命而已。且如河上公言命，时谓华盖，前七杀之可惧，宣尼独以元辰杀之可畏。峨眉阐以三生，论其寿夭，鬼谷播其九命，得以星观，皆是一家。偏见之学未能曲尽五行，三命元元［“玄玄”

合义]之妙，惟珞琭子参集诸家之妙旨，略其偏见之能著为是，本穷尽五行之微，使学者纪吉凶之象数，探祸福之渊源，当须大解元义［“玄义”合义]，曲通妙机，神悟五行之用，洞达性命之理，知此则应机而发，发无不中理者哉！

李注曰，从劫杀数至亡神，亦是七杀之数，又有巳酉丑，金神七杀，若人生日月时遇之［“若人生月日时遇之”合义]，多官灾，行运及太岁遇之，亦有官〈司〉事口舌［“官事口舌”亦合]。故云“河公惧之”。阳男阴女冲前一辰为元辰，阴男阳女冲后一辰为元辰。凡大小运太岁入于元辰者，灾极人亡，若有吉神救之则灾轻，宣父至圣亦畏也。旧注云，峨眉山有一仙，自称绝世人，后遇崔三生，与论［“未论”不合]至道，云世士莫穷。此珞琭子之通论也。予尝以金木二星在人身命二宫，兼在官禄福德，更不候运气交合，便以为亨通庆福言之，或无其验，是知须借大小运年［“大小运行年”合义]，以到旺相得位之处，方为喜庆福德。学者切须从长而行。珞琭子集诸家三命之精要，略去其偏见，独说自以为能者也。大解幽行，曲能［“幽能”不合]通之，精其妙理，自然神悟。

昙莹注曰，阳男阴女冲前一辰，阳女阴男冲后一辰，谓之“元辰”也。劫杀至亡神［“亡辰”亦合]，谓之“七杀”也，所以未登真觉，斯患孰逃，上古贤圣犹宜预避。是以河上公惧其七杀，文宣王畏以元辰，于是著书而能济世。则吉凶祸福，告在未萌，由是年登，故宜获福。五行妙用，消息无穷。自古先贤学而无厌，鬼谷播其九命，非不通也；峨眉阐以三生，非不精也。盖指元言［“玄言”合义]幽奥难测，故云“约以星观”、“无全士庶”。“三生”者，禄命身也；“九命”者，身命两宫，禄马二位，生年胎月日时是也。阴阳不测之谓神，神用无方之谓圣，圣人体神而明乎道者也。在昔圣人参详得失，补缀遗从［“补缀微从”不合]。若非微显阐幽［“若非遗显阐幽”不合]，安能曲尽其妙？

［疏证］ 王注文中“日月扬辉”者，见《周书·王褒庾信传论》云：“两仪定位，日月扬辉，天文彰矣；八卦以陈，书契有作，人文详矣！”“河洛开奥”者，见西晋时被誉为“洛阳纸贵”之左思代表作《三都赋》云：“余粮栖亩而弗收，颂声载路而洋溢。河洛开奥，符命用出。”王注文大意为，自开天辟地以来日月阴阳相互辉映，河图洛书揭示其中之奥秘，

使得后世阴阳五行之书出现，但历来诸子百家之学说，驰骋一方偏见，各自门户，不可胜数，然而阐明其玄妙中真正性命之理者，唯有珞琭子《消息赋》而已。譬如河上公言命，不同与时下论命谓华盖等神杀如何，以前多讲以七杀为惧；孔宣尼则独谓以元辰杀可畏（萧吉《五行大义》有两处提到"孔子《元辰经》云"）；峨眉山人以三生阐命，论其寿夭；鬼谷则播其九命，得以与星观法（即星命法）相辅相成，但这些皆是一家之说。偏见之才能无法穷尽五行幽微之理，揭示三命玄奥之妙，惟珞琭子参集诸家之精髓才能揭示，其旨在省略其中偏见不全之处，力图在本质上穷尽五行之微妙，使后学者把握吉凶之象数，探祸福之渊源。只有当大解命理元义，曲通妙机，神悟五行之用，洞达性命之理，始可知此则应机而发，论命而发无不中之理者也！

李注对"七杀"理解并不限于十神之偏官，如甲数前干至庚位是七数，故曰"七杀"；还从神杀方面来解说，如劫杀数至亡神，亦是七杀之数。譬如年支申子辰见巳为劫杀，从巳数至前辰第七位为亥亡神，亦名"官杀符"。如劫杀与亡神两者并见则为七杀入命，术界称之为"破军"，主人佛口蛇心，虚名虚利。又有金神七杀者，为巳酉丑金局，如人生月与日时三合遇之，多官府灾祸（万民英《三命通会》中把六甲六己日见乙丑、己巳、癸酉三组时辰，并要月令通金气者，视为金神入命）；如原无金神，但行运及太岁流年遇之亦称七杀，同样有官司口舌。所以河上公论命最惧之也。李注对"元辰"之杀并无异见，即"阳男阴女冲前一辰为元辰，阴男阳女冲后一辰为元辰"，如阳男阴女丑命，冲寅为申，申即元辰；阴男阳女丑命，冲子为午，午即元辰。认为"凡大小运太岁入于元辰者，灾极人亡，若有吉神救之则灾轻，宣父至圣亦畏也。"李提到"旧注云"有一个峨眉山仙人，是否为郑潾注中涉及，目前无法判断。诸家对"三生"注解皆为"三命"，此处却冒出一个"崔三生"之人，峨眉山人与其论道谈命，收益非凡，感叹世上术士没有人能象崔三生那样能穷尽命理。但奇怪是下文《新雕》中收录之李注在提及"峨眉山人"时却没有出现"崔三生"此人，并将"三生者"与"今之言三命也"等同起来。释注本李注与《新雕》李注区别如此之大，皆为讹传所致。"此珞琭子之通论也"指珞琭子将"是以河公惧其七杀，宣父畏其元辰。峨眉阐以三生，无全士庶。鬼谷播其九命，约以星观。”四家偏见之能融会贯通起来论述。为此李仝阐述切身体会，其曰：予曾经以命中金木二星同时落在身宫命宫，兼在官禄宫福德宫，而不理会运气之交合，便以亨通庆福言之，但有时无此方面应验，故而知须借大小运及行年，以到旺相得位之处，方为喜庆福德。学者切须从长而行，全方位去分析命理。珞琭子集诸家三命之精要，略去其中偏见独说和自以为是者，大解五行幽处，曲尽妙理，后人用心自然神悟。此处要注意，李注把星命学中紫微斗数断命法引来举例，说明李仝与东方明都站在术数大命理角度来看待《消息赋》，而不仅仅局限于四柱三命学，包括下文个别章节出现“三元九宫”辅助推断福祸吉凶，给命理学者感觉许多注文不符合四柱三命概念也在常理之中。

昙莹注对“元辰”看法与王、李两者相同。“七杀”则接近李注，把劫杀亡神并显当作七杀看。故当运岁七杀尚未出现就能直觉先知，则不会沦落到不知如何逃避之境地。那些上古贤圣之所以能够成为贤圣，是因为他们尤其具有预避元辰七杀之类能力。正因为河上公惧其命中七杀，文宣王（指孔子，孔子名丘，字仲尼，后人对其尊称有宣尼、宣父、宣圣、先圣、文宣王等）畏其命中元辰，他们均能安然避凶，于是能著书济世诲人。故孔子曰：“不知命，无以为君子。”人生在世，吉凶祸福，往往在事态未萌之时，通过命理阴阳五行神杀之辨可告知。如世人皆能效仿贤圣前人，那么会因此年年丰登、岁岁平安，宜获厚福。可见五行之妙用，贵在其消息无穷。自古先贤学而无厌，鬼谷子传播其九命之法，并非是因其命术不通俗所致；峨眉阐以三生论命，亦并非其命术不精粹所为。而是指四柱幽奥难测，即使鬼谷子“约以星观”（利用星命术），亦“无全士庶”（无法言尽士庶贵贱）。“三生”者，禄命身也；“九命”者，身命两宫，禄马二位，加之生年胎月日时五干支是也。“阴阳不测之谓神，神用无方之谓圣”出自《黄帝内经·素问》：“故物生谓之化，物极谓之变；阴阳不测谓之神，神用无方谓之圣。”大意指，事物发生谓之“化”，发展至极点谓之“变”，难以琢磨阴阳变化谓之“神”，能够掌握和运用此类“神”者，则不会局限于世俗之方术方法，才能谓之“圣”，这是由于圣人体神而道明之故。“在昔圣人参详得失，补缀遗从”则是昙莹注对前人学说之肯定，而非似王李二注微词先人之阙。“若非微显阐幽，安能曲尽其妙？”指对待先人圣贤们对禄命理论之贡献，后人若非从命理内在“微显阐幽”，焉能阐述曲尽其中幽妙之处哉？于是乎完全否定王李“偏见之能”观点。

［新雕］李注曰，从劫杀数至亡神，亦是七杀之数，又有巳酉丑金神七杀者。若人生月日时遇之，多官灾，行运及太岁遇之，亦有官事口舌。故云：“河公惧其七杀也［“河公惧之”亦合］。”阳男阴女冲前一辰为元辰；阴男阳女冲后一辰为元辰。凡大小运太岁并于［“入于”亦合］元辰者，灾极人亡。若有吉神救之，则灾轻。宣父至圣亦畏之。〈昔成都府有一卖卜人，自言蛾眉山人，言人灾咎十有九中，有人询问何文字有此神验？答曰：“余闻三生也。”“三生”者，今之言三命也。无全士庶者，言士庶无全此书。〉［“旧注云，峨眉山有一仙，自称绝世人，后遇崔三生，与论至道，云世士莫穷。”?］此珞琭子之通论也。子常以金水二星约人身命二宫［“予尝以金木二星在人身命二宫”合义］，兼在官禄福德之限，更不俟运气符合［“运气交合”合义］，便以为亨通福庆言之，或无其验，是知须籍大小运［“大小运行年”合义］，次到旺相得位之处，方为喜庆福德，学者切从长而行。珞琭子集诸家三命之精要，去其偏见，独说自以为能者也。大解五行［“大解幽行”不合］，曲能［“幽能”不合］通之。精其妙理，自然神悟。

东疏曰，河上公本岳阳人也，复姓公孙，少年慕道，隐鸡足山二十年炼丹，编穷造化五行之文，多用贵人七杀言人祸福，无不中也。犹惧七杀，使用不精研于虑也。宣父畏以元辰者，本命也。夫子亡辰，岁六十八上行年，大运至癸巳，在元辰厄会处，灾咎并起，故畏之矣。“鬼谷”者，有鬼谷洞中先生也。播三命翻为九命也，干禄一命，支为二命，纳音身三命，禄财四命，命财五命，身财六命，以官为七命，所为八命，职为九命，各取生月日时金木水火土旺衰言之，无不中也。约已星官者，约者定也，先以约定星辰，注缠在其宫分贵，要合其三命中衰旺也，言三命深玄也，今集诸家之要略，其偏见之能，是以大解曲通，妙须神悟。今集诸家之要略者，栋梁五行精要，其五行上至玄都，下交幽府，无所不至。偏见能者，为五行应人灾福，分毫不差。大解曲通，须以五行配之九命，变通玄妙。凡会五行，自须神悟。

[疏证] 本章《新雕》李注与释注本李注有二处明显差异，一是说命遇七杀（“劫杀数至亡神亦是七杀之数”与“巳酉丑金神七杀”），上文释注本李注作“若人生日月时遇之……”，《新雕》与《新编》李注则为“若人生月日时遇之……”，则“多官灾，行运及太岁遇之，亦有官事口舌”。应以后者为正。二是关于“蛾眉山人”之传说，《四库》释注本与《新编》中李注皆为：“旧注云，峨眉山有一仙，自称绝世人，后遇崔三生，与论至道，云世士莫穷。”此处《新雕》则为：“昔成都府有一卖卜人，自言蛾眉山人，言人灾咎十有九中，有人询问何文字有此神验？答曰：‘予闻三生也。’”从珞琭子原文“峨眉阐以三生”文义来理解，本书认为应以《新雕》合义，但因无李仝原版注文对照，目前难以确定正讹。《四库》释注本与《新编》中李注“大解幽行”不如《新雕》李注“大解五行”合义。

东疏对“河公”疏文亦值得探讨，东曰：“河上公本岳阳人也，复姓公孙，少年慕道，隐鸡足山，二十年炼丹。编穷造化五行之文，多用贵人七杀言人祸福，无不中也。”历史上所谓“河上公”者，相传是指西汉汉文帝时代之隐士。其为老子《道德经》作注《河上公章句》为成书最早之注本，阅全书未见有“七杀”之谓者，但亦不能以未见其著述七杀而排除在外。事实上今人在孔子现存著述中亦难以看到所谓“元辰”之说（隋朝萧吉《五行大义》中载有孔子《元辰经》少量行文），况且本章《消息赋》原文列出四位前辈中至少有二位是圣贤—孔宣父与鬼谷子，所以珞琭子把《河上公章句》撰者列入亦是理所成章。不过据本书分析，东疏所言河上公与《河上公章句》之撰者非同一人，依据如下：

一：东疏“河上公”，为岳阳人，复姓公孙，而魏晋时期隐士皇甫谧《高士传》云：“河上丈人，不知何国人，自隐姓名，居河之湄，著老子章句，号河上丈人，亦称河上公。”东晋葛洪《神仙传》亦载：“河上公者，莫知其姓名也。”《河上公章句》作者自隐姓名，何来“复姓公孙”之谓？且古人将“河上”作为地理位置来表述一般指“黄河”，而东疏“河上公”为岳阳人，却位长江流域。

二：东疏“河上公”，“少年慕道，隐鸡足山，二十年炼丹。”；而葛洪在《嵇中散孤馆遇神》载：“纪年曰：‘东海外有山曰天台，有登天之梯，有登仙之台，羽人所居。’天台者，神鳌背负之山也，浮游海内，不纪经年。惟女娲斩鳌足而立四极，见仙山无著，乃移于琅琊之滨。后河上公丈人者登山悟道，授徒升仙，仙道始播焉。”可见西汉时河上公修仙得道之处是在天台山，而非鸡足山。

三：东疏“河上公”，“编穷造化五行之文，多用贵人七杀言人祸福，无不中也。”；而历史上流传下来《河上公章句》只是老子《道德经》之注解，而非专述五行著作，况且《河上公章句》中亦无“贵人七杀”之说。

东疏认为“宣父畏以元辰”者，原因“本命也”，即孔子本命里面就有“元辰”之故。孔子八字历来存在诸多争议，本书按《谷梁传》所记“十月庚子孔子生”，推出月令为亥，日柱为庚子。六十八岁在大运癸巳，意味着初运是丁亥，那么月令为丁亥，符合东疏“其大运从月干而起”之观点（参见上文第三章东疏）。十月是丁亥，当年正月就是戊寅。按《五虎元遁法》口诀“乙庚之岁戊为头”反推，年干则定为庚或乙。按《史记·孔子世家》载“鲁襄公二十二年而孔子生”，此年正好为庚戌年。如“宣父畏以元辰”因“本命也”，那么“阳男阴女冲前一辰”，年上戌冲辰，辰前一位是巳，即巳为元辰。已知前三柱为庚戌、丁亥、庚子，那么时柱须为辛巳才符合本命有元辰说法。由此排得四柱如下：

（十三）——孔子命：

	比肩	正官	日元	劫财	
乾：	庚	丁	庚	辛	
	戌	亥	子	巳	（辰巳空）
纳音：	钗钏金	屋上土	壁上土	白腊金	
	辛劫财	壬食神	癸伤官	庚比肩	
	丁正官	甲偏财		丙七杀	
	戊偏印			戊偏印	

	正官	偏印	正印	比肩	劫财	食神	伤官
大运：	丁亥	戊子	己丑	庚寅	辛卯	壬辰	癸巳
	08岁	18岁	28岁	38岁	48岁	58岁	68岁
流年：	丁巳	丁卯	丁丑	丁亥	丁酉	丁未	丁巳

东疏道，孔子亡辰，岁六十八，行年（按上文第三章东疏起行年，即

小运）癸酉，大运交癸巳，则命之巳与大运之巳属元辰厄会，灾咎并起，故畏之矣。可根据历史记载，孔子虚岁六十八岁乃鲁哀公十一年（公元前484年），即丁巳年，冉有归鲁，率军在郎战胜齐军。季康子遂派人以币迎孔子。孔子周游列国十四年至此安定，六十八岁之后他把主要精力放在整理经典及培养弟子教育上，丁巳年应该不是个灾咎并起之年份。再说孔子亡辰应在公元前479年鲁哀公十六年，为壬戌年四月己丑日，虚寿七十三岁。如要把孔子亡辰与大运癸巳联系起来，除非按东疏论命手法，以逐年太岁壬戌见大运癸巳为元辰，与原命元辰是厄会，故畏之矣。

东疏认为鬼谷子传播九命是由“三命翻为九命”而成，分别为“干禄一命，支为二命，纳音身为三命，禄财四命，命财五命，身财六命，以官为七命，所为八命，职为九命。”其中“所为”之“所”指方所、“职为”之“职”指职业。可上文昙莹注曰：“九命者，身命两宫，禄马二位，生年胎月日时是也。”《鬼谷遗文》原文曰：“九命论互相奔刑，反顺生杀以别源流。”李虚中为之注曰：“三元四柱禄马为九命，须递相往来，取刑冲、德合、逆顺、盛衰，以定清浊之理。”其中以虚中注文对后世影响较大。原文“约以星观”，东疏为“约以星官”，注曰：“约者，定也。先以约定星辰，注缠在其宫分贵，要合其三命中衰旺也。言三命深玄也。”大意说：“要以星命法，定其宫位贵气如何，与四柱中三命旺衰联系起来判断，说明三命之法及其深奥玄妙。”从珞琭子原文“约以星观”，变为“约以星官”，可能是《消息赋》在坊间流传过程中抄写疏忽所致。但东方明并未被“星官”误导，而是围绕“星宫”来注疏，基本上阐明了原文含义。“玄都”者，传说中之无上仙境，又称“玄都紫府”，乃太上老君所居之地。“幽府”者，即阴间地府。“集诸家之要略者”，指把五行中可以称为栋梁部分提炼加以概括，使善术者能够正确运用，上推贵人之天堂，下测恶杀之地府，无所不至。“偏见能者”中脱漏“之”字，东认为五行之说应人灾福分毫不差，此跟诸家把“偏见之能”与“一家之言”等同起来之看法迥异，根本没理会“偏见之能者”前面尚有“略其”两字。“大解曲通”解释成五行只有配合鬼谷子之九命才能变通玄妙，而不理“以大解曲通，妙须神悟”是因“今集诸家之要，略其偏见之能”所达至之结果。

［万版］“元辰”“七杀”，杀之最凶。命禀五行，斯患孰逃？上古圣贤，如河上公，仙之流也；文宣王，圣之至也，犹俱畏二杀，况其他乎？于是著书济世，吉凶祸福，告在未萌。峨眉仙阐以三生，非不精也；鬼谷子播其九命，非不通也。指陈玄言，幽奥难测。故云：“约以星观、无全士庶。”“三生”，禄命身也。“九命”，身命两宫，禄马二位，生年胎月日时也。珞琭子参集诸家之要旨，略其偏见之能，独发心得之见，著为是文，大解玄义，曲通妙机，在学者神悟而变通之，斯为善矣。

［疏证］此章万注大多采用上面昙莹注之文，此不一一标出。值得指出是，万注认为自古以来，恶杀之中以元辰七杀二凶为最，这个观点应该与珞琭子相同。本书第一章至此第十三章，《消息赋》原文中除在第七章中讲到“将星扶德，天乙加临”二个贵神“将星”与“天乙”外，在本章首次提到恶杀，即“元辰”与“七杀”，故将此二杀列为诸杀之首亦不为过。陈玄者为何人？其言“幽奥难测”又指何文？万注未加以说明，只是依附昙莹注观点，认为鬼谷子传播其九命之法，并非是因其命术不通俗所致；峨眉阐以三生论命，亦并非其命术不精粹所为，他们本意就想为了讲清命理中幽奥难测之处，而不象陈玄那样故作玄乎，专门写些幽奥难测之文章。“约以星观”、“无全士庶”之解见上文昙莹注部分。这里看出万注、昙莹注不同于王注、李注关于河公、宣父、峨眉、鬼谷四家是“偏见之能”的观点。至于徐注，则认为珞琭子提到上面四位前贤就是为了表达尊敬自谦之意。故曰：“为赋比前贤自谦而言之，与物难穷，理则同也。”指在前贤探索努力下总结出来各种经验与理论，虽然不可能穷尽时间万物之表像，但他们所揭示之道理相同。从下一章珞琭子“臣出自兰野，幼慕真风。入肆无悬壶之妙，游衔无化杖之神”谦虚态度来看，原文把“略其偏见之能”作为贬低前贤成就之意图不应该存在，故本书认可徐注之观点。“今集诸家之要，略其偏见之能。”只是把诸家最重要理论加以整理归纳，而把其某些擅长运用却有些偏颇部分加以梳理。万注“三生”与“九命”观点皆与昙莹注同。（“三生”可参见下文第六十三章中“五神相克，三生定命”。）

第十四章

臣出自兰野，幼慕真风。入肆无悬壶之妙，游街无化杖之神。息一气以凝神，消五行而通道。

[徐注]“臣”者，太子自称于君父前也［“太子所称于君父也”不合］。生于内庭，有芝兰之野之称。“真风”者，自幼乐于五行之真理者也。昔有悬壶先生货卜于市，国君闻而召之，先生拒命而不往，君令执之，先生预知，以仗化龙乘而去。“息一气”者，天元也。“五行”者，金木水火土也。“凝”，聚也。“消”，散也。“通道”者，符合也。阴阳不偏，上下符合，则能＜知＞造化，而贵贱吉凶寿夭定矣。犹然［“由然”不合］自谦无化仗乘龙之为［“之功”合义］也。

[疏证]徐注曰，“臣”者，乃太子在君父前自称。“出自兰野”指太子虽生于内庭，因未参与朝政犹如芝兰在野，被人赏识需时来运转也。“幼慕真风”者，谓自幼乐于五行之真理者也。“入肆无悬壶之妙，游街无化杖之神”传说出自《后汉书·方术列传·费长房传》，但其中并无“国君闻而召之，先生拒命而不往，君令执之。先生预知，以仗化龙乘而去”之描述（参见本章下文东疏）。徐认为此乃珞琭子自谦无化杖之神功，但尚可通过“一气”之生息凝聚和“五行”之死亡消散去追随古人“真风”之神通。其实“息一气以凝神，消五行而通道”明显是骈俪文句，“一气”与“五行”修辞对偶，但含义相互包括，通过把“消息赋”之“消”与“息”二字组合起一对骈俪文句，以便加强赋文可读性与观赏性，通阅整篇《消息赋》犹如一部骈俪文作品。众所周知，骈俪文发展之顶峰时期为南北朝时期，而珞琭子提到距今最近历史人物郭景纯为两晋时代之著名方术人士，其身后离南北朝仅一百多年。据本书分析此赋问世于南北朝期间可能性颇大（参见本章王注）。“息一气”者，天元也。“五行”者，金木水火土也。天元透干是地元五气凝聚而成也，五行消散变化以符合吉凶之

妙。“通道”者，符合阴阳变化之道也。虽术者运用阴阳不偏，上下符合凝神与消散，则能知造化，但人命贵贱吉凶寿夭定矣。珞琭子言外之意，虽有“息一气以凝神，消五行而通道”之功，仍无法算尽祸福吉凶，犹然自谦无化仗乘龙之神，须“处定求动”或“居安问危”推其方验矣（参见其下文第七十三章）。

[释注] 王注曰，世传珞琭子以为梁昭明太子之所著，及东方朔疏序，又以为周灵王太子子晋之遗文。二说皆非也。此篇言悬壶化杖之事，及卷终举论郭景纯、董仲舒、管公明、司马季主皆汉，故事前后不同。所谓“珞珞如石，琭琭如玉”，此书如玉石之参会，万古不毁之义，使知者[“智者”合义]以道取之可也。其谓“臣出自兰野，幼慕真风”者，乃知达观之士，不显其声名[“不显其声审名”不合]者也。自以谓虽无悬壶之妙，无化仗之神，能凝神息志，穷幽察微，神而明之，安而行之，默而成之，一动一静，一言一默，消息盈虚之数，应乎天道，与时偕行。穷理尽性者，著之[“者之”不合]于篇，至神之用也。神之应物以无心，以无所不该也。“一阴一阳之谓道，阴阳不测之谓神”、“往来不穷之谓通[“谓道”不合]”，五行寓之于物，无所不通也，而况于[“而沉于”不合]道者欤？故曰：“息一气以凝神，消五行而通道也。”

李注曰，珞琭子自谦无前人神妙，言虽无神妙，能凝神消息，本于一气，播于五行至于道也。

昙莹注曰，“臣”者，对君而称也。《语》曰：“君子务本，本而道生。”“幼慕真风”，进德修业[“修辞”不合]也。“出自兰野”，蓬门席户也。古之为学，不荣富不丑贫，节用谨身，先人后己，称前人之至妙，悔自己之无能。故云：“游街无化杖之神，入肆无悬壶之妙。”外绝所欲，内无所思，专一气而用柔[“专一气以凝神”亦合]，消五行而通道。

[疏证] 王注曰，世传珞琭子《消息赋》为南朝梁武帝太子昭明所著，下文第七十六章万注亦曰：“观其赋中，自云出自兰野，又称及于郭景纯，疑六朝时人，梁昭明其近之。昭明所居，乃兰陵之野也。”从时代背景、文体特色及命理特点来看，《消息赋》问世于南朝梁武帝时代可能性颇大，且作者或许是当时被誉为“山中宰相”陶弘景道士（公元456年—536

年)，历史记载其为道教"茅山上清派"之主要传承者，隐居江苏句曲山（即江苏省金坛与句容交界处茅山）四十余年。梁武帝敬慕其人品与才华，多次因国事请教于陶。为释昙莹注本作序之楚颐曰："陶弘景自称珞琭子，盖取夫不欲如玉如石之说。方其隐居时号为'山中宰相'，故著述行者尤多。"茅山距今天常州市区西北六十多公里，古属"南兰陵"。陶因长期隐居山中，赋曰"臣出自兰野"，一方面暗示其为兰陵隐士，另一方面把"兰野"作为"兰陵"（陵，有野外山陵之义），以自然朴素之清新区别当时梁国首都南京官场贪污奢侈之腐败。况且陶弘景不论在道学和命理修养上，还是诗文造诣方面，把《消息赋》创作成一部接近于骈俪文特色，使其具备一定艺术观赏性之经典命赋是完全有能力的。而养尊处优之梁昭明太子虽亦文采出类拔萃，但三十英年早逝，其从人生历练、修道功力及五行消息方面要达到珞琭子所谓"息一气以凝神，消五行而通道"之层次颇值得怀疑，故楚颐序言："岂浅闻之士所能及哉？"

王注曰"东方朔疏序，又以为周灵王太子子晋之遗文"，指东方朔疏（"东方朔"为"东方明"之讹）《消息赋》序文中认为珞琭子是东周灵王太子子晋，此赋是其遗文。可其身后不但春秋时代孔子与战国时代鬼谷子赫然出现在赋文中，赋文末第七十六章甚至出现西汉董仲舒与司马季主、三国管公明、两晋郭景纯等人物，故王廷光认为"二说皆非也"。（此节可参见上文第八章、下文第七十六章、本章下文东疏部分。）

至于"所谓珞珞如石、琭琭如玉"者，在北宋著名藏书家李淑（公元1002—1059）《邯郸书目》中谓珞琭子："取琭琭如玉珞珞如石之意，而不知撰者为何人。"李淑去世那年是嘉佑四年，此年己亥正好是李仝《消息赋》注本问世。六十四年后王廷光之书进于宣和癸卯年（公元1123年），他对李淑"所谓珞珞如石琭琭如玉"，理解成作者珞琭子欲让《消息赋》"书如玉石之参会，万古不毁之义，使知者以道取之可也。"寄望于此书如"道"一般与天地共长久。而为昙莹注《消息赋》撰序之楚颐却言："陶弘景自称珞琭子，盖取夫不欲如玉如石之说。"旨在表达珞琭子无欲无念如玉如石之境界。二者都解释得通。

"其谓臣出自兰野，幼慕真风者"，指珞琭子乃智慧达观之士，隐居山野欲不显其声名也。下文第七十六章万注曰赋中"又称及于郭景纯，疑六朝时人，梁昭明其近之。昭明所居，乃兰陵之野也。”陵，即山陵野外也。“自以谓虽无悬壶之妙无化仗之神”，但“能凝神息志，穷幽察微，神而明之，安而行之，默而成之，一动一静，一言一默，消息盈虚之数，应乎天道，与时偕行”。很难想象，如非一个超凡脱俗修道者，而是类似生于皇室内庭之梁昭明太子式人物岂能达到如此非凡境界。“穷理尽性”者不见于《消息赋》原文，却一再出现于在本书第十、十一、十四、二十章王注文中，可见王廷光对此赋注付出心血甚多。“穷理尽性者，著至于篇，至神之用也。神之应物以无心，以无所不该也。”指在命理研究与道法修炼方面之士，把心得体会著之于篇，把悟出之神秘学术用来为世人服务。只有用自然而不刻意态度来把貌似神秘之学术用在相应事物上，就无处不可发挥。“一阴一阳之谓道，阴阳不测之谓神”、“往来不穷之谓通”者，均出自《易经·系辞》，所以五行寓之于世间万物，无所不通也，而况于道乎？珞琭子曰“息一气以凝神，消五行而通道”即此意也。

李注对原文解释极其简略，读者可以结合本章王注看。

昙莹注则曰，“臣”者，是相对于君主而言。《论语》曰：“君子务本，本而道生。”“幼慕真风”者，指自幼注重德与业两方面之进修，与徐注“自幼乐于五行之真理者也”相比显示出发点之不同。昙莹注重点强调珞琭子“悔自己之无能”，不如前人“入肆无悬壶之妙，游衔无化杖之神”，继而远遁俗世，外绝所欲，内无所思，专气致柔，一心通过学习掌握“五行”来达到修道之目的。

［新雕］李注曰，珞琭子自谦无前人神妙。言虽无神妙，能凝神消息与一气，播于五行而通于至道也。

东疏曰，“臣”者，是子晋于君臣父子之称。幼慕少小〇〇〇入肆无悬壶游衔，无化杖者〇〇〇炼丹未就之日，入城见一仙，悬壶卖卜于市，日课千人。因闻奏〇〇〇遵诏，召不来。帝怒，令人捕捉，于是当卖卜处众人坐侧，将杖掷起化之成龙，升空而去。子晋谓见此述也，自后道成，白日上升，吹笙而去，于云间遗下此二书。气凝神者，鼻中喘息也，结修仙道专息一气于结精神。《抱朴子》云：“若以内绝所思，外绝所欲，元气自定。”消息五行盛衰，养道修真，其春则木旺水死，宜减酸加咸。夏火旺木死，宜减苦加酸。秋金旺火死，宜加苦减辛。冬水旺土死，宜加甜减咸。四季加减，五味为五行，通道也。

［**疏证**］本章上文徐注曰："'臣'者，太子自称于君父前也。生于内庭，有芝兰之野之称。"此处东疏又曰："'臣'者，是子晋于君臣父子之称。"看来两人都认可《消息赋》是某朝皇室太子之"遗文"，只不过东方明指名道姓地认为东周周灵王太子子晋就是珞琭子。且看本书第七十七章东疏曰："子晋详前贤，多恐指事陈谋，言五行旺衰之理，约五行动静之文，多惑少剩，二义难精……今者，言造赋学造赋，参详得失，其验五行为得，无验为失于时。子晋补缀，贵前人应验者，成在《赋》同。"完全不理其身后春秋时代孔子与战国时代鬼谷子等圣贤伟人在赋中轮番出现，也漠视周朝至春秋战国时期字句古奥却行文简练朴实之特征。如《周易》、《诗经》、《道德经》、《论语》，以及李虚中所注《鬼谷遗文》，虽处东周后战国时代，但其文风明显比《消息赋》自由古朴。（有学者认为《鬼谷遗文》亦是后人伪作，则不在此讨论。）故下文第七十六章万注亦道："或以为周灵王太子子晋，则诬。"但为何东疏认定东周周灵王太子子晋为珞琭子？又为何徐注认为珞琭子是某皇室内庭太子？王注又是从何处得知《消息赋》是梁昭明太子或周灵王太子子晋之"遗文"，以至驳斥"二说皆非也"？（万注中引用过王注文，故知道宋朝有人把子晋当成《消息赋》撰者。）难道北宋或之前另有一部《消息赋》注本有此方面相关论述？除前面第四章李注中"诸家之注至此俱不明其理"中，本书认为不排除郑潾与赵寔之外，或有其他注本存在？东疏对"入肆无悬壶之妙，游街无化杖之神"传说描述与徐注相仿，讲一仙者悬壶卖卜于市，不遵帝诏，帝怒，令人捕捉，于是将杖掷起化之成龙，升空而去。子晋自述亲眼见过此事，后来自己修道而成，亦于白日吹笙升天而去，并于云间遗下此二书。可见东方明把子晋当成《消息赋》撰者完全是建立在一个经不起推敲之神话传说上，而且此神话与《后汉书》所载有出入。不过值得注意是"并于云间遗下此二书"一说。此"二书"指何二书耶？查宋版《新雕》影印本，书扉页题为"宋本注疏《珞琭子三命消息赋》三卷，《李燕阴阳三命》二卷"，此抑或是东疏中传说所谓子晋升天时于云间遗下二书之依据？再下来东方明对"息一气以凝神，消五行而通道"疏曰中提到《抱朴子》所云"若以

内绝所思，外绝所欲，元气自定。”而此书是东晋时期著名道教学者、炼丹家、医药学家葛洪所著，比《消息赋》原文（本书第七十六章）所提及两晋时期另一位著名道教人物郭景纯时代还要靠后。如此一来，珞琭子所属年代可断定不会早于两晋时期，至于珞琭子所属年代更应在后。事实上，在下文第三十六章其疏文中有“天圣甲子，男在一宫”云云，所指即是北宋天圣二年，即公元 1024 年（详见该章），故东方明在世不会早于北宋。

最后，东疏把五行盛衰与五味加减联系起来，即味酸属木、味苦属火、味甘属土、味辛属金、味咸属水，与《黄帝内经》记载一致，阐明了养道修真要与四季五行消息配合进行。但根据敦煌遗书《辅行诀五脏用药法要》表述五味配五行是：“味辛皆属木，味咸皆属火，味甘皆属土，味酸皆属金，味苦皆属水。”人们从命理角度来指导养生修道，多以《黄帝内经》五味属性为标准，而《辅行诀》五味属配是着眼于中医辨证论治运用方面，其中原理不在此探讨。

［万版］“臣”者，对君之称。“兰野”，地名，自叙所出。“幼慕真风”，则其志大矣。“悬壶化杖”，乃壶公费长房故事，称前人之至妙，悔在己之无能。外绝所欲，内无所思，“息一气以凝神，消五行而通道”，故著此赋，名《消息》焉。盖造化有消有息，故云。

［疏证］万注相比上面诸家容易被后人理解。“臣”者，君臣之称。“兰野”，为地名，自叙出生之所。“幼慕真风”，则表示其幼怀大志矣。“悬壶化杖”，乃壶公与费长房故事。珞琭子称前人之学识与修道已至绝妙之境界，悔在自己之无能。故外绝所欲，内无所思，通过息一气以凝神，消五行而通道，著此赋名为《消息》焉。其中缘由乃世间万物造化皆有消（灭亡）有息（滋生）之所致。

第十五章

乾坤立其牝牡，金木定其刚柔。昼夜互为君臣，青赤时为父子。

[徐注] 乾，阳物也；坤，阴物也。凡看命，见五行阴阳匹配，上下相合不偏者为贵命也。若偏阳偏阴者，则五行有疾矣。“金木定其刚柔”者，且如木用金为官印，其金秋生或带壬癸水而克木，即刚也。谓金旺时［“金旺恃”不合］，水木无火则金刚矣。若金生于春夏，木带天元，人元有火，则木刚金柔也。昼阳而夜阴，阳为君，阴为臣。日月相催，昼夜相代则互为君臣也。“青赤时为父子”者，丁壬合生甲己，壬生甲，壬乃甲之母，丁乃甲之父。丁生己，己以壬为父，丁乃己之母。甲己再合，己生辛，甲生丙。丙辛再合，丙生戊，辛生癸。戊癸再合，戊生庚，癸生乙。乙庚再合，乙生丁，庚生壬。丁壬再合，复生甲己，周而复始。人只知木生火，火生土，土生金，金生水，水生木，即不知阴生阴，阳生阳。阳产阴为父，阴产阳为母。丁乃甲之父，壬是甲之母，故云“青赤时为父子”。

[疏证] 第一章至第十四章，珞琭子《消息赋》原文在五行四柱方面作一些框架性阐述同时，又精炼地对前人命理成果作了提示性概括，并引申出珞琭子作赋动机为“今集诸家之要，略其偏见之能”，又自谦不如圣贤，必须以“息一气以凝神，消五行而通道”之精神来撰写。赋文从本章开始对五行命理四柱进行实质性阐述。

徐曰，乾，阳物也；坤，阴物也。牝牡（pìn mǔ），古指雌雄动物，此处泛指男女或阴阳事物。凡看命，四柱五行阴阳要匹配，上下相合不偏者则为贵命，故历史上许多命书都以“和（合）”为贵，若四柱八字偏阳偏阴，则难以天干五合或地支六合，谓之五行有疾。“金木定其刚柔”者，且如木用金，秋生（金旺水相）或带壬癸水而克木，虽官带印，犹刚也。如非秋生，但四柱金多无火，亦刚也。若金生于春夏，天元带木，人元有火，则木刚金柔也。“昼夜互为君臣”者，昼阳而夜阴，阳为君，阴为臣。日月相交，昼夜相代则互为君臣也。“青赤时为父子”者，徐从天干五合角度对其进行分析，即壬生甲为子，壬乃甲之母，丁壬合，丁则为甲之父；丁生己为子，丁乃己之母，壬则为己之父。丁壬生出之甲己再相合。甲生丙为子，甲乃丙之母，己则为丙之父；己生辛为子，己乃辛之母，甲则为辛之父。如此类推，回到丁壬，周而复始。徐认为其中“丁乃甲之父”就是“青赤时为父子”，还说世人只知道从五行相生，即“木生火，火生土，土生金，金生水，水生木”角度去理解，而不从“阴生阴，阳生阳”角度去理解。“阳产阴为父，阴产阳为母”者，应断句为：“阳产，阴为父；阴产，阳为母。”意译则为：“只要阳产为母，其合之阴则为父；反过来，只要阴产为父，其合之阳则为母。”如阳壬产甲，定为甲之母，丁则为甲之父；阴丁产己，定为己之父，阳壬则为己之母。以“阴产，阳为母”推下去就会出现“乙为丁之父”结论，似乎勉强符合“青赤时为父子”；但如凭“阳产，阴为父”推出“丁乃甲之父”则会变成“赤青时为父子”，推出“甲乃丙之母”则会变成“青赤时为母子”，显然与赋文原义不合。

［**释注**］王注曰，乾者，刚健中正，属阳，为天道、君道、夫道，圣人之道也。坤者，柔顺中正，为地道、臣道、妇道，贤人之道也。乾坤立阴阳牝牡之合，两者交通，万物各得，立天之经，安民之道。由此以见，君臣夫妇之义，皆得合其义矣。乾以动为体，曰辟户。坤以静为体，曰阖户。以动为体，斯五行生变在其中矣；以静为体，则五行生化在其中矣。金木定其刚柔，昼夜互为君臣，若仁柔义刚金木之所司也。一阴一阳，刚柔相推，万物变化由此以始矣。独刚而无柔，则不能生变；独柔而无刚，则不能生化。昼为刚也，生变以进；夜为柔也，生化以退。积刚柔而成变化，积昼夜而成进退。通昼夜之通而无体，一阴一阳而无穷。水火分为昼夜，昼为阳，以象君；夜为阴，以象臣。昼夜之道，其微有消息，其著有盈虚，其分有幽明，其数有生死。一泰一否，一损一益，终始之相因，新故之相代，荣辱之所至，福禄之所自来，莫不本诸此。则昼夜之道，岂易知乎哉？通昼夜之道而知圣人，体阴阳以为道，合天地以为德。推昼夜之

道而无穷，故观万岁于一息之间，视天地于一毫之内，盖得斯道矣。阴阳昼夜，相互往来，周而复始，如日月之循环无穷者。东方青帝之父而生南方赤帝之子，青赤时为父子者，春及夏也。五行之神曰五帝，青赤之理，父传子道也。《易》曰："为青为赤，为父为子。"乾坤、昼夜、青赤之说，盖言阴阳五行之中，有君臣父子夫妇之道存焉。

李注曰，乾坤为易之门，立其牝牡阴阳，一辟一阖，变通而万物化生，原始要终，故知死生之说也。金性刚强，木性柔弱。从其刚柔之性，则见有仁义也。昼为君，夜为臣，木青为父，火赤为子，春夏二气生长万物。

昙莹注曰，天尊地卑，乾坤定矣。动静有常，刚柔断矣。昼夜者，君臣之道也。牝牡者，夫妇之道也。青赤者，父子之道也。乾刚坤柔，木仁金义也。

［**疏证**］本章诸家注文通俗义明，下面选择王注中重点部分阐述。

王注曰，乾者，为阳，为天道、君道、夫道，圣人之道也；坤者，为阴，为柔，为地道、臣道、妇道，贤人之道也。《易经·系辞上》曰："是故阖户谓之坤，辟户谓之乾。"辟主动，阖主静。"以动为体，斯五行生变在其中矣；以静为体，则五行生化在其中矣。"指从干支方面讲，干为乾为阳为上，故天干变化快而明显；支为坤为阴为下，故地支变化慢而隐秘。此乃由于阳为辟户（意为开门），阴为阖户（意为闭门）两种不同形态所致。不论是乾坤、金木或昼夜，给人印象均为阴阳对立，而青赤则是父子相承关系。五行亦称五帝，即东方青帝之父而生南方赤帝之子。青赤时为父子者，春及夏也。青赤之理，父传子道也。故《易经》曰："为青为赤，为父为子。"本章王注对乾坤、金木、昼夜、青赤之关系进行非常详细之阐述，但未涉及到一个关键问题，即《消息赋》为何要把非对立之"青赤时为父子"形态并列在乾坤、金木或昼夜一起阐述呢？要回答这个问题，须明白人们在研究分析命理中对五行干支最予以关注，应该不外乎是阴阳相合、本客主次、相克相战、相生相扶四大方面，而《消息赋》原文"乾坤立其牝牡"正好对应"阴阳相合"，"昼夜互为君臣"正好对应"本客主次"，"金木定其刚柔"正好对应"相克相战"，"青赤时为父子"正好对应"相生相扶"。珞琭子通过带有修辞之比喻手法把乾坤、金木、昼夜、青赤分别与牝牡、刚柔、君臣、父子相配合，告诉人们五行之关系具有多层次、多方位、多角度。继而引出下文第十六章“不可一途而取轨，不可一理而推之。时有冬逢炎热，夏草遭霜。类恐阴鼠栖冰，神龟宿火。”

从王注文中弥漫君尊臣卑之伏惟文辞看，与其作为上呈皇帝之奏章背景十分相称。（参见卷首《新编四家注解经进珞琭子消息赋》王廷光序文注释与分析）

本章李注对“青赤时为父子”之解释与王注相似，曰：“木青为父，火赤为子，春夏二气生长万物。”昙莹注以“青赤者，父子之道也”一笔带过，两家注文均无亮点之处。

［新雕］李注曰，乾坤为易之门，立其牝牡阴阳，一闭一阖，变通而万物化生。原始要终，故知生死之说也。金性刚强，木性柔弱，定其刚柔之性［“从其刚并柔之性”亦合］，则见有仁义。昼为君，夜为臣。木青为父，火赤为子，春夏二气生长万物也。

东疏曰，乾天阳也，坤地阴也，建立牝牡者，是雌雄也。以金木取其刚柔生杀万物。春木气柔，能生万物。秋金气刚，能杀万物也。以春柔秋刚之义相配也。昼夜者，晦明也。君臣者，尊卑也。阳干尊，阴干卑，阳明阴晦，其中往来混合长生万物也。“青赤时为父子”：“春”，甲乙与寅卯木也；“夏”，丙丁与巳午火也。“春”，木父；“夏”，火子也。

［疏证］东疏通俗易明，其中“青赤时为父子”之解与王注李注类似，此略述。

［万版］此消息造化之大规模地。乾属阳，为天道、君道、夫道；坤属阴，为地道、臣道、妇道。乾以动为体，曰辟户；坤以静为体，曰阖户。乾坤立阴阳，牝牡之合，两者交通，斯五行变化在其中矣。《易》首乾坤，正此义也。仁柔义刚，金木性之所司。一阴一阳，刚柔相推。独刚而无柔，则不能生变；独柔而无刚，则不能生化。昼为刚，生变以进，夜为柔，生化以退。积刚柔而成变化，积昼夜而成进退。昼为阳以象君；夜为阴以象臣。昼夜之道，其微有消息；其著有盈虚；其分有幽明；其数有生死。一泰一否，一损一益。终始之相因，新故之相代。荣辱之所至，福

禄之自来，莫不本诸此也。五行之神曰帝，东方青帝之父，生南方赤帝之子。青赤之理，父传子道也。言阴阳五行之中，有君臣、父子、夫妇之道存焉。是造化之大指，通乎人伦也欤。

［**疏证**］本章万注基本上引自王注原文，此略其述。除徐注以“丁乃甲之父，壬是甲之母，故云青赤时为父子”外，诸家皆以春夏木火相生为父子之道。学者须注意，此处所谓“父子”并非狭义上六亲之关系，而是指广义上五行相生范畴，故徐注阐述难圆其说。至于古三命论“六亲”则以年上人元即纳音身出发，虽与子平术以日干天元出发不同，但与财官印比食之对应则基本一致，如下文第二十八章东疏曰“若推亲族以纳音取之，若是水身以火为父，以金为母，以水为兄弟，以火为妻，以土为子”。指男命水人以火为财为父，以金为印为母，以水为比为兄弟，以火为财为妻，以土为官为子。若是女命水人则以火为财为父，以金为印为母，以水为比为兄弟，以土为官为夫，以木为食为子也。

第十六章

不可一途而取轨，不可一理而推之。时有冬逢炎热，夏草遭霜。类恐阴鼠栖冰；神龟宿火。[①]

［徐注］假令庚辛人冬至后逢丙丁者，则为官印，谓一阳生也。金逢火之生气，是冬逢炎热也。夏草遭霜者，言丙丁人夏至后，逢壬癸而得用也，谓一阴生，是火逢官之生气。故曰："夏草遭霜。"又丙丁人冬至后生，虽遇七杀之乡，亦作官印之用。偏阴偏阳，则有官［"则官印有"合义］而不清也。又庚辛人，夏至［"夏至后生"合义］虽遇巳午未寅戌，亦可作官印用，亦苦不清。夏至后，阴气深则为妙矣。若夏至气浅，官虽发早，而不益寿。更详元辰并运言之。阴鼠栖冰，如癸禄在子，为地元［"人元"不合］。神鬼宿火，如戊禄在巳，为人元也。丙以癸为官印，戊与癸为匹配，子与（此处脱"丑"字）支德六合，癸以戊为官印须识阴阳造化、尊卑、逆顺。戊以癸为财，丙以癸为官印，此与水火既济之道。如冬逢炎热，夏草遭霜，在学人深求之也。

［疏证］原文本义指命理分析不可执着于某一种方法去推断，或冬逢炎热，或夏草遭霜，表面似乎违反自然现象，但却益寿多贵。按后人看法冬逢炎热与夏草遭霜均意味着月令作用不显而难成正格，需以其他杂格来论；与之类似反常恐怕还有生于冬季子月，无火调候反而水漫四柱为冰，或本来生于初夏巳月（龟属巳火），又逢寅午戌未炎上加火之命格，此类现象虽有悖常理而偏颇，但却安然无恙，享尽天年，其中玄机难以解释，应属于下文第十七章所谓"是以阴阳反测"之类。徐注此章虽欲突出禄命"官本主义"，煞费苦心作了一大段分析，倒亦有助于后人明白何为七杀？何为官印？疏在以下：

① 《新编》为"类有阴鼠栖水"；《新雕》为"类有阴鼠栖冰"。

假如庚辛人生于子月冬至后，命中逢有丙丁者，则称之为逢官印（即非鬼之官，可作官印看，下同），谓一阳生。即阳气自冬至后渐长，再逢丙丁者始可谓逢官印，处立冬至冬至则非也。故徐曰："冬金逢火之生气，是冬逢炎热也。""夏草遭霜"者，言丙丁人生于夏至后，逢壬癸而得用也，谓一阴生。即阳气自夏至后渐长，再逢壬癸者始可谓逢官印，处立夏到夏至则非也。故曰："是火逢官之生气。"又如丙丁人于冬至后生，虽为官印之用，但如再遇七杀为乡，即丁人遇癸为偏阴（偏官或七杀），丙人遇壬为偏阳（偏官或七杀），则为官杀混杂矣。故曰："偏阴偏阳，则有官印而不清也。"又如庚辛人，生于夏至后，虽遇巳午未寅戌掺杂期间，亦可作官印用，但终究亦苦于官杀不清也。夏至后，为何阴气深则为妙？因庚辛人夏至后遇巳午未寅戌掺杂期间，需水之阴气（食伤）来去官留杀，或去杀留官，方可疏浚理清命局。若水气阴浅，虽有可能早年发官，但终因官杀混杂而不益寿。当然更周详断命，可结合元辰等诸杀并运言之。此段阐述单从子平命理"官本"角度看，堪称完美，但"夏草遭霜"即乙人夏生逢水，当成"夏火遭霜"即丙丁人夏生逢水，似乎脱离珞琭子原文之意。因为日主不同，前者"夏草"重在保命，后者"夏火"重在显贵。至于"阴鼠栖冰"与"神龟宿火"者，徐认为前者是癸禄在子，为地元，后者是戊之禄与化火之禄均在巳，为人元也。又说丙之癸为官印，癸又以戊为官印，子与丑支德六合，戊以癸为财，丙以癸为官印。此与其下文第六十七章以"彼"克我为官为印观点相合，但与古法年三命"我"克"彼"为印为贵有差异（参见上文第九章东疏、下文第六十七章徐注）。

《四库》徐注"子与支德六合"句，与《新编》徐注"子与支德六合"句一致，皆脱漏"丑"，应以"子与丑支德六合"为正。可证两者袭同一版本。

［释注］ 王注曰，道术为天下表［"天下裂"不合］，天下之士不见天下之纯全［"天地之纯金"不合］，古人之大体。故曲学偏见，不悟性命之理，岂不悲夫？盖五行之妙用，具［"其乎"不合］一身之妙理，该乎万物，苟泥一途、执一理，果何足以言命耶？此篇再论阴阳五行之道，微妙之通，隐奥难测，不可执一途一理而推之。譬如冬热夏霜，可谓希遇之

时，喻浅学者以一家偏见之术，而言人吉凶，殊不明圣人探迹索隐，钩深致远，设卦观象，以定天下之吉凶。且如命格中，有诸贵神聚于命者［“有诸贵神聚”不合］，而却有以为凶；诸凶杀集于命者，而却［“而后”不合］有以为吉。果孰执一家［“或执以一家”合义］之学而言之者，所谓只如严冬无热，岂谓夏草遭霜者欤。阴鼠栖冰、神龟宿火者，五行微妙，其有阴中之阳，阳中之阴。阴中之阳，上交于阳中之阴；〈阳中之阴〉，下交于阴中之阳，凝有水中之火，火中之水。虽冰鼠火龟为不常之志物矣，然亦不能逃乎五行之造化者哉！

李注曰，言消息灾福，或殊途而同归，或穷理而尽性，不可执一而言之。或冬行夏令，则有炎热之时，或冤枉愤怨，六月降雪，夏草必死，此言有非时不常之失，故也。古有冰中鼠、火中龟，言物类之异，有如此难穷者。如《凝神子》论双生二子，有一存一亡，术士何以言之？非常者难测，是常者易穷。

昙莹注曰，是常者易究，不常者难穷。六月降雪，三冬炎热，其非时也。非其时，则行其令者，穷理也。冰中之鼠，火中之龟，其非宜也，非其宜则居其中者［“居其所者”亦合］，尽性也。若隐若显，难终难穷，不可一理推之，不可一途取轨，但恐物类相感而暗合阴阳，未可知矣。

［疏证］诸家对“不可一途而取轨，不可一理而推之”并无分歧，下面略疏。王注对“冬逢炎热，夏草遭霜”定义为“希（通“稀”）遇之时”，非一般浅学者以偏见之术而能言人吉凶，殊不明只有象圣人那样探迹索隐，钩深致远，设卦观象，始可判定天下之吉凶。且如某些命格中有诸贵神聚集者，却要以之为凶；某些命格中有诸凶杀聚集者，却要以之为吉，有人执以一家之学而分析言之，犹如执着于严冬无热，岂能理解夏草遭霜之时？“阴鼠栖冰，神龟宿火”者，指五行微妙之处，其表现在阴中之阳或阳中之阴。阴中之阳，可上交于阳中之阴；阳中阴下，可下交于阴中之阳，凝聚成水中之火或火中之水。虽冰鼠火龟为不常有之事物，然而亦逃不出五行造化之范围。指阴鼠栖冰中必有火，神龟宿火中必有水，所谓孤阴不生独阳不长。学者如面对此类异常现象亦不能违背五行造化之规律来分析。

李注则将“冬逢炎热，夏草遭霜”视作天灾人祸。相传战国时邹衍忠于燕惠王，却被人陷害入狱，邹在牢中仰天大哭。时值炎夏，天空突然降霜，后来终于获得出狱。故后人将冤案平反视作昭雪。由此可知李注把“冬炎夏霜”视作是与人间祸害相同步之一种奇特自然现象，亦可引申作为昭示非同寻常之悲剧降临人间。至于“冰鼠火龟”，李认为寒人（即水人）以冰地为贵，暑人（即火人）以火地为福，不以调候为美，是物之异类，非常理可解（此与东方明“旺见旺凶”观点相左。参见本书附录：探索东方明“旺衰吉凶”之我见）。如凝神子论孪生子，却一存一亡（南宋郑樵《通志》记载禄命书目中有凝神子撰《七杀三命歌》一卷，南宋廖中《五行精纪》中亦引有凝神子之书语，但是书今佚不现），术士何以解释？此乃因常见者易穷尽其象，罕见者则难解其理也。

昙莹注亦曰“常者易究，不常者难穷”。六月降雪，三冬炎热，此类现象非与时令相称。并对李注所谓“穷理而尽性，不可执一而言之”作扼要阐述。“穷理也”即““穷于理也”，谓缺乏正常之道理。“冰中之鼠，火中之龟”，昙莹注认为其居非宜也，非其宜则居其中者，则为尽性也。至于此类“尽性”是吉是凶，则未说明。不过最后仍加一句“但恐物类相感而暗合，阴阳未可知矣。”颇有王注“阴中之阳，上交于阳中之阴；阳中之阴，下交于阴中之阳”之意，即孤阴不生、独阳不长也。

［**新雕**］李注曰，言消息灾福，或殊途而同归，或穷理而尽性，不可执一而言之。或冬行夏令，则有炎热之时，或冤枉愤怒。六月降霜，夏草必死，此言有非时不常之失故也。古有冰中鼠、火中龟，言物类之异，有如此难穷者，如《凝神子》论双生二子，有一存一亡，术士何以言之？非常者难测，是常者易穷之。

东疏曰，推五行几有径路，会要依途寻轨其理也，生月日时遇干德者，贵神带印建官主者，各名阴阳会要也，更得三命五行衰旺，如遥途也，车轨转轨也，胎绝是失路也。“冬逢炎热，夏草遭霜”者，冬为丙丁所化，夏壬癸出见，春处甲乙，秋处庚辛者，皆天地反常道也。神龟宿火，是南方火精所化也；阴鼠栖冰，是北方水精所化也，其火水为阴阳征兆也。

［**疏证**］李注见上。

东疏曰，推五行四柱有多个途径，不同途径则须遵循其特殊之理。如命中月日时遇干德者（参见第一章东疏部分），或有贵神带印建官星在命中处于主导地位者，各名其曰“阴阳会要”也。同时更要看禄命身三命五行衰旺，人生如同远行，难免会遇到车道转撤之转折点，如本命胎绝衰败再逢岁运挫折则会迷路落魄也。指论五行干支四柱不管走何路径，总离不开禄命身三命旺衰分析。至于“冬逢炎热，夏草遭霜”者，乃指冬天被丙丁所化，夏天被壬癸所冰；生于春天满处是甲乙，生于秋天到处见庚辛。前两者是反季节，后两者是余之过剩，皆是天地违反常道之现象也。“神龟宿火”者，是南方火精所化也；“阴鼠栖冰”者，是北方水精所化也，其火水为阴阳征兆也。但并未讲明此“阴阳征兆”为何不受正常阴阳之理所控制（参见本章下文万注）。

[万版] 此言阴阳五行之道，微妙难通，隐与难测，不可只一途取轨，一理而推之。如冬寒夏热，此理之常，时之正也。若冬逢炎热，夏草遭霜，则非其时矣。非其时而行其令，是可以常理拘乎？鼠火龟冰，此理之有，类之宜也。阴鼠栖冰，神龟宿火，则非其类矣。非其类而居其所，是可以一途论乎？常者易究，不常者难穷，造化岂易言哉？邹子吹律而寒谷回春；孝妇含冤而六月飞霜，古今纪灾异此类甚多，不可谓非阴阳五行之变也。火鼠之毛，绩而为布；冰蚕之脂，登而为组，此世之所知也。《神异经》曰：北方有层冰万里，厚百丈，有鼠重万斤，毛长尺余，在中藏焉。是阴鼠之栖冰也。《尔雅》曰：一曰神龟，十曰火龟。郭璞赞云：天生神物，十朋之龟。或游于火。是神龟之宿火也。徐子平指冬至一阳生，夏至一阴生，为冬逢炎热，夏草遭霜。以癸禄在子为人元，丙以癸为官印；戊禄在巳为人元，癸以戊为官印，为阴鼠栖冰、神龟宿火，恐非赋义。

[疏证] 万注认为冬寒夏热，其时节之气候表现属于正常；若冬热夏霜，则其表现出来时节气候属于不正常。阴鼠栖火与阳龟宿冰，本符合阴阳相处之道，其理易明；而阴鼠栖冰，神龟宿火，则不符合阴阳相处之道，其理难穷。故阴阳五行造化岂易言哉？万提及“邹子吹律，而寒谷回春”，指春秋战国时诸子之一邹子，他对金、木、水、火、土五德颇有研

究。西汉经学家刘向在其《别录》中曰："燕有黍谷，地美而寒，不生五谷，邹子居之，吹律而温气也。"又提及"孝妇含冤，而六月飞霜"，指关汉卿戏曲《窦娥冤》中情节，但关汉卿是元代人，不存在珞琭子借用"孝妇含冤"来引出"夏草遭霜"之可能（参见本章上文李注部分）。引《神异经》曰："北方有层冰万里，厚百丈，有鼠重万斤，毛长尺余，在中藏焉。是阴鼠之栖冰也。"即指阴鼠栖冰。引《尔雅》曰："十朋之龟者，一曰神龟，二曰灵龟，三曰摄龟，四曰宝龟，五曰文龟，六曰筮龟，七曰山龟，八曰泽龟，九曰水龟，十曰火龟。"《易经》中损卦益卦皆有"益之十朋之龟"爻辞。郭璞（两晋时期郭景纯）赞云："天生神物，十朋之龟。或游于火。"即指神龟之宿火。最后坦言徐子平指冬至一阳生，夏至一阴生，代表为冬逢炎热，夏草遭霜；更以癸禄在子为人元，丙以癸为官印；戊禄在巳为人元，癸以戊为官印，代表阴鼠栖冰、神龟宿火，恐非《消息赋》原义也。本书则认为将阴鼠神龟喻作冬夏季节来理解比较恰当（参见万注本章开头）。

第十七章

是以阴阳反测，志物难穷。大抵三冬暑少，九夏阳多。祸福有若祯祥，术士希其八九。[①]

［徐注］“祯祥”者，为应［“为赋”合义］前贤比其五行吉凶应验矣。如天子亲耕曰“祯祥”，务天下民勤于耕种，田中种谷则生谷苗，时至七八月则谷熟，而为祥。元种豆苗，时至七八月豆熟而成祥。其五谷下种各有时也，则收成也。地内曾种，则望收。更有良田万倾不曾耕种，则遇大熟之岁而亦无可收，不得“祯祥”也。此论人命八字内外元无官印，则运临官印之地，亦不发官印，为年月日时中元无贵气。论财亦论元有无也。

［疏证］徐注本《消息赋》原文是“是以阴阳反测”，而其他诸版中却为“是以阴阳罕测”。虽然“反测”与“罕测”词义不同，但“罕测”亦可包含“反测”。可以如此解说：“时有冬逢炎热，夏草遭霜。类恐阴鼠栖冰，神龟宿火”是“阴阳反测，志物难穷”，指五行阴阳包含世间所有事物，但欲事无巨细全部阐明其中道理则难以穷尽。因有些事物不会通过阴阳常理来表现，有时只能通过悖论之法才能得以预测，故曰“阴阳反测”。不过此类命格及其罕见，故谓以“阴阳罕测”亦可解释通。“三冬”者，立冬到大雪为孟冬、大雪到小寒为仲冬、小寒到立春为季冬。虽冬至后一阳生，却凝聚了全年最寒之气，故谓“三冬暑少”。“九夏”者，或指冬至后经过五个节气、四个中气后到达立夏，故将夏季称作九夏。但为何又有“三春九夏”、“三秋桂子，十里荷花”之说，却少有“三夏”之谓？本书认为四季之中，三夏阳气最旺，九数为阳之极也，“九夏”一方面是形容三夏阳盛阴衰，另一方面与三冬三春三秋并列时方便用作对偶修辞。下文第七十一章徐注中前后出现“三春九夏”“三春夏季”交互使用，可见

① 释注本、《新编》、《新雕》、万版均为“是以阴阳罕测”。

"九夏"亦可理解成孟仲季三夏九阳最旺之时也。大致来讲，三冬节气寒多暑少（《说文解字》："暑，热也。"），立夏到立秋之间则暑多寒少。祯祥者，《礼记·中庸》曰："国家将兴，必有祯祥；国家将亡，必有妖孽。"唐初孔颖达疏曰："本有今异曰祯，如本有雀，今有赤雀来，是祯也。本无今有曰祥，本无凤，今有凤来，是祥也。"后人不管"本有"还是"本无"，一律将类似朱雀和凤凰出现之吉祥征兆称为"祯祥"。徐注本章重在解说最后二句。曰"祯祥"者，本义为祥兆，前贤（指珞琭子）将其比作五行吉凶应验之代称。如天子亲自下田耕作就是一种示范效应，能起到吉祥征兆之效果，故可称"祯祥"。因为有天子以身作则，就使得天下人民专心勤于耕种；因为人民在田中种谷，则会使得地里生出谷苗；因为三、四月份播种秧苗，时至七八月份则可谷熟丰收。种豆及其五谷皆有下种与收获之时节，如遵循其法则皆称为祯祥也。反之，即使拥有良田万倾，却不曾耕种，则逢雨水调和之岁亦会颗粒无收，可谓不得祯祥也。故徐认为，"祸福有若祯祥"是说人命八字干支内外原无官印之气，似田无播种，即使运临官印之地，亦不会发官印之贵。论财亦如是，"论财亦论元有无也"，要看命中原有原无，始可断有无"祯祥"也。

［释注］王注曰，自形之上者，命曰"阴阳"。"阴"者，阴也，气在内而奥阴也。"阳"者，阳也，气在外而发扬也。因阴阳而说天地，一阴一阳之谓"道"。所谓"阳"者，未尝无阴。所谓"阴"者，未尝无阳。阴阳非天地所能尽［"能道"不合］也。珞琭复谓"夏霜冬热""冰鼠火龟"，是谓"阴阳罕测，难穷之志物"也，夫岂得以为常也。譬之三命格局，四柱得五行生旺之气，兼天德官印禄马贵禄者灼然，可以定贵命矣，或值五行死气，四柱冲破，加以凶杀刑害，更无福神为助斯命也，纵然不贫则夭矣。以此论之，不必求诸异说中性命之谓者，三命五行而已，如此则大抵三冬暑少，九夏阳多者欤，或背此说，执以一家偏见之术，而定天下之吉凶偶变［"隅使"不合］之中，亦如三冬逢暑，九夏无阳，其得久耶？故知五行之妙理，非圆机［"非员机"不合］之士岂能洞识此意者哉？次言行年运藏祸福之应，如祯祥之变异，不可以执定其说，挟术之士，十分之中，此意［"此理"亦合］亦难希八九，盖天地尚无全功，而况于

人乎？

李注曰，上文言冬热夏霜，冰鼠火龟，非阴阳常理，古云“罕测难穷”。此反破上文，言时有冬逢炎热，大抵三冬，暑必少矣。云夏草遭霜，大抵九夏，阳必多矣。喻三命五行，遇旺相得位之运则泰，遇囚死失位之运则否，自可测之［“自可则之”不合］，岂曰“难穷”？言祸福之应，有如祯祥随时而至，术士希求十言而中其八九矣。

昙莹注曰，荣枯叵测，生死难量，术士常言希其八九。有阴中之阳兆，有阳中之阴物。大抵独阳不生，独阴不成。一阴一阳之谓道，偏阴偏阳之谓疾。是故穷之益深，测之益远。

［疏证］王注曰，研究世间万物形态之原因者，谓阴阳玄学。“阴”者，气在内而隐秘；“阳”者，气在外而张扬。《易经·系辞》有“形而上者谓之道，形而下者谓之器”、“在天成象，在地成形”之说，即地上万物形体皆为器，器之表现在于具体、物质、微观、实践感受，属于世俗层面；地上之天却是虚无形态，给人以抽象、意识、宏观、理论印象，属于道之范畴。故形而上是研究阴阳之道学问。所谓“阳”者，未尝其中无阴。所谓“阴”者，未尝其中无阳。珞琭子逐一举例夏霜冬热水鼠火龟，旨在说明阴阳学说中普世观点较难解释罕见之事物或现象。譬如看三命格局，四柱得五行生旺之气，兼有天德官印禄马贵禄者灼然其中，则可以定贵命矣；反之值三命于五行死气，四柱冲破，加以凶杀刑害，更无福神为助之类命造，纵然不贫则夭矣。以此类推论之，似乎不必探索其他旁门异说中相关性命之学，只要分析三命五行旺衰而已，如此这般只能理解诸如三冬暑少，九夏阳多之类常见命格。虽然有时断命悖此正理之说，却以某家偏见之术，定天下之吉凶偶变之象，或许如三冬逢暑、九夏无阳，可难道他们会长久如此乎？故要通晓五行之妙理，既不可以全概偏，亦不可以偏概全，非圆通机灵之士岂能洞识此中奥妙哉？故言遇行年运藏祸福之应验，如国家祯祥之兆变异，难以执定其说，挟术断命之士，十分中其八九已颇为稀罕。因为天地阴阳之变尚无百分百，而况于人乎？

李注上文言“冬热夏霜”是人祸与天灾相应，“水鼠火龟”是言物类之异象，均非阴阳常理，自古先贤皆罕测难穷，此处（指“大抵三冬暑少，九夏阳多”句，）用结果逆向破解上文“冬逢炎热，夏草遭霜”所致缘由。何时遇冬逢炎热年份，大抵未来三个冬天里暑日（即温度偏高）必少矣；何时逢夏草遭霜年份，大抵未来九个夏天里暑阳必多矣。比喻断三命贵贱需看五行，如遇旺相得位之运则泰，那么遇囚死失位之运必否，自可测之，岂曰难穷其理哉？亦就是说某年冬逢炎热为凶者，大抵未来三个冬天则暑少为吉；如某年夏草遭霜者为吉者，大抵未来九个夏季则阳多为凶矣。从宏观方面来看，所体现是宇宙阴阳衡量之法则，故大旱之年后必有大涝，反之亦然。此处“三冬”“九夏”均作数个冬天或夏天去理解。故断言祸福之应，有如“祯祥”每时每刻都有可能到来，术士断十言而中其八九，已是稀罕。

昙莹注曰，万物荣枯叵测，生死难量，原因是阴中有阳兆，阳中有阴物，错综复杂。偏阴偏阳有之，纯阳纯阴则无。术士穷之益深，测之益远，但亦不过八九成矣。

［新雕］李注曰，上文言“冬热夏霜”“冰鼠火龟”，非阴阳常理，古云“罕测难穷”。此反破上文，言时有“冬逢炎热”，大抵三冬暑必少矣。又云“夏草遭霜”，大抵九夏阳必多矣。喻三命五行，遇旺相得位之运则泰，遇囚死失位之运则否，自可测之［“自可则之”不合］，岂曰“难穷”？言祸福之应，有如祺祥随时而至，术士希求十言而中其八九。

东疏曰，《五行记》云：“木化为兽兔能走而不能猛也；火化为虫兽耐热而不能走也；金化而猛兽走而勇；水化而耐寒以足寿；土化性善而促寿也。其草木虫鱼皆是五行之化也，受五行正气精凝者，其形皆奇异也矣。”阴阳罕测至物难穷，其义深玄，学人皆言难穷。“三冬暑少”者，冬主冰。“九夏阳多”者，夏主火也。水火者，五行都揔者也。祺祥阴阳之变异也，祸福如阴阳证验也。以前变异，虽自天道，术数之士精者，希其八九。

［疏证］李注参见上文。

东疏中《五行记》疑为《墨子五行记》。东晋葛洪在其著作《抱朴子》中提到《墨子五行记》本有五卷，但后世未见其流传。书中曰“木化为兽兔，能走而不能猛也”，木属东方，为兔，走即奔跑；“火化为虫兽，耐热而不能走也”，火属南方，为虫，只能爬行；“金化而猛兽，走而勇”，金属西方，为猛兽，能跑能勇；“水化而耐寒，以足寿”，水属北方，代表寒带生命，寿命长；“土化性善而促寿也”，土处中央，厚德之物，本性善良而促寿长也。此五类皆受五行正气精凝所成，故其形态各有特点。五行正气子午卯酉也，土为杂气，以上五类中只有东南西北四气为化。但《周礼·考工记·梓人》中亦有五兽之说：“天下之大兽五：脂者、膏者，赢者，羽者，鳞者。”郑玄注：“脂，牛羊属。膏，豕属。赢者，谓虎豹貔螭，为兽浅毛者之属。羽，鸟属。鳞，龙蛇之属。”只是根据其外在特点区分，如赢为浅毛，属猛兽；羽毛属飞鸟；鳞片属龙蛇。为何脂膏分属两类？《韵会》：“凝者曰脂，泽者曰膏。一曰戴角者脂，无角者膏。”故有角者牛羊，无角者猪也。今人所理解五圣兽为东青龙、西白虎、南朱雀、北玄武、中央勾陈（亦可曰螣蛇或黄麒）是从上古时期星相学逐步演变而来。“三冬暑少”者，冬主冰而火少。“九夏阳多”者，夏主火而阳盛也。为何只言水火者？因水与火乃五行中最重要（揔 zǒng，意为需要）之元素。“祺祥”者，阴阳之变异结果也，证验往往通过祸福来呈现。祸福虽来自天道运变，但术数之精者，测而验证者少有八九成矣。

［**万版**］上文言冬热夏霜，冰鼠火龟，非阴阳常理，物类相感，故云罕测难穷。此反照破上文，言时有冬逢炎热，大抵三冬暑必少也；夏草遭霜，大抵九夏阳必多矣。寒暑既有其常，阴阳可窥其奥，祸福当以理推，祺祥显以类应。术士专门论三命、五行，行年岁运遇旺相得位之运则泰，遇休因失位之运则否。只道其常，可希冀八九中足矣。人命行年岁运，祸福之应，如禨祥之变异，志物之难穷，挟术之士，十分之中，此理亦难希其八九。盖天地无全功，而况于人乎？亦通。

［**疏证**］万注认为李注对“术士希其八九”之“希”字理解为“希冀”。纵观诸家之注，对于“希”字大都作“稀少”理解，符合原文“是以阴阳反测，志物难穷”含义。“八九”者，则因一般人大抵为“三冬暑少，九夏阳多”命格，至于“冬炎夏霜，冰鼠火龟”特殊命格者，仅占一二成而已“禨 jī 祥”者，祈求吉祥也。此章万注基本上是由王、李、昙莹三家注文拼凑而成，不再赘述。

第十八章

或若生逢休败之地，早岁孤穷。老遇建旺之乡，连年偃蹇。若乃初凶后吉，似源浊而流清。始吉终凶，状根甘而裔苦。[①]

［徐注］假令庚辛人秋七八月生者是也，金以木为财，木绝；以火为官印，火死。早岁孤穷，谓生日为父母绝，则为无祖财，亦无官印，则早历艰难也，准此［“惟此”不合］。若或运临禄马贵官之乡，亦多［“亦无”不合］偃蹇而不成福。“初凶”者，生月凶逢于休败也。“后吉”者，生时得地也，居财旺并官印旺地，运行向所临之位，却为有庆［“即却有庆”不合］。止为初年之滞，中年晚年有福也。故曰“源浊伏吟”是也。若生月为鬼克身，若生时有救是源浊之类，五行活法则度，如遇五行交错，但消息胜负而言之。人命有祖财而生者，少年［“小年”不合］富贵，故云“始吉”。如生时不得地，或祖败官，或身灾疾。更背于吉地，则为凶也。至于晚年祖财破尽，终身困苦。虽有富贵之家，生时失地，更不得运，故曰“终凶”。“裔”者，苗也。如苦物而不堪也。此先富而后贫也。

［疏证］此章原文是讲三命若生逢胎、月、日、时四柱休败之地，不但早岁孤穷，纵使老来遇建旺之运，亦同样连年穷困。若四柱初凶后吉，则似源浊而流清；若四柱始吉终凶，则状根甘而苗苦。而徐注则以日为主，看财官印授在年、月（月令）、日、时四柱生旺死绝如何。其举例，日为庚辛人生于秋七八月，金以木为财，秋为木绝（甲生于申月）；以火为官印，秋为火死（丙生于酉月）。徐注文“早岁孤穷，谓生日为父母绝”中之“生日”疑为“生月”之误。因月主早年，主父母，无祖财，亦无官印，则早历艰难也。即使后运临禄马贵官之乡，亦多偃蹇穷困而不成福也。“初凶后吉”者，“初凶”指生之月令为凶，逢于休败之地；“后吉”

① 释注本为“状根甜而裔苦”；《新编》、《新雕》为“或若生逢休败”、“若遇建旺之乡”；万版“类根甘而裔苦”；除徐注本外均为“临年偃蹇”。

指生时辰得地，并财官印居旺地，运行又临财官之位，则为庆幸矣。此类命造只是早年阻滞，中晚年可得其福也。故曰“源浊”为伏吟，即月令为比劫也。若金生夏月为鬼克身，但生时辰有救，亦是源浊流清之类。断命要依五行活法去判断，如遇五行杂乱交错，则要细辨其消息胜负而言之。“始吉终凶”者，若生月有祖财而不破，主少年富贵，故曰“始吉”。但日主生时辰不得地，或月上败官破财，或身衰灾疾，甚至背于吉地，则为凶也。最终落得晚年祖财破尽，终身困苦。可见虽生在富贵之家，可生时失地，更不得吉运，故曰“终凶”。“裔”者，幼苗也。如根甘苗苦，先富而后贫也。

［释注］王注曰，阳一嘘而万物生，阴一吸而万物死。当时者贵，后时者贱。物尚如此，人岂不然？如四柱中禀五行休旺之气，或先或后，可以定人之终始穷达矣。人之胎月，禀五行休败之气者主之，早岁孤穷，或时日复在生旺之地，则以兆晚年之荣［“晚年之论”不合］者也，或月建处生旺之地，必使少年早达，生时却在衰败之地，晚景复不如意也，故曰“老遇［“若遇”?］建旺之乡，临年偃蹇”者欤。或四柱皆在生旺之地，则一生自然荣达者矣，四柱皆在休衰之地，则终始困穷而已。三命由此以分三限，以生月为中限，生时为末限也，一说以生月为运元，或自禄马生旺之地而起运者，则少年荣达，晚年却至衰乡，复不如意也。或运至空亡衰绝中行，来者定是早岁之孤穷，晚年乘之吉运，遂致通达者也，祸福之理，应之昭然。故曰：“物盈则亏，物衰必盛，乃天之常道也。”《经》所以载：“衰人生旺乡［“至旺乡”合义］必变，旺人至衰乡必移。”然运限二说至理一也，在智者宜参用之也。又论“先凶后吉”者，先凶后吉，终享其吉；先吉后凶，终穷于凶。此亦论运限，有或先或后，为吉凶之说，如无始有终者，始渊源虽浊而分流清泒，以致远大者哉！有始无终者，草木［“状草木”合义］之根甘，生苗裔以返苦［“反苦”合义］者哉。

李注曰，若禄命身之三才［“三财”不合］，生于休囚困败之乡，或生月日时不近禄马，则少年穷困。亦言生逢休败之人，初入建旺之乡［“之时”亦合］，欲彻不彻，必当灾滞，如根蒂不牢，旺处脱也。盖为根败，有而不有，故“临年偃蹇”。如少年先历休囚死绝之乡，后入禄马旺相之运是也。如生于建旺，行入死乡，初得［“幼得”合义］父母福荫，长无立身之贵。必须观其萌芽朕兆，察其根元乃详，其运气方见灾福也。

昙莹注曰，身虽逐运，必假运而资身势，须及时，亦假时秉势［“亦假时而乘势”亦合］。生逢壮岁，运须处于旺乡；晚遇衰年，运恰宜于困地。是乃随宜消息休旺自如。初生歇灭而晚岁兴隆者，源浊流清之谓也。幼年建旺，而临老跉竮者，裔苦根甜之谓也，斯乃校量［“较量”亦合］运气，穷究根源，兼明运限始终，仍晓镃基厚薄。大抵人命立年为尊，其胎、月、日、时，资以次之。故曰：“作四柱之君父，为吉凶之至尊［“主尊”不合］，而立其年也。明运气之本，推虚实之基，而取其月也。观安危之兆，察苦乐之原，而取其日也。定贵贱之本，决死生之期，而取其时也。辨荫幼之始，究未立之前，而取其胎也。”又曰：“月管初主，日管中主，时管末主。”须要始终兼济，前后相应，富贵两全，财禄双显者，鲜矣。但得中下兴隆，可为成实之命。

［疏证］王注所谓“阳一嘘而万物生，阴一吸而万物死”，指天地阳气充盈使万物生发，天地阴气弥漫使万物萧杀（可参见上文第四章“其为气也，将来者进，功成者退。如蛇在灰，如鳝在尘”）。“嘘”与“吸”不过是出于修辞对偶角度所言。下面曰，天地万物皆当时令者贵，后时令者贱。万物尚如此，人岂不亦然？要注意，上文徐注以日为主看财官注重四柱旺衰以定贵贱，同时亦不忘以日主得令与否而定穷达（参见其下文第六十七章）。古法亦如此，既注重看三命之本，亦看禄马财官等贵神在胎、月、日、时四柱旺衰如何而定贫富寿夭。如人受胎之月，面临五行休败之气者主之，则早岁孤穷；如时日复在生旺之地，则兆示晚年之荣者也。或有命造月建处生旺之地，虽使少年早达，惜生时在衰败之地，晚景复不如意也，故《消息赋》说老运遇建旺之乡，却面临年年艰难之境。或有命造胎、月、日、时四柱皆在生旺之地，则一生自然荣达；四柱皆在休衰之地，则终始困穷而已。对于“三限”之说，王注认为三命“以生月为中限，生时为末限也”，言外之意初限为胎元，却不提生日为何限？宋朝廖中《五行精纪》中引《金书命诀》载：“定三限，常以生月为初限，管二十五年；生日为中限，管二十五年；生时为末限，管五十年，后彻终年。”下文昙莹注亦曰“月管初主，日管中主，时管末主”。不过王注似乎对

"以生月为中限"存有疑虑，故下文有"一说以生月为运元"云云。指生月为起大运之源头，或有命造生月禄马生旺，则少年荣达，如晚年运至衰乡，复不如意也；又说命造运至空亡衰绝中行，来者命中生月定是早岁孤穷之象，但晚年乘之吉运，乃至通达也。以此说明生月主早运吉凶亦是"祸福之理，应之昭然"。故曰："物盈则亏，物衰必盛，乃天之常道也。"指早运旺，晚运必衰，反之亦然。《经》所以载："衰人至旺乡必变，旺人至衰乡必移。"按照前面"物盈则亏，物衰必盛"来推，指命衰之人运至旺时必有改善，命旺之人运至衰乡必会迁移不定。此与本章下文东疏所谓"《经》云：'旺处生而死处发，以死绝处生旺处败也。'"中"旺极""衰极"之旺衰不是一个概念。不过王注在此只是为了阐述"运限二说至理一也"，主张智者应相互参考用之。上面皆是针对"或若生逢休败之地，早岁孤穷。老遇建旺之乡，连年偃蹇"而言，下文"若乃初凶后吉，似源浊而流清。始吉终凶，状根甘而裔苦"，王注认为亦是议论大运与三限在兆示吉凶先后方面之辩证关系。并将"始渊源虽浊而分流清泒，以致远大者哉"，（泒 gū，乃河流之尾）即源浊流清，归于"无始有终"者；将"状草木之根甘，生苗裔以反苦"，归于"有始无终"者。

李注认为，若禄命身之三才，生于休囚困败之月，或生月日时不近禄马，则少年穷困。亦言生逢休败之人，初入大运建旺之乡，欲通而不达，必当灾滞，如花果根蒂不牢，旺盛难负其重，反而容易脱落。此乃原局命根休败，貌有而不有，故面临旺年亦偃蹇艰难也。"若乃初凶后吉，似源浊而流清"者，如同少年先历休囚死绝之乡，后入禄马旺相之运是也。"始吉终凶，状根甘而裔苦"者，如生于建旺之月，行入死乡，谓幼小得父母福荫，长大后无立身之贵地。故看命必须观其萌芽朕兆，察其根元乃为周详，其后运之气方见灾福也。

昙莹注曰，人生与大运随波逐流，必是依据运势而影响命之祸福；运势优劣高低又与命中月日时三限关系密切。如三命初生在旺盛之岁月，必须要有旺乡之大运相匹配，方可称其旺盛；三命遇末限衰败之年，亦要有穷困之大运恰宜相处，方可称其衰败。如此则随五行消息休旺而断命自如，所谓"术士希其八九"矣！"源浊而流清"者，初生运限暗淡歇灭而晚岁光明兴隆也；"状根甘而裔苦"者，幼年运限建旺而临老聆塀（líng pīng 即伶俜也）孤单也。这些就是通过校量命局运气，穷究四柱根源，兼明确运限关系之始终，方可通晓命中镃基（zī jī 指古代大农具，喻三命之元气）厚薄。人命四柱立年为尊，其胎、月、日、时对其影响以次论之。故作为四柱之君父，吉凶之至尊，而立其年也；明确运气之本（运自月柱起），推究其虚实之基，而取其月也；观安危吉凶之兆，察苦乐祸福之源，而取其日也；定贵贱之本，决死生之期，而取其时也；辨祖荫及幼儿之始，究未行立之前，而取其胎也。昙莹注又曰："月管初主，日管中主，时管末主"与《五行精纪》引《李虚中命书》载："年与月管初主，月与日管中主，日与时管末主"（考《四库》版《李虚中命书》无此言）观点相近。"须要始终兼济，前后相应"者，即要大运与三限或三主，再与四柱以年为"吉凶之至尊'、月为"虚实之基"、日为"安危之兆"、时为"决死生之期"、胎为"辨荫幼之始"结合起来分析。故要真正达到富贵两全、财禄双显之程度则鲜有所见，一般人只要得中下兴隆（一说上为天元，中为人元，下为支元；二说以天元为上元，支命为中元，纳音为下元。参见书后附录：表六），亦不失为成实之命矣。此章乃昙莹注之精髓，读者须深研之。

[新雕] 李注曰，若禄命身之三财生于休囚因败之乡，或生月日时不近禄马，则少年困穷。亦言生逢休败之人，初入建旺之时，欲御不御，必当灾滞。如根蒂不牢，旺处脱也。盖为根败，有而不有，故"临年偃蹇"。如少年先历休囚死绝之乡，后入禄马旺相运是也。如生于建旺，后入死乡，幼得父母福荫，长无立身之贵。[必须观其萌芽朕兆，察其根元乃详。其运气方见灾福也]。

东疏曰，休败者，不是沐浴也，其死绝墓胎皆是。又若人值月日时三处，皆在财休败处，故足贫寒人也，独孤也。假令壬戌水人，生在十月己酉日卯时，其水以火为财，十月火绝，己酉日火财又死，卯时火财沐浴，休败也。以火为父，父三处都绝败。金为母，卯时金亦不旺。若以火为妻，妻又绝败。若以土为子，卯时土亦死，况值此生者，一世主贫孤穷也。

东疏曰，夫大运至发旺，即小运土逢鬼克，相临一年为滞生偃蹇。何以为发旺？《经》云："旺处生而死处发，以死绝处生旺处败也。"若发旺者，由发财、发禄、贵人发德、发官、发印或子孙，各取生月日时五行旺力而发也。假令推财者，以甲子金人得木为财，若在正月丙寅日辛卯时，生其木财，三处都旺，却以大运入庚午土，是木死处则发本财也，此是旺处生而死处发。却以死绝生而旺处败也。假令丙申火人，得身禄二火生在十月壬戌日子〇时，是火墓绝处，其大运行至乙巳上，其十月壬戌日子时火墓绝处，却至巳上火旺，旺处发，败绝灭亡也，况福德宫印贵神并及鬼杀也，事皆准此，发旺也。假令如临年偃蹇者，被小运相临鬼克也，如丙午十月辛丑时，其丙火得水为官，十月日时，曰皆官旺也。若大运至癸卯上，为建官之地，又其时却小运是丁卯，其大运癸水临小运丁火为偃蹇也。

东疏曰，"初凶后吉"者，若生月日时三庚在财旺之乡，若运在财旺之地，必贫寒，名初凶后吉，所为旺方不能使旺也。后吉者，将旺财却入死绝胎墓上，呈显旺也，名为后吉，故乃获福。"始吉终凶"者，在受胎处财旺之方，却生月日时财都绝败者，其入旺财之地行大运贫寒至命终，名"根甘而裔苦"也。"根"者，生年，胎月也。假令丙子生，得火胎，若得十二月辛丑月丁亥日己酉时，生是根甘而裔苦。胎是火，十二月生，受胎是三月也，火胎生，名根甘也。十二月火未有气，丁亥日火绝，己酉时火死，其运行入寅得壬寅大运，皆是火旺也。却不显明，死绝之火也，名"苗苦"也。主命终一生贫苦厄困，是名"终凶"也。

［疏证］《新雕》李注后面所脱"必须观其萌芽朕兆，察其根元乃详。其运气方见灾福也。"句属于下一章。余皆与上文同。

东疏文因分段章目与徐注差别较大，为便于读者对照，本书将本章原赋文分段标示如下：

"或若生逢休败，早岁孤穷"者：

东疏认为原文中"休败之地"，不仅指干支阳阴十二宫中"沐浴"位，还泛指其中之"死绝墓胎"位。只要人值月日时三处皆在财休败处，就足以断其贫寒且独孤也。第一章徐注曰："生时主子孙也，更看生时天元不居休败，居于旺相，则佳矣，死囚则见多而晚成。"明显是将休败与旺相对立。自古以来在"五行旺相休囚死表"中并无"败"说，但实际断命中将五行休囚归为"败"类，与"休"并论为"休败"。如第三章王注曰"行运至五行休败之地，如木之逢秋则衰朽枯槁"及本章"人之胎月，禀五行休败之气者主之，早岁孤穷"，所指皆为五行休败，并未与干支阳顺阴逆十二宫联系起来。东疏把"十二宫中"五行沐浴死绝墓胎归为"休败之地"，与"四季"中五行休囚归为"休败之地"相比更切合禄命四柱。东方明欲证明自己观点具有实际操作性，举例：

（十八）——甲造

乾：壬　辛　己　丁

　　戌　亥　酉　卯

此造壬戌（纳音身大海水）水人，以火为财。但亥月火绝，己酉日火死，卯时火处沐浴，谓之皆休败也。如以火为父，父三处都处绝败。以金为母，卯时金亦不旺。若以火为妻，妻又三处绝败。若以土为子，水土同行，日时酉败卯死。遇到此类财、父、妻、子皆为休败，一世则主孤穷也。

"若遇建旺之乡，连年偃蹇"者：

东疏认为大运中有财发旺之地，但逢流年小运上鬼（原文"小运土逢鬼克"之"土"乃"上"之讹字）来克命，相临之年则为滞生偃蹇，何以为遇大运财旺则一定发达？指逢大运财旺亦不一定会每年发达，亦有可能因流年和小运连年困顿不堪。故《经》云："旺处生而死处发，以死绝处生，旺处败也。"此处旺衰指"旺极""衰极"。发旺之范围由发财、发禄、贵人发德、发官、发印或子孙等组成，各取原局生月日时五行旺力大小而决定大运中发达之高低也。（参见本书附录表八：东方明论旺衰吉凶汇总表，以及学术研究《探索东方明"旺衰吉凶"之我见》。）举例：

（十八）——乙造

乾：甲　丙　丙　辛　　　大运：丙　丁　戊　己　庚

　　子　寅　寅　卯　　　　　　寅　卯　辰　巳　午

以甲子身金人得木为财，如生在正月丙寅日辛卯时，木财三处皆旺，为旺极。却因大运入庚午纳音土，木在午为死处，乃发本命之财，此所谓"旺处生而死处发"。指旺极之财至大运庚午为死地，不贫反而发达，即"旺见衰则吉"。"却以死绝生而旺处败也。"指反过来讲，若原命身财生于死绝之地为衰极之财，遇大运财旺之乡则不发反贫，乃因身财生于衰败位而遇强旺之地为凶，即“衰见旺则凶”也。

（十八）——丙造

乾：丙　己　壬　庚　　　大运：己　庚　辛　壬　癸　甲　乙
　　申　亥　戌　子　　　　　　亥　子　丑　寅　卯　辰　巳

丙得纳音身火禄，但禄身二火生在十月壬戌日子时，火以亥为绝地，以戌为墓地，以子为胎，皆为休败之薄地，衰极也。其大运行至乙巳上，由原局火墓绝处，却至巳上火位临官，衰极之禄遇旺而败，即“衰见旺则凶”。“福德宫印贵神并及鬼杀”皆可仿此判断何为吉、或为凶也。

再看下例：

（十八）——丁造

乾：丙　己　〇　辛　　　大运：己　庚　辛　壬　癸
　　午　亥　〇　丑　　　　　　亥　子　丑　寅　卯

譬如推官者，如丙午十月辛丑时，寅为胎月官病。其丙火得亥月丑时，如日辰亦为官旺之地，谓之官遇建旺之乡为旺极。若大运至癸卯上，卯为水死地，官旺处生而死处发，反而为建官之地，即“旺见衰则吉”。但由于其间遇小运丁卯，官在死地伏吟，故大运癸卯临小运丁卯（小运主一年）偃蹇困苦也。

“若乃初凶后吉，似源浊而流清。始吉终凶，状根甘而裔苦”者：

“初凶后吉”者，若命造生于月日时三庚（“庚”在民间专指人命出生时间）皆在财旺之乡，则身气衰极，大运复在财旺之地，则必贫寒，身弱不担财也。谓“初凶后吉”，就是要原局财气不能再在大运使旺也。要表现出“后吉”者，则要将原局之旺财到大运时却入死绝胎墓上，反而能使命主呈显发旺之势也，此名为后吉，故乃获福也。“始吉终凶”者，人命受胎处正好是财旺之方，名为祖财旺，但出生于月日时财都绝败之处，其行大运虽至旺财之地，亦不过是贫寒至命终，盖与早限吉、晚限凶有关，此谓“根甘而裔苦”也。下面举例：

（十八）——戊造

乾：丙　辛　丁　己　　　大运：辛　壬　癸　甲　乙　丙　丁
　　子　丑　亥　酉　　　　　　丑　寅　卯　辰　巳　午　未

东疏此处将胎月视为“根”，将生月生日生日皆视为苗裔，主人一生。此造禄为火，命与身皆水以火为财。丙子年十二月生人，火受胎是三月辰冠带，谓之根甘也。生于辛丑月丁亥日己酉时，丑月火为养地，丁亥日火绝，己酉时火死，四柱一旺三衰，乃为衰极，虽然其运行入壬寅大运后一路木火，皆是火旺之地，却不见显明发旺，乃因其原为死绝之火也，名之谓命中苗苦也。从此可知，胎主生前祖宗，月日时是生后自得之气。虽胎得冠带，但四柱一旺三衰，乃为衰极。故东认为惟有月日时“主命终一生贫苦厄困，是名终凶也。”此例符合“以死绝处生，旺处败”，即“衰见旺则凶”。可谓其真正“根甘苗苦”也。

本章东疏所列乙、丙、丁、戊四例命造，皆采用《经》云“旺处生而死处发，以死绝处生，旺处败也”之观点，但在具体运用过程中又根据各自不同情况，或“源浊而流清”、或“根甘而裔苦”而有所变通。下文第六十二章、第六十三章东疏在论命观点时，在“旺处生而死处发，以死绝处生，旺处败也”观点基础上有更为详细之阐述。（参见书后附录：探索东方明“旺衰吉凶”之我见）

至于《经》为何书耶？查《消息赋》诸注“《经》云”者，如徐注有一处，即第三十章《经》云：“身衰者，如甲人秋生，秋金旺乃甲木绝，甲虽逢寅卯建禄之地，与庚金相逢，虽则重重之救必夭寿也。”；王注有三处，即第二章《经》云：“向禄则生，背禄则死。”第四章《经》云：“他生我休，理之自然也。”第三十三章《经》云：“天禄者享贵富之最，奇议者，资出论之材。”；李注有二处，即第二十四章《经》云：“三元逢五鬼，阎罗三使追。”第五十九章《经》云：“气主天年，运主祸福。”；东疏有二处，即本章《经》云：“旺处生而死处发，以死绝处生，旺处败也。”第三十八章《经》云：“年登者，至也。”吾国古代，“经”书地位高于“说”、“记”、“论”、“义”“注”、“疏”等书，诸家不署册名，单以《经》名之，可见为当时人人皆知之书矣。所幸下文第二十二章东疏中有《五行经》云：“旺处生而死处发。”与本章东疏《经》云：“旺处生而死处发，以死绝处生，旺处败也。”为同一出处，可知东方明所言“《经》云”实为“《五行经》”矣。惜是书今佚不现，故其他诸家之“《经》云”是否同出于此，尚有待于考证。现代考古所发现帛简版《五行经说》侧重于“仁义礼智圣”，属于道德范畴，其中并无上面诸家提及之“《经》云”行文（可参见上文第六章）。

［万版］ 身虽逐运，必假运以资身势，须及时，亦假时而乘势。生逢壮岁，运宜处于旺乡；晚遇衰年，运恰宜于困地。是乃随宜消息休旺自如。初生歇灭而晚岁兴隆者，源浊流清之谓也。幼年建旺而临老竛竮者，裔苦根甘之谓也。若乃较量运气，穷究根源，先察根基厚薄，兼明运限始终。虽未百发百中，亦可希其八九。大抵人命立年为尊。其胎、月、日、时，资以次之。故曰：“作四柱之君父，为吉凶之主宰，而立其年也。明运气之本，推虚实之基，而取其月。观安危之兆，察苦乐之原，而取其日。定贵贱之本，决生死之期，而取其时。辨幼荫之始，究未立之前，而取其胎。”月管初主，日管中主，时管末主，年则总统之。须要终始兼济，前后相应，则富贵两全，财禄双显，无初吉终凶、始凶终吉之异矣，然而不易得也。或只中下兴隆，亦可为成实之命。

［疏证］ 本章万注基本是照搬昙莹注。其中“月管初主，日管中主，时管末主”后加“年则总统之”，指年柱三命旺衰对人生初、中、末限具有持续影响力。余不赘述。

第十九章

观乎萌兆，察以其元。根在苗先，实从花后。[1]

[徐注] 欲知运内吉凶，先看根元胜负。根元有贵，则运临贵地而发贵；根元有财，运临财地而发财；〈根〉元有灾，则运临灾而有灾也。贵贱吉凶自有根苗则无不结实而应验矣。

[疏证] 徐注对“根”与“苗”之解释是把命局与大运联系起来阐述。欲知运内吉凶，先要看导致吉凶之五行干支及神杀在原局中根元胜负如何。“元”者，原也。命中根原有贵，则运临贵地而发贵；根原有财，运临财地而发财；根原有灾，则运临灾而有灾，诸如神杀贵人皆然也。“实从花后”者，贵贱吉凶是因自命有其根苗，再遇大运降临，则无不结实而应验矣。子平法只讲以日为主，此处贵、财、灾要以日主为中心来分析。

[释注] 王注曰，“几”者，动之微，知几神之兆者，出无而入有，理而未形，不可以名寻，不可以形睹，唯神也。不疾而速，感而遂通，故能明烛于未形也。合抱之木，起于毫末，吉凶之彰，始于征兆［“微兆”亦合］，故为吉凶之先见。圣人观乎先兆，见乎未萌，察其根源，则知其苗裔也。谈命之说，以胎为根，以月为苗，以日为花，以时为实，穷根可以知苗，见花然后知实，智者宜本诸此，则贵贱贤愚可知矣，达者触类而长之。

李注曰，此又取木实之喻，根生然后有苗，花发然后有实，学者当精穷厚薄也。

昙莹注曰，天之可观者，日月星辰而已，地之可察者，山川草木而已。观象于天，察法于地，然后知人物死生之说。夫观乎未萌之兆，察以立根之原，故曰“根在苗先，实从花后”，参详四柱，推究三元可也。

---

① 释注本为“察以其源”；《新编》、万版为“察以其原”。

［疏证］ 王注对“观乎萌兆，察以其元”用“几”来阐述。《易·系辞》曰：“几者，动之微，吉之先见者也。”《说文解字》曰：“几，微也，殆也。”故王认为只要观察到几神之兆，方能明烛于未形也。何为“神”？《易经·系辞》曰：“阴阳不测之谓神。”指世间万事万物似乎阴阳莫测难以捉摸，其实内在皆有规律——即“神”主宰。故王注曰：“出无而入，有理而未形，不可以名寻，不可以形睹，唯神也。”“神”属形而上，非具体非物质，是五行之气，故无形而不见。其不疾而速，尚未见其发展就会出现，善术者只能感而遂通。合抱之大树，起于细苗之毫；吉凶之昭彰，始于几神之兆。故预知吉凶之先见，圣人须观察事物出现之先兆，去发现其未萌芽之气。惟有勘察其根源，则知其苗裔成长之形也。最后王注曰：“谈命之说，以胎为根，以月为苗，以日为花，以时为宝。”要知果实如何，须看花开咋样；要看花开咋样，须察苗长如何；要察苗长如何，须穷究其根生基强弱。智者研命之本要重在于此，则贵贱贤愚可知矣。善神悟者则能触类而大解曲通。

此章释注本李注与《新编》李注，较《新雕》中李注少前半部分，即：“必须观其萌芽兆朕，察其根元，乃详运气方见灾福”句被并入上一章李注，此乃后人编纂失误所致。其观点与徐注相近。

昙莹注认为要“观乎萌兆，察以其元”，一定要参详胎月日时四柱，推究天地人三元。通过观象于天，察法于地，然后知人物死生之说。此说似乎较为笼统，但指导吾人实践命理则为至言矣。

［新雕］ 李注曰，〈必须观其萌芽兆朕，察其根元，乃详运气方见灾福。〉此又取木实为喻，根生然后有实［“有苗”合义］，［花发然后有实］，学者当精穷厚薄。

东疏曰，观乎萌兆者，阴阳出路也。察其元根者，详其元命也。根苗花实四处看察五行之盛衰，以胎月为根，生月为苗，生日为花，生时为实。若根枯即贫寒而寿促，苗槁即残病微弱，花萎即无荣，实虚即少福。胎月旺则寿长，生月旺则身安，生日旺则荣显，生时旺则有福寿也。

［疏证］ 李注曰，观命必须观其萌芽兆朕，察其根元盛衰，乃详运气吉凶，方见灾福。此处又取木实为喻，根生苗，苗发花，花结果，学者当

精穷厚薄。

东疏曰，“观乎萌兆”者，指要摸清阴阳出气之四柱路径。“察其元根”者，指要细详三命之气根元深浅如何。以根苗花实四种状态来看察五行之盛衰，以胎月为根，生月为苗，生日为花，生时为实。三命“若根枯即贫寒而寿促，苗槁即残病微弱，花萎即无荣，实虚即少福。胎月旺则寿长，生月旺则身安，生日旺则荣显，生时旺则有福寿也。”观点与王注相近。

［万版］谈命之说，以胎为根，以月为苗，以日为花，以时为实。穷根可以知苗，见花然后知实，是以圣人观乎先兆，见乎未荫，即察其根源，则知其苗裔也。徐曰：“欲知运内吉凶，先看根元胜负。根元有贵，则运临贵而必贵；根元有财，则运临财而发财；根元有灾，则运临灾而生灾。”其说亦通。

［疏证］本章上述观点除昙莹注外分为两类，王和东二注围绕以胎为根、月为苗、日为花、时为宝来解释；徐和李二注则以原命有无根元来判断后运吉凶如何。万注认为两者皆通。本书认为虽两者皆通，但从原文本意看，以前者为主。因上文中“若乃初凶后吉，似源浊而流清。始吉终凶，状根甘而裔苦”明显是基于四柱三限而言，要正确理解文句含义不能将上下文割裂开来阐述。

第二十章

胎生元命，三兽定其门宗。律吕宫商，五虎论其成败。[①]

［徐注］“胎生元命”者，乃人之年月日时所得天元、人元、支元也。“三兽”者，寅午戌之类是也。“门宗”者，一类也，如寅午戌火之类。“五虎”者，支也，持大运逆顺，生日向背数而行之。假令甲寅生午，逢庚戌［“假令甲寅生日，五逢庚戌”合义］也。亦曰“鬼”，庚戌见丙午之类。《赋》曰：“五虎者，以寅为首也。”此乃五阳相克也。“论其成败”者，有救而身旺则成［“有救或自旺则成”不合］；无救［“元救”不合］而身衰则败也。好事者宜精详之。

［疏证］本章徐注有几处要推敲一下。徐认为“胎生元命”者，仅是指原局年月日时所得天元、人元、支元。如果真如此，不如直接写“四柱元命”，为何要写“胎生元命”？因为“胎生元命”与“律吕宫商”修辞上并无对偶关系。其次，将“三兽”者，定为寅午戌、亥卯未、申子辰、巳酉丑之类应该没错，但未将“门宗”即是“一类”解说清楚。如果将寅午戌火局、亥卯未木局、申子辰水局、巳酉丑金局在四柱中出现成势定为某“一类命格”，则容易理解一些。再次，“五虎”者，应指“五虎元遁”（即“五寅元遁”），其法以年支寅虎起，徐却将其与起排大运联系起来，即凭男女阴阳之年不同而逆顺排运，以生日与前后节气向背日数而计起交大运（参见上文第二、第三章），似乎较为牵强。又举例“甲寅生午逢庚戌也”，更不知所云。甲寅日生午月逢庚戌，这个庚戌不可能是时柱，只能为年柱，如此月柱则为壬午。按子平法看，三合火局为伤官局，年上庚金七杀见伤官有制为偏官，何曰鬼乎？即使伤官制杀不力，月上壬印化杀亦不惧为鬼矣！幸得《新编》“甲寅生日，五逢庚戌”以校正，是指甲寅生日人，

① 《新编》为“律吕宫商”。释注本卷上终。

遇丁或壬年按“五虎元遁”起得庚戌月，则甲木见庚金而成败定矣。故下句云“亦曰鬼，庚戌见丙午之类”，即庚日生人，遇丁或壬年按“五虎元遁”起得丙午月，亦曰鬼矣。至于最后一句“五虎论其成败”，有《赋》曰：“五虎者，以寅为首也。”甲寅、戊寅、壬寅、丙寅、庚寅，此乃五阳相克之五对干支起排月柱。“论其成败”者，是说四柱八字中有救而身旺则成为贵命，无救而身衰则成为贱命也。惜徐注漏解“律吕宫商”，可参见本章下文王、李二注。

[释注] 王注曰，“胎”者，受形之始，故易之。“乾知大始”，以形言之也。“月”者，成气之时，故《传》曰：“积日［“责日”不合］为月，以气言之也。”今之谈命，或不以胎月为意，盖言胎月不如时日得之独也。然不明胎月是四柱之根苗，日月虽以为紧，若不来犯破于胎月，则胎月或乘旺气禄马之处，则福尤多也。或日时之吉而为胎月之所犯，或以日时之吉而后归于无用，以此言之，则胎月最为枢要。然今人多以法取胎神而未甚精当，且如戊子［“旦戊子”不合］生甲寅月，往往便以乙巳为胎，盖言乙巳是生月前十月耳，殊不明其中有闰无闰否？凡是贵命受胎定在三百日左右［“左太”不合］，或足月、或出月、其有不定之数，或取以日时，以生日支干合者为入胎之时，然支干俱合受胎月日中，有不值支干全合者，亦取之无据，唯有一法取之，简要只以当生前三百日为十月之炁，乃是受时之正也。譬之甲子日生，便以甲子为受胎之日，盖五六计三百日也，看其生日在于何月中而有之，则闰在中矣。且如戊子生［人］甲寅月乙丑日，须于半月前十月或十一月内寻。当生乙丑日乃是三百日之正胎也。此一法今古少有知者，非穷理尽性者，岂得与于此哉？胎生元命者，旧注如子生得子胎，丑生［“丑人”亦合］得丑胎者，此说亦未尽善，且如辛未生得壬辰月，以癸未为胎，辛未上［“辛未土”合义］受癸未木之制为身鬼，又何以谓之胎生元命者欤。胎为父母之象，论其出处必以胎中五行而来生我元命者，则知其人是受荫贵家之命也，或胎生元命，五行相克，兼胎处六害之地，则纵使日时之为福，亦主孤强自立者欤。鬼谷子曰：“胎中如有禄，生在贵豪家；或值空亡中，贫穷起怨嗟。”意盖谓此也。“三兽”者，以年取月，以日取胎，观三处承属谓之。兽有无啖伤形，

则可以定宗门之出处也。故曰“胎生元命，三兽定其宗门”者欤。律吕宫商者，阳六为律，阴六为吕。《玉册》［《至册》不合］曰：“五音总于律吕。”律吕相合，分支定干〈支〉，散之六十音也。吹律吸吕，以定宫商之信，以生义。盖言五行合为五音者也。是故甲己宫土，遁起丙寅。乙庚商金，起于戊寅。丙辛羽水，起于庚寅。丁壬角木，起于壬寅。戊癸征火，起于甲寅。五音皆自寅而起遁，人之成败吉凶，由此而始。故曰：“五虎论其成败。”

李注曰，此言胎、生月与本命同者，详其三兽以定门类［“所类”不合］宗生，知其性气［“惟气”不合］。假令辛卯生人，十一月生，是二月辛卯，胎与元命同也。庚辰人三月生者，是生月与命同也，如此者命贵而性和。凡求“三兽”者，子人鼠蝠燕，丑人牛蟹龟，寅人虎狸豹［“虎狸狗”不合］，卯人兔狐狢，辰人龙蛟鱼，巳人蛇鳝蚯，午人马鹿麞［“马鹿麋”不合］，未人羊鹰雁，申人猴猿猱，酉人鸡鸟雉，戌人狗狼豺，亥人猪豕貐。此三十六禽之名，《凝神子》云：“象神者，即天禄，主大富贵；不象神者，天之不禄，具以形神性气断之，少有不同。”阳支为律，阴支为吕，谓甲乙为角，丙丁为徽，庚辛为商［“为商”不合］，壬癸为羽，戊己为宫，此赋言干支协律吕宫商，应天地合四时之道者，当以“五子元遁”取月日，见其成败。“五虎”者，皆起于寅，甲己起丙寅，乙庚起戊寅，丙辛起庚寅，丁壬起壬寅［“起戊寅”不合］，戊癸起甲寅。故云“五虎”也。

昙莹注曰，禽分三十六位，支列十二辰，次而布之，一辰三兽。胎生元命，只如甲子生人，生月癸酉，胎逢甲子元命是同。又如乙丑金人，月居巳卯，胎逢庚午，以土生金，二说并详。其意不远，欲求四柱，唯遁十干，皆起五寅，推迁成败，其如“甲己之年丙作首，乙庚之岁戊为头”。盖寅为十二月之初，二六时之首也。

［疏证］王注曰，“胎”者，为怀孕成形之最初始状态。“故易之”，所以要用《易经》发展变化之观点去认识。“乾知大始”者，语出之于《易经·系辞》：“乾知大始，坤作成物。”《康熙字典》解释此处“知”为“主”之义，即“乾”卦主（属于）表达是天、是大、是男人，同时亦表达事物从初始阶段发展而来之现象。此处所谓“胎者”在乾卦象中处于“受形之始”潜龙勿用之阶段，仅仅属于“大”（此处专指产出之婴儿）之

最初始形态，“以形言之也”，指从事物发展形态上去理解。“月”者，成气之时令，亦谓月令，故《传》曰：“积日为月，以气言之也。”“气”即是“节气”。今人谈命，甚少在意胎（受胎之月）和月（出生之月），认为胎和月不如时日重要，此乃因不明胎与月（下面合称胎月）是四柱之根苗。日月虽为十分紧要，若日时不来犯破于胎月，则胎月或为乘旺气为禄马之处，此造则福尤多也。或有命造日时之吉被胎月所犯，或有胎月被日时之吉所犯，而导致福气后归于无用。以此言之，则胎月最为枢要。然而今人取胎神之法未甚精准恰当，且如戊子人（年）生甲寅月，往往便以乙巳为胎，因言乙巳是生月前十月耳，殊不明其中有无闰月在内？王注此处提到“闰月”其实对推胎神无甚影响，只有按阴历转换成干支历时才有可能失算，但按节气去推前十个月则不会搞错。王注曰，凡是贵命受胎定在三百天左右，或足月，或出月，其具体日子有不定之数。为确定受胎之准确日子，有人以出生日子时间来取之，即以生日支干相合者为入胎之时，亦是十个月前后找到与日柱支干相合那一天，该日子所在之月份（指干支月份）即谓胎神。然而要找支干俱合作为受胎月之日子中，或许三十天内亦不一定遇到与日柱支干上下均合之日辰（亦谓“鸳鸯合”），则取之无处。如日柱戊寅，支干均相合者为癸亥，戊寅前推或癸亥后推两者相差四十五天；如日柱为丙子，支干均相合者为辛丑，辛丑前推或丙子后推两者相差三十五天。如此一来胎神有可能误差不仅仅是前后月份，还有可能导致跨月份误差。故王注曰，唯有一法取之，简要只以生日前三百日为十月之气，乃是受胎之正时也。譬如甲子日生，便以甲子为受胎之日，盖五六计三百日也，看其生日在于何月中而有之，则阴历闰月在其中而不受其影响矣。且如戊子生甲寅月乙丑日，须于半月前（该出生乙丑日可能是正月雨水中气左右）十月或十一月内寻，即到丁亥年乙巳月或甲辰月内去寻查乙丑日，见者为是也。王注曰：“此一法今古少有知者，非穷理尽性者，岂得与于此哉?”根据现代医学研究，所谓十月怀胎亦只是笼统说法，准确计胎龄分为月经龄与受精龄两种计算方法，前者足月为二百八十天，后者足月为二百六十六天。本书认为应按受精龄来推算胎神，即在王注上述推荐以出生日前推三百日定胎神基础上再减去三十四天，看其所在干支月属何节气即是。“胎生元命”者，胎指胎神，元命指年支。或有旧注曰，如子命生得子胎，丑命生得丑胎者，此说亦未必尽善无缺，且如辛未年人生得壬辰月，因为癸未杨柳木为胎神，辛未路旁土受癸未木之制为身鬼，又何以说胎生元命者值得推崇呢？胎为父母之象，要论其作用必以胎中五行而来生我元命者，则知其人是受富贵家祖荫之命也。若胎生元命，五行相克，兼胎处六害（“六害”参见下文第三十六章）之地，则纵使日柱时柱为福，亦主孤独无依而不得不自强自立。鬼谷子曰：“胎中如有禄，生在贵豪家，或值空亡中，贫穷起怨嗟。”其意大致如此也。“三兽”者，以年取月，以日取胎，观年月日三处承属谓之。要观察年月日三兽有无啖伤损害胎神，则可以定祖宗之出处富或贫矣。故曰“胎生元命，三兽定其宗门”也。“律吕宫商”者，“律吕”是中国古代汉族乐律之统称，亦称十二律，可分为阳律和阴律。其中奇数各律依次为黄钟、太簇、古洗、蕤宾、夷则、无射，称“六阳律”或“律”；偶数各律依次为大吕、夹钟、仲吕、林钟、南吕、应钟，称“六阴吕”或“吕”。总称“六律、六吕”，合称“律吕”。每律或每吕又包含五音，即宫商角徵羽，“宫商”为其中二个音。王注引唐朝启玄子《天元玉册》曰：“五音总于律吕。”将其五音、十二律吕与五行、十二地支结合起来，每律每吕各配五音，散之总六十音也。以吹为律，以吸为吕，以定宫商五音之信，以生义。古人常将“音信”联系在一起，“杳无音信”指听不到一点声音来源，“吹律吸吕，以定宫商之信”是指宫商等五音来源离不开律吕组合，从而发出能表达思想与感情之音义（《新编》中多处“商”字讹为“商”，后者树根之义）。五音对应五行为：宫属土，商属金，角属木，徵属火，羽属水。是故甲己逢辰化宫土，遁起丙寅；乙庚逢辰化商金，起于戊寅；丙辛逢辰化羽水，起于庚寅；丁壬逢辰化角木，起于壬寅；戊癸逢辰化徵火，起于甲寅，所谓五合逢龙则化也。五音皆自寅而起遁，亦称“五虎元遁”。人之成败吉凶，皆由此排得四柱而始起，故曰“五虎论其成败”也。

李注认为“胎生元命”者，义同王注认为“此说亦未尽善”之“旧注如子生得子胎，丑生得丑胎者”。此言胎或生月与本命（年支）同者，详究其三兽以定命主宗祖门类和秉性气质。“三兽”者，子人鼠蝠燕，丑人牛蟹龟，寅人虎狸豹，卯人兔狐狢，辰人龙蛟鱼，巳人蛇鳝蚯，午人马鹿獐，未人羊鹰雁，申人猴猿猱，酉人鸡乌雉，戌人狗狼财，亥人猪豕貐。

通过出生之门宗属性而了解其先天习性，如辛卯生人，十一月庚子生，胎神则是二月辛卯，胎与元命同也；庚辰人三月庚辰生者，是生月与命同也。前者卯为兔狐狢，后者辰为龙蛟鱼。兔狐狢三兽共性温而聪慧，龙蛟鱼三兽共性贵而福寿，故曰“如此者命贵而性和”也。再按每辰三兽差别言之，共有三十六禽兽秉性。根据三命格局高低在“门宗”内选择“象神”之兽，以类取义定贵贱深浅。此与上文王注观察年月日三兽有无啖伤损害胎神，以定祖宗富贵贫贱，区别较大。

李注引《凝神子》云：“象神者，即天禄，主大富贵；不象神者，天之不禄。具以形神性气，断之少有不同。”指年命与胎神、生月同为某类“三兽”者，则是象神者，即天禄（“天禄”参见第二十四章李注）；年命与胎神、生月非为同类“三兽”者，则为不象神者，即天之不禄。以此推其形神性气，断之少有不同。“律吕”者，谓阳支为六律，阴支为六吕；“宫商”者，为五音之二，谓甲乙为角，丙丁为徵，庚辛为商，壬癸为羽，戊己为宫。此赋原文“律吕宫商“言，干支协律吕宫商组合，顺应天地符合四时之道，逐成六十甲子纳音也（可参见北宋沈括《梦溪笔谈》）。李注在此谈到“五子元遁”与“五虎元遁”两种不同用法，习惯上前者用于日上起时，后者用于年上起月，其实两者道理一样，只要掌握日干或年干为何，按天干五合逢辰时或辰月则化之类推即可。“五虎论其成败”者，谓按五虎之法推出四柱干支及纳音，则可见其成败矣。

昙莹注对“胎生元命”之看法与李、王两家观点均有差别。如甲子生人，生月为癸酉，胎逢甲子与元命干支皆同；又如乙丑纳音金人，生月巳卯，胎逢庚午纳音土，以胎土生元命之金。此二说方法虽然皆详，但昙莹注认为珞琭子原意是四柱"胎生元命，三兽定其门宗"不如以“五虎论其成败”意义更为深远。指唯有遁十干，通过纳音及干支五行来推迁成败，其如甲己之年丙作首，乙庚之岁戊为头，均见于“五虎元遁”口诀。“盖寅为十二月之初，二六时之首也。”指寅为十二月之初，在十二节气中为正月。“二六时”即十二节气也。

［新雕］李注曰，此言胎月生月［“胎，生月”亦合］与本命同者，详其三兽以定门类［“所类”不合］宗主［“宗生”不合］，知其性气［“惟

气”不合]。假令辛卯生人，十一月生，是二月辛卯，胎与元命同也。庚辰人三月生，是生月与元命同也，如此者命贵而性和。凡求“三兽”者：子人鼠蝠燕，丑人牛蟹鳖，寅人虎狸豹［“虎狸狗”不合]，卯人兔狐貉，辰人龙蛟鱼，巳人蚓蟮蛇，午人马鹿麞，未人羊鹰雁，申人猴猿犴［“猴猿猱”合义]，酉人鸡乌雉，戌人狗狼豺，亥人猪豕貐，此三十六禽之名。《凝神子》云：“象神者，即天所录，主大富贵；不象神者，天之不录，见以［“具以”不合］形神性气断之，少有不同者。”〈或有凡以胎月生年生月三位取其三兽，其如理道不长于此。〉阳干［“阳支”合义］为律，阴支［“阴之”不合］为吕，谓甲乙为角，丙丁为徵，庚辛为商［“为商”不合]，壬癸为羽，戊己为宫，此赋言干支协律吕宫商，应天地合四时之道者，当以“五子元建遁”［“五子元遁”亦合］取月日，见其成败。“五虎”者，皆起于寅，甲己起丙寅，乙庚起戊寅，丙辛起庚寅，丁壬起壬寅［“起戊寅”不合]，戊癸起甲寅。故云“五虎”也。

东疏曰，“元”者，本支命也。本干禄也，十二相属皆有生于元命也。“三兽”者，第三兽也。每月有三兽，十日管一兽。其四孟人要在初旬第一兽，四仲人要在中旬第二兽，四季人要在下旬第三兽。第一兽，小贵；第二兽，大贵，能以高贵；第三兽，有福德之人。“定其门宗”者，正月虎狸豹，二月兔狐貉，三月龙蛟鱼。四月蚓蟮蛇，五月马鹿獐，六月羊鹰雁，七月猴猿犴，八月鸡乌雉，九月狗狼豺，十月猪豕貐，十一月鼠蝠燕，十二月牛鳖蟹。学者难知也。“五虎论其成败”者，阴阳起发在“五子元建”推也。推五行旺衰成败，都在五子五建，皆前后各五辰，是阴阳合成律吕也。

[疏证] 本章《新雕》与《新编》、释注本对照，李注有三点值得注意。第一，《新雕》李注开头是“此言胎月、生月与本命同者”，异于《新编》、释注本李注为“此言胎、生月与本命同者”，但两者意思相同。此从下文针对“胎与元命同”和“生月与命同”举例得以证实，亦明晓王注所谓“胎神”与李所谓“胎月”是同一含义。第二，《新雕》李注内容比《新编》和释注本中李注多“或有凡以胎月生年生月三位取其三兽，其如理道不长于此”之衍句，指出如不是以“胎与元命同”和“生月与命同”来判断《凝神子》所谓“象神”、“不象神”，或“天录”、“不天录”，而是想从不同之胎月生年生月所代表三兽来分析命理，其与事实则非“少有不

同”，即其道理经不起长久检验。第三，《新雕》李注之“阳干为律，阴支为吕”不同于释注本李注与《新编》李注“阳支为律，阴支为吕”，应以后者合义。

东疏认为，“元命”既指本支命，亦指本干禄也。“胎生元命”指胎神（即胎月）所属三兽之十二相属由本支命决定。那么“三兽”如何定之？“三兽”者，次第有三兽也。每月有三兽，十日管一兽。其四孟寅申巳亥年生人胎神定在初旬第一兽，四仲子午卯酉年生人胎神定在中旬第二兽，四季辰戌丑未年生人胎神定在下旬第三兽。每月三兽次第为：正月虎狸豹，二月兔狐貉，三月龙蛟鱼，四月蚓蟮蛇，五月马鹿獐，六月羊鹰雁，七月猴猿犴，八月鸡乌雉，九月狗狼豺，十月猪豕貐，十一月鼠蝠燕，十二月牛鳖蟹。得“第一兽”者小贵；得“第二兽”者大贵或高贵；得“第三兽”者有福德之人，此所谓“定其门宗者”矣。由于推算复杂，故“学者难知也”。“五虎论其成败”者，“五子元建”即“五子元遁”，“五虎”即“五寅”，“元建”乃“元气起于子，发建于寅建也”（参见下文第二十一章东疏文），故“五建”即“五寅”也。

［万版］禽分三十六位，支列一十二辰。次而布之，一辰三兽。子人鼠蝠鸾，丑人牛蟹鳖，寅人虎狸豹，卯人兔狐貉，辰人龙蛟鱼，巳人蛇蟮蚓，午人马鹿麋，未人羊鹰雁，申人猴猿猱，酉人鸡乌雉，戌人狗狼豺，亥人猪豕貐。《凝神子》云：“象神者，即天禄，主大富贵；不象神者，天云不禄。具以形神性气断之。”胎生元命，只如甲子生人，生月癸酉，胎逢甲子，元命是同；又如乙丑金人，月居己卯，胎逢庚午，以土生金。二说并详，其意不远。或曰：以年取月，以月取胎，观三处承属，谓之“三兽”。有无吞啖伤形，则可以定宗门之出处。阳六为律，阴六为吕，五音总于律吕。律吕相合，分支定干，五行合为五音，是故甲己宫土遁起丙寅，乙庚商金遁起戊寅，丙辛羽水遁起庚寅，丁壬角木遁起壬寅，壬癸徵火遁起甲寅。五音皆自寅起，寅为十二月之初，二六时之首也。人之成败吉凶，由此而始。

［疏证］此章万注皆由王、李、昙莹三家注文分解拼凑而成，其中“壬癸徵火遁起甲寅”为“戊癸徵火遁起甲寅”之讹。余略述。

第二十一章

无合有合，后学难知。得一分三，前贤不载。

[徐注] “无合”者，年月时中取财而无财，取贵而不贵，取合而不合，兼之以根在苗先，实从花后，此乃八字内有根而方发苗，又云“祸福”者。然八字内外无合，而有合在别位之内，内外五行刑冲克破于别位之禄，停住不得，至令飞走。三合就于本命生日相合，或寅刑巳内丙戊，巳酉丑三合就〈走马〉。假令甲子年丙寅月癸丑日辛酉时，若论官则背禄而不贫，以八字内外三元无戊，兼正月土死，其背禄明矣。却被寅刑巳，丑破巳，甲子遥克于巳，而巳内有丙戊被刑破，破而飞走出巳。三合就马，巳酉丑月三合，丙就辛酉，戊就癸丑而合癸，癸以戊为官印，此乃无合有合也。故后学难知，诚也，信也。古歌曰：“虎生奔巳猪猴定［“猪猴走”不合］，羊击猪蛇自然荣。”《无合有合歌》：“飞禄飞来就马骑，资财官职两相宜。王中更得本家助，上格荣华宝贵奇。”又歌：“志节二八廉贞女，四面猪猴狞似虎。先看天元乘地马，后边集路教侵取。”“得一”者，既见有寅刑巳，丑破巳，而丙戊被刑破而出，则便分三而行。既得巳位为用［“为猪”不合］，便是三合巳酉丑也。须有酉丑，上有癸辛字则为有合之命。虽刑而禄出，无合则不佳也。“前贤”者，为赋以前贤人也，立此一诀之门。后作赋者又指说“得一合三”［“得一分三”合义］，合见头绪，则作三合取吉凶也。

[疏证] 徐注曰，“无合”者，如同年月时中取财而无财，取贵而不贵，取合而不合。可见“合”与“财”、“贵”一样为四柱所稀缺，求之不得则为憾。其道理与“根在苗先，实从花后”相通，八字内有根而发苗不只包含“福”义，亦包含“祸”义。大意指原八字有合德者，岁运临之则应验矣。“然八字内（支）外（干）无合，而有合在别位之内”，此“别位”指八字通过遥冲、遥刑、遥合等虚拟方式将藏有官星并可以被破

"飞"出来之某字。前提是命中必须要三合住此虚拟"别位"字，并且天干要能合得住破"飞"出来之官星，否则"内外五行刑冲克破于别位之禄，停住不得，至令飞走"。三合内要有日支辰相合，或寅虚刑巳内丙戊出来，如果丙戊是日主所需之财官，则命中有酉丑合虚巳，可谓得"走马"也。古代"马"乃创造财富之象征，又寓意控制范围广大，往往禄马相连，引为财官之义。下面举例：

（二十一）——甲造

	伤	财	日	枭
乾：	甲	丙	癸	辛
	子	寅	丑	酉
藏干：	癸比	甲伤	癸比	辛枭
		丙财	辛枭	
		戊官	己杀	

甲子年丙寅月癸丑日辛酉时，此造正月伤官，论官则背禄而不贫，为何不贫？伤官生财有根，且齐透有力也，只因丙辛合而无用，故仅不贫而已。徐言"以八字内外三元无戊，兼正月木旺土死，其背禄之势明矣"，但寅中藏有戊，为何说八字内外三元无戊官？或因正月或因正月木气当令且透，戊官无用矣。由于寅虚刑巳，丑虚遥破巳，子中癸虚遥合巳中戊，而巳内有丙戊被刑破，破而飞走出巳中。酉丑三合就（"就"，此处为迎合之义）巳马，巳酉丑月三合，丙迎合辛酉而合辛，戊迎合癸丑而合癸，癸以戊为官印，此乃无合有合也。但阅《渊海子平》载"子遥巳格"、"丑遥巳格"，须子或丑字多方遥合得巳字，且子不可见丑或丑不可见子，否则绊住遥合不得矣。故后学难知，此话诚实可信。古歌曰："虎生奔巳猪猴定，羊击猪蛇自然荣。"指寅刑巳，遇亥冲巳或申冲寅则安定也；亥巳相击，遇未合亥则自然荣达矣。指前面所谓遥刑遥合之法会受命中其他支辰之影响。《无合有合》歌："飞禄飞来就马骑，资财官职两相宜。王中更得本家助，上格荣华宝贵奇。"大意为：通过遥冲、遥合、遥刑破飞而出之财官须被他辰合住为骑为马，方可财官相宜；日主旺相，更得年上本家遥出财官为助，方为荣华宝贵之上格也。"又歌"四句略疏待解。"得一"者，既见有寅刑巳，丑破巳，而丙戊被刑破而出，则便分三而行。何谓

"破"？晋朝郭璞《玉照神应真经》曰："时来破日，支凶而干见还轻。"徐注云："支破者，丑破巳，午破酉，卯破午未。干破者，乃甲破戊之类是也。若时来破日，支上见重，而干上见轻，重轻皆言灾祸。"徐将"得一分三"解释成通过遥冲、遥合、遥刑破飞而出虚辰中之三个藏气。徐重申虚遥之巳字，必要有酉丑三合之，上有癸辛字则为有合丙戊财官之命。如虽刑破而禄出，无合则不佳也。"前贤不载"者，乃前贤作赋，立此一诀窍之门而不轻易载册公开。珞琭子作为后人对先贤命学进行作赋传承，其对"无合有合"是从"得一分三"方面去考虑，惟有如此方能捕捉其头绪，作为判断命理吉凶之佳径。

［释注］王注曰，道立于两，成于三，变于五。而天地之数，具其十也，偶之而已。盖五行皆有偶，推而散之，无所不通。然偶之中又有偶焉。故万物之变，道至于无穷也。易立象以尽意，为言之不可尽意也，何独易也。所谓"无合有合"者亦然，且如甲己之合，甲不见己而见午亦然也，盖午中有己也，此乃"无合有合"者也。"得一分三"者，甲禄得己为一合也，得午为二合也，得亥为三合也，亥之与寅支合也，此乃得一禄而为三合者也。旧注以庚禄在申，以申子辰上得庚谓之得一分三，此乃三合会禄，众所共知又何谓之。"前贤不载""后学难知"也，此篇与前文"见不见之形""抽不抽之绪"理相贯穿。李虚中论支干合全格者，年月日时胎，五位何以能合干支全也，盖言其子则丑在焉，言其寅则亥在焉，言其甲则己在焉，言其乙则庚在焉，禄干五位如带甲乙丙丁戊全，自然合起己庚辛壬癸，十字之全矣！十二支中如带寅卯辰巳午全，自然合起未申酉戌亥十字之全矣，或于子丑位有岁运禄马加之，则十干十二支皆合全也，言此一法开辟以来，如珞琭子者深明此意，故曰"后学难知"。

李注曰，"得一"者，谓庚禄在申，申子辰三位皆为庚禄之位，若庚人七月，或于日辰时［"或子日辰时"合义］，并为建禄。或是庚子庚辰尤佳，故云"得一分三，前贤不载"也。

昙莹注曰，尝试论之，其寅与亥合而不见亥，但得壬者是也。缘亥上有壬，壬禄在亥故也。又如甲与己合而不见己，但得午是也，缘午上有己，己禄在午故也，次如寅午戌合而不见寅，但得甲者是也，缘寅中有甲，甲禄在寅故也。大抵合中带吉［"合一带吉"不合］，其福可言；合处相伤，却成无补。举一隅须以三隅反，所谓"得一分三，前贤不载"。

［疏证］王注曰，道立于阴阳二气，两者合而得三，阴阳干各五数，故天地之数为十也。每个五行皆有对立面，将其推而广之，则无所不通。然而对立之中又有对立焉，万物之变，道（即阴阳）至于无穷也。故《易经》立卦象以尽意，因言之不可尽意也。其实何止《易经》如此，命学中所谓"无合有合"者亦包含有一般不能尽言之义，如甲己之合，甲不见己而见午，亦可合，因为午中有己土，此乃无合有合者，常人难知也。"得一分三"者，甲干得己为一合也，得午为二合也，得亥为三合也，亥之与寅支合也，此乃得一禄而为三合者也。如按此法推得己禄，己得甲为一合，得寅为二合，得未为三合，未与午支合，因午中有己也；又乙得庚为一合，得申为二合，得戌为三合，戌与卯支合，因卯中有乙也；再庚得乙为一合，得卯为二合，得巳为三合，巳与申支合，因申中有庚，见卯如见乙，见庚如见申也。其余干禄仿此。这种干支互通互换互合之手法其实是贯彻古人天地人合一之思想，诸如干支上下作用互生互克亦是如此。当今命理研究者切勿站在现代立场上轻易去否定，而是要不断发掘前贤之理论成果，并在实践中总结取舍。再看"旧注以庚禄在申，以申子辰上得庚谓之得一分三，此乃三合会禄，众所共知又何谓之"，是说庚得申禄，兼有子辰合之，为三合会禄，主大贵，乃众所共知，又何必谓之焉？这才是"前贤不载，后学难知"之处也。此篇与前文"见不见之形"、"抽不抽之绪"之理相贯穿，所言皆是无中生有、虚中有实之奥秘。又引李虚中有"论支干合全格"者（《李虚中命书》中未见此格），命造只有年月日时胎，五位干支何以能合干支全呢？这是因为子丑合焉，寅亥合焉，甲己合焉，乙庚合焉等等，所谓"干五合""支六合"也。如禄干五位带甲乙丙丁戊全，自然则合起己庚辛壬癸，十字之全矣！支辰中如带寅卯辰巳午全，自然合起未申酉戌亥，亦十字之全矣，故原局无合实则有全合也。其余子丑两位或于岁运禄马加之，则十干十二支皆合全也。《消息赋》言此一法开辟以来，惟有珞琭子这般好学之士深明此意，故曰"后学难知"。

李注则依然将王注中所谓众所周知之"三合会禄"等同与"得一分三"，曰申子辰三位皆为庚禄之位，若庚人生于七月申，或于子日辰时，视同为建禄，且日时为庚子庚辰尤佳。看来王注引“旧注以庚禄在申，以申子辰上得庚谓之得一分三，此乃三合会禄”之说，在当时众多注解《消息赋》学者之观点里确实存在，亦成为王廷光阅过李仝注本依据之一。

昙莹注曰，其本人尝试用“无合有合”之法来论命，证实寅与亥合而不见亥，但得壬水亦可行。原因亥中有壬，壬禄在亥缘故也。又如甲与己合而不见己，但得午亦是也，缘午中有己，己禄在午故也。次如寅午戌三合而不见寅，但得甲木亦可行，缘寅中有甲，甲禄在寅故也。大抵合中带吉，其福可言，如岁运复之，尤为明验。如合处相伤，却成无补。“举一隅须以三隅反”者，隅为角落，此处指某一方法，知理而可举一反三矣。此所谓“得一分三，前贤不载”也。

[新雕] 李注曰，〈当说以干合六合为吉，殊不知无合中有合。假令丁人，丁与壬合胎月日时，虽不见壬，但逢亥是也。为亥中有壬禄故也。〉谓“一”者，谓庚禄在申，申子辰三位皆为庚禄之位。若庚人七月或子日辰时，并为建禄。或是庚子庚辰尤佳。〈又云：“甲乙人以金为官，不独指申酉为金位，巳酉丑皆为金位。”〉故云“得一分三，［前贤不载］”也矣。

东疏曰，“后学难知”者，元气起于子，发建于寅建立也。三阳建立在寅，故乃得一分三也。寅合未，未合子，子合巳，巳合戌，戌合卯，卯合申，申合丑，丑合午，午合亥，亥合辰，辰合酉，酉合寅，此是阴阳律吕正合也。干德、贵神、官印、食神、喜神、本禄七事，支干相合，前后五辰即贵也。假令乙酉人戊寅月戊辰日，是前后五辰重合，其或印也。

[疏证] 本章《新雕》李注字句比《新编》李注、释注本李注要多，其中针对“无合中有合”举例，即“假令丁人，丁与壬合胎月日时，虽不见壬，但逢亥是也。为亥中有壬禄故也”正是昙莹注中“尝试论之”对象。昙莹注“壬禄在亥故也”与李注“为亥中有壬禄故也”含义相同。不过昙莹注“尝试论之”是寅与亥合，以壬代亥合寅亦可；而非李注之丁壬合，以亥代壬合丁亦可。此足以说明《新雕》在校证释注本李注与《新编》李注方面有不可取代之地位。其中“又云：‘甲乙人以金为官，不独指申酉为金位，巳酉丑皆为金位。’”亦属于“得一分三”，在释注本李注

中亦为脱句。

东疏将“得一分三”放在子月冬至一阳生至立春寅月三阳开泰方面去理解，显得较为牵强。东疏对于“无合有合”只偏重于对支辰前五位相合，如：寅合未、未合子、子合巳、巳合戌、戌合卯、卯合申、申合丑、丑合午、午合亥、亥合辰、辰合酉、酉合寅，谓是阴阳律吕正合也。而在萧吉《五行大义》则名之为“支德”，即“子德在巳、丑德在午、寅德在未、卯德在申、辰德在酉、巳德在戌、午德在亥、未德在子、申德在丑、酉德在寅、戌德在卯、亥德在辰”也。可见东疏所言即是“支德合”，条件是该支辰见前后五辰为支德为相合。如干德、贵神、官印、食神、喜神、本禄七事由前后五辰与支干相合，大贵也。举例：

（二十一）——乙造

乾：乙　戊　戊　〇

　　酉　寅　辰　〇

乙酉人戊寅月戊辰日，年命酉见寅见辰前后为支德，乙人见月日透戊土为印，又乙禄在卯上，月寅与日辰，天干皆为戊，故可扶夹卯禄。又月戊见日戊为月干德（参见第一章东疏），皆主贵也。“其或印也”是指，前后五辰之干或为“财”，财为印也（东疏对“印”之定义，可参见上文第九章东疏）。此例与下文第三十二章中丙造相同，可相互参考。

［万版］道立于两，成于三，变于五，而天地之数，具其十也，偶之而已。“无合有合”，如甲与己合，柱不见己而得午，缘午中有己禄。寅与亥合，柱不见亥而得壬，缘亥上有壬禄。又如寅午戌合，柱不见寅而得甲，缘寅中有甲禄。“得一分三”，如甲得己为一合，得午为二合，得亥为三合，此乃得一禄而分三禄。与前“见不见之形，抽不抽之绪”理相贯穿。李虚中论支干合全格：年、月、日、时胎五位，能合干支全，言子则丑在，言寅则亥在，言甲则己在，言乙则庚在。禄干五位，如带甲乙丙丁戊，自然合起己庚辛壬癸。十二支如带寅卯辰巳午，自然合起未申酉戌亥，或子丑位有禄马加之，则十干十二支皆合全矣。徐曰“无合有合”，即刑合丑、子遥巳等格，得一者既见。有寅刑巳、丑玻巳，而丙戊被刑破而出，则便分三而行，是三合巳酉丑也。古歌曰：“虎生奔巳猪猴走，羊

击猪蛇自然荣。”此解亦通。

[疏证] 此万注文主要以王前徐后二注组成，详疏见上文。最后，古歌曰："虎生奔巳猪猴走，羊击猪蛇自然荣。"与《新编》徐注同。但徐注为："虎生奔巳猪猴定，羊击猪蛇自然荣。"一字之差，其义不同。"定"与"荣"相对为是，故以徐注合义。

第二十二章

年虽逢于冠带，尚有余灾。运初至于衰乡，犹披尠福。[①]

[徐注] 此言冠带大运也。假令庚辛日人初年无祖财，又自戌酉逆行，皆历无财败禄之运。喜逢未运是财旺之地，只可言方〈入〉禄运渐向泰［“渐尚泰”不合］也。只言“从此运后所求遂意，后五年方有三五分福也”。运气浅深而言之，浅则福浅，深则福厚也。庚辛见未为冠带，缘运自西方而来，久闲［“久困”不合］于财禄。故有“尚有余灾”也。言先历贵旺之乡或建财之地已成大器，而方交入败宫失财之地，未可作大败之运言之。只可言“自入此运不甚遂意”，谓前运久历贵强之地，根基极厚，虽临败运，未至大损，故初运入衰乡，犹披尠福也［“犹披余尠之福也”亦合］。

[疏证] 徐注认为“年虽逢于冠带”，就是“言冠带大运也”。“尚有余灾”者，从子平角度看，“庚辛日人初年无祖财，又自戌酉逆行，皆历无财败禄之运”，指庚辛金人年月金水背禄逐马，故早年无祖财。戌酉逆行，应为阴男阳女之命，生于十月亥水背禄之地；初运戌土，一路酉申又为逐马驱财贫寒之乡，故曰“皆历无财败禄之运”也。为何言“未运”是财旺之地？未土对金而言是财库，未中有火，对金而言为官禄，故“可言方入禄运渐向泰也”，因后面一路午巳火运，对金水命格极具有调候作用，寒金得火乡为贵地也。但因刚从无财败禄之运中走出来，在未运中只能“后五年方有三五分福”，即不超过正常好运半数之福分也。这是要根据运气浅深而言之，浅则福浅，深则福厚，如乙未丁未大运，财官木火通明，福分尤深也。庚辛见未为冠带大运，缘运自西方戌酉申而来久闲于财禄。故前五年尚有余灾也。“运初至于衰乡，犹披尠福”（“尠”xian为“鲜”异

① 释注本为“犹披鲜福”，《新编》为“运初至衰乡”，《新雕》为“初至衰乡”。

体字，少也）者，指先历贵旺之乡或建财之地已成大器，而初交入败宫失财之地，未可作大败之运言之。只可说，自入此运不甚如意，因前运久历贵强之地，根基极厚，虽初临败运，未至大损也。此处徐列举“庚辛日人”阴阳同谓行十二宫，有异于今人看日主皆凭阳顺阴逆十二宫言之，其实只要翻阅一下《五行大义》则可知徐注并无不当。《五行大义·二者论生死所》曰：“五行体别，生死之处不同。遍有十二月、十二辰而出没。木：受气于申，胎于酉，养于戌，生于亥，沐浴于子，冠带于丑，临官于寅，王于卯，衰于辰，病于巳，死于午，葬于未。火：受气于亥，胎于子，养于丑，生于寅，沐浴于卯，冠带于辰，临官于巳，王于午，衰于未，病于申，死于酉，葬于戌。金：受气于寅，胎于卯，养于辰，生于巳，沐浴于午，冠带于未，临官于申，王于酉，衰于戌，病于亥，死于子，葬于丑。水：受气于巳，胎于午，养于未，生于申，沐浴于酉，冠带于戌，临官于亥，王于子，衰于丑，病于寅，死于卯，葬于辰。土：受气于亥，胎于子，养于丑，寄行于寅，生于卯，沐浴于辰，冠带于巳，临官于午，王于未，衰病于申，死于酉，葬于戌。”（文中“王”皆通“旺”）故看日主旺衰如同三命古法，不必分阴阳逆顺十二宫，以五行阴阳同论即可。

[释注] 王注曰，天道之运，周而复始，或小而终大，或始盛而终衰，故有消息盈虚之异者，人之运气年庚亦由此也。每年运或初离沐浴暴败之地而顺行，才至冠带之上，未可便以为福，盖尚有败乡之余灾也。或自旺乡而行，初至衰乡亦不可便以为祸。盖犹披旺乡之勘福也。譬之戊辰［“戊戌”?］木人九月生，大运作五岁起于壬戌，六岁遇癸亥木之长生，十六岁运至甲子，乃木人暴败之运，兼遇甲子自死之金，为木之身鬼，岂不为灾也？至二十六岁运遇乙丑，虽是木人冠带，以其初入丑乡尚带甲子余灾而来。故曰“年虽逢于冠带，尚有余灾者”欤。或木行运至丁卯，卯乃木旺之地，若乍入辰乡，亦未可以言灾，盖犹披旺乡之勘福而来也。故曰“乍入衰乡，犹披勘福者”欤。所以行运有前后五年之说，盖由此耶！《通元经》之“行运若不历冠带临官便逢旺地，虽不历艰辛而六年遭遇，然物禁左道，故以便衰或尔不寿。”行运亦当明此。

李注曰，言大小行年，虽出困败，初至冠带之乡，犹有余灾，如久病得瘥，尚瘦弱也。言大小运［“言入小运”不合］行年，初出带旺，始入衰乡，尚带旺气，如初罢官君子，尚有威势也。

昙莹注曰，年由太岁也，时由运气也。年虽逢于冠带，由披暴败之余灾，运虽至于衰乡，尚带旺宫之鲜福［“尚带旺官之尠福”不合］。

［疏证］王注认为天道之运与人之运气皆是周而复始，或始盛而终衰，或始衰而后盛。人之年庚八字随天地五行消息盈虚而产生吉凶之变化。“年庚”者，生辰年份也，故有“贵庚”之问。元朝周密《癸辛杂识》载：“张神鉴瞽而慧，每谈一命，则旁引同庚者数十，皆历历可听。”“庚”，古通“更”也，时间更迭五行消息而为岁庚，即“年庚”也。王廷光对此章《消息赋》原文理解与徐子平有相似之处，不过王注是站在年纳音五行旺衰基础上去看待十二宫，与徐注从日主财官角度出发有差别。举例：

（二十二）——甲造

乾：戊　壬　○　○　　　大运：癸　甲　乙　丙　丁　戊
　　辰　戌　○　○　　　　　　亥　子　丑　寅　卯　辰

戊辰纳音木人九月生，大运作五岁后起于壬戌，六岁起遇大运癸亥木之长生，十六岁运至甲子，乃木人沐浴暴败之运，兼遇甲子自死之金，为木之身鬼，岂不为灾也？至二十六岁运遇乙丑，虽是木人冠带之地，以其初入丑乡尚带甲子余灾而来。故曰：“年虽逢于冠带，尚有余灾。”或木人行运至丁卯，卯乃木旺之地，若乍入戊辰运衰地，亦未可以言灾，是因初从旺乡来尚有部分福气相随也。故曰“乍入衰乡，犹披尠福”也。由于行大运前五年会受上一个大运影响，后五年才真正体现本运之祸福，故大运有前后五年之说，并重视支辰多过天干之原因在此。《通元经》疑是《通玄真经》，为春秋时期文子所撰。但《通玄真经》原著并无“行运若不历冠带临官便逢旺地，虽不历艰辛，而六年遭遇。然物禁左道，故以便衰或尔不寿”之行文。“左道”“逆旋”与“右道”“顺旋”相对，故“左道”有倒行逆施之意，在唐宋朝以后文献中使用较多。如唐朝开元年间唐玄宗颁布《禁左道诏》，将佛教当成蠹政害民邪教去禁止。此处“然物禁左道”大意忌运逆行衰地也。全句大意为：行运若不历冠带临官便逢旺地，意味着是通过死衰之地逆行而来；初到帝旺之乡虽不会再历艰辛，却亦会遭遇六年之不测，故贵命禁逆行左道衰地，恐未至旺乡便衰或早不寿矣，行运亦当明此。王注引《通元经》在于阐明大运顺行由旺及衰，贵过由衰及旺。因久行死衰之地，虽逢于冠带之乡尚有余灾之不测，是与久行旺相之地，而运初至衰乡亦不过为犹披鲜福，在人生价值体现程度上乃截然不同。故年轻时破败不堪，晚运虽得福地，可人老珠黄有几多梦想能实现？

从李注上下文看，其认为原文前半部分之"年"是指"大小行年"，即大小运。大运十年，小运一年。如才走出前面沐浴困败之运，初至冠带之乡，犹有困败之余灾，故冠带大运前几年改观亦有限，如久病得瘥(chài 病愈)，身体尚瘦弱也。后半部分之"运"亦是指言大小行年，才出帝旺（"带旺"为"帝旺"之讹）之运，始入衰乡，尚带旺气，如初被罢官君，衰运开始几年尚有威势也。不能把前句"年虽逢于冠带"之"年"与后句"运初至于衰乡"之"运"割裂开来理解，要明白《消息赋》是一篇带有文学观赏性之命理赋文，它在用字造句上非常讲究对偶修辞效果。

昙莹注与上面诸家观点有所不同，认为"年由太岁也，时由运气也"。指逢本命太岁虽是冠带之年，亦披暴败之余灾；大运虽至于衰乡，尚带前运旺宫之鲜（"鲜"同"尠"，少也）福也。完全是把"年虽逢于冠带"之"年"当作流年太岁看。

[新雕] 李注曰，言大小行年，虽出困败，初至冠带之乡，犹有余灾。如久病得差［"得瘥"亦合］，尚尪弱［"尚瘦弱"亦合］也。言大小［"言入小运"不合］行年，初出帝旺［"初出带旺"不合］，始入衰乡，尚带旺气，如初罢官君子，尚有威势。

东疏曰，"年"者，行年也。逢身命冠带尚增余灾，若月有鬼克必〇〇咎殃。假令乙巳人身命是火，七月丁亥日酉时生，大运约得二十五岁后入庚辰上，却以小运二十七岁行到甲辰。是火冠带处合身安，却以甲起"五子元建"，从正月丙寅，二月建丁卯，三月戊辰，四月建己巳，五月建庚午，其庚金在午上沐浴位，化鬼克乙木，行年在辰，五月是行年，灾杀必加余灾也。"初至衰乡，尤披尠福"者，其旺生人，初至衰乡，分开少初也。《五行经》云："旺处生而死处发。"故云"犹披尠福"也。

[疏证] 诸家注文中惟有第二十二章、第四十二章李注中有"大小行

年”之说，指大小运行逐年太岁之义也。“初出带旺”应为“初出帝旺”。“差”为“瘥”异体字，大病初愈也；“尪 wāng 弱”者，瘦弱也。

东疏认为“‘年’者，行年也。”《渊海子平》云：“小运又名行年，不可不究。”故“年虽逢于冠带”之“年”指行年，即小运。身处行年冠带，逢月有鬼克亦必咎殃矣。举例：

（二十二）一乙造

乾：乙　甲　丁　己　　　大运：甲　癸　壬　辛　庚　己　戊

　　巳　申　亥　酉　　　　　　申　未　午　巳　辰　卯　寅

东疏对此造评述有几处疑点须注意。第一，东疏以生月甲申起首个大运，庚辰运则为五十岁以后，东疏却为“二十五岁后入庚辰上”；第二，按上文第三章东疏“自受胎之后，男自丁巳顺数十月得丙寅，故男行年一岁起丙寅也。女自辛巳逆数十月，得壬申，故女行年一岁起于壬申，常言小运也”得出此造二十七岁行年为壬辰，流年为辛未，东疏却为“小运二十七岁行到甲辰”；第三，假设二十七岁是甲辰流年，纳音身火处辰宫为冠带身安，但与流月庚午，乙合庚干德为吉，却为何庚坐午火沐浴败地变杀克乙木？第四，“行年在辰，五月是行年”为何得出“灾杀必加余灾也”（“灾杀”参见下文第二十四章东疏）之结论？对于第三点，可理解为东疏将干坐支辰败地作为吉转凶之理论观点来运用；对于第四点，可理解为行年流年均在辰土，主气辰土起于三月，止于九月，五月午沐浴正好在此主气之内，如此虽乙巳火人临甲辰行年冠带位为吉，但因官禄变鬼，又处于流年主气之内，故“灾杀必加余灾也”。可见东疏对“年虽逢于冠带，尚有余灾”，是从行年遇凶岁月亦必咎殃角度上讲，虽然观点独特，不过由于第一、二点无法解释通而成憾例。“运初至于衰乡，犹披勘福”者（与本章乙造无关），东认为其旺地生人而不是单从旺相之运过来，初至衰乡，因离旺运时间尚少，故犹带余福。但此乃针对非旺极衰极命造来讲，如是旺极衰极之命，则须依据《五行经》所谓“旺处生而死处发。”（参见上文第十八章）来论，指旺地生人到死败之乡反能发迹，此亦是一种“犹披勘福”，但却并非仅仅是“运初至于衰乡”也。（参见书后附录：探索东方明“旺衰吉凶”之我见。）

[万版]“年”，太岁也。“运”，大运也。年虽逢于冠带，犹被暴败之余灾。运虽至于衰乡，犹带旺官之勘福。此行运所以有前后五年之说，二句互文见义。

[疏证] 万注则将原文之“年”当流年太岁看，但未整句解释文义。指出“年”与“运”“二句互文见义”，亦出于骈俪体修辞角度考虑。“旺官之勘福”应为“旺宫之勘福”之讹。

第二十三章

大段天元羸弱，宫吉不及以为荣。中下兴隆，卦凶不能成其咎。[①]

［徐注］“天元”者，干也。虽临禄马之地，若天元被伤而本气羸弱，则亦不能为荣。假令壬午人四月生，更别位戊己相克，贵而不贵也，可作虚名及无禄言之。然壬午宫吉，而天元无气，更加重重戊己来克，故名不贵矣。又云“不及”者，上下五行休旺不相负也。又如庚辛日人正月生，更别位有重重火相克于金，其金见寅卯甲乙而亦无祖财，一生煎熬，遇财乡反成祸而身灾也，［何也］？金春生克木为财，而木中旺火必害其金而成灾，此亦是天元羸弱，而宫内有财不得而发矣［“发灾”合义］。其余五行仿此言之。“中”者，人元也。“下”者，支元也。假令十月壬建其禄，亥乃水之旺乡，此乃“中下兴隆”也。若丁亥日人十月生，乃火绝于亥，其丁生绝地，乃为丁卦之凶也。“不能成其咎”者，谓丁以壬为官印，而中下禄马建旺而成庆，虽火临绝地尚为中下［“却乘中下”不合］之贵。《成鉴》曰“禄虽绝而建贵”是也。《陶朱》云：“绝禄亡财不为凶兆”也。丙人十一月生，壬癸人十二月生并辰戌丑未，金人正月生，木人七八月生，土人亥卯未月生［“亥卯未正月”合义］，皆临贵旺之地谓消息［“请消息”不合］也。

［疏证］徐注曰，“天元”为天干。命虽临财官禄马之运，若日主天元被伤且本气羸弱，则亦难为荣达。如壬午日人巳月生，四柱更有别位戊己土相克，贵而不贵也，可作虚名及无禄言之。为何？因为壬坐午火为丁财己官之宫，乃吉象，但却四月为巳火绝地，日主本气羸弱，别位再有戊己官杀相侵，故名不贵矣！可见徐子平在强调财官“禄马”同时，亦注重日

---

① 万版为“大段天元羸弱”。《新编》卷二终。

主天元旺衰。所谓“不及”者，徐认为是指“上下五行休旺不相负也”，大意指日主得不到上下五行休旺相应支持。“负”，古义恃也，依靠也。又如庚辛日人正月生，更别位有重重火借寅木相克于金，其金见寅卯甲乙而亦无祖财，一生穷困煎熬，如复遇财乡反成祸而身灾也。金生于春，本以克木为财，但寅木中旺火必害其金而成灾，如别位无金水相应，此亦是“天元羸弱”，虽宫内有财，不得而反发灾祸。其余五行仿此言之。“中”者，即人元，支内藏干也。“下”者，即支元。“中下兴隆，卦凶不能成其咎”者，徐认为，如壬午日人十月建其禄，亥乃水之旺乡，亥为下，亥中壬水为中，此乃中下皆兴隆，非凶卦也；但若丁亥日人十月亥生，火绝于亥，乃为丁卦之凶也。不过丁以亥中人元壬为官，甲为印，丁得甲木而生，终不能成其咎，故曰“中下禄马建旺而成庆，虽火临绝地尚为中下之贵”也。徐注引《成鉴》曰“禄虽绝而建贵”和《陶朱》云“绝禄亡财不为凶兆”，皆是指日主所在月令以五行看禄为死绝之地，但从四柱支元人元看则不为凶兆也。譬如：“丙人十一月生，壬癸人十二月生并辰戌丑未，金人正月生，木人七八月生，土人亥卯未正月生，皆临贵旺之地谓消息也。”因丙为太阳，欺霜侮雪，不惧子月冬水，丁火为烛光，故只提“丙人”，何况亥为木长生地；水人逢四季为杀，但丑月乃北方水地，故壬癸不俱四柱辰戌丑未全也；金人逢寅月为绝，却得寅中戊土相生也；木人申酉月生为死绝，秋金带水，枝凋根不衰也；土人逢亥卯未月被克，但（水土同行）土见亥为临官，卯中乙木为花草，未中木为库而有火土相助，寅中有丙戊，怎奈土何？故丙人最怕酉戌月，酉为落日，戌为入墓，再透戊土，泄尽丙气也；金水木之人皆最怕午未月；土人最怕子月三合三会水，水流土失也。徐注所谓“壬午宫吉，而天元无气，更加重重戊己来克，故名不贵”，则在理中矣！“陶朱”指春秋时期范蠡，自号陶朱公，相传著有《计然篇》、《陶朱公生意经》等作品。陶朱从计然（即文子，著有《通玄真经》）那里传承老子道家思想，经过传播成为后世“黄老之学”之开创者（参见上文第十章王注）。

［释注］王注曰，“天元”者，以干为禄也，于天元言禄，则中下兴隆者，乃支为命，纳音为身，其可知也。人之生也，以得禄为荣，以亡禄为

辱。故此篇必以天元为主也。天元者，主人有禄，岁运或于五行生旺之处而遇；天禄者，则应官易于荣显也，或大叚天元五行无气之谓羸弱，虽所临宫［“临官”不合］分之吉，亦不及以为荣也。譬之甲申水人得庚申运，甲禄至子，巳败［“以败”亦合］而逢庚为鬼，斯可谓“大叚天元羸弱”者哉。虽干［“虽午”不合］是甲申纳音水吉旺之宫，以其天元无气，虽宫吉亦不及［“不吉”不合］为荣也。“中下兴隆”者，中元曰支，主命；下元曰纳音，主身；身命俱临五行兴旺之地，虽八卦定分为凶，亦不能致灾也。且如甲寅木［“甲寅水”合义］得乙亥月，身命木木得乙亥［“身命水木得亥”合义］以逢生旺之气，可谓“中下兴隆”者欤。虽亥中有乾卦属金，金伤甲木为鬼卦之伤禄，以其身命五行生旺，故曰“卦凶而终不能成其咎”也。此篇前后多论九宫八卦之说，而非［“时非”不合］珞琭子三命之本意也。观前文理相贯，则正义自可证矣。

李注曰，凡言“天元”者，即十干。“羸弱”者，指衰病死墓绝处也。若天元羸弱，九宫虽遇一吉三生，不能解救其灾也。中谓支也，下谓纳音也。此言二命有气［“三命育气”不合］，虽八卦遇五鬼绝命，亦不成灾也。

昙莹注曰，“天元”者十干之谓也，为天为尊，为清为贵，其于人也，为禄。人元者［地元者?］，支神之谓也，为地为卑，为浊为富，其于人也，为福。下元者［人元者?］，纳音之谓也，为柔为刚，为进为退，其于人也，失在争战，达乎纯碎，故《元谈》［《玄谈》合义］云：“达莫达乎纯粹，穷莫穷乎战争。”

［疏证］王注从古法角度出发，以天元，即天干是否得中下兴隆而定荣辱。中下者指命与身；以得禄为荣，亡禄为辱，所以此章是围绕天元为主来展开。天元主人是否有禄，看岁运于五行生旺之处而遇则发；天禄者，即禄透天干，则应验在官易于荣显也。一般命造天元五行无气之谓羸弱，虽其所临宫为吉，亦不及以为荣也。譬如甲申纳音水人得庚申运，甲禄至子水，已经处败且逢庚为鬼（原注“巳败”为“已败”之讹，“已”为“以”异体字，故“以败”亦合义），斯可谓是此般天元羸弱命造之不幸哉！虽大运庚金是甲申纳音水吉旺之印宫，但因干禄主官贵，年天元甲木坐申绝地无气，虽逢纳音身宫吉亦不及为荣也。“中下兴隆”者，中元

曰支，主命；下元曰纳音，主身；身命俱临五行兴旺之地，即使此兴旺之地在八卦方位定分为凶，亦不能致灾也。譬如甲寅纳音身水，寅命为木，故水木得乙亥月以逢生旺之气，可谓“中下兴隆”矣。虽亥居八卦为乾金之位，金伤甲木为鬼卦之伤禄，但终以其身命五行生旺，故曰“卦凶而终不能成其咎”也。不过，王坦言“此篇前后多论九宫八卦之说，而非珞琭子三命之本意也。观前文理相贯，则正义自可证矣。”此说亦通。

李注认为天元十干羸弱者，指衰病死墓绝处也。若天元羸弱，即便推九宫虽遇一吉二宜三生，亦不能解救其灾也。“中”谓支也，“下”谓纳音也。“中下兴隆”者，此言二命有气，虽翻八卦遇五鬼绝命，终不成灾也。推三元九宫大多用于风水与择日，翻八卦大多用于六爻占课。其实亦可以倒过来说：若天元有气，虽翻八卦遇五鬼绝命也不成灾也；二命羸弱，推九宫虽遇一吉二宜三生，终不能解救其灾也。参考下面《新雕》李注“此言三命有气，虽八卦遇五鬼绝命，亦不成灾也”亦通，不过强调是“三命”旺衰较之于“九宫”吉凶。从常理看四柱三命，只要“中下兴隆”，二命有气，即使天元羸弱或八卦宫凶皆不能成其咎。李注之意在于表达九宫与占卦皆不离三命旺衰也。（“翻卦”参见其下文第二十五、六十、六十三章，“九宫”参见其下文第五十七、六十二、六十五章及书后附录：略谈“三元九宫”起推法。）

昙莹注认为“天元”者，即“上元”，十干之谓也，为天为尊，为清为贵，其于人来讲，为禄也；“人元”者，即“中元”，支神之谓也，为地为卑，为浊为富，其于人来讲，为福也；“下元”者，按前推即为“地元”，纳音之谓也，为柔为刚，为进为退，其于人来讲，失在争战，达乎纯碎。但《新编》却为“地元者，支神之谓也”、“人元者，纳音之谓也”，其他几家注文亦有此类前后不一表述（参见书后附录：表六）。《元谈》（此书未详）云：“达莫达乎纯粹，穷莫穷乎战争。”可知释昙莹未从年干上元出发来强调中下元得禄兴隆之重要性，而只强调作为中下元“命”与“身”之兴隆在整个命造中各自作用与地位。不但如此，其在上文第十八章将“中下兴隆”运用到“三主”方面，所谓：“‘月管初主，日管中主，时管末主。’须要始终兼济，前后相应，富贵两全，财禄双显者，尠矣。但得中下兴隆，可为成实之命。”读者可上下文参照领会。

[新雕] 李注曰，凡言“天元”者，即是十干也。“羸弱”者，指衰病墓死绝处也。若天［元］羸弱，九宫虽遇一吉，三生不能解救，其灾也。中谓支也，下谓纳音也，此言三命有气［“三命育气”不合］，虽八卦遇五鬼绝命，亦不成灾也。

东疏曰，“天元”者，本禄也。其天真阳气所化干为禄，在运上发其羸弱衰。却以身命宫有善星所临，亦不能为荣庆也。假令丙申人十月生，丙火禄十月绝，约五十五后大运至乙巳南方旺火中，却发十月绝火也，吉不能救之。天元为上元，支命为中元，纳音为下元。中下元，中下兴隆为命身也。假令乙巳火身命是火，正月生，大运约到五十五后入癸酉，其生月旺火入酉，在死火中却发旺，是身命发所死之处。若并得，卦因也。

[疏证] 李注见上文。

东疏将“天元羸弱，宫吉不及以为荣”只限于“天元者，本禄也“；将“中下兴隆，卦凶不能成其咎”只限于中下元。认为天元乃真阳气所化干而为禄，由于生于六衰之地，在运上遇生发其原本羸弱衰败之天元之旺地，即使逢身命二宫有善星旺临，亦不能为荣庆也。举例：

（二十三）——甲造

乾：丙　己　〇　〇　　　大运：庚　辛　壬　癸　甲　乙

　　申　亥　〇　〇　　　　　　子　丑　寅　卯　辰　巳

如丙申人十月生，丙火禄十月绝，约五十五岁后（如以生月为首步大运，应约六十五岁后）大运至乙巳南方旺火中，却想生发命中天元十月绝火，但处南方支辰（命）吉位而不能救之。指由于天元羸弱衰极之命，即使运中遇命辰旺禄为吉宫，亦无法达至荣贵，即“衰见旺则凶”也。

下面阐述“中下兴隆”为命身前提下遇大运凶卦之地如何，举例：

（二十三）——乙造

乾：乙　戊　〇　〇　　　大运：戊　丁　丙　乙　甲　癸

　　巳　寅　〇　〇　　　　　　寅　丑　子　亥　戌　酉

如乙巳火支命与纳音身皆是火，寅月生旺，大运约到五十五岁后入癸酉，其生月所旺身命之火入酉地为死地，但在死火中却反而发旺福，即“旺见衰则吉”，此谓逢“卦凶不能成其咎”也。“若并得，卦因也。”指三命某五行由于“天元羸弱”与“中下兴隆”，或“天元兴隆”与“中下羸弱”同时在命造中出现，则属旺衰两停，完全可以“卦因”，即以大运旺衰正常定吉凶也。（参见本书附录：探索东方明“旺衰吉凶”之我见。）

[万版]“天元”，十干也。干以生旺为荣，若衰病死墓绝，则天干羸弱，虽所临官分之吉。如得财官、将星、天乙之类，亦不及以为荣。中，地支也。下，纳音也。中下俱临五行兴旺之地，虽八卦定分为凶，亦不能致灾。徐曰，凡命天元临财官之地，而生不得时，本气羸弱，上下五行休旺又不相辅，虽宫遇禄马之吉，亦不及以为荣。如庚辛生于春月，别位有火克金，金见寅卯甲乙为财，缘木中旺火害金，而金又不得其令，虽宫属财吉，而反发凶祸之例是也。中者，人元。下者，支元。如丁以壬为官印，中下禄马建旺成庆，虽火临绝地，却乘中下之贵成。《鉴》曰：“禄虽绝而建贵。”《陶朱》云：“绝禄亡财不为凶，兆是也。”或以一吉三生属九宫，五鬼绝命属八卦。亦通。

[疏证]本章万注中《消息赋》原文中开头是“大段天元羸弱”与其他几家“大叚天元羸弱”不同。此句按上下文义看“大段”或“大叚”均为多余，反而影响赋文对偶修辞效果，且诸家注疏中亦未见有明确解释者，其在句中实际作用容易被读者忽视。“叚”（jiǎ）为“假”之通假字，又为“段”之异体字，但与“大”字组合为“大叚”，则两者皆非。按其在本章中所表达之含义，本书认为指“大部分”、“普遍”之义。这可能与当时语言习俗有一定关系，如宋范仲淹《奏乞救济陕西饥民》曰：“若不作擘画，即百姓大叚流移，殍亡者众。”指如不作提前计划，就会造成百姓大批流离失所，殍亡惨重。如将来对“大叚”一词深作考究，或许对研究《消息赋》写作时代背景有一定帮助。再看上文徐注中除阐述“虽临禄马之地，若天元被伤而本气羸弱，则亦不能为荣”是普遍情况外，又引用《成鉴》曰“禄虽绝而建贵”和《陶朱》云：“绝禄亡财不为凶兆”，来阐述虽然“天元羸弱”但四柱“中下兴隆，卦凶不能成其咎”之特殊命格，并列举“丙人十一月生，壬癸人十二月生并辰戌丑未”等等来说明。到明朝万注时代，“大叚”之确切含意少有人知，故《三命通会》万注中录入《消息赋》原文中“大叚”字被刻印成“大段”而未被勘正。万对“天元”和“中下”元之观点与徐注之外几家相同，但对徐注观点也不否定。至于

万注对徐注文之引用则非原文，大部分是按照其文义加以精简而成。如："凡命，天元临财官之地，而生不得时，本气羸弱，上下五行休旺又不相辅，虽宫遇禄马之吉，亦不及以为荣。"而上文"四库"版是"虽临禄马之地，若天元被伤而本气羸弱，则亦不能为荣。"再"如庚辛生于春月，别位有火克金，金见寅卯甲乙为财，缘木中旺火害金，而金又不得其令，虽宫属财吉，而反发凶祸之例是也。"而上文"四库"版是"又如庚辛日人正月生，更别位有重重火相克于金，其金见寅卯甲乙而亦无祖财，一生煎熬，遇财乡反成祸而身灾也。金春生克木为财而木中旺火必害其金而成灾，此亦是天元羸弱，而宫内有财不得而发矣。"其余不复列出。最后"或以一吉三生属九宫，五鬼绝命属八卦，亦通"之句则将王、李两人观点结合起来阐述，并把"三生"归为"九宫"范畴，亦为一说。

第二十四章

若遇尊凶卑吉，救疗无功。尊吉卑凶，逢灾自愈。禄有三会，灾有五期。①

[徐注]“尊”者，年月日时内外三元有最得力者是也。《赋》云：“崇为宝也。”尊也。假令六甲生人以庚及申为七杀，若大运则［“大运见”合义］庚及申为禄绝之乡，致身灾也，所为不能遂心。又如甲乙以庚辛为官［“为印”不合］，大运至巳午，又见寅午戌是也。神得气定，甲乙失官也。若甲乙人秋生，甲以辛为官，乙以庚为官，或二木用申为官，此乃鬼旺之乡，甲木全藉乙木或亥卯未为救。若遇行年太岁克木或火运有害乙木之官，使甲被克，凶也。元本甲藉赖乙配于庚，次用庚为偏官，若乙被害，则甲亦凶［“甲乙凶”不合］也。所谓紧用之者，不可受害也。乙既被害［“被害多”不合］，则甲天元医疗无功也。五行为主者，病重而不能救也。若年月日时内外三元虽有克战，而但不损外［“损于”合义］尊者，即逢灾自愈也。更切消息所损之神主何贵贱而言之。害命则身灾，害妻则妻灾，害官则失官。与行年不和，则主上位不喜不宜。干上位若冲击行年岁君，则主有不测、官讼、小人、横事，不足或主身病。故曰“尊凶”也。假令甲乙以巳酉丑申子辰为禄，甲以巳酉丑为禄，即三会也；乙为五期之灾，乙以申子辰三会为有禄之命。大运行于官乡，更行年太岁是三会之年，与本命位主本相生，会于禄马，则此年定迁官进禄也。若太岁、本命八字及大运内外不合，更［“则更”不合］大运在鬼旺之乡，五期之岁，定作灾矣。更精所生向背言之。

[疏证]此章徐注对“尊者”展开比较详细，但对“卑者”未于明确。何为“尊凶卑吉”，何为“尊吉卑凶”，皆未与展开。徐认为“尊“者，是

① 《新雕》无“若遇”二字。

"年月日时内外三元有最得力者是也"，后被本章万注定义为"即用神也"。又认为《赋》云："崇为宝也。"（参见上文第七章）即是此章之"尊"也。下面举一系列说明"尊"义之案例：

如"六甲生人以庚及申为七杀，若大运，见庚及申为禄绝之乡，致身灾也，所为不能遂心。"此处"尊"指七杀，但此"尊"杀性颇重，如果大运中复遇庚及申，则致身灾或不能遂心也。此处"禄绝"，指"建禄"之绝而体现在身灾，而非"官禄"之绝而体现在歇官失意，在徐注中此两者被分开对待。（参见上文第二章"以干为禄，向背定其贫富。"）

又如"甲乙以庚辛为官，大运至巳午，又见寅午戌是也。神得气定，甲乙失官也。"此处"尊"则是甲之辛和乙之庚，大运巳午组成三合三会，则为官见伤官，即使"神得气定"而非骄扬跋扈处世，亦会丢官失禄也。"神得气定"者，出自孔子《论语》中："见心见性，扩达勇敢，气定神闲。"形容人处在一种悠然自得心境与状态之中。但由于是大运见伤官，命内之官尊被害，实非命主触犯导致，即使神得气定小心翼翼，乃身不由己失官也。

再"若甲乙人秋生，甲以辛为官，乙以庚为官，或二木用申为官，此乃鬼旺之乡，甲木全藉乙木或亥卯未为救。"上例"又如"中之"甲乙以庚辛为官"未指月令秋生，官虚遇大运伤官则失意，而此为"若甲乙人秋生"，即使庚辛不透，"二木用申为官"为尊，亦是"鬼旺之乡"。此申中虽有水印，但月令金气太专所致，故甲木全凭乙妹配庚或亥卯未中得根为救也。下面阐述面临"鬼旺"之尊而如何"救疗无功"，曰：（在甲乙秋生鬼旺前提下）不论是复遇行年、太岁金来克木，还是火运中有损害乙木之流年辛金出现，使得甲木在原局被乙之庚官（即甲之鬼）所克，即使大运为火乡，两者皆凶也。原本甲藉赖乙妹配于庚，次用庚为偏官，若遇流年乙被害，则甲亦凶也。所谓紧要之护神，不可受害也。乙既被害，则甲天元救疗无功也。故五行中某字为主要（紧要）护神（护我之用神）者，其病重而不能救也。若年月日时内外三元虽有克战，但只要不损于尊者，即逢灾亦自愈也。更要结合五行消息所损害之神主何贵贱而言之：害命则身灾，害妻则妻灾，害官则失官；与行年、太岁不和，则主上位（指透干之财官等）不喜不宜；干上位（指四柱天元）若冲击行年、岁君，则主有不测、官讼、小人、横事，不足或主身病。太岁为尊，犯太岁，故曰“尊凶”也。

从上看出，徐注对“尊”定义是“年月日时内外三元有最得力者是也”，但此“最得力者”在命局中是否起正面作用要根据日主旺衰而定（参见其上文第七章、本章万注）。

再如，甲乙以巳酉丑申子辰为禄为尊。甲以巳酉丑为禄，即三会（应为三合）也。甲为何不以申子辰为禄，因申子辰中人元是杀印组合，而巳酉丑中人元是官印组合。“乙为五期之灾”者，乙人由命运岁三合巳酉丑为杀局，再遇死墓绝胎养五期，“杀尊”必为灾祸。乙以申子辰三合为禄为尊，命以大运行于官乡，更与行年、太岁组合成三合之年，与本命位主（日主）本（年本）相生，乙与申中庚合，会于禄马，则此年定因“官尊”而迁官进禄也。若太岁与本命八字及大运内外不合，更大运在鬼旺之乡，如甲见申子辰或乙见巳酉丑，皆为凶杀之尊，大运之中复遇五期之岁定灾矣。更进一步想明确“五期”（参考下文第六十五章东疏：“其五鬼者，五行死上一鬼，墓为二鬼，绝为三鬼，胎为四鬼，成形为五鬼。”）之具体宫位为何者，则查该命所生向背言之（参见上文第二章“以干为禄，向背定其贫富。以支为命，详逆顺以循环”）。

［释注］王注曰，积日为月，积月为岁，岁者［“之者”不合］日月之所积。此言太岁为辰之尊也。推日以计运，推月以计气。本命者，大小之尊也，以干为禄，曰天元；以支为命，曰人元；以纳音为身，曰地元。干禄层阳者为身命之尊也，以杀言之，则太岁为尊也；以人言之，则本命为尊也；以三才言之，则禄亦为尊也。《易》曰：“天尊地卑，乾坤定矣。”卑高以陈贵贱位矣，于此可以断吉凶之由也。五行四柱或上尊凶而下卑吉者，卑胜尊也。下克上曰“伐”也，克我之谓鬼，故占病者虽药［“虽疗”不合］亦无功也。或上尊吉下卑凶，阴阳理顺，上制下曰“治”也。我克之谓财占，病虽不药而自愈也。“禄有三会”者，如甲禄在寅，遇甲寅是正首之［“正会主之”不合］一禄也；得甲午是暗合天德之会，二德也；得甲戌是禄堂之会，三禄也。“灾有五期”，旧注以“生旺死三鬼，呼为五鬼”者，又何谓之五期也。“五期”者，以干支禄马旺变遇死绝之地者是

也。一说以太岁月建日辰大小运五处皆来朝会凶杀，所聚于五行天地之气刑克本命［“五行天气之地形克本命”不合］，斯亦谓之灾，有“五期”者欤。譬之癸亥生辛酉月壬戌日庚子时叶命，四十岁大运丁巳，小运乙巳，太岁壬寅，月建戊申，日辰庚申是日也。凶神恶杀为灾，集会于元辰，此谓之“杀会五期”者也。盖乙巳小运之火来生丁巳，大运之土并来冲破癸亥本命，三才之水绝于丁巳，遇癸伤命［“遇鬼伤命”合义］于返吟之上，巳中虽有驿马，又为壬寅太岁之刑害也。月建戊申之土又来六害本命，为水壬［“水人”合义］三才之生鬼。叶庚申日并害元辰，来刑太岁，下之犯上，寅巳申会起辜恩三刑，亥酉年月并坐［“无坐”不合］自刑，四孟会四重，劫杀期会，破碎集于运元，此命虽官入五品，于是年是日不免以受伤刑而后恶死亡矣，此所谓“灾有五期”者欤。

李注曰，禄为“尊”，天元也；支及纳音为“卑”。假令丙午水命人生于七月，虽运马而前行，历亥子运二十年，丙午禄俱火也，遭五鬼所害性命。纳音水主是也，尊凶卑吉。遇巳害庚于鬼乡［“过己亥庚子鬼乡”合义］，前逢辛丑，丙辛喜合干火也，丑土主相［“丑上出相”不合］生不相克，是禄命尊吉，纳音水虽逢土，是尊吉卑凶，逢灾自愈也。运上消息仿此灾福也。天禄为福，其类［“其为”不合］有三，如甲禄在寅，要本禄、本命、驿马二位［“三位”合义］，上见甲是也。仍以“五子元遁”到处详之。“五期”者，五鬼是也。生死旺五鬼，呼为“五鬼”。《经》云：“三元逢五鬼，阎罗［“门罗”不合］三使追。”

昙莹注曰，立年为尊，其胎月日时，资以次之［“决之”不合］；大运为尊，其太岁小运资以次之。若遇本命与大运德合于建旺之乡，其岁运日时凶而不能为咎。大运与本命互战于死囚之地，其岁运日时吉而未之为救，故曰：“尊凶卑吉，救疗无功。尊吉卑凶，逢灾自愈。”“禄有三会”者，长生帝旺库也，其为至吉之地。“灾有五期”者，衰病死败绝，其为至凶之地。盖禄即福［“禄与福”不合］之称，非干禄之禄也。今之学者，但举三合而不知其然。金逢巳酉丑，木居亥卯未，火得寅午戌，水坐申子辰［“水土申子辰”合义］，此是“禄有三会”也。

［疏证］此章王注从不同角度阐述“尊”之概念。积日为月，积月为岁，岁者日月之所积此，故言太岁为辰之尊也。推三日为年以计起运，推三月为

季以计节气。日月所积本命（本命指禄命身三命）者，是大小（大小指月日时）之尊也。具体来讲，以干为禄，曰天元；以支为命，曰人元；以纳音为身，曰地元。其中“干禄层阳者为身命之尊也”，指干禄重复出现阳干阳支而为身与命之尊也。故以神杀角度言之，则太岁为尊也；以人命言之，则本命三才为尊也；以三才言之，则干禄亦为尊也。《易经·系辞》曰：“天尊地卑，乾坤定矣。卑高以陈，贵贱位矣。”上下颠倒，卑居高位，贵则变贱，于此可以成为断吉凶之缘由也。五行四柱亦是如此，若上尊凶而下卑吉者，卑胜尊而贱也。鬼谷子曰：“宝义制伐，四事显明。”李虚中注曰：“尊生早曰宝，早生尊曰义，上克下曰制，下贱上曰伐。以此四者，胎月日时上下相生相克是也。”王因此注曰，下克上曰伐，克我之谓鬼，故占问病情者虽用药亦无功也；或上尊吉下卑凶，阴阳理顺，上制下曰治，我克之谓财占，病虽不药治而自愈也。指因八字“下伐上”而造成尊凶卑吉者，得病无药可治；“上制下”而造成尊吉卑凶者，则患病不治而愈也。“禄有三会”者，应指三合局，如甲禄在寅，遇甲寅是寅午戌三合正首之会，一（指寅）为禄也；得甲午是暗合天德之会（参见第一章东疏有关“天德”阐述），二（指午）为德也；得甲戌是禄堂之会（参见上文第十二章王注曰“所言甲禄在寅，寅为显见之禄，甲不见寅而见戌，以五子元遁戌见甲戌，戌为甲之禄堂，此所谓不见之禄矣。”），故三（指戌）亦为禄也。不过按此法定“禄有三会”者，十干之中唯有甲见寅午戌符合，其他九干均无“禄有三会”矣。

“灾有五期”者。王批评“旧注以生旺死三鬼，呼为五鬼者，又何谓之五期也。”“旧注”者何许人也？本章释注本李注曰“五期者，五鬼是也。生死旺五鬼，呼为五鬼”；本章《新雕》李注曰“五期者，五鬼是也。生死时三鬼，呼为五鬼”；下文第三十五章《新雕》李注曰“若人生月并大小运逢三元，生死旺三鬼，呼为五鬼，定须有灾。”虽然以上三处文字略有出入，但仍可推定王注所指“旧注”为“李注”，可证王廷光阅过李仝注本。至于“五鬼”与“三鬼”、“生死旺”与“生死时”皆为刻本传抄之误所致。按下一章东疏中推论，李注所谓“生死旺三鬼，呼为五鬼”实为“生死旺五鬼，呼为五鬼”。王反对将“三鬼”谓之“五期”，同时提出“五期者，以干支禄马旺变遇死绝之地者是也”，亦即干支禄马由旺变遇死墓绝胎养五宫为五期之灾，正好与李注“五期者，五鬼是也”观点相吻合。另一说以太岁、月建、日辰、大运、小运五处皆来朝会凶杀，所聚于五行天地之气，刑克本命，斯亦谓“五期”之灾。举例：

（二十四）——叶造

乾：癸 辛 壬 庚　　小运：乙　太岁：壬　月建：戊　日辰：庚
　　亥 酉 戌 子　　　　　巳　　　　寅　　　　申　　　　申

大运：庚 己 戊 丁
　　　申 未 午 巳

叶造四十岁大运丁巳，小运乙巳，太岁壬寅，月建戊申，日辰庚申是日，凶神恶杀为灾，集会于元辰，此谓之杀会“五期”者也。年禄命身三才为水，秋生得气，大运己未戊午，一路财官印相生，官至五品。丁巳大运乙巳小运乃水之绝地，丁巳纳音土反吟年上三才，遇鬼伤命，加之辛之死地，三才无气，运处原命中限戌土，干禄之衰地，灾矣。虽巳火为财为马，但刑害壬寅太岁。又月建戊申纳音土又来克害身命（戊申土克癸亥水，申亥为六害），为水人三才之生鬼。庚申日相害元辰（亥年见辰为元辰，此造不符），来刑太岁，谓之以下犯上，卑吉尊凶也。寅巳申合起无恩三刑，亥酉年月并坐自刑（古法见辰午酉亥之一为自刑，不必辰见辰、午见午、酉见酉、亥见亥），四孟（寅申巳亥）会四重（四孟刑冲害重迭），劫杀期会（亥见申也），破碎集于运元（原本为年辰查寅申巳亥在酉，此造不符），此命虽官入五品，于此年此日必因受伤刑而后恶亡矣，此所谓“灾有五期”者也。其实叶造英年早逝，尚有一个重要因素，则是早中二限无贵人吉神相助，中限内再遇小大运破坏金气绝三命之根。从命运层面上看，命内癸亥是尊，大小运是卑，运来冲克三命，以卑犯尊，必为灾咎；从流年太岁与流月流日层面上看，前者是尊后者是卑，犯太岁，遇流月流日相害则亡也。此叶某癸亥年生人，虚寿四十，壬寅年受伤刑后恶亡，正好为王廷光“之书进于宣和癸卯”（见前卷首《四库》释注本提要）前一年。宋朝五品官相当于现今吾国大陆厅级或副省级官职，《新编》序中透露王廷光官职为“保义郎”，属正九品，相当于县级官职，能知悉叶造、官职及死亡日期，可证实王廷光确为朝廷中人，更据此案例可确定“廷光之书进于宣和癸卯”年之真实性。

李注曰，禄为“尊”，即天元为尊也，支命及纳音则为“卑”也。举例：

（二十四）——甲造

乾：	丙	丙	〇	〇	大运：	丁	戊	己	庚	辛
	午	申	〇	〇		酉	戌	亥	子	丑

如丙午纳音水命人生于七月丙申，禄为病衰之地，身为长生之地，故尊凶卑吉。虽申为丙禄之财、午命之马，但自申起运一路金水，历已亥庚子运二十年，丙禄巳火死绝，助尊凶卑吉愈烈，遭五鬼所害性命。李注对“五鬼”定义并无明确，但从下文东疏第六十五章所谓“其五鬼者，五行死上一鬼，墓为二鬼，绝为三鬼，胎为四鬼，成形为五鬼”看，此造恰好火禄见酉为死，见戌为墓，见亥为绝，见子为胎，见丑为成形，故曰“遭五鬼所害性命”也。“纳音水主是也”，指亥子二运是北方水乡，则禄命火尊凶而纳音身水卑吉。下来过已亥庚子鬼乡，前行至辛丑大运，为何言“丙辛喜合干火也”？此亦是尊卑观念，即丙为阳火为夫，辛为阴金为妻，丑宫均为养地，夫唱妇随也，况且丑土主相，生不相克，是禄命尊吉。《五行大义·第七论德》载扬子云：“配日之道，正有五日。甲己为木，丙辛为火，戊癸为土，乙庚为金，丁壬为水。阴阳之理，必相配偶，以则君臣夫妇之义。”辛从丙禄则为尊吉，虽辛丑大运纳音土与支土倒伐年纳音水，但年纳音相对于天元干禄为卑，故“尊吉卑凶，逢灾自愈也”。其余运上消息旺衰仿此断灾福即可。从此命例以年三命推演看，更进一步确定上文第七章李注“谓胎月为主，生月为本”，并非是违背《鬼谷遗文》所谓“大抵年为本则日为主，月为使则时为辅”之三命原则（参见上文第七章李注）。纵观诸版所存李注，批命案例极少。欣喜李注利用本例阐述三才五行对立下依据运程论吉凶之技法，非常精辟，值得学者细细研究。

“禄有三会”者，“天禄为福，其类有三，如甲禄在寅，要本禄、本命、驿马三位上见甲是也。”指真正天禄有三类：如年上甲人，一是胎、月、日、时四干见有本禄甲木；二是胎、月、日、时本命有寅亥，支藏有甲木；三是如甲申人，则月、日、时逢驿马寅木皆为天禄也。他命皆仿此。此法“仍以五子元遁到处详之”，言下之意此类天禄不在月上，不必用“五虎元遁法”求之。 “五期者”，李注认为五鬼是也，从（二十四）——甲造推断应是死墓绝胎成形，与上面王廷光“五期”观点相近。至于造成王注反对“旧注以生旺死三鬼，呼为五鬼者，又何谓之五期也”完全是“五鬼”讹为“三鬼”所致也。

李注引《经》（疑为《五行经》，见上文第十八章东疏）云：“三元逢五鬼，阎罗三使追。”下文《新雕》李注为“三元逢五鬼，阎罗王使追鬼。”指禄命身三元各逢五行之鬼，则难以逃脱三大阎罗王之魔掌。下章东疏亦将“五期”与“五鬼”联系起来，观点同李注。

昙莹注曰，立年为尊，其胎月日时，以次行之；大运为尊，其太岁小运以次行之。若遇本命与大运德合于建旺之乡，如甲人见甲寅运为干德合兼禄地，见己亥运为天德合兼长生，则其太岁月日时凶而不能为咎也。反之大运与本命互战于死囚之地，如甲寅人与庚申运反吟于死绝之地，其岁月日时吉而未之为救，故曰“尊凶卑吉，救疗无功。尊吉卑凶，逢灾自愈”也。“禄有三会”者，长生、帝旺、墓库也。如金逢巳酉丑，木居亥卯未，火得寅午戌，水土坐申子辰，其为至吉之地也。为何“水土申子辰”是禄有三会？因乃“水土同行”十二宫也。（其下文第五十三章所谓“值病忧病者，五行病中逢鬼是也……土遇庚寅木。”参见书后附录：表七。）并指出“禄”即“官禄之福”，非“干禄”之禄也。如年纳音木人生卯月，逢大运未土，遇太岁亥水，则为福地矣。“灾有五期”者，昙莹注认为是“衰病死败绝”，与李注所谓“五鬼”（死墓绝胎成形）为“五期”和王注所谓“五期者，以干支禄马旺变遇死绝之地者是也”观点皆相近（下文东疏“五期”观点与诸家迥异）。昙莹注认为沐浴败地是“五期”之一，“墓”地则为福地。故叹今之学者，只知“三合”之名而不知其所以然。

［新雕］李注曰，干禄为“尊”［“禄为尊，天元也”亦合］，支命为“卑”［“支及纳音为卑”合义］。［假令丙午水命人生于七月，虽运马而前行，历亥子运二十年丙午禄俱火也。遭五鬼所害性命，纳音水主是也。尊凶卑吉，过己亥庚子鬼乡，前逢辛丑，丙辛喜合干火也，丑土主相生不相克，是禄命尊吉，纳音水虽逢土，是尊吉卑凶，逢灾自愈也。运上消息仿此灾福也。］人禄［“天禄”合义］为福，其会［“其为”不合］有三，如甲禄在寅，

要本禄、本命、驿马三位［上］见甲是也，但以“五子元建”到处详之。“五期”者，五鬼是也。生死时三鬼［“五鬼”合义］，呼为“五鬼”。《经》云：“三元逢五鬼，阎罗王使追鬼［“门罗三使追”不合］。”〈末有例〉。

东疏曰，“尊”者，天元一气，禄也，若乃墓绝死胎休败处生，却忌行年小运上发旺，旺则不必，见以为灾也。以药治之，无能救疗也。药是地中发生，必不〇治天〇〇气之病也。“卑”者，身命也，是人元命地元身。“逢灾自愈”者，在人鼻孔中吐纳天元之气，能降地之病，若真气运动，则自然无病。禄详行年运气，干相合处是也。在前五辰，支德上见干德为第一会，命六合处相逢为第二会，在干本位为第三会。假令甲寅命，小运五十四至前五辰己未为阴阳会，主有大喜庆。若三十四至亥，六合上为礼，即会主有喜庆。戊本位在辰，戊己本位在丑未，若二十四在己丑本位上，名家宴之会，主有喜庆事。更详五行生月日时，起发何方，官印、贵神并财各自详之五处。若逢鬼名，“灾有五期”也。若大运逢鬼刑禄为一期；小运逢鬼刑禄为二期；六厄上逢鬼刑禄为三期；灾杀上逢鬼刑禄为四期；在行年建月运上刑禄为五期。假令壬寅人，三月巳日午时生，大运顺行，三十五后入戊申，遇戊刑于壬也，其三月墓中之壬死，申上生化为鬼，定三灾期。又却三十八小运至己卯，壬在卯上死，辰与卯相害，生灾期。又三十八上至巳酉，寅得酉为六厄，逢巳鬼，亦主灾期。却用寅人小运三十五至庚子，名灾杀逢庚鬼，亦主灾期；三十六至辛丑，又却为丙辛于正月建庚寅，亦是申鬼，又灾期。

［疏证］本章《新雕》李注较之于释注本李注脱佚“假令丙午水命人生于七月”一例，又异于释注本李注与《新编》李注“生死旺五鬼，呼为五鬼”，讹成“生死时三鬼，呼为五鬼”。依下文第三十五章《新雕》李注及本章与第三十六章王注来看，应以本章释注本李注与《新编》李注“生死旺五鬼，呼为五鬼”合义。

东疏曰，“尊”者，与天元五行一气，即禄也，如甲见寅、甲见甲、甲见亥之类。若年天元乃墓绝死胎休败处生，却忌行年小运上发旺，尊衰卑旺以为灾也，以药治之，无能救疗也。药草是地中生发长成，属于地元之气，地元旺气必不能治天元衰气之病也（仅指天元衰极而言）。“卑”者，身之命也，是指人元身之命根在地元。此处东疏认为天元“若乃墓绝死胎休败处生"，忌行年小运上发旺，见以为灾也。天元为尊为衰，地元为身命为卑，药是地中发生，必不可救治天元衰气之病也。"逢灾自愈"者，东将在人修炼中鼻孔所吐纳天元之气比作为"尊"，能降地卑之病，若真气运动，则自然无病矣。"禄有三会"者，详察行年运气，干相合处是也。首先，在前五辰支德上见干德为禄之第一会。上文第二章东疏曰"阴阳支干皆前后五辰两处，名支德合"，即子德在巳，丑德在午，寅德在未，卯德在申，余仿此推。如甲寅命人，丙寅时生，小运五十四至前五辰，与小运己未为阴阳会，即在寅未支德上又逢甲己干德，不过《五行大义》《五行精纪》则将己见甲定为干德，甲见己不为干德（参见第一章东疏），可实际上人们则将五天干相合统称为合干德。因随着社会生产力之发展，妇女经济地位不断提高，男女家庭与社会地位差别日趋缩小，诸如阳甲合阴己之类亦有一定吉利成分。故东疏认为干支天地德合，主有大喜庆。其次，支命六合处相逢为禄之第二会。如甲寅命，小运三十四至己亥，干德合加寅亥六合，主有一般喜庆。再次，在干本位为禄之第三会，即干德为己，本位则为丑未；干德为戊，本位则为辰戌之类。小运二十四在己丑本位上，主有家宴之会，主喜庆小事。除以上所说"禄有三会"外，更要详察五行生月日时，看禄起发何方，以定三限之期。至于官印、贵神及财等吉神亦要各自详察之五处，若以逢鬼称之为灾，则有五期之灾也：大运逢鬼刑禄为一期；小运逢鬼刑禄为二期；六厄上逢鬼刑禄为三期；灾杀上逢鬼刑禄为四期；在行年建月运上刑禄为五期。可知东疏"五期"观点不等同"五鬼"，与诸家大相径庭矣（参见书后附录：表四）。举例：

（二十四）——乙造

乾：壬　甲　〇　〇　　　大运：乙　丙　丁　戊　己　庚　辛

　　寅　辰　巳　午　　　　　　巳　午　未　申　酉　戌　亥

壬寅金人，甲辰月巳日午时生，大运顺行，三十五岁（应为四十五岁）丙戌年入戊申大运，遇戊鬼刑杀于壬，为其一；丙戌年壬辰三月墓中之壬死，为其二；大运申金原为壬长生之地，却申透出戊鬼以下伐上，为其三，故定为三灾期。但总体属所谓"大运逢鬼刑禄为一期"；又却三十八小运癸卯行年至己卯太岁，壬在卯上死，辰与卯相害，生灾期，所谓"小运逢鬼刑禄为二期"；又三十八岁（应为五十八岁）己亥太岁至己酉大运，寅得酉为六厄。《三命通会》载："厄者遭乎难，常居驿马前一辰，劫杀后二辰"（即申子辰见卯、寅午戌见酉、亥卯未见午、巳酉丑见子）。逢二己为鬼，亦主灾期，所谓"六厄上逢鬼刑禄为三期"；却寅人三十五行年为庚子小运，寅见庚子为灾杀（申子辰见午，寅午戌见子，巳酉丑见卯，亥卯未见酉，谓灾杀，主血光之灾，亦谓白虎杀）逢庚鬼，亦主灾期，所谓"灾杀上逢鬼刑禄为四期"；三十六岁行年至辛丑小运，流年太岁丙子（丙子年应为三十五岁，三十六岁行年辛丑小运，流年太岁应该是丁丑年，正月应建壬寅），假设辛丑小运为丙子太岁，又丙辛之年于正月建庚寅，亦是申鬼灾期，所谓"在行年建月运上刑禄为五期"。

此处小运皆用古法起，非今人用醉醒子之法（参见上文第三章东疏）。从此段东疏批语中可以了解到，古法对"刑"之运用不一定局限于三刑自刑，凡是以下犯上之举皆可曰"刑"，如："一期"中有大运戊土克年禄，流年三月壬入墓地，长生申金化出鬼土泄气，定为三灾，曰鬼来刑禄；"二期"中行年与太岁伏吟，为壬之死地，又卯辰相害，辰是命中禄库，亦曰鬼刑禄；"三期"中寅命见酉为六厄，厄上透己鬼克禄，亦曰鬼刑禄；"四期"中，寅命见小运庚子为灾杀逢庚鬼，是以卑犯上，亦曰鬼刑禄；"五期"中三十五岁丙子年（实际应三十六岁丁丑年）至辛丑小运，正月建庚寅，又却为丙贪合辛而忘克庚金，视同申鬼伐寅，此般月建之灾犯支命，亦曰鬼刑禄。另外在干支互通运用方面亦超今人之想象，此不再一一列出。

［万版］立年为尊，其胎月日时，资以次之；大运为尊，其太岁小运资以次之。若遇本命与大运德合于建旺之乡，其岁运日时凶而不能为咎。大运与本命争战于死囚之地，其岁运日时吉而未足为救。故曰云云。"禄有三会"者，长生帝旺库也，其为至吉之地。"灾有五期"者，衰病死败绝，其为至凶之地。盖禄对灾言，非干禄之禄，当以活看。今之学者，但举三合，而以金逢巳酉丑，木居亥卯未，火得寅午戌，水遇申子辰，便是禄有三会，非也。徐言：以八字中内外三元，有最得力者为尊，即"用神"也。用神不可损伤，若有损伤，则虽别位之吉，不能救。若年、月、日、时内外三元虽有克战，但不损于尊者，即逢灾自愈也。更切消息所损之神，主何吉凶，害命则身灾，害妻则妻灾，害官则官失。其说有理，但尊卑字灾通。

［疏证］以上诸家对“尊”观点大同小异，综合各家之见：年胎月日时中，立年为尊；三元三命，以上元或干禄为尊；生年与运，以生年为尊；大运与小运，以大运为尊；运与太岁，以运为尊；太岁与月日，以太岁为尊；月与日时，以月令为尊。至于“禄有三会”、“灾有五期”则各有其见，精彩纷呈，是后人了解学习借鉴古法之好蓝本。此章万注前半部分几乎完全抄录昙莹注，后半部分则为徐注之翻版。值得关注是，万注对徐注中“尊”之观点解读为“用神”，即“年月日时内外三元有最得力者是也”，可从徐注中所举案例中说明此“最得力者”在命局中是否起正面作用，则要根据日主旺衰而定。尽管后人对子平“用神”之说情有独钟，但由徐大升汇编徐子平集《渊海子平》全书却未有一章一节专门阐述“用神”，“用神”一词只是散见于个别章节或赋文之中，甚至在此徐子平署名《珞琭子三命消息赋注》二卷中也未见有“用神”之说。可见“用神”一词是否真正出之于徐子平之手，还有待于进一步论证。不过万民英把徐注“尊者，年月日时内外三元有最得力者是也”视同“用神”有一定道理。可要注意，“用神”可当作“尊”看，但“尊”不一定代表“用神”。或许有读者会将上面徐注中“所谓紧用之者，不可受害也”当作“用神”去理解。其实“用”字既可当动词，如潜龙勿用；亦可作名词用，如“家常之用”；还可作介词，如“用逸待劳”等等。故所谓“紧用之者”照前文意思，指日主运用某神或字来保护自己，“紧用”是指极其重要东西，此“用”是动词作名词看，而非指在四柱里具有巨大能量堪称为“尊”之“用神”。故“用神”之“用”是动词作形容词，即会发生很大作用很厉害之神。在《玉井奥诀》、《子平真诠》等书中，“用神”对日主来讲是可善恶之辨，并非一定是“所谓紧用之者”，但在徐子平注解《《珞琭子三命消息赋注》中，用神之作用不是对财官有功利，就是对日主有吉利。故上文第十一章徐曰“‘取用多门’，即非一途而取轨也。亦要人用心消息五行所归，即知吉凶也。”指“取用”有多种角度多种途径，要根据“人”（即日主）分辨吉凶性质以利我用。从某种意义上来讲，子平术就是如何在财官与日主之间、用神与日主之间取得协调之命术，如果在身旺前提下命造财官与用神五行一致，则寿长富贵矣，否则须细酌断之。（“用神”参见下文第四十六章徐注。）

第二十五章

凶多吉少，类大过之初爻。福浅祸深，喻同人之九五。[1]

［**徐注**］此两卦卦爻，以比［“以此”不合］人命四柱之中，三元内外元无贵气者，更运背禄马，则为凶可知矣。

［**疏证**］泽风大过☱☴巽下兑上，卦辞：“大过，栋桡。利有攸往，亨。”《象》注：“泽灭木，大过，君子以独立不惧，遯世无闷。”指兑为泽，巽为木，巽下兑上，木虽喜泽，水漫过树木则谓之大过。但卦像是阳爻在二阴之中央，象征君子遁世远离尘嚣，却无法掩盖其有独立不惧之势。朱熹《周易本义》注：“桡，乃教反。大，阳也。四阳居中过盛，故为大过。上下二阴，不胜其重，故有栋桡之象。又以四阳虽过，而二五得中，内巽外说，有可行之道，故利有所往而得亨也。”指桡为弯曲之木。大，代表阳。四阳爻居中，谓之过盛，是以大过。上下二阴爻，不堪四阳爻负重，故有木条弯曲之象。好在四阳爻虽为太过，却因二至五爻位居上下阴爻之间，内卦巽有隐忍柔弱之象，外卦兑有喜悦抒发之象，内外协调，因而中央弯曲太过之势得以行之缓解，象征事态朝着有利之方向发展。

天火同人☰☲离下乾上，卦辞：“同人于野，亨，利涉大川，利君子贞。”《象》曰：“文明以健，中正而应，君子正也。唯君子为能通天下之志。”指天下光明，代表世道文明，君子中正，能够团结众人实现理想于天下。《周易本义》注：“为卦内文明而外刚健，六二中正而有应，则君子之道也。占者能如是，则亨，而又可涉险。然必其所同合于君子之道，乃为利也。”指离为内卦属文明，乾为外卦属刚健，六二阴爻得其位亦为中正，象征君子之道。占者能得如此卦，则亨，且可涉险无凶。然而必须有符合君子之道，才会有利。

---

① 《新编》为“类太过之初爻”。

从以上卦象卦辞来看，大过与同人卦并非“凶多吉少”“福浅祸深”，下面看“大过之初爻”与“同人之九五”如何？

大过初六爻辞：“藉用白茅，无咎。”《象》注：“藉用白茅，柔在下也。”《系辞上传》子曰：“苟错诸地可矣，藉之用茅，何咎之有？慎之至也。夫茅之为物薄，而用可重也。慎斯术也以往，其无所失矣。”指初六阴爻上面有四阳爻重压，则用洁白茅草衬垫在下面，以示柔弱者甘于为重阳之物奉献，虽茅草卑小不足道，但其表现出来之谨慎态度能够避害趋利。

同人九五爻辞：“同人，先号啕，而后笑，大师克相遇。”《象》曰：“同人之先，以中直也：大师相遇，言相克也。”《系辞上传》子曰：“君子之道，或出或处，或默或语。二人同心，其利断金。同心之言，其臭如兰。”指九五阳爻得位，君子中正诚直，言行一致，团结众人，面对挑战，其利断金，故先哭后笑。

上面从易理角度看“大过之初爻”“同人之九五”爻辞亦无“凶多吉少”“福浅祸深”之义，那么只能从术数角度去理解。汉代“京房易”理论认为泽风大过是震宫之游魂卦，天火同人是离宫之归魂卦，但无论游魂还是归魂，此二卦皆不主吉凶，但如大过初爻与同人九五由阴爻变为阳爻则转为“凶多吉少”“福浅祸深”。因大过卦巽下泽上，木处于隐忍孤独地位，得兑金修缮而图成材，如初爻阴变阳，则巽木变乾金，成为䷪泽天夬卦，木则死于兑乾二金，故“凶多吉少”；同人卦离下乾上，金得火炼成器，犹君子得道，团结众人实现理想，但九五阴变阳，则乾金变离火，成为䷝离卦，金则毁尽于火，故“福浅祸深”矣。

徐注曰“此两卦卦爻，以比人命四柱之中，三元内外元无贵气者”指财官贵气犹如巽木处金地、乾金处离火，在命中无立足之地；“更运背禄马”指大运亦是财官死绝之地，“则为凶可知矣”。

［释注］王注曰，太极是生两仪，两仪生四象，四象生八卦，八卦以定吉凶也。卦之所占，数之所合，卦与数未尝不相偶也。且如凶多吉少之命，以其休囚，气盛故不宜以求于进用也，而有类于大过卦中初六，爻体柔而乘刚。其《象》：“藉用白茅，而在下”，无过世之才，非有为之时，

可以遁世而避。盖位而无辅，是以动而有悔也。福浅祸深之命，以其五行相克而无气，亦非谋进用之宜。喻如同人卦中九五，应其《象》“先号咷，而后笑，大师克相遇”者焉，言两刚之于五，有克之道，六二以柔弱而胜刚强，九五老阳太过以祸浅福深［“福浅祸深”合义］，用则生咎矣。珞琭子举此二卦“凶多吉少”“福浅祸深”，类喻于五行无气之命，盖非特谈卦也。

李注曰，此论八卦立成变法，假令泽风大过卦，初爻发动，变巽入乾，呼为五鬼。从第三位，一变上为生气，二变中为天医，三变下为绝体，四变中为游魂，五变上为五鬼。旧注歌云：“变巽来入五鬼乡，从巽入乾有低昂，所以呼为小吉卦，凶多即是鬼为殃。”言法此爻是也，亦是变卦。假令天火同人卦，九五发动，变乾为离卦，呼为绝命。从上位一变上为生气，二变中为天医，三变下为绝体，四变中为游魂，五变上为五鬼，六变中为福德，七变下为绝命。旧注歌云：“假令乾卦化为离，绝命之乡例要知，思此非，也皆防备细寻推。”言此喻九五爻是也。

昙莹注曰，泽风大过，只取内宫，变巽入乾，其为五鬼，一变上为生气在坎，二变中为天医在坤，三变下为绝体在震，四变中为游魂在兑，五变中［“五变上”合义］为五鬼在乾。故云：“己巳戊辰，度乾宫而脱厄。”天火同人只取外象变乾入离，其为绝命。一变上为生气在兑，二变中为天医在震，三变下为绝体在坤，四变中为游魂在坎，五变上为五鬼在巽，六变中为福德在艮，七变下为绝命在离，故曰：“壬申癸酉入离宫［“离位”亦合］而消亡。”

［疏证］王注引《易经·系辞》曰：“易有太极，始生两仪。两仪生四象，四象生八卦。八卦定吉凶，吉凶生大业。”卦之所占，数之所合，卦理与术数未尝不相统一。且如“凶多吉少”之命，因为其命为休囚之地，再心傲气盛而谋进，故不宜也。应把进取心放在与目前环境相匹配之作用上，类似于大过卦中初六，其爻体阴柔而乘阳刚。其《象》注“藉用白茅，而在下”，（此句话在《易经》中为《象》注：“藉用白茅，柔在下也。”）指无过世之才，又处于非有为之时，可以采取遁世而避，甘于为强势者作铺垫。因初六位阴弱而无他相辅，则动化回头克属不自量力而有悔也。“福浅祸深”之命，是因其五行相克而无气，亦不宜盲目进用去对

抗。喻如同人卦中九五，应其《象》（爻辞）“先号咷，而后笑，大师克相遇”者焉，言三四爻两阳刚遇五爻之老阳刚，则为两强相遇，六二以柔弱而胜刚强，九五老阳太过，以刚制刚，福浅祸深，动用则化火生咎矣。王注认为上面“大过之初爻”“同人之九五”二爻从易理看本身只是“凶少吉多”或“祸浅福深”，建议应时守成，否则“动而有悔”或“用则生咎矣”，并说珞琭子举此二卦爻“凶多吉少”“福浅祸深”，只不过是藉助京房六爻术动变回克法则，来类喻于四柱禄命五行无气之命，大概非特意谈易卦之理也。

李注曰，此章是从八卦变卦或变爻之角度论吉凶之法，如泽风大过卦，初爻发动，变巽入乾，呼为五鬼，凶也。从游年翻卦变爻角度看，一变上为生气，二变中为天医，三变下为绝体，四变中为游魂，五变上为五鬼。旧注歌云：“变巽来入五鬼乡，从巽入乾有低昂，所以呼为小吉卦，凶多即是鬼为殃。”指泽风大过内卦如逢“一变上为生气”或“二变中为天医”等吉象，但只呼为“小吉卦”，因巽木入乾金变卦化回头克为“大凶卦”，所占人事“凶多即是鬼为殃”也。又如天火同人卦，九五发动，变乾金为离火卦，呼为绝命，亦用卦为凶也。从游年翻卦变爻角度看，从上位一变上为生气，二变中为天医，三变下为绝体，四变中为游魂，五变上为五鬼，六变中为福德，七变下为绝命。指天火同人外卦游年翻卦虽逢“一变上为生气”或“二变中为天医”等吉象，亦因用卦乾金变为离火成回头克，所占人事终为凶也。

但用卦变回头克并不等于体卦为凶，李注“假令泽风大过卦，初爻发动，变巽入乾，呼为五鬼”，虽用卦所主人事为凶，却变卦乾金与体卦兑金比和为吉也。又“假令天火同人卦，九五发动，变乾为离卦，呼为绝命。”亦如此，变卦离火与体卦离火比和为美也。故李注以“大过之初爻”“同人之九五”变卦为鬼来解“凶多吉少”“福浅祸深”颇为牵强。

至于本书提到李注所谓“一变上为生气，二变中为天医，三变下为绝体”，出自“游年翻卦”法，在古代常用来辅助推风水吉凶，或有术士会借用此法来补充参断禄命之祸福。但游年翻卦与六爻断卦运用上存在诸多差异，与四柱禄命理论亦截然不同，限于篇幅就不此展开。注中引旧注歌云：“变巽来入五鬼乡，从巽入乾有低昂，所以呼为小吉卦，凶多即是鬼为殃。”“小吉卦”《新雕》李注为“少吉卦”，故推此歌所指乃京房六爻之变卦也。注中引另一“旧注”歌云：“假令乾卦化为离，绝命之乡例要知，○○○○思此非，也皆防备细寻推。”本章下文《新雕》李注有补脱校正。

昙莹注中所谓“内宫”“外象”即“内卦”“外卦”，注文内容大部分出自李注。至于“己巳戊辰，度乾宫而脱厄”、“壬申癸酉，入离宫而消亡”，则难以与“类大过之初爻”“喻同人之九五”相联系。不过从己巳戊辰纳音木、壬申癸酉纳音金看，木处金宫、金居离宫，皆为“凶多吉少”“福浅祸深”也。

［新雕］李注曰，此论八卦立成变法。假令泽风大过卦，初爻发动，变巽入乾，呼为五鬼，从第三位一变上为生气，二变中为天医，三变下为绝体，四变中为游魂，五变上为五鬼。旧注歌云：“变巽来入五鬼乡，从巽入乾有低昂，所以呼为少吉卦［“小吉卦”亦合］，凶多即是鬼为殃。”言类此爻［“言法此爻是”不合］也。亦是变乾［“变卦”合义］，假令天火同人卦，九五发动，变乾为离卦，呼为绝命。从上位一变上为生气，二变中为天医，三变下为绝体，四变中为游魂，五变上为五鬼，六变中为福德，七变下为绝命。旧歌云：“假令乾卦化为离，绝命之乡须要知［“例要知”不合］，〈福浅祸深〉思此兆［“思此非”不合］，他皆［“也皆”不合］防备细推寻。”言此喻〈同人〉九五［爻是也］。

东疏曰，论五期之灾，喻凶多吉少，福浅祸深。故此，大过初爻、同人九五所为。此二卦“凶多吉少”“福浅祸深”正似五期之灾。其大过初爻凶多，是大过卦发动初爻也，巽木变初爻，兆化巽木作乾金，木化为金，是五鬼之乡，故凶多吉少。巽初爻，是辛丑土，却化为甲子水，其丑土化作子水、辛金化作甲木，又曰：“子与丑为六合，乃是吉少也。”同人之九五亦然也，其九不处爻，乾金而发动，金化作火也，乾入离，火为游魂之地，亦是鬼乡。金处火位而祸福之兆也。仿此福浅也。九五爻是壬申金化作离家己未土，是福浅也。

［疏证］释注本李注与《新编》李注中旧注歌云：“假令乾卦化为离，绝命之乡例要知，○○○○思此非，也皆防备细寻推。”阅之百思不得其解，今得《新雕》为：“假令乾卦化为离，绝命之乡须要知，福浅祸深思

此兆，他皆防备细推寻。”可知释注本（《四库》与《永乐》版）与《新编》纂者所案之李注均非善本。从上文李与昙莹二注来看，皆是藉用游年翻卦结合八卦五行相克来解析“大过之初爻”“同人之九五”，与徐、王二注在易理基础上用京房术变卦来阐述不同。下面东疏在变卦基础上则再以纳甲法解之。

东疏曰，论命处五期之灾，大运逢鬼刑禄为一期；小运逢鬼刑禄为二期；六厄上逢鬼刑禄为三期；灾杀上逢鬼刑禄为四期；在行年建月运上刑禄为五期（参见其上文第二十四章），可喻作凶多吉少，福浅祸深。故此处“大过初爻”、“同人九五”所形成“凶多吉少”“福浅祸深”正象五期之灾。其大过初爻凶多之因是发动所致也；巽木化作乾金，木化为金，是五鬼之乡。“五鬼”者，五行十二宫死上一鬼，墓为二鬼，绝为三鬼，胎为四鬼，成形为五鬼（参见其下文第六十五章）。东疏此章将“五鬼之乡”联系“五期之灾”一起来论述，观点并非与李注“五期者，五鬼是也”完全相同，不过二者内涵上确有重合部分而已。李注所谓“生死旺五鬼，呼为五鬼”之“五鬼”在下文第五十三章东疏中得到明确，曰：“其五鬼者，一死墓、二鬼、三绝、四胎，成形之五鬼。其五鬼，五行在此处并皆为鬼也。”此与下文第六十五章东疏一致：“其五鬼者，五行死上一鬼，墓为二鬼，绝为三鬼，胎为四鬼，成形为五鬼。”即今阴阳十二宫中死墓绝胎养五位，将其作为人命死后轮回至长生须在阴间经历五个阶段来看，五鬼之说恰如其分。

从纳甲角度论之，泽风大过初爻配辛丑、二爻配辛亥、三爻配辛酉、四爻配丁亥、五爻配丁酉、六爻配丁未；初爻动变，成泽天夬卦，其外卦兑金不变，内挂乾金纳甲初爻配甲子、二爻配甲寅、三爻配甲辰。东认为，初爻辛丑化为甲子，其丑土化作子水，辛金化作甲木，皆非回头生，故引“又曰：‘子与丑为六合乃是吉少也’”。同人之九五亦然，金化作火，乾入离火为游魂之地，指五爻游回四爻，按翻卦来讲是火地晋，为乾宫之游魂卦；仅以同人之九五来看，变为离卦，为乾宫之绝命卦。故东曰：“亦是鬼乡。金处火位而祸福之兆也。仿此福浅也。”从纳甲角度论之，天火同人初爻配己卯、二爻配己丑、三爻配己亥、四爻配壬午、五爻配壬申、六爻配壬戌；九五动变，成离卦，其内卦不变，外卦离火纳甲四爻配己酉、五爻配己未、六爻配己巳。东认为，九五壬申化为离地己未火土亦成回头克，相当于三命中犯尊伐上，故谓“福浅”也。

［**万版**］凶多吉少之命，以其休囚无气，故不宜于进用。有类大过初爻，其爻辞云：“初六，藉用白茅，无咎。”六阴柔无过，人之才初在下，非有为之时，可以遁世而避位，戒人以慎之道也。夫子曰：“慎斯术也，以往其无所失矣。”正此意也。福浅祸深之命，以五行相克而无气，亦非谋望进用之宜，喻如同人卦中之五爻辞云：“同人，先号咷，而后笑，大师克相遇”。《象》曰：“同人之先，以中直也。”可见直道难行，戒人以自克之意也。

［**疏证**］本章万注基本引述王注文，强调大过初爻是休囚无气，又引《系辞上》子曰：“（夫茅之为物薄，而用可重也）慎斯术以往，其无所失矣。”主张遁世而避位。对同人之九五动变，认为是五行相克而无气。《象》曰：“同人之先，以中直也。”指九五在阳爻最高且中正位，故能起正直表率作用，带领众人同心协力。虽然“直道难行”，只要遵守戒律形成自制力则能达到理想。

第二十六章

闻喜不喜，是六甲之亏盈。当忧不忧，赖五行之救助。[1]

［徐注］ 如甲乙用庚辛为官印，乃为喜也。却正月二月五月十一月生，虽见金而无官印。谓正月庚绝，二月受气，五月金囚，十月金病，十一月金死。故曰“闻喜不喜，当忧不忧”者。如甲人见庚，或甲在［“申在”不合］七杀之地，如年月日时中有乙或卯字，或甲春生，或三位内有丙丁火多助，为“不忧”也。乙为合庚夫，庚亲，甲为妻之兄也。若无乙有卯亦得。若十月十一月生［“十月一月生”不合］，虽有丙丁亦不能为用，谓火无气不能克金，若无乙字卯字，即用“为忧”也。其余准此。假令六甲生人，以辛为官，三春九夏，庚辛囚休［“囚伏”不合］。虽见申酉之位并庚辛，而不成庆也，谓金囚故也。春生甲日则克妻，无财无妻，一生少病。三月生，则为财库，夏生则有父母财，岁时［“成岁时”不合］有亥子，则为甲之生旺，有辰戌丑未为财帛，有申酉位，则好学。有始无终，更看运行逆顺向背，如向遇鬼［“向遇见”不合］克，则横发官资，运背则逢财击运而不发。逢金亦不发官，谓金土元居休败，故不获福。假令乙生人，以庚为官印，春夏生无官。正四月克庚最重。乙以土为财，春正二月，土死无财。三月为乙之财库，有祖财。然申为学堂，亦有始无终，皆谓金休败。又如乙见庚为官，虽岁时位内有庚金或有申酉［“中酉”不合］之金，若见天元有丙则亦无官。此乃见庚而不用，乃“闻喜不喜”之谓也。乙若四月生，时居亥子或申子时水乡，则却有禄，谓四月是金之长生也。乃乙遇官之长生［气］，兼有水乡，制其火而成庆，亦不清。如胡茂老，丁卯年庚戌月戊寅日癸亥时。九月二十八生，八岁八个月退运［“八岁八个月运”合义］，节气极深起运。将年月日时节气向背，乃上下三元

---

① 释注本为“是六甲之盈亏”。

匹配，有两三奇［“有两一三奇”不合］，八字俱无一字闲，皆禄马同乡，不三台而八座。以运临乙巳，被当生癸亥［“被当生十月”不合］冲击，大运并刑提纲而罢权也［“大运并刑大运而罢权也”不合］。《赋》云：“与生地之相逢，宜退身而避位。”

［疏证］徐注曰，如甲乙用庚辛为官印，本乃为喜，却遇正月、二月、五月、十一月生，则虽见金之形而无官印之实也。因为寅月庚绝，卯月金胎，午月金囚，亥月金病，子月金死，似有却无之义。故曰“闻喜不喜”也。“当忧不忧”者，如甲人见庚，或甲在七杀之地，如年月日时中有乙或卯字，或甲人春生而旺，或其他三柱内有丙丁火多助，为“不忧”也。因甲乙为兄妹，乙合庚为夫，则庚亲甲为妻之兄，不以为凶。若无乙有卯亦可，卯中藏乙合庚，暗中助甲解凶也。若亥子月生，虽有丙丁亦不能为用，谓火无气不能克金，加上若无乙字卯字，即用“为忧”也。其余准此。此处“即用‘为忧’也”，指用来保护日主之字不见或无发挥能力。如六甲生人，以辛为官，三春九夏（参见上文第十七章），庚辛囚休死。命中他位虽见申酉并庚辛，而必不庆幸，谓金囚之故也。春生甲日土虚则克妻，无财无妻，身旺一生少病。辰三月生，则为财库；夏生则有父母财，因月主父母也。在甲生巳午未月情况下，岁时之二辰，有亥子水印，则调候为甲生旺之源；有辰戌丑未土，则为财帛商贾；有申酉官位，则好学而利仕途。至于是否会有始无终，更看运行逆顺向背如何。如阳男阴女，生巳午未月，大运顺行向申酉戌地，谓遇鬼克，则横发官资；运背行向辰卯寅丑子亥诸地，则逢火土财年击（碰遇）运而不发，或逢金亦不发官，因为金土原居大运休败，故遇金土之年亦不获福。如乙木生人，以庚金为官印，处春夏囚死无官，正四月巳火克庚最重。乙以土为财，春正二月木旺，土死无财。三月辰土为乙之财库，主有祖财。然而虽有申为学堂，亦有始无终，皆谓金休败之地也。徐此处曰“然申为学堂”，应以年纳音查看，简述如下：

《三命通会·论学堂词馆》曰：“夫学堂者，如人读书之在学堂……长生乃学堂之正位，如金命见辛巳，金长生在巳；辛巳，纳音又属金是也。”又引“子平云：‘学堂者，天地阴阳清秀之气，五行长生之神。’乃甲见亥，乙见午等例，或月时一位见者即是，不必兼全。”但《渊海子平·论十干学堂》

曰："（金）生人见巳，辛巳合义；（木）生人见亥，己亥合义；（水）生人见申，甲申合义；（火）生人见寅，丙寅合义；（土）生人见申，戊申合义。"徐注"春生甲日则克妻……夏生则有父母财，岁时有亥子，则为甲之生旺，有辰戌丑未为财帛，有申酉位，则好学"，指甲人见申酉；又"假令乙生人，以庚为官印，春夏生无官。然申为学堂，亦有始无终，皆谓金休败"，指乙人见申。如以今人看日主查神杀法，则甲乙人长生在亥，绝在申，何以申为学堂？可见《三命通会》所引"子平云：'学堂者，天地阴阳清秀之气，五行长生之神。'"理会成"乃甲见亥，乙见午等例"是误解所致。从此徐注甲乙人二例看，《渊海子平·论十干学堂》仍以年纳音古法论，故水命人以甲申为长生，且纳音与身命水五行相同，始为学堂，对甲乙日主来讲更为官印一身。在古代"学而优则仕"影响下，有些命书称其为"官贵学堂"。故本章徐注中将学堂与官印同论亦不足为奇。

继续徐注："又如乙见庚为官，虽岁时位内有庚金或有申酉之金，若见天元有丙则亦无官。此乃见庚而不用，乃'闻喜不喜'之谓也。"在后人看来丙为乙之伤官，丙见庚岂非伤官见官乎？可徐注《消息赋》中自始至终未提及伤官之神（诸家注中均不见伤官和枭神），而在《渊海子平》中却有专论伤官、七杀、倒食（枭神）、羊刃、劫财等章节，在《三命通会》中被冠以"东海徐子平撰"之《明通赋》中亦有"伤官见官，祸患百端"之句，其中原因有待于学界进一步考究。乙人若巳月生，时居亥子或申子时水乡，则却有官禄，因四月是金之长生也。乃乙遇官之辰，生时上兼有水乡，属"当忧不忧"，不过虽制其火而成官庆，可亦不至清至纯也。下面举例：

（二十六）——胡茂老命

乾：丁　庚　戊　癸　　　大运：己　戊　丁　丙　乙　甲
　　卯　戌　寅　亥　　　　　　酉　申　未　午　巳　辰

胡命九月二十八生，八岁八个月上运，戊土四季旺地，故大运自节气极深之土月逆行起运。将年月日时四柱与节气向背来看，日主戊人坐木杀，得卯戌化火以杀化权，又得时上水财相资而寅亥化木，故贵气不浅。加之年上佩丁印制庚金，护官有功。"有两三奇"者，上文徐注曰："《三奇歌》云：'甲己六辛头，乙戊向庚求，丙辛遭癸美，丁壬辛更优，戊癸逢乙妙，己壬并甲游，庚乙丁须聽，辛甲丙同周，壬丁己堪重，癸丙戊何愁。’”胡命戊见癸兼有卯中之乙木，故称两三奇（诸家对“三奇”观点不同，可参见上文第七章徐注）。“禄马同乡”者，指日坐财官，戊坐寅中有甲禄，又合时亥为马（子平以财为马）是也。故曰“乃上下三元匹配，有两三奇，八字俱无一字闲，皆禄马同乡”，不是三台亦是八座之贵也。朝廷国宴席位，上有三台下有八座，入坐者均为高官重臣，代表官印权贵也（参见下文第三十一章徐注）。据本书考究，胡茂老为北宋末南宋初人，名松年，字茂老，生于北宋哲宗元佑二年丁卯（公元 1087 年），海州怀仁（今江苏省）人。高宗年间，为中书舍人，先后自左朝奉大夫拜吏部尚书，任职枢密院事，又进礼部尚书、参知政事（副宰相）。胡为人刚正，秦桧当政，拒“曲意阿附”。宋绍兴五年，胡因遭攻讦而引疾辞职，改任宣州知州，后卒于绍兴十六年（公元 1146 年）。徐注中“以运临乙巳，被当生癸亥冲击，大运并刑提纲，罢权也”，所指是何年？如按命主虚辰八岁八个月计，应为乙亥年上运，四十九岁乙卯年交乙巳大运（可证徐注此例并未以生月作首个大运），恰好是绍兴五年（即公元 1135 年），与史载相符。对于胡命被罢官之命理原因，徐认为大运乙巳与时柱“癸亥冲击”而伤水财，又大运“并刑提纲”（寅巳相刑）而伤木官。子平学说将官看作禄，将禄当作尊，又以尊为提纲，后来提纲又被衍生成用神，诸不知官星可作提纲与用神，而提纲与用神不可单单视作官星也。此处亥水是财是马，寅木是官禄是提纲，皆忌刑冲也。又赋云：“与生地之相逢，宜退身而避位。”大运巳火为戊之生地，但却为官病财绝之地，且得刑冲而罢官（参见下文第三十五章）。徐举此例意在阐述“闻喜不喜”之理也。（参见书后附录：从《珞琭子三命消息赋注》考证徐子平之朝代。）

[释注] 王注曰，“空亡”者为天地虚脱之辰，干禄不到之地，是故逢德则致清闲，遇杀则为绝灭，行年岁运若逢禄马贵人，则可以谓之喜矣，复不为喜者，盖六甲中俱值［“其值”不合］十二位之空亡也。空亡谓之“天中杀”，为杀最重。六阳命畏于阳宫，六阴命畏其阴位。运岁行年或遇之以禄马贵人而在空亡之上，虽有福盈而为祸亏矣。譬之甲辰人得壬寅见禄逢马，可以谓之喜矣。不以为喜者，盖甲辰旬中阳命至寅，阳宫乃正空亡也。兼以壬食于甲，纳音金火之相战，虽有禄马，而以空亡五行之亏盈

相制，所谓“闻喜不喜”，是六甲之亏盈者哉。“当忧不忧”者，假如戊申生得丁酉而败，又遇破碎自刑，斯可谓之忧矣。所谓［“所为”不合］“不忧”者，以丁酉之死火，已化而为土矣，是故土遇丁酉而不败，盖子传母道也。故曰：“当忧不忧，赖五行之救助。”

李注曰，“亏”，损也；“盈”，益也。假令三命、太岁、大小行运食神干禄合会［“干合禄会”合义］之乡，当有喜而［寻反］不见喜者，是六甲旬中，或是空亡，或在旺鬼之乡，灾杀亡神之位，或是运身反克禄马，虽以有所盈，却大有所亏，以是之故，不能为其喜也。假令甲寅人运至申上，谓之“反吟”。又寅遇申刑禄命俱绝，为旺金所制。当忧而反不忧者，为遁见壬申是干救神。《术》：“绝处逢父母，便灾为福。”又寅午戌驿马在申，若更胎月日时有所救助，故“无忧”也。

昙莹注曰，闻喜以盈为言，“盈”者，益也。不喜以亏为言，“亏”亏者，损也。损益之道，由六甲而推之。“当忧不忧”者，但五行休废处逢生是也。只如木得甲申癸巳，水金逢丁亥戊寅，土水值辛巳壬寅，金火得庚申巳亥木。故曰：“当忧不忧，赖五行之救助。”

［疏证］王注将“六甲之亏盈”当作六甲之空亡来论。其曰“空亡”者，为旬内天地虚脱之辰，十干禄不到之地，如甲子旬戌亥空亡。是故空亡之辰逢德则致清闲，遇杀则为绝灭。行年、太岁、大运若逢禄马贵人则可以谓之有吉有喜矣，反而不为喜者，因该贵人处六甲中俱值十二位之空亡也。空亡谓之“天中杀”，为杀最重。六阳命畏于阳宫，六阴命畏其阴位。如甲子旬中，甲子、丙寅、戊辰、庚午、壬申见戌；乙丑、丁卯、己巳、辛未、癸酉见亥等。当运岁及行年，或遇之以禄马贵人而在空亡之上，虽有福盈而为祸亏矣。譬之甲辰人得壬寅见支禄逢驿马，可以谓之闻喜矣。不以为喜者，盖甲辰旬中阳命至寅，阳支空亡谓真空也。兼以壬食于甲，泄祖贵气；甲辰纳音火，壬寅纳音金，金火相战不和；虽有禄马，而以空亡五行之亏盈相制，故所谓“闻喜不喜，是六甲之亏盈”者哉。“当忧不忧”者，举例：

（二十六）——甲

	年	月	日	时
乾：	戊	丁（辛）	○	○
	申	酉	○	○

假如戊申年生人得丁酉月（应为“辛酉”月），戊申纳音土（水土同行）得酉地而败，又遇破碎（寅申巳亥人在酉）自刑（古法只需单见辰午酉亥即是），斯可谓之忧矣。所谓不忧者，以丁酉之纳音死火，已化而为戊申纳音土矣，是故土遇丁酉而不败，盖子传母道也。故曰：“当忧不忧，赖五行之救助。”此例留意王注遁元月令有误。

李注曰，“亏盈”者，指亏损与盈溢。如三命遇太岁、大小行运食神干禄合会之乡，本当有喜，而多（“夛”为“多”异体字）反不见喜者，六甲旬中或是空亡所致，或在旺鬼之乡，或在灾杀亡神之位，或是运身反克禄马，虽以有所盈，（《新雕》“虽小有所盈”合义），却大有所亏，以是之故，不能为其喜也。从此段话可知，李对“六甲之亏盈”观点接近徐注、东疏，而非似王、昙莹、万三家仅限与空亡之说。如甲寅人运至申上，冲克谓之反吟。又寅遇申刑禄命（寅中甲禄）俱绝，为大运旺金所制。当忧而反不忧者，因为甲年遁见壬申月生为绝地，但透壬水化申金是甲禄救神也。《术》云：“绝处逢父母，便灾为福。”甲寅人遇申刑冲本为忧，但申为驿马为喜神可减灾，若更遇胎月日时有所救助（壬化申气），故无忧也。廖中《五行精纪》对救助空亡观点是：“时紧日慢，若日犯之，却被时刑害破，亦有其福，须主坎坷。”并言此义源自珞琭子有云：“闻喜不喜，是六甲之亏盈。当忧不忧，赖五行之救助。”

昙莹注认为原文中“闻喜”是针对“盈”而言，盈者溢也；“不喜””是针对“亏”而言，亏者损也。损溢之道，由六甲而推空亡而论之。“当忧不忧”者，则看五行休废处而逢生是也，只如木得甲申癸巳、金逢丁亥戊寅、水值辛巳壬寅、火得庚申己亥，从十二宫看均为病死之地，但纳音为印生之地，则当忧不忧，其中所赖为五行之救助也。

［新雕］李注曰，“亏”，损也。“盈”，益也。假令三命、太岁、大小二运遇食神、干合、禄会之乡，当有喜而［夛］反不见喜，是六甲旬中［或是］空亡，或在旺鬼之乡，灾杀亡神之位，或是运身反克禄马，虽小有所盈，却大有所亏，故不为喜也。〈假令甲辰正月生人，运至申上谓之禄绝。当忧反不忧者，为运见壬申，缘丁巳月受胎，丁与壬合，甲与己合，此为胎月日时有所救助。又甲辰火人正月生，行运至申上是生火与生

水，遇五行相旺，故无忧也。〉[假令甲寅人运至申上，谓之反吟。又寅遇申刑禄命俱绝，为旺金所制。当忧而反不忧者，为遁见壬申是干救神。《术》云："绝处逢父母，便灾为福。"又寅午戌驿马在申，若更胎月日时有所救助，故无忧也。]

东疏曰，"六甲"者，是五行十干之首领也。其五行有旺衰，死绝胎墓成形沐浴六位，皆为余盛帝旺之地也。生则却于余盛，旺处主显衰，少"闻喜不喜"。假令以财旺地生，则却以行年在旺位求财，多闻财喜，而不见财入于手。若于北位上生，须在亏少之地发建。若于亏少之地，若行年衰少之地，显自己有盛旺之力，不求自得。"当忧不忧"亦然也，假令身旺处生，行年去入败绝之地，位上合忧却不忧，有元生者五行救助。若行年入旺运，尚有损伤也。《五行》云："旺入衰乡旺力显，衰入旺乡而衰力乘，旺入旺乡衰中亨。"衰建三命旺财官印及贵神喜神，父子妻奴皆亏少余，盛来往〇十有九中。

[疏证]《新雕》李注与释注本李注、《新编》李注上半部分基本相同，下半部分自"假令"至末皆异。李注下半部分曰：假令甲辰寅月生人，运至申上被刑冲，谓之禄绝。当忧反不忧者，为运见壬申，缘丁巳月受胎（寅逆数至巳为十个月），丁与壬合，申与巳合（"甲与己合"为"申与巳合"之误），此为胎月日时有所救助，再说甲辰火人寅月生，"行运至壬申上是生火与生水"指甲辰火人生于寅月，为身纳音之长生；甲木以寅为临官，禄旺；行壬申运金旺，为印之长生；辰中戊土则以申为长生，命亦旺。故曰火、木、金、水、土"遇五行相旺"，无忧也。

东疏，六甲者即甲子、甲戌、甲申、甲午、甲辰、甲寅，是五行十干之首领也。其处五行有旺有衰，死绝胎墓成形沐浴六位，皆为余盛之衰，即帝旺之余也。生于余盛六位之衰地，则遇旺处为喜，少有"闻喜不喜"而反为忌。如以财旺之地生，则却以行年小运在旺位求财，多闻财喜，而不见财入于手。若六甲于北位上生旺，须在亏少如东西之地发迹建业。生于财旺之地，处大运亏少之地、小运衰少之地，则显自己有盛旺之力，不求财而自得矣。"当忧不忧"亦然也，如身旺处生，行年小运去入败绝之地，位上似忧却不忧，因命有元生者五行救助。若行年小运入旺运，则尚有损伤也。《五行》云："旺入衰乡旺力显，衰入旺乡而衰力乘，旺入旺乡衰中亨。”（“亨”为“哼”之讹，哀叹也。）指旺地生入衰乡则显旺力之优点，衰地生入旺乡而更显其衰败弱点，旺地生又入旺乡则如衰病中人哀叹。东疏中“《五行》云”或“《经》云”应皆指《五行经》。上文第十八章东疏《经》云：“旺处生而死处发，以死绝处生，旺处败也。”在第二十二章东疏中则为“《五行经》云：‘旺处生而死处发’。”从其论述三命旺衰之行文角度看，应皆出自《五行经》，此乃东疏论三命旺衰吉凶之理论基础（参见附录：表八—东方明论旺衰吉凶汇总表）。所以衰地建三命财官印及贵神喜神旺盛，实际上反易导致父、子、妻、奴皆亏少余。故衰人遇旺盛之运来往，为凶十有九中。

诸家注中，徐注一味强调财官禄马，并无兼顾三命或日主旺衰，王、李、昙莹三家亦无阐述旺衰理论依据，惟有东疏多处引《五行经》论及旺衰吉凶，且吉凶论法与今人观点迥异，经本书研究此乃属“旺极”“衰极”之说，相当于后人“从格”之谓。（参见附录：探索东方明“旺衰吉凶”之我见。）

［万版］“闻喜”，以盈为言；“盈”者，益也。“不喜”，以亏为言；“亏”者，损也。损益之道，由六甲而推之，或以空亡为天地虚脱之辰。六阳命畏于阳宫，六阴命畏于阴位，岁运行年遇禄马、贵人，而在空亡，五行之亏盈相制，是“闻喜不喜”也。“当忧不忧”，指五行休废之处逢生，如木得甲申癸巳之例。假如戊申人得丁酉，暴败破碎自刑。丁酉死火，己化为土，子传母道，甲寅人运至申上，冲刑反吟，禄马俱绝，为旺金所制，遁见壬申是干救神。《术》云：“绝处逢父母，变灾为福”是也。余见六甲五行，其说圆活，或元命八字有亏、有盈、有救、有助，或行运流年有亏，有盈、有救、有助，不可执定。“亏盈”者，或吉或凶之谓也。“救助”者，制凶扶吉之谓也。

［疏证］此章万注大部分是穿插王、李、昙莹三家注文而成，后半部分仅“余见六甲五行”至注尾非三家之行文。对于“六甲之亏盈”，万注既引述王注“空亡”之观点，但举例却引李注“甲寅人运至申上”，强调“冲刑反吟，禄马俱绝，为旺金所制，遁见壬申是干救神”，而非“空亡”之类也。其中引李注“《神术》云”省略为“《术》云”。最后万注言：“亏盈者，或吉或凶之谓也。救助者，制凶扶吉之谓也。”为其观点。

第二十七章

八孤临于五墓，戌未东行。六虚下于空亡，自乾南首。[①]

[徐注] 乾在戌亥之间。假令甲子旬中，戌亥空亡也。“戌未东行”者，戌东行见丑，未东行见辰。如见生命内八字三元上下居于辰戌丑未，支内人元被，破而支虚，则一生孤立少骨肉，或为僧道，游走入舍之命。其于［“其余”合义］福气，可详所禀之气察，夫命［“大命”不合］向背言之为妙。

[疏证] 本章徐注仅对“戌未东行”进行阐述，认为戌位东行见丑，未位东行见辰。如见生命内八字三元（天元、地元、人元）上下居于辰戌丑未内，人元因地元被刑冲破败而支虚，则一生孤立少骨肉，或为僧道游走入舍之命。其于福气，可详所禀之主气强弱，察夫命向背言之为妙。正如徐注某些章节有选择性分析般，其在此章并未对“八孤临于五墓”、“六虚下于空亡，自乾南首”加以解说。若《四库》徐注本确为徐子平原注，即使在宋朝象徐子平这般禄命大家，要对五、六百年前命书进行全面阐述，亦会受到时代变迁制约。

[释注] 王注曰，出于一为家，包于一为嫁，所归宿之地也。福以坚实为衍，祸以虚耗为忒。所谓癸巳者，五行所不至之地也。“八孤”者，三位中除辰戌丑未，乃五行之墓，其余八位［“八音”不合］者，孤虚之辰，或孤临于墓，如申酉人孤辰在亥而寡宿居未也。五行之墓寄于四季之中，其气皆随月建而东行［“来行”不合］也。犹之［“申之”不合］戌与未，乃木火之墓，木自亥生，火从寅起，火木之气，皆自寅道［“寅首”合义］之东行，而钟藏于戌未之墓，故曰“八孤临于五墓，戌未东行”者欤。“六虚下于空亡”者，“六虚”乃六位空亡对冲辰是也。譬如乙丑生

---

① 《新雕》为卷第上终。

人，以亥为六阴正空亡，亥冲巳为六虚，亥为乾天，巳为巽地，巳乃南方之首〈辰〉，故曰“六虚下于空亡，自乾南首”。

李注曰，八孤对处为六虚，是六八虚［“六人虚”不合］位下先从孤数至虚，故云“下于空亡”。孤既东行，虚则西回，故云“自乾南首”。生于此者，防骨肉离异，睽隔乡间，一生散失，迍蹇无余财，亦宜消息［“生于此者，防忌骨肉离失乡间，一生散失，迍蹇无余财，亦在消息”亦合］。

昙莹注曰，甲子旬中戌亥为空亡，盖空亡对冲为太虚［“大虚”不合］，乃辰巳也。戌亥是乾金之位，在西极之北隅迤逦，甲戌甲申自乾南首，故寅申巳亥四孤之地，辰戌丑未五墓之乡，向戌未而东行，顺空亡而逆转。

八卦图：

［疏证］王注曰，出自于某一处，可称其为家；被接纳于某一处，可称其为嫁，皆所归宿之地也。福以坚实为衍沃（平广肥美），祸以虚耗为差忒（差错）。所谓癸巳者，甲申旬午未空亡为孤，五行所不至之地也。“八孤”者，六甲旬共十二辰空亡，三（应为四）位中除辰戌丑未，乃五行之墓，其余八位者，寅申巳亥子午卯酉谓孤虚之辰，或孤临于墓，如申酉人孤在亥而寡宿居未也（“寡宿”参见本章下文东疏）。五行之墓寄于辰戌丑未四季之中，其五行之气皆随月建而东行也，犹如戌与未，乃木火之墓，木自亥生，火从寅起，火木之气，皆自寅道之东行，而钟藏于戌未之

墓，故曰："八孤临于五墓，戌未东行"者欤。反之，如为丑与辰，乃金水之墓，金自巳生，水从申起，水木之气，皆自申道之西行，而钟藏于丑辰之墓，岂非"八孤临于五墓，戌未东行，丑辰西行"者欤？"六虚下于空亡"者，六虚乃隔六位，空亡对冲之辰是也。如乙丑生人，以亥为六阴正空，亥隔六位冲巳为六虚，亥为乾天，巳为巽地，巳乃南方之首辰，王注故曰："六虚下于空亡，自乾南首。"但如乙亥生人，空亡之酉，隔六位冲卯为六虚，酉为兑，卯为震，如何解说？

李注曰，八孤对处为六虚。此隔六之八孤虚位，从空亡之孤辰数至六虚之位，故云下于空亡。李注下面一段行文"孤既东行，虚则西回"，对解说"自乾南首"则不知所云。幸得本章下文《新雕》李注与本注完全不同，解说颇为详尽。

昙莹注曰，"甲子旬中戌亥为空亡之辰，盖空亡对冲为太虚，乃辰巳也"明确以空亡之辰对冲为六虚（本章下文万注引此句为"六虚"，《四库》释注本讹为"太虚"，《新编》"大虚"亦讹），下面曰"戌亥是乾金之位，在西极之北隅迤逦，甲戌甲申自乾南首，故寅申巳亥四孤之地，辰戌丑未五墓之乡，向戌未而东行，顺空亡而逆转"亦难解其意。不知《四库》提要中褒其"昙莹自论孤虚一条，亦有可采择"，所指在何处？

[新雕] 李注曰，〈"八孤"者，六甲旬内空亡之位，地支有十二位，此言八孤者，内除五行墓位，辰戌丑未四辰，故只言八，以分孤墓之异。"戌未东行"，火墓在戌，金墓在丑，水墓在辰，木墓在未。"东行"者，随斗建皆从东向南行也。假令丙寅丁卯人，生于戌月日时或运到，是甲子旬内空亡，又是火墓，生遇者顽恶，行年遇者官事至。若非八孤，则生于五墓，聪明有官。"六虚"者，甲子旬亥，甲戌旬酉，甲申旬未，甲午旬巳，甲辰旬卯，甲寅旬丑，是则随六甲天轮自乾而南向左旋也。〉[八孤对处为六虚，是六人虚位下先从孤数至虚，故云"下于空亡"。孤既东行，虚则西回，故云"自乾南首"。生于此者，防忌骨肉离失乡间，一生散失，迍蹇无余财，亦在消息。]

东疏曰，"八孤"：亥子，寅为孤；寅卯，巳为孤；巳午，申为孤；申酉，亥为孤。上四位是阴阳孤路之地，以五行临于五墓，火墓在戌，水墓在辰，金墓在丑，木墓在未。亥子人临戌火墓为寡宿。本命辰水，火墓上为寡宿，是阴阳寡绝之地也。申酉人临未木墓，在未是申酉寡绝之地，对冲是金墓。巳午人临辰水土之墓，是巳午寡绝之地也，辰对冲上火墓。寅卯临丑，是金墓谓寅卯寡绝之地，对冲上是木墓。若以空亡六虚上见临五墓，戌未东行，以此推之也。

[**疏证**] 本章《新雕》李注与释注本李注、《新编》李注完全不同，但《新雕》李注相对于诸家较为明白。

李注曰，“八孤”者，指六甲旬内空亡之位，地支有十二位，除五行墓位，即辰戌丑未四辰，故余者只言八，以区分孤与墓之异。“戌未东行”者，言戌至未，火墓在戌，金墓在丑，水墓在辰，木墓在未。随北斗建从东向南依次而行也。如丙寅丁卯人纳音火，生于戌月或日、时，或运到戌地，是甲子旬内空亡，又是火墓，柱内生者遇者顽劣。行年小运遇者谓之孤囚，官司至也。若非甲子旬空亡，火人生于五墓谓之库，则聪明有官也。“六虚”者，指空亡阴辰，甲子旬亥，甲戌旬酉，甲申旬未，甲午旬巳，甲辰旬卯，甲寅旬丑。“自乾南首”者，是六虚依次随六甲天轮自西北乾位而南下向左旋也。其余见上文释注本中李注。

东疏对八孤解说与王、李二注不同，王、李以空亡十二支除去辰戌丑未而言之，东疏则以亥子人，寅为孤；寅卯人，巳为孤；巳午人，申为孤；申酉人，亥为孤阐之。据中梅毂成等人撰写《钦定协纪辨方法书》所载，以地支三会方前一辰为孤，后一辰为寡。如申酉戌人以亥为孤，以未为寡。东疏弃辰戌丑未而不论，只是意在强调上述寅申巳未四位是阴阳孤路之地，以火墓在戌，水墓在辰，金墓在丑，木墓在未，为五行临于五墓。亥子人临戌火墓为寡宿，本命辰水人，火墓戌上为寡宿，是阴阳寡绝之地也；申酉人临未木墓，在未是申酉寡绝之地，对冲是金墓丑地；巳午人临辰水土之墓，是巳午寡绝之地也，辰对冲上火墓戌地；寅卯临丑金之墓，谓寅卯寡绝之地，对冲上是木墓未地。最后东疏曰：“若以空亡六虚上见临五墓，戌未东行，以此推之也。”并言“六虚”即“空亡六虚”，如以上文李注所言“六虚者，甲子旬亥，甲戌旬酉，甲申旬未，甲午旬巳，甲辰旬卯，甲寅旬丑，是则随六甲天轮自乾而南向左旋也”但六虚上见临五墓仅未丑二辰而已，又与“戌未东行”何干？

[**万版**] 甲子旬中戌亥为空亡，对冲为六虚，乃辰巳也。戌亥是乾金之位，在西极之北隅迤逦，甲戌甲申自乾南首，故寅申巳亥四孤之地，辰戌丑未五墓之乡，向戌未而东行，顺空亡而逆转。或以八孤者，除辰戌丑未乃五行之墓，其余八音，孤虚之辰，孤临于墓。如申酉人，孤辰在亥，而寡宿居未。五行之墓，寄于四气之中，其气皆随月建而来，行东之戌与未乃火木之墓，木自亥生，火从寅起，火木之气，皆自寅首之东行，而钟藏于戌未之墓。如乙丑生人，以亥为六阴正空亡，亥冲巳为六虚，亥为乾天，巳为巽地。巳乃南方之首神，或云“六虚下于空亡”。孤既东行，虚则西回，二者尝相对。此总论十二支中神杀之名，顺逆循环，孤虚空亡五墓，为人命之最要者欤。

[**疏证**] 万注开头“甲子旬中戌亥为空亡”至“顺空亡而逆转”为昙莹注行文，中间“或以八孤者”至至“或云‘六虚下于空亡’”为王注行文，后面“孤既东行，虚则西回”为李注行文，最末“此总论十二支中神杀之名，顺逆循环，孤虚空亡五墓，为人命之最要者欤”为万本人总结。纵观本章诸家之注，“八孤”之解王李二家异于东疏，以前者在理；“戌未东行”以徐注最明了；“六虚”者，王、李、东三家观点基本相同，万注引昙莹注文，徐注无表达；“自乾南首”者，以李注最清。“南首”当动词看，与前面“东行”对偶。（本章诸家观点汇总参见书后附录：表一。）

第二十八章

天元一气，定侯伯之迁荣。支作人元，运商徒而得失。[①]

［徐注］“天元”者，十干也。“支”者，十二支也。“定侯伯之迁荣”者，将为主天元配其人元而定其吉凶贵贱也。“支作人元”者，令好事者，八字内外五行作为也。“运商徒而得失”，看见支下有财无财，《赋》意令看命者，先看其有官印高低，有者次看财命如何，有财则得财，无财则失财。如得大运，即将为主天元循环而推之。每交一运，先看运下有何吉凶，次看运命八字元有何吉凶。元有官则发官，元有财则发财，有灾则发灾。若当生年气深，则迎运前发其灾福。中气则主中停，如气浅，则所居欲交前运而方发灾福。更看逐年太岁如何。《赋》云：“根在苗先，实从花后。”宜消息言之。

［疏证］“侯伯”乃侯爵与伯爵合称，故本章下文王注曰“侯伯者，天下之所贵也”；“商徒”乃商人，故王注曰“商徒者，天下之所谓富者也”。徐注曰，定侯伯之升官迁荣者，将其主天元配其人元深浅而定其吉凶贵贱也。指支中人元与天元一气，令有志好事者，凭八字干支内外五行同气而有作为也。若逢运吉凶而定商人得失，要看见支下人元有财无财。《消息赋》意在令看命者，先看其原命有无官印及高低，有者次看财命如何，原命有财则得财，原命无财则终失财。如得大运，即将原命最主（最有力）天元循环而推断之。每交一运，先看运下有何吉凶，次看运命八字原有何吉凶。原有官则发官，原有财则发财，有灾则发灾。若当生年八字中，某些吉凶得气深，则迎该大运前易引发其灾福；若当生年八字中，某些吉凶得气中停（中等），则在该大运中期引发其灾福；若当生年八字中，某些吉凶得气浅薄，则在该大运后期（即将成为前运）时引发其灾福。此外更

① 《新编》为“运商徒而得失”。

看逐年太岁吉凶轻重如何。《消息赋》云："根在苗先，实从花后。"宜消息言之。此处"若当生年气深"指原命支辰中人元所属吉神或凶根神气深。运则为苗，年则为花，月则为应验之果实，随原命吉凶气之深浅而先后断之。可见徐对"支作人元"，仍是按支中人元来解说（参见上文第一章徐注）。

[释注] 王注曰，贵者圣贤之所，可及众人无与焉；富者众人之所，可至在圣贤不足以言之。"侯伯"者，天下之所贵也，故以天元一气而推之。"商徒"者，天下之所谓富者也，故以支作人元而推之矣。十干禄乃天元之一气，天禄之所司，富贵而已，或禄带天德，官印贵食于五行四柱之中，兼得生旺气者，则侯伯有迁荣之拜矣。支曰"人元"，其有冲露［"冲路"不合］言命之变，则可以论商徒［"商徒"不合］之得失矣，如亥子水人得巳午火以为命财，或寅卯木人得申酉金以为财鬼，商贾之徒，详以人元定财物之得失。余皆仿此。

李注曰，十二支为人元，干者，取根幹以得名；支者，象枝条而立义。十干象天而动，十二支象地而静，阳唱阴和，夫行妇随，支配于干，得以循环进退。又以纳音为地元，凡看商贾［"商贾"不合］之徒求财求福，以十二支纳音详之。

昙莹注曰，"冲气舒而山川秀发，日月出而天地清明"，阴阳在人［"在命"亦合］亦如此也。向指天元清贵，合言［"今言"合义］侯伯迁荣是知天元秀气，而吉将加临者，人得之贵也。支元纯粹而四柱比和者，人得之富也。直云富与贵而不言贫与贱者，何也？反此则为［"以为"不合］贫与贱耳，须观有气无气，当究进神退神，故下文云"财命有气，财聚［"财绝"合义］命衰"之谓也。

[疏证] 王注曰，贵者是圣贤之所求，可到达普罗大众人无法追求之高度；富者为普通人之所求，只能对于圣贤不足之常人以言之。"侯伯"者，天下之所贵也，以天元一气清透而推之；"商徒"者，天下之所富者也，以支作人元藏而推之，故贵者多清，富者多浊矣。"十干禄乃天元之一气，天禄之所司，富贵而已"者，指十天干之临官与其天元为同一之气，亦称"天禄"，如甲寅、乙卯之类。得天禄所司月令，只是确定大致富贵而已。若有天禄带天德、官印、贵人、食神于五行四柱之中，兼得生

旺气者，则有侯伯迁荣之喜矣。支曰人元（子平以藏干为“人元”，虚中以身命纳音为“人元”）其逢刑冲或透露藏气，则可言命之变化，则可论商徒之得失矣。如亥子命水人得巳午火以为命财，巳午之火透干被克又逢冲则破财；或寅卯命木人得申酉金以为财鬼，申酉逢印透干无刑冲则为迁荣。故商贾之徒，详以人元定财物之得失，余皆仿此。

李注曰，十二支为人元。干者取根干之干以得名，为阳；支者象枝条之枝而立义，为阴。十干象天而动，十二支象地而静，阳唱阴和，夫行妇随。支配于干，干主支辅，得以循环进退。不过李注“又以纳音为地元。凡看商贾之徒，求财求福，以十二支纳音详之”与原文“支作人元，运商徒而得失”并不一致。

昙莹注，有曰：“冲气舒而山川秀发，日月出而天地清明。”阴阳在人，亦如此也。天元清透贵神相合，言侯伯迁荣升官则知命中天元清秀高透，再得吉将（即将星）加临者，则为人之贵也。支元纯粹而四柱比和者，就是支命与纳音身相生，且为干禄旺地，又为四柱比和，人得之富也。《消息赋》只云侯伯与商徒之富贵要领，而不言贫与贱者，何也？其实只要反此领悟则贫与贱明矣，关键须观三命有气无气，当究禄之进神退神，故下文云“财命有气，财绝命衰”之谓也。

[新雕] 李注曰，〈十干为天元，本一气而有生，遇三会则是君子之贵，看君子求官，干上言之。〉十二支为人元。干者，取根杆［“根幹”亦合］以得名。支者，象枝条而立义。十干象天而动，十二支象地而静，阳唱阴和，夫行妇随，支配于干，得以循环进退。又以纳音为人元［“地元”不合］，凡看商贾［“商贾”不合］之徒求财［求福］，以十二支纳音详之。

东疏曰，“天元”者，是天阳真气，本禄也。支者是阴气，成本命也，若定人官职高低位，须以天元本禄详之，若求父母妻子，于纳音身上看之。如看官位，阳命前五辰，阴命后五辰，见干德相合，或带本印建本官，更有喜神，人遇之，杀中在天，杀为贵，上更有官印，力则贵也。若在劫杀与亡神，下见德神或见贵神亦贵也。若推财福之人，亨于阳命前三辰、阴命后三辰，上见喜神、食神、贵神及三财，主者为营利福德也。若推亲族以纳音取之，若是水身以火为父，以金为母，以水为兄弟，以火为妻，以土为子，各随其五行旺衰生月日时言之。

［疏证］本章《新雕》比《新编》、释注本李注开头多出有“十干为天元，本一气而有生，遇三会则是君子之贵。看君子求官，干上言之”衍句，明显是后者所脱佚部分，其义指：十干为天元，本命一气而有支生者，遇三会禄则是君子之贵。看君子求官，以干上官贵言之。参见本章上文释注本李注部分。

东疏曰，天元者是天阳真气，属本造之禄也；支者是阴气成，属本造之命也。若定人官职高低位，须以年为本禄看天元详之，若求父母妻子，于纳音身上看之。如看官位，“阳命前五辰，阴命后五辰，见干德相合”是指前后五辰见有干德相合为官印（参见上文第一章东疏），如甲寅人见己未，乙卯人见庚戌等。又曰，或有命造带有本印，建有本官，更有喜神相伴，如此人遇之杀中在天，杀则为贵，加之干上更有官印者，则杀越力则越贵也。若支在劫杀与亡神（参见上文第七章东疏），下见德神或见贵神亦贵也。若推财福之人，亨达于阳命前三辰，如寅命见巳；阴命后三辰，如酉命见午，干上见喜神、食神、贵神及三财（禄财、命财、身财），力强为主者为营利福德也（可参考其下文第三十二章）。若推亲族则以纳音五行取之，指男命人元水人，以火为财为父，以金为印为母，以水为比为兄弟或姐妹，以火为财为妻，以土为官为子（若是女命水人，则以火为财为父，以金为印为母，以水为比为兄弟或姐妹，以土为官为夫，以木为食为子也），各随其五行旺衰生月日时而言之。

［万版］以干为禄，故天元清秀，吉将加临，人得之而贵也。以支为命，故支元纯粹，四柱比和，人得之则富也。此天地之分，干支之别也。天元一气，不是一样，如今谈命者所指，以其象天，故云“一气”。天禄之所司也。须禄带天德官印贵食，五行四柱中兼得生旺气者至贵。商贾之徒，详以人元定财物之得失。须观有气无气，当究进神退神，故下文云：“财命有气，财绝命衰。”运对定而言，定则决定、运则流转，义各有所取也。

［疏证］万注前后文大致取自昙莹注，中间“此天地之分……详以人元定财物之得失”大致取自于王注。最后“运对定而言，定则决定、运则流转，义各有所取也”为万注之行文。至于诸家对“人元”不同观点，可参见本书附录表六汇总。

第二十九章

但看财命有气，逢背禄而不贫。若也财绝命衰，纵建禄而不富。

[徐注] 如壬癸人生在三春或见寅午戌，而八字内外或有甲乙二字，即为背禄矣。壬癸以戊己为官印，被甲乙寅卯克夺去官印，即无官也。唯有水克火为财，春生火旺，故曰“财命有气”也。十干“背禄”，甲乙日生见丙丁，丙丁见戊己，戊己见庚辛，庚辛见壬癸，壬癸见甲乙，见之背禄无疑。假令生日是甲，岁月时上有丙丁若居巳午，皆“背禄”。以辛为官，辛是丙之妻，丁之正财，自然夺辛金。甲禄既背于丙丁[之下]，却有戊己，甲可取戊己为妻财，而为福矣。《赋》云：“背禄而不贫”也。更须精五行休旺，居支干方位并休旺[妙]矣。

建禄不富：

六甲人正月生，逢丙寅，是生月建禄也。甲禄在寅，故曰“建禄[“建福”不合]而不富”也。正月土病，甲以戊己为财，寅卯乃土病之地，虽建[“虽见”不合]甲之正禄旺，而无祖也。生月为父母，故无祖财也。死妻，多数而孤。若岁时位内有亥卯未或有乙干，故三妻之上，主一世贫穷。作事多虚诈，为人大样。或论官，则名目而已，权印极轻，谓无金。只见甲之本禄而春生，则一生少病。若当生岁时得辛未、癸未、癸酉、辛亥、戊丑则佳。然金土本主休囚，赖于金土分野，为官印为财，如得此岁扶，小庆之命。大运遇巳酉丑位，则官印财帛奋发而亦不崇显也。谓金土绝死。《赋》云：“根在苗先，实从花后”故也。若当生岁时位内无金土之贵，则遇金土而不发官印财帛也。谓岁时月内外元无金土之贵，则遇吉运而亦不发福。谓主本元无也。故云：“福星临而祸发，以表凶人。”谓运临贵地，而不发福，以表[当生岁时元无富贵也，则是凶命，恶曜加而有喜者]，[谓]当生岁时所禀富贵极厚，而运临劫财七杀之地，虽败财败官亦自有喜。谓所乘福气之厚也。

六乙人，二月生是也。若岁时位内有申，并巳酉丑，则官印稍得为用，至轻也。如岁时位内天元有庚，则尤佳［“尤加”不合］。岁时若居辰戌巳上，则为乙之财亦妙矣。丑为贵地，财官两美，若月时位［“财时位”不合］内有亥卯未，或更别位天元上见甲乙或寅位，则一生财帛不聚，克三妻以上，亦无祖财，为性好刚，亦平生少病。谓木春生而身旺鬼绝也。三月［“二月”合义］金方受胎，虽破命而长年也。乙卯以辛或酉为七杀，以春生金绝，运逢金［“逢辰”合义］为财库。巳为背禄而有财，午未见财多而不成。《成鉴》曰：“绝破皆空，五行支枯［“支祐”不合］也。”逢申运［“运申运”不合］则财发，官得权，凡百遂意。若当生岁时元有申位，则依前申寅篇内究之。其五行活法，未见岁时分野之气，亦未可一途而取轨也。

六丙人四月生是也。四月水绝，若岁时得癸亥、壬子、壬戌、癸卯、甲子，则官稍得，此亦［“此以”合义］鬼绝，而用鬼为官印也，然不清。亦可作有用之命，然一生坎坷。若岁时内无壬癸亥子，则是建丙火本家禄主之命。论六甲乙之命言之，亦无祖财。若临午未，则妻死三数，一生无财禄，出军班吏人，名目极卑。

六丁人五月生是也。谓丁禄在午，丁以庚辛为财，五月金休败，无祖财，或因主［“水囚”合义］克妻。若岁时有亥子申辰水，则为官用，然名目不清，亦且入仕，向武臣止大使臣，文官止京朝而已。若岁时居巳戌或干头有戊己土则名目而已。权印禄轻［“极轻”合义］，情性［“清性”不合］动作亦同甲乙，皆是建旺本禄五行，别无造化而不君子也。

六己人五月生是也。谓己禄在午，己以壬癸为财，五月以水囚无祖财也，克妻三数，子见而不立。运逢财而不聚，作事厚而有理，性好静，可言语。若岁时内有甲有寅则为正官为福，亦妙。有亥卯未则为偏官，干头有乙则为鬼而不克身，谓甲乙夏死身旺鬼绝也。以甲为官，亦嫌木死而官卑。如岁时辛亥、庚子、癸丑或申子辰，则财但得亦无大富也。

六戊人四月生是也，谓戊禄在巳。戊以壬癸为财，四月水绝无财，克妻。见子多而不立，致有绝嗣。戊虽旺而鬼死［“癸死”不合］，谓之偏易也。故《赋》云：“眷属忧其死绝。”若岁时居申子辰水位，则子晚见而不绝也。止有一数，余同上论（指“六己人五月生”）。学者莫以为徐注将“六己人”置于“六戊人”之前是版本流转致讹，此处“余同上论”可证乃作者有意为之。。

六庚人七月生是也。谓庚禄在申，论官则建庚之干禄。金以木为财，七月木绝，若上旬生，则有祖财，谓有六月金气，未为木库，虽临木绝之乡，以七月气而尚有三五分库财之福也。运至酉戌破尽也，酉戌乃庚之劫财。故《赋》云：“小盈大亏，恐是劫财之地。”加以戌刑未，祖财所以破尽也。若中旬末旬生，则无财也。或岁时居寅卯并亥未，则生财［“则主财”不合］而亦不广。若太岁临于酉戌，又无财也。若岁时干有丙丁，居于东南方位，亦为官印。若岁时支并［“支干”合义］却有壬癸，则无官也。若岁时居巳午更两位干是戊己，则有官禄而不清不显，以秋火无气故也。《陶朱》云：“若逢天元会例遇鬼，则父子不亲。”壬癸时［“壬癸恃”合义］庚辛为母，以丙丁为妻，被水克去丙丁，所以庚辛背禄也。运行午火旺之地亦发福，则只是暂得时而已，终不成大器也。

六辛人八月生是也，建禄临官，财印一依六庚同论。若辛亥、辛卯、辛未，财则不阙，亦无大绩。未为辛之财库，卯为辛之财乡，亥为辛之财长生，皆为支内支财也。以八月财绝命衰，纵建禄而不富也。此三辛，财且薄，其余皆依庚论。如庚申、辛酉、辛丑，吉凶之论。如辛巳时有贵而有官印亦轻。

六壬人十月生是也，壬以丙丁为财，十月火绝。以戊己土绝，《赋》云：“己巳戊辰度乾宫而脱厄”是也。常术以水土绝于四月，其水固绝，土非也。土绝在亥，故以十一月生人［“以土日生人”合义］，运到亥为厄运也。其壬十月无土无火，乃财绝命衰也。壬亦以戊己为鬼，十月戊己绝，假令岁时位有戊己或戌丑未，可作官印用，亦不为鬼。《赋》云：”若乃身旺鬼绝，虽破命而长年”是也。

六癸人十一月生是也，［论］癸禄居子，论财，论官印，论鬼，亦依干禄［“壬禄”合义］仿言之。

［疏证］徐注曰，如壬癸人生在寅卯辰三春或见寅午戌，而八字内外或有甲乙二字，即为“背禄”矣。“寅午戌”三合财局，食财官皆深，但若透木气食伤，则官不显矣！从对破坏官禄角度看，徐注食伤同论。壬癸

人以戊己为官印，被甲乙寅卯克夺去官印，即无官也。不过，水克火为财，三春木旺生火，财之根气极深，故曰”财命有气”也。十干背禄者，是甲乙日生见丙丁，丙丁见戊己，戊己见庚辛，庚辛见壬癸，壬癸见甲乙，见之背禄无疑。如生日是甲，岁月时上有丙丁若居巳午，皆背禄。甲以辛为官，辛是丙之妻，丁之偏财（“丁之正财”不合），丁自然夺甲之辛官。甲禄之庚辛既背于丙丁食伤，却有戊己土在，甲可取戊己为妻财，亦谓之福矣。故《消息赋》云：“背禄而不贫也。”要求术者更须精察五行休旺，根据支干方位并联系运岁定休旺矣。

“建禄不富”者，以六甲乙、六丙丁、六戊己、六庚辛、六壬癸人分别阐述：

六甲人正月生，逢丙寅，是生月建禄临官也。正月土病（水土同行），甲以戊己为财，寅卯乃土病之地，虽建甲之正禄旺，而无祖也。因生月为父母之位，故无祖财也。且多数死妻而孤，若岁时位内有亥卯未三合或透有乙干，则克三妻之上，主一世贫穷。其人作事多虚诈，为人道貌悍然。有人要论其官运，则虚名而已，权印极轻，谓之无金无官也。只见甲之本禄而春生，身强且旺则一生少病。若当生岁时之柱得辛未、癸未、癸酉、辛亥、戊丑则佳。然金土正月本主休囚，赖于金土被岁时分野定强弱，虽生月财官不旺，但如得岁时之生扶，亦为小庆之命。大运遇巳酉丑金位，则官印财帛奋发但亦不甚显也。故甲禄在寅，建禄而不富也。谓金土命中绝死，岁运扶而难旺，虚名小吏耳。故《消息赋》云：“根在苗先，实从花后”。若当生岁时位内无金土之贵气，则虽遇金土岁运吉地而不发官印财帛也。谓主本元无也，指官为主、财为本，两者原无也。故云：“福星临而祸发，以表凶人。”是谓虽运临贵地，而不发福反为凶，以表该命当生岁时元无富贵，则是凶命也。至于逢恶曜加临而有喜者，指该命当生岁时所禀富贵之气极厚，而运临劫财七杀之地，虽逢败财败官之气亦自有喜。此谓原命所乘福气之厚也。

六乙人二月生金胎，若岁时位内有申，并巳酉丑之一，则官印稍得为用，但至轻也。如岁时位内天元透有庚，则尤佳。岁时若居辰戌支上，则为乙之财亦妙矣。六乙人得丑为金贵之库地，则财官双美，但若月时位内有亥卯未，或更别位天元上见甲乙或寅位，则一生财帛不聚，克三妻以上，亦无祖财，为性好刚，亦平生少病。所谓木春生而身旺鬼绝，贱命也。二月金方受胎，虽贱命而长年也。乙卯以辛或酉为七杀，以春生金绝，运逢三月辰土为财库。巳中丙火虽为背禄，但为金之长生地，土之临官位，故亦有财，而午未虽见火土财多而不成，乃五行金死也。《成鉴》曰："绝破皆空，五行支枯也。"乙人逢申运则财发官得，掌权凡百（"凡百"者，一切、所有也））遂意。若当生岁时原有申金位，则依前申寅篇内究之。要知五行乃活法，切不可仅以月令之气妄断，未见岁时分野之气决定强弱，亦不可一途而取轨断雌雄。徐注此处无意中提到前有"申寅篇"，显然不是指其《消息赋》注文，而是专门论述申金与寅木之篇章，是否意味着徐注《消息赋》仅是其命书之一部分？但阅徐大升编《渊海子平》仅有十二月寅至丑建候诗诀，并无所谓"申寅篇"，况且书内只载有《珞琭子消息赋》原文，不见其注文。后人考徐子平本无命书传世，仅有署名作注《消息赋》一篇，今此所谓"依前申寅篇内究之"，疑指其另有命著，惜不为后人所知也。

六丙人四月生水绝，若岁时皆得癸亥、壬子、壬戌、癸卯、甲子，则官贵稍可得之，此所谓因鬼绝而用鬼为官印也，然不至清至纯，虽可作有用之命，然一生坎坷。若岁时内无壬癸亥子，则是建本家丙火禄之命，按论六甲乙之命言之，亦无祖财。若临午未月，则妻死三数，一生无财禄，出任军班吏人，名目极卑。

六丁人五月生，谓丁禄在午，丁以庚辛为财，五月金沐浴水休囚，无祖财亦主克妻。若岁时有亥子申辰水，则可为官用，然官杀混杂，名目不清，官职不稳。入仕向武臣止于大使臣，文官止于京朝而已。若岁时居巳戌土厚或干头透有戊己土，则仕途有名无实而已。权印官禄极轻，情性动作亦同六甲六乙，皆是建旺日主本禄五行，不过身强寿长，却别无造化而非君子仕途也。

六己人五月生，谓己禄在午，己以壬癸为财，午月以水囚而无祖财也，克妻三数，纵有子女而无出息。运逢财地而不聚，土人生旺作事厚道而有理，性好静可言语。若岁时内有甲有寅则为正官为福，亦妙。有亥卯未木局则为偏官，干头透有乙则为鬼而不克身，因原局甲乙夏死身旺鬼绝也。以甲为官，亦嫌木死而官卑。如岁时辛亥、庚子、癸丑或申子辰，乃土自生金，再生水财，非官印相生或官制刃夺财，故为劳作辛苦所得，小财无大富也。

六戊人四月生，谓戊禄在巳，戊以壬癸为财，四月水绝无财，克妻，见子多而无出息，甚至有绝嗣。戊虽旺而木鬼死于巳午火，比劫旺而无制为偏颇也。故赋文云："论其眷属，忧其死绝。"（参见下文第五十三章）若岁时居申子辰水位，水木财官得气，则子晚见而不绝也，亦止有一子。故看子须论财，余同上论（指"六己人五月生"）。学者莫以为徐注将"六己人"置于"六戊人"之前是版本流转致讹，此处"余同上论"可证乃作者有意为之。

六庚人七月生。谓庚禄在申，论其为"官"（即"临官"）则是由于申是建庚之干禄，取义为身旺可担官贵，却并非一定得官禄也。金以木为财，七月木绝，若上旬生，则有祖财，因六月金气尚弱，未为木库，虽临七月木绝之乡，因上旬申气尚有三五分库财之余福也。看运亦如此，木至酉戌之地破尽也，酉戌乃庚之劫财。故赋云："小盈大亏，恐是劫财之地。"（参见下文第三十章）加上戌刑未，六月末七月初生人，祖财所以破尽也。若七月中旬末旬生，则无财也。或岁时居寅卯并亥未有木气，则生财而亦不广。若太岁临于酉戌而不利木，又无财也。若岁时干有官杀丙丁，居于东南木方位，亦为官印。若岁时干支却有壬癸食伤，则无官也。若岁时居巳午更两位干透戊己，则有官禄而不清不显，因秋火无气之故也。《陶朱》云："若逢天元会例遇鬼，则父子不亲。"指若逢天元七杀相会成鬼，则子与我不亲也。壬癸依庚辛为母，水以丙丁为妻，被水克去丙丁，所以庚辛人背官禄又子缘薄也。运行午火官旺之地虽亦发福，但终因原命火死酉月，纵有官禄亦不过暂得时而已，终不成大器也。

六辛人八月生，建禄临官，财印一依六庚同论。若辛亥、辛卯、辛未，财则不缺，亦无大绩。未为辛之财库，卯为辛之财乡，亥为辛之财长生，皆为支内支财，藏而不露也。因八月财绝命衰（指财绝衰于支命也），纵建禄而不富也。此三辛，即辛亥、辛卯、辛未，财上透刃，故虽藏财亦薄，其余皆依庚论，或如庚申、辛酉、辛丑吉凶之论。如辛巳时为火临官位，但酉月为火死地，故虽有贵而官印亦轻也。

六壬人十月生，壬以丙丁为财，亥月火绝。因戊己亦以亥月为土绝，故《消息赋》云“己巳戊辰度乾宫而脱厄”。指己巳戊辰人在乾宫亥地为绝，度过亥地方可脱厄境。平常术士以水土绝于四月，其实水固绝于巳，土却非也。土乃绝在亥，故以土日生人，运到亥地为厄运也。（学者须留意，此处徐并不赞同水土十二宫同行，但其下文第六十一章又曰：“裸形者，五行淋浴也。如人本音淋浴，大运逢之者灾，水土人运在酉，木人运在子，火人运在卯，金人运在午。”则明显以“水土同行”论之。可参见书后附录：表七。）其壬十月土火入戌墓，向财绝命衰之亥地而行也。壬亦以戊己为鬼，十月亥地戊己土绝，如岁时位有戊己或戌丑未，可作官印用，因土薄难以为鬼，惟寿长禄浅而已。故《消息赋》云：“若乃身旺鬼绝，虽破命而长年”（参见下文第三十章）。

六癸人十一月生，癸禄居子地，论财，论官印，论鬼，亦依上文壬禄言之。

本章徐注详细阐述子平分析禄命之手法，其观点系统性较强，颇为珍贵。

[释注] 王注曰，人生以财命为主，五行所克者，谓之财〈有气〉，[谓] 财与命皆得，寓之于五行生旺之地也，虽四柱背禄使之无官，亦不至贫贱也。或命与财二者无气，虽得建坐禄使有小官，亦不能至富贵也。譬之庚寅木人克丙戌土为财，土旺在戌，身命二木至东南，戌虽背申之庚禄，以其财命有气，逢背禄而不贫也。若也财绝而命衰者，如甲辰生人得丙寅火，以金为财，绝于寅，辰土至寅而为命鬼，兼遇空亡，可谓 [“可以”不合] 财绝命衰矣，虽月建坐禄，以财命无气，所以“纵建禄而不富”者也。

李注曰，此言禄财命在长生临官帝旺 [“带旺”不合] 有气之乡，生者逢背禄而不贫，如甲寅人生于戊辰月，受胎于巳未月；又戊戌日丑时生，甲寅禄命以土为财，如此者虽背禄，一世富强，名位发达，官必崇显。又若甲寅阳命，生于乙亥月 [“于丁巳月”不合]，受胎于丙寅月，庚寅日辛巳时，此谓 [“此虽”合义] 建禄，一世贫穷，常为不义之徒，故有官职亦须卑下。又如壬子阳命男，受胎于四月，生于正月甲戌日丙寅时生，此乃但为富豪之人，平生必无官职为。以火为财，生于有气之地，土为官是病绝之处，故云富而无官又的［“只的”亦不合］然也。其贫贱者，生处俱弱，不逢贵气自可见也。

昙莹注曰，前云“以干为禄，向背定其贫富”，盖指财命两宫，各宜旺地。又如庚申木命，庚禄在申，丁亥月中木生土旺，顺行大运，背禄何贫［“向贫”不合］？又如火归巳地逢金，土向申中遇水，皆曰“财命有气，虽背禄而不贫”。财绝命衰者，如戊戌木命，丁巳月生，虽于建［“虽云压”不合］禄财乡，其奈命衰财绝。此法不但月上，时日皆然。故云：“财绝命衰，虽建禄而不富。”

［疏证］王注曰，人生以财命为主，原局内有三命五行所克者，谓之财有气。如财与命皆得寓之于五行生旺之地，虽四柱背禄使之无官，亦不至贫贱也。如命与财二者无气，虽得建月坐禄使有小官，亦不至于大富贵也。譬如庚寅纳音木人克丙戌纳音土为财，土旺在戌，虽身（年纳音）命（年支）二木至东南辰位背木禄而行，且戌乃年庚临官之背禄位，但因其财命有气，三命逢背禄而不贫也。若同时财绝且命衰者，如甲辰纳音火人丙寅月生，火人以金为财，金绝于寅，支命辰土至寅位而为命之鬼地，兼遇甲辰旬空亡，可谓财绝命衰矣。虽月建为甲之禄，因财命无气，所以“纵建禄而不富者”也。

李注曰，此言禄财之命在长生临官帝旺有气之乡，生月逢背禄而不贫。举例：

（二十九）——甲造

乾：甲　戊　戊　癸　　　受胎月：己

　　寅　辰　戌　丑　　　　　　　未

如上甲寅人生于戊辰月为背禄，受胎于己未月，又戊戌日癸丑时生，甲寅禄命以土为财，土厚财丰，如此者虽背禄，却一世富强，名位发达，官必崇显。

（二十九）——乙造

乾：甲　乙　庚　辛　　　受胎月：丙

　　寅　亥　寅　巳　　　　　　　寅

又若甲寅阳命，生于乙亥月，受胎于丙寅月，庚寅日辛巳时出生（下文《新雕》李注为“丙寅月庚寅日辛巳时生”）。李注谓此建禄，应是指

"丙寅月"生。如乙亥月应为长生，受胎为建禄。木旺土衰，财弱一世贫穷，常为不义之徒，故有官职亦须卑下，故"纵建禄而不富"。（参见下文《新雕》李注。）

（二十九）——丙造

乾：壬　壬　甲　丙　　　受胎月：癸

　　子　寅　戌　寅　　　　　　　巳

又如壬子阳命，受胎于四月癸巳，生于正月壬寅，甲戌日丙寅时生，此乃只为富贵之人，平生必无官贵，以火为财，受胎临官，生月长生，财命有气之地。而土为官，（水土同行）春为病处，故云富而无官也。若为贫贱者，其财官生处则俱弱，不逢贵气自可见也。释注本李注此章中"故云富而无官又的然也"，在《新编》中为"故云富而无官只的然也"，在《新雕》中为"故富而无官职的然也"，应以《新雕》合义。

昙莹注曰，前文第二章"以干为禄，向背定其贫富"，大概是指财命两宫，各宜旺地。不过象庚申木命，庚禄在申、病在亥，丁亥月中木生土旺，顺行大运依子丑寅地，向财乡而行，如此背禄何来贫乎？又如火归巳地逢金，巳中有金且为长生地；土向申中遇水，申中有水且为长生地，皆曰"财命有气，虽背禄而不贫"。财绝命衰者，如戊戌木命人，丁巳月生，虽于建禄临官，无奈木命病衰，水财绝地。此法不但适用于月上，看时日皆然。故云："财绝命衰，虽建禄而不富。"

[新雕] 李注曰，此言禄财命财在长生临官帝旺有气之乡，生者逢背禄而不贫。如甲寅人生于戊辰月，受胎于己未月，又戊戌日丑时生，甲寅禄命以土为财，如此者虽背禄，一世富强，名位早达［"名位发达"亦合］，官必崇显。又若甲寅阳命［男］，于丁巳月受胎，于丙寅月庚寅日辛巳时生，此虽建禄，一世贫穷，常为不义之徒〈谩〉，有官职亦须卑下。又如壬子阳命男，受胎于四月，生于正月甲戌日丙寅时生，此乃但为富豪之人，平生必无官职为，以火为财，生于有气之地，上为官［"土为官"合义］是为病绝之处，故富而无官职的然［"只的然"不合］也。其贫贱者，生处俱［"居弱"不合］不逢贵气，自可见也。

东疏曰，若详财看命，推贵详禄，看官推位。若君子命在五行五位，主亦须三旺上生，主福德详身命及支命。假令丁酉六月丁未月己未日辛未时，丁为火禄，酉为金命，纳音火身。其火以金为财，财与命都是金，在六月禄带旺也。月日并时都在财旺之乡，主有大财富也。丁火亦三六月。大运逆行，五岁丁未，十五岁丙午，二十五乙巳，约三十五甲辰，其旺者金财渐发也。若财绝命衰，假令乙卯，八月乙酉月，日时生虽俱乙禄，其乙卯木在酉上都绝也，又水以火为财，在死位。“若也财绝命衰，纵建禄而不富也”，即主贫困薄贱也。

［疏证］本章释注本李注与《新编》李注、《新雕》李注有二处明显不同。其一：前者中“又若甲寅阳命，生于乙亥月，受胎于丙寅月，庚寅日辛巳时，此谓建禄，一世贫穷”（见上文举例二十九——乙造），后者中“又若甲寅阳命男，于丁巳月受胎，于丙寅月庚寅日辛巳时生，此虽建禄，一世贫穷”，禄命建禄看生月，故以后者“丙寅月”为是。其二：释注本与《新编》之李注中“又若甲寅阳命……此虽建禄，一世贫穷，常为不义之徒，故有官职亦须卑下”，《新雕》李注为“又若甲寅阳命……此虽建禄，一世贫穷，常为不义之徒谩，有官职亦须卑下”，“谩”，欺也，即常被不义之徒欺负。“有官职亦须卑下”只是性格懦弱被强者欺，岂为不义之徒耶？故亦以后者为是。

东疏曰，断财要看支命是否在财地，推贵要详干禄是否有贵气，论官要推支干前后五位是否“支德合”“干德合”（“支德合”参见上文第二章东疏，“干德合”参见上文第一章东疏）。其上文第二十一章：“干德、贵神、官印、食神、喜神、本禄七事，支干相合，前后五辰即贵也。”指既要“干德合”，亦要“支德合”。其下文第三十七章：“运至贵地，不必贵神之地。若前后五辰干德合为第一也”指的是既要“干德”，亦要“支德”。不过若是君子命，既须各贵神支干前后五位相合，亦须禄命身三命皆旺。人命以禄为尊，但福德大小亦离不开身命及支命。举例：

（二十九）——丁造

乾：	丁	丁	己	辛	五岁起大运：	丁	丙	乙	甲	乙
	酉	未	未	未		未	午	巳	辰	卯

如丁酉六月丁未月己未日辛未时，丁为火禄，酉为金命，纳音火身。其火以金为财，财与命皆金，金在六月未地冠带也。况月日并时都在财旺

之乡为旺极，生有大财富也。不但支命与纳音身俱旺，连禄火亦临官三个未时（即“丁火亦三六月”）而旺极，此符合前谓“亦须三旺上生主”，但不符“若君子命在五行五位主”。“三旺”指禄命身三命在月日时皆生旺，故置胎月不论亦可断为旺极。乾造阴命大运逆行，五岁起丁未，十五岁丙午，二十五乙巳，约三十五甲辰。其火禄向木火而行，禄身二命属于“旺见旺则凶”，行运贵浅。但支命与身财二金至大运辰卯木地衰败，身财与命反而为吉，即“旺见衰则吉”也。故此命从行运角度看乃禄少财多，不利仕途利商贾，属于“但看财命有气，逢背禄而不贫”。“背禄”是指原命禄火在未月，又旺火逆行旺地而禄少；“不贫”不仅是原命“财命有气”，是旺财逆行在衰地反而财多所至。（参见本书附录：探索东方明“旺衰吉凶”之我见。）

下面举财绝命衰者例：

（二十九）——丙造

乾：乙　乙　〇　〇

　　卯　酉　卯　卯

乙卯水人，八月乙酉月，日时生虽俱得乙禄，其乙卯禄命在酉月上都绝也，又水人以火为财，火在酉死位。如此财死命绝，虽有日时建禄之名，却无月令建禄之实，故“纵建禄而不富”，即主贫困薄贱也。可见注重月令乃古法一脉相承。

［万版］人生以财命为主，五行所克者，谓之财。有气，谓财与命皆得寓于五行生旺之地，虽四柱背禄使之无官，亦不至贫贱。若命与财俱无气，虽得月建坐禄使有小官，亦不能致富贵。假如庚寅木克丙戌土为财，土旺在戌，身命二木至东南，戌虽背申之庚禄，以其财命有气，故不贫。又如甲辰生人得丙寅火，以金为财，绝在寅，辰土至寅为命鬼，兼遇空亡，财绝命衰，虽月建坐禄，以财命无气，故不富。前云“以干为禄，向背定其贫富”，盖指财命两宫，各宜旺地。不但八字，行运皆然。徐说，以财命有气，如甲乙见巳午等月建禄；不富，如甲乙生寅卯等月。宜并详之。

［疏证］万注中“人生以财命为主”至“故不富”为王注行文；“前云

‘以干为禄，向背定其贫富’，盖指财命两宫，各宜旺地”为昙莹注行文；最后是“徐说，以财命有气，如甲乙见巳午等月；建禄不富，如甲乙生寅卯等月”，其中“如甲乙见巳午等月”属“财命有气”没错，但徐注中未有此行文，应为万注按徐意所述；后半句“建禄不富，如甲乙生寅卯等月”在上文徐注中有类似表达，即：“建禄不富，六甲人正月生，逢丙寅，是生月建禄也。甲禄在寅，故曰‘建禄而不富’也。”除却以上行文，剩下“不但八字，行运皆然”为万自注文。

本章王、东二家以纳音身论财，李、昙莹注二家以干之禄论财。其实财与官，应以三命论，只不过禄财主官贵，命财主富贾，身财主自福。但世上三命皆旺者甚少，与财同旺者更稀，大都是财命有气而逢背禄，或财绝命衰而建禄，故谓不贫不富乃常人也。《赋》原文中“若也财绝命衰”中“也”字是为了与前句“但看财命有气”字数相等，且在句中起到语气缓冲和转化作用。

第三十章

若乃身旺鬼绝，虽破命而长年。鬼旺身衰，逢建命而夭寿。

[徐注] 身旺者，〈甲〉人正月生，甲以金庚为鬼，即可为学堂之用，不可作鬼谓之［“为之”亦合］。庚鬼自然绝，而不能害其甲，虽破命而长年也。又《经》云：“身衰者，如甲人秋生，秋金旺乃甲木绝。甲虽逢寅卯建禄之地，与庚金相逢，虽则［“然则”不合］重重之救必夭寿也。”

[疏证] 身旺者，如甲人寅月生，本来甲以庚金为鬼，因正月建禄甲旺，即庚可为学堂之用，不可作鬼。《渊海子平·论十干学堂》曰：“金生人见巳，辛巳合义；木生人见亥，己亥合义；水生人见申，甲申合义；火生人见寅，丙寅合义；土生人见申，戊申合义。”（参见上文第二十六章徐注）而徐注此所谓“学堂之用”是化鬼为官印，乃“学而优则仕”之意。庚鬼绝于寅，不能害其甲，而化为官印，虽逢庚申破命而长年也。又《经》云：“身衰者，如甲人秋生，秋月金旺乃甲木绝。甲虽逢他柱寅卯建禄之地，与庚金相逢，虽重重之救亦必夭寿也。”

[释注] 王注曰，五行之理，能制物而不为物之所制者胜，为物胜者为鬼［“日胜后为物，物成胜者为鬼”亦合］。人受五行元气，必致胜物而不为物之所克也。五行纳音之为身，身之旺，则克我之鬼自然绝灭矣。或鬼乘旺气，则我身必致衰矣。是谓“受制则夭，制物则寿”。譬之庚申木人，得壬寅之金，运金克木为鬼，金绝于寅，寅乃木旺之乡，然则寅申之破命，以其身旺鬼绝，虽破命复为长年也。或庚申木人，得壬申之金，金旺木绝在申，是谓鬼旺而身衰者也。虽二申建命亦不免于夭寿者欤。

李注曰，身者以纳音言之也。以克我者为鬼。十二支定寿数，是命与身定其修短也。身旺鬼绝者，如丙申火正月生，冲破处水鬼病死，即是长年，鬼旺身衰者，如己巳木人四月生，纳音木病，金鬼长生，虽建命必夭寿也。旧书云：“建命主长寿，破命主夭殇。”故《竹轮经》云：“建命未必延长，破命未必夭寿。”珞琭子所以消息也。

昙莹注曰，以其本命旺宫逢绝鬼者是也。又如火在巳宫值水，木居寅地逢金，土向申乡遇木，金归亥中逢火，设处反吟、六害，虽破命而长年，以其本命衰乡逢旺鬼者是也。又如，土到寅中见木，火归亥地逢水，金在午乡得火［“得木”不合］，木居［“火居”不合］申位逢金。故云：“鬼旺身衰，逢建命而夭寿。”

［**疏证**］王注曰，以五行相生相克之理，能制他物而不被他物之所制者是胜者，被他物制胜者为鬼。人受五行元气所生，则必致胜他物而不为他物之所克也。人以五行纳音之为身，人身之旺，则克我之鬼自然绝灭矣。反之鬼乘五行旺气，则我身必致衰败矣。是谓“受制则夭，制物则寿”。譬之庚申纳音木人，生月壬寅之金，又逢运金克木为鬼，但金绝于寅，寅乃木旺之乡，虽寅申相冲破命，以其身旺鬼绝，虽破命复为长年也。反之同样是庚申木人，却得生月壬申之金，金旺木绝在申，此谓鬼旺而身衰者也。虽二申为庚禄建命，亦不免是夭寿者也。结合上一章看，王注推财论寿均以年纳音身出发。

李注曰，三命身者以纳音言之，以克我身者为鬼。十二支旺衰定命与身寿数长短也。“身旺鬼绝”者，如丙申火人正月庚寅生，虽冲破申财命，但因寅处为火之长生地，为水鬼病死之地，故财禄浅薄而长年。“鬼旺身衰”者，如己巳纳音木人四月生，纳音木巳月病，金鬼却长生，虽禄土建命在巳亦必夭寿也。旧书云：“建命主长寿，破命主夭殇。”而《竹轮经》云：“建命未必延长，破命未必夭寿。”故珞琭子以此辩证消息言吉凶也。李注明确指出，干禄建命未必长年，如遇身衰鬼旺必夭寿，主张论寿要同时看命与身之旺衰，以官鬼强弱消息之。李注提到之《竹轮经》今坊间不见，撰者不详。考宋代郑樵《通志二十略》载有书目《三命竹轮经要略》一卷，《竹轮经》一卷。又阅宋代岳珂《三命指迷赋》注及宋代廖中《五行精纪》中有部分引用，方知是书在宋代命术界影响甚广。

昙莹注从“水土同行”观点出发，认为“身旺鬼绝”者，乃“以其本命旺宫逢绝鬼者是也”（“本命”指纳音身），原注指“火在巳宫值水，木居寅地逢金，土向申乡遇木，金归亥中逢火”，应为“火在巳宫值水，木居寅地逢金，水土处亥中逢火，金向申乡遇木”，即巳亥冲、寅申冲、亥巳冲、申寅冲，所设处皆为鬼之反吟，诸如此类反吟或六害（参见其下文第三十六章）坏命，因身旺鬼绝，虽破命亦长年也。“鬼旺身衰”者，以其本命纳音身生衰乡逢旺鬼者是也，指“土到寅中见木，火归亥地逢水，金在午乡得火，木居申位逢金。”（本书认为尚阙“水遇巳宫见土”。）故云：“鬼旺身衰，逢建命而夭寿。”但昙莹注并未举出年干为何，故难以得出月令“建命（建禄）”。

［新雕］李注曰，“身”者，以纳音言之也。以克我者为鬼。十二支定寿数，是命与身定其修短也。“身旺鬼绝”者。如丙申人正月生，冲破处水鬼病死，即是长年。“鬼旺身衰”者。如己巳木人四月生，纳音木病，金鬼长生，虽建命必夭寿也。旧书云：“建命主长寿，破命主夭殇。”故《竹轮经》云：“建命未必延长，破命未必夭寿。”珞琭子取此以消息。

东疏曰，克禄者为官，克身者为鬼，又克三命者为鬼也。若详寿数者，惟克身者为鬼。假令丙申火命，八月十月生，以水官为又身鬼。其十月水旺身火绝，正是鬼旺身衰。却于四月生身火旺，鬼水绝也。若火为身命人，皆十月鬼旺身衰，四月生身火旺鬼为绝，仍须生月与时都在申酉戌亥子丑，皆为鬼旺之地。若月与时都在寅卯辰巳午未，身旺鬼绝位，皆准此推之矣。

［疏证］此李注见上文。

东疏曰，克禄者为官，克身者为鬼，同时克三命者尤其为鬼也。若详究一个人寿数如何，惟以克身者为鬼。

（三十）——甲造

乾：丙　丁　○　○　或：丙　己　○　○

　　申　酉　○　○　　　申　亥　○　○

（三十）——乙造

乾：丙　癸　○　○

　　申　巳　○　○

假令丙申火命，酉月或亥月生，以为水官又为身鬼，酉月火死，或亥月火绝。反之却于巳月生身火旺，鬼水则绝也。同样为火人，不论是酉月鬼旺身衰，抑或巳月身旺鬼衰，前者（甲造）胎月在子为胎，仍须生日或时亦在申酉戌亥子丑，方为身衰鬼旺之地；后者（乙造）胎月在申为病，则须日柱时柱二辰皆在寅卯辰巳午未，方可谓身旺鬼绝位，皆准此推（即“若乃身旺鬼绝，虽破命而长年。鬼旺身衰，逢建命而夭寿”）而无误矣。即胎月、生月、生日、生时四柱中至少三柱同为旺或衰，方可按“旺极”“衰极”推而无误。（参见本书附录：探索东方明“旺衰吉凶”之我见。）

[万版]“破命长年”，以其本命旺宫逢绝鬼者是也。如火在巳宫，值水木居寅地，逢金土向申乡遇木，金归亥中逢火。逢建命而夭寿，以其本命衰乡逢旺鬼是也。以土到寅中见木，火归亥地逢水，金在巳乡得火，火居申位逢金，俱以纳音取之五行之理。受制则夭，制物则寿。旧云：“建命主长寿，破年主夭殇。”故《竹轮经》云：“建命未必延长，破命未必夭寿。”此珞琭子所以消息也。天元论贵，人元论富；财命论贫富，身鬼论寿夭，各指其重者言之也。

[疏证] 万注前半部分引昙莹注文，后面“旧云……此珞琭子所以消息也”为李注行文。最后万曰：“天元论贵，人元论富；财命论贫富，身鬼论寿夭，各指其重者言之也。”阅上文第二章万注：“三命以干为禄，谓之天元；以支为命，谓之人元；以纳音为身，谓之地元。”与《李虚中命书》中注曰“干为天元禄，故主贵爵衣食之正本也。支为地元财命，至此比形立象始终之元，故主贫富运动荣枯。纳音为人元身命，故主贤愚好丑形貌材能度量，凡有生则披我生克爱憎，故为人伦亲眷也”不同（参见书后附录：表六），故万此处“人元论富”所指是支命。

第三十一章

背禄逐马，守穷途而凄惶。禄马同乡，不三台而八座。[①]

[徐注] 如六甲人生在三春九夏，天元更带丙丁，则背禄也。“逐马”者，甲逢乙或亥卯木［“亥卯未”合义］克，逐马也。甲以金为官印，春金绝，夏金囚，更岁月时中带天元丙丁，则甲背禄。甲以己土为财为马为妻，被乙并亥卯木［“亥卯未”合义］克逐去己土，则甲无财而无官，必克妻也。故云。余皆仿此推之。假令壬午生，下有丁己是三奇，禄马同乡，更要生时不在休败，如得庚午时，则时中庚自坐禄，以庚制其甲，以辛制其乙，使壬存己土即禄重也，无失而早发矣。若壬午日得壬寅月时［“日时”不合］，则背禄也。谓寅中有甲木夺己土，即壬无官也。寅中却有火生则依上论。如冬生则减半言之，秋生却有禄，谓木绝不能夺土。秋土怀金［“坏金”不合］，金生壬生癸，木绝火死，所以不能克土。若岁月时中有亥卯未，亦能破己土，卯亦［“卯乙”不合］破午。如岁月时中无争夺冲刑隳坏，则贵可定两府，更切精休旺言之为妙。《赋》云：“禄马同乡，不三台而八座”是也。若有为害之位，更精为害之休旺，量力而言。《成鉴》云：“更须四被无侵，多获吉庆。”云无全士庶，为百全之命也。谓如太宰唐公命，丙午年，庚子月，壬午［“壬子”不合］日，丙午时。何谓贵？谓壬午日，干起丙，午上丙字来克子上庚，字上［“子上”合义］庚既被丙来克则避丙，却于午位，壬字乃［“壬乃”合义］庚之子，再得丙午时，丙又不与壬位，又来子位，二丙在子，皆为丙鼠，两丙皆历贵

① 释注本、《新编》、《新雕》、万版均为“守穷途而恓惶”。

地。《赋》云："归道乃水府求元。"皆是丙癸造化也。庚壬居干又是三奇，禄马同乡，此云"飞天禄马"也。天元动作出入，惟十二支辰不动，为属地也。

［疏证］徐注曰，"背禄"者，如六甲人生在三春九夏（"九夏"见上文第十七章徐注），天元更带丙丁食伤，则克官贵而背禄也；"逐马"者，甲逢乙或亥卯木比劫克，驱土财也。甲人以金为官生印，春金绝，夏金囚，更忌岁月时中透天元丙丁，则甲背禄于官贵矣；甲以己土为财为马为妻，被乙并亥卯（木之长生、临官地）克逐去己土，则甲无财生官，无官护财则必克妻也。如壬午生人，下面午火有丁己是三奇。三奇者（参见上文第七章徐注《三奇歌》，与《鬼谷遗文》、《五行精纪》之"三奇"不同），即财官也，财谓马，官谓禄，同在壬下，故谓"禄马同乡"也。下来徐注曰"更要生时不在休败，如得庚午时，则时中庚自坐禄"，但按壬午生人则无庚午之时辰，应以庚午月言之，如此则符合己禄不在休败地。不论是庚午时或庚午月，庚自坐败地反不利制甲，尽管从理论上看以佩庚印制其甲，却因自败之金无法作用，除非干上透己禄而致"使壬存己土即禄重"，否则难言官禄旺在生月无失而早发也。下来"若壬午日得壬寅月时，则背禄也。谓寅中有甲木夺己土，即壬无官也"，阅此可知上文"庚午时"确为"庚午月"所误致也。壬午日得壬寅月时，却有火生则依上论，即火生土得官禄也。如寅时冬生，则甲木克土减半言之；秋生却有官禄，谓木绝不能夺土。秋土怀金，金生壬癸旺身，木绝火死，所以不能克土。若岁月时中有亥卯未字亦能破己土，况且卯亦可破午。破杀为卯午、子酉、辰丑、戌未、亥寅、巳申，隔二支相害也。如岁月时中无争夺冲刑毁坏官禄，则命贵可定两府，故断是否背禄逐马，更要密切精究五行休旺方言之为妙。《消息赋》云："禄马同乡，不三台而八座"是也。若有为害禄马之位，须进一步精究为害之神休旺如何，量其力而言之。"不三台而八座"者，在道教传统理论中，"三台"指掌管人间金玉、官禄、土田之星君。在紫薇斗数中，三台为阳土星，八座为阴土星，用于辅佐帝星。出于"天人合一"黄老思想，古代朝廷重大国宴，设席位上有三台下有八

座，入坐者均为高官重臣，代表官印权贵也。上文第二十六章徐注“胡茂老”命解云：“有两三奇，八字俱无一字闲，皆禄马同乡，不三台而八座。”皆为显赫权贵也。

《成鉴》云：“更须四被无侵，多获吉庆。”指四柱无相互刑克被侵害之命，则多获吉庆之气。指世上少有如此幸运之人，可以成为百全之命。言外之意，即使“不三台而八座”之达官贵人命造，亦不可能完全“四被无侵”。下面举太宰唐公命例：

（三十一）——太宰唐公命造

乾：丙　庚　壬　丙

　　午　子　午　午

每逢丁壬之年下半年交脱大运

大运：	辛丑	壬寅	癸卯	甲辰	乙巳	丙午	丁未
	1岁	11岁	21岁	31岁	41岁	51岁	61岁
始于：	1067	1077	1087	1097	1107	1117	1127
流年：	丁未	丁巳	丁卯	丁丑	丁亥	丁酉	丁未
	戊申	戊午	戊辰	戊寅	戊子	戊戌	戊申
	己酉	己未	己巳	己卯	己丑	己亥	己酉
	庚戌	庚申	庚午	庚辰	庚寅	庚子	庚戌
	辛亥	辛酉	辛未	辛巳	辛卯	辛丑	辛亥
	壬子	壬戌	壬申	壬午	壬辰	壬寅	壬子
	癸丑	癸亥	癸酉	癸未	癸巳	癸卯	癸丑
	甲寅	甲子	甲戌	甲申	甲午	甲辰	甲寅
	乙卯	乙丑	乙亥	乙酉	乙未	乙巳	乙卯
	丙辰	丙寅	丙子	丙戌	丙申	丙午	丙辰

此命何谓贵？徐注思路大致为：日主壬水坐午虽为禄马同乡，但坐胎身弱，以庚子月金水为根为喜，却岁时三午冲克子水，故以金水相涵相护。无奈岁日午上丙字来克子上庚字，干上庚金既被丙来克，则欲避火求土相生，却土于午位火地燎金为败为死。日壬乃庚之子，再得丙午时，丙

旺于午又非壬生位，似乎无助。不过再来细论子位，“二丙在子，皆为丙鼠”指冬日丙火难制庚金，两丙在北方水地皆为贵象也。《消息赋》云：“归道乃水府求玄。”（参见上文第十章）指丙癸水火造化也。庚壬金水居干相生，日坐财官可生，又是三奇兼禄马同乡，此可云“飞天禄马”格也。上文徐注批胡茂老之命亦“有两三奇，八字俱无一字闲，皆禄马同乡”，把握子平理论关键在于“看财官”，将财官禄马与身之旺衰结合起来分析，则可把握其论命之脉络矣！至于“飞天禄马”则以庚壬二日用子虚冲午中己土为官禄，要求四柱中无午字，且须有未或戌字遥合为妙，故以此格论唐命太过牵强。“天元动作出入，惟十二支辰不动，为属地也”指天元主动，地元主静为五行归属之地，故要以十二支辰为主论命。

此太宰唐公，经予考究为北宋末年人唐恪，字钦叟，杭州钱塘人，北宋治平三年丙午（公元1066年）生，位至宰相，后因丧国“仰药而死”于公元1127年丁未，终年六十一岁。（参见书后附录：从《珞琭子三命消息赋注》考证徐子平之朝代）

按上面徐注分析此命思路，来推命主死期之因：如上所述，徐批此造三奇兼禄马同乡为大贵，又得月上庚子相涵为根气，两丙处鼠地制寒金无力，故身禄两停不偏。但由于子水过于依赖庚金，时刻受岁时两头丙午威胁，如入南方火地金水受侵则险矣。五十一岁交丙午大运，火处旺相之地，鬼重身轻，虽官场得意却危若累卵。再遇流年丙午岁运并临，四丙克庚，五午冲子，日主根败气绝，故此年得禄失宠于一身。次年丁未害尽子水，鬼气攻身，丧权辱国“仰药而死”。

[释注] 王注曰，“禄”者，所谓爵禄之禄也。“马”者，所谓车马之马也，人得之则荣，失之则辱。天下之荣辱，有禄马之在元命矣。况禄马为贵杀之穷也，人所不知者，其禄马有死活焉。譬如甲人禄在寅，寅为死禄，以“五子元遁”，甲至戌乃为活禄也，盖戌为禄堂者欤。甲子人驿马在寅，寅为驿，乃当生之死驿耳。遁见丙寅，甲人以丙为活马也。申子人逢甲为活禄，遇丙为活马，以寅为死禄马耳。所谓“背禄逐马”者，旧说

以甲戌人四月生，背寅禄而逐申马，义亦非也。盖是禄马皆可以致富贵，既有马之可逐，安得守穷途而恓惶者哉？盖背如阴阳之相背，非所谓向人也。逐者如其散逐之，逐非谓追也。禄马二者皆失，所以守穷途而恓惶也，犹之癸亥人得正月甲寅，癸禄在子，寅以背之，驿马在巳，寅以刑之，前因刑而逐去其马，后因背而不能及禄，二者俱失，斯所谓"守穷途而恓惶"者欤。盖马贵乎乘之，若逐之则非也。禄马同乡者如甲申生人，丁丑月己亥日丙寅时命生，时于帝座上会，禄马同乡，兼甲申巳亥丙寅，皆禀五行清明生气，故应末候于生时，是命晚年有非常之遇，所以位至三公，寿逾七十。

李注曰，《竹轮经》云："禄马在面前，在背后，向前趁马，禄又不来，回住待禄，马又渐远，纵有衣食，不免劳苦。"假令甲戌男四月生，是背禄逐马也，假令六甲申子辰人正月生之类，不惟生月，若生日生时遇之尤贵也。

昙莹注曰，每见贵人食禄，无非在禄马之乡，大都得福享寿，无出禄马矣。今言［"今焉"不合］背禄逐马，人得之贱也，运居中道而财命休囚，马既疾矣，禄又背矣，安得不困苦哉！自财命有气，至穷途［"土穷途"不合］恓惶反复道也。禄马同乡，用日干得禄［"遁禄"合义］，时干遁马，五子元求之，则可知也！假令庚午人得壬辰日丁未时，便以丁壬庚子遁至戊申，缘庚禄午马在申故也，又与本命相得者尤嘉［"尤佳"亦合］。

［疏证］ 王注曰，"禄"者，所谓爵禄官贵之禄也；"马"者，所谓车马财富之马也，人得之则荣，失之则辱。天下之荣辱，看禄马在原命有无定矣。况且禄马为贵杀之最也，但世人所不知其禄马有死活之分。禄之死活者，譬如甲人禄在寅，寅为死禄，以"五子元遁"推，甲人九月甲戌乃为活禄，因戌为甲之禄堂也。所谓"禄堂"，参见上文第十二章王注曰："所言甲禄在寅，寅为显见之禄，甲不见寅而见戌，以'五子元遁'戌见甲戌，戌为甲之禄堂，此所谓不见之禄矣。"马之死活者，譬如甲子人驿马在寅，寅为驿马，乃四柱当生之死马。甲子人遁见丙寅月，则以

丙为活马也。“申子人逢甲为活禄”应是“甲子人逢甲为活禄”之误。至于甲子人“遇丙为活马，以寅为死禄马耳”，其意丙为甲之食神，丙坐寅禄为长生，可谓食禄在马，故谓丙寅为活马矣。可见王注对禄马观点并不局限于常法，而是欲从天元高度去考虑如何灵活取用。（参见下文第六十三章“每见贵人食禄，无非禄马之乡。”）接下来“所谓‘背禄逐马’者，旧说以甲戌人四月生，背寅禄而逐申马，义亦非也”，指本章下文李注“假令甲戌男四月生，是背禄逐马也”。王认为，旧说（即李注）将背禄逐马对立起来理解是错误观点，原因是下文李注中引有《竹轮经》一段话，给人感觉“背禄逐马”似乎非此即彼之意。故王注曰，大概来讲禄与马皆可以致富贵，如按李注观点两者不可兼得，则“既有马之可逐，安得守穷途而恓惶者哉?”徐注本引赋原文为“凄惶”，与“恓惶”乃异体字之别，词义皆为悲伤惶恐，困苦不安也。其实背禄之背，是阴阳相背之背，与相向是反义；逐马之逐，如人驱散之，而非谓追赶也。背禄逐马是两者皆失，故“守穷途而恓惶”也。犹如癸亥人得正月甲寅，癸禄在子，寅以背之，亥人驿马在巳，寅以刑之于前二位，因刑而逐去其马，而非追赶也。后因背子而不能向禄，二者俱失，斯所谓“背禄逐马，守穷途而凄惶”者欤。因马贵乎乘之，若逐散之则非贵也。“禄马同乡”者，举例：

（三十一）——甲造

乾：甲　丁　己　丙

　　申　丑　亥　寅

甲申生人，丁丑月己亥日丙寅时，命生时于帝座上会禄马同乡。何谓“帝座”?《五行精纪》曰：“乃时为帝座，对冲处逢曰拱座。”寅为甲禄，又为申命之马，同乡于时上帝座，故“是命晚年有非常之遇，所以位至三公，寿逾七十”矣。“兼甲申、（此处脱“丁丑”二字）、己亥、丙寅，皆禀五行清明生气”是指甲木得时禄，申命得月禄库，身纳音水得日亥禄，三命皆得五行清明生气也。

李注引《竹轮经》云：“禄马在面前、在背后。向前趁马，禄又不来；

回住待禄，马又渐远。纵有衣食，不免劳苦。”但下文《新雕》李注引《竹轮经》云：“马在面前，禄在背后。面前趁马，禄又不来；回住待禄，马又渐远。纵有衣食，不免劳苦。”显然应以后者为是。可见李注是从禄马之间宫位来理解背禄逐马，颇有两者均不得其利之意，纵使温饱，亦只是常人劳碌之命。故正如甲戌男巳月生，寅禄在后三位，申马在前三位，可谓背禄逐马矣。反之，如六甲申子辰人生于正月丙寅之类，寅既为甲禄，兼为申子辰之马，可谓禄马同乡。其实不惟生月如此，若生日生时遇之尤贵，因中晚限富贵方为人生最终所求也。

昙莹注曰，每见贵人食禄（食禄俗称吃皇粮）之命，无非在禄马同处一乡，大都得福享寿，无出禄马之范围矣。今言背禄逐马，人得之而贫贱，是因为运居两者中间，再加上财命休囚，马既疾难追，禄又相背而行矣，安得不困苦哉！如自己财命有气，即使至穷途恓惶亦可反复也。禄马同乡者，用日干得禄，时干遁马，“五子元遁”法（又称“五子遁元”法）求之，则可知也。举例：

（三十一）——乙造

乾：庚　〇　壬　丁

　　午　〇　辰　未

庚午人得壬辰日丁未时，便以“五子元遁法”口诀之一“丁壬庚子居”，看逢干是丁或壬，子上天干从庚起，遁至戊申为大贵，因为庚禄午马在申故也。不过此处以日时虚遁出“禄马同乡”之戊申却并未在四柱出现，属于“见不见之形”，故曰“又与本命相得者尤嘉”，指惟有三命旺相，财命有气相配，方为“尤嘉”，此与诸家均推崇禄马同乡在命是完全不同之观点。此为昙莹注中罕见命例也，

《新雕》：李注曰，《竹轮经》云：“马在面前，禄在背后［“禄马在面前，在背后”不合］，面前［“向前”合义］趁马，禄又不来，回住待禄，马又渐远，纵有衣食，不免劳苦。”假令甲戌男四月生者，是背禄逐马。假令六甲申子辰人，正月生之类，不唯生月，若生日时遇之

尤贵。

东疏曰，背禄逐马者，为大运逐马而行，与身作鬼正是此也。假令乙巳或十二月子日寅时是也，乙禄在卯，马在亥上，其十二月生运逆行逐马亥上，去谓逐马于亥上，背禄于卯，卯是乙禄旺乡也。又火身逐水马。《五行论》云：马克身困穷恓惶也，是马不能滋于禄也。禄马同乡者，其在一位也。假令甲辰人马在寅，甲禄又在寅，仍在正月生，须以寅日寅时也。禄是甲木，马亦寅木，木主东方，皆为木乡也。不只在正月生，二月三月皆是也。若在此更带官印生者，若不是三台之人，必有廊庙之位者，为八座也。须要贵神、合神及官力。若无此者，亦为常人也。

[疏证] 此处李注所引《竹轮经》中“马在面前，禄在背后”证明上文李注“禄马在面前，在背后。”句中“禄”字错位。

东疏曰，“背禄逐马”者，指大运追逐驿马而行，且马与身作鬼才真正是此也。此与上面李注所推崇《竹轮经》对“逐马”或“趁马”看法不同。东疏认为背禄逐马之“逐马”是身鬼，如不是“身鬼”之马则不至于“守穷途而凄惶”，最起码亦可如李注观点所谓“纵有衣食，不免劳苦”之常人般过日子。举例：

（三十一）——丙造

乾：乙　己　〇　〇

　　巳　丑　子　寅

乙巳年十二月子日寅时生，乙禄在卯，马在亥上。己丑月，运逆行，逐马亥上，去追亦谓“逐”。马于亥上则背禄于卯，卯是乙禄旺乡。再看年乙巳纳音身火，逐亥马则为水鬼，故《五行论》云：“马克身困穷恓惶也。”此马不能滋润于木禄也。“禄马同乡”者，其同在一辰位也。

（三十一）——丁造

乾：甲　丙　〇　〇

　　辰　寅　寅　寅

甲辰人，辰马在寅，甲禄又在寅，如仍然在正月生，须以寅日寅时相配也。上面李注“假令六甲申子辰人，正月生之类，不唯生月，若生日时遇之尤贵”，强调禄马同乡以“日时遇之尤贵”，而东疏此处更是以日时遇禄马同乡作为标配来提出，月上一位逢之亦不足数。但又说“禄是甲木，马亦寅木，木主东方，皆为木乡也。故不只在正月生，二月三月生皆是木乡也”，指禄马之乡贵气不仅仅局限在某一支辰，只要月令为该五行三会方所主之气亦可，如甲辰人寅月禄马同乡，遇卯辰二月同为三春之木，虽非甲辰之禄马，亦不失富贵也。可见东疏对禄马同乡之要求极严，而对禄马所主五行之气对命主之正面影响则放宽至三会方之一辰。最后，东又强调即使符合上述条件，亦要原命更带官印生者，方能体现禄马之贵气，如此不是三台高官之人，亦必有廊庙重臣之八座也。故贵命者，需要禄马之类贵神、亦需要合神合德及官印之力，不可偏废。若非如此，亦为常人也。

[万版]“禄”者，爵禄之谓也。“马”者，车马之谓也。人命重禄马，故先言之禄马，皆可以致富贵。若禄背之而去，马逐之而散，二者俱失，所以“守穷途而恓惶”。“背”，如阴阳之相背，非所谓“向”也；“逐”，如散逐之“逐”，非所谓“追”也。如癸亥人得正月甲寅，癸禄在子，寅以背之；驿马在巳，寅以刑之；前因刑而逐去其马，后因背而不能及禄，马在面前，禄在背后。向前趁马，禄又不来回住，待禄马又渐远，此正与赶禄拦马相反。同乡，用日干遁禄，时干遁马，五子元求之，则可知。假令庚午人，得壬辰日，丁未时，便以丁壬庚子遁至戊申，缘庚禄午马同在申上，与本命相得尤佳。又如甲申人，丁丑月，己丑日，丙寅时，命生时于帝座上，会同禄马兼甲申、己亥、丙寅，皆禀五行清旺生气，故应晚年有非常之遇，所以位至三公，寿逾七十。徐说，以禄为官、马为财，见伤官为背禄、见比劫为逐马。如甲人生三春、九夏，天元更带丙丁、甲乙，或亥卯未之例。同乡，乃壬午、癸巳等日，柱有丁巳丙戌归禄午巳之例，并当详之。

[疏证] 此章万注汇总穿插上面除东疏以外四家注文内容，有些观点

难以协调一致。如“马在面前，禄在背后。向前趁马，禄又不来回住，待禄马又渐远，此正与赶禄拦马相反”是李注中《竹轮经》观点，但前面又说“背”，如阴阳之相背，非所谓“向”也；“逐”，如散逐之“逐”，非所谓“追”也。却是王注观点。李注视“逐”为追逐，王注视“逐”为驱逐，混杂在一起，莫衷一是。又如，明明引述昙莹注对禄马同乡之观点是“同乡，用日干遁禄，时干遁马，五子元求之，则可知”，但却将王注中“甲申人，丁丑月，己亥日，丙寅时”拿来举例，按时干丙火遁出来之马星是庚寅组合，而非甲己两干遁出来之丙寅组合。况且昙莹注禄马同乡是“见不见之形”，与其他诸家推崇现于原命不一致，又引昙莹注命例“假令庚午人，得壬辰日，丁未时”来引证。万注并未提示上述两命例出处，加上本书对其赋注全文之分析，让后人对其《三命通会》《星命大成》等著作中原创成分增加了颇多怀疑。下来是引述徐注，指出“以禄为官、马为财，见伤官为背禄、见比劫为逐马”区别于诸家观点。最后才是万之所言：“同乡，乃壬午、癸巳等日，柱有丁己丙戊归禄午巳之例，并当详之。”但壬午、癸巳等日为子平所谓财官禄马同乡，而丁己日见午时、丙戊日见巳时则是古法之临官归禄，不知万注倾向于前者抑或后者。虽然“禄马”历来为命家所推崇，但《五行精纪》载：“赵氏新注《珞琭子》云：‘运至禄马为福，若带刑克亦能为灾。’”故祸福吉凶仍须看四柱上下内外结合岁运断之。

第三十二章

官崇禄显，定知夹禄之乡。小盈大亏，恐是劫财之地。[①]

[徐注] 论“夹禄”，戊辰［“戊寅”不合］日戊午时，丁巳日丁未时，己未日己巳时，壬戌日壬子时，癸丑日癸亥时。凡见夹禄者，不可本禄上有岁月所占，占了则官实［“宫实”合义］也，实则不能容物也，官不崇显也。其禄比盛物之器，空则容物，有禄占［“有禄重”不合］，非真夹禄也［“乃真夹禄也”不合］。假令宋景阳郎中命，庚午年，丁亥月，己未日，己巳时。两己［“丙己”不合］夹午中之禄也，却不合庚午太岁，实了午位，又十月冲动，己巳夹禄不稳，即不至清显也。如此之命，华而不实也。凡见夹禄不稳，徒有虚声耳，不可作夹禄论之，假如王中命，甲寅日，甲子时，二甲夹丑，丑乃金库之乡，乃甲之贵地，公运行辛丑，除通判，丑运足而交庚子，被大运庚子克了子上甲字，乃夹禄［“夹贵”不合］不住，走了贵炁，一旦坏尽。所以福聚之地不可被伤，福聚之地不可无救，其余夹禄夹贵仿此。戊见己，庚见辛，壬见癸，皆为劫财，与甲见乙同，前五阳见五阴为劫财，克妻。后五阴见五阳，败财不克妻，防阴贼或小人相侵。乙以甲为亲兄，以戊己为财，甲能夺己坏戊［“怀戊”不合］。丁以丙为兄，丁以庚辛为财，丙能夺辛为妻破庚。己见戊为兄，己以壬癸为财，戊能夺癸为妻破壬。辛以庚为兄，辛以甲乙为财，庚夺乙为妻破甲。癸见壬为兄，癸以丙丁为财，壬夺丁为妻破丙。假如甲夺乙财是也。

[疏证] 从《消息赋》第二十九章到第三十三章皆围绕“禄”来阐述：第二十九章是围绕“背禄”与“建禄”；第三十章围绕“破命”与“建命”；第三十一章围绕“背禄逐马”与“禄马同乡”；本章则围绕“夹禄”与“劫财”；第三十三章则围绕“生月带禄”。

---

① 释注本、《新编》、《新雕》、万版均为“官崇位显”。徐注本卷上终。

本章徐注曰，论“夹禄”者，戊辰日戊午时，夹巳禄；丁巳日丁未时，己未日己巳时，夹午禄；壬戌日壬子时，夹亥禄；癸丑日癸亥时，夹子禄。凡命见夹禄者，本禄不可被岁月所占，占了则宫为实形也，形实反不能容贵气，官位不得崇显也。其夹禄好比盛物之器，器空则可容物，如有实禄占岁月，非真夹禄也。举例：

（三十二）——宋景阳郎中命：

乾：庚　丁　己　己

　　午　亥　未　巳

庚午年丁亥月己未日己巳时，日时两己夹午之禄也。但夹禄以虚为美，实则反无用矣。此造生于庚午太岁，实了午位，又十月冲巳动，己巳夹午禄不稳，即不至清贵显赫也。如此之命，华而不实也。凡见夹禄不稳，徒有虚名之声罢，不可作夹禄之贵论之。从徐批语中可知夹禄有三大条件：两夹者天干相同，两夹者支辰忌刑冲，所夹之禄为虚。对古法来讲，此几类条件亦不可少。再举例：

（三十二）——王中命：

乾：〇　〇　甲　甲　　大运：辛　庚

　　〇　〇　寅　子　　　　　丑　子

甲寅日甲子时，二甲夹丑，丑乃金库之乡，乃甲木之贵地，大运行辛丑，除通判之职。“除”古义有被任命官职之义。丑运足而交庚子，被大运庚子克子上甲字，乃夹禄不住，走漏了贵气，坏尽于一旦。上例宋景阳郎中命是支辰被冲无法夹禄，此例是天干被大运所克而无法夹禄。“所以福聚之地不可被伤，福聚之地不可无救，其余夹禄夹贵仿此。”此例所夹者非上例之干禄，而是官贵之禄。在子平术实际论命中，对后者运用程度多过前者，与古法差别较大。

“劫财之地”者，是同五行之干阳见阴或阴见阳者，（丙见丁）、戊见己，庚见辛，壬见癸，皆为劫财，与甲见乙同。前五阳见五阴，须防劫财克妻盗妾；后五阴见五阳，败财不克妻妾，只须防阴贼或小人相侵破财。如乙以甲为兄为劫财，以戊己为财，而甲既夺己为妻，又克破戊为财；丁以丙为兄为劫财，以庚辛为财，而丙既夺辛为妻，又克破庚为财；己见戊为兄为劫财，以壬癸为财，而戊既夺癸为妻，又克破壬为财；辛以庚为兄为劫财，以甲乙为财，而庚既夺乙为妻，又克破甲为财；癸见壬为兄为劫财，以丙丁为财，而壬既夺丁为妻，又克破丙为财。如甲夺乙财不仅包含财产戊土，还有妻妾己土，而乙木只得克戊己土为财，无法合戊为妻妾也，其他天干仿此推。但此处徐只是详细论述五阳五阴劫财之不同性质，却并未对“小盈大亏”加以阐述。

[释注] 王注曰，《鬼谷子》云：“禄马在望，则官崇而位显。”譬之癸禄在子，子之前后辰遇癸，四柱得之者曰“夹禄”，又谓之“拱禄”，禄特虚拱以待用［“待甲”不合］，及癸水旺于子禄之所，主者官爵也。如此则官爵自然崇显也。“小盈大亏”者，如丁丑得丙寅，水［“岁水”合义］以克火为财，丙寅乃自主之火，则可谓“小盈”；丑人以孤劫在寅，丑土受寅木之制而为财化鬼与，斯所以谓“大亏”矣。夫劫杀者，乃巳酉丑金至寅而绝也，绝中逢劫，虽有小盈而致大亏者欤。

李注曰，“小盈”者，谓禄命虽有三二吉处，若值劫财之地，则为“大亏”也。此出《洞灵秘论》：“三命以财旺为吉，人以有财为福。”

昙莹注曰，官印为天禄同官［“同宫”合义］者，人得之贵也。如戊逢乙巳，壬得己亥，丙遇癸巳，癸逢戊子。然则天官夹禄，无不出群，其中会吉会凶，曾未定也。又如丙辰土命，癸巳月生，丙禄在巳，土以水［“水以土”不合］为财，劫杀却居巳，财既绝矣，命又衰矣。即曰“小盈大亏，恐是劫财之地”。

[疏证] 王注曰，《鬼谷子》云：“禄马在望，则官崇而位显。”譬如癸禄在子，子之前后辰遇癸，即逢癸丑癸亥。四柱得之者曰“夹禄”，又谓之“拱禄”。其禄特别讲究虚拱以待用，因无显有，因虚得实，坐实则反不美，岁运皆同也。不过古法夹禄者四柱皆可，如年癸丑人，月日时之一得癸亥皆为拱子禄，癸水旺于子禄之所，主人有官爵之象，地位自然崇显也。“小盈大亏”者，如丁丑水人得丙寅之火，水人以克火为财，丙寅乃自主之火，则可谓得财小盈；丑人以孤劫在寅，寅木本为财火长生地，却化木鬼来制丑命，此所以为大亏矣。况且巳酉丑见寅为劫杀，寅为金之绝地，金库逢劫处绝，虽有得财小盈而致大亏者也。可见王注秉承古法，对三命之重视远远大过财官，但对“恐是劫财之地”并未涉及。

李注曰，“小盈”者，谓禄与命虽有三、二吉处，但若值劫财之地则为“大亏”也。此出《洞灵秘》“论三命以财旺为吉，人以有财为福”，指三命吉而财被劫，乃不为福。此与上面王注所举财旺而支命不旺，则为大亏，乃同理也。但对“夹禄之乡”未作阐述。

昙莹注曰，官印为天禄同宫者，人得之贵也。如戊人逢乙巳，乙官坐巳禄宫；壬人得己亥，己官坐亥禄宫；丙遇癸巳，癸逢戊子，皆仿此推。指透天官星坐天之禄即为“夹禄”之乡，显然与上面徐、王二人“夹禄”观点截然不同。又曰，然而天官夹禄，虽无不出群官显，但其中会吉会凶，亦曾未定也。举例：

（三十二）——甲造

乾：丙　癸　○　○

　　辰　巳　○　○

如丙辰纳音土命，癸巳月生，丙禄在巳，虽天官坐巳为“夹禄”，但土人以水为财，而水财居巳地为绝矣。又申子辰见巳为劫杀，支辰命危也。故虽癸官坐夹巳禄，却“小盈大亏，恐是劫财之地”。劫财指丙禄之巳，乃是身财水之绝地也。可见诸家对命、禄、财、官之观点是缺一不可，大致来讲，三命最重，但如财官不旺，也只是寿长而难贵命矣。

[新雕] 李注曰，〈假令辛亥九月初九日申时生人是也。辛禄在酉，戌月申时。故云“夹禄”，如此者多贵也。〉“小盈”者，谓禄命虽有三二吉处，若值劫财之地，则为大亏也。〈此怕财生处值劫杀，故也。〉［此出《洞灵秘论》：“三命以财旺为吉，人以有财为福。”］

东疏曰，“夹禄”，扶来也。假令乙酉人正月戊辰日生，其乙禄在卯上，其月寅，其日辰，扶夹本禄在卯，又酉人阴位以前五辰至寅阳，阴阳相合之位后五辰。三辰又遇阴阳合，又庚是乙官，戊是乙卯，又带两印，得如此者，居高位也。“小盈大亏”者，论身命财也。假令乙巳人未日时生，详受胎月与日时四处皆金财旺也，大运逆行至寅卯二运，合发旺金之时得小盈，劫灾二杀也。在寅卯本旬又是空亡，有劫害落空损财，故大亏也。若是他小运至丑，却以丑寅卯复劫灾一杀，○运旺破荡财也。

[疏证] 此章《新雕》李注与上面《新编》李注、释注本李注对比，

脱《洞灵秘》句，但弥补“夹禄”之例述，举例：

（三十二）——乙造

乾：辛　壬　〇　〇

　　亥　戌　〇　申

辛亥人戌月初九日申时生。辛禄在酉，戌月申时，虚拱酉金，认为“夹禄如此者多贵也”。但未指明日干为何？若要时上遁出壬申与月柱夹拱，则生日须为甲己天干方可。

李注曰，“小盈”者，谓禄命虽有三二吉处，但若值劫财之地，则为大亏之命，此怕财生处值劫杀为败家也。引《洞灵秘论》：“三命以财旺为吉，人以有财为福。”只是泛泛而论。

东疏曰，“夹禄”谓两头相扶拱托，故天干相同为必要条件。举例：

（三十二）——丙造

乾：乙　戊　戊　〇

　　酉　寅　辰　〇

东批此造，乙酉人戊寅月戊辰日生，其乙禄在卯上，月寅与日辰，天干皆为戊，故可扶夹卯禄。“又酉人阴位以前五辰至寅阳”为劫杀，不过《五行大义》则曰“酉德在寅”，此造寅为命中第二辰，为月令之贵。又因酉人后五位合辰土亦为德合，故曰命中第三辰（即日柱戊辰），是遇阴阳相合，亦贵。庚是乙官，戊既扶夹乙卯禄，又是生庚官之印。“又带两印”指乙见两戊是财为印，符合东疏以财为印之观点（参见其上文第九章）。故得如此者，居高位也。（此例与上文第二十一章中乙造相同，可相互参考。）

“小盈大亏”者，论身命财也。举例：

（三十二）——丁造

乾：乙　辛　〇　〇　　　受胎：壬

　　巳　巳　未　未　　　　　　申　　　空亡：寅　卯

乙巳纳音火人未日未时生，受胎于壬申月，生月辛巳。此造巳命为火，身纳音亦为火，火之财为金。受胎壬申月纳音金财临官，生月辛巳纳音金财长生，生日生时金逢未土为冠带，故曰“详受胎月与日时四处皆金财旺也”，即旺极。大运逆行至寅卯二运，金财为绝胎，符合“旺见衰则吉”。但寅卯二运衰位合发旺金只得小盈，因巳命见寅为“劫”、见卯为“灾”，二凶杀也。又寅卯为乙巳本命空亡之支，有劫灾之害命，并为落空之禄，反而损财，故得小盈而大亏也。若他运遇行年小运至丑，旺金财入墓为衰得吉，是小盈。却丑行年下来是寅卯行年，复遇劫或灾杀，虽小运旺财亦小运破荡家财，可谓先得小盈而后大亏也。（有关东方明旺衰命例断小运吉凶可参见本书第三十四章东疏。）

［万版］“夹禄”即“拱禄”，如癸丑得癸亥之例。“劫”，劫杀，如丁丑得丙寅岁，水以克火为财，丙寅乃自生之火，可谓“小盈”。丑人以孤劫在寅丑，土受寅木之制，为财化鬼，斯所谓“大亏”也。三命以财旺为吉，人以有财为福。若值劫地，纵禄命有一、二吉处，亦不免大亏。徐论“夹禄”，如癸丑日癸亥时，不可本禄位为岁月所占，别位又不可克坏天干，冲动地支，夹贵不住，走了贵气，所以福聚之地，不可被伤；祸聚之地，不可无救。五阳干见五阴为劫财，五阴干见五阳为败财。劫凶于败，其解尤善。

［疏证］除昙莹注把天官坐禄看作是“天官夹禄”，还有李注（三十二）——乙造中未指明申上时干是否同为壬水外，诸家均持类似“夹禄即拱禄，如癸丑得癸亥之例”观点，此章万注中“如丁丑得丙寅岁……斯所谓大亏也”是引王注文，“若值劫地，纵禄命有一、二吉处，亦不免大亏”是引李注文，后面皆引“徐论”。不光是禄命看重夹禄夹贵（即拱禄拱贵），传统堪舆峦头派亦讲究“拱”法，如唐朝卜应天所著《绘图雪心赋》云：“然而有声不如无声，明拱不如暗拱。”暗拱属“见不见之形，无时不有”，填实反为不美矣！最后，万言“劫凶于败，其解尤善”，亦为良法也。

古今命學第一書　珞琭子三命消息賦　白話釋解

消息賦古注通疏

（下）

珞琭子◎著　徐子平　王廷光　李仝　釋曇瑩　東方明　萬民英◎注　一明◎注疏

華齡出版社

责任编辑：薛　治
责任印制：李未圻

图书在版编目（CIP）数据

消息赋古注通疏／一明注疏. -- 北京：华龄出版社，2017.4

ISBN 978-7-5169-0961-4

Ⅰ. ①消… Ⅱ. ①一… Ⅲ. ①方术-研究-中国-古代 Ⅳ. ①B992

中国版本图书馆 CIP 数据核字(2017)第 069402 号

书　　名：消息赋古注通疏
作　　者：一明　注疏
出版发行：华龄出版社
印　　刷：九洲财鑫印刷有限公司
版　　次：2017 年 11 月第 1 版　2017 年 11 月第 1 次印刷
开　　本：720×1020　1/16　　**印　　张**：37.75
字　　数：568 千字
定　　价：188.00 元(全二册)

地　　址：北京朝阳区东大桥斜街 4 号　　**邮　　编**：100020
电　　话：(010) 58124218　　**传　　真**：(010) 58124204
网　　址：http://www.hualingpress.com

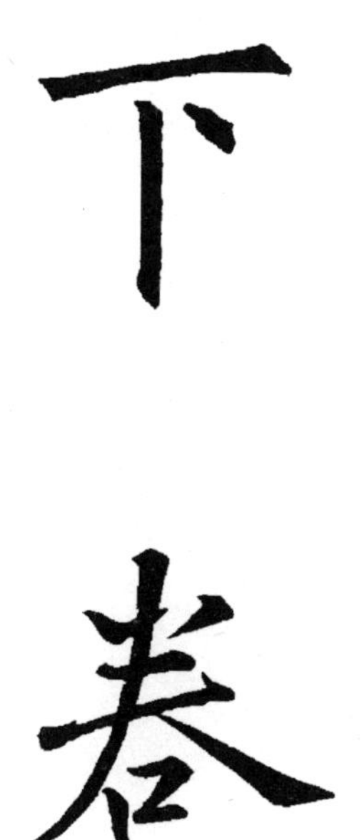
下卷

第三十三章

生月带禄，入仕居赫奕之尊。重犯奇仪，蕴藉抱出群之器。

[徐注] 世术用六甲人正月生者，此名建禄不富，此非“生月带官禄［“带禄”合义］”也。“生月带官禄［“带禄”合义］”者，如甲乙人秋生，丙丁人冬生，戊己人春生，庚辛人夏生，壬癸人生于四季月是也。且如甲乙木用金为官禄也，庚金旺，是生月带官禄也。遇之者是官禄超迁［“崇迁”亦合］，功名特达也。或问曰：“此生月带禄而为福者寻常有之，而赋意言之何重也?”答曰：“如赋云，略之为定一端，究之翻成万绪是也。”如甲戌人八月生建酉，酉中建辛，辛为甲之旺官禄［“辛为甲之生官，为禄则为王禄”不合］，若当生岁时居寅午戌火局，更别位有丙丁火，亦不能损甲之官禄，[夫何故]? 以八月火死故也。或当生岁时居亥卯未木局，更或别位有甲乙木，亦不能夺甲之财帛，以八月木绝故也。有火不能损官禄，有木不能劫财帛，是财官两喜，为赫奕之尊，固其宜也。凡命中带禄者，禄出祖〈上〉，又不如生月带禄者，则父子之气近，为禄相须也。更有生日支内，天元自旺，生时不居休败者，复更行运在禄乡，如此之命又何啻居赫奕之尊？是三台八座之格，应贵人之命，子又何疑焉？《赋》云：“根在苗先。”正此意也。“奇”者，三奇官印也，遇之者有威仪之贵也。“蕴藉”者，三元内外岁月生时，藏蓄五行括囊造化，贵气往还无诸刑战，如此之命，出乎其类为大器之〈贵〉命也。且如向公安抚命：戊寅年甲子月乙丑日庚辰时。何以为贵？戊以乙为官印，乙丑自居官乡，乙见戊为偏官，戊居寅为禄位；又见庚辰时，乙丑见庚为官印；庚自居辰，辰中有乙为财帛。乙丑六合甲子月是乙见鼠贵，则知宗族贵家，是名乙戊向庚为三奇之贵也。不惟只此，而又金土之气坚润，十一月生五行藏蓄，唯忌逢火，其时火死水旺［“水土”不合］，三任方面可应出群之器［“之炁”不合］，余可例求焉。此赋论贵命根基，此以后说运中会遇也，故下文云。

［疏证］徐注曰，世上命术皆用六甲人正月生者为建禄，名建禄不富，此非“生月带禄”之类也。言外之意，珞琭子《消息赋》命理观点与徐子平相一致，后人未把官星当成建禄只不过是误入歧途而已。可见徐注之时代古三命法尚为主流，徐很清楚自己传承的禄命观点在当时命理界尚未形成共识。徐注以日为主，以财官作为中心来解释《消息赋》，有很大可能是其认为《消息赋》著者珞琭子亦是以日为主、以财官作为中心来阐述八字。亦就是说，徐并不以“子平命术”创始人自居。事实上，纵观所有徐子平命著，无一字一句宣称他自己发明“子平命术“。不管《消息赋》是鬼谷命术还是子平命术并不重要，关键是徐子平本人认为珞琭子《消息赋》是以“子平”观点来赋作成文。从此角度看，徐子平似乎要世人相信其所有与其同时代人不同之理论观点亦有师承钵传，只不过被后人所推崇之“子平术”在当时处于弱势群体，并未被世人所重视，从而亦证明其非由徐子平一人闭门造车所诞生。

徐注认为所谓“生月带禄”者，应“如甲乙人秋生，丙丁人冬生，戊己人春生，庚辛人夏生，壬癸人生于四季月是也。”如甲乙木人用金为官禄，庚金旺，是生月带官禄也。遇之者则是官禄超迁，功名尤为发达。有人问道：“此生月带官禄而为福者皆为寻常有之，《消息赋》为何要着重言之?”答曰：“如《消息赋》云：‘略之为定一端，究之翻成万绪是也。’”（参见下文第六十八章“略之定为一端，究之翻成万绪。”）指为福贵者之原因很多，《消息赋》不过是略繁从简定一端，便于读者举一翻三、推而广之。如甲戌人八月生月建酉，酉中建辛，辛为甲之旺官禄，若当生岁生时居寅午戌火局，加上别位有丙丁火，亦不能损甲之官禄，何故？因八月火死然也。或有当生岁生时居亥卯未木局，加上别位有甲乙木，亦不能夺甲之财帛，因八月木绝故也。甲命人申月生，有火不能损官禄，有木不能劫财帛，是财官两喜，威武显赫之尊，固其仕途相宜也。故后人所谓“子平术”取用以月令为重也。

凡命中四柱带官禄者，均主贵禄袭于祖上。但又不如生月带禄者，则父子（月为父，日为子）贵气相近，为官禄相依相扶也。除四柱带官禄，更妙有生日支内，天元自旺，生时不居休败者，如甲亥日壬寅时，身旺者更行运在官禄之乡，如此之命又何止居显赫之尊？三台八座之命，则成贵人之命，其子又何来贫贱之疑焉？是指日元健旺，又月上带官禄，作为命主怎会是贫贱之人？《消息赋》云："根在苗先。"指原命为根有官禄者，只要日主自旺，生时不居休败，大运复遇官禄之乡则为苗壮花盛矣！"奇"者，指三奇官印也。至于"仪"者，徐注并未解释，只说遇三奇者有威仪之贵也。"蕴藉"者，指三元内外岁月生时四柱，藏蓄五行括囊造化，贵气往还无诸多刑冲克战，如此之命，则为大器之贵命也。

（三十三）——向公安抚命：

乾：戊　甲　乙　庚

　　寅　子　丑　辰

此例向公安抚命是戊寅年甲子月乙丑日庚辰时生。如按子平常法，寒冬子月，非建禄之乡，财官土金皆为休囚；幸在日坐官库，时上合庚官，年上有寅透甲在月，时藏有乙，亦得木气，如逢官禄之地可且行仕途也。但徐却从"三奇"角度出发对此命阐述一番。上文第七章徐引《三奇歌》云："甲己六辛头，乙戊向庚求，丙辛遭癸美，丁壬辛更优，戊癸逢乙妙，己壬并甲游，庚乙丁须听，辛甲丙同周，壬丁己堪重，癸丙戊何愁。"（有关"三奇"参见上文第七章）此命戊年乙日见时上庚金，故称"三奇"。"戊乙庚三奇"何以为贵？徐注先看"戊"，戊以乙为官印，冬土囚而冬木相，故乙木为偏官（阴阳相见应为正官），又戊居寅为坐官禄位；下来看"乙"日主，乙丑自居官库，又见庚辰时，乙丑见庚为官印；再下来看"庚"，庚自居辰，辰中有乙为财帛。"三奇"各为主论财官与其所谓"以日为主"子平理论不符，不排除徐注当时未能完全摆脱古三命四柱皆论之影响（参见下文第五十五章东疏）。又曰"乙丑六合甲子月是乙见鼠贵"，但《渊海子平》中所谓"六乙鼠贵格"是以六乙日子时，且原无官星论之，四柱见庚辛、申酉丑一字，则减分数。此命三奇见庚为贵，何必再牵扯至乙见鼠贵乎？又曰"金土之气坚润，十一月生五行藏蓄，唯忌逢火，其时火死水旺，三任方面可应出群之器，余可例求焉。"其实此命冬生，以火调候为佳，冬难制寒金，何必以火为忌？乾造阳命顺行乙丑、丙寅、丁卯、戊辰、己巳、庚午，一路木火旺地，财官相生，禄至安抚职位，证明调候有功也。至于"三任方面，可应出群之器"，应指"戊、乙、庚"三方面各有贵气之意也。最后徐曰"此赋论贵命根基，此以后说运中会遇也，故下文云"，指此章赋文是讲贵命根基之重要性，其中包含有官禄之根与日主天元之根，并说下文涉及论大运时会再遇到，故下文云（见下文第三十四章）。

［释注］王注曰，所谓禄以代耕，则指贵者之事。耕者，则指贱而在野者言之也。以禄为贵者之事，故云“居赫奕之尊”。《经》云：“天禄者，享贵富之最；奇仪者，资出伦之材。”珞琭子云，生月为运元，或带天禄生旺之气，而行运者则平生温厚为福之多也。然举以生月，如生日生时皆欲得冠带天禄，为福［“无多为福”不合］之厚也，或四柱五行互相带禄，兼乘生旺之气者，则入仕多居赫奕之尊矣。所谓“带禄”者，不必谓专生［“惠生”不合］天禄者也，如甲禄在寅，寅午戌中见甲者皆是也。“重犯奇仪［“其仪”不合］”者，乙丙丁为三奇，戊己庚辛壬癸为六仪，十干用九而随去，其甲者之谓“奇仪［“其仪”不合］”也。如乙巳生得辛巳月日，辛为仪，乙曰奇，乙以辛巳为生成官，又坐官禄长生学馆，二巳乃重犯奇仪矣。或谓辛巳人得丙申月丙辰日，是一仪合二奇，此亦谓之二生犯奇仪者也。“奇仪”者，天地阴阳偶合英秀之气，宜为学者约之，故曰“蕴抱出群之器”。

李注曰，生月日时并带本禄，若入仕必须官职崇显也。“奇”者，指乙丙丁、甲戌庚为三奇也。“仪”者，常以子加于寅，顺数至年月，见本命即是“重犯奇仪［‘其仪’不合］”也。

昙莹注曰，本命禄元与生月同者是也，其禄元用日干求之，假令庚子人甲申月，但得乙庚之日，便用丙子推之，甲申是也，其生月带禄并禄马同乡。但得天元与纳音同者，亦可言之。甲戌庚乙丙丁法天地二议，此云“三奇”也。“重犯”者，居赫奕之尊，抱出群之器。

［疏证］王注曰，所谓“禄”，即是享官禄以代辛苦耕作，专指贵者之事；而“耕”者，则指贫贱而在田野者言之也。以禄为官贵者之事，生月带禄，故云居显赫之尊位。《经》云：“天禄者享贵富之最，奇议者资出论之材。”（有关“《经》云”考究参见上文第十八章东疏）指透天禄者可享最大之富贵，带三奇六仪者在朝中论资排辈则为佼佼者。珞琭子此章云，生月作为大运之源头，如带天禄生旺之气，行运者平生则温厚为福也。然而此处举以生月带禄，如生日生时皆得冠带天禄，则为福尤厚，或者四柱五行互相带禄，兼乘生旺之气者，则入仕多居显赫之尊矣。针对珞琭子

“生月带禄”之说，王注指出：“所谓带禄者，不必谓专生天禄者也。如甲禄在寅，寅午戌中见甲者皆是也。”在王注看来，“生月带禄”或“生月建禄”均不必一定要透干（参见本章下文东疏）。但本书认为两者有区别，前者凡透或藏干禄皆是，并非须临官位，后者仅指临官之位而已。何谓“奇仪”？王注认为“乙丙丁为三奇，戊己庚辛壬癸为六仪，十干用九而随去，其甲者之谓奇仪也。”其实三奇六仪为奇门遁甲术所用，指十天干隐去甲木后剩下九个天干，其中有六个天干可以跟旬头配合。取用时，按前后之序来选定，把前面之乙丙丁跟宇宙中之三光日月星联系起来，组合成三奇；把后面天干戊己庚辛壬癸跟六个旬头搭配起来，组合成六仪。三奇顺序为乙日奇、丙月奇、丁星奇。六仪与旬头结合为：甲子旬六戊，甲戌旬六己，甲申旬六庚，甲午旬六辛，甲辰旬六壬，甲寅旬六癸。但在八字操作方面，诸家运用各有不同。如王注对“重犯奇仪”之解释举例：乙巳人生得辛巳月日，辛为仪，乙曰奇，乙以辛巳为生成之官贵，辛官又坐自官巳火为长生为学馆，又二巳藏丙合辛，乃重犯奇仪矣。或有辛巳人得丙申月丙辰日，辛为仪，丙为奇，是一仪合二奇，此亦谓之二次犯奇仪者也。从此看出，王注论三奇六仪，既有一奇见二仪，如一乙见二辛，亦有一仪见二奇，如一辛见二丙或二巳，均为重犯奇仪。奇仪相遇者，是“天地阴阳偶合英秀之气，宜为学者约之”，指命带奇仪者为读书人最值得所拥有，故曰“蕴（脱“藉”字）抱出群之器”。

李注曰，生月、或日时并带本禄，若入仕途必然官职崇显也。“奇”者，指命带乙丙丁或甲戊庚为三奇也。“仪”者，常以子加于寅顺数至年月，见本命即是重犯奇仪也。（参见本章下文《新雕》李注。）

昙莹注曰，“生月带禄”者，即本命禄元与生月同者是也。其禄元用日干求之，可重得时禄。如庚子人甲申月，本命禄元庚金与申月同，谓“生月带禄”；又得乙或庚之日，便用“五子元遁”起丙子时推之，可重得时柱为甲申是也。其四柱如下：

（三十三）——甲造

乾：庚　甲　乙（或庚）甲

　　子　申　〇　　　　申

此造其生申月带禄，又子见申为马，故为“禄马同乡”。年天元庚金与身纳音金为同五行，得他柱为申亦可谓之重。在昙莹注中，对奇仪之仪理解出自于《易经》："易有太极，是生两仪，两仪生四象，四象生八卦。"孔颖达疏曰："太极谓天地未分之前，元气混而为一，即是太初、太一也。"两仪即是天地。天上三奇甲戊庚，地下三奇乙丙丁，故"法天地二议（仪），此云三奇也。"可见昙莹注观点与诸家又不一致，认为奇与仪均为三奇，只不过是有天地之分而已，不论天元地元，只要二仪重犯，即是"居赫奕之尊，抱出群之器"。故举例庚子人见月时二甲申也。

［新雕］李注曰，生月日时并带本禄者，入仕必须官职崇显也。"奇"者，指乙丙丁、甲戊庚为三奇也。"仪"者，常以子加于寅，顺数至生月上［"至年月"不合］，见本命即是"重犯其仪"也。

东疏曰，"带禄"者，为本禄相逢也。若生月得，名"建禄"。日时得，名"带禄"，仍须官乡带禄为妙也。假令六甲人于九月生，谓建甲带禄也，名"月中带禄"，又得金为官，戊仍在官乡月，发用日时各带重禄且官乡，则美旺其官。人"三奇六仪"者，乙丙丁，其六仪者，戊己庚辛壬癸也。"重犯"者，又遇也，须要奇人犯仪，仪人犯奇也。假令辛巳人是六仪，得七月丙申月生，又遇丙子日，又名重息合，是辛仪重丙奇也。此辈生人贵也。假令丁未人是三奇得正月壬寅月，又遇壬子日，是奇人遇仪人也。壬子壬寅，是重犯合六仪也，主大贵耳。蕴习内籍，见外抱持也，遭遇此中生者，出于群品也。

［疏证］上文释注本《新编》之李注"'仪'者，常以子加于寅，顺数至年月，见本命即是重犯奇仪也"，其中"顺数至年月，见本命即是重犯奇仪也"在《新雕》中为"顺数至生月上，见本命即是重犯奇仪也"，显然后者更易理解。如丙午人丙申月生，寅月起子，顺数至申月，见本命午在申，即是重犯奇仪；庚申人丙戌月生，寅月起子，顺数至戌月，见本命申在戌，即亦为"重犯奇仪"。可见李注对奇仪之运用别具一格。《新编》与《新雕》李注中，"重犯奇仪"皆讹为"重犯其仪"。

东疏曰，"带禄"者，为四柱中本禄相逢也。若生月得临官，名"建禄"。日时得地藏天透之本禄，名"带禄"。仍须以官乡带禄为妙也。如六甲人于九月甲戌生，透月干谓建甲带禄也，名月中带禄而非建禄，又得戌中辛金为官，戊仍在官乡秋月，发用日时（日时主中晚限）各带重禄，且皆官乡，则美旺其仕途矣。人有“三奇”者，乙丙丁；人有“六仪”者，戊己庚辛壬癸也。“重犯”者，即又遇也，须以奇人犯仪，仪人犯奇为是也。举例：

（三十三）——乙造

乾：辛　丙　丙　〇

　　巳　申　子　〇

假如辛巳人是六仪，得七月丙申月生，又遇丙子日。此造辛仪坐巳中丙奇，又重犯月日干上二丙奇，且奇为官星，故此辈生人贵也。

（三十三）——丙造

乾：丁　壬　壬　〇

　　未　寅　子　〇

丁未人之“丁”是三奇，得正月壬寅月，又遇壬子日，“壬”是六仪，是奇人重遇仪人也。丁人复见壬子壬寅，丁奇合二壬仪，是重犯合六仪也，主大贵耳。“蕴习内籍，见外抱持”是指修身齐家治国而出类拔萃之意也。

［万版］王廷光解：“生月带禄”，以生月为运元，带天禄生旺之气而行运者，主平生温厚，为福最多。举生月而生日、生时可知，或四柱五行互相带禄，兼乘生旺之气为贵。莹和尚解：本命禄元与生月同，用日干求之。如庚子人，甲申月，但得乙庚日，便用丙子推之，甲申是也。徐子平解：甲乙人秋生；丙丁人冬生；即正气官星，生月带之，则父子之气近为禄相，需更生日支内，天元自旺，生时不居休败，行年复在禄乡，为生月带禄。余见：以戊日逢乙巳月，壬日逢己亥月，癸日逢戊子月，干支带官禄，或年日时所坐之支，得生月干，以壬寅日得甲辰月，辛酉日得辛巳月之例，入仕定居赫奕之尊。“重犯奇仪”，王廷光解：乙丙丁为三奇，戊己庚辛壬癸为六仪，十干用九，而遁去其甲者之谓仪。如乙巳生，得辛巳月、日，辛为仪，乙为奇，乙以辛巳为生成官，又坐官禄、长生、学堂，二巳乃重犯奇仪。奇仪者，天地阴阳偶合、英秀之气也。莹和尚则以甲戊庚乙丙丁，法天地二仪。李仝则以子加寅，顺数至年月见本命。余观《遁

甲》论三奇六仪，王廷光之解为是。此以上，论资命根基；此以后，说运中会遇。故下文云云。

[疏证] 本章东疏对“生月带禄”和“重犯奇仪”在引述诸家不同观点后，再表明自己的立场。

“生月带禄”：

王注：“以生月为运元，带天禄生旺之气而行运者”。

昙莹注：一是“本命禄元与生月同者是也”，二是“其禄元用日干求之”，三是“其生月带禄并禄马同乡，但得天元与纳音同者，亦可言之”。

徐注：“正气官星，生月带之”，或日主“天元自旺，生时不居休败，行年复在禄乡，为生月带禄”。

为方便读者对比诸家观点，现将万注未列出之李、东二家观点一并在此展示：

李注：年干见生月或日时并带本禄者。

东疏：“带禄者，为本禄相逢也。若生月得，名建禄。日时得，名带禄，仍须官乡带禄为妙也。

万注：则以日元逢生月干支为官禄，如戊日逢乙巳月，乙为官，巳为禄，或年日时之支为月干之临官，如壬寅日得甲辰月，辛酉日得辛巳月之例。

“重犯奇仪”者：万注引述王、昙莹、李三家观点，而其本人倾向于王注有关三奇六仪阐述。其实不光是王注，东疏中亦是类似观点。三奇六仪出于奇门遁甲术，是否适用于八字，禄命历史上诸家观点并不一致。为便于读者对诸家观点进行系统地了解，本书将诸家对奇仪之阐述列表于书后附录表二，以供对比参考。

第三十四章

阴男阳女，时观出入之年。阴女阳男，更看元辰之岁。[①]

［徐注］假令阴命男，三月下旬生，得节气深，八岁运。乙酉年庚辰月乙丑日辛巳时。乙木下取丑中金库为官印，又三月气深，时迎初夏，又得辛巳时，当生年乙酉，三合巳酉丑，丑位不背官印，三月气深，木向衰病，金向长生。《赋》云："向背定其贫富"是也，又曰"将来者进"。三十八岁运行丁丑，则财官两美。《赋》云："每见贵人食禄，无非禄马之乡"是也。三十九岁交丙子运，是谓出入之年也。且乙用庚为官印，见丙乃庚之七杀，当生年三月气深，向丙不远，又大运丙子，子与巳合，合起〈巳〉中丙，丙克妻［"丙克庚"合义］，则乙损官。乙以庚为妻，则灾妻损财，更或值丙丁巳午［"巳午午"不合］年则凶。此是出入之年，为凶可知也。时观者，是当生年中四时之时也。《赋》云："一旬之内，于年中而问干，一岁之中，于月中而问日"是也。此年运交出入，当时迎气深，又辛巳时中有丙，初交丙子运则灾损［"灾挠"亦合］，自应也。《赋》云"阴男阳女"便是"阴女阳男"也。前云"出入之年"，此论元辰之岁，其理无二也。前论乙丑日阳命男，运出丁丑，欲入丙子，此亦是行来出入，抵犯凶方之义。前说三月深向丙丁之气不远，运入丙子则失官、财损［"灾挠"亦合］、妻灾，况在四月三五日生，作三岁［"二岁"不合］运，是当生元有害官印之辰。《赋》云："宣父畏其元辰"是也。其或更值寅午戌年，己未太岁是名元辰之岁，则救疗无功也。便当生岁时中有壬癸，小运在申子辰亦不济事，天何故？四月水绝故也。大率所犯有伤不可救也。

［疏证］徐注开头举例：

① 《新雕》为"阳男阴女，时观出入之年。阴男阳女，更看元辰之岁"。《新编》卷三终。

（三十四）——甲造

乾：乙　庚　乙　辛　　　大运：己　戊　丁　丙　乙
　　酉　辰　丑　巳　　　　　　卯　寅　丑　子　亥

阴命男，乙日人三月下旬生，八岁后上运。徐对此命，一次提到“三月下旬生，得节气深”，一次提到“三月深”，三次提到“三月气深”，大意指春深木老，喜金雕琢为贵。子平术重财官，乙木下取丑中金库辛为官印。又三月气深，时迎初夏乃金长生，又得辛巳时，当生年乙酉，三合巳酉丑为金禄。乙坐丑位不背官印，三月气深，木向衰病，但阴命男大运逆行己卯戊寅木乡不弱，故喜金官向长生，符合上文第二章“向背定其贫富”与第四章“将来者进”。三十八岁运行在丁丑运时，丑为木之财地禄库，故为财官两美，符合下文第六十三章所云：“每见贵人食禄，无非禄马之乡”是也。到三十九岁脱丁丑而交丙子运，是谓出入之年也。且乙日用庚为官印，见丙乃庚之七杀，则官见伤官矣。由于当生之年三月下旬气深，近巳月向丙不远，又大运丙子，子遥巳，子中癸合巳中戊，化火带起巳中丙火，丙克庚，则乙损官。乙以合庚为妻（断六亲时，日之财为妻，日之所合亦为妻）故庚见丙不但伤官亦灾妻损财也，更怕初入运即逢丙丁巳午火年则尤其凶，此乃“出入之年”为凶之因也。“时观”者，是当生之年中四时之时也。故下文第五十章云：“一旬之内，于年中而问干。一岁之中，于月中而问日”，徐注解释是“一旬之内，于年中而问干者，是月中求日也；一岁之中，求月中而问日者，是年中求月也”，指日气之深浅由月中三旬决定，月气之深浅由年中季节决定（诸家对此观点不同，参见下文第五十章）。三十九岁脱丁丑运而交丙子运，是谓出入之年，因乙日三月下旬木气深，当时四月火气已近，又辛巳时中有丙，故初交丙子运则官灾财损，自应在命也。《消息赋》原文所谓“阴男阳女”与“阴女阳男”并无二致，虽然前云大运出入之年，后论元辰之岁，其前提条件并无区别，即不论前者或后者，均仿此也。上例乙丑日阳命（应为阴命之讹）男，三十九岁运出丁丑（可证所谓“八岁上运”实为八岁后上运），欲入丙子，此亦是“行来出入，触犯凶运”之义（参见下文第六十二章）。前说三月木气深，向丙丁之暑气已不远，运入丙子伤庚，则失官、财损、妻灾，何况若在四月立夏后十五日生（据考古发现吾国二千年前战国时期就存在乘法口诀，故“三五”即十五之数)。“作三岁运”，推为立夏后九至十二日中旬生，即三年后上运。巳月中旬，乃丙火司令，此为当时所生八字中本就含有危害官印之辰。故上文第十三章所谓“宣父畏其元辰”中之“元辰”，徐并不认其为“阳男阴女冲前一辰，阴男阳女冲后一辰”(参见上文第十三章李注)，而是引李虚中云“当生元有则凶重，无则凶轻”，把元辰看作是命中原有恶辰之义。乙人立夏后巳月中旬丙火司令，或加寅、午、戌之年与他柱合成火局，或生之太岁为巳、未，是称伤官元辰之岁，则救疗无功也。即便当生岁时四柱中有壬癸，当年小运在申子辰亦不济事，四月水绝故也。大概来讲，命中原有所犯重伤者，不可救也。

［**释注**］王注曰，男，阳也，或禀五行之阴而生，则谓之阴男也。女，阴也，或受五行之阳而生，则谓之阳女也。阴男阳女禀五行之气不顺，是以大运历过去节气，不顺者，时观出运入运之年而有吉凶之变；气顺者，虽不以出入之年为应，亦不可与“元辰”之厄会。

李注曰，凡出运入运时，多主［“多土”不合］灾滞，冲前一辰为“元辰”，若大小［“火小”不合］二运太岁并逢于元辰，有灾滞决矣［“有灾滞殃矣”合义］。

昙莹注曰，男女之别，男尊女卑，阳位本男，阴位本女，今言阴男阳女失其序矣。既失其序，则运有逆顺也，大运出入之年虑招不测之咎。阳男阴女各得其宜，大运迁变之年，更看元辰等杀，是故“吉凶悔吝，生乎动者”也。

［**疏证**］王注曰，男属阳也，有人禀年干支五行之阴而生，则谓之阴男也；女属阴也，有人禀年干支五行之阳而生，则谓之阳女也。阴男阳女禀五行之气不顺，所以大运十二宫逆行，经历交脱时恰逢节气交替，容易出现不顺，出入运之年会有吉凶之变。阴女阳男符合阴阳之道，气顺大运而行者，出入之年虽不会一定出现异常应验，亦不可与元辰恶杀之厄会。

李注并无拘泥于阴男阳女或阴女阳男来判断出入之年是否顺利，而是认为“凡出运入运时多主灾滞’，“元辰”即冲前一辰(参见上文第十三章李注)，若大小二运太岁并逢于元辰，必有灾滞。

昙莹注观点类似上面王注。男女阴阳之别，男阳尊，女阴卑。阳位本男，阴位本女，今言阴男阳女则命失其序矣。既命失其序，则大运有逆顺之分也，故逆行大运出入之年虑招不测之咎。阳男阴女则各得其宜，大运迁变之年虽无必咎之虑，但更要看“元辰”等杀，是故《易经》曰“吉凶悔吝，生乎动者”也。可见昙莹注并不局限于元辰之恶杀，而是强调吉凶悔吝在于活动变化。（参见其下文第七十五章。）

[新雕] 李注曰，凡出运入运之时，多主［“多土”不合］灾滞。冲前一辰为“元辰”，若大小［“火小”不合］二运太岁并逢元辰，主有深灾［“有灾滞殃矣”亦合］。

东疏曰，男迎女送者，是阳迎阴送也。若阳命男、阴命女，初入福运，便有喜临，出时有灾；初入运必有凶临，出时却有喜，何以知之？凶运支绝，若大运上逢喜神、食神等干德合并六合，前后各五辰支德合皆为喜运也；若大运逢破本禄，前后二辰天罡河魁克本禄，入六厄、厄灾杀及空亡处，皆为凶运也。若阴男阳女，初入福运则有喜，初入凶运亦喜临，出则有灾，各详本生月日时，看建何旺？各发其力，或旺官、旺印、旺贵神、旺财、旺干德，却须于败绝发明也。上件官、印、贵神、财、德，若是败绝无力处生，印来入旺地发富。本生在败绝，若小运在元神上见克本禄，宜退官而避位也，不退则有凶灾，故君子防避也。

[疏证] 李注个别字与上文有异，但基本义同。见上文。

东疏曰，男迎女送者，则是阳迎阴送也。若阳命男、阴命女，初入福运时，开头便有喜临，出运时则有灾。如果初入运时有凶临，出运时却有喜。凭何断言如此？因为之所以凶运者，大多是三命支绝（干禄支绝，支命绝，身命支绝）。“若大运上逢喜神、食神等干德合并六合之中，前后各五辰支德合皆为喜运也”，指喜神、食神出现在干支德合中，或藏在支辰六合中，或藏在前后各五辰支德合之中。从此看出古法中德合、六合、支德合各有区别，德合包含干支德合，支辰六合不等于支德合。萧吉《五行大义》曰：“支德者：子德在巳、丑德在午、寅德在未、卯德在申、辰德在酉、巳德在戌、午德在亥、未德在子、申德在丑、酉德在寅、戌德在卯、亥德在辰。”故东疏曰：“阴阳支干皆前后五辰两处，名支德合。若人生月日时得遇者，如不隔位，又后遇者，主有大福。假令壬寅人，六月丁未，又得丁酉日是也。”举例如壬寅人，生于六月丁未，又得丁酉日，干上有日月二丁合壬，支下有月未日酉合寅，上下皆前后五辰相合，且不隔位，乃名曰“支德合”，完全是遵循《五行大义》规则来分析，与支辰寅亥、午未、子丑、卯戌、辰酉、申巳六合无关系（参见上文第二章东疏）。上文万注所谓“德者，日支德辰，即六合也。如壬寅年、庚戌月，癸卯日，乙卯时，九月将在卯，扶其生日；五行九月，金土六合，卯戌合，乙庚合，戊癸合”仅为一家之言。“若大运逢破本禄，前后二辰天罡河魁克本禄”，指大运来破本禄，大多是以天罡或河魁来冲克。据清朝《钦定协纪辨方法书》引《历例》载：“阳建之月，前三辰为天罡，后三辰为河魁，阴建之月反是。”如本禄为亥，生月是寅，则巳为天罡，如生月是卯或其他支辰，则非天罡冲克也。民间择日，亥人逢寅月，巳日诸事不宜。为何天罡或河魁来冲尤凶？中国先古汉民族认为北斗星是由天枢、天璇、天玑、天权、玉衡、开阳、摇光七星组成，串连起来像古代舀水之斗形勺。天枢、天璇、天玑、天权四星组成斗身，古曰“魁”，斗口第一颗天枢就叫天魁或河魁。剩下玉衡、开阳、摇光三星组成勺柄，或称斗柄，古曰杓。斗柄第一颗星摇光亦叫天罡，与斗口之河魁遥遥相对。由于一年四季十二个节气天体运动，视觉上北斗星斗柄指向会产生三百六十度变化，即春季指向东方，夏季指向南方，秋季指向西方，冬季指向北方。但《历例》载：“阳建之月，前三辰为天罡，后三辰为河魁，阴建之月反是。”其中天罡河魁并非斗身斗柄所指方向，而是指不同月建所对冲支辰像天罡河魁二星那样具有极强对立性。上文第二章东疏中“子午人，卯酉为魁罡。卯酉人，子午为魁罡，寅申巳亥人亦此例是也”，并未指出须以阴阳月建来分天罡河魁，可见魁罡运用在禄命与择日方面皆是取对立之义，但具体运用则有差别。此处所谓“若大运逢破本禄，前后二辰天罡河魁克本禄”中之“前后二辰”应为“前后三辰”之误（参见其下文第七十一章“却以小运在大运前三辰天罡上，后三辰河魁”句），如癸卯人以子为本禄，则卯之前三辰午运即为罡魁来冲子禄，或丁卯人以午为本禄，则卯之后三辰子运即为罡魁来冲午禄。故岁运并临天克地冲为灾是有前提条件，必须以命支前后三辰取罡魁冲克方验。下面东疏提及“入六厄、厄灾杀及空亡处，皆为凶运也”，六厄、灾杀均参见其上文第二十四章。

回到开头东疏所谓“若阳命男、阴命女，初入福运，便有喜临，出时有灾；初入运必有凶临，出时却有喜”，指阳男阴女大运顺行，从福运向凶运交接必然会引发凶兆，而从凶运向福运交接亦必然会引发吉兆。“若阴男阳女，初入福运则有喜，初入凶运亦喜临，出则有灾”为何？原因在于，阴男阳女大运支辰为逆行，但五行之气仍然是顺四季而行，故接交之气为过去之气，脱交之气反为将来之气，将来之气脱交后仍然会影响接交之过去之气。如壬寅为福运，逆行交接辛丑为凶运，因金生水，且辛丑纳音土生壬寅纳音金，故壬寅之影响会持续在辛丑之初，故“初入凶运亦喜临”。从此角度看，“初入福运则有喜”亦要看前运吉凶如何，如前运为凶，初入后运福地则无喜矣。“出则有灾”亦仿此推。除此外，东疏强调，不论阳男阴女或阴男阳女，要详察本命生月日时三限，看何柱建旺，各发其力多少？如生月生日生时三限皆旺，则断为旺官、旺印、旺贵神、旺财、旺干德，则须于败绝之运发明为福，即“旺见衰则吉”也。像上述官、印、贵神、财、德，若在本命生月生日生时三限皆败绝无力处生，得大运印地为凶，即“衰见旺则凶”，但在此印运中入小运旺地则发富。如原命本生在败绝之处，大运亦是败绝，即“衰见衰则吉”，但在此运中若小运又在元神上见克本禄，则宜退官而避位也，不退则有凶灾，故君子须防避也。可见旺衰转换之重要性在官、印、贵神、财、德众神之上矣。(参见本书附录：探索东方明“旺衰吉凶”之我见。表八：东方明论旺衰吉凶汇总表。)

本章东疏《消息赋》原文与诸家版本区别在于“阴男阳女”与“阴女阳男”前后对换，东疏对“更看元辰之岁”未展开分析，仅从交运角度进行阐述。

[万版] 男女之别，男尊女卑。阳位本男，阴位本女，今言阴男阳女，失其序矣。既失其序，则运有逆顺。大运出入之年，虑招不测之咎。阳男阴女，各得其宜。大运迁变之年，更看元辰等煞，是故“吉凶悔吝，生乎动者”也。行运为三命之最要乎，徐子平解此最详。“元辰”，是当生元有害官印之辰。前云“出入之年”，此论“元辰之岁”，其理无二。至于论节气之浅深，财官之向背，皆前人所未发也。

[**疏证**] 万注前半部分是王注之观点，后半部分是徐注之观点。认为“行运为三命之最要乎”，以徐注阐述为最详细。但在“元辰”观点上与徐注有差异。万注“‘元辰’是当生元有害官印之辰”，而上文第十三章徐注则“是当生年月日时位有七杀，害生月生时者，乃名‘元有元辰’也，即为灾重矣。”但从各自命理观点出发皆有可取之处，在实际批断中，只要运用恰当，不必过多纠缠于名称如何。

第三十五章

与生地之相逢，宜退身而避位。凶会吉会，伏吟反吟。阴错阳差，天冲地击。

[徐注]“生”者，生旺也，凡五行皆不宜生旺。阴阳书云：“金刚火强，自刑其方。木落归本，水流趋末，则为自刑之刑也。”且以庚辛言之，则金也。旺于西方，故庚禄在申，辛禄在酉。如庚辛生人，运到申酉，则宜退身避位也。夫何故？庚辛用丙丁为官印，火至申酉则病死，则庚辛无官也。庚辛克甲乙为财帛，木到申酉则死绝，则庚辛无财也。官财俱衰，虽建禄而不富。故云：“与生地之相逢，宜退身避位。”《鬼谷》曰：“金降自乾东而震，西南遇［“北遇”不合］坤乡而败禄衰官。”正此意也。赋意幽妙，宜深识之。此说运中，造为引问发明之辞。如上文云“出入之年”，皆吉凶两存而不辨，在学人晓而合之，上下贯穿而得其辞悟矣。“伏吟”者，大运与元命相对者是也。以众术言，则不佳。以赋意言之，其间亦有凶会吉会存焉。“错”者，错杂也。“差”者，交差也。人命有阴阳错杂，人运亦有阴阳交差，多为灾损［“灾挠”亦合］。如元命与运在东南而遇太岁西北者，谓之“天冲”。元命与运在西北，而太岁在东南者，谓之“地击”。大槩与阴阳差错不殊，然不能无别焉。西北冲东南者，主动改出入，是内冲外也。东南冲西北者，虽冲而不动，是外冲内也。遇此者皆主不宁，其间吉凶两存，详而言之。

[疏证]徐注认为，生地之生者，生旺也。凡日主五行皆不宜处生旺之地。此与古法观点不同，古法三命以生旺、向禄、建禄为美。子平却以日主出发，强调生旺建禄反而不美。徐所谓“阴阳书云”应为《翼氏风角》(西汉时占卜著作，撰者不详)，书曰：“金刚火强，各守其方，木落归根，水流趋末。”《五行大义》引《汉书·翼奉奏事》曰：“木落归本，故亥、卯、未，木之位，刑在北方，亥自刑，卯刑在子，未刑在丑；水流

向末，故申、子、辰，水之位，刑在东方，申刑在寅，子刑在卯，辰自刑；金刚火强，各还其乡，故巳、酉、丑，金之位，刑在西方，巳刑在申，酉自刑，丑刑在戌；寅、午、戌，火之位，刑在南方，寅刑在巳，午自刑，戌刑在未。"《曾门经》（朝代及撰者不详）曰："巳酉丑金之位，刑在西方，言金恃其刚，物莫与对。寅午戌火之位，刑在南方，言火恃其强，物莫与对。亥卯未木之位，刑在北方，言木恃荣华，故阴气刑之，使其凋落。申子辰水之位，刑在东方，言水恃阴邪，故阳气刑之，使不复归。所以子刑卯，丑刑戌，寅刑巳，卯刑子，巳刑申，未刑丑，申刑寅，戌刑未，辰、午、酉、亥为自刑也。"如按徐引阴阳书所云"金刚火强，自刑其方。木落归本，水流趋末，则为自刑之刑也"来解说其"凡五行皆不宜处生旺之地"，那么木在生旺地如何自刑？况且"木落归本，水流趋末"岂是生旺所致耶？但徐下面批注则属于典型子平观点，比较符合五行生克逻辑，如下：

以庚辛之金看，旺于西方，故庚禄在申，辛禄在酉。如庚辛日生人，运到申酉，则宜退身避位也。到底何故？一是庚辛用丙丁为官印，火至申酉则病死，则庚辛无官也；二是庚辛克甲乙为财帛，木到申酉则死绝，则庚辛无财也。官财二者俱衰，虽建禄而不富。故云："与生地之相逢，宜退身避位。"鬼谷子曰："金降自乾东而震，西南遇坤乡而败禄衰官。""震"为震发、奋发之义，《国语·周语上》曰："阳瘅愤盈，土气震发。"韦昭注："震，动也。发，起也。"鬼谷子意指，金人自从乾位降临至东方卯，则木旺火相而得财官震发；金人至西南坤乡申位，木绝火病而败禄衰官。此正与"生地之相逢，宜退身而避位"相符合（参见上文第二十六章徐注"胡茂老命"）。消息赋文意幽妙，宜深下功夫才能认识之。本章针对大运影响命造产生引问与启发，如上文云"时观出入之年"，不论是阴男阳女，还是阳男阴女，皆有吉凶两存之可能，而世人不去辨证认识，怎么能"深识之"哉？在学者应晓理而融会之，上下贯穿而得其辞意，始悟矣！至于伏吟者，徐注解为"大运与元命相对者是也"，应为"大运与元命相同者"方是。以众术观点言伏吟反吟，则不佳。但以《消息赋》文义言之，其间亦有凶会吉会存焉。"错"者，错杂也；"差"者，交差也。人命有阴阳错杂，人运亦有阴阳交差，一般多为灾损。"天冲地击"者，如元命与运在东南而遇太岁西北者，谓之天冲。元命与运在西北，而太岁在东南者，谓之地击。道理上讲，大槩（概）天冲地击与阴错阳差两者似乎无特殊之处，然亦不能认为它们毫无区别焉。西、北冲东、南者，主动改出入，如酉冲卯、子冲午，是内冲外也。东、南冲西、北者，虽冲而不动，如卯冲酉、午冲子，是外冲内也。但遇此两者皆主不宁，其间吉凶两存，宜详他而言之。

［**释注**］王注曰，五行有父子相继之道，盖父壮则子幼，子强则父衰。所谓“与生地之相逢”，如戊申得壬申，戊申自生之土，则生壬申之金，金至申而临官，土信金义，父得子道也。及其子父同处，子既往矣，父以功成，自当告退。盖生者不生物，不两立者欤。是知五行他生而我休，子代父位也。故曰“与生地之相逢，宜退身而避位”耳。“凶会吉会”者，如癸亥人，三元受水一气，或行年岁运会于己卯，水死于卯，而遇己卯土为鬼，则禄命身三元皆死，故曰“凶会”。一说以行年岁运禄马五处皆在生旺之地，而来共生我元命之谓吉会，皆来克我之谓凶会也。冲命一辰曰“反吟”。“阴错阳差”者，物以阳熙、以阴凝，二气不相戾，故天地相合以降甘露，此言其向而不乖也。以阴遇阴曰错，以阳遇阳曰差，纯阴则不成，纯阳则不生，此所谓“阴阳差错”者欤。人之一身，阴错阳差则非正也。故所作多奇而不偶矣。“天冲地击”者，戌亥曰“天罗”，辰巳为“地网”，冲击乃五行阴阳绝灭之地，岁运得此，更在反吟伏吟之上，则其为凶为祸可知也。四柱寓于其上，纵贵不寿。

李注曰，此四句言五行灾福变通不定，不可执一而言也。凶会之中复有吉者，吉会之中复有凶者，反吟伏吟合灾，却有四主本相救则吉，若胎月日时俱弱，方有凶会。阴错谓阳女阴男，元辰在冲后一辰；阳差谓阳男阴女，元辰在冲前一辰。“天冲”者谓戌亥，为天门；“地击”者谓辰巳，为地户。言有差错冲击神，是孤虚神也。

昙莹注曰，古所谓［“孔圣云”合义］：“不知命无以为君子。”盖命者，天之默定也，若知进退存亡，其惟圣人乎。与生地相逢，宜退身避位者，本命长生中逢旺鬼是也，即如金逢乙巳火，土遇庚申木；火见甲寅水，木逢辛亥金，得之于四柱或临大运者，宜以节用谨身退身避位。阴阳五位支干四柱互相暗战，谓之驳杂伏吟反吟，会凶会吉曾未定也。且如甲子金命，伏吟庚子土为吉，戊子火为凶；反吟以戊午火为凶，庚午土为吉。切忌阴错阳差天冲地击，如其甲木畏于庚金，子水伤于午火。

［疏证］王注曰，五行有父子相继之道，大概是父壮则子幼，子强则父衰。所谓“与生地之相逢”，如戊申得壬申。戊申纳音土，坐申为自生之土，则生壬申纳音金，金至申而临官，可谓两者皆旺。土主信、金主义，土生金犹如父得子道也。“及其子父同处，子既往矣，父以功成，自当告退”，是指虽然子父同处生旺之地，但子既摆脱以往之幼弱，处于临官帝旺之位，作为长辈则功成名就，自当告退矣！因为生他者已则不生，修旧代谢，物不两立者欤。是知五行他生而我休，子代父位也。故曰：“与生地之相逢，宜退身而避位耳。”此处王所指是戊申得壬申，父子同处旺地，如戊申逢丙申纳音火，火为印非子，申仍为戊长生地，是否“宜退身而避位”乎？另外，当今命界皆以寅为戊之长生地，王注为何曰“戊申自生之土”，即申为戊长生之地？

据唐朝道士张果撰《张果星宗》所表达五行十二宫之观点，列表为：

（三十五）——表一

类别	生	败	冠	官	旺	衰	病	死	墓	绝	胎	养
木	亥	子	丑	寅	卯	辰	巳	午	未	申	酉	戌
火	寅	卯	辰	巳	午	未	申	酉	戌	亥	子	丑
土水	申	酉	戌	亥	子	丑	寅	卯	辰	巳	午	未
金	巳	午	未	申	酉	戌	亥	子	丑	寅	卯	辰

《三命通会·卷二·论天干阴阳生死》对土长生于申载有不同观点：

其一：戊土生于寅，寅中有火，戊土生焉，三阳之时，土膏以动，万物发生，是戊生于寅也。土旺于四季，火土有如母子相生，所以戊随丙、临官归禄于巳，己随丁、临官归禄于午。戊土生于寅、己土生于酉明矣。若以戊生申、己生卯，何不以壬戊归禄于亥、癸己归禄于子？后人妄作《拟土歌》有“戊己当绝在巳怀”之句，以戊生申、酉沐浴、戌冠带，阴阳间隔，谬戾甚矣。

其二：或曰，五行长生有母、而后有子，归母成孕之说也，独土一行，分体用厚德载物，居中不用者，土之体也，敷于四维、各旺四季，土之用也。体生于巳，乘父母之禄，用生于申，维父母之位。水土生申，阴阳家之说；土生于巳，医家之说。考五星书，申为阴阳宫，故水土俱生申，坤位水土，原不相离，而“土随水源”之说，亦为有理。四行有一生，独土长生于寅、又生于申，一物而有两生，以坤艮土之方位，坤属西南，土至此而得朋，故曰“利亨”。

至清康熙年间李光地编《御定星历考原》曰：“木长生于亥，火长生于寅，金长生于巳，水长生于申，土则亦长生于申，寄生于寅。”对土之长生倾向于上面《三命通会》中后者观点。清乾隆年间梅瑴成等人撰《钦定协纪辩方书》亦云：“五行长生之义，《考原》之说甚明。而土之生于寅申，则引而未发。由今考之，水土之同生于申也，申为坤，坤为地，水土所以凝也；土之寄生于寅也，寅为孟春，孟春之月天气下降，地气上腾，天地所以和同，草木所以萌动也。是故洪范家独以土生于申为五行之体，阴阳选择诸家皆以土生于寅为五行之用。盖长生在寅则临官在巳，乃为土旺金生，与木火水同为一例。然则以土为生于寅者，所以顺五行相生之序，固与《月令》土旺于夏秋之交以顺四时相生之序者同出于理之自然，而非为臆说也。见下表：

（三十五）——表二

类别	生	败	冠	官	旺	衰	病	死	墓	绝	胎	养
木	亥	子	丑	寅	卯	辰	巳	午	未	申	酉	戌
火土	寅	卯	辰	巳	午	未	申	酉	戌	亥	子	丑
土水	申	酉	戌	亥	子	丑	寅	卯	辰	巳	午	未
金	巳	午	未	申	酉	戌	亥	子	丑	寅	卯	辰

上面所谓“洪范家”是指以《尚书·洪范》为代表宏观五行思想，把治理国家“五德”改造与“五行”理论结合起来；所谓“阴阳家”则是以战国时代邹衍为代表五行学派，侧重于阴阳术数运用。后来吕不韦《吕氏春秋》、董仲舒《春秋繁露》、刘向《洪范五行传论》皆继承上面两家之五

行思想。但事实上被当今术数家们所奉为经典之《五行大义》则倾向于“土”——“寄行于寅，生于卯……衰病于申，死于酉”，相反宋朝诸多古禄命家如王廷光、东方明等人却秉承上面“洪范家独以土生于申为五行之体”观点。尽管如此，当今大多数学者还是以《五行大义》为基础来确定五行生旺十二宫。

“凶会吉会”者，一说如癸亥人，禄命身三元受水一气，或行年（小运）、岁运会于己卯，水死于卯，而遇己卯土为鬼，则禄命身三元皆死，故曰凶会。一说以行年、岁运、禄马五处皆在生旺之地，而来共生我元命之谓吉会，皆来克我之谓凶会也。“冲命一辰曰‘反吟’，本位曰‘伏吟’”（“本位曰伏吟”句仅见于《五行精纪》所引王注，释注本及《新编》均无），大运与元命相对者是也。阴错阳差者，“物以阳熙、以阴凝”，应出自于《宋徽宗道德真经解义》（卷之四）曰：“众人熙熙，如享太牢，如春登台。御注曰：凡物以阳熙、以阴凝。熙熙者，敷荣外见之象。”熙为阳明、凝为阴冷，用在此表示阴阳二气不相戾（危害），天地相合以降甘露，此言其向而不悖离也。以阴遇阴曰错，以阳遇阳曰差，纯阴则不成，纯阳则不生，此乃所谓阴阳差错者也。人乃小天地，一身阴错阳差，则非人间正道也。故其所作所为多奇而不偶，怪而不近常理矣。“天冲地击”者，戌亥曰“天罗”，辰巳为“地网”，冲击乃五行阴阳绝灭之地。何为五行阴阳绝灭之地？《五行精纪》引《烛神经》曰：“世谓男忌天罗，戌亥，阴之终也。女忌地网，辰巳，阳之终也。”故王注认为岁运得此，更在反吟伏吟之上，则其为凶为祸可知也。具体来讲，火命人逢戌亥为“天罗”，水土命逢辰巳为“地网”。四柱寓于其上，纵贵不寿也。

释注本李注与《新编》李注此章是针对“凶会吉会，伏吟反吟。阴错阳差，天冲地击”而解，故曰“此四句言五行灾福变通不定，不可执一而言也。”原文“与生地之相逢，宜退身而避位”之注文被遗漏，下文《新雕》可证之。

昙莹注曰，孔子所谓：“不知命无以为君子。”因命乃天之默定，若能通晓命运之进退存亡，其惟有圣人才能达到。“与生地相逢，宜退身避位”者，是指本命长生中逢旺鬼是也，即如金身逢乙巳长生地，但纳音火为鬼；土身遇庚申长生地，但纳音木为鬼；火身见甲寅出长生地，但纳音水为鬼；木身逢辛亥长生地，但纳音金为鬼，得之于四柱或临大运者，宜以节用谨身退身避位。与上面王注所谓“如戊申得壬申，戊申自生之土，则生壬申之金，金至申而临官，土信金义，父得子道也。及其子父同处，子既往矣，父以功成，自当告退”对照，均以纳音身五行逢长生地作为“与生地之相逢”，区别在于王注是以长生地干支纳音五行为子，且临官位；而昙莹注是以长生地干支纳音五行为鬼，却不理其是否处旺地。但以此两者皆归入至“宜退身而避位”，尚不能包括“与生地之相逢”全部类型，即如金身逢辛巳长生地，纳音亦为金；土身遇戊申长生地，但纳音亦为土；火身见丙寅长生地，但纳音亦为火；木身逢己亥长生地，但纳音亦为木，所相逢者非子亦非鬼，是否亦该退身避位乎？至于“伏吟反吟”者，昙莹注认为“会凶会吉曾未定”，属于阴阳五位支干四柱互相暗战。且如甲子金命，伏吟庚子土为吉，而伏吟戊子火为凶；反吟以戊午火为凶，而反吟庚午土为吉，要辨其纳音五行方妥。不过切忌阴错阳差天冲地击，如其甲木畏于庚金，子水伤于午火，即除纳音身还要留意干禄支命之吉凶。

[新雕] 李注曰，〈如逢长生之鬼乡，宜退而避灾也。若人生月并大小运逢三元生死旺三鬼，呼为五鬼，定须有灾。卷末有例。〉此四句言五行灾福变通不定，不可执一而言也。凶会之中复有吉者，吉会之中复有凶者。反吟伏吟合灾，却有四主本为救则吉，若胎月日时俱弱，亦为［“方为”合义］凶会。“阴错”，谓阳女阴男，元辰在冲后一辰；“阳差”，谓阳男阴女，元辰在冲前一辰也。“天冲”者，谓戌亥为天门。“地击”者，谓辰巳为地户。[言有差错冲击神，是孤虚神也。]〈此防大小二运在辰戌上相冲，故云：“天冲地击”。太古虚文所论“冲击”理道冗繁，更不备述。〉

东疏曰，“凶会”者，大小二运并聚于凶恶一处也。假令乙巳人六月生，大运四十五后，约入戊寅，又四十九上小运在丙寅，二运俱会在本旬空亡、劫杀，亦名“天罡”。更以小运发建，正月建庚寅，二月辛卯，其庚辛金克乙禄，又见劫灾二杀，正为凶会。谓“吉会”者，大运与小运会大吉地。假令癸亥人八月生，大运二十五后入戊午上，又却三十小运在癸未，其二运都在财旺之乡。戊午与癸亥阴阳合为吉，喜癸未与戊午六合，此为吉会。“伏吟”者，伏，藏也；吟者，呻吟也。常以本命处为伏吟。

相冲为反吟也。假令己亥人四月生，禄命水土四月都绝破，而更以大运逆行四十五后，约入甲子元。四月绝者，水土旺乡，被旺气伏其绝者，水旺在鬼乡必呻吟也。若在卯辰上，水土鬼乡中却有鬼中神力，正为“反吟”。“反”者，反呻吟，作吟笑也。“阴错阳差”者，错综也，差异也。若阳对冲谓“天冲”；如阴地冲为“地击”。

［疏证］本章《新雕》李注相比释注本、《新编》之李注，前面多“如逢长生之鬼乡，宜退而避灾也。若人生月并大小运逢三元生死旺三鬼，呼为五鬼，定须有灾，卷未有例”衍句，后面多“此防大小二运在辰戌上相冲，故云‘天冲地击’。太古虚文所论冲击理道冗繁，更不备述”衍句，但脱漏上面李注最后一句：“言有差错冲击神，是孤虚神也”。据此，除确定《新雕》中李注版本要比《四库》编纂者所凭《永乐大典》版本完整以外，更可确认《新雕》李注与东疏合编乃好事者所为，但却有意省略李注“卷未有例”之部分（无一例幸免，乃撰编者有意为之），亦证非李注原版之袭矣。正因李注“卷未有例”荡然无存，后人亦失去了从其案例中了解“生死旺三鬼，呼为五鬼”原理之依据。

李注曰，“与生地之相逢，宜退身而避位”者，即“逢长生之鬼乡”，应是本章昙莹注“本命长生中逢旺鬼是也”之出处。“若人生月并大小运逢三元生死旺，三鬼呼为五鬼”（参见上文第二十四章），意指：若人三命逢生月并大小运均处生死旺十二宫中死墓绝三鬼之地，或处衰病死墓绝五鬼之地，必定有灾。如此看，昙莹注“本命长生中逢旺鬼”之“鬼”定义则狭义矣。后面四句“凶会吉会，伏吟反吟。阴错阳差，天冲地击”，则是指五行灾福变通不定，不可执一而言也。如凶会之中复有吉者，吉会之中复有凶者；或“反吟伏吟合灾，却有四主本为救则吉，若胎月日时俱弱，亦为凶会”，其中“四主”应为“四柱”之误，否则无法对应“若胎月日时俱弱”。指年禄命遇行年运岁反吟伏吟为灾，却本命有胎月日时四柱相救为吉，若胎月日时俱弱，相救亦不济事，必为凶会矣。至于阴错阳差，则与元辰联系在一起，曰：“阴错，谓阳女阴男，元辰在冲后一辰；阳差，谓阳男阴女，元辰在冲前一辰也。”（参见上文第十三章李注）“天冲地击”者，戌亥天门来冲谓之天冲，辰巳地户来冲谓之地击，王注谓之“天网地罗”（参见本章上文王注），要防大小运辰戌或巳亥来冲本命。天冲者不利阳宅、男丁、头面、官禄等，地击者不利阴宅、妻女、孕产、腿脚、私财等。又曰太古时期流传诸多虚文，所论“天冲地击”道理冗长繁杂，其不再备述。《新雕》在“‘天冲’者谓戌亥，为天门；‘地击’者谓辰巳，为地户”后面脱漏“言有差错冲击神，是孤虚神也”之句（“孤虚”参见上文第二十七章）。

东方明在本章对“与生地之相逢，宜退身而避位”之句未有注疏。曰“凶会吉会”者，大小二运并聚于凶恶一处，谓“凶会”；大运与小运均会于大吉之地，谓“吉会”。

“凶会”者举例：

（三十五）——甲造

乾：乙　癸　〇　〇　　空亡：寅　　大运：壬　辛　庚　己　戊

　　巳　未　〇　〇　　　　　卯　　　　　午　巳　辰　卯　寅

乙巳人六月癸未生，大运四十五岁后，约入戊寅大运（其大运非从月干起，与上文第三章东疏观点不符），又四十九岁上小运在丙寅（应为甲寅之讹，起小运见上文第三章东疏），二运寅木俱会在本旬为空亡、为劫杀，亦名天罡。巳酉丑人见寅为劫杀，至于天罡，上文第二章东疏“子午人，卯酉为魁罡；卯酉人，子午为魁罡，寅申巳亥人亦此例是也”，即巳亥人见寅申为魁罡。此命假设以小运丙寅（实为甲寅之）发建应凶，是因正月建庚寅，二月辛卯，其庚辛金鬼克乙禄，又见劫灾二杀，即巳命见寅为劫、见卯为灾，二凶杀也（参见上文东疏（三十二）——丁造），诸凶相会，谓之凶会。留意东方明此造利用小运干支起“五寅遁元”定流月吉凶，极为罕见。

“吉会”者举例：

（三十五）——乙造

乾：癸　辛　〇　〇　　大运：庚　己　戊　　小运：乙

　　亥　酉　〇　〇　　　　　申　未　午　　　　　未

癸亥人八月辛酉生，二十五岁后入戊午大运上，又三十岁小运在癸未（应为乙未之讹），其二运都在三命财旺之乡。又说戊午与癸亥阴阳合为吉，即戊午为阳，癸亥为阴，天干戊癸明合为阳，地支午亥暗合为阴。至于“喜癸未与戊午六合”，小运癸未是行年十八岁，不符三十岁之数，乙未与戊午则非天地之合，非所谓吉会也。

“伏吟”者，伏，藏也；吟者，呻吟也。常以本命相同处为伏吟。相冲处为反吟也。举例：

（三十五）——丙造

乾：己　己　〇　〇　　　大运：戊　丁　丙　乙　甲　乙

　　亥　巳　〇　〇　　　　　　辰　卯　寅　丑　子　亥

己亥人四月己巳生，禄命水土处四月巳火都绝破　如本章上文王注中有“水土之同生于申”，又传《拟土歌》云“戊己当绝在巳怀”之句，可知《张果星宗》水土同行十二宫观点至少在宋朝禄命界尚有影响力。而更以大运逆行四十五后，约入甲子大运。禄命水土本于四月所绝，遇亥为入旺乡，亥水旺气反吟巳火，衰败之水逢旺反凶，故曰：“水旺在鬼乡必呻吟也。”（即衰见旺则凶）若在卯辰死墓大运上，死绝之土水虽在鬼乡中却有鬼中神力（即衰见衰则吉），正所谓“反吟”，与呻吟相反者，作吟笑也。

东疏对伏吟反吟是凶抑或吉提出一个与众不同观点。本凶遇吉逢伏吟为不吉呻吟，而本凶遇凶逢反吟为吉喜吟笑；反之，前者如遇反吟为吉喜吟笑，后者伏吟为不吉呻吟（参见下文第六十三章东疏）。至于“阴错阳差”者，为错综也，差异也。“天冲地击”者，若阳对冲谓天冲；如阴地冲为地击也。读者须留意，以上甲造、乙造、丙造起大运小运皆与东疏本人观点不符（参见上文第三章东疏）。

［万版］此说运中所遇吉凶、祸福，生地相逢。莹和尚则以本年长生中逢鬼旺，如金逢乙巳火，土遇庚申木，火见甲寅水，木逢辛亥金。王廷光则以五行有父子相继之道，父壮则子幼，子强则父衰，子父同处，子既来矣，父已成功，自当告退，是知他生我而休，子代父位也。《易》：“震为长男用事，而乾父退居西北。”亦是此理。徐子平则以庚辛生人，运到申酉，以火为官禄，火至申酉病死；木为财帛，木到申酉死绝；官财俱无，即建禄不富之说也。恐非赋义。行年岁运禄马，五处皆在生旺之地，共来扶我元命，谓之“吉会”；共克我元命，谓之“凶会”。“伏吟”者，大运与元命相对。以阴遇阴曰“错”，以阳遇阳曰“差”。人命有阴阳错

杂，人运有阴阳交差，元命与运在东南，而遇太岁在西北，谓之“天冲”。元命与运在西北，而遇太岁在东南，谓之“地击”。吉会、凶会，言运遇伏吟、反吟。阴错阳差，天冲地击，其间亦有吉会，凶会未必皆凶也。如甲子金命，伏吟庚子土为吉，戊子火为凶。反吟戊午火为凶，庚午土为吉。西北冲东南，主动改出入，是内冲外也。东南冲西北，虽冲而不动，是外冲内也。遇此者，皆主不宁其间，吉凶两存。阴阳错差，则纯阴纯阳，不生不成，所作多奇而不偶。或曰天冲地击，乃天干地支，大运与元命相冲击，非专指五行阴阳绝灭之地也。岁运得此，更在反伏吟上，则其为凶会可知。四柱寓于其上，纵贵不寿。

[疏证] 万注认为本章系针对运中所遇吉凶、祸福和生地相逢而言。引徐、王、昙莹三家注文作精要归纳如下：

一．“与生地之相逢，宜退身而避位”者：

莹和尚则以本年长生中逢鬼旺，如金逢乙巳火，土遇庚申木，火见甲寅水，木逢辛亥金。

万注曰《易经》：“震为长男用事，而乾父退居西北。”亦是此理。

王廷光则以五行有父子相继之道，父壮则子幼，子强则父衰，子父同处，子既来矣、父已成功，自当告退，是知他生我而休，子代父位也。

徐子平则以庚辛生人，运到申酉，以火为官禄，火至申酉病死；木为财帛，木到申酉死绝；官财俱无，即建禄不富之说也。

但万批徐观点“恐非赋义”。

二．“凶会吉会，伏吟反吟。阴错阳差，天冲地击”者：

王注曰，行年岁运禄马，五处皆在生旺之地，共来扶我元命，谓之“吉会”；共克我元命，谓之“凶会”；以阴遇阴曰“错”，以阳遇阳曰“差”。

徐注曰，人命有阴阳错杂，人运有阴阳交差；“伏吟”者，大运与元命相对；元命与运在东南，而遇太岁在西北，谓之“天冲”；元命与运在西北，而遇太岁在东南，谓之“地击”。

昙莹注曰，如甲子金命，伏吟庚子土为吉，戊子火为凶；反吟戊午火为凶，庚午土为吉。

徐注曰，西北冲东南，主动改出入，是内冲外也；东南冲西北，虽冲而不动，是外冲内也；遇此者，皆主不宁其间，吉凶两存。

王注曰，阴阳错差，则纯阴纯阳，不生不成，所作多奇而不偶；“天冲地击”者，戌亥曰“天罗”，辰巳为“地网”，冲击乃五行阴阳绝灭之地）岁运得此，更在反、伏吟上，则其为凶会可知；四柱寓于其上，纵贵不寿。

万注对王注观点批曰：“或曰‘天冲地击’，乃天干地支，大运与元命相冲击，非专指五行阴阳绝灭之地也。”综合诸家观点，万注认为“吉会凶会，言运遇伏吟反吟。阴错阳差，天冲地击，其间亦有吉会，凶会未必皆凶也”，此观点与《五行精纪》载赵寔注“运至伏吟返吟为凶，或带禄马、食神、三财，亦能为福”大意相近。惜今人对诸如天冲地击等神杀不求甚解，漠视先贤传承，且视为解命之羁绊，岂知古命籍流传至今乃来之不易也。

第三十六章

或逢四杀五鬼，六害七伤。地网天罗，三元九宫。福臻成庆，祸并危疑。扶兮速速，抑乃迟迟。

［徐注］如元命犯辰戌丑未在四柱中，或大运又行到或辰戌丑未之上者，谓之“四杀”。“五鬼”如大运干为鬼，制财克官印，此五行［“此丑行”不合］之鬼也，与太岁同。“六害”者，且如丑未生人，四柱中复有丑未，更大运在辰戌丑未之上，却遇太岁在子午卯酉者，谓之六害，遇之者主骨肉分离。“七伤”者，运中逢七杀是也。如甲乙日生人，用庚辛为官印，运在南方或逢寅午戌巳与未太岁是也。四杀轻，五鬼重。六害轻，七伤重。运逢之轻，岁遇之重。“地网天罗”者，戌人不得见亥，亥人不得见戌，谓之“正天罗”。辰人不得见巳，巳人不得见辰，谓之“真地网”。遇之者灾病连绵。不独岁运忌逢之，四柱中亦不宜也。“三元”者，日干为天元，支为地元，纳音为人元，即三元九宫也。假令戊寅年、壬戌月、甲申日、己巳时，〈阳男命〉气浅，八岁运，甲以金为官印，九月生是生月带禄也。二十六岁小运至辛丑，大运乙丑，二运并在官禄财库之上，未可言凶，此名“吉会”，故曰“福臻则乃成庆”也。又如乙酉年、癸未月、庚戌日、甲申时，阴男命气深，九岁运逆行。以生日庚戌下取火库为官印，又六月生，亦是生月带禄也。三十九岁大运到庚辰，乙庚合，小运甲辰，并天地六合之上，未可言吉也。以当生六月气深，运到庚辰，辰冲戌，辰乃水库水克火，三合甲申，水长生，两辰冲戌，破官印则为凶会。又曰：祸并是乃危疑也。“扶兮速速”者，如前戊寅年，以甲申为主，运到乙丑者，或遇行年太岁三合，合上扶同相助，则为吉庆而速速也，扶助也。若太岁无刑或相冲相害，则是与气运相抑，抑不顺也，是乃发福迟迟也。大凡推运须看生年太岁与运生克，生克已定，则吉凶无不应验矣。

［疏证］徐曰，原命中犯辰戌丑未之杀在四柱中，或大运又行到辰戌

丑未之地者，谓之“四杀”。如本命前二位为丧门，丧门为辰戌丑未者为四墓杀，寅年生人原命见辰又行辰运，申年生人原命见戌又行戌运，亥年生人原命见丑又行丑运，巳年生人原命见未又行未运，大凶也。其他恶杀如元辰、宅杀为辰戌丑未者仿此。“五鬼”者，如大运干为鬼制我，支辰又制财克官印，此指五行之鬼也。太岁五鬼与此同。“六害”者，《五行大义》第十二“论相害”曰：“逆行相逢于十二辰，两两相害，名为六害。戌与酉、亥与申、子与未、丑与午、寅与巳、卯与辰，是六害也，是杀伤之义。”但徐曰“六害”者，且如丑未生人，四柱中复有丑未，更大运在辰戌丑未之上，却遇太岁在子午卯酉者，谓之六害，遇之者主骨肉分离。又曰“七伤”者，谓运中逢七杀是也。又曰如甲乙日生人，用庚辛为官印，运在南方，或逢寅、午、戌、巳、未太岁，伤官之火也。徐认为四杀轻，五鬼重；六害轻，七伤重；运逢之轻，岁遇之重。“地网天罗”者，戌人不得见亥，亥人不得见戌，否则谓之“正天罗”。辰人不得见巳，巳人不得见辰，否则谓之“真地网”（参见上文第三十五章王注），遇之者灾病连绵。不独岁运忌逢之，四柱中见之亦不宜也。曰“三元九宫”者，“日干为天元，支为地元，纳音为人元”。但其在上文第一章中却曰：“以四柱论之，本命生月生日生时四柱也。每一宫有三元，有天元、人元、支元。”观点前后差异原因在于，徐以“每一宫有三元，有天元、人元、支元”论三元侧重于四柱本身内部构建而言，以“日干为天元，支为地元，纳音为人元”是侧重于四柱中三元处于九宫八卦方位而言，即坎一、坤二、震三、巽四、中五、乾六、兑七、艮八、离九之宫位也。如天元甲乙木处震宫，地元寅木处艮宫，纳音木处震宫，其余仿此推（参见本章下文九宫图）。此反映出徐注当时所处时代，新兴之子平术与古三命术、古星命术间之继承关系。（参见书后附录：表六。）

“福臻 zhēn（美满）成庆，祸并危疑”者，见举例：

（三十六）——甲造

乾：戊　壬　甲　己　　　大运：癸　甲　乙

　　寅　戌　申　巳　　　　　　亥　子　丑

戊寅年、壬戌月、甲申日、己巳时，阳男甲日生戌月季秋，故谓命气浅薄。八岁上运，甲以金为官印，九月生乃生月带官禄也。三十六岁

（《四库》徐注、《新编》徐注皆讹为“二十六岁”），小运（以阳男命一岁起丙寅）辛丑，大运在乙丑，二运并在官禄财库之上。未可言凶，此名吉会，故曰；福臻则乃成庆也。

（三十六）—乙造

乾：	乙	癸	庚	甲	三十九岁小运：	甲	大运：	癸	壬	辛	庚
	酉	未	戌	申		辰		未	午	巳	辰

乙酉年、癸未月、庚戌日、甲申时，阴男庚日未月冠带，大暑后近秋，兼申酉戌三会金方，命气颇深。九岁上运逆行。以生日庚戌下取火库为官印，又六月生，亦是生月带禄也。三十九岁大运到庚辰（此首个大运为生月癸未起，与东疏起法同。除非二十九岁到庚辰，则壬午起大运），乙庚合，又小运（男命一岁起丙寅）甲辰合酉，虽并天地六合之上，却未可言吉也。因为当生六月气深，顽金喜火，运到庚辰，辰冲戌，辰乃水库水克火，三合甲申拱子水长生，两辰冲戌，破官印则为凶会。故又曰：祸并乃危疑也。

扶兮速速者，如例（三十六）—甲造，戊寅年，以甲申日为主，大小运到丑，均在官禄财库者，或再遇行年太岁三合三会财官者，遇合会扶财官与岁运行年相助财官者同吉，则为吉庆而速速也，均为扶助也。若生年与流年太岁虽无刑，无相冲、无相害，只是与气运相抑，抑则不顺也，是乃发福迟迟也。大凡推运须看生年太岁与运生克，生克已定，则吉凶无不应验。言外之意，若生年再遇流年太岁相刑、相冲、相害，则不止发福迟，且将凶灾加临也。

［释注］王注曰，五行之秀气，为冲和，为福祥，夫何故？以得气之正也。反此则为杀、为鬼，为害、为伤之类是也。穷理可以知幽明之微，尽性可以知生死之妙。所谓“四杀五鬼”者，或谓命前四辰曰“四杀”，“生死旺三鬼”呼为“五鬼”者，非也。“四杀”者，寅申巳亥，四冲之劫者是也。“五鬼”者，以纳音克我之谓鬼，鬼在生败旺死〈绝〉五处见者是也。“六害”者，如寅人得巳，卯人得辰者是也。命如逢四杀劫会，五鬼相临，六害集命斯人也，必主七伤之事。“七伤”者，伤害父母妻子兄弟自身是也。天罗地网乃阳气［“阴阳气”合义］入墓绝灭之地，遇者故

多凶也。然已上皆神杀之为凶，或三元九宫五行生旺为福之臻，尚可以成吉庆耳。盖五行为神杀之先。或以值凶杀者，兼三元九宫、五行四柱又在衰败之地，所谓“祸并危疑”者欤，是谓：“杀扶兮速速成灾，福抑乃迟迟为庆。”

李注曰，一吉二宜三生四杀五鬼六害七伤八难九厄，此是三元九宫内诸神杀之名，此言九宫之法及地网天罗。若禄命吉会，九宫又吉，则是福臻成庆，言得福神相扶，故云“扶兮速速“也。若禄命灾期，九宫不吉，又遇地网天罗，则是祸并危疑，言其无福神相扶，故云“抑乃迟迟”也。

昙莹注曰，“四杀”谓辰戌丑未；“五鬼”谓五行之鬼；“六害”谓寅巳之类；“七伤”谓劫杀等神；戌亥谓之“天罗”；辰巳谓之“地网”。相得者为吉，相克者为凶。祸并则危疑，福臻则成庆。福轻乎羽扶兮速速，祸重于地抑乃迟迟。其发若机括，其由是非之谓也。

［疏证］王注曰，五行之秀气，为冲和，即支命与对冲之气相和，是为福祥，夫何故？因虽得正气尤怕冲命，如得和（合）相救反为纯美也。反此则为杀为鬼，为害为伤之类是也。穷五行之理可以知八字幽明之微，尽干支之性可以知三命生死之妙。所谓“四杀五鬼”者，有书把命前四辰曰“四杀”。查《五行精纪》引《三命指掌》载有“死气杀”曰：“取命前四辰，如子人在辰是也，主夭折或刑狱之厄。”有旧注曰“生死旺三鬼，呼为五鬼者”（参见上文第二十四章王注），皆非也。认为“四杀”者是寅申巳亥，四冲之劫杀者是也。“五鬼”者，以纳音克我之谓鬼，鬼在生败旺死绝五处，即衰病死墓绝处见者是也。“六害”者，如寅人得巳，卯人得辰者是也。命如逢四杀劫会，五鬼相临，六害集命于斯人也，必主七伤之事降临。“七伤”者，伤害父母妻子兄弟自身是也。“天罗地网”乃阴阳气入墓绝灭之地，《五行精纪》引《烛神经》曰：“世谓男忌天罗，戌亥，阴之终也。女忌地网，辰巳，阳之终也。”遇者故多凶也。然而以上（指四杀五鬼、六害七伤、地网天罗也）皆言神杀之为凶，但三元（即三命，请参见上文第一章万注）如果处九宫五行生旺之地，尚可为福至臻以成吉庆。盖论五行为论神杀之先也。或有命值凶杀者，兼五行四柱处三元九宫在衰败之地，所谓五行神杀皆祸并危疑者欤。此所谓“杀扶兮速速成灾，福抑乃迟迟为庆”也。

李注曰，一吉二宜三生四杀五鬼六害七伤八难九厄，此是三元九宫内诸神杀之名，此言九宫之法及地网天罗对禄命之影响，若禄命吉会九宫又吉，则是“福臻成庆”，言得福神相扶，故云“扶兮速速”也。若禄命灾期，九宫不吉，又遇地网天罗，则是祸并危疑，言其无福神相扶，故云“抑乃迟迟”也。“三元九宫”如何推论？则要看所推类别而定，由于星命古籍中案例鲜见，本书仅对李仝东方明所举案例予以归类：

九宫图（一）：

巽 （辰、巳） 四杀	离 （丙丁、午） 九厄	坤 （女未、申） 二宜
震 （甲乙、卯） 三生	中央 （戊己、男未女丑） 五鬼	兑 （庚辛、酉） 七伤
艮 （寅、男丑） 八难	坎 （壬癸、子） 一吉	乾 （亥戌） 六害

1. 以“三元九宫”推行年吉凶，详见下文第五十七章、第六十五章李注。

2. 以“三元九宫”推断黄道黑道，详见下文第六十二章李注。

3. 以“三元九宫”推行年看变卦论神杀而定吉凶，详见本章东疏。

（参见书后附录：略谈“三元九宫”起推法。）

昙莹注曰，“四杀”谓辰戌丑未，“五鬼”谓五行之鬼，“六害”谓寅巳之类，“七伤”谓劫杀等神，戌亥谓之“天罗”，辰巳谓之“地网”。以上诸杀除七伤外，其余皆同徐注观点。认为运用时要秉承以五行正理为先，相得者为吉，相克者为凶；诸祸并则危疑，诸福臻则成庆。福虽轻乎羽，如扶兮速速；祸虽重于地，如抑乃迟迟。其发生若弓弩之机括，谓扶抑可控制其是非之轻重也。

［新雕］李注曰，一吉二宜三生四杀五鬼六害七伤八难九厄，此是三元九宫内诸神杀之名，此言九宫之法及地网天罗。若禄命吉会九宫又吉，则是福臻成庆，言得福神相扶，故云“扶兮速速”也。若禄命灾期，九宫不吉，又遇地网天罗，则祸并危疑，言其无福神相救也，故云“抑乃迟迟”也矣。

东疏曰，四杀、五鬼、六害、七伤者，非避难之言也。其寅午戌以亥为火劫之辰，酉为火杀之鬼；亥卯未以申为木劫之辰，午为木杀之鬼；巳酉丑以寅为金劫之辰，以子为金杀之鬼；申子辰以巳为水土劫之辰，以卯为水土杀之鬼，已上是“五鬼四杀”。其七杀皆为伤也，唯灾杀上逢鬼则是五行五鬼，四个杀也。于七伤中唯灾外，虽六杀为害伤之，破鬼为六害。“伤”，其义也。假令大运在午，便将大运发用，以寅午戌，以亥上为劫杀，子上为灾杀，若见庚子，庚金化鬼，名为鬼杀，以小运在子，却将小运发用，以申子辰即灾杀在午，大运若逢甲午则鬼杀也。“天罗”非戌亥也，“地网”非辰巳也。谓戌亥为绝阳之地，其天有十阳之辰，从子起一阳，顺数排至酉为十，唯戌亥二位阳气灭绝，故为“天罗”；其地亦有十阴之辰，却从午上起，顺行数至卯为十辰，唯辰巳二位阴气灭绝也，故为“地网”也。若大运入本旬空亡，皆曰“罗网”耳。阳男阴女初入空运，前十年为“网”，后十年为“罗”。若上逢鬼克禄者，正为“罗网”也。阴男阳女初入十年空运，前十年为“罗”，后十年为“网”。若克禄鬼命人入则大吉，遂于心中也。假令丙午人十月生，入寅卯是也。

东疏曰，三元九宫者，九宫八卦，且上中下为三元，自甲子男七宫，女五宫。天圣甲子，男在一宫，女在二宫。若以起宫，常以坎一宫、坤二、震三、巽四、中五、乾六、兑七、艮八、离九。若遇上元甲子起一宫、中元起四、下元起七宫，男逆女则顺。一年一移，二岁移一宫，看生时者，年是第几宫，人以小运在几宫上，二位相合，变成八卦，详吉凶。若小运在（脱“亥”字）子上为坎一宫，在未上为坤二宫，在寅卯上震三宫，在辰为巽四宫，男未女丑为中五宫，在戌为乾六宫，在申酉为兑七宫，在丑为艮八宫，在巳午为离九宫也。假令在坤二宫生，小运入亥子为坎一宫，坤变入坎为绝命，更建劫灾二杀，是“祸并危疑”也。若坤二宫生人，小运在申酉兑七宫，坤变入兑为福德，是福臻成庆。若福臻则扶兮速速，求事快利。祸则求事，逆乃迟迟也。

[疏证] 李注见上文。

东疏曰，四杀、五鬼、六害、七伤者，非避难先后之言也。寅午戌以亥为火之劫杀，酉为火死地，当火之鬼看；亥卯未以申为木之劫杀，午为木死地，当木之鬼看；巳酉丑以寅为金之劫杀，子为金之死地，当金之鬼看；申子辰以巳为水土之劫杀，以卯为水土之死地，当水土之鬼看（“水土同行”参见上文第三十五章王注），以上寅午戌火见亥、亥卯未木见申、巳酉丑金见寅、申子辰水见巳，皆为绝地；寅午戌火见酉、亥卯未木见午、巳酉丑金见子、申子辰水土见卯，皆为死地。从方位看“四绝“四死”皆为“四杀”，但从五行看，由于水土同生同死，则为“五鬼”矣。可见东疏“五鬼”并非是十二宫中某一宫，而是针对五行衰败之地而言(参见本书附录表四)。故将天干七杀只当一般伤害看，唯有以地支看劫杀灾杀可作逢鬼，则是五行之五鬼。“于七伤中唯灾外，虽六杀为害伤之，破鬼为六害。‘伤’，其义也。”文义晦涩，但看其举例说明，观点简单明白。如大运在午鬼杀，便以大运发用论。盖寅午戌以亥上为劫杀，以子上为灾杀（参见上文第二十四章东疏），若见庚子，庚金化鬼，子则名为鬼杀。以小运在子，则将小运为鬼杀发用。申子辰即灾杀在午，大运若逢甲午，故午则名为鬼杀也。至于“天罗，非戌亥也；地网，非辰巳也”，指天罗地网是要配合六十甲子来看，如戌亥为绝阳之地，其天有十阳之辰，即从子起一阳，排甲子顺数至酉为十，唯戌亥二位阳气灭绝，故为“天罗”。其地亦有十阴之辰，却从午上起一阴，排甲午顺数至卯为十辰，唯辰巳二位阴气灭绝也，故为“地网”也。但《五行精纪》引《烛神经》曰：“世谓男忌天罗，戌亥，阴之终也。女忌地网，辰巳，阳之终也。”分男女之命即可，无需起甲子甲午论之，并且阴阳之绝互换。原因在于，东疏强调干支甲子起一阳、甲午起一阴，而《烛神经》泛指阴阳在十二辰之间之消息轮回，即戌亥阴尽，子则一阳生；辰巳阳尽，午则一阴生。犹如月亮，因观察视角和时间不同，有满月弦月之分，但月亮本身性质未有一丝改变。故上面两种说法皆有可取之处，具体运用时各有其法。东疏按“空亡法”用之，《烛神经》参见《五行精纪》“天罗地网歌”章节。另外东疏对待“天罗地网”不局限于甲子甲午旬空亡，曰“若大运入本旬空亡，皆曰罗网耳”。阳男阴女命初入空亡运，前十年为网，后十年为罗。“若上逢鬼克禄者，正为罗网也”，指罗网加鬼杀才是真罗网。阴男阳女命初入十年空运，前十年为罗，后十年为网。若原局有克禄鬼之命人，入罗网则大吉，遂意于心中也。假令甲辰旬丙午人己亥十月生，午命见亥为劫杀，入寅卯罗网反为大吉是也。可见神杀吉凶并非一成不变，最终要看所是否与命主喜忌相向而行。

“三元九宫”者，本书除李注有案例简述外，惟有东疏论述较详。

东疏按三元九宫八卦论述，上中下为三元，每元为六十年，共一百八十年。所谓“自甲子男七宫，女五宫。天圣甲子，男在一宫，女在二宫”应是当时流行之三元九宫合婚术，指上元甲子男顺起七宫，女逆起五宫；中元甲子男顺起一宫，女逆起二宫；下元甲子男顺起四宫，女逆起八宫。但此合婚术民间少有流行，当今坊间一般采用是唐朝术士吕才所用之“三元合婚法”或谓“宫度合婚法”，其男女起宫采用《三元经》中规定：“九宫建宅，男命上元甲子起坎一，中元甲子起巽四，下元甲子起兑七，逆行九宫。女命上元甲子起中五，中元甲子起坤二，下元甲子起艮八，顺行九宫。”（参见书后附录：略谈“三元九宫”起推法。）

一年一移，第二岁换一宫，看出生在第几宫为命宫，再推小运行年在第几宫，二位相合，变成八卦，此与李仝仅凭“三吉宫”“五凶宫”定行年吉凶更复杂。如中元年丙寅男命，中元甲子起四宫，逆行经三宫至坤二宫为命宫，逢小运行年入亥子为坎一宫，坤卦翻得坎卦“只变中爻是绝命”，又寅逢见亥为劫杀、见子为灾杀，故“是祸并危疑也”。若坤二宫生人，小运在申酉之兑七宫，坤卦变入兑卦乃“变中下爻是天医”（与福德延年同为大吉），故福臻成庆，如此则扶兮速速，求事顺便快利；反之则祸，求事逆乃迟迟而困顿也。至此可知，东疏运用三元九宫起命宫位得原卦，对照小运行年之宫位作为变卦，并结合神杀来定吉凶，比之李注仅论九宫内诸神杀吉凶来得更具有系统性。但由于其十二地支中“寅申巳亥”

对应八卦位置与上面“九宫图（一）”不同（下图），其实际运用价值尚需进一步研究。

九宫图（二）：

巽 辰 四杀	离 丙丁、巳午 九厄	坤 女未 二宜
震 甲乙、卯寅 三生	中央 戊己、男未女丑 五鬼	兑 庚辛、申酉 七伤
艮 男丑 八难	坎 壬癸、亥子 一吉	乾 戌 六害

学术界对《新雕》出书何朝未有定论，此章曰“天圣甲子，男在一宫，女在二宫”之句，无意间透露出此书大致背景。按一元六十年，上中下三元共一百八十年，以公元 604 年（隋仁寿四年）为上元甲子年推算，北宋天圣二年即公元 1024 年恰为中元甲子年。“天圣”明白无误是指北宋年号。中国历史上唯有北宋仁宗赵祯皇帝起过此年号，天圣年号自公元 1023 年至 1032 年，其中公元 1024 年即天圣二年正好为甲子年。从此来看，本书推测东方明为宋代人士可能性极大。前言《新雕》序文为嘉佑四年己亥李仝作，嘉佑四年为公元 1059 年，在天圣二年公元 1024 年之后三十五年，故又推东方明所处年代与李仝相近，起码不会早于北宋朝代之人，因北宋立国是公元 960 庚申年，至公元 1024 年相距有六十四年。又考北宋晁公武（公元 1105—1180 年?）《郡斋读书志》（袁刊本）载有“《珞琭子疏》五卷，皇朝李全（“全”为“仝”之讹）、东方明撰。”所谓“皇朝”，指当代朝廷，与“国朝”义同。由于晁公武所处宋徽宗时代与李仝、

东方明年代较近，其志文甚为可信。

[万版] 此皆言行运所遇之神杀也。命前四辰曰“四杀”，乃寅申巳亥四冲之劫杀也。命前五辰曰“五鬼”，乃子人见辰，亥人见卯也。或指辰戌丑未为“四杀”，五行遇克为“五鬼”。“六害”，寅巳之例。“七杀”，亡杀等神。或以一吉、二宜、三生、四杀、五鬼、六害、七伤、八难、九厄，皆是“三元九宫”内诸神杀之名，岁运逢之，故多为凶。若元命三元九宫，五行生旺为福之臻，尚可以成吉庆，以五行为神杀之先也。若三元九宫、五行四柱，在衰败之地，岁运又值诸凶杀，所谓“祸并危疑”者欤！杀扶乃速速成灾，福抑乃迟迟为庆。余以二句并兼祸福。言扶祸则达，扶福则迟，抑福则速，抑祸则迟。徐说，元命犯辰戌丑未，大运又行到其上，谓之“四杀”。大运干为鬼制财克官，运与太岁同谓之“五鬼”。丑未生人，柱中元有丑未，更大运在辰戌丑未，却遇太岁在子午卯酉者，谓之“六害”。运中逢七杀，为之“七伤”。如甲乙人，用庚辛为宫，运在南方，或逢寅午戌巳与未，太岁是也。四杀轻，五鬼重；六害轻，七伤重；运逢之轻，岁退之重。地网、天罗，戌人不得见亥，亥人不得见戌，谓之“正天罗”；辰人不得见巳，巳人不得见辰，谓之“真地网”。中间又分亥见戌，辰见巳，为尤重，遇之者，灾病连绵。大凡推运，须看生年太岁与运生克，生克已定，然后参诸神杀，则吉凶无不验矣。

[疏证] 万注前半部分除“命前五辰曰五鬼，乃子人见辰，亥人见卯也”属自己观点，其余是王、李、昙莹三家观点之汇集，后半部分完全摘录徐注。（诸家观点汇总表参见本书附录：表四、表十。）

第三十七章

历贵地而待时，遇比肩而争竞。至若人疲马劣，犹讬财旺之乡。

［**徐注**］生日临官印之贵，是历贵权之地。且如壬辰、癸巳日，用土为官印，用火为财帛。若生月不居九夏，不在四季，则是虚声之命。虽历贵地而犹待于四时，基本元有元无也。“遇［“又”不合］比肩而争竞”者，如壬辰、癸巳人。更生九夏，四季得其官禄之时，大运又在火土分野，为吉会。或遇太岁是壬癸，或为冲刑，或为破害，是比肩而争竞也。如此者，防称意中失意［“失横”不合］，主灾祸也。如不是壬癸，岁是亥子丑亦同。如当生岁时中有戊己重者，为有救。“人疲”者，人元疲乏也。“马劣”者，所合之辰马弱也。假令甲午生人，运行西方申酉戌者是也。午为人元属火，到西方死绝之地，是人元疲乏也。甲以己为财，午内有己土，己土到西方亦自衰败，是［“是马”合义］劣弱也。“犹讬财旺之乡”者，午虽疲乏，犹赖西方金旺，为财己虽劣弱，秋金怀［“秋金坏”不合］壬癸，亦可与己破鬼生财也。

［**疏证**］徐曰，四柱生日临官印之贵气就是历贵权之地。且如壬辰、癸巳日，水日用土为官印，用火为财帛。若生月不居九夏财乡，不在四季官地，则是虚声之命。（“九夏”见上文第十七章徐注。）“虽历贵地而犹待于四时，基本元有元无也”，指人命无财官之气，虽历岁运贵地而犹待于年月日时四柱之中，最基本要素在于原命有财官或无财官，而非在于有无历岁运财官贵地也。“遇比肩而争竞”者，仍以壬辰、癸巳人为例，生九夏财乡，四季得其官禄之时，大运又在火土分野，为吉会。“分野”即分界，火土分野两侧则是财官所在之地。大运处火土财官之地，却遇太岁是壬癸水，或被冲刑，或为破害，即所谓“比肩而争竞”也。如此者，须防称意中失意，先成后败，终主灾祸也。如非壬癸，逢岁是亥子丑亦同。如

当生原命岁时中有戊己官杀重者，为有救。“人疲”者，人元疲乏也。“马劣”者，所合之辰马弱也。假令甲午生人，运行西方申酉戌者是也。午内人元属火，到西方死绝之地，是人元疲乏也。甲以己为财为马（日主以财为马是子平学说观点），午内有己土，己土到西方亦自衰败，是马劣弱也。“犹讬财旺之乡”（“讬”为“托”异体字者），徐解释为，午虽疲乏，甲木犹赖西方金旺为官护财，尚可理通，但“己虽劣弱，秋金怀壬癸，甲木亦可与己破鬼生财也”则不知所云。

［释注］王注曰，两贵不足以相争，盖两贵必有一胜者焉，两贱不足以相使，盖两贱必有一下者焉。公侯将相，其命已素定矣！然运气若有比肩者，一般以历贵强禄马之地，虽欲除拜，姑待其时耳。盖二者须争竞较量，锱铢优劣而定，先后之拜，譬如元命格相同而年运皆历贵强之地，而同年共取一魁，须当争较得福，最者为之矣。“人疲马劣者”，本命支曰“人元”，兼驿马或在五行衰败无气之处则不达，如甲子干支［“甲子至辰申支”不合］，人元立金［“人元属金”不合］，至子已死矣。子人以寅为马，属木至子而败，此所谓“人疲马劣者”欤，其所以不为灾者，盖戊申土克水为财，水土俱旺在子，故曰“犹讬财旺之乡”。

李注曰，若运入贵神之地，待时数符合，则有福庆；若遇灾福力齐，如生育［“如比肩”合义］并行之运，必有争竞，弱者伏强，此旨幽深，在吉凶杀神升降言之。若禄马气衰，但得禄财命财旺相，亦可扶持。

昙莹注曰，古所谓［“《孟子》云”合义］“虽有镃基，不如待时”，盖历其贵地须待时也。比肩争竞，由两庚夺一丁，两丙食一戊，遇之官印或在吉神，如此者交相是非，比肩［“比有”不合］争竞。“人疲马劣”者，其如戊午火命，驿马在申，申中金旺火衰，曰“人疲马劣，犹必讬财旺之乡［“由托财旺之乡”亦合］”也。

［疏证］王注曰，两贵不足以永远互相争斗，大概必有一方登上胜者之王焉；两贱不足以互相支使、派遣，大概必有一方沦为败者之寇焉。古往今来，公侯将相，其命素定，与生俱来矣！然而运气若有比肩相近者，一般以历贵强禄马之地，虽欲除拜（除旧职拜新官），姑且要待其岁时来临耳。王注将两贵两贱，当作两个命造比肩争竞而言。盖二者须争竞较

量，锱铢而定优劣，以决先后之拜。譬如原命格相同而年运皆历贵强之地，而两者同年共欲取魁首，须当竞争较量得福多少，最上者为之矣。“人疲马劣”者，本命支人元（上文第二十四章王注曰：“以干为禄，曰天元；以支为命，曰人元；以纳音为身，曰地元。”）兼看驿马为何，其或在五行衰败无气之处则不达。如甲子纳音金，身金坐人元子水，则金人身疲已死矣；兼看子人以寅为驿马，身金以寅为财，马属木至子沐浴而败，此所谓“人疲马劣财败者”欤。亦有马劣不至于灾祸者，如戊申纳音土，“水土同源”，土人坐人元申金为长生，水财见申亦为长生，（见上文（三十五）——（表二））。虽寅马见申为绝地，则为人强马劣，故曰“犹托财旺之乡”。不过王注单以年人元看身马旺衰作例不免片面，故下文第三十八章王注又以纳音身见岁运来衡量财旺禄衰与建马冲掩，其在于原命有无之区别也。

李注认为“历贵地而待时”，指若运入贵神之地，待岁月时数符合，则有福庆；“遇比肩而争竞”者，指若遇灾福力齐不差上下，如生长在灾福并行之运，必有争竞，其中弱者屈服于强者。此旨幽深，只能待吉凶或恶杀贵神此升彼降时言之，若干禄驿马气衰，但得运中禄财命财旺相，亦可扶持。

昙莹注曰，《孟子》云“虽有智慧，不如乘势；虽有镃基，不如待时。”“镃基”为农具，盖指命中富贵须待运时方历其贵地也。“遇比肩而争竞”者，由两庚夺一丁，庚以丁为官贵；两丙食一戊，丙以戊为吉神，故曰“遇之官印或在吉神”，如此者比肩交相争竞是非也。“人疲马劣”者，其如戊午火命，驿马在申，申中火衰，午中金败，故曰“人疲马劣”。上文王注亦有类似观点，以命支看驿马五行处人元五行败地，则为马劣。但昙莹注并未将纳音身五行亦放在年命支看，而是命马二位互换较量，与王注看法有差异。不过，如按王注以年上命支（人元）兼看驿马，而马在年命五行衰败无气之处则不达，那么所有驿马岂非皆为“绝、败、病”之马？最后，昙莹注举戊午火命，不如王注举戊申土命为坐财之长生地，故曰“犹必托财旺之乡始发”也。

[新雕] 李注曰，若运入贵神之地，待时数符合，则有福庆。若遇灾

福力齐，如比肩并行之运，必有争竞。弱者伏强，此旨函深［“幽深”合义］，在其吉凶神杀，〈参太岁小运〉升降言之。若禄马气衰，但得禄财命惟［“禄财命财”合义］旺相，亦可扶持也。

东疏曰，运至贵地，不必贵神之地。若前后五辰干德合为第一也；在禄带印为第二；天杀上建官为第三；食神在财旺乡为第四；喜神在禄旺地为第五；生月干日干时干三位有力为第六，若遇此者，贵地也。“遇比肩而争竞”者，大小运却至贵地，遇贵神齐肩，两贵相争其力也。“待时”者，大小二运入败绝不贵之地，则却独力也。“人疲马劣”，是身败绝位也。“马劣”者，马破绝上生也。假令甲寅水人，二月卯日辰时生，其身水都疲败绝也。又以寅午戌得金是马，若正月寅日寅时生者，其金马，寅上又绝并诐，马谓“马劣”也。甲寅水人得火为财，正月寅时皆财旺也，虽为马劣破绝，犹讬财旺之乡，主有福也。

［疏证］《新雕》李注较之于释注本李注与《新编》李注“在吉凶杀神升降言之”，更为“在其吉凶神杀，添太岁小运升降言之”，句子更完整且易理解。其余见上文李注。

东疏认为，运至贵地，不必查是否为贵神（禄神、驿马等）之地，重在下以六点：

第一，若前后五辰干德合，如甲己合、乙庚合之类（详见上文第一章东疏，及书后附表三）。

第二，在禄带印，如“丙丁人遇壬癸为官，壬癸人遇丙丁是印；丙得癸为官，得壬相畏。癸得丙为印，得丁相畏。丁遇壬为印，得癸相畏。壬得丁为印，得丙相畏。”其他仿此推。（关于“印”可参见上文第九章东疏。）

第三，天杀上建官。《五行精纪》引《三命钤》：“天杀在劫杀前二辰是也，主人立性方勇，而不顾宜居，或职当主兵权，掌宰杀之任，或有水火雷电之厄，小人遇之，多罹宪法，行年至此，主官序升擢，财物丰羡。”即申子辰见未，亥卯未见戌，寅午戌见丑，巳酉丑见辰，皆为“天杀”。天杀主掌权，如壬辰水人见己未为天杀上建官也。

第四，食神在财旺乡，如甲人见巳午未之类。

第五，喜神在禄旺地，如甲人见庚寅词馆之类。

第六，生月干日干时干三位有力若运遇此类者，皆谓贵地也。

遇比肩而争竞者，大小运却至贵地，遇贵神齐肩，两贵相争其力也。待时者，大小二运入败绝不贵之地，则却独力也。“人疲马劣”，是身败绝位也。“马劣”者，马破绝上生也。

(三十七)——甲造

乾：甲　丁　〇　〇

　　寅　卯　卯　辰

(三十七)——乙造

乾：甲　丙　〇　〇

　　寅　寅　寅　寅

如（三十七）——甲造，甲寅水人，二月卯日辰时生，其纳音身水卯月死地，火财处沐浴，谓身疲财败也。再如（三十七）——乙造寅午戌得金是驿马，正月寅日寅时生者，则水人疲于寅，且其马申金在寅上又绝并诐（“诐”应作跛脚解），可谓“人疲马劣”也。甲寅水人得火为财，正月寅时皆财旺也，虽为人疲马劣，处破绝之地，犹讬（“托”之异体字，依靠也）火财处寅为长生，是东方财旺之乡。不过此般财帛出于人疲马劣，亦主辛劳所得也。相较于王、昙莹两家以年支作为人疲马劣之参照物，东疏以月令作为人马财旺衰之标准显然更为可取。

[万版]《孟子》云：“虽有镃基，不如待时。”若运入贵神之地，待时数符合，则有福庆，最忌者比肩也。如比肩并行之运，必有争竞，弱者伏强，在吉凶神杀升降言之。若禄马气衰，但得禄财命财旺相，亦可扶持。或曰“比肩争竞”，如两庚夺一丁，两丙食一戊，分擘其福，如此者交相是非，人疲马劣。本命支，曰人元兼驿马，皆在五行衰败无气之地，其所以不为灾者，以财旺。如戊午火命，驿马在申，申中金旺火衰是也。徐解“历贵地而待时”，如壬辰、癸巳生人，用土为官禄，用火为财帛，而生月不居九夏，不在四季，虽历贵地，犹待四时基本，元有元无也。遇比肩而争竞，如壬辰、癸巳，更在九夏、四季，得其官禄之时，大运又在火土分野，却遇太岁是壬癸年。亥子丑亦同。或为冲刑，或为被害，主称意中夭横。“人疲”者，人元疲乏也。“马劣”者，所合之辰马弱也。如甲午生

人，运行西方，午为人元属火，火到西方死绝，人疲乏也。甲以己为财，午内有己土，己到西方，亦自衰败，马劣也。午虽疲乏，犹赖西方金旺为财，秋金怀壬癸，亦可与己破鬼生财，此说得之。

［疏证］本章万注前半部分除“若禄马气衰，但得禄财命财旺相，亦可扶持。”句出自李注外，其余基本出自昙莹注。后半部分自“徐解”起至末完全取自徐注。

第三十八章

或乃财旺禄衰，建马何避冲掩。岁临尚不为灾，年登故宜获福。[①]

［徐注］与前意同而理异也。如丙午人，运至西方，财虽旺而禄衰。下元建马为助，言辛酉中有辛合丙也，则不畏冲掩也。“掩”者，伏滞也，如伏吟之类。“冲”者，冲击也，如反吟之类。既是支元人元有财，财且旺而禄衰者，犹可扶持。纵岁运在掩伏冲击者，亦无害事，此与中下兴隆不殊。前说财运掩冲，此论岁临运位，亦未可便言凶咎。太岁为造化之主，百杀之尊，来临压运，多凶少吉。若于三元内外，五行官印有用者，亦可以利见大人，而成吉会。若三元内外财帛有用者，亦可因贵人而发财帛也。且如生日是壬午，太岁是庚午，运是戊午，此年岁运之临，亦为吉会也。次年交辛未，其气不殊，官印财帛有用，则固宜获福也。

［疏证］徐曰：此章与前文上句意同而理异也。如丙午日生人，运至西方金地，财虽金旺而禄衰。但按子平理论“禄”当为官禄看，西方为水之生地，何来“禄衰”之有？故此“禄”非彼“禄”，乃干禄也。下元午见申建马为助财官水，言西方辛酉中有辛财被丙日合，则不畏冲掩也。“掩”者，伏滞也，如午伏吟之类。“冲”者，冲击也，如子反吟之类。既是西方金地，丙午日支元人元有财，财且旺而禄衰者，犹可扶持。从此可理解上句丙午人“财虽旺而禄衰”，虽是运至西方金地所致，却“犹可扶持”也。纵然命与岁运在掩伏冲击（伏吟反吟）者，亦无害事。此与上文第二十三章所谓“中下兴隆”无殊异，原因在于财禄同是养命之源。此章前二句说财运旺何惧干禄衰，建驿马何惧掩冲？后二句论太岁临运位，亦未可便言凶咎，只要财官生旺，依然是年岁丰登，故宜获福也。太岁为造

① 《新编》、《新雕》、万版为“建马何避掩冲”。《新雕》为“犹是年登，故宜获福。”

化之主，百杀之尊，来临压运冲克，多凶少吉。若于三元内外，五行官印有用者，亦可以利见大人，而成吉会。若三元内外财帛有用者，亦可因贵人而发财帛之福也。且如生日是壬午，太岁是庚午，运是戊午，亦“财虽旺而禄衰。”此年日主与岁运之临掩伏，但因火土财官加临，亦为吉会也。次年交辛未，其气与午不殊，官印财帛依然有用，又无太岁掩伏相压，则固宜获福也。可见徐注不但将“财官之地”重于日主生旺之地，更重于其他神杀。此处“次年交辛未”指交辛未运，详细见下文万注疏。

[释注] 王注曰，克之者为财，寓之者为禄，乘之者为马，禄财驿马兼得之，则富贵两全者也，或偏得之则又次焉。或天禄虽衰，而身财犹旺，兼遇驿马来乘，又何避之有也。纵使冲揜岁临，尚且不为灾变，况后岁运，更在五行生旺会合丰登之处，故宜获福之多矣。犹之癸亥生，得乙巳，岁遇禄，水虽绝在巳，而以水人克火为财，火旺在巳，兼巳上乘马，虽巳亥之冲临于返吟之上，而以身财之旺，故不以为灾变矣。或岁运不相冲临，而在三合［三合六合］五行生旺之地，又逢财遇马，可谓“年岁丰登，故宜获福”哉。

李注曰，若财旺禄衰，战马［“建马”合义］之乡，又何疑避？虽太岁加临，或冲破本命，在鬼旺身绝之位，得财马相扶，合灾不灾，若太岁逢喜合禄命，有气之处，是“年登故宜获福”矣。

昙莹注曰，财旺禄衰者，其如甲戌火命，月建壬申，甲禄既绝，马立财乡，故云“财旺禄衰。”建马何避？大抵马是扶身之宝，禄为养命之源，禄乘贵而迁官，马运财而获富，“揜”者，伏吟也。“冲”者，反吟也。然冲与揜，唯善［“然充与并，难善”不合］与恶致其不宁也。居安虑危，君子之道也。相生则吉，相克则凶，由是年登，故宜获福。

[疏证] 王注曰，克之者为财，如木克土；寓之者为禄，如甲寓于寅；乘之者为驿马，如甲申人见寅。财驿马兼得之，如甲申人生丙寅月，甲申水人见丙寅火为财旺，财在驿马上，又禄马同乡，则富贵两全者也，或偏得之则又其次，或年上天禄生月虽衰而身财犹旺，兼遇驿马来乘又何恐禄衰避之？纵使驿马冲掩岁临，尚且不为灾变，况后岁运禄更在五行生旺会合丰登之处，故宜获福之多矣。犹如癸亥生人，得乙巳太岁，遇禄水虽绝

在巳，而以水人克火为财，火旺在巳，兼巳上乘马，虽巳亥之冲临于返吟之上，而以身之财火之旺，故不以禄衰为灾变矣。或逢岁运不相冲临，而在三合六合五行生旺禄之地，又逢财遇马（非相冲之马），可谓“年岁丰登，故宜获福”哉。要注意，王注在上文第三十七章举例甲子人和戊申人，皆以纳音身坐支命（人元）来衡量所谓人疲马劣财败，而此处举例甲申人癸亥人是以纳音身见岁运来衡量财旺禄衰与建马冲掩（反吟伏吟），若以原命有无来衡量岁运财气厚薄则更为可靠矣。

李注曰，若四柱财旺禄衰，逢战马来冲之乡又何疑避？虽太岁加临，或冲破本命，或在鬼旺身绝之位，但得财马相扶，似合灾而不灾也。若太岁逢喜合禄命有气之处，此年岁丰登故宜获福。

昙莹注曰，财旺禄衰者，其如甲戌火命，月建壬申，甲禄既绝，却得驿马立财于申乡，故云“财旺禄衰”，建马何必回避？大抵马是扶身之宝，禄为养命之源，禄乘贵而迁官，马运财而获富。“揜”（yǎn“掩”之异体字）者，伏吟也；“冲”者，反吟也。故驿马逢冲掩易致禄财动荡不宁、善恶交错所致也。珞琭子原文明显是针对寅申巳亥驿马对冲，昙莹注举例甲戌人见申驿马则无此忧矣。“居安虑危，君子之道”指面对驿马要以财富安全为上，不要过于追求驿马之功用。三命以相生则吉，相克则凶，由是（因此）遇年登吉时，故宜获福也。

［新雕］李注曰，若财旺禄衰，建马之乡，又何疑避？虽太岁加临，或冲破本命，在鬼旺身绝之位，得财马相扶，合灾不灾。若太岁逢喜合禄命，有气之处，是“年登故宜获福”也。

东疏曰，“财旺”者，身财也。“禄衰”者，干禄无气。“建马”者，建驿马也。在财旺冲破建马，所生又何避禄衰无方，宜者最也。又冲破临上不者，干禄不为灾。若小运行年登运上取宜好也，必乃获福其身财者，是福也。假令壬申金人正月戊寅日寅时生，财旺也，六十一却小运至壬寅上，虽破绝申金，马必乃获福也。《经》云：“年登者，至也。”故“获福”也。

［疏证］李注见上文。

东疏曰，“财旺”者，指纳音身之财旺也；“禄衰”者，指干禄无气也；“建马”者，建驿马之辰也。在财旺之地冲破建马之辰（申人见寅建马，申则为建马者），原命又何患禄衰无旺方所生，宜者为上也。“宜者”，指驿马在财旺之乡。驿马又冲破建马之辰（即支命），即使岁运作为驿马降临亦不为灾。指建马者，即支命所藏干禄被冲破亦不为灾也。若小运行年登此运上，可取为宜好断之，因其行年乃身财降临者，是福也。由此看，东疏看身财以财地重过禄地也。举例：

（三十八）——甲造

乾：壬　壬　戊　甲　　　六十一岁小运：丙

　　申　寅　寅　寅　　　　　　　　　　寅

如壬申金人正月戊寅日寅时生，财旺地也，六十一岁却小运至丙寅上，东疏为“六十一却小运至壬寅上”，“壬寅”应为“丙寅”之讹（参见上文第三章东疏论小运起法），申见寅为驿马兼财乡，寅虽破绝申命，壬禄病衰，因马财俱旺，必乃获福也。但此类福多应验在行年太岁，故乃小福而已。《经》云：“年登者，至也。”与前面诸家把“年登”看成年岁丰登意思不同，东疏认为“年登”是吉凶应验在行年或太岁之意，但两者皆取由下而上累积形成之年象。

［万版］克者之谓财，寓者之谓禄，乘者之谓马。马是扶身之本，禄为养命之源。禄乘贵而迁官，马运财而获福。禄财驿马兼得之，则富贵两全；偏得之则次。或天禄虽衰，而身财犹旺，兼遇驿马来乘，纵使掩伏冲击岁运，尚不为灾。况后岁运，更在五行生旺会合丰登之处，故宜获福之多矣。“掩”者伏吟，“冲”者反吟也。假令癸亥生，得乙巳，岁遇禄，水虽绝在巳，以水人克火为财，火旺在巳，兼巳上乘马，虽巳亥相冲，临于反吟之上，以身旺之财，不为灾咎。若岁运不相冲临，在三合、六合，五行生旺之地，又逢财遇马，可谓年岁丰登，故宜获福者欤。徐曰：此节与前意同而理异也。如丙午人，运至西方，虽财旺而禄衰，下元建马为助，言酉中有辛合丙，则不畏掩冲，此与“中下兴隆”不殊。前说财运掩冲，固不为忌，此论岁临运位，亦未可便言凶咎。太岁为造化之主，百杀之尊，来临压运，多凶少吉。若三元内外，五行官印有用，亦可以“利见大人”而成吉会。财帛有用，亦可以因贵人而发财帛。且如生日是壬午，大运是庚午，岁是戊午，此言岁运并临，亦为吉会。次年交辛未，其气不

殊，官印财帛有用，其获福宜也。

[疏证] 本章万注前半部分除“马是扶身之本，禄为养命之源。禄乘贵而迁官，马运财而获福”及“‘掩’者伏吟，‘冲’者反吟也”句引昙莹注外，其余皆为王注。后半部分皆摘录徐注，其中在举例“且如生日是壬午，太岁是庚午，运是戊午”变成“且如生日是壬午，大运是庚午，岁是戊午”。按上下文句判断，应以后者万注所摘录为准，因徐注最后“次年交辛未，其气不殊”云云，习惯上逢大小运谓之“交”常见，可理解为“次年己未交辛未大运，其火土旺气无特殊改变”，且避免大运与日主相掩之忧，故相比庚午大运则“官印财帛有用，其获福宜也”，否则只是“亦未可便言凶咎”而已。

第三十九章

大吉生逢小吉，反寿长年。天罡运至天魁，寄生续寿。[1]

［徐注］丑为“大吉”，未为“小吉”。如癸未日生人行丑运，或丁丑日生人行未运，不得谓之反吟，皆谓之“生气”。且癸水受气于巳而成形于未，丁火受气于亥而成形在丑，故曰“生逢”。如壬课发用，丁课在未，而癸在丑，亦此意也。丑未为阴阳之中会，天一贵人所临，主本与运逢之，则有长年之寿也。辰为天罡，如庚戌生人行辰运，或甲辰生人行戌运，不得谓之反吟也。且庚金受气于寅，而成形于辰。甲木受气于申而成形于戌，皆是生气。《鬼谷子》曰：“罡中有乙，魁里伏辛”是也。前云“生逢”，后曰“寄生”，义不殊也。

［疏证］珞琭子原文用十二月将名号（参见上文第七章徐注）代称丑为“大吉”，未为“小吉”，辰为“天罡”（章目原文“天刚”为“天罡”之讹），戌为“天魁”（河魁）皆出于骈俪文体考虑，与其字义无甚关联。“大吉生逢小吉”亦包含“小吉生逢大吉”，如癸未日生人行丑运，或丁丑日生人行未运，不得谓之相冲反吟，皆谓之生气。且癸水（五行为水）受气（绝地为受气）于巳而成形（养）于未；丁火受气于亥而成形在丑。故水人虽见丑为衰，却为北方生地；火人虽见未亦为衰地，却为南方火地，二者皆相冲，但终因生逢而反寿长年也。又如壬课发用，丁课在未冠带，癸课在丑冠带，亦此意也。木火为阳，金水为阴；夏秋之会在未，冬春之交在丑，故丑未为阴阳之中交会处。天一（天乙）贵人所临，即甲戌并牛羊，丑未同是甲戌之贵人。主本与运逢之，即《鬼谷遗文》中“大抵年为本则日为主”，甲戌在年日与运逢之，则有长年之寿也。辰为天罡，戌为天魁（下面万版引徐注此处有“戌为天魁”句，徐注中此处疑脱漏）。如

---

① 释注本、《新雕》、万版为“天罡运至天魁”。

庚戌日生人行辰为罡运，或甲辰日生人行戌为魁运，不得谓之反吟也。且庚金受气于寅，而成形于辰，见戌得辛金而旺；甲木受气于申而成形于戌，见辰得乙木而旺，皆是生气。《鬼谷子》曰："罡中有乙，魁里伏辛"是也。前云"大吉生逢小吉，反寿长年"是针对五行方位生逢而言，后曰"天罡（天罡）运至天魁，寄生续寿"是针对人元寄生而言，皆是生气，故义不殊也。

［释注］王注曰，颜子虽贤而有不幸之短命，盗跖虽凶而得人间之上寿，是则修短之数，岂不有命耶？盖命之所遇者有时，时之所系者，吉凶异耳！旧说以乙丑六月生，遁见癸未，纳音金克木为身才，所以反寿则长年矣。其意以谓克我之谓"夭"，我克之谓"寿"，然则言乙丑［"己丑"不合］纳音而不论其余，或遇辛未、癸巳丑之类，又何以［"同以"不合］取其克也？此盖非谓纳音取克正言。丑人得未耳。丑未乃返吟［"反吟"亦合］，何以［"而同以"不合］谓之"反寿长年"也？盖丑为大吉，乃金之墓，未为小吉，乃木之库。以丑中之金气来克未中之木气，五行上克下，曰："治"。金木变化，仁义相济，魂魄相应，夫妇相仪，损乃益也，如此则反寿以长年者欤！或未人得丑，则尊辱卑荣，妻居夫位，阴阳不正，则为不寿，而为夭矣！天罡运至天魁者，是亦论返吟［"反吟"亦合］中，辰生人得戌者也。"天罡"是辰，辰中有水气之所钟也；"天魁"是戌，戌中有火气之所钟也。辰中之水克戌中之火为精为神，为夫为妇，尊卑定位，水火既济，五行气和，如此则可谓"寄生续寿"者矣。或戌人得辰运，夫处妻位，阴阳不正，则为返吟之破命者欤！二说盖四季中有五行之墓，而有夫妇尊卑之定位在焉。

李注曰，"大吉"者，丑位也。"小吉"者，未位也。此后八句再明反吟伏吟，吉凶无固必之义。假令乙丑阴命男在六月生，遁见癸未木，虽本命生月相克合，主夭伤，却为乙丑纳音金克癸未纳音木是"反寿长年"。旧歌云："便将生月用为身，却以纳音回作命，身来克命短天年［"夭年"不合］，命往克身长寿命。""天罡"者，辰位也；"天魁"者，戌位也。假令戊辰阳命男在三月生，计五岁起运，顺行五十，六运在壬戌，运下纳音是水，来生戊辰木，又且生于三月，天德月德俱在壬，寄在戌上，又生木。故云“寄生续寿”。

昙莹注曰，以下四节并用真印，始得其详。尝试言之：乙丑金印，癸未木印，壬辰水印，甲戌火印，丙辰土印，长年［“长生”亦合］续寿，惟寄与反。除此五干，未有知其然也。缘丑为大吉？中有乙木存焉；未为小吉，上有癸水在焉。癸水生其乙木，增益［“增长”亦合］禄元，反寿长年，莫非是也。“天罡”，辰也，“天魁”，戌也。戌中有甲，辰中有壬［“辰有丙”不合］，壬水生其甲木，甲木续其丙火。故曰“天罡运至天魁，寄生续寿”，大要十干为禄，定人修短，故也。

［**疏证**］王注：“颜子虽贤而有不幸之短命，盗跖虽凶而得人间之寿。”指颜回为春秋时孔子最得意门生，谦逊好学，以德行著称，却早夭；盗跖（zhí）虽为春秋时恶人大盗，却尽寿而终。北宋宰相吕蒙正著《命运赋》叹道：“颜渊命短，殊非凶恶之徒；盗跖年长，岂是善良之辈？”人与人之间有如此长短不一寿数，岂非恰好证明命运确实先天存在，它不会因后天之品行而受到影响。因人命八字所遇皆由时间造成，而时间之所系者为五行干支，干支组合不同，则吉凶亦异耳！旧说（指李注，详见本章下文）以乙丑人六月生，遁见癸未，纳音金克癸未纳音木为身财，所以谓反寿则长年矣！其意以谓克我身之谓夭，我身克之谓寿，然而只言乙丑人纳音而不论其余（干禄和支命），或遇辛未、癸巳，癸丑之类（原文“或遇辛未、癸巳、丑之类”中丑字前疑脱“癸”字。乙丑金人遇辛未土虽为纳音生我为吉，但辛金为禄鬼克我为忌；遇癸巳水虽为纳音生之为忌，但癸来生乙禄为吉；遇癸丑木虽为纳音克之为吉，但支命两丑伏吟为忌，又何以简单取其纳音相克论之也，此大概非仅谓以纳音取克可验证。丑人得未之命，丑未乃反吟（“返”为“反”异体字），何以谓之“反寿长年”？因丑为大吉，乃金之墓，未为小吉，乃木之库，以丑中之金气来克未中之木气，五行上克下，曰“治”，治即制也。上文第七章李注曰：“凡上生下为宝。故云：‘崇为宝也。’下生上为义，上克下为制，下克上为贼，上下比为专。盖以干为上，以支为下，若遇宝与义是一生有福之人。遇制宜行威武，遇贼多有横事，宜防慎其所得，惟遇比和则一。”金上木下变化之道，符合仁义相济，魂魄相应，夫妇相义，损下乃为益上也，如此则反寿以长年者欤！假如未人得丑，则尊辱颠倒，卑荣相逆，妻居夫位，阴阳不正，下克

上为贼，则为不寿，而为夭矣！天罡运至天魁者，是亦论反吟中，辰生人得戌者也。天罡是辰土，辰中有水气之所钟也；天魁是戌土，戌中有火气之所钟也。“钟”，有积聚之义。辰为水积之库，戌为火聚之所。辰人生逢戌月，辰中之水克戌中之火为上制下，为精为神，为夫为妇，尊卑定位，水火既济，五气相和，如此则可谓“寄生续寿”者矣。假如戌人得辰运处，尊居卑位，夫处妻位，阴阳不正，则为反吟之破命者欤！此二说虽说涉及到四季中五行之墓生克正理，而离不开天地上下之道、夫妇尊卑之定位道理在其中焉。可见王注不但论纳音身，还论干禄与支命等三元，且紧紧围绕尊卑上下之观点来定义吉凶喜忌。

李注曰，“大吉”者丑位也，“小吉”者未位也。此后八句进一步明确反吟伏吟，其中所谓吉凶无固定必然之义。“此后八句”乃指第三十九章至第四十章，即：“大吉生逢小吉，反寿长年。天罡运至天魁，寄生续寿。从魁抵苍龙之宿，财自天来；太冲临昴胃之乡，人元有害。”指在上文第三十八章“或乃财旺禄衰，建马何避冲掩。岁临尚不为灾，年登故宜获福”基础上，再对反吟伏吟吉凶进行多角度阐述。假如乙丑金，阴命男在六月生（即上面王注所引“旧说以乙丑六月生”），遁见癸未木，虽与本命生月相冲反吟，合主夭伤，却因为乙丑纳音金克癸未纳音木是反寿长年。旧时命歌云：“便将生月用为身，却以纳音回作命。身来克命短夭年，命往克身长寿命。”此歌将生月当作身，而将年纳音当作命，月身来克年命是盗短夭年，年命去克月身是制长寿命。尽管歌中身与命之定义与传统三元禄命身不同，但尊卑上下之理无异也。上面王注曾批评李注只论年月纳音相冲克，而不论干禄支命如何，就断言人之寿夭未免欠妥。其实就此乙丑人遇癸未月看，乙得禄库，癸印生我，加之年纳音克月纳音，上制下符合尊卑之道，故仅支命相冲不至为害也。下面是针对“天罡运至天魁，寄生续寿”举例：

（三十九）——甲造

乾：	戊	丙	○	○	大运：	丁	戊	己	庚	辛	壬
	辰	辰	○	○		巳	午	未	申	酉	戌

“天罡”者，辰位也；“天魁”者，戌位也。假令戊辰阳命男在三月生，计五岁起运，顺行五十年，交第六运在壬戌。壬戌运身下纳音是水，

来生戊辰纳音木，又且生于三月，天德月德俱在（《五行精纪·论十二月节气》曰辰三月以壬为天德，又为月德），壬寄在戌上又生木。故云“寄生续寿”。可见李注所谓“寄生”非指藏气，而是指天魁纳音来生我身，并且支上骑有来生之干，故谓“寄生续寿”也。

昙莹注曰，以下四节须干支并用真印相生去理解，始得其全面详细之含义。“以下四节”专指本章“大吉生逢小吉，反寿长年。天罡运至天魁，寄生续寿”四个句子。大吉为丑、小吉为未、天罡为辰、天魁为戌，恰好为五行四库（辰为水土库）。在六十甲子中，凡纳音五行与四墓五行库相配者，干支中惟有乙丑海中金、癸未杨柳木、壬辰长流水、甲戌山头火、丙辰沙中土共五对组合。为何“大吉逢小吉”、“天罡至天魁”能达到“反寿长年”与“寄生续寿”？昙莹尝试阐述自己独到观点，认为：乙丑金作印，癸未木作印，壬辰水作印，甲戌火作印，丙辰土作印。指惟有此五组合之干来相生方是真印，亦只有此五天干“寄（即骑）生”坐支与“反寿”生干禄，才能达到长年与续寿之结果。如金禄见乙丑，乙庚化金，丑金库，纳音亦金，化气成真，真印也；木禄见癸未，癸水、未木库、纳音亦木，水木相向，真印也；水禄见壬辰，壬水、辰水库、纳音亦水，上下水气，真印也；火禄见甲戌，甲木、戌火库、纳音亦火，木火通明，真印也；土禄见丙辰，丙火、辰土库，纳音亦土，火土一气也（“真印”亦谓“正印”，参见上文第九章东疏）。

以上除乙丑、癸未、壬辰、甲戌、丙辰五对干支外，其他干支不会如此。缘何丑人为大吉？其实只有乙丑组合存在方是，乙丑见癸未，未为小吉，上有癸水在焉。癸水生其乙木，增益禄元，才能“反寿长年”，莫非此因乎！可见昙莹注未把“大吉”“小吉”当作十二月将名号看，虽表面上对“丑人大吉”予以解释，但对“未土小吉”无法自圆其说。再看，天罡至天魁，只有丙辰见甲戌，戌上骑有甲，甲木续其丙火，或天魁至天罡，只有甲戌见壬辰，辰上骑有壬，壬水生其甲木。但昙莹注却言：“天罡辰也，天魁戌也。戌中有甲，辰中有壬，壬水生其甲木，甲木续其丙火，故曰‘天罡运至天魁，寄生续寿’。”置丙辰天罡见甲戌天魁而不言，令人费解。最后指出寿夭不仅要注重支命纳音，更要十干为禄生旺，方可定人修短故，此与诸家观点大致同。

[新雕] 李注曰，“大吉”者，丑位也。“小吉”者，未位也。此后八句再明反吟伏吟，吉凶无固必之义。假令乙丑阴命男在六月生，遁得癸未木，虽本命生月相冲合［“相克合”不合］，主夭伤，却为乙丑纳音金克癸未纳音木，是“反寿长年”。旧词云：“便将生月用为身，却以纳音回作命。身来克命短天年，命往克身长寿命。”“天罡”者，辰位也；“天魁”者，戌位也。假令戊辰阳［命］男在三月生，计五岁起运，顺行五十，六运在壬戌，〈壬戌〉运下纳音水，来生戊辰纳音木，又为生于三月，天德月德俱在于壬，寄在戌上，又生木。故云“寄生续寿”。

东疏曰，“大吉”者，丑也。“小吉”者，未也。乙丑上土又未，壬仍更破命。六乙在未上入墓无气，如此则便命合夭，却返长生也。谓甲子年九月受胎，其水命与身金于九月受胎处大旺有力，所以“返寿长年”。“天罡”者，辰也。“运”者，行也。辰是东方人带木，带木体运至西方。酉金之旺，天罡便合寿短，谓土入金乡有寄托续运之力。假令甲辰人三月戊辰月生，阳命顺行，从三月约五岁迁一位，十年一辰，四十五岁后入癸酉天魁运也。生月是戊，运在癸，戊与癸合是阴阳匹合也，又次入甲戌名换甲之运，此是续运添寿之位也，故云：“寄生续命。”

[疏证] 李注同上。

东疏曰，“大吉”者，丑也；“小吉”者，未也。乙丑命上遇未月土为相冲，如遁见壬午月则更破命，丑午相害也。一般说六乙在未上入墓无气符合早夭之兆，但乙在未中得禄根却反长生也。又谓甲子年生人九月受胎，虽木坐子水败地，受胎于三秋不旺，但其子水命与纳音身金于戌月受胎而大旺有力，所以“反寿长年”。“天罡”者，辰也；“运”者，行也。辰是东方，辰人带木。辰带东方木气之体运行至西方。酉金之旺，天罡辰便合酉金，禄衰命死而寿短，谓土入西方金乡有寄托衰死续运之力。举例：

（三十九）——乙造

乾：甲　戊　○　○　　　大运：己　庚　辛　壬　癸　甲

　　辰　辰　○　○　　　　　　巳　午　未　申　酉　戌

甲辰人三月戊辰月生，阳命顺行，从三月后起运，约五岁迁一位，十年一辰，首运己巳（按第三章东疏观点应从生月起戊辰大运），四十五岁后入癸酉天魁运也。生月是戊，运在癸，戊与癸合是阴阳匹合也，又次运入甲戌，名换甲禄之运（甲辰以“五寅元遁”得甲戌运），此是续运添寿之位也，故云：“寄生续命。”东疏此章上面在解释“‘天罡’者，辰也；‘运’者，行也”时未提天魁者为何，此处却言癸酉为天魁（与其下一章曰“‘从魁’者，酉也”相矛盾），而见次运甲戌解释为换甲禄之运，认为此乃是续运添寿之位也。《梦溪笔谈·象数一》载：“‘天魁’者，斗魁第一星也，斗魁第一星抵于戌，故曰‘天魁’。‘从魁’者，斗魁第二星也，斗魁第二星抵于酉，故曰‘从魁’。”东疏将真正天魁甲戌运因换甲禄而解释成续运添寿，虽差强人意，却亦颇具独到见解。与诸家观点相似处在于，不管丑未相逢或辰戌相遇，断人寿夭要禄命身三者兼顾。

［**万版**］丑为“大吉”，未为“小吉”，如癸未日生人，行丑运，或丁丑日生人，行未运，不得谓之“反吟”，皆谓之“生气”。癸受气于巳而成形于未，丁受气于亥而成形于丑，故曰“生逢”。如六壬课发用，丁课在未，癸在丑，亦此意也。丑未为阴阳之中会，天乙贵神所临，主与本逢之，则有长年之寿。辰为“天罡”，戌为“天魁”，如庚戌生人行辰运，或甲辰生人行戌运，不得谓之“反吟”。庚受气于寅而成形于辰，甲受气于申而成形于戌，皆是生气。《鬼谷子》云“罡中有乙，魁里伏辛”是也。前云“生逢”，后云“寄生”，义不殊也。或曰，此后八句，再明反吟吉凶，无固必之义，假令乙丑阴命男在六月生，遁见癸未木，虽本命生月相克合，主夭伤，却为乙丑纳音金克癸未纳音木，“反寿长年”。歌云“便将生月用为身，却以纳音回作命。身衰克命短天年，命往克身长寿命”是也。假令戊辰阳命男在三月生，计五岁起运。顺行五十六，运至壬戌，纳音水来生戊辰木，又三月天月德俱在壬，寄在戊上又生木，故曰“寄生续寿”。莹和尚曰：以下四节，并用真印，始得其详。乙丑金印，癸未木印，壬辰水印，甲戌火印，戊辰土印。长生续寿，惟寄与反，除此五干，未有知其然也。缘丑中有乙木，未上有癸水，癸水生其乙木，增长禄元，反寿长年，莫非是也。戌中有甲，辰中有壬，壬水生其甲木，续其丙火，故曰“天罡运至天魁，寄生续寿”。大要十干为禄，定人修短，故也。

［**疏证**］万注上部分至“义不殊也”引自徐注，中间部分引自李注，下部分署名引自昙莹注。

第四十章

从魁抵苍龙之宿，财自天来。太冲临昴胃之乡，人元有害。[①]

[徐注]“从魁”，酉也；“苍龙”，辰也。如酉日生人运至［“逢至”不合］辰者是也。酉中有辛金，辰有乙木，金克木为财，故曰：“财自天来。”是用支内天元为财也。“太冲”者，卯也；“昴胃”者，酉也。胃土雉，昴日鸡，有二宿在酉也。如卯日生人，运至酉者，是也。卯，木也；酉，金也。金克木而反相刑，支作人元是也。故曰“有害”。害者是七杀也，不独冲刑克制言之，亦是偏阴偏阳也。

[疏证]“从魁”者，北斗七星中斗魁第二星，在十二月将中代表西方酉金；“苍龙”者，即青龙也，代表二十八星宿中东方七宿之辰方位。如酉日生人，运至辰者，是东方青龙方位也。酉中有辛金，辰有乙木，金克木为财，故曰“财自天来”。同是青龙方位，为何不言至卯得财，盖相冲反吟必有纷争，故酉合辰支内天元乙木为财，大吉也。“太冲”者，在十二月将中代表卯木；“昴胃”者，代表二十八星宿中西方白虎七宿方位。胃土雉是胃宿，昴日鸡是卯宿，昴胃二个星宿，均在酉位。如卯日生人，运至酉者，是西方白虎方位也。卯，木也；酉，金也。金克木而反相刑，卯支中乙木人元被辛金所克是也，故曰：“人元有害”。害者是七杀也，不独以冲刑克制言之，亦是凡指支辰中人元偏阴偏阳（即阴见阴、阳见阳）相克害也。

[新编]王注曰，酉制卯而为财，其中有暗辛遇乙，以金胜木也。从魁昴胃，其酉之名欤，故“抵苍龙而财自天来”。卯见酉而为害，以见制于金也。苍龙太冲，其卯之神欤，故“临昴胃而人元受害”也。盖太岁本命为尊，以运气为卑也。

---

① 释注本将“太冲临昴胃之乡，人元有害”，另作下章。

李注曰，“从魁”者，酉之名。“苍龙”者，东方七宿之位，卯上是也，正属木。商人属金，我克者为财，此言旺金命人至旺木乡，故“财自天来”也。太冲卯位属木，昴胃二星各在酉位属金，卯支为人元，卯酉金克，故云“有害”，主多疾病也。

［疏证］王注曰，酉金制卯木而为得财，其酉中有暗辛遇乙，因金胜木也。从魁与昴胃皆为西方金乡，只是其名不同，故抵苍龙东方木地而谓之“财自天来”。卯见酉而为害，因木见制于金也。苍龙与太冲皆为东方木地，其为卯之神气，故“临昴胃酉金而人元受害”也。“盖太岁本命为尊，以运气为卑也”指本命年为尊，运为卑，以克运气为吉，本命被克为是尊凶卑吉矣。

李注曰，“从魁”者，酉之名。“苍龙”者，卯之名，东方七宿之位，正属木。酉人（“商”为“酉”之讹）属金，我克者为财，此言旺金命人至旺木乡，故“财自天来”也。太冲是卯位属木，昴胃二星宿各在西方白虎酉位，属金。卯支为人元临西方酉金受克，故云“有害”，主多病疾也。此与王注昙莹注比较，三者观点阐述及篇幅颇为接近。《新编》“卯酉金克”应以《新雕》“临酉金受克”合义。

［释注］酉为昴胃［“卯位”不合］之乡，“从魁”是也。卯曰苍龙之宿，“太冲”是也。尝试论之以支元取财，今言“天来”者，何也？缘酉上有辛，卯中有乙，辛金制其乙木，故云“财自天来”。以其酉金克其卯木，乙木畏于辛金，禄既被伤，人元受克若然者，酉人遇卯为吉，卯人逢酉为凶位，列尊卑刚柔断矣。

［疏证］释注本此章脱佚王、李二注。

昙莹注曰，酉为昴胃之乡，“从魁”是也；卯为苍龙之宿，“太冲”是也。如同上文（参见第三十九章）昙莹注尝试以支元四墓藏气来论真印，此处亦尝试以支元取财之角度来论得财。故今言“财自天来”者，缘于酉上有辛，即辛酉人见卯，卯中有乙，天元辛金制其乙木，故云“财自天来”。因酉金克其卯木，乙木畏于辛金，乙禄既被伤，卯中人元受克。如此看，酉人遇卯得财为吉，卯人逢酉见杀为凶位，列为贵贱尊卑、上下刚柔断矣。

[**新雕**] 李注曰，“从魁”者，酉之名。“苍龙”者，东方七宿之位，卯上是[也]正属木。酉人（“商人”不合）属金，我克者为财，此言旺金命人至旺木乡，故财自天来也。太冲卯位属木，昴胃二星各在酉位属金，卯支为人元，临酉金受克[“卯酉金克”不合]，故云“有害”，主多病疾也。

东疏曰，“从魁”者，酉也。“苍龙”者，辰。西方酉金至东方辰上为命财旺乡，辰与酉合故然也。假令癸酉六月生，大运逆行，约五年在己未，十五年入戊午，二十五入丁巳，三十五丙辰，其癸水禄克丙火是天元有财也，又贵神岁杀在巳，故进发财自天来。“太冲”者，卯也。“胃”者，酉也。其卯是木，临酉是金。“人元”，卯木也。“有害”，则酉金刑卯木，故“人元有害”也。假令乙卯木十一月生，逆行，约五岁在戊子，十五在丁亥，二十五在丙戌，三十五至乙酉是太冲当临，酉破卯是人元有害之地也矣。

[**疏证**] 李注见上文。

东疏曰，“从魁”者，酉也；“苍龙”者，辰也。西方酉金至东方辰上为命财旺乡，辰与酉合，故然也。东疏观点与徐注观点相似，不过前者是从年命出发，后者是从日辰出发看财乡而已。二人避卯就辰，关键在于忌讳相冲反吟，故东疏解释道，作为西方酉金把运至东方辰上作为命财之旺乡，因为辰与酉相合，而非相冲，所以如此（酉金避卯就辰）也。

（四十）——甲造

乾：癸　己　〇　〇　　　大运：己　戊　丁　丙
　　酉　未　〇　〇　　　　　　未　午　巳　辰

癸酉身金人己未月生，受胎庚戌，身命皆金以木为财，木处未墓戌养皆为五鬼之地，如衰木行东方辰地则发旺为凶。但东疏却曰：“其癸水禄克丙火是天元有财也。”三命以身命论财为主，如身命二财为凶，禄财发旺亦为小盈大亏。可知东疏乃从旺衰两停角度来看身命二财，原命日柱时柱必为六旺位，则木临东方辰地可发旺得财。加上癸人见巳为天乙贵人，辰年透巳火丙禄，“故进发财自天来”也。

（四十）——乙造

乾：乙　戊　〇　〇　　　大运：戊　丁　丙　乙
　　卯　子　〇　〇　　　　　　子　亥　戌　酉

“太冲”者，卯也。“（昴）胃”者，酉也。其卯是木，为命为人元，临酉是金，则酉金刑冲卯木，故“人元有害”也。乙卯木（纳音水）十一月戊子生，大运逆行，约五岁起大运在戊子，十五在丁亥，二十五在丙戌，三十五至乙酉。酉为水人沐浴败地，又太冲到昴胃之地，酉破卯为人元有害之地，禄命身皆坏也。此章东疏以支命为人元，而下文第五十七章却以纳音身为人元。

［**万版**］酉为昴胃之乡，“从魁”是也。卯曰苍龙之宿，“太冲”是也。支元取财，今言“天来”者，缘酉上有辛，卯中有乙，辛金制其乙木，故云“财自天来”。以其酉金克其卯木，乙木畏于辛金，禄既被伤，人元受克若然，酉人遇卯为吉，卯人逢酉为凶。位列尊卑刚柔断矣。徐曰，苍龙属辰，酉生人逢辰，是酉中辛金，克辰中乙木为财，用支内天元为财也。卯人运至酉金，克木而反相刑，支作人元，故曰”有害”。害者是七杀，不犯冲刑克制，亦偏阴偏阳也。

［**疏证**］万注前半部分所引是昙莹注，后半部分是徐注。文句稍有出入，但基本观点相同。

第四十一章

金禄穷于正首，庚重辛轻。木人困于金乡，寅深卯浅。

[徐注] 金绝在寅，庚受气在寅。假如庚日生寅〈时者〉，[此日生者]多贵。金以火为官，寅为火长生，是官长生也。又不克上［“亦下克上”不合］，火在寅中，金生寅上。《赋》云：“金禄穷于正首。”《成鉴》云：“受气推寻，胎月须深。”辛到卯位，二月节是辛金之胎也。甲在申以金为官印，申乃金临官，乙在酉，乃帝王也。《赋》云“木人困于金乡”是也。

[疏证] 徐认为，“穷”即绝，金绝在正首。“正首”者，天干阴阳十二宫中次第处首位，即受气之宫也。阴极受阳气，阳极受阴气，故“受气”又称“绝”。假如“庚日生寅时”，此“时”作节气寅月看。《新编》“假如庚日生寅，此日生者”句，同样指寅月庚日生，皆多贵气也。因金以火为官，寅为火长生，即庚遇寅是官长生地也。寅中藏丙杀不透，金在寅上为天干，故寅中丙火不得克上，主贵而无灾也。此乃本赋所谓“金禄穷于正首”之义。《成鉴》云“受气推寻，胎月须深”，讲胎月得生气尤深也。如辛金为阴到卯位为绝，即二月节气生辛，按五行之金旺衰看，金在卯为胎也，火官之败地，故贵气辛不如庚重也。“木人困于金乡”者，甲在申绝位，以金水为官印，申乃金临官，禄深也；乙在酉绝位，乃金之帝王位，无印见杀，禄浅也。但原文所指木人是寅卯，徐却从日干角度理解成甲乙人，如果非得要从甲乙人角度看“寅深卯浅”，应将困于金乡之甲见寅临官，乙见卯临官，申冲寅但藏水生甲，故得寅贵深，酉冲卯无印，故得卯贵浅。可见徐从日主和官本主义出发来解释此赋有一定局限性。

[新编] 王注曰，鬼谷子曰：“金穷受制遇鬼，返受官班；木绝遭锋披在，复多才艺。”斯盖鬼化为官者欤。“庚辛”，金也，庚阳而辛阴；“甲乙”，木也，甲阳而乙阴。庚辛之金至寅俱绝矣，必曰“庚重辛轻”者，同寅为阳宫，庚乃阳金，木以阳遇阳曰伤，寅中有甲，申庚相恶，故曰

“庚重”也。辛为阴金，至寅阳官。甲以辛为官，兼六辛逢马虎而有天乙贵人之来数，故谓“辛轻”也。寅卯之木至申而绝矣，必曰“寅深而卯浅”者，同寅为阳辰而至申阳宫，两阳相竞，寅申相冲，而为绝之深也。乃卯居申暗金，乙庚阴阳气，故为绝之浅也。

［疏证］王注曰，鬼谷子曰：“金穷受制遇鬼，返受官班；木绝遭锋披在，复多才艺。”（阅《李虚中命书》中鬼谷子无此言。）“披”，劈也；“在”，所在也。指金人衰穷遇火鬼，反而得官俸禄；木人死绝逢金杀，却多才艺。王注认为原因在于鬼化为官，而并非今人所谓“从衰”“从弱”格局。如何“鬼化为官”？其曰，“庚辛”，皆为金也，庚阳而辛阴；“甲乙”，皆为木也，甲阳而乙阴。庚辛作为五行之金至寅俱绝，为何必曰“庚重辛轻”者？阴阳金同处寅为阳宫，庚乃阳金，木以阳遇阳曰伤，寅中有甲，申庚之金对甲相恶，故曰“庚重”也。辛为阴金，至寅阳得丙为官伤轻。甲以辛为官，兼六辛人逢午马寅虎而得天乙贵人之来救（《新编》“数”为“救”之讹），故谓“辛轻”也。此处本书认为应以庚人遇寅为绝地，寅中有丙火制庚，故伤“庚重”；辛人逢寅为受胎，寅中有丙火合辛金，故伤“辛轻”也。至于寅卯作为之木至申而绝矣，而必曰“寅深而卯浅”者，因为阴阳木同处寅宫，阳辰寅木至申阳宫，两阳相竞，寅申相冲，而为绝之深也。但阴木卯居申暗合金，乙庚阴阳气相配，故为卯绝之浅也。

［释注］李注曰，“金禄”者，且举庚辛二禄，余门［“朱门”不合］同也。“庚重辛轻”者，庚辛至寅位为绝，“庚重”者多为破禄，故云“重”也。“辛轻”者，辛到寅上有天乙贵人，故为“轻”也。“木人”谓寅卯二命。“金乡”指申酉为鬼方。大抵阴遇阳则和，阳见阳则多竞也。

昙莹注曰，阴极生阳，阳极生阴，阴阳自然之理也。阳金生于巳而死于子，绝于寅，阴金生于子而死于巳，绝于卯，正死正生之谓“重”，偏生偏死之谓“轻”。次以阳木生于亥而绝于申，阴木生于午而绝于酉，阳木申深而酉浅，阴木申浅而酉深。盖寅卯指群木之情，庚辛举众金之类，申是水生之地，木曰“困”；寅乃生火之宫，金云“穷”也。

［疏证］李注曰，原文言金禄者，且举庚辛二禄之例，其余各门五行

皆同也。“庚重辛轻”者，谓庚辛二命作为金至寅位为绝，“庚重”者，由于寅冲申多为破禄，故云伤重也；“辛轻”者，由于辛见寅为天乙贵人，故为伤轻也。“寅深卯浅”者，谓寅卯二命作为木人至金乡为困地，金乡指申酉为鬼方。同是金地，如是申地，大抵阴遇阳则和，如卯见申暗合伤浅；阳见阳则多冲克，如寅见申冲破则伤重。

昙莹注曰，阴极生阳，阳极生阴，阴阳自然之理也。阳金生于巳而死于子，绝于寅；阴金则生于子而死于巳，绝于卯。与李注相似，昙莹注认为，“庚重辛轻”是针对金禄穷绝而言，“寅深卯浅”是针对木人困顿而言，并将“穷于正首”之“正”理解成阳对阳、阴对阴。故曰“正死正生之谓重，偏生偏死之谓轻”，即庚见寅合义伤势重，辛见寅为偏伤势轻。次句“木人困于金乡”，以阳木生于亥而绝于申、阴木生于午而死于酉为势重，阳木伤于申深而酉浅，阴木伤于申浅而酉深。大概来讲，原文寅卯是指群木之性情，庚辛是泛举金之类。申虽是水之长生地，凡木遇此曰“困”；寅乃火之长生宫，凡金逢此云“穷”也。

[新雕] 李注曰，“金禄”者，且举庚辛二禄，诸例同［“朱门同”不合］也。“庚重辛轻”者，庚辛至寅位为绝，“庚重”者，又为破禄，故云“重”也。“辛轻”者，辛到寅上有天一［“天乙”合义］贵人，故云“轻”也。“木人”谓寅卯二命，“金乡”指申酉为鬼方。大抵阴遇阳则和，阳见阳则竞。

东疏曰，“金禄”者，论于干也；“命”者言支命也。“正首”者，正月之首，初也。庚金绝自正月，辛金绝在二月，“绝”者穷也。“寅卯”者，木人言寅卯也，寅于七月金乡绝，卯则八月绝，壬水五月绝，癸水四月绝，午火十一月绝，巳火十月，金木则先阳后阴。水火则先阴后阳。若旺处生而运至败绝上，显旺力；若败绝所生，却运入旺乡，亦显败绝之力，庚金正月生运至申酉金旺，显所穷困也。他仿此推。

[疏证] 李注见上文。

东疏曰，“金禄”者，论干禄也；“木人”者，言支命也。“绝”者，穷也。“正首”者，正月之首，初也。庚金绝自正月，辛金绝在二月，故同处正月寅，庚绝重而辛伤轻也。“寅深卯浅”者，木人言寅卯也，寅于七月金乡绝，卯则八月绝，如同是申月，寅逢冲凶深，卯逢合灾浅。“壬水五月绝，癸水四月绝”应为““壬水四月绝，癸水五月绝”之讹。午中丁火十一月绝，巳中丙火十月绝。“金木则先阳后阴，水火则先阴后阳”者，是指庚金绝在寅为阳支、辛金绝在卯为阴支，甲木绝在申为阳支、乙木绝在酉为阴支；而壬水绝在巳为阴支、癸水绝在午为阳支，丙火绝在亥为阴支、丁火绝在子为阳支。若旺处生而运至败绝上，犹显旺力；若败绝处所生，却运入旺乡，亦尚显败绝之力。庚金生于正月寅，运至申酉金旺，犹显所穷困也。其他仿此推。（参见上文第二十二章与下文第四十二章东疏。）

[万版] 阴极生阳，阳极生阴，阴阳自然之理也。阳金生于巳而死于子，绝于寅；阴金生于子而死于巳，绝于卯。正死正生之谓重，偏生偏死之谓轻。次以阳木生亥绝申，阴木生午绝酉。阳木申深而酉浅，阴木申浅而酉深。盖寅卯指群木之情，庚辛举众金之类，申是水生之地，木曰“困”；寅是生火之宫，金云“穷”也。一云：“丙辛有合，故‘辛轻’；乙庚有合，故‘卯浅’。”

[疏证] 万注皆录自昙莹注。最后一云：“丙辛有合，故‘辛轻’；乙庚有合，故‘卯浅’。”或受李注“大抵阴遇阳则和，阳见阳则竞”观点之启发而言，但以干禄代替支命并不合适。

第四十二章

妙在识其通变，拙说犹神。巫瞽昧于调弦，难希律吕。

[徐注] 凡人命中贵贱得失，妙处于四柱日时之中，要后人识其通变者言之，然其辞虽拙，而妙应如神。设若不遇明师，道听途说，巧言伪词，焉能中理？如无日［“无目”合义］者之调弦，又岂能明于律吕也？

[疏证] 徐注曰，凡人命中贵贱得失，妙处于四柱年月日时之中，要后人识其道理并加以通变方可言之。其辞表达虽有拙俗者，但人事妙应如神。假如不遇明师，道听途说，虽巧言丽词，焉能中理？犹如无目者之瞎乱调弦，又岂能明于律吕也？“巫”，古代负责乐器之巫师；“瞽”，眼瞎；“昧”，难辩五色；“希”，希冀、指望；“律吕”，古代校正乐律之器具，此处作动词用。

[释注] 王注曰，《易》曰：“一阖一辟之谓变，往来不穷之谓通。”孔子作《易》至《说卦》，然后言妙妙万物，然后识通变盈虚之数。阴阳之理［“阴阳神之”不合］，至妙藏焉。贤者得之，妙达纬象，通知阴阳。至于谈命，其说虽拙，其应若神，愚者失之，常为物疑，安能通其性命之妙？如巫瞽之昧于调弦，而希律吕之合也。

李注曰，《易·系辞》云：“通变之谓事。”又云：“易穷则变，变则通，通则久。”又云：“变通配四时。”又云：“一阖一辟谓之变，往来不穷谓之通。”又云：“化而裁之，谓之变；推而行之，谓之通。”此赋言消息之功，其得失在识［“其失在”不合］通变无穷之理，则虽拙说亦如神也。如不识［“不能”亦合］通变之妙，则如巫瞽不晓其调弦者，则难求合于律吕也。

昙莹注曰，易穷则变，变则通，通变之谓事也。要言以会道，合理而忘言。盖理由言彰，言不越理［“必越理”不合］，识其通变，拙说犹神［“由神”亦合］。然瞽者无以与乎文章之观，聋者无以与乎钟鼓之声，况语希夷妙道哉？故以“昧于调弦，难希律吕”喻之耳。

［**疏证**］王注引《易经》曰：“一阖一辟之谓变，往来不穷之谓通。”在《易经·系辞》中为：“是故阖户谓之坤，辟户谓之乾。一阖一辟谓之变，往来不穷谓之通。”孔子在《易经》中作《说卦》，然后通过揭示万物奥妙之兆，让人们认识掌握通变盈虚之数。天地阴阳之理，藏在卦象最玄妙处。贤者得之，则可巧妙表达其纬象，通晓明知卦数阴阳。至于利用阴阳五行来谈命，其表达措辞虽拙朴，但其应验若神，一般顽愚者因无法理解而失之，盖常被表像之物所疑惑，安能通晓其四柱性命之妙理哉？犹如巫瞽之昧于调弦，而希律吕之合也。王注置“难”字不理，将“希”理解为“稀少”。

李注曰引《易经·系辞》云：“通变之谓事。”又云：“易穷则变，变则通，通则久。”又云：“变通配四时。”又云：“一阖一辟谓之变，往来不穷谓之通。”又云：“化而裁之，谓之变，推而行之，谓之通。”此消息赋言消息变化之功，其得失在于是否能认识阴阳五行通变无穷之理，则虽拙说亦如神也。如不识通变之妙，则如巫瞽不晓调弦者，则难企求其所为合于律吕也。

昙莹注亦引《易经·系辞》“易穷则变，变则通”与“通变之谓事”句。要言语以会阴阳之道，即使合五行之理而忘言亦不惜。盖道理决定言语表达，故言语彰显但不可越理，只要使人认识阴阳五行之通变，拙说犹神也。然瞽者无以观看文字之形，聋者无以听闻钟鼓之声，何况说要此类“希夷”之人来传播妙道哉？“希夷”者，老子曰：“视之不见名曰夷，听之不闻名曰希。”原文之“巫瞽”并不专指盲巫，而是泛指“昧于调弦”之徒，暗喻不明阴阳五行之流，故难冀望其校正律吕，即传播正确之命理。

［**新雕**］李注曰，《易·系辞》云：“通变之谓事”。又云：“易穷则变，变则通，通则久”。又云：“变通配四时。”又云：“一阖一辟谓之变，往来不穷谓之通”。又云：“化而裁之，谓之变；推而行之，谓之通”。此赋言消息之妙［“之功”亦合］，其识有［“其失在”不合］通变无穷之理，则虽拙说亦如神也。若不能通变之妙，则如巫瞽不晓其调弦者，则难求合于

律吕也。

东疏曰，“妙在识其通变”者，五行不以绝入旺乡为旺，其旺入衰处为衰；在旺中显衰之力，在衰中显旺之功。又衰人入衰则却是旺地；若旺人入旺，则两旺相伤。说“幽玄者”，是水旺衰通变也。“巫瞽昧”者，是术士之人，瞽昧不明，五行来往消息旺衰也。又“瞽目者”，如瞽目之人行路不有小径，曰路邪陷空夹暗昧上来所之事也，“阴阳者”，律吕也，喻通变如调弦品竹知其声韵谐和也。“尚玄者”，以调合律吕也。

[疏证] 李注见上文。

东疏所谓“‘妙在识其通变’者，五行不以绝入旺乡为旺，其旺入衰处为衰；在旺中显衰之力，在衰中显旺之功”，其实指三命五行不以衰绝地入旺乡为吉地，亦不以五行旺相地入衰绝乡为凶地；而是以衰绝地入旺乡反为凶地，以旺相地入衰绝乡为吉地。此与上一章其疏“若旺处生而运至败绝上，显旺力；若败绝所生，却运入旺乡，亦显败绝之力”意同。下面又曰：“又衰人入衰，则却是旺地；若旺人入旺，则两旺相伤。”此处所谓衰人与旺人，应指三命得月日时皆衰或皆旺之人（不同子平术以日主为主论旺衰）。意为衰极之命毫无生气，入生扶旺地不为福，反以入克耗衰地为吉；旺极之命凭专旺之气，再入旺地亦不为福。后世清朝任铁樵在《滴天髓阐微》（宋朝京图著，明朝刘基注，清朝任铁樵疏）“从象”章中将刘基所谓“从财官”之说，发展为“四从”之说，即从旺、从强、从气、从势，并曰此“四从”比从财官更难推算，认为此说前人诸书所未载。殊不知东疏“又衰人入衰则却是旺地”乃指从气或从势，“若旺人入旺，则两旺相伤”乃指从旺或从强，差异只是在于任铁樵认为从旺、从强之旺人应以印比或无印以食伤运为佳，而东方明则指出之旺人应以衰运为美。至于从弱、从衰之衰人，任铁樵则以财官为美，以印比为忌，东方明亦以衰运为吉，以旺运为凶（参见附录：表八—东方明论旺衰吉凶汇总表）。其实两者论命之立足点不同，后代任铁樵是继承子平以日为主，以正五行及十神来分析命理。而东方明是以年为本出发，以三命旺衰加神煞来分析命理，故当三命皆旺之又旺时，东认为复行旺地虽为不美，行衰地反而为佳，但亦须“妙在识其通变”。故下一章所谓“庚辛临于甲乙，君子可以求官。北人运行南方，货易获其厚利”中阐述，从三命旺衰之论转移到禄财禄官或命财命官上来。（此章参见附录：探索东方明“旺衰吉凶”之我见。）

下来是连续对“说幽玄者”、“巫瞽昧者”、“又瞽目者”、“阴阳者”、“尚玄者”进行注疏。其中除“巫瞽昧”者在原赋文中存在外，其他“四者”在李注亦不现，不知出自何处？按上文第三十六章东疏所透露年代来看，东疏可能早于李注问世，且在二者注疏关系上，东疏也不像是在李注基础上所撰写，从此章“四者”来看，完全是另有注书蓝本。东疏曰，“幽玄者”，是堪舆中专门研究水之旺衰通变之士也；“巫瞽昧者”，是比喻有些术士愚昧，不明五行来往消息旺衰也；又“瞽目者”，如盲目之人行路不以为身在小径，不明路邪陷阱兼夹暗昧之事相遇；“阴阳者”，律吕也，喻通变如调弦品竹（弦竹即丝竹）知其声韵谐和也；“尚玄者”，“尚”，有掌管之义，”玄”通”弦”，古代宫中有尚食、尚宝、尚衣、尚宫（管理宫女者）等后勤部门，“尚玄者”泛指掌管弦竹之首长，以负责调合律吕也。

[万版] 凡命运吉凶祸福，如上所云，赋特言其大槩。妙在识其通变，赋辞虽拙，而理妙应如神，设若不能通变，譬之巫瞽昧于调弦，希律吕之和难矣。

[疏证] 万注曰，凡命运吉凶祸福，如上所云，《消息赋》只言其大概。妙用其理则在识其通变，赋辞虽朴实无华，但其理妙应如神。假若不能通变掌握，譬之巫者瞽昧于调弦，欲使律吕变得协调和美乃臆想也。

第四十三章

庚辛临于甲乙，君子可以求官。北人运行南方，货易获其厚利。[1]

[徐注] 假令辛见甲，辛克甲，甲中生出丙火［“申中克出丙火”不合］，丙与辛合，辛见官印。然不见火而见甲，甲乃丙之母，火之根也。须生日是辛日，岁月时内有木，以辛克甲，则甲中有火也。若年月时中，支干内有水，则辛无官也。壬寅或别位带将亥子辰水来，即木湿也。故木湿则无官。源浊伏吟是也。如见庚合，庚克木，乙木生丁火，丁乃庚之官印，若癸卯岁月时上有水，则乙木湿而克之，无烟也。只是金见木为财，有财而无官，金木皆不能成器。《赋》云：“金木未能成器，听哀乐以难名”也。是火主礼，有礼则有君子，有君子则有官印也。无礼则小人也，无官则不贵也。《赋》云：“源浊伏吟，惆怅于歇官［“歇宫”不合］之地。”寅卯乃火生之地，是木［“见木”合义］而无火，故惆怅也。又与［“又云”不合］“闻喜不喜”同矣。其余五行仿此，亦用生日支干为主，此论庚辛日生人也。

[疏证] 徐曰，假如辛见甲，辛克甲，甲带出丙火反克金，丙与辛合，则辛喜见官印相生。然命中不见火而只见甲，甲乃丙之母，火之根，故亦当官气看。但必须生日是辛日（区别于年上三命），岁月时内有木，以辛克甲，则甲中一定带有火出，即财生官也。若年月时中，支干内有水，即使见甲亦无法生火，则辛无官也。如月为壬寅或别位带将亥子辰水来，即木湿也。故木湿则辛无官。“源浊”者，原命伤官为源浊；“伏吟”者，岁运重见伤官为伏吟。如见庚合木克木，乙木生丁火，丁乃庚之官印，本为贵禄，若癸卯岁月，但时上有水，则乙木湿而克火，无烟起也。只是庚金

---

[1] 释注本、万版为“北人运在南方，贸易获其厚利”；《新编》为“北人运在南方”；《新雕》为“北人运至南方”。

见乙木为财，合之有财而无官。“金木皆不能成器”者，盖金无火不成利器，木无利器不得雕琢，故《消息赋》云：“金木未能成器，听哀乐以难名”也（参见下文第四十五章）。五行是火主礼，有礼则为君子，有君子则有官印也。按此思路，水主智，有智则为谋士，故火人见水以谋士为官印；土主诚，有诚则为忠臣，故水人见土以忠臣为官印；木主仁，有仁则为慈，故土人见木以仁慈为官印；金为义，有义则为勇，故木人见金以义勇为官印。又曰金“无礼则小人也，无官则不贵也”。其实小人不局限于无礼，从官之五行来看，金人无火则顽，火人无水则狂，水人无土则奸，土人无木则愚，木人无金则懦，皆非君子也。《消息赋》云：“源浊伏吟，惆怅于歇官之地。”（参见下文第六十三章）寅卯乃火生发之地，见木而无火则阴湿，故惆怅失意也。此又与“闻喜不喜”同矣（参见上文二十六章）。其余五行仿此，亦用生日支干为主，看年月时财官，此章仅论庚辛日生人也。

［释注］王注曰，论金木之刑，则制以致用。论金木之理，则相继以终始，故金木子也，木金父也，金父用子则金木相得［“金父用则铺以始之，此金木所以相得者欤”不合］，甲以辛为官，乙以庚为官，如庚辛之运岁来临甲乙之人，故曰“君子可以求官”者，小人反以为鬼也。北人运至南方者，亥子皆北方之水也，巳午皆南方之火也，以水人行运至火乡，我克之谓财，所以“贸易［贸易?］获其厚利”也。或谓癸壬之至午亦是者，非也。壬癸是禄，巳午是命，干支不相入。如壬癸人谓［“人得”合义］丙丁则可以谓之禄财而已。谈命者必当分禄命身为之命也，以干配禄，以支合命，以纳音论身之为［“之谓”合义］三命。

李注曰，甲以辛为禄官，乙以庚为禄官，太岁大小年［“太岁大小行年”合义］相符求官必遂，余十干准此［“十干准此”合义］。言君子则［“则可”亦合］求官，小人逢之则有官灾。前言十干克我者，纳音相配与天官，此则言干支。若是壬癸亥子至巳午之位，我克者为财，故获厚利是也。

昙莹注曰，甲乙以庚辛为官印，其用有是与非，但君子得以为官，小人遇之为鬼，何以知其然也？盖独称君子求官而不言小人为福耳。正北

[“当北”不合]壬癸之位，其卦属坎；正南丙丁之位，其卦为离。坎属水，曰“润下”；离属火，曰“炎上”。两者交通合成既济，加之水归火地，运至财乡，故云“北人运至南方，贸易[货易?]获其厚利”也。

[疏证] 王注曰，五行中论金木之刑克，相同之处均制以致用，即金无火炼不成器皿，木无金刻不为雕梁。论金木关系之理，则彼此相继终始，故金以木为子也，木以金为父也。金父用子，则金木二者皆可相得其利。甲以辛为官，乙以庚为官，如庚辛之运岁来临甲乙之人，故曰“君子可以求官”者，小人反以为鬼也。三命健旺、带贵神、带官印者则为君子，如禄命衰败，仅纳音健旺，再逢官地相冲克，三命皆伤，则为小人逢鬼也。“北人运至南方”者，亥子皆北方之水也，巳午皆南方之火也，以水人行运至火乡，我克谓之得财，所以可行商贸交易而获其厚利也。有书谓癸壬人之至午亦是者，非也。壬癸是禄，巳午是命，干支互不相入。王注所批评对象明显指李仝，下文李注有曰“若是壬癸亥子至巳午之位，我克者为财，故获厚利是也”。王认为，如壬癸水人得丙丁火则可以谓之禄财，见巳午谓之禄财不外露也。谈命者必当分禄命身为之命也，以干配禄，以支合命，以纳音论身，谓三命。认为禄财在干，与支不相干，后面万注亦持相同观点，谓壬癸水人见丙丁火乃为禄财，“不可以贸易言也”，但同样秉承古法之李、昙莹、东三家则无此见解。且看下文。

李注曰，甲以辛为禄官，乙以庚为禄官，太岁及大小行年相符，求官问禄必称心遂意，十干准此（《新雕》“余八干准此”亦合）。太岁大小行年，即太岁大小运也。赋文言五行见克我者，君子之命则求官，小人之命逢之则有官灾（参见本章上文王注）。“前言十干克我者，纳音相配与天官”较难理解，对照《新雕》，发现“庚辛临于甲乙，君子可以求官”与“北人运至南方，货易获其厚利”是作为上下两段分开注解，而“前言十干克我者”是属于下段注文句子，其中“前言”是指上段而言，并与释注本“前言十干克我者，纳音相配与天官”不同，《新雕》为“前言十干克我者，阴阳相配为天官”，显然应以《新雕》李注为是。下来“此则言干支”云云则仅属于下段（“北人运至南方，货易获其厚利”）注文内容。不同与王注观点，李注认为“若是壬癸亥子至巳午之位，我克者为财，故获厚利是也”，后来者王注为此批道“壬癸是禄，巳午是命，干支不相入”也。

昙莹注曰，甲乙人以庚辛为官印，其作用有是与非两方面，但君子得之以为官，小人遇之以为鬼，何以知其然也？大概人们独以君子求官为福，而不言小人求官为福耳。但昙莹注从禄命角度未阐明何为君子之命、何为小人之命？北人者，正北壬癸之位，其卦属坎；南方者，正南丙丁之位，其卦为离。坎属水，曰润下；离属火，曰炎上。两者交通合成既济，加之水归火地，岁运至财乡，故云：北人运至南方，商贸交易获其厚利也。

[新雕] 李注曰，甲以辛为官印［“为禄官”亦合］，乙以庚为官印［“为禄官”亦合］，太岁大小行年相符，求官必遂。余八干准此［“十干准此”亦合］。君子则可求官，小人逢之则有官灾。前言十干克我者，阴阳相配为天官［“纳音相配与天官”不合］，此则言干支，若是壬癸亥子至巳午之位，我克者为财，故“获其厚利”也。

东疏曰，庚辛金，以丙丁火为官，以甲乙木为印。若庚辛大小运至甲乙，名为“带印”。即须详庚辛人官旺位，生有贵神、喜神、合神，逢甲乙印则求官必得也。“北人”者，论支命也，北人亥子是水，运入南方，水克火为财，若命在财乡多得厚利，亦须身财有旺处所生却。假令壬子木人，十一月又子日子时生，其身木克土为财，即十一月身财土神大旺，以大运约五岁起壬子，十五岁起癸丑，二十五入甲寅，三十五入乙卯，四十五丙辰，自此后入南方丁巳，上发十一月。命财是子克巳，火为财，巳旺此十年，以获厚利。

[疏证] 李注见上文。

东疏曰，庚辛金，以丙丁火为官，以甲乙木为印。若庚辛金大小运至甲乙，名为“带印”。但须详考庚辛人官旺之位，官位生有贵神、喜神、合神，逢甲乙贵印则求官必得也。指即使逢财，如命中是杀非官、无贵神、喜神、合神，亦无贵印之验矣（东疏以财为印之观点，参见其上文第九章）。三命中以禄财为贵印，同是逢财，命和身则主富不主贵。故北人亥子是水，运入南方，水克火为财，论支命也。但亦非命在财乡一定多得厚利，亦须再依纳音身财是否逢旺运所生方验。举例：

（四十三）——甲造

乾：壬　壬　〇　〇　　受胎：癸　　大运：壬　癸　甲　乙　丙　丁
　　子　子　子　子　　　　　卯　　　　　子　丑　寅　卯　辰　巳

壬子纳音木人，癸卯月受胎，十一月又子日子时生，其纳音身木克土为财。东疏以水土为同生同死，故虽土在卯月受胎为死，但子乃水土之旺地，即十一月身财土神大旺，生月日时皆旺为旺极也。东疏以生月为首个大运，约五岁起壬子大运，十五岁起癸丑，二十五入甲寅，三十五入乙卯，四十五丙辰，自此后入南方丁巳运。原身财旺极之土临巳火为绝而吉（水土同行），即“旺见衰而吉”，东疏谓之“此十年以获厚利。”而原命财火临胎月卯地为旺，但处生月生日生时三子为衰极，命财临巳火旺地为凶看，应“衰见旺则凶”。可谓身富命贫，乃常人也。

［万版］金木有相得之理，水火有既济之道。故特举而言之，曰庚辛临于甲乙，则余八干可知也；北人运在南方，则余东西可知也。言君子见小人则不然，言北人须亥子方为是。甲以辛为官，乙以庚为官，如庚辛之运岁来临甲乙之人，故曰“君子可以求官”，在小人反以为鬼也。亥子北方之水，巳午南方之火，以水行运至火，我克之为财，所以“贸易获其厚利”。或谓壬癸之位，其卦属坎，丙丁之位，其卦属离，水归火地，运至财乡。不知壬癸是禄，巳午是命，干支不相入，如壬癸得丙丁，止可谓之禄财而已，不可以贸易言也。谈命者须当分禄命身。

［疏证］万注曰，金木有相得之理，指金以木显用，木赖金成器，故相得益彰；水火有既济之道，指水润下与火炎上为阴阳相交。故《消息赋》特举“庚辛临于甲乙”、“北人运在南方”而言之，曰庚辛如此，则余八天干可知也；北人南方如此，则余东西亦可知也。言君子见官为贵，小人则不然；言北人须亥子方为是，言外之意壬癸不是，此与王注同见。下面注文从“甲以辛为官，乙以庚为官”起，除“或谓壬癸之位，其卦属坎，丙丁之位，其卦属离，水归火地，运至财乡”引自昙莹注外，其余皆摘录自王注。略述。

第四十四章

闻朝欢而旋泣，为盛火之炎阳。克祸福之赊遥，则多因于水土。[①]

［徐注］自“从魁抵苍龙之宿”已下，不独运中灾福，而又明相济，而为得失，在学人可深求之也。“闻朝欢而旋泣”者，言火星高明，而好炎上也。明万物者，莫盛乎火，故云：“为盛火之炎阳。”鬼谷子曰：“木火性本上［“水土性本威”不合］。”“克祸福之赊遥”，“赊”者，远也。又“遥”者，远之甚也。此言水土之性，沉伏而趋下也，故云：“多因水土。”鬼谷子曰：“水土性本下。”正此意也。

［疏证］徐注曰，自上文（第四十章）“从魁抵苍龙之宿”以（“已”通“以”）下至此，不独写五行运中灾福，如“太冲临昴胃之乡”、“金禄穷于正首”、“木人困于金乡”、“庚辛临于甲乙”、“北人运行南方”，而且又从五行性情角度去阐述，如“庚重辛轻”、“寅深卯浅”、“君子可以求官”及本章“盛火之炎阳”与“水土”之区别，甚至从五行之间互为相济、互为得失之角度去理解，后学之人要从中深切理会也。“闻朝欢而旋泣”者，所言命中火星炎上而高明，如朝欢而夕泣，日出日落。“旋”，旋即、短暂之义。照亮万物者，莫盛乎火，盛火与炎阳同类，故云：“为盛火之炎阳。”鬼谷子又曰：“木火性本上。”（《鬼谷遗文》原为“木火性本巍”，义皆相近。）大意指木之生发与火之燃烧皆具有向上之属性，发展壮大快，但结局也短；而水土之性是沉伏而趋下，事物发展比木火慢，结局亦远。“克祸福之赊遥”者，“赊”，远也；“遥”者，远之甚。故云：“多因水土。”鬼谷子曰：“水土性本下。”（《鬼谷遗文》原为：“水土金性本下。”）正此意也。

① 《新编》、《新雕》为“闻朝欢而旋至”；万版为“闻朝欢而夕泣”、“观祸福之赊迟”。

[释注] 王注曰，火主礼，礼中则止，不可太过，礼烦则乱。火之气炎，木之气温，炎与温未尝相杂，云木火之生则轻清可见矣。土之形厚而丰，水之形圆而下，言水土之同源［“穷源”不合］，则重浊亦可知矣！格局岁运，得五行火木之炎阳，其为谋用，行藏则易于发，故曰“闻朝欢而旋泣”者也。或犯水土之多，必伤于重浊，更不逢生气，则动作云为多迟滞也。火水之命，五行则克彼为财，彼克［“被克”合义］为鬼，祸福之来，皆云不快。故云“克祸福之赊遥，多因水土”也。此盖论火木性快，易发易休；水土性迟，难成难败。

李注曰，火性炎上，若火人遇火朝欢旋泣［“朝欢旋至”不合］，言速也。土重浊不动，水润下盈科乃进，凡生克祸福皆迟，故云“赊遥”也。

昙莹注曰，火之为性暴而多伤，故钻木而烟飞，击石而光发，朝欢旋泣［“朝欢旋至”不合］，今是昨非，由火传薪，莫知其极也。水土为物，其性柔和，致于祸福之端，得其迟缓之意，盖智与信也。

[疏证] 王注曰，火主礼，盖二者皆有辉煌之象。但礼仪应适可而止，不可繁文错节，礼烦则乱，犹火蔓延成灾也。火之气属炎，木之气属温，如炎与温未尝有土金水相杂破坏，云木火相生通明，则轻清可见矣。土之形似厚重而丰隆，水之形似珠圆而润下，言水土之同源，则从二者为重为浊特性亦可知矣！因木火为阳，主清而向上；水土为阴，属浊而向下也。“格局岁运，得五行火木之炎阳，其为谋用，行藏则易于发，故曰‘闻朝欢而旋泣’者也。”指原命与岁运组成之格局偏向于火木之炎阳，其人如用于阴谋处事，则行藏出没则易被发现，盖火木通明难藏，故曰“闻朝欢而旋泣”也。此处出现“格局”一词，《康熙字典》言“格”有“法式”之义，如“《禮・緇衣》言有物而行有格也”。故“格”为格式或类型。如“人格”指人之类型，“格格不入”则指不同格式或类型互不通融。相对“局”来讲，“格”属于不同性质之分类；相对“格”来讲，“局”属于同一类别不同层次之体现。“格”为横向不同类别间之对比，“局”为纵向同一类别间高低之对比。故“格局”是不同事物处在不同环境或局势中一种状态之称谓。对于古法来讲，能对三命（年之禄命身）起主导作用之五行谓之格，即“命格”。命格所面临先天之四柱环境（即胎、月、日、时）是局，二者结合在一起则为命之“格局”。“命格”仅是名称，无所谓好坏

之分，惟有“命格”处于“命局”之中组成命之“格局”，始有三命贵贱之分，亦简称为“贵格”或“贱格”。后人徐大升在《渊海子平》中则以日为主，在其归纳“内十八格”中，则依据“财官之气”存在不同方式确定为定为某某格，如“正官格”、“杂气财官格”、“月上偏官格”、“时上偏财格”、“飞天禄马格”等等，而清朝沈孝瞻《子平真诠》虽奉行子平术以日为主，但依然继承古法寻月日时中能起主导作用之气，即将八字中月令主气作为用神定为某某格，曰：“八字既有用神，必有格局，有格局必有高低，财官印食杀伤劫刃，何格无贵？何格无贱？”故命格本身无吉凶之分，只有“格”处于四柱环境之“局”中才能体现其贵贱寿夭。当原命四柱八字与岁运联系在一起时，原命则为“格”看，岁运则为“局”用，故王注所谓“格局岁运，得五行火木之炎阳”指原命四柱处于岁运中之格局状态，是五行火木之炎阳之局势。如果格在木火局中为吉，则朝欢夕泣；如格在木火局中为凶，则朝悲夕喜。不管是吉是凶，“朝夕”之说只是形容木火之性来去短促罢了。水土则与火木向左，故王注曰，或命犯水土之多，必伤于重浊，再不逢一点火木生气，则局势动作多迟滞也。火水之命，五行则克彼为财，如我火克彼金或我水克彼火；彼克我为鬼，如彼水来克我火或彼土来克我水，凡金水土重者，祸福之由来，皆云不快。故云“克祸福之赊遥，多因水土”也。此章主要是论火木性快，易发易休，水土性迟，难成难败，吉凶寿夭皆如此也。

李注曰，火性炎上，若火人遇火则朝欢旋泣，言迅速也。土性重浊不动，水润下盈科乃进。盈为水满，科为坎坑，指水流过程中要充盈沿途无数低洼地才能到达远方。《孟子·离娄下》曰：“原泉混混，不舍昼夜，盈科而后进，放乎四海。”故水人遇土或土人遇水，凡生克祸福皆迟，结果赊遥也。

昙莹注曰，火之本性暴烈而多造成毁伤，故钻木击石而烟飞光发，来去迅速，朝欢旋泣，今是昨非。“由火传薪，莫知其极也”应作火由薪传，莫知何时终结之解。指火以木为载体，随时会因木焚尽而熄。水土为具体事物，其性柔和，要达致于祸福之终端，得之于发展迟缓之属性。盖水为智主理性、土为信主诚实，故凡事不激进也。

[**新雕**] 李注曰，火曰炎上，若火人遇火朝欢旋至，言速也。土重浊不动，水润下盈科乃进，凡克祸福皆进［“凡生克祸福皆迟”合义］，故云“赊遥”。

东疏曰，火者，阳气；水者，阴气。万物皆附阴而抱阳。人神多则喜，阴神多则怒。“闻朝欢而旋至”者，五行生所，唯金木见万物喜神。“克祸福之赊遥，多因水土”者，阴也。二者同情，带阴气也，阴气水土所发也。若人生月日时在水土墓绝胎死成形位上生，多带凶恶，多怒。若在水土旺地生，为人多有欢乐更添福力。况三才都旺，是福力也。遇贵建官带印，同福力也。若月日甲干，月日并干位○，亦为福力也。巳上五位重复遇者，大妙也，必居欢乐之位也。刑克之赊遥者，赊财绝死墓，支干无合，有喜神落空亡，生月与时孤寡，又犯六厄、灾杀破命，干禄支命水土多绝，若以此生者、克者定也。克定祸福赊遥人也，求欢乐必无。

[**疏证**] 对照《四库》徐注本、《四库》释注本与《新雕》之珞琭子原文，前者为“闻朝欢而旋泣”，后者为“闻朝欢而旋至”；前者李注“火性炎上，若火人遇火朝欢旋泣，言速也”，后者李注“火曰炎上，若火人遇火朝欢旋至，言速也”，主要区别亦只在“旋泣”与“旋至”之间。一字之差，前者是强调“盛火”速起又速灭，后者只是强调“盛火”发展之迅速。

东疏曰，“火”者，阳气；“水”者，阴气。“万物皆附阴而抱阳”者，老子曰：“道生一，一生二，二生三，三生万物。万物负阴而抱阳，冲气以为和。”“附阴”，可理解成依附于阴；“负阴”，可理解成背负于阴，均为“抱阳”之反义，故二气相冲势均以为和也。如人多阳神者，则喜；多阴神者，则怒。阳神应指“火者，阳气”，阴神应指“水者，阴气”。八字中木火相向者，为人开朗、喜庆；金水相向或三冬水土者，处事忧郁、恼怒。“闻朝欢而旋至”者，五行中所生最辉煌之气为火，其燃烧迅猛之势可使金得以锻炼或使木得以通明，而成万物之喜神。“克祸福之赊遥，多因水土”者，水土属阴，盖二者相同性情（指同生同死），俱带阴气。故阴气，皆水土所发也。若水土人生月日时在水土之墓、绝、胎、死、成形（养）宫位上生，则人生往往凶恶多怒。若在水土旺地生，则做人多有欢乐，因“祸福之赊遥”，晚来得福，可谓更添福力。何况四柱禄命身三才都在旺地生，亦是福力也。如干禄再遇贵神建官带印，同加福力也。“若月日甲干，月日并干位〇。”（脱佚一字，疑为“禄”。）故亦为福力也。以上五位重复遇者，大妙也，必居欢乐之位也。“五位重复遇者”中除四个“福力”外，还有一个便是东疏解释“闻朝欢而旋至”中所提到“五行生所，唯金木见万物喜神”，其中之“见”应作“现”用，指唯有金木出现逢火才能为万物之喜神。总之，因为东疏非从盛火“朝欢而旋泣”之角度切入，故将着眼点放在何为“欢”、何为“福”之方面进行展开。

上面是对“欢”与“福”之展开，下面是对“克祸”之阐述。刑克之赊遥者，包含赊财，财处绝死墓，支干无合（古法以合为吉），有喜神（喜神广泛，如顽金见火为喜神）落空亡，生月与时孤寡（孤辰与寡宿见上文第二十七章），又犯六厄（见上文第二十四章东疏）、灾杀破命（参见上文第七章东疏），干禄支命为水土，且多死绝之地，若以此生我者、克我者定也。则克定所造成祸福为赊遥之人也，即灾祸绵绵无绝期，福禄遥遥无降临，故求欢乐必无也。

［万版］ 此论五行之性，明祸福之迟速也。火之性暴而多伤，故钻木而烟飞，击石而光发，朝欢旋泣，今是昨非，由火传薪，莫知其极也。水土为物，其性柔和，致于祸福之端，得其迟缓之意，盖智与信也。火木性快，易发易休；水土性迟，难成难败。

［疏证］ 万注“火之性暴而多伤”句至“盖智与信也”引自昙莹注，注尾“火木性快，易发易休；水土性迟，难成难败”句引自王注。不过其开头总结本章：“此论五行之性，明祸福之迟速也”，乃精辟之见也。

第四十五章

金木未能成器，听哀乐以难名。似木盛而花繁，状密云而不雨。

[徐注] 言金者则尚木，金得用而木乃成，是以刚柔相济也。言木者能尚金，木成器而金得著，仁者必有勇也。若有金而无木，勇而无礼则乱。有木而无金，则庚辛亏而义寡。“金”者，西方之器也，主哀。“木”者，东方之物也，主乐。乐而不淫者，木遇金也。哀而不伤者，金得木也。凡此者，皆大人之命也。若明水火之归中，用乎金木之间隔，由是哀乐不能动其心，乃方外难名之人也。人命有偏阴偏阳之命，“似木盛而花繁”者，偏阳之谓也。是五行逐末趋时，知进而不知退也。“状密云而不雨”者，偏阴之谓也。如此者，岂能有济化［“济物”不合］之功哉？大率人命须要五行制克，阴阳两停，则为应格之命［“则为有应命之格”不合］，故下文云。

[疏证] 徐注言金者崇尚木，金得以施用而木乃成器，是以刚柔相济也；又言木者崇尚金，木成器而金得其用，仁者见义必有勇也。若有金而无木，有勇而无礼则乱。有木而无金，则庚辛亏而义寡，使礼仪流于繁琐形式。“金”者，西方之器也，主哀，萧杀也；“木”者，东方之物也，主乐，生发也。乐而不淫者，木遇金则节制也；哀而不伤者，金得木显秀美也。凡此者，则谓刚柔相济，皆大人之命也。若有水火明显归于四柱中，处于金木之间隔，即金水生木，或木火克金。“由是哀乐不能动其心，乃方外难名之人也”者，木人得金谓之“哀”，金人得木谓之“乐”，皆因刚柔相济而得财官之利，反之金人无木火或木人无土金，则是孤家寒门。由此则哀乐不能动其心，乃成方外难名之人。“方外”者，《淮南子·俶真》载：“驰于方外，休乎宇内。”即世外神仙之地，此指僧道，故难以俗名之称也。亦即徐认为金木之人如不得财官之利，则犹如出家人不以哀乐为悲

欢也。“似木盛而花繁”者，人命有偏阴偏阳之命，木盛花繁而无修缮，偏阳之谓也。故五行中木气本性逐末趋时，生发知进而不知退也。“状密云而不雨”者，偏阴之谓也。其实此章后二句是前二句所造成，即木无金，而导致木盛而花繁；金水无木火，而导致密云而不雨，难以云开日出也。故徐曰，如此者岂能有济化之功哉？大致来讲，人命须要五行制克，阴阳两停，则为命格创造好局。在子平学说中，凡有利于命格升官发财之局，皆得贵印之福。故下文云（即下一章“乘轩衣冕，金火何多？位劣班卑，阴阳不定”）。

[释注] 王注曰，五行之中唯金木性不自专，须在假物而后成器也。木，阳神也，能自变其形曲直，故或乔而直，或樛以曲［“以屈”亦合］也。金，阴精也，不能自化之，而从火革故能制刻以成器也。木得金［“木资金”不合］之制而成才［“成财”不合］，金木之制谓哀乐者同，盖木主春，其性仁，春则敷荣，万物发生［之］，可以为乐也。金主秋，其性义，秋则揫敛，万物散杀［之］，可以为哀也。木无金而不器［“未器”不合］，金无火而不成，为哀为乐，难以名状，似木盛花繁，密云不雨，是谓为虚声［“有虚声”合义］无实迹者焉。

李注曰，此言金木未成器之处，或相制克，则难听或哀或乐之名，此珞琭子之深旨。本命支干纳音并生月上详之。若木人当生见金，行运亦逢金，定其比和也。

昙莹注曰，且金不能成器，惟火［“籍火”亦合］以陶镕；木未能成功，假金以雕刻。故乐必以哀为主，益必以损为先。木盛花繁，秀而不实。密云不雨，晦而难明。雨在不测之间，拟议［“疑议”合义］生矣，大都旺而不可无制，哀而不可无生，得处比和，复归纯粹。

[疏证] 王注曰，五行之中唯金木性不自专，须借他物之力而后成器也。木，阳神也，能自变其形曲直，故或乔（高耸之义）而直，或樛（jiū缠结之义）以曲，故木得金之制而成材也。金，阴精也，不能自行熔化。“从火革”之“从”是“相从作伴”之义；“革”为“改变”之义。金与火相随，故能炼制以成器也。金木之制与哀乐联系在一起，盖因木主春，其性仁，春则敷荣（敷，展开；荣，众花盛开），万物发生，可以为乐也。

金主秋，其性义，秋则揫敛（jiū liǎn 收敛之义），万物散杀（散，散落凋零；杀，寂寞萧杀），可以为哀也。木无金而不器，金无火而不成，为哀为乐则难以名状。犹如木无修剪而成枝盛花繁，无材之名可取；亦如阴天密云而不雨，无甘露之名可赞，皆谓“难以名状”，即徒有虚声而无实迹者焉。

李注“此言金木未成器之处”，是从五行生死十二宫角度而言。“未成器之处”应指长生前尚未能成器之时，逢有相制克之运，则难以听到或哀或乐之名。即金木尚未出生，何以木之修剪、金之熔炼来让其发生哀乐之名状？此为珞琭子之深旨也。下来更进一步阐述道：只有在本命支干纳音三命并生月上可以成器之前提下详细评估，即处于长生、冠带、临官、帝旺之时，若纳音木人当生月旺相而日时见金，行运亦逢金，则阳阳哀乐相济，定其比和成器也。但李对“似木盛而花繁，状密云而不雨”未注解。

昙莹注曰，金不能自行成器，惟火以陶镕；木未能自行成功，借金以雕刻。故享乐必以受哀为主，即德益必以损失为先。“木盛花繁”者，秀而不实；“密云不雨，晦而难明。雨在不测之间，疑议生矣。”指阴气太重，阳气过轻，反而难以预测何时雨后日出，以此来比喻金木未能成器之憾。不仅金木，火土水亦不可旺而无制或衰而无生，应处于益损比和，始复归纯粹与完美。

［新雕］李注曰，此言金木若在未成器之处，或相制克，则难成或哀或乐之名，此珞琭子之深旨也。［本命支干纳音并生月上详之。若木人当生见金，行运亦逢金，定其比和也。］〈此在纳音上详之，若木人当生或行运曾历长生，遇太岁大小运在金长生之位，定须成器；木人若未历长生，遇生旺之金鬼所克，须主有灾缘。五行水逢生旺，卷未有例。此再择上文喻金木未曾成器，若定哀乐，似木盛花繁不能成实，又似虽有密云不能为雨，有声无实之义也。〉

东疏曰，金主哀，木主乐。木能成其器哀，乐不可以为其名。木主春旺，时花英成器为乐，至秋衰拒金力也，木则冬未成其器。金主秋旺，在冬金死哀物之声，金在夏未成器，在春绝哀之声，随阳和之气也。金绝生人哀多，木死生人乐少；若金旺生人运至木乡受乐，木死生人于金绝位有衰，木旺生人却于金乡受乐。于五行中，金土火属阴带衰，水木属阳主乐也。详其旺而言之妙耳。木旺者，六甲乙与寅卯人得三月生也，如花繁者，又甲辰日。凡受胎为，生月为苗，生日为花，生时为实。其三月木王之地，甲辰日花乃繁多，若得寅时生，甲木以金为官，寅金绝宫无力；状密云不雨，空遇生月苗王，生日花繁，生时无官结实。

[疏证] 本章上文释注本李注和《新编》李注对照此《新雕》李注有相异处。前者“则难听或哀或乐之名”，后者为“则难成或哀或乐之名”，大意相同。更多不同处在“此珞琭子之深旨也”句后，曰：（则难成或哀或乐之名）是指金木在年纳音上详之，若木人当生月令或行运刚刚经历长生旺相之地，遇太岁大小运在金长生之位，定须成器；木人若（非当生月令）又未经历长生旺相之地，遇生旺之金鬼所克，定须主有灾缘。至于五行水逢生旺，卷未有例。《新雕》李注将本章分为二段落注解。上部分“金木未能成器，听哀乐以难名”注尾曰“卷未有例”，但《新雕》卷未却无命例踪影，类似情况该书中出现若干处，可见《新雕》绝非李注之原版。下部分“似木盛而花繁，状密云而不雨”之注弥补了上面释注本李注所阙，曰：此二句再择上文，喻金木未曾成器，若欲定其是否哀乐，则似木盛花繁不能成果，又似虽有密云不能为雨，有声无实之义也。

东疏曰，从性情角度而言，金主哀、木主乐。木要成器必须要忍受金“哀”之雕琢，仅仅以“乐”享受难以功名成就。木主春旺，花英茂盛，则遇金修剪成材亦为乐；至秋木衰，则拒金力侵害，否则难为其乐也；木至冬为相，但天寒地冻，尚未生发至成其器之时也。金主秋旺，得火成器；在冬金病死于亥子，火亦绝于亥子，寒金无火，故哀物之声也；金惧火地，夏生未可成器；金在春为绝，亦是哀号之声，须随阳和之气方得吉祥，所谓阳和者，干透火驱金之春寒也。金人逢绝地生哀多，木人逢死地生乐少；若金人秋旺生，运至木地财乡则可受乐；木人死地生，再逢金绝位则有哀；木人旺地生，却逢于金地官乡亦受乐。故哀乐之分，不仅要看生地旺衰，还须与五行性情与调候相结合。此与书后附录《探索东方明“旺衰吉凶”之我见》中单凭旺极衰极论吉凶更为辩证。最后东曰：“于五行中，金土火属阴带衰，水木属阳主乐也。详其旺而言之妙耳。”《五行大义》观点是木居少阳之位，火居太阳之位，金居少阴之位，水以寒虚为体是太阴之位，土处在四时交替之中。显然东方明不会不知五行之阴阳属性，若将金土火属阴当成阴性干支来看，水木属阳当成阳性干支来看，是否意味着阳性干支金土火不带哀，阴性干支水木不主乐？显然“金土火属阴带哀，水木属阳主乐”乃“金土水属阴带哀，火木属阳主乐”之讹，刻印所误也。“详其旺而言之妙耳”是指前面“木能成其器哀，乐不可以为其名”至”在木旺生人却于金乡受乐”之阐述。木旺盛者，六甲六乙之禄与寅卯命人逢三月生也；如花繁者，指又生于甲辰日。因凡受胎为根（原文“凡受胎为”阙“根”字），生月为苗，生日为花，生时为实。其三月木旺生发之地主早限，甲辰日乃为花繁之时主中限，若再得寅时生，木以金为官，寅时金绝宫无力主晚限。“状密云而不雨。”指木人空遇生月早限苗旺和生日中限花繁，但生时晚限却无官贵结实之果也。

［**万版**］言金者则尚木，金得用而木乃成，是以刚济柔也。言木者则尚金，木成器而金得著，仁者必有勇也。若有金无木，勇而无礼则乱；有木无金，庚辛亏而义寡。金者，西方之器也，主哀；木者，东方之物也，主乐。乐而不淫者，木遇金也；哀而不伤者，金得木也。凡此者，皆大人之命也。若明水火之归中，用乎金木之间隔，由是哀乐不能动其心，乃外方难名之人。若偏阴偏阳，似木盛花繁，偏阳之谓；伏密云不雨，偏阴之谓。见人命要阴阳两停，则为应格之命，故下文云云。又曰：金不能成器，藉火以陶镕；木未能成功，假金以削刻。故乐必以哀为主，益必以损为先。木盛花繁，秀而不实；密云不雨，晦而难明。两在未测之间，拟议生矣。是故旺而不可无制，衰而不可无生，得处比和，复归纯粹。

［**疏证**］本章万注前半部分至“故下文云云”引自徐注，“又曰”以下引自昙莹注。

第四十六章

乘轩衣冕，金火何多？位劣班卑，阴阳不定。

［徐注］前论水火以相济而成庆，次论金为木［“金木而为”合义］官乡。是知水贵升，火贵降。火要［“木要”不合］济柔为刚，金要损刚益柔，则互用而为庆。其间独有金刚火强，不可不知也。故《赋》云“乘轩衣冕”者，皆君子之器也。亦须［“亦虽”不合］要金火两停者能之。“金”，至坚之物也，非盛火则不能变其质［“非盛火则不能革化”合义］。“火”，至暴之物也，非〈锐〉金则无以显诸用。金火两存，则有铸印之象，皆大人之事也。或火多而金少，或金多而火寡，皆为凶暴之命也。金旺于西方，火旺于南方，各恃其势，则为自刑之刑。如此之命，虽日时有用，终归于位劣班卑而已，非纯和之气也。是阴阳不能得定分，故也。火阳也，金阴也，既阴阳两偏，则贵贱高卑无所定著也。况有金而无火，有火而无金者，皆为凶徒之命。

［疏证］前论水火（应指上文第四十三章中“北人运行南方，货易获其厚利”及第四十四章“闻朝欢而旋泣，为盛火之炎阳。克祸福之赊遥，则多因于水土”），以相济而成庆。次论金为木之官乡（应指上文第四十三章中“庚辛临于甲乙，君子可以求官”及第四十四章“金木未能成器，听哀乐以难名。似木盛而花繁，状密云而不雨”），如此揭示出水贵升、火贵降之理。“火要济柔为刚”者，柔，木也，火克强金，济木为刚也；“金要损刚益柔”者，金得火损刚益柔，以免制木太过也。金木火三者互用而为庆，其间独有金刚火强，不可不知也。故《消息赋》云“乘轩衣冕”者，指古代卿大夫所使用轩车和冕服，皆君子之器也。类似之命，亦须要金火两者均停者方能达到。“金”，至坚至刚之物也，非盛火则不能改变其坚硬性质；“火”，至暴至猛之物也，非锻金则无以显其功用。金火一命两存，则有铸印之象。“铸印”者，代表缔造权贵，皆大人之事也。或

火多而金少，或金多而火寡，皆非两停，均为凶暴之命也。金旺于西方，火旺于南方，各恃其势，则为自刑之刑，即酉刑酉、午刑午也。“如此之命，虽日时有用，终归于位劣班卑而已，非纯和之气也”是指月令所旺非日主所喜之神，而日时所用之神又非纯和之气（月令主气则相对纯和）；“虽日时有用”之“用”，指追求财官富贵之必须条件，如月令为劫刃，则官杀为用；月令为七杀，食神为用；月令为枭印，财星为用等等，故徐之“用神”定位在为我所用，如《渊海子平·论月上》曰：“若年月日有吉神，则时归生旺之处；若凶神，则要归时制伏之乡。时上吉凶神，则年月日吉者生之，凶者制之。假令月令有用神，得父母力；年有用神，得祖宗力；时有用神，得子孙力，反此则不得力。”指若年月日有吉神，则时上归生旺之处为佳；若年月日有凶神，则时上要归制伏之乡为安。反过来，时上是吉神或凶神，则年月日亦要分别对待，时上吉者，年月日则生之；时上凶者，年月日则制之。至于吉凶之定义则以是否符合财官贵贱而言。如此能为日主生吉制凶而用之神，称为“用神”。假令月令有用神，得父母力；年有用神，得祖宗力；时有用神，得子孙力，反之如无，则不得力。而《玉井奥诀》、《子平真诠》之用神则是以命中最旺最强者之气（月令）来确定，是不以日主喜忌而定之客观现象（参见上文第二十四章万注）。正因为徐所推崇有利于财官富贵用神属于日时之“非纯和之气”（非月令之气），故只落得地位低劣或职务卑微之窘境。这一切均是阴阳不能得以两停所至。火阳也，金阴也，既阴阳已经两偏，则贵贱高卑无所不定也。原文中“阴阳不定”，徐认为是阴阳不平衡之义。所谓“阴阳两偏”之“两偏”应指阴阳纯偏，与“两停”相对。故曰：“况有金而无火，有火而无金者，皆为凶徒之命。”

［释注］王注曰，五行木为文而火为武，水为宾而土为主，金得火备［“尤备”不合］而为上贵，斯乃体物知用之人。轩车羽盖，天富十会，则身历贵地。“乘轩衣冕”者，乃四柱遇官鬼生旺之乡者也。如庚人［“金人”不合］得戊午［“戌午”不合］，辛人得丙寅之类。金没火革而有造化之妙。贵格之中，须欲得金火之相配，然亦欲合［“欲令”不合］于阴阳之偶也。或庚人得丁、辛人得丙之谓，天官带德，阴阳相配，五行气顺，

加以禄马相乘者，则乘轩衣冕之望也。或庚人得丙，辛人得丁，纯阴纯阳，为克为鬼，是谓阴阳不定者也。如此者虽有小官，亦致位劣班卑，安能显达者欤？

李注曰，此言四柱十干［“四柱本十干”不合］之中金火多者，如六辛人遇丙为官，又不可多得其中者，则有官崇乘轩衣冕也。若被［“此又被”不合］金火多者，却位劣而班卑，如甲人要庚辛为官，若金多则甲木反有所损，故云“阴阳不定”。

昙莹注曰，大凡四柱五行火金多者，不足贵也。金刚而不能顺物，火暴而难益其生，为气不常，故君子之道鲜矣！身卑位高者危，身高位卑者屈，阴阳得位［“德位”不合］，为年［“为奇”不合］支干，始终无失！

［疏证］王注曰，五行中木为文而火为武，木火一气主文武双全；水为宾而土为主，旺水得土而成围堰；金得火备而为上贵之器，只有知晓上述道理，才能成为明白体与物关系之人。轩车，驷马高盖车；羽盖，以鸟羽为饰之车盖。“天富十会”出处未详，从后句“则身历贵地”推论，“轩车羽盖，天富十会”皆为将相大贵，后“乘轩衣冕”者亦同，此乃四柱遇官鬼生旺之乡者所致也。如庚人得戊午，辛人得丙寅之类。古法对喜忌之讲究，往往对喜忌字之生旺死衰地重视多过对喜忌字本身之关注。午为火帝旺之地，寅为火长生之地，均是金之官鬼生旺处。故金没于火而有变革造化之妙。“贵格之中，须欲得金火之相配”是指“乘轩衣冕，金火何多”，除金火相配，还要看其是否阴阳之偶也。王注曰，或庚人得丁、辛人得丙之谓，天官带德，“天官”指透干之丙丁，“带德”指辛见丙（有关“天德合”可参见上文第一章东疏），如此则“阴阳相配，五行气顺，加以禄马相乘者，则乘轩衣冕之望也”。禄马相乘者，如庚辰人见申也。“或庚人得丙，辛人得丁，纯阴纯阳，为克为鬼，是谓阴阳不定者也”，此与上面徐注将“金而无火，有火而无金者”视为阴阳两偏是二个不同角度。金无火或火无金属不成器，为凶徒之命；阳金见阳火或阴金见阴火则为小人之命，虽有小官亦致位劣班卑，安能显赫发达乎？

李注曰，此言乘轩衣冕者，不必逢金火太多，即木见金，金见火之类。四柱十干之中，如六辛人遇丙为官，“若得其中者”为金火相处恰当之意，则有官崇乘轩衣冕也；若被金火多者，即木见金多，金见火多，则位劣而班卑矣。如甲人要庚辛为官，若金多为鬼，则甲木反有所损，故云“阴阳不定”，即阴阳非两停也。

昙莹注曰，大凡四柱五行火金多者不足贵也。但昙莹注所谓“四柱五行火金多者”与上面李注所谓“四柱十干之中金火多者”含义不同，昙莹注是针对四柱中凡金多或火多而言，李注是针对木人见金多或金人见火多而言。故昙莹注曰，金性刚而不能顺物，火性爆而难益他气，指此二气生来不寻常。如命中仅凭金多或火多，且无他气相制，则可断其尠君子之道矣！“身卑位高者危，身高位卑者屈。”指为年支干纳音身生月卑位（衰败死绝），虽处日时高位（生旺）亦危；年支干纳音身生月高位，处日时卑位则屈。前者大运遇衰败死绝，终归卑位；后者大运遇生旺，仍成富贵。故从年支干出发来看阴阳是否得位，始终不失为根本之法。

［新雕］李注曰，此言四主本十干［“四柱本十干”亦不合］之中金火多者，如六辛人遇丙为官，又不可多，若得其中者，则又官崇乘轩衣冕。此反破［“此又被”不合］金火多者，却有位劣班卑者，如甲人要庚辛为官，若金多则甲木反有所损，故云“阴阳不定”。

东疏曰，其“乘轩衣冕，金火何多”者，金以火为官，若金禄得火旺位上生，火又何多也？其六庚辛与申酉四月五月生，是官旺乡也，更巳生日时土带印，建官德合，天官贵及贵神定主乘轩衣冕也。位劣官卑者，本生月为弟位劣，若生月在禄败绝上，则为位劣也。纵有生时与日建官带印，必然有官只在卑位也。假令乙卯人五月丙午日庚午时生，其乙与卯木五月木绝死为位劣，却庚午时建官，乙与庚合，庚金午上沐浴，有官位，卑也。

［疏证］对照上下李注，此《新雕》李注“此言四主本十干之中金火多者”，在《新编》中为“此言四柱本十干之中金火多者”，皆不如释注本李注“此言四柱十干之中金火多者”合义。“此反破金火多者，却有位劣班卑者”中所谓“反破”实为“反被”之误，又可知《新编》“此又被金火多者”实为“此反被金火多者”，不过仍以释注本李注“若被金火多者”更为恰当。

东疏曰，其“乘轩衣冕，金火何多”者，是指金以火为官，若金禄得月令火旺位上生，火又何必再多？其六庚六辛与申酉人于四月五月火生，是官旺乡也，更巳火生日时带土印建官为官印双全；“德合天官贵”是指辛人见巳中丙火透干为合天德贵气，或庚辛人见寅午为天乙贵人，定主“乘轩衣冕”也。位劣官卑者，原文为“位劣班卑”。“班”，官职也。原本生月为次第位劣者；“弟”者，古义同第，次第也。譬如生月在禄败绝上，则处于位劣也，纵有生时与生日建官带印，有官职亦必然只在卑位也。举例：

（四十六）一甲造

乾：乙　壬　丙　庚　　　时柱应为：庚

　　卯　午　午　午　　　　　　　　寅

东疏曰：“假令乙卯人五月丙午日庚午时生，其乙与卯木五月木绝死为位劣，却庚午时建官，乙与庚合，庚金午上沐浴，有官位卑也。”但丙午日只有庚寅时，从疏文来看，东方明是针对庚午时辰来分析，把庚寅时误印为庚午时，不像讹传所致。按东原文“若生月在禄败绝上，则为位劣也，纵有生时与日建官带印，必然有官只在卑位也”之意，推本造禄命木死于午月，即使生时庚坐申金禄地，亦职位卑微也。但东疏在论庚午时辰时强调“庚金午上沐浴，有官位，卑也”，是指时上坐败地，并未按照“若生月在禄败绝上，则为位劣也，纵有生时与日建官带印，必然有官只在卑位也”思路去解释。如以时辰看，即使按照庚寅推，庚金寅上为绝，亦照样是“官位卑也”之结论。

［**万版**］前论水火以相济而成庆，次论金木而为官乡，是知水贵升，火贵降，木要济柔为刚，金要损刚益柔，则互用为庆。其间独有金刚火强，不可不知也。金，至坚之物，非盛火则不能革化；火，至暴之物，非金无以显诸用。金火两停，方为铸印之象，故《赋》云“乘轩衣冕”，此君子之器也，须金火两停者当之。若火多金少，金多火轻，皆为凶暴之命。金旺于西方，火旺于南方，各恃其势，则为自刑之刑，如此之命，虽日时有用，终归于位劣班卑而已，是阴阳不能定分，故也。金，阴也，火，阳也。既阴阳两偏，则贵贱高卑，无所定著。况有金而无火，有火而无金，其为凶徒又可知也。或曰，人命四柱五行金火多者，不足贵。以金

刚不能顺物，火暴而难益其生，为气不常，故君子之道鲜矣。庚人得丙，辛人得丁，纯阴纯阳，为克为鬼，是为阴阳不定，虽有出身，亦位劣班卑，不能大显。亦通。

［疏证］此章万注开头至“其为凶徒又可知也”引自徐注；“或曰”至“故君子之道尠美”引自昙莹注；其余引自王注。

第四十七章

所以龙吟虎啸，风雨助其休祥。火势将兴，故先烟而后焰。[1]

［**徐注**］《易》曰："云从龙，风从虎。"此自然之理也。亦是阴阳洽合，五行唱和之义。火势将兴，故"先烟而后焰"者，此亦明阴阳气顺，而有次序也。此与其为气也，不殊。

［**疏证**］《易经·乾卦》："九五曰：飞龙在天，利见大人，何谓也？子曰：同声相应，同气相求。水流湿，火就燥。云从龙，风从虎。圣人作而万物覩，本乎天者亲上，本乎地者亲下，则各从其类也。"九五爻是乾卦发展到顶峰之前奏，阳处阴位，圣人一呼百应，如同龙腾云起、虎啸风生，天地相应。故徐曰此乃自然之理，亦是阴阳洽合也。即龙在天、虎在地，阴阳相和也；龙吟虎啸，云起风生，阴阳相应也；如同火势将兴，先烟起而后焰明，此亦明阴阳气顺，而有前后次序也。此与上文第四章"其为气也，将来者进，功成者退"原理相同。徐借"云从龙，风从虎"来说明万事万物皆有上下、先后、因果之关系，只要符合阴阳之道，则不至于偏离常规。

［**释注**］王注曰，水流湿，火就燥。云从龙，风从虎。圣人作而万物睹，本乎天者亲上，本乎地者亲下，则各从其类者哉！所谓"龙"者，东方木也，而金气应之则吟而雨至；"虎"，西方金也，而木气应之则啸而风生，皆以类感，犹人［"由人"亦合］之遭遇亦缘。三元四柱五行，乘生旺之气，则动无不吉者欤。若夫初凶后吉者则不然，譬之火之始燃，先烟而后焰也。《传》曰："烟生于火而能郁火也。"［盖烟以尘实不通为义］，岂非火外景而晦［"而内悔"合义］，烟达而得生，不犹［"不由"亦合］人之始凶而终吉者哉！

---

① 释注本为"是以龙吟虎啸"；《新雕》为"风雨助其祯祥"。

李注曰，此作赋之意，盖为上文言五行相克，或木成器，合贵不贵，此又言相克相生［“相克相生之性”合义］，因以龙虎烟焰为喻。若五行各得其所，则如龙行雨降，虎啸风生。又如火旺先有其烟，后有其焰。则前人之注引“甲寅人三月生”者，非也。

昙莹注曰，龙吟雨降，虎啸风生，故曰：“云从龙，风从虎。”则各从其类也。滋于枯槁，助以休祥，则风以散之，雨以润之也。欲测将兴之事，为于未有之前，是知先发其烟，然后有焰。龙吟虎啸当以戊辰甲寅，其义甚详，不然但遇寅与辰相得是也。

［疏证］王注引《易经·乾卦》曰：“水流湿，火就燥。云从龙，风从虎。圣人作而万物睹，本乎天者亲上，本乎地者亲下，则各从其类者哉。”是指水流经处湿润，火靠近处干燥。云气总是随从龙舞，风起总是跟从虎啸。圣人所作所为可从万事万物上体现出来，属于阳者天者，总是亲近于上，属于阴者地者，总是亲近于下，各种事物形态总是依附其事物之本质而存在。所谓“龙”者，辰也，故为东方木，其与金气对应反吟而酝酿雨至；所谓“虎”者，白虎酉位，西方金也，其与木气对应犹如秋风呼啸而生。龙虎皆以其形象来比喻某类五行所发生相感应之事态，犹如人之遭遇吉凶亦有因有缘。三元（禄命身）处四柱五行，乘生旺之气，则动（经岁运）无不吉者；若三命四柱初凶后吉者则不然，受到岁运吉凶之影响较深。但将初凶后吉譬之于火燃先出烟而后焰腾，则欠妥也。王引《传》曰：“烟生于火而能郁火也。”民国丁福保根据明代《道藏》撰编《道藏精华录》（上册）中“七部语要”载：“情之伤性，性之妨情，犹烟冰之与水火也。烟生于火，而烟郁火；冰生于水，而冰遏水。”“郁”字此处作动词，即郁闷困滞之义。故“烟生于火而能郁火”并非珞琭子“先烟而后焰”之意，而是指某一事态产生之后果反过来会影响其原始本质。但王注却将“烟生于火而能郁火”理解为“岂非火外景而晦，烟达而得生”两层含义：火岂非因外景之烟而被屏蔽光芒，火又岂非因烟雾蔓延而得以燎原。王注认为原文“火势将兴，故先烟而后焰”拿来比喻初凶后吉并不恰当。因《传》曰“烟生于火而能郁火”，是指烟因尘实不通而致，并非一定是先烟后火。所谓“不犹人之始凶而终吉者哉”，即火之先烟而后焰不同与人之始凶而终吉者也。

李注曰："此作赋之意，盖为上文言五行相克，或木成器合贵不贵。""上文"应指第四十五章、第四十六章；"言五行相克"应指金木、金火；"或木成器，合贵不贵"在下文《新雕》与万版中皆为"或未成器，合贵不贵"。"或木成器"仅指木得金而成器，亦因木弱金强而不贵，"或未成器"则泛指五行相克合贵不贵之理，显然以后者为是。此章再言相克相生之本性，以龙虎与烟焰为喻，如龙行雨降，虎啸风生；又如火旺先有其烟，后有其焰，来揭示五行产生皆各得其所也。最后李注曰："则前人之注引甲寅人三月生者，非也。"就本书收编六位先师之注疏来看，有可能被李仝称为"前人之注"仅有东方明一家（参见上文第三十六章东疏），但东疏并无将"龙吟虎啸，风雨助其休祥"注为"甲寅人三月生"者，况且考李注通篇未有东疏之痕迹。"甲寅人三月生"与"龙吟虎啸"有何关联？"寅"，虎也；"三月辰"，龙也。甲寅干支一体，真虎也。甲寅年三月遁为戊辰干支一体，亦为真龙也。廖中《五行精纪·论贵局上》（卷二十一）"龙吟虎啸格"载《玉门关集》云："凡龙吟虎啸日时遇之，大好；日月次之；年月又次；日年月遇之，却于时上遇禄者亦佳。"又载《预知子》云："龙吟得水，戊辰见甲寅；虎啸得木，甲寅见戊辰。"却将戊辰见甲寅纳音水称为龙吟得水，将甲寅见戊辰纳音木为虎啸得木。

昙莹注曰，龙吟而雨降，虎啸而风生，故《易经》曰："云从龙，风从虎，则各从其类也。"欲滋润草木摆脱枯槁，助人以休祥（休祥，吉祥也），则需以风驱散凶兆，以雨润之大地也。欲测将发生之事，只需观察其未有前之征兆，是知先发其烟然后有焰为规律也。昙莹注对前人李注批评"则前人之注引'甲寅人三月生'者，非也"不以为然，曰："龙吟虎啸当以戊辰甲寅，其义甚详，不然但遇寅与辰相得是也。"认为龙吟虎啸不是仅仅遇寅与辰则谓之相得，而当以戊辰甲寅为是。下文万注批评此观点"终非赋义"。

［**新雕**］李注曰，此作赋之意，为上文言五行相克，或未成器，合贵不贵。此又言相克相生之性，因以龙虎烟焰为喻。若五行各得其所，则如龙腾雨降，虎啸风生。又如火旺先有其烟，后有其焰。前人之注引"甲寅人三月生"者，非也。

东疏曰，龙阳气，虎阴气，在阴阳交感，龙吟虎啸也。又“龙”东方木也，虎西方金也。其金木是五行纪纲，水火是阴阳动静。甲乙人若在于西方月下生，得龙吟也，更遇庚辛日时，建官助其祯祥也。庚辛人若在东方月下生，得虎啸也，更遇甲乙日时带印，亦助其祯祥。所以龙则雨，虎则风，其甲乙为印得虎啸，龙得云而相济。“火势”者也，譬喻也。甲乙木见金相刑如烟，金助木为官则如（此疑脱“焰”字），五行皆以此也。若遇建官克禄者，鬼则如烟，五行则婚姻。假令甲子金人，庚子、庚寅如烟，遇甲申、庚戌如焰，乃金有合贵印相助，则为焰也。若五行败绝，则灾厄起蹇及二杀，皆为焰也。

［**疏证**］李注见上文。

东疏曰，龙为阳气，虎为阴气，在阴阳交感处，则龙吟虎啸也。龙为阳气，东方木也；虎为阴气，西方金也。其木金为仁义，故是五行之纲领，火水是礼智，体现在阴阳动静。与上文王注观点类似，东疏亦将龙虎之间当作西方白虎与东方青龙相对。故曰甲乙木人若在于西方申酉月下生，则“阴阳交感”得龙吟也，更遇庚辛日时，主中晚年建官助其祯祥也。又曰庚辛金人若在东方寅卯月下生，则亦“阴阳交感”得虎啸也，更遇甲乙日时带印，亦助其祯祥。“祯祥”，吉之萌兆也。甲乙木人见申酉庚辛为官，庚辛金人见寅卯甲乙为财。“更遇甲乙日时带印亦助其祯祥”是指甲乙木财可生火为官贵，故为贵印也（参见其上文第九章）。前者甲乙木人亦须建官而非建杀，方助其祯祥也。所以龙翻云则雨，虎呼啸则风，各得其祯祥。“其甲乙为印得虎啸，龙得云而相济”是指甲乙木生火炼金，可得西方白虎之威；木生火，又得东方青龙烟云环绕相济也。“火势者也，譬喻也”，指“先烟而后焰”是譬喻“龙吟虎啸”如何“风雨助其休祥”而成“火势”，与诸家将“龙吟虎啸”与“火势将兴”并列为两个不同之五行主体去批注有所不同。故曰：“甲乙木见金相刑如烟，金助木为官则如（疑漏“焰”字），五行皆以此也。”指甲乙木见金相刑克，表面如烟似凶；如金助木为官，实质如焰为吉，五行吉凶皆似此也。东疏将木得金官看成“龙吟”，金得木财看成“虎啸”，并将凶者譬为烟，吉者譬为焰，故有先凶后吉，即“先烟而后焰”者也。若遇建官克禄者为鬼，则如烟。五行相生相克，则如男女婚姻之相处。假如甲子纳音金人（非旺极衰极），遇大运庚子、庚寅如烟为凶，因金人处子寅为死绝之地也；遇大运甲申、庚戌如焰为吉，金人合申为禄地，戌土为贵印，禄印相助则为焰也。如甲子纳音金人四柱见庚子、庚寅五行败绝为衰极，遇大运灾厄、起蹇（jiǎn 困顿），或遇及二杀之凶地，皆为焰为吉也（原理参见下文第六十三章东疏，以及本书附录：探索东方明“旺衰吉凶”之我见）。东疏举例并不局限于干禄，而是将纳音身之旺衰亦作为烟与焰之主体来论，此在一定程度上为后人研究《消息赋》开拓了视野。

［万版］此为上文五行相克，或未成器，合贵不贵，此又言相克相生之性，因以龙虎烟焰为喻。若五行各得其所，则如龙行雨降，虎啸风生。又如火旺先有其烟，后有其焰。或以龙吟虎啸二句，喻人年吉而岁运又吉。若初凶后吉者，必不然。譬若火之始然，先烟而后焰也。盖烟生于火而能郁火。烟以有气未通为义，岂非火外景而内晦，烟达而后生，不犹人之始凶终吉者哉？徐解“龙吟虎啸”：“当以戊辰甲寅，其义甚详，不然但遇寅与辰相得，亦是先烟后焰明，阴阳气顺有次序，与其为气也，不殊。”终非赋义。

［疏证］此章万注开头至“后有其焰”引自李注；“或以龙吟虎啸二句，喻人年吉而岁运又吉”引自无名氏；“若初凶后吉者”至“不犹人之始凶终吉者哉”引自王注，其中“烟以有气未通为义”之句是万注插入，其义应指烟与焰区别在于火气未通之时。最后，万民英张冠李戴批评徐把“龙吟虎啸”批注为“当以戊辰甲寅，其义甚详，不然但遇寅与辰相得，亦是先烟后焰明，阴阳气顺有次序，与其为气也，不殊”是终非赋义。其实，所谓“龙吟虎啸，当以戊辰甲寅，其义甚详，不然但遇寅与辰相得”之句出自是昙莹注，与徐注毫不相干。

第四十八章

每见凶中有吉，吉乃先凶。吉中有凶，凶为吉兆。

[**徐注**] 此复明气顺之理也，屈伸寒暑，莫不有道焉。且如前论“从魁抵苍龙之宿”，言“财自天来者”，吉也。是酉中辛克辰中乙木为财也。辰乃水乡，复能夺辛金之官，论财却不阙，而失官也。故凶。“太冲临昴胃之乡，人元有害”者，凶也。却木用金为官印，则不背官禄，凶中反吉也。赋意始于说运，次议五行。五行之后，再详言之“每见凶中有吉，吉乃先凶。吉中有凶，凶为吉兆。”又如火人行水运，则是七杀，凶也。或用水为官，吉也。水人行巳午运，南方获利为财，吉也。却下有戊己七杀，凶也。如此极多，要后人深造之，以根本取最重者言之为妙。

[**疏证**] 徐注曰，此章重复阐明五行气之顺逆之理，屈伸寒暑，莫不有其道焉。且如前论“从魁抵苍龙之宿”（见上文第四十章徐注：“从魁”，酉也；“苍龙”，辰也），酉人自西方至东方木辰地，是酉中辛克辰中乙木为财，故言“财自天来”，吉也。“辰乃水乡，复能夺辛金之官”是指辛之官火遇水乡被夺；而东方木旺，论财却不缺，故论财为吉。但因失官，故吉中有凶也。“太冲临昴胃之乡，人元有害”者（见上文第四十章徐注：“太冲”者，卯也；“昴胃”者，酉也），卯人自东方至西方酉金地，冲克之地，凶也。但木旺用金为官印，则不背官禄，凶中反吉也。《消息赋》始于围绕运气来阐述，在确定运气为何之前提下，次论五行相生相克；在次论五行相生相克之后，再详言吉凶如何，即所谓“每见凶中有吉，吉乃先凶。吉中有凶，凶为吉兆”。又如火人行水运，通常认为是七杀，凶也。但从干支性情出发看，有阴阳相交者，则用水为官，吉也。水人行巳午运亦如此，南方火地获利，为财，吉也。但巳午中有戊己土，七杀，亦吉中有凶也。如此极多，要后人深切领悟去研究，以八字中最根本之五行为重而言之为妙。“取最重者言之”大都以月令为主，后人称之为用神（参见

上文第二十四章万注、第四十六章徐注）。

［**释注**］王注曰，吉凶之相，仍祸福之相，因阴阳之常理也。世固有吉人凶于吉，凶人吉于凶者，君子所不道也。亦道其常者而已。论五行贵而不纯粹者，则吉凶相半也。人之禄马贵人为吉之兆，而以五行休囚无气，故因吉以致凶耳！譬如甲子生人得丙寅坐禄乘马遇食，斯可以谓之吉矣。以甲子自死之金绝于寅，凡遇丙寅生火制之为身鬼，斯可以谓之凶矣！虽然有鬼化为官者，财化为鬼者，在智者以轻重取之。故曰："吉中有凶，凶为吉兆。"

李注曰，凡行运有前五年凶，后五年吉者；前五年吉，后五年凶者。假令癸未［"癸亥"合义］生人十一月，运到酉上，三水俱败，故不可也。殊不知［"如不知"不合］酉中有辛，又是辛酉，此为印绶之乡，反有喜也。故云："凶中有吉。"

昙莹注曰，凶若胜吉，吉蕴凶中；吉若胜凶，凶藏吉内。驳杂生于纯粹，比和出于战争。故曰："吉中有凶，凶为吉兆。"

［**疏证**］王注曰，人吉凶之相，乃祸福之相，因阴阳之常理而至也。世间固有吉人凶于吉命，凶人吉于凶命者，即所谓"吉中有凶"、"凶中有吉"，乃是君子所为有不合道之处也。至于吉命凶命，亦仅是常人一般称谓而已。论命中五行虽贵而不纯粹者，则为吉凶相半也。人命以禄马贵人为吉之兆，但如五行休囚无气，则因吉以致凶耳！譬如甲子生人得丙寅坐禄乘马遇食，斯（如此）可以谓之吉，即甲逢寅为禄，子见寅为马，寅透丙为食；如以甲子纳音自死之金绝于寅，凡遇丙寅生火制金为身鬼，又斯可以谓之凶。虽有鬼化为官者为吉，或财化为鬼者为凶之不同，在智者来看应以孰轻孰重取之。故曰"吉中有凶，凶为吉兆"。

李注曰，凡行大运有前五年凶，后五年吉者；或前五年吉，后五年凶者。"假令癸未生人十一月"在《新编》《新雕》中为"假令癸亥生人十一月"，故运到酉上三水俱败不可大作为也。"三水"指禄癸、命亥、身纳音大海水，如是癸未人则非也。阴命人大运逆行，殊不知酉中有辛，又是辛酉（月令甲子逆行所至），此为印绶之乡，三水败地逢生，反有喜也。故云"凶中有吉"。

昙莹注曰，凶重若胜吉，吉蕴于凶中；吉重若胜凶，凶藏于吉内。驳杂生于纯粹，比和出于战争。“驳杂”者，如乙卯木禄自旺，却纳音水自临死地；“纯粹”者，如癸酉水禄自旺，又纳音金自临旺地。“战争”者，甲木人见申、庚，卯人见酉之类；“比和”者，甲寅人见己亥，三命皆旺，上下合之类也。八字以驳杂、战争为凶，纯粹、比和为吉。故曰：“吉中有凶，凶为吉兆。”

[新雕] 李注曰，凡行运有前五年凶，后五年吉者；前五年吉、后五年凶者。假令癸亥生人十一月，运到酉上，三水俱败，故不可也。殊不知［“如不知”不合］酉中有辛，又是辛酉，此为印绶之乡，反有喜事。故云:”凶中有吉。”

东疏曰，“吉中有凶”者，以乙巳人十月亥日子时生也，其乙木十月乘吉也，其巳火身火都在凶处绝也，以大运逆行绝，五岁丁亥，十五丙戌，二十五乙酉，三十五甲申，四十五癸未上，住四十五是吉中显凶也。其乙木逢癸水显吉也。巳火身火显凶于四十五岁，后入壬午住至，五十五是火旺之乡，十月绝火，大旺则返凶也。又丙午人十月亥子日时生，亦同“吉中有凶”也。“吉”，则得贵神官旺；“凶”，则为禄命无气。以大运约自五岁己亥，十五庚子，二十五辛丑，三十五壬寅是“凶中有吉”也。壬刑丙火则凶，其生月贵神壬者官力，旺上显吉也。四十五有癸卯上大有官力，见壬名为官力也。五十五后入甲辰运上，丙火与午火十月有绝火，却在火旺地显绝火之凶运，“吉中有凶”也。

[疏证] 李注见上文。

东疏曰，“吉中有凶”者，举例：

(四十八)——甲造

乾：乙　丁　〇　〇　　大运：丁　丙　乙　甲　癸　壬

　　巳　亥　亥　子　　　　　亥　戌　酉　申　未　午

乙巳人十月亥日子时生，三柱为水也。三命看旺衰皆以五行为主，虽本禄胎月申金为绝，但亥子三柱乘旺为旺极也。其命巳火、身纳音火皆在亥子绝胎地为衰极也。阴命男大运逆行，起运五岁丁亥绝地，十五岁交丙戌运，二十五岁交乙酉运，三十五岁交甲申运，四十五岁交癸未运上住，是吉中开始显凶兆也。因其乙木逢癸未墓地显吉，即“旺见衰则吉”。但未土有火余气，故巳命火与纳音身火明显凶始于四十五岁后，五十五岁入壬午大运火旺之乡，虽旺禄遇死地是“旺见衰则吉”。但命身二绝火遇午地大旺，故“返（反而）凶也”，即“衰见旺则凶”，可谓“吉中有凶者”，亦谓三命得二命之凶所至也。

（四十八）——乙造

乾：丙　己　〇　〇　　　大运：己　庚　辛　壬　癸　甲

　　午　亥　亥　子　　　　　　亥　子　丑　寅　卯　辰

丙午人十月己亥及亥日子日时生，亦同“吉中有凶”也。“吉”，则得贵神官旺"是指丙人见亥为天乙贵人，贵人又是官星，官星月日时三柱皆旺地为旺极。“凶”，则为禄命无气"是指丙午禄命皆为火，虽以胎月寅为长生，但处亥子三柱为无气衰极也。从官星之水看，“以大运约自五岁己亥，十五庚子，二十五辛丑，三十五壬寅是凶中有吉也。”指前三运亥子丑水地，官因旺极见旺为凶，寅运是因官旺极见衰为吉，故此四大运谓“凶中有吉”。至于“壬刑丙火则凶，其生月贵神壬者官力，旺上显吉也。”指三十五岁交壬寅大运壬刑克丙禄为杀为凶，但由于壬是生月天乙贵人亥中之主气，故壬寅运透贵神显旺为吉，亦谓“凶中有吉”也。四十五岁交癸卯大运，因原命中生月日时为亥子，故卯运干上透癸水谓之有官力为吉。但从禄命之火看，五十五岁后入甲辰运上，原命禄命丙午衰极之火，遇辰冠带旺地，则显绝火之凶运，即“衰见旺则凶”，故谓癸卯甲辰二运“吉中有凶”也。学者留意，东疏此处“吉中有凶”“凶中有吉”皆是围绕前后不同大运之吉凶来阐述。

［**万版**］此本上文言吉凶相为倚伏。如前论“从魁抵苍龙之宿，财自天来”，吉也。是酉中辛克辰中乙木为财，辰乃水乡，复能夺辛金之官，论财却不缺，而失官为凶，“太冲临昴胃之乡。人元有害”，凶也。却木用金为官，酉则不背官禄，凶中反吉。赋意始于说运，次议五行之后，再详言之。又如火人，行水运，则是七杀，凶也。或用水为官，吉也。水行巳午，运南方，获利为财，吉也。却下有戊己七杀，凶也。如此极多，要学人深造变通，以根木取最重者言之。昙莹注曰，“吉凶之相，仍祸福之相

因，阴阳之常理也。世固有吉人凶于吉，凶人吉于凶者，君子所不道也，亦道其常而已。凶若胜吉，吉蕴凶中；吉若胜凶，凶藏吉内。驳杂生于纯粹，比和出于战争，故曰："吉中有凶，凶为吉兆。"

［疏证］万注认为此章所谓"每见凶中有吉，吉乃先凶。吉中有凶，凶为吉兆。"就是对上文第四十章："从魁抵苍龙之宿，财自天来；太冲临昴胃之乡，人元有害。"至第四十七章："所以龙吟虎啸，风雨助其休祥。火势将兴，故先烟而后焰。"在吉凶互相倚伏方面进行概括。除"此本上文言吉凶相为倚伏"为万注外，以下至"以根本取最重者言之"为徐注。引"昙莹曰"文中"吉凶之相"至"亦道其常而已"句出自王注，其余为昙莹注。

第四十九章

祸旬向末，言福可以迎推。才入衰乡，论灾宜其逆课。男迎女送，否泰交居。阴阳二气，逆顺折除。[①]

［徐注］如见在凶运十年终满前，交吉运者，若当生年月气深，或行年太岁扶助，向禄临财者，更不须直待交吉运［“交运吉”不合］，只在此运便可发福之庆，是可迎祥而推之也。才入衰乡，人命久历福地，方交背禄财绝之运，固难言其吉，然未可便言凶也，是论灾宜［“灾于”不合］逆课也。是知福深而祸浅也，更或行年太岁，五行三命别位有用而来朝，运与生日扶同者，宜其逆课也。更有当生节气浅深之论，不可不知也。故下文有云。“男迎女送”者，阳男阴女，运顺行也。然一运十年更分［“更别”不合］前后，五年之中［“之分”不合］凡入吉运得节气深，“男迎”者，前五年发福，是谓男迎也。“女送”者，后五年方吉也，故谓之女送。此与阴男阳女不殊。大运者，气之所主也。谓如甲子日生人，九月下旬生，阳命男，四岁运，二十五岁交丑运，是甲禄库之运，九月气深，发福在五年也。“否泰交居”也，此论小运之气也，寅为三阳，化起泰卦，故小运起丙寅。申为三阴，生处否卦，女小运起壬申，此阴阳否泰交居。各分逆顺折除者，大运三日为一年，小运一年移一宫，积十三年，二运并度一周天，此合闰余之数也。

［疏证］徐注曰，“祸旬向末，言福可以迎推”者，“祸旬”，祸为凶，旬为十；如见在凶运十年终满前，将交吉运者，可言福也。若日主当生年月气深，或得本运行年太岁扶助，且向禄（官）临财者，则不须等待交吉运，只在此“祸旬”之运便可有发福之庆，即可迎祥（指下个吉运）而提前推凶运之末进入吉庆之地，故曰“可以迎推”。如人命久历福地，才入

① 《新雕》为“宜其速课”。《新编》卷四终。

衰乡，方（初）交背禄（官）财绝之运，固难言其吉，然而未可便言凶也，是故“论灾宜逆课”，即反断为无灾也。虽初入凶地，仍带吉运余威，是知福深而祸浅也。甚至初入凶运时，或遇“行年太岁，五行三命别位有用而来朝”，是指行年太岁携四柱中喜用之五行或三命（徐所谓三命乃指三元，即天元、地元、人元，参见第一章徐注和万注）而来朝见日主；“运与生日扶同者，宜其逆课也”是指行年太岁携有助于一起扶持本大运和日主之五行三命者，虽在凶运，亦应逆课（占）其无凶也。除却“别位有用而来朝”与“运与生日扶同者”，“更有当生节气浅深之论，不可不知也”是指吉凶之运，或为命中当生节气，或为命中非当生节气，可定福祸之深浅，故下句为“男迎女送，否泰交居”。云“男迎女送”者，是指阳男阴女，运顺行也。然而一运十年更分前后，五年之中凡入吉运且得节气颇深，由男女各主前后五年。男命主前五年大运，前五年吉运发福开始，是谓之“男迎”也；女主后五年大运，后五年吉运即将过去，故谓之“女送”也。此与阴男阳女不殊，即无论吉运凶运，前后五年皆为“男迎女送”也。原文中所谓“否泰交居”应指吉凶交脱，但徐注与诸家注皆从否泰二卦角度阐述，似是画蛇添足。又曰“大运”者，命气吉凶之所主宰也。举例：

（四十九）——甲造

乾：○　○　甲　○　　　大运：○　○　○

　　○　戌　子　○　　　　　　亥　子　丑

谓如甲子日生人，九月下旬生。阳命男，四岁上运，二十五岁交丑运。丑是金库，甲之官禄大运。“九月气深，发福在五年”应指九月金气尚深，甲木得金库为禄有用也。

“否泰交居”者，徐认为“此论小运之气也”。子月为复卦，冬至一阳生；丑月为临卦，二阳生；寅月为泰卦，三阳生，故男小运起丙寅。午月为姤卦，夏至一阴生；未月为遁卦，二阴生；申月为否卦，三阴生，故女小运起壬申，此阴阳否泰交居也。为何男起丙寅、女起壬申？盖男为阳为火，女为阴为水，火长生于寅，水长生于申，故男为丙寅，女为壬申也（参见上文第三章东疏）。各分“逆顺折除”者，是指四柱排起大运需根据出生日，按年柱阳男阴女顺数至下一个节气，或阴男阳女逆数至上一个节气，以三日为一年、一日为四个月、三时辰为一个月、一时辰为十天得出起大运时间，再依阳男阴女顺排或阴男阳女逆排规律，从月柱干支顺逆引排出大运（参见上文第三章徐注）。

［释注］王注曰，五行顺利则福生，逆则灾至。和以致祥，乖以致乱［“致异”不合］。此论灾福由之于行运也。然行运有前后五年之说，盖余福耳［“盖处福运”不合］。一旬为十岁，将临出运曰“向末”，言新福可以迎推。甲戌火运乍入［“或大运乍入”不合］衰乡，而尚有旺乡之余福，亦未可便谓之灾。福宜逆课，其为福耳。阳男阴女，大运顺行，以其气之不逆者也。每遇出灾入吉之运，而可以迎新福而导旧灾矣！阳女阴男大运逆行，以其气之不顺者也，则可以守旧福而避新灾耳，故谓“男迎女送”者欤。“否泰交居”者，此云泰卦，为三阳之首，小运则男起丙寅；否卦为七月之辰，女子则运行于坤位。今甲己生人，一岁男起丙寅，女起壬申者是也。所谓“阴阳二气”者，盖言小运乃年之气也，大运乃月之气也。《经》曰：“日干为运，月干为气。”凝神于三命之中，小运［“《凝神子》：三命之小运”合义］则从生日以交，大运则论其气而过。盖二气运行，由我言命者也。或谓随太岁而过［“而遇”合义］者，非也！盖太岁为神杀之首，未生我时已位矣。故曰：“阴阳二气，逆顺折除。”折除之法已载于前。

李注曰，此言将出灾运，故交福运尚有余灾，欲撤之时，可以迎新福救之［“复旧之”不合］之。初入衰乡者，逆而课之。前五年自吉运中来，犹披尠福，未可言灾。男详大运初入之年，迎何灾福，故云“迎”也。女详大运将出之年，送何灾福，故云“送”也。阴男阳女、阳男阴女，依逆顺行运折除，看新旧运上有何吉凶，以运数言之也。

昙莹注曰，阴阳男女之别，吉凶祸福之称，此论行运各指长生次于衰地，即如金生于巳而衰于戌，戌上男顺行于死囚休废，女逆行于帝旺临官。又如巳中男，顺旺于申酉之乡，女逆困于寅卯之地。故曰“祸旬向末，言福可以迎推。才入衰乡，论灾宜其逆课”。

［疏证］王注曰，三命五行顺利相向则福生，违逆交战则灾至。四柱和以致祥，乖以致乱。此处所论灾福皆是对之于行运而言。然行运有前后

五年之说，因前后吉运而致“祸旬向末”为吉，或“乍入衰乡”无灾，即余福之威耳。一旬为十岁，将临出运后五年曰“向末”，言新福之运可以迎推显现。甲戌纳音火人，午运走完，乍入未运是火之衰乡，而尚有旺乡之余福，亦未可便谓之灾。既然“乍入衰乡，而尚有旺乡之余福”，可“论灾宜其逆课”不为灾，那么在旺运乍入衰运时“福宜逆课”而“其为福耳”亦在理中。“男迎女送”者，是指阳男阴女，大运依生月顺行，以其气之不逆者也，每遇出灾入吉之运，而可以迎进新福而导出旧灾；阳女阴男，大运依生月逆行，以其气之不顺者也，每遇出灾入吉之运，则可以守旧福而避新灾耳，故谓“男迎”是指阳男阴女，“女送”是指阳女阴男。此与上面徐注认为阳男阴女与阴男阳女“不殊”，皆“男迎者，前五年发福，是谓‘男迎’也。女送者，后五年方吉也，故谓之‘女送’”观点不同。“否泰交居”者，此云泰卦，为三阳之首，正月之辰，小运则男起丙寅；否卦为七月之辰，三阴生，女子则运行于坤位申地。一岁男起丙寅、女起壬申，犹如今人对甲己化土生人论旺衰，火土同源者以正月丙寅为长生，水土同源者以七月壬申为长生。所谓“阴阳二气”者，盖言小运乃年之气，一年一换也；大运乃月之气，由生月顺逆而得也。《经》曰：“日干为运，月干为气。”应指日干受小运影响为深，月干受大运之气为深。“凝神于三命之中，小运则从生日以交，大运则论其气而过”句应以《新编》“《凝神子》：‘三命之小运则从生日以交，大运则论其气而过’”为正。“小运则从生日以交”，是指小运每年交替根据生日定吉凶；“大运则论其气而过”，是指大运一旬（十年）一过以生月之气论祸福。古法常用小运法（参见上文第三章东疏）不同于后人所流行“醉醒子小运法”（即推算以出生时辰后一个干支为起运，阳男阴女顺推，阴男阳女逆推。）前者小运终生相伴，参照大运吉凶断流年祸福；后者小运则至交大运之年为止。王注认为以上《凝神子》大小运论断吉凶之法十分可贵，盖此二运皆是术者用来断言三命吉凶之途径。“由我言命者。”指犹如我等学命之士。有人谓三命吉凶仅可随遇太岁而定，非也。盖太岁为诸神杀之首，未生我时已在位，如无大小运参照，何以断流年太岁祸福哉？故曰：“阴阳二气，逆顺折除。”即阴阳之命起运，须以男女定其逆顺，折除之法已载于前（参见上文第三章王注）。

李注曰，此言“祸旬向末，言福可以迎推”，是指才（“将出灾运”之“将”字作“刚才”解）出灾运，故交福运尚有余灾；欲撤出祸旬之时，可以迎新福而减灾。初入衰乡者，逆而课占之，即前五年自吉运中来，“犹披尠福”，未可言灾（参见上文第二十二章：“年虽逢于冠带，尚有余灾。运初至于衰乡，犹披尠福。”）阳男阴女详推大运顺行，初入新运之年，看迎何灾福？故云“迎”也。阴男阳女详推大运逆行，将出旧运之年，看送何灾福？故云“送”也。起运按阴男阳女、阳男阴女依逆顺看前后节气，以三日为一年折除看何时行运，至新旧运交脱上看有何吉凶，以运数深浅言之也。本书认为此章下文《新雕》李注最后句为“看新旧运上有何吉凶，以将出运之年言之也”更合原意。

昙莹注曰，同一个八字由于阴阳男女之别，则吉凶祸福之称亦异。此处论行运，因男女而各自长生至衰地亦不同，即如金人长生于巳而衰于戌，阳男戌月顺行于亥子水寅卯木死囚休废，阳女戌月逆行于申酉金地帝旺临官。又如金人阳男巳月生，顺旺于申酉之乡，阴女则逆困于寅卯之地。故曰：“祸旬向末，言福可以迎推；才入衰乡，论灾宜其逆课。”

[新雕] 李注曰，此言将出灾运，欲交福运尚有余灾，欲撤之时，可以迎新福救之［“复旧之”不合］。初入衰乡者，宜速而［“逆而”合义］课之。前五年自吉运中来，犹披［“由披”亦合］尠福，未可言灾也。男详大运初入之年，是何［“迎何”亦合］灾福，故云“迎”也。女详大运将出之年，是何灾福，故云“送”也。阴男阳女，阳男阴女，依逆顺行运折除，看新旧运上有何吉凶，以将出运之年言之也［“以运数言之也”不合］。

东疏曰，“祸旬向末”者，以灾祸运临出之时，多有凶灾。“才入衰乡”者，皆先有祸来也。“速课”者，刑禄则亡，福滋禄则绝灾也。阳男阴女，初入阴运是初凶后吉；前五年则吉，阳运则初吉后凶，亦前后各五年也。阴男阳女，初入阳运先凶后吉，初入阴运初吉后凶，亦前后各五年分也。此则“男迎女送”也。“否泰交居”者，阴阳二运也。阳来阴否，阴来阳泰，阴得阴伤，阳得阳损。阳气随天顺行，阴气随地逆行。阳气顺起，阴则从逆数，其十干甲乙丙丁戊己庚辛壬癸也，阳居壬一、癸二、甲

三、乙四、丙五、丁六、戊七、己八、庚九、辛十；阴居戊一、丁二、丙三、乙四、甲五、癸六、壬七、辛八、庚九、己十。详生月日时何干，小运在何位也。若生月遇阴数二四六八十，小运阳数吉一三五七九。生月遇阳数，故小运逢阴数则吉。假令乙巳人十月丁亥月阴，以丁二也，小运四十八乙丑，乙是阴四，其四二相逢阴气并旺也。若二阳数亦为凶也。见一阳数一阴数则吉。阳求阴数，阴求阳数大吉。

［疏证］李注见上文。

诸版本珞琭子原文为“才入衰乡，论灾宜其逆课”，而此《新雕》则为“才入衰乡，论灾宜其速课”，“逆课”与“速课”一字之差，造成东疏观点与众注完全不同。东疏曰：“祸旬向末”者，尤以灾祸运临出之时，多有凶灾；“才入衰乡”者，初入衰乡皆先有祸来也；“论灾宜其速课”者，刑禄则亡福，滋禄则绝灾也。

东疏认为“男迎女送”者，是指男女各主前后五年（参见本章上文徐注），根据阴阳为吉、阳阳或阴阴为凶之易理，指阳男阴女入阴运是男吉女凶，阳男初入阴运是初凶后吉，但男前五年总体则吉，女后五年为凶；入阳运则男凶女吉，阳男初入阳运则初吉后凶，亦前后各五年，即男前五年总体则凶，女后五年为吉。阴男阳女入阳运是男吉女凶，阴男初入阳运先凶后吉，即男前五年总体则吉，女后五年为凶；入阴运则男凶女吉，阴男初入阴运初吉后凶，即男主前五年总体则凶，女后五年为吉，亦前后各五年分也。“否泰交居”者，指阴阳二运之别也。阳命来阴运则为否卦，阴命来阳运则泰卦，阴命得阴运则伤，阳命得阳运则损。阳气随天顺行，阴气随地逆行。阳气顺起，阴则从逆，故二气相交为既济。以数理论阴阳，其十干甲乙丙丁戊己庚辛壬癸，由阴阳命之分而次第有别。阳命次第：居壬为一、居癸为二、居甲为三、居乙为四、居丙为五、居丁为六、居戊为七、居己为八、居庚为九、居辛为十；阴命次第：居戊为一、居丁为二、居丙为三、居乙为四、居甲为五、居癸为六、居壬为七、居辛为八、居庚为九、居己为十。详看生月日时何干，小运在何位也。若生月遇阴数二四六八十，小运阳数吉一三五七九。生月既遇阳数，故小运逢阴数则吉。假如乙巳阴人十月丁亥月阴，阴命以丁为二也；小运四十八乙丑，阴命以乙为四也。二与四皆为阴数，乙巳人得生月丁二为阴火，再得小运乙四为阴木，相逢阴气并旺，凶也。若二阳数亦为凶也。见一阳数一阴数相逢则吉。阳求阴数，阴求阳数皆为大吉。

[万版] 此言灾祸吉凶，由于行运。“祸旬向末”，如见凶运十年终满前交吉运，若当生年月气深，或行年大岁扶助，向禄临财，更不须待交运，只在此运末，便可迎详而推之。“才入衰乡”，人命久历福地，方交背禄财绝之运，然未可便以凶言，是论灾于逆课也。“男迎女送”，阳男阴女，运顺行也。一运十年，更分前后各五年，凡入吉运，得节气深，男迎者，前五年发福；女送者，后五年发福。或曰：男详大运，初入之年，迎何灾福，故云“迎”。女详大运，将出之年，送何灾福，故云“送”。男迎女送，否泰交居，作一义看；迎吉送凶，迎凶送吉，是“否泰交居”也。阴男阳女，阳男阴女，依逆顺行运折除，即前折除三岁为年也，看新旧运上有何吉凶，以运数言。昙莹曰，此论行运各指长生次于衰地，如金生于巳而衰于戌，戌上男顺行于死囚休废，女逆行于帝旺临官；巳上男顺旺于申酉之乡，女逆困于寅卯之地，故云“祸旬”云云。阴阳二气，盖言小运，乃年之气也。大运是月之气也。日干为运，月支为气。小运则从生日后交；大运则论其气而过。二气运行，由我命者也。故曰“阴阳二气”云云。

[疏证] 万注言灾祸吉凶，皆由于行运所致。下至“女送者，后五年发福”引自徐注。“或曰”至“看新旧运上有何吉凶，以运数言”大致为李注，其中“男迎女送，否泰交居，作一义看；迎吉送凶，迎凶送吉，是否泰交居也”为万注观点。昙莹注自“此论行运各指长生次于衰地”至“故云祸旬云云”。“阴阳二气”至注末为王注也。

第五十章

占其金木之内，显于方所分野。标其南北之间，恐不利于往来。一旬之内，于年中而问干。一岁之中，求月中而问日。向三避五，指方面以穷通。审吉量凶，述岁中之否泰。[①]

［徐注］又有“占其金木之内，显其方所分野”。“占”音［“占有”不合］，占去声。入着［“入看”合义］当生岁月日时所占，后运逢金木方所分野，则显其发福也。且如木用金为官印，阳命男运，出未入申；阴命男〈运〉，出亥入戌，是向禄临财于金木［“金禄木”不合］分野之际也。又如金用木为财，阳命男运，出丑入寅；阴命男运，出巳入辰，是向禄临财在木火方所之中也。更加之以太岁、月令、气候扶同而言之，则尤妙。“标”对“本”，又有标准之义，则是命基本也。“南”者，显明而往也。“北”者，归向而来也。此言运气出入动静，或吉或凶不可轻言也。或遇交运之年，不可轻举也。凡言命运动静出处，当入神祥谨而言之，一失其源则无所利也。自此以后，论岁中祸福，故下文云，“一旬之内，于年中而问干”者，是月中求日也。“一岁之中，求月中而问日”者，是年中求月也。“向三背五”者，是岁中求吉利方所也。凡坐作进退，向吉背凶，莫大于此矣。“一旬”十日也；“年中”者，生日也。凡在一月之中，一旬之内，将生日天元配合而言之，则知其日中休祥也。是立生日以为主也。一岁之中者，取月令以生元配合而言之，则知其月中休咎也。且如人生得地，而须太岁为尊，是一岁之中求生月带禄，或官印元有元无，是月中而问日也。此看命总法也。又以行年岁运言之，且如壬寅〈日〉生人，遇辛未岁，是谓宅墓。壬用己为官印，岁位未中有己，此年宜利见大人。壬用丁为财帛，未中有丁，此年因贵人获财利。或问曰：“财官在岁中，甚月

① 释注本为“向月中而求日”；《新雕》为“面方指以穷通”。本章释注本将“一旬之内”及以下句子分作下章评注。

日得之?”答曰:“自巳至戌,吉无不利。”此亦是岁中问日,他准此[“也唯此”不合]。或动静出处者,即向行年天医、福德、生气三方为言,其余五鬼不可往也。

[**疏证**]所谓“分野”,中国远古时期将天上二十八个星宿划成二十八不等分区域,至春秋战国时期,人们又将天上二十八个星宿由西向东对应分配于地上不同之州国,谓之“分野”。为便于将星宿运行与地上州国命运联系起来,人们将二十八星宿配以五行:东方苍龙七宿属木、南方朱雀七宿属火、西方白虎七宿属金、北方玄武七宿属水。此外,苍龙七宿中角亢、朱雀七宿中井鬼、白虎七宿中奎娄、玄武七宿中斗牛,皆居四季之末,亦称分野或分界之处。

徐注曰,又有“占其金木之内,显其方所分野”是承上一章“祸旬向末,言福可以迎推”云云而来。认为此处“占 zhàn”是去声,乃占据之义,与“占卜”之“占 zhān”平声不同。上章“男迎女送,否泰交居”原因不离金西木东、火南水北之分野往来也。所用者入看当生岁月日时四柱占之,后运逢金木方所(方位、处所)分野,则显其发福与否。且如木用金为官印,阳命男运顺行,出未入申;阴命男运逆行,出亥入戌。“是向禄临财”者,向禄是指阳男木人顺行,出未入申酉戌之官财地而行;“临财”是指阴命男木人逆行,出亥入戌酉申财官之地而行。“于金木分野之际”者,是指未为木之库,亥为木生地,未至申为木气顺入金地之分野处,亥至戌为木气逆入金地之分野处。又如金用木为财,阳男命顺运出丑入寅,阴男命逆运出巳入辰,亦是向禄临财。“向禄”是指阳男金人顺运出丑入寅卯辰向巳午而行,“临财”是指阴男金人逆运出巳入辰卯寅而行,皆属木火方位之中也。行运之上,再加之以太岁、月令、气与候扶同(辅助)而言之,则尤妙。“标其南北之间,恐不利于往来”者,“标”相对于“本”,是表面之义,又有标准之义,则是命理基本纲领也。以坐北朝南言之,南者是指显明而往南,“南”作动词也;北者是归向北而来,“北”亦作动词也。此言运气在南北或东西分野处出入动静,其或吉或凶不可轻言也。或在南北或东西分野处遇交运之年,不可轻举妄动也。凡言命运处动静出入处,当入神详细谨慎而断之,罔顾其发源之方则无利求其所往也。珞琭子自此论运吉凶后,再论太岁中祸福,故下文云“一旬之内,于年中而问干”者，是月中求日也；“一岁之中，求月中而问日”者，是年中求月也。前者是月中择日，后者是年中择月，均在当年太岁中所求也。“一旬”，十日也。“年中”者，年以月日时组成，居中为生日，以问干为主也。择日凡在一月之中，一旬之内，将生日天元配合而言之，则知其日中休祥也；“一岁之中”者，择月取月令以生日元配合而言之，则知其月中休咎也。不论是“一旬之内”择日，还是“一岁之中”择月，徐认为《消息赋》“是立生日以为主”，据此可知“以日为主”与“四柱论命”一样，皆非子平自己所发明也。且如人生得地而贵，四柱须以太岁为尊，日主是以一岁之中求生月带官禄为贵气，或看官印元（原）有元（原）无，是月中而问日之贵贱也。指生月为官禄且是一岁之主气而非余气，则为人生贵地也。此看命总法也。“向三避五，指方面以穷通”是以风水游年翻卦与四柱命理结合，在一岁中求吉利之方位也。凡坐占求进退者，向吉背凶莫大于此（即太岁）矣。又以行年、太岁、大运言之，且如壬寅日生人，遇辛未太岁，虽是谓宅墓不吉（参见下文第五十八章），但壬用己为官印，岁位未中有己官，此年宜利见大人（贵人）；壬用丁为财帛，未中有丁财，此年因贵人获财利。有人问曰：“财官在岁中，甚于月日得之乎？”答曰：“（不论太岁，还是月日）自巳至午、未、戌均藏财官，逢之吉无不利。”且如壬见未土为“此年宜利见大人”，亦是岁中问（依据）日干得财官而定，其他（月或日）皆准此。要问动静出处而择吉避凶者，则可用游年翻卦向行年天医、福德、生气三方为言吉，其余五鬼（此“五鬼”泛指五凶宫：绝体、游魂、五鬼、绝命、归魂）不可言往也。

［**新编**］王注曰，生生之谓“易”，成象之谓“乾”，效法之谓“坤”，极数知来之谓“占”，五行虽生于四方，藏土在其中矣。所谓“占其金木之内”者，金居西方，木处东方，各据方所，木往金伤，是不利于往来也。木火金水，乃四方之气，各擅方所分野。如春之辛卯、夏之戊午，秋之癸酉，冬之丙子，四方各抱自旺之气而不可相犯。盖五行旺气所冲一辰之谓白虎者是也。或值五行衰绝无气，而贵其往来之用，如乙亥癸巳庚申壬寅者是也。且如乙亥得癸巳，不可谓之绝，盖乙亥火至巳而旺，癸巳水至亥而旺互换，故曰“水火不嫌于死绝”者欤。壬寅之金，为臣不强；庚

申之木，事君不暴。如逢相冲，往来则互用为福元厚也。大率富旺贵其自亨，患难欲得相救者也。由之辛卯之木，处东方之旺，阳动则吐而敷散曰“生”；癸酉之金，守西方之旺，阴静则吸而收藏曰“杀”；然戊午得南方之火旺，气炎上不息曰“礼”；丙子乃北方水之旺气，闰下不死曰“智”。四方之气各有分野，故谓“自旺”。若不守其所，如东方之木，往西方逢金：南方之火，来北遇水，所谓杀忌四冲，物禁失道。曰君曰父，不可两亡；以其相克，往必不利。故曰“不利于往来”者哉！如变化之道，其知数之所生也。鼓方物天地之数，自五行而原，但推数者不尽，其占之者不预知其数，故吉凶异焉。此篇后论行大运之数而已。所谓“一旬之内，于年中而问干”者，以年之干，则有以知，甲之所寓于是同旬之生也。“一岁之中，求月中而问日”者，谓一岁之中则有异之，阴阳男女之命也。“求于月而问日”者，盖欲知节气日数以定几岁，而行大运之法也。运之行也，宜向三元生气、避五鬼绝路。指陈方面，穷通阴阳，观禄马之向背，大运之盛衰，由此以审吉凶。不出于指顾之间，能述岁中之否泰。

李注曰，此又言八卦九宫方所往来，详其利与不利。十年之内，问其年干；一月之中，问其日干。“向三”者，谓生气、天医、福德之乡则吉；“避五”者，谓绝体、游魂、五鬼、绝命、归魂之方则凶。此变八卦非九宫出行修造用之，此不备述也。

［疏证］王注引《易经·系辞》曰：“生生之谓‘易’，成象之谓‘乾’，效法之谓‘坤’，极数知来之谓‘占’。”五行虽生于木火金水四方，藏土在其中四隅（四角）矣。所谓“占其金木之内”者，指金居西方，木处东方，各据方所。木人往金乡而伤，是不利于往来也。指木火金水，乃四方专一之气，各占其方所而与他方分野。如春之辛卯松柏木、夏之戊午天上火，秋之癸酉剑锋金，冬之丙子洞下水，四方各抱自旺之气而不可相犯。故五行旺气，取仲一辰（即子午卯酉四仲，《新编》所谓“取冲一辰”、“杀忌四冲”，不如万注引王注“取仲一辰”、“杀忌四仲”合义。）谓之白虎杀，主血光之灾（“白虎杀”即申子辰见午、寅午戌见子、巳酉丑见卯、亥卯未见酉，亦谓灾杀）。但亦有五行值五行衰绝无气之地，而相换贵气往来之用者，如乙亥与癸巳，庚申与壬寅者是也。且如乙亥人得癸巳，不可以亥至巳地谓之绝，因乙亥身火至巳而旺，癸巳纳音水至亥而旺

互换，故曰“水火不嫌于死绝”也。壬寅纳音金，坐寅为绝，故壬寅金人“为臣不强”；庚申纳音木，坐申为绝，故庚申木人“事君不暴”。壬寅与庚申虽逢相冲，但壬寅纳音金，逢申得禄；庚申纳音木，逢寅亦得禄，故“往来则互用为福元厚也”。大概来讲，凡三命富旺贵者自可亨达，而五行患难者则欲得相救方成福厚者也。

“自旺”而“富旺贵其自亨”者，犹之辛卯纳音木，处东方卯旺，阳气动则吐而敷散（“敷”为开花，“散”为铺开）曰“生”；癸酉纳音金，守西方酉旺，阴静则吸而收藏曰“杀”；戊午纳音火，得南方午火旺气，炎上不息曰“礼”；丙子纳音水，乃北方子水之旺气，闰（“润”之讹）下不死曰“智”。四方之气各有分野，故谓“自旺”。

“若不守其所”者，如东方之卯木往西方逢酉金；南方之午火来北地遇子水；西方之酉金往东方逢卯木；北方之子水来南方遇午火。“物禁失道”是指金木水火遇各自对冲禁地为失道。世间君臣父子之道，不可两亡，但二仲相冲则失尊卑上下之道，均以相克论之，两败俱伤而不利。故曰“不利于往来”也！

王注又曰，如要掌握吉凶变化之道，其须知数之所生。“方物”，即分辨。故洞察天地之数，要与五行原气相符，但推数者研究不彻底，其所占之者不预知其数变化，故推出之吉凶相异。此章赋文后半部分论行大运之数，旨在说明“知数”重要性，如：

“一旬之内，于年中而问干”者，是指以年之干，则可知月干为何；于年中所寓处何甲旬，可知月令干支是否同旬内而生也。如月辰空亡则无力，如为他旬则非同心。“一岁之中”者，谓同岁之命有顺逆行运之异，阴阳男女不同也。“求月中而问日”者，欲知节气前后日数，用来作为确定几岁起大运之法也。运之行方所，宜向三元生气之地，避五鬼之类绝路。从而指陈八方四面，穷通天地阴阳，观断禄马之向背，大运之盛衰。由此以审吉凶，不出指顾之间，能速述岁中之否泰。

李注曰，此章文义是言八卦九宫方所往来吉凶，详断其利与不利。对于“一旬之内”含义，上文徐注认为是十日，下文东疏是甲子旬，而李注认为是十年大运。前者徐注论命强调以日为主，后者李东二人则从年禄为尊出发论命。故李注“十年之内，问其年干”有两层含义：一是大运一旬之吉凶如何，是由命中年干而定；二是一旬（十年）之吉凶在何年，亦须根据当年太岁与命中年干之关系而定。至于“一岁之中”吉凶，总是在不同之月份所体现出来，如何求月中吉凶，则需问日而定，故曰“一月之中，问其日干”也。显然李注对原文“一旬之内，于年中而问干。一岁之中，求月中而问日”之观点容易使人接受。“向三”者，谓生气、天医、福德之方则吉。“避五”者，谓绝体、游魂、五鬼（“五归”不合)、绝命、归魂（昙莹注为本宫）之方则凶。此法可利用变测“八卦飞九宫”（《新编》“八卦非九宫”不合）来推测出行修造，此不详述。

[释注] 昙莹注曰［南北以水火之分］显于方所分野；金木指东西之位，恐不利于往来。皆以八卦变通，向三避五，行藏动止，出入施为，祸福吉凶，不可不察。处定求动，克未进而难迁。得月问年，向月中而求日。述岁中否泰，指方面穷通。“向三”者，生气，福德，天医是也；“避五”者，绝体、游魂、五鬼、绝命，本宫是也。又云“向三向而避五位”，是则一白二黑三碧四绿五黄六白七赤八白九紫，此乃六轮八卦九宫之法。

[疏证] 昙莹注曰，南北以水火之分，显于方位各分野；东木西金，彼此恐不利于往来。择时择方皆以八卦变通众法言之，如向三避五，行藏动止，出入施为，祸福吉凶，不可不察。处定（即静）求动，克神未进发而身难迁移。“得月问年”指择月从年之吉凶出发；“向月中而求日”是指月中择日以日之吉凶为主，与徐注择月择日皆从日干出发不同。如此方可述尽岁中否泰（吉凶)，指明方位穷通祸福也。“向三”者，指生气、福德、天医三向是也；“避五”者，指绝体、游魂、五鬼、绝命，本宫五位是也。又有书云“向三向而避五位”，指一白、二黑、三碧、四绿、五黄、六白、七赤、八白、九紫，此乃六轮八卦九宫之法。与徐注观点相同处是认为“向三避五”出于游年翻卦，但又引书其他观点，其所谓六轮八卦九宫之法，指堪舆中紫白飞星法也。

[新雕] 李注曰，此文言八卦九宫方所往来，详其利与不利。十年之内，问其年干；一月之中，问其日干。“向三”者，谓生气、天医、福德之方则吉；“避五”者，谓绝体、游魂、五鬼、绝命、归魂之方则凶。此变八卦飞九宫［“非九宫”不合］出行修造用之，此不备述。

东疏曰，占其金木方所分野，其东西是金木之位，不利于南北往来，是水火南北之分，亦忌东西往来，其水东是死位，火西是死方，木在南死，金在北死，故“不利于往来”。“一旬”是本旬甲子也。“年中问干”者，本禄干也，干当岁本，月干在一月推何。日以日干发五子元建时，于其年干是一也、胎干二也、月干是三也，其日干是四，时干是五。“避”者，隐也。指四方论穷通，审吉量凶，述岁中否泰，兆也。其干是五行之本，胎干是五行之元，月干是阴阳之主，日干是五行之用，时干聚阴阳之力。或有本旺而元弱者，却有元强而主怯者，旺建而用衰者，有用多而无力者。大凡五位俱要阴阳旺盛，五行不衰三，则向旺生者，有福也。便将胎看上祖荣枯，以月观少年向背，以日详中主浅深，以时问老年福德。其本则是禄也，月干日干时干是福也。若本干强，福干弱，贫贱人也；若本干衰绝，福干建旺，则有福禄，为贵人也。

[疏证] 李注见上文。

东疏曰，气占其金木方所分野，其东西是金木之位，不利于南北往来；水火是南北之分，亦忌东西往来。东疏是从五行十二宫来解释“方所分野”与“恐不利于往来”之义，是指水以东方卯位是死位，火以西方酉位是死位，木以南方午位是死，金以北方子位是死位，故不利于往来。一旬是指六甲旬中本旬也。“年中问干”者，指本命之禄干也。禄干当以岁干为本，岁干决定正月之干推何干，即“五寅（虎）遁元”年上起月法；日柱则以日干发“五子（鼠）遁元”建时，而日干旺衰则求月中之气，月又为年干所定。故看命次第，于其年干是一也、胎干二也、月干三也、日干四也、时干五也。“避”者，隐也。指五行之气皆隐藏于五柱之中。故四方之气论穷通，要五柱审吉量凶为重，方可述得岁中月日时之否泰，把握其兆也。“其干是五行之本”（《新雕》此句脱“年”，应为“其年干是五行之本”）指年干为禄命五行之根本，胎干是禄命五行之先天元气，月干是禄命五行阴阳之主宰，日干是禄命五行之发用，时干是禄命五行聚阴阳之力显现。或有本（年）旺而元（胎）弱者，却有元（胎）强而主（月）怯者，或有旺（月）建而用（日）衰者，亦有用（日）多而力（时）无者。大凡年胎月日时五干俱要阴阳旺盛为贵。旺盛标准，则“五行不衰三，则向旺生者，有福也”。指年胎月日时五干不可衰三位，则谓此命乃向旺生者，谓“有福”；衰三位者，谓“无福”矣。

禄命将“胎元”看作上祖荣枯，以“月主”观为少年向背，以“日用”详作中年浅深，以“时力”问鼎老年福德。又言其年本是年禄也，月干日干时干是福也。若本（年）干虽强，福干（月日时主少年中年晚年）却弱，终为贫贱人也；若本（年）干虽衰绝，福干建旺，则一生有福禄为贵人也。此处本（年）干与福干之强弱，是各依其干为中心而论。民国止止居士《星命抉古录》序曰：“所谓禄者，生年之干也。所谓命者，生年之支也。古重生年之干支，月日支之干支次之。生年之干支，主父母宫，主祖业，主早年，而又足以统一生也。譬诸人身，年犹面部也，月犹胸部也，日犹腹部也，时犹足部也。舍面部胸部腹部而不讲。专讲腹部。试问有是理乎？今之专重日干者，是专讲腹部也。噫，缪矣!”可见古法论命并非不论日柱，而是由于“以年为本”影响力巨大，故大多数学者倾向于以年柱为中心论三命吉凶。但要真正把握早中晚限，应以月日时区分推演更为可靠（参见上文第二章东疏及第三章一丙造）。即使主张“以日为主”的徐子平在上文第三十三章“向公安抚”命例中，亦围绕年日时三柱“戊乙庚三奇”分别各自论之，可见“以年为本”、“以日为主”并不可取代“以月为使”、“以时为辅”，至于在四柱推演中有多少实际价值，尚须当今学者细心研究总结。

[万版] 此言运行东西南北金木水火之乡，有利不利，兼岁中否泰言也。

王氏曰，木火金水，乃四方专一之气，各擅方所分野。如春之辛卯、夏之戊午，秋之癸酉，冬之丙子，四方各抱自旺之气而不可相犯。故五行旺气，取仲［“所冲”不合］一辰谓之“白虎杀”。如东方之木，往西方逢金；南方之火，来北地遇水。所谓杀忌四仲［“四冲”不合］，物禁失道。曰君曰父，不可两亡；以其相克，往必不利。〈若五行衰绝无气，逢相冲往来，则反互用为福。如乙亥火得癸巳水，火至巳而旺，水至亥而旺，互换逢旺，往来何伤？壬寅之金，为臣不强；庚申之木，事君不暴，独占一隅，奚有造化？盖禄旺贵其自亨，患难欲得相救故也。〉“一旬之内，于年中而问干”，以年之干，则有以知。甲之所寓，于是同旬之生也。“一岁之中，求月中而问日”者，谓一岁之中则有异者［“有异之”不合］，阴阳男女之命也。“求于月而问日”者，欲知节气日数以定几岁，为行［“而行”不合］大运之法也。运之行也，宜向三元生气、避五鬼绝路。指陈方面，穷通阴阳，观禄马之向背，大运之盛衰，由此以审吉凶。不出指顾间，能述岁中之否泰。〈或以生气、福德、天医为“向三”；绝体、游魂、五鬼、绝命、本宫为“避五”。〉

徐曰，“占”，读作去声。看当生岁月所占，如木用金为官，在阳命男运，出未入申。阴命男运，出亥入戌，是向禄临财于金木分野之际。如金用木为财，阳命男运，出丑入寅；阴命男运，出巳入辰，是向禄临财在木火方所之中。更加太岁、月令、气候扶同言之。标对本言，又有标准之义，则是命基本也。“南”者，向明而往也。“北”者，向北而来也。此言运气出入动静，或吉、或凶，不可驳杂。或遇交运之年，不可轻举。一旬之内，于年中问干，是月中求日也。“一岁之中，求月中问日。”是年中求月也。“向三避五。”是岁中求吉利方所也。凡坐作进退，向吉避凶，莫大于此矣。“一旬”，十日也；“年中”，生日也。凡在一月之中，一旬之内，将生日天元配合而言，则知其日中休祥，定立生日为主也。一岁之中，取月令以生克配合而言，则知其月中休咎也。且如人生得地，须太岁为尊，是一岁之中求生月带禄、或官印原有原无，是月而问日，乃看命总法也。

［疏证］此章万注明引王徐二注大部分。其中王注“若五行衰绝无气”至“患难欲得相救故也”行文词句与《新编》不同，但文义相同，“或以生气、福德、天医为向三；绝体、游魂、五鬼、绝命、本宫为避五”行文则在《新编》王注中不见。为不影响万注完整性，此处仍按其行文疏解。

王注曰，（金木之内，南北之间）是指木火金水，乃四方专一之气，各占其方所而与他方分野。如春之辛卯松柏木、夏之戊午天上火，秋之癸酉剑锋金，冬之丙子洞下水，四方各抱自旺之气而不可相犯。故五行旺气，取仲一辰（即子午卯酉四仲）谓之“白虎杀”，主血光之灾（白虎杀即申子辰见午、寅午戌见子、巳酉丑见卯、亥卯未见酉，亦谓“灾杀”）。所谓杀忌四仲，是指白虎杀中最忌：东方之卯木往西方逢酉金；南方之午火来北地遇子水；西方之酉金往东方逢卯木；北方之子水来南方遇午火。“物禁失道”是指金木水火遇各自对冲禁地为失道。世间君臣父子之道，不可两亡，但二仲相冲则失尊卑上下之道，均以相克论之，故两败俱伤而不利也。若有一方五行衰绝无气，逢相冲往来，则反互用为福。如乙亥纳音火得癸巳纳音水，火至巳而旺，水至亥而旺，互换逢旺，往来何伤？如壬寅之纳音金，为自绝之金，身为臣子而不自强；庚申之纳音木，为自绝之木，身为君王而不自立果断，独占一隅绝地，何有造化？言外之意壬寅金与庚申木相冲，亦可互换逢旺为喜也。故曰，人生福重禄旺虽贵在其自亨自强，但自身衰弱患难欲得相救，亦不失为良法也。

“一旬之内，于年中而问干”者，是指以年之干，则可知月干为何；于年中所寓处何甲旬，可知月令干支是否同旬内而生也。如月辰空亡则无力，如为他旬则非同心。“一岁之中”者，谓同岁之命有顺逆行运之异，阴阳男女不同也。“求月中而问日”者，欲知节气前后日数，用来作为确定几岁起大运之法也。运之行方所，宜向三元生气之地，避五鬼之类绝路。从而指陈八方四面，穷通天地阴阳，观断禄马之向背，大运之盛衰。由此以审吉凶，不出指顾之间，能速述岁中之否泰。

王注衍句：“或以生气、福德、天医为‘向三’；绝体、游魂、五鬼、绝命、本宫为‘避五’。”应暗指上文李注所谓“‘向三’者，谓生气、天医、福德之方则吉；‘避五’者，谓绝体、游魂、五鬼、绝命、归魂之方则凶，此变八卦飞九宫出行修造用之。”可见上面昙莹注对“向三避五”之解及所谓“六轮八卦九宫之法”观点皆出王李二人也。至于上文引自徐注“或动静出处者，即向行年天医、福德、生气三方为言，其余五鬼不可往也”中“五鬼”应指“绝体、游魂、五鬼、绝命、归魂”，而非王注所谓“运之行也，宜向三元生气、避五鬼绝路”之“五鬼”（“五鬼”参见上文第二十四章）。

徐注参见上文。

第五十一章

壬癸乃秋生而冬旺，亥子同途。甲乙乃夏死而春荣，寅卯一类。[①]

［徐注］〈乍举求胜，无非禄马同乡。〉始论壬癸亥子，次论甲乙寅卯。〈卑辱尊荣，故贵居强坐实。〉此言水数一，水生木，木生火，故受之于丙寅丁卯，以言其序也。

［疏证］“乍举乍胜，无非禄马同乡；卑辱尊荣，故是贵强之地”之句除《新雕》外，其他版本之《消息赋》原文均不现。不过除《新雕》东疏外，《新编》王注与《四库》徐注中亦有针对其注释。徐注中，“乍举乍胜”变作“乍举求胜”，“故是贵强之地”变作“故贵居强坐实”，含义区别不大。可以判断，王徐二人最初注本中所载《消息赋》原文应有“乍举乍胜，无非禄马同乡；卑辱尊荣，故是贵强之地”之句，抑或流传所脱佚。“乍举乍胜”指初试科举就被金榜题名，“乍举求胜”指初试科举就想金榜题名，如能成功无非四柱禄马同乡（参见上文第三章徐注“假令壬午日生，乃禄马同乡”，另上文第二十六章——胡茂老命例）。本章《消息赋》原文始论壬癸旺于亥子水，次论甲乙荣于寅卯木，皆是阐明卑辱尊荣之道，凡贵者以居强坐实为吉也。珞琭子此言以水数一起始，下来水生木，木生火。故木火一气受之于丙寅丁卯，以言其序，乃显贵气深厚也。

［新编］王注曰，金者，水之母也；木者，火之母也。母方盛，则初生而幼穉焉；子既壮，母必衰老焉。水虽出于金，必得其时与其方则可见矣，故壬癸之日，亥子之辰，而称“亥子同途”也。火虽出于木，然火盛于夏，则木之为母不足称也，此言子壮母老之义也。虽然火之既往，薪尽

① 释注本为“甲乙夏死而春荣”。《新编》、《新雕》、万版为“寅卯一揆”。《新雕》“寅卯一揆”句后续有：“乍举乍胜，无非禄马同乡；卑辱尊荣，故是贵强之地。”乃诸版未见。

则火灭，故木于夏则死，然必得其时与其方则可见矣！甲乙之日，寅卯之辰，故曰“寅卯一揆”也。“乍夆乍胜，无非禄马同乡”，禄马贵神之穷者也。行年岁运遇之同乡，在五行尊荣卑辱之地，上以使下，下以事上，故谓荣辱也。如此则动作云为“乍夆乍胜，必历贵强之地”，前又有“禄马同乡”、“尊吉卑凶”之说，理亦贯此。

李注曰，水生于秋而旺于冬，木荣春而死于夏，灼然明矣。

［**疏证**］王注曰，“壬癸乃秋生而冬旺”者，秋金为水之母也；春木为火之母也。母方盛，其子初生而幼稚；子既壮，其母必衰老。水虽出于金，必得其时节与其方位始现，故壬癸之日旺于亥子之辰，而称“亥子同途”也。火虽出于木，然火盛于夏，则木之为母病死而不足道，此言子壮母老之义也。从火势既往看，可断薪尽则火灭之时。故木于夏则死，然必得其时与其方为午则可见矣！甲乙之日旺于寅卯之辰，故曰“寅卯一揆（kuí 包括）”也。“乍夆（“举”之异体字）乍胜，无非禄马同乡”（参见本章上文徐注），指命中禄马贵神之穷者，遇行年岁运遇之同乡，在五行尊荣卑辱之地（即年之三元为尊，行年岁运为卑），故可“上以使下，下以事上”谓荣辱各得其位也（参见上文第七章、第二十四章）。如此则动作称为“乍夆乍胜，必历贵强之地”，指“乍举求胜”必是禄马贵神历贵强之地所致也。前面又有“禄马同乡”（参见上文第三十一章）、“尊吉卑凶”（参见上文第二十四章）之说，理亦贯此。

李注曰，此章乃言水生于秋而旺于冬，木荣于春而死于夏，其理灼然而明矣。

［**释注**］昙莹注曰，庚为众金之主，故居申而生水，水归亥子，冬天而旺。壬为聚水之源，故居亥而生木，木归寅卯，春天而壮，甲为群木之首，故居寅而生火，火归巳午，夏天而旺。戊为众土之尊，故居巳而生金，金归申酉，秋天而旺。壬癸亥子一类，水也，水生于申而旺于子；甲乙寅卯一类，木也，木旺于卯而死于午。故曰：“壬癸秋生而冬旺，甲乙夏死而春荣。”

［**疏证**］庚为众金之主，故居申中而生水；水归亥子之乡，冬天而旺。壬为聚水之源，故居亥中而生木；木归寅卯之地，春天而壮。甲为群木之

首，故居寅中而生火；火归巳午之乡，夏天而旺。戊为众土之尊，故居巳中而生金；金归申酉之地，秋天而旺。壬癸亥子同类水也，水生于申而旺于子；甲乙寅卯同类木也，木旺于卯而死于午。故曰："壬癸秋生而冬旺，甲乙夏死而春荣。"

[新雕] 李注曰，水生于秋而旺于冬，木荣于春而死于夏，灼然[明]矣。

东疏曰，壬癸亥子水者，在五行万物化生皆从水，水浸木则有举胜之能也。其水一木三在五行皆是阳数，且阳气则故有举万物之能。况禄马者，禄为天之阳气有举胜之功，马是地之阴气有援溺之劳，虽自同乡，偏能举胜者，马也。亦非与同类论尊卑者，禄命也。干禄是天真一气，故乃尊称；支命为地元之气，为次尊。纳音身卑，若在旺位而生，入衰发，旺则辱；尊要衰位上，而入旺发。衰则荣贵者，天真阳气，干禄为尊贵也。强入衰能发荣，卑辱者，帝旺发身也，此乃卑辱尊荣是贵强之地也。

[疏证]《新雕》所载珞琭子原文除"壬癸乃秋生而冬旺，亥子同途。甲乙乃夏死而春荣，寅卯一类"外，尚有"乍举乍胜，无非禄马同乡；卑辱尊荣，故是贵强之地"之句。李对前者注曰："水生于秋而旺于冬，木荣于春而死于夏，其义显明矣。"后者"乍举乍胜"句解则未见于李注。

东疏曰，"壬癸亥子水者，在五行万物中化生皆从水。"指五行皆不可缺水，木无水不生，火无水不济，土无水不润，金无水不亮。水浸木则有托举之力，胜载犹如行舟之能也。其水为一数、木为三数，在五行中"一"与"三"皆是阳数，且阳气有向上托举万物之能（命理看五行阴阳以性情为主，数理为辅）。况禄马者，禄为天干属阳气有举胜加旺之功，马是地支属阴气有援溺助衰之劳。"虽自同乡，偏能举胜者，马也"是指禄马同乡（古法以临官与驿马在同一地元）中，驿马更能体现出"乍举乍胜"之能力。亦非与"同类"（即禄马同乡）而论尊卑者，则禄与命也。干禄是天真一气，故乃尊称；支命为地元之气，为次尊（相对与干禄为卑）。纳音身为下元本处卑位，若在旺位而生谓不得其所，入衰运得其卑位反而衣衿无忧，旺则反辱（符合"旺见衰则吉""旺见旺则凶"）；干禄为尊生在衰位，入旺运则发财帛。入衰运亦荣贵者，惟有来自天真阳气，干禄为尊贵也。尊贵属强者，入衰运亦能发荣。即使干禄处卑辱之地而生，只要行帝旺之运亦可发身也。“此乃卑辱尊荣是贵强之地”句，指惟有干禄强盛方能不惧衰地，即使命身皆为卑辱者，只要干禄处帝旺总是贵强之地也。可见东疏论三命旺衰吉凶须结合尊卑观念而行。（参见附录：表八—东方明论旺衰吉凶汇总表。）

［**万版**］此言人命有生旺死绝，而行运所值，有宜与不宜，通指五行言也。庚为众金之主，故居申而生水，水归亥子，冬天而旺。壬为聚水之源，故居亥而生木，木归寅卯，春天而旺。甲为群木之首，故居寅而生火，火归巳午，夏天而旺。戊为众土之尊，故居巳而生金，金归申酉，秋天而旺。壬癸亥子一类，水也，水生于申而旺于子；甲乙寅卯一类，木也，木旺于卯而死于午，故壬癸秋生而冬旺，甲乙夏死而春荣。

［**疏证**］万注除开头“此言人命有生旺、死绝，而行运所值，有宜与不宜，通指五行言也”，下文皆为昙莹注。万注认为“壬癸乃秋生而冬旺”、“甲乙乃夏死而春荣”皆从五行角度而言“行运所值，有宜与不宜”也。

第五十二章

丙寅丁卯，秋天宜以保扶。己巳戊辰，度乾宫而脱厄。[①]

［徐注］火者，南方之气也，万物亨会之方，［故］物盛且极，不可不戒。故云“秋天宜以保持”也。金者，西方之气也，乃［敛］藏万物之辰。太上曰“万物［“夫物”不合］芸芸，各归其根”是也。保持者，土也。［土］能持载万物，藉之以为生者也。四象不可无土，故下文云“己巳戊辰，度乾宫而脱厄”也。

［疏证］徐注曰，火者，南方之气也，万物亨通聚会之方，物盛且极，不可不戒。故云“秋天宜以保持”也，指夏火之气到秋天得以制约，不能再继续发展。但在《四库》徐注本《消息赋》原文中“秋天宜以保持”却为“秋天宜以保扶”，考《李虚中命书》（卷中）载《鬼谷遗文》云：“丙寅丁卯秋冬宜以保持。”可见“秋天宜以保扶”不合也，况且徐注亦以“秋天宜以保持”进行注释。金者，乃西方之气也，故申酉乃为藏（收敛）万物之辰。太上老君（即《老子》或《道德经》）曰“万物芸芸，各归其根”，借指万物经过一个缤纷夏天，进入秋天则逐渐收敛而回归本性。“保持”者，是指土能持载万物，藉之以为生者也。因“四象不可无土”，故“己巳戊辰，度乾宫而脱厄”，是指即使己巳戊辰之类旺土，亦要度过乾宫亥地（土以亥为绝）方为解脱厄运。

［新编］王注曰，纳音者，为一身之根本，明三命之盛衰者也。丙寅丁卯火也，得春木以敷生，逢夏火而炎旺，遇秋金而休息焉，故火自寅生而旺于午，死于酉也。火人凡行岁运至酉则如木之逢秋，其枯木雕零自可见矣！故曰“丙寅丁卯，秋天宜以保持”者欤。戊辰己巳木也，自西方行金鬼之旺乡，纳音之木已绝矣，斯可以之谓厄会者也。若行运度乾亥之

① 释注本、《新编》、《新雕》、万版均为“秋天宜以保持”。

宫，木得水以长生，故曰“己巳戊辰，度乾宫而脱厄”老。

李注曰，此谓丙丁火至秋病死，寅卯木遇申酉金克，故灾宜保持也。后二句言纳音是木，生于七月者，为旺金所克。若时日不救，则灾深。至于亥木遇长生，故云“脱厄”也。

［疏证］王注曰，纳音者，为人一身之根本，最可说明三命之盛衰者也。丙寅丁卯纳音火，得春木以敷生，逢夏火而炎旺，遇秋金而休息，故火自寅生而旺于午，死于酉也。此处“休息”当指“休囚”之义。火人凡行岁运至酉，则想如木之逢秋，其枯木雕零自可见，故曰“丙寅丁卯，秋天宜以保持”。戊辰己巳纳音木，自西方行金鬼之旺乡，纳音之木已绝矣，此可以谓之厄会者也。若木行运度至乾宫亥位，木得水以长生，故曰“己巳戊辰，度乾宫而脱厄”矣（“老”为“矣”之讹）。

李注曰，前二句是谓丙丁火至秋病死，寅卯木遇申酉金受克，故临灾地宜保持气势也；后二句言纳音木生于七月者，为旺金所克。若时日无他神相救，则灾深。至亥地为木遇长生，故云“脱厄”也。

［释注］昙莹注曰，丙寅丁卯，举火之类，火既克金，“秋天保持”者，何也？言水生于秋，故也。己巳戊辰，举木之类，木既生亥，“乾宫脱厄”者，何也？言亥有乾金，故也。自癸壬［“壬癸”亦合］秋生冬旺，止脱厄于乾宫，皆明五行休旺之情，造化自然之理。

［疏证］昙莹注此章借鉴李注，认为丙寅丁卯纳音身火之类，火既克金为财，秋天保持者，为何也？言指秋金生水而鬼旺，故欲保持火气，方得旺金为财也。然李注原文仅以干支禄命而言，非纳音身，言“后二句言纳音是木”。昙莹注对后二句“己巳戊辰，度乾宫而脱厄”观点亦出自李注，但比解释李注更为透彻，曰：己巳戊辰纳音身木之类，木既生于亥水，“乾宫脱厄”者，何也？言亥地虽有乾金克初生之木，但有长生之水相滋，故可脱厄。自“壬癸乃秋生而冬旺”（上文第五十一章）至“己巳戊辰，度乾宫而脱厄”，皆为明确五行休旺之情，造化自然之理。阅《五行精纪》载“珞琭子云：‘己巳戊辰度乾宫而脱厄。’莹和尚注云：‘己巳戊辰举木之数，西方金鬼旺乡，纳音之木，至此绝矣，斯谓厄会。若度乾亥之宫，木得水以生长，故脱厄。’”其中所引昙莹注更为详细。故不论

是禄命，抑或纳音身，木以西方申酉为绝厄地，以乾亥之宫为脱厄之长生，从命理角度看更为恰当。

[新雕] 李注曰，此谓丙丁火至秋病死，寅卯木遇申酉金克，故灾宜保持也。此二句［“后二句”合义］言纳音是木，生于七月者，为旺金所克。若时［“若时日”合义］不救，则灾深。至于亥〈上〉，木遇长生，故云“脱厄”也。

东疏曰，丙寅生在七月丙申，十月丁亥月受胎，其胎中亦有贵神及官王。其七月丙申建禄其驿马。丙以水为官，在七月长生有力。其丁卯人得八月生，却在丙寅年十一月庚子受胎，名为“带印”，谓带庚印。况己酉月己又是食神，乃是天一贵神，此二命秋天七月木遇金，甚宜保持也，此二命必贵。丙寅丁卯二命，纳音身火克金为财，则金财在于八月大旺也。《赋》云：“但看财命有气，逢背禄而不贫”是也。财绝命衰，纵建禄而不富。其丙寅人十月受胎处火绝，七月破寅木绝，有破绝之患。大运约五岁从七月丙申，十五丁酉，二十五戊戌，三十五己亥，四十五庚子，五十六辛丑，后入壬寅，其十月绝火到寅却生，绝火生则为病。又七月绝木再旺，旺则却发。丁卯合八月破命，身火在死处。逆行起运从己酉约五年，十五戊申，二十五丁未，三十五后入丙午，其八月死火，入丙午旺火则灭，主作事凶。

东疏曰，戊辰人在乾地，有元辰厄会之灾，其己巳人非也。己巳、戊辰则巽宫矣。辰人以申子辰起“七杀”：劫杀在巳，灾杀在午，岁杀在未，天杀在申，月杀在酉，地杀在戌，亡神在亥是乾也。若大小运至亥遇，则是“度乾宫而脱厄”者，逢癸亥则必脱厄也。假令戊辰人六月己未火生，大运五岁在己未，十五在庚申，二十五在辛酉，三十五在壬戌，四十五后入癸亥是元辰厄会之地。“度”者，过也。却有癸与戊合，故“度乾宫而脱厄”。其己巳人到戌是非元辰厄会也，亦非亡神厄会也。若到亥上逢鬼克禄，则为杀会也，故乾宫有厄。其戊辰人一岁运起甲寅，顺行十一在甲子，二十一在甲戌，二十二在乙亥，其乙木克戊土，又在亡神上，故有厄也。又“度”者，过也。小运十二年一度，到亥地乾方之辰，亡神。若生月日时元带鬼，则危重也。其戊土与辰土，若卯日巳时，土死绝，皆为带鬼。

［疏证］李注见上文。

东疏曰，丙寅人生在七月丙申，十月丁亥月受胎。“其胎中亦有贵神及官王”是指丙丁人见亥为天乙贵人；“官王”即官旺也，指水逢亥地临官而旺。丙寅人七月丙申干上建禄，其驿马申中有水，为丙之官星，水在申月为长生有力。其丁卯人得八月己酉生，却在丙寅年十一月庚子受胎。“名为带印，谓带庚印”是指丁人受胎于庚子月，东疏以见财为印（参见其上文第九章），故谓带庚印。况己酉生月己又是食神，丙丁人见酉为天乙贵人（即天一贵神）。此寅卯二木命生秋天七月申地为绝，甚须保持不伤，如此二命必贵也。又丙寅丁卯二命，纳音身火克金为财，则金财在于八月酉地帝旺也。《消息赋》云：“但看财命有气，逢背禄而不贫。若也财绝命衰，纵建禄而不富”（参见上文第二十九章）。举例：

（五十二）——甲造

乾：	丙	丙	○	○	受胎：	丁	大运：	丙	丁	戊	己	庚	辛	壬
	寅	申	○	○		亥		申	酉	戌	亥	子	丑	寅

丙寅人生在七月丙申，十月丁亥月受胎，丙人见亥为天乙贵人，贵人又是官星。生七月丙申建禄其驿马，丙以水为官，又以身火之金为财，在七月长生有力。虽大运顺行申酉戌一路背禄，但却如《赋》云：“但看财命有气，逢背禄而不贫”是也。再从旺衰行运角度看，丙寅身禄火在胎月亥水为绝，加之生申月为病（如日或时亦为“六衰”），则火为“衰极”。七月申破寅命有绝患之象，但有胎月亥水为木之长生，寅命不可谓之死绝。大运约五岁从七月丙申起，十五岁丁酉大运，二十五岁戊戌大运，三十五岁己亥大运，四十五岁庚子大运，五十六（应五十五）岁辛丑大运，后入六十五岁壬寅，其身禄之绝火到寅运却生，绝火逢生则为病，即“衰见旺则凶”。又因七月绝木逢寅运再旺，因原胎中亥水得长生木气，不属衰极之命（前提应以日时二柱有一旺），故“旺则却发”而吉也。也加之身财之金遇寅为绝，寅运三命二凶一吉又绝财，则祸多于福也。

（五十二）——乙造

乾：	丁	己	○	○	受胎：	庚	大运：	己	戊	丁	丙
	卯	酉	○	○		子		酉	申	未	午

丁卯人身禄火得八月生，在丙寅年庚子月受胎，庚为财，子为官。东将“带财”名为“带印”，将“庚财”谓带“庚印”。况己土是丁火之食神，酉金是丁人之天乙贵神，又是火人之财，亦谓“财命有气”，乃富贵也。再从旺衰行运角度看，丁卯纳音火人，八月酉破卯命，禄火身火在胎月子为胎，在酉为死，（如日柱或时柱亦为衰）则身禄二命衰极。逆行约五岁起运从己酉始，十五岁戊申大运，二十五岁丁未大运，三十五岁后入丙午大运。卯命虽生于酉月为胎不旺，可因胎月在子水，（如日柱时柱亦旺衰两停）亦不可谓之木衰极。故卯木见午为死地为凶，而其禄身死火见午为帝旺反熄灭，故“主作事凶”，即“衰见旺则凶”。加之金财遇午为败，可谓此运乃“财绝命衰，纵建禄而不富”也。

“己巳戊辰，度乾宫而脱厄”者，东疏曰，戊辰人在乾地，有元辰厄会之灾，即阳男阴女冲前一辰为元辰，阴男阳女冲后一辰为元辰（参见上文第十三章李注），阳命戊辰人前一辰为巳，则亥为元辰，如其为己巳人则非也。己巳、戊辰人纳音身木则属巽宫矣。辰人以申子辰起“七杀”，劫杀在巳，灾杀在午，岁杀在未，天杀在申，月杀在酉，地杀在戌，亡神在亥是乾宫也。《五行精纪·卷二十八》中加“刑杀”成为八杀（刑杀同将星，亡辰前一辰也。参见上文第七章东疏）。若己巳、戊辰木人大小运至亥遇亡神，但遇长生为吉。故木度乾宫而脱厄者，谓逢癸亥则必脱厄也。不过三命最终应兼顾禄命身而言。举例：

（五十二）——丙造

乾：戊　己　○　○　　　大运：己　庚　辛　壬　癸
　　辰　未　○　○　　　　　　未　申　酉　戌　亥

假如戊辰人六月己未火生，大运五岁在己未，十五岁在庚申，二十五岁在辛酉，三十五岁在壬戌，四十五岁后入癸亥是元辰厄会之地。“度”者，过也。戊辰人见癸亥为戊合癸水，财命有气，亥虽是元辰之地亦无凶，故“度乾宫而脱厄”也。至于己巳人到乾宫（戌亥）则有吉凶之分，如其己巳人到戌非元辰厄会也，亦非亡神厄会也；但若到亥上逢木鬼长生克禄，则为杀会也，故乾宫有厄。“其戊辰人一岁运起甲寅，顺行十一在甲子，二十一在甲戌，二十二在乙亥，其乙木克戊土，又在亡神上故有厄也”指一岁起小运甲寅，顺行十一年小运在甲子，二十一年小运在甲戌，二十二年小运在乙亥。但东疏其他命例中乾造小运（行年）自丙寅起，坤造小运（行年）则自壬申起；如从岁数太岁看，一岁应是从己巳年起，而非自甲寅年起。假如二十二岁小运真在乙亥，则其乙木克戊土，又辰命见亥为亡神（参见上文第七章东疏），故有厄也。小运十二年一度，辰命人到亥地乾位，亦十二年一次亡神。二十二岁小运乙亥，其乙木并克戊土之禄尤凶，若加生月日时元带鬼，则危重无疑也。其戊辰人禄命皆土，东疏依水土十二宫同行，则土至卯为死，土至巳为绝，故曰“戊土与辰土，若卯日巳时，土死绝，皆为带鬼”。认为“度者，过也”，故己巳戊辰人虽纳音身木遇癸亥为长生地，但仍须度乾宫亥地而脱厄也。从此看出，东疏论凶神恶煞兼看禄命身三者，不离五行十二宫位也。大凡以古法论命，禄命身三命，凶占其二，则为厄也。

［万版］此指纳音言也。丙寅、丁卯，炉中火，火之旺也。至秋宜以保持，以火至秋而死，况他火乎？己巳、戊辰，大林木，木之盛也。“度乾宫而脱厄”，以木至亥而生也，况别木乎？又丙寅丁卯，举火之类，火既克金，秋天保持者，何也？言水生于秋故也。己巳戊辰，举木之类，木既生亥，“乾宫脱厄”者，何也？言亥有乾金，故也。明五行休旺之道，造化自然之理，或元命、或行运，或流岁，皆宜慎之。

［疏证］万注曰，丙寅丁卯与己巳戊辰，此指纳音言也。丙寅、丁卯为炉中火，火坐木之旺也。至“秋宜以保持者”，是指身火至秋而死，何况禄命之火乎？己巳、戊辰为大林木，木处巽之盛也。“度乾宫而脱厄”者，指身木至亥而生也，何况禄命之木乎？“又丙寅丁卯，举火之类”至“明五行休旺之道，造化自然之理”引自昙莹注。万注认为或元命、或行运，或流岁皆如此，宜慎之。

考《李虚中命书》中载《鬼谷遗文》云：“丙寅丁卯，秋冬宜以保持。”注云：“木不南奔，火无西旺，火至秋冬，势恐不久。”故珞琭子所谓“丙寅丁卯，秋天宜以保持”乃引自《鬼谷遗文》。“秋天”应为“秋冬”。“火至秋冬，势恐不久”，丙寅丁卯以纳音火论为是。己巳戊辰仿此亦为纳音之木，度乾宫至亥位长生而脱厄也。

第五十三章

值病忧病，逢生得生。旺相峥嵘，休囚灭绝。论其眷属，忧其死绝。[①]

［徐注］ 如壬＜寅＞［日］人要丙丁为妻财，戊己为官印，庚为壬之母，乙为壬之子。又如大运到火旺处，父旺。庚旺处，母旺。若运在衰病处，逐类而言之。若运到墓绝之上，更逢七杀并者，是乃危疑而凶也。

［疏证］ 徐注从日主六亲角度“论其眷属，忧其死绝”，指壬寅人要以丙丁为妻财，以戊己为官印，庚为壬之母，乙为壬之子。又如大运到火旺处，父旺，父亦为财也。大运到庚旺处，母旺，母为印也。若大运在衰病处，依各眷属逐类而言之。若其大运到死败墓绝之上，更逢七杀并者，此眷属乃危疑而凶也。但对“值病忧病，逢生得生；旺相峥嵘，休囚灭绝”，则未加以阐述。

［新编］ 王注曰，五行生乎天地之间，寓乎十二支内，皆有道理存焉。如木长生在亥，以亥中有壬为木之母也。长生次之于暴败，盖初生之后必有沐浴之厄会也。又次之以冠带，乃为童之弱冠也。次之以临官者，年及入仕之时节也。又次之以帝旺，帝旺乃谓旺之极，位强壮之时也。旺次之以衰，衰次之以病，病次之以死，死次之以绝，绝则五衰之极也。物极则生变故，绝次之以胎，胎者受形之胎，胎次之以养后致生，斯乃五行始终之相因周而复始，运阴阳循环于天地之中而无穷者焉。所谓“值病忧病，逢生得生”者，盖行年运岁逢五行之衰病，则应之在人，亦主之于衰病也。逢五行生气，则病者不治而自愈，或得五行旺相，则所作所为必致峥嵘显达矣。或得休囚之气，动成灭绝迍邅而已。“论其眷属”者，如木死

① 释注本为“忧以死绝”；《新雕》为“休囚灭截”。释注本“论其眷属，忧其死绝”句，分作下章评注。

于午，遇丙午而不死者，因以丙午之水能生于木，曰母子眷属不相立也。如遇甲午之金为木之鬼，不为眷属，可谓“忧其死绝”者欤。

李注曰，此四句值休囚王本，及运气值之病乡则忧病，逢于生处别得生；旺相峥嵘而有势，休囚则灭绝而无气。“论其眷属”者，但以本命纳音为身。生我者为母，克我者为父，我克者为妻妾，我生者为子孙，或其人运气值眷属死绝处也。

［疏证］王注曰，五行生于天地之间，寓藏于十二支内，皆有其道理存在。如木长生在亥，因亥中有壬为木之母也；长生（初生）后沐浴而暴败于世，有厄会之义也；沐浴后衣着冠带，乃为童稚也；童后成年临官者，可入仕也；临官之后，乃为帝旺；旺后则衰；衰后则病；病后则死；(此处阙“死后入墓”环节)；入墓则绝，绝为五衰之极也。万物旺衰至极则生变故，故绝极受气形胎，成胎以养后致长生，斯乃五行依次十二宫周而复始，如此运阴阳循环于天地之中而无穷者焉。此部分是王注为以下解释作铺垫：

所谓“值病忧病，逢生得生”者，大概从常理看，三命五行逢行年运岁之衰病，则应人之于衰病，反之逢生旺则为生福也。所谓“旺相峥嵘，休囚灭绝”者，三命五行逢长生之气，遇病地则不治而自愈；如三命五行临官帝旺，即使遇五衰之地，其所作所为亦必致峥嵘显达矣；如三命五行原生得休囚之气，逢病地则灭绝迍邅（zhūn zhān 险恶）而已。所谓“论其眷属”者，如纳音木人死于午，遇丙午而不死者，因以丙午纳音水能生木，故曰母子眷属不相对立也。如遇甲午纳音金为木之鬼，木见之不为眷属，可谓“忧其死绝”也。王注把纳音归一类，在断纳音身是否“衰病”“生福”时，不但要看命支如何，亦要看纳音五行间之生克，此在本书其他诸家命例中鲜有提及。

李注见下文。

［释注］昙莹注曰，值病忧病，以休囚灭绝而言，逢生得生，以旺相峥嵘为义。“值病忧病”者，五行病中逢鬼是也；其如木值辛巳金，火值甲申水，土遇庚寅木，金逢乙亥火，如此之类休囚灭绝。逢生得生者，五行生处逢生是也；其如木临癸亥水，火得庚寅木，如水值壬申金，金逢丁

巳土，如此之类旺相峥嵘。或逢之岁运，或值之镃基，更看始终随宜消息。生我者为父母，我生者为子孙，克我者为官鬼，我克者为妻财，比和者兄弟，虑在空亡死绝之地，忧居休囚衰败之乡。

［疏证］ 昙莹注曰，“值病”，遇到病地；“忧病”，患于病地。“值病忧病”，大致以处休囚灭绝而言；逢生得生之地，皆以处旺相峥嵘（即突显、独尊）为义。值病加忧病者，五行病中又逢鬼是也，其如木人值辛巳，巳为病地，纳音金为鬼；火人值甲申，申为病地，纳音水为鬼；土人遇庚寅，寅为病地，纳音木为鬼（可见释昙莹奉行“水土同行”，参见书后附录：表七。水土同行皆以寅为病地，但水不以木为鬼，故水不在此列）；金人逢乙亥，亥为病地，纳音火为鬼，如此之类皆休囚灭绝。逢生得生者，五行生处逢生是也，其如木临癸亥纳音水，亥又是长生地；火得庚寅纳音木，寅又是长生地；如水值壬申纳音金，申又是长生地（水土同行皆以申为长生地，但纳音金不生土，故土不在此列）；金逢丁巳纳音土，巳又是长生地，如此之类皆旺相峥嵘。以上或者是对逢岁运而言，或者是对处于某个旺气之地（镃基：为古代大农具，应节气使用，借指择月、择日、择时逢某六亲旺气）而言，更看始终随宜消息。“眷属”者，六亲也。生我者为父母，我生者为子孙，克我者为官鬼（女命则为配偶），我克者为妻财，比和者为兄弟，皆虑在空亡死绝之地，忧居休囚衰败之乡。

［新雕］ 李注曰，此四句直述四［“此四句值休囚”合义］主本［“王本”不合］，及运气值之病乡则忧病，逢于生处则得生［“别得生”不合］；旺相峥嵘而有势，休囚则灭截而无气。［“论其眷属”者，但以本命纳音为身。生我者为母，克我者为父，我克者为妻妾，我生者为子孙，或其人运气值眷属死绝处也。］

（疑为东疏曰：）值逢生旺所休囚四事者，论五行旺衰浅深也。《洪范》云：“有五鬼六害。”其五鬼者，一死墓、二鬼、三绝、四胎，成形之五鬼。其五鬼，五行在此处并皆为鬼也。最沐浴所为害，故云：“害亦为败之害”，同也。有旺位峥嵘，亦为旺所，五行长生为一旺，冠带二旺，临官三，帝旺四，衰为衰旺，计五也。杀为老，成“病之旺”，共目六位。“峥嵘”如山之峻高；“休囚灭死墓”者，常以死病与骨肉五行及子孙凶恶。"逢生"者，若三命看，若人之命与纳音身在长生、帝旺、临官、冠带、衰、病此六处生者，多生子孙骨肉。

［疏证］李注曰，此四句（指"值病忧病，逢生得生。旺相峥嵘，休囚灭绝。"）是指主本原命值休囚位，遇运气值病乡（指败衰病）则忧病，逢运气于长生处（指胎养长生）则得生气，值旺相（指冠带临官帝旺）位，则峥嵘而有势，处休囚（指死墓绝）则灭截而无气。"论其眷属"者，以本命纳音为身。生我者为母，克我者为父，我克者为妻妾，我生者为子孙；"忧其死绝"者，以眷属论其人运气值死绝处，如木人以水为母，巳午月水绝，木亦死矣。

李注后半部分自"值逢生旺所休囚四事者"起疑为东疏，依据如下：

1.《新雕》"论其眷属，忧其死绝"李注文在下章出现，但《新编》却编在此章，即"'论其眷属'者，但以本命纳音为身。生我者为母，克我者为父，我克者为妻妾，我生者为子孙，或其人运气值眷属死绝处也。"

2.《新编》李注"值逢生旺所休囚四事者"至"多生子孙骨肉"句不见。此部分注疏在《新雕》中紧接在原赋文"论其眷属，忧其死绝"后，未标示"疏"字，或脱漏所致。

3.此注中有引"《洪范》云"，下文第六十四章东疏中亦引有"《洪范》云"，而李注其他各章不见。

4.此注中"其五鬼者，一死墓、二鬼、三绝、四胎，成形之五鬼。其五鬼，五行在此处并皆为鬼也。"与下文第六十五章东疏所谓"其五鬼者，五行死上一鬼，墓为二鬼，绝为三鬼，胎为四鬼，成形为五鬼。"二者含义相同。而李注各章对"五鬼"之阐述更为广义，如第二十四章"'五期'者，五鬼是也。生死旺五鬼，呼为五鬼。"第二十五章："此论八卦立成变法，假令泽风大过卦，初爻发动，变巽入乾，呼为五鬼。"第三十五章："如逢长生之鬼乡，宜退而避灾也。若人生月并大小运逢三元生死旺三鬼，呼为五鬼，定须有灾。"第三十六章："一吉二宜三生四杀五鬼六害七伤八难九厄，此是三元九宫内诸神杀之名。"第六十章："法云：若择生气天医福德之人在寝食侍卫左右则吉；五鬼绝命之人，逢则为灾，去则为福也。"等等，涉及到禄命、六爻、三元九宫、堪舆择日及不同术数。

据此本书认为《新雕》中"论其眷属，忧其死绝"注解为东疏之文。

（东疏）曰：眷属（今谓六亲）凡逢生、旺及休、囚四主事者，则依五行旺衰浅深论其祸福也。休囚灭截者，《洪范》云："有五鬼六害。"（考《尚书·洪范》中并无"五鬼六害"一说，或出于后人以"洪范"为题文者，未详）其五鬼者，一死墓、二鬼、三绝、四胎，成形之五鬼。其五种出生前之状态称之曰"鬼"，五行在此处并皆为鬼也。病者未死，故不在五鬼之列。为何最以沐浴所为害？木沐浴于子，火沐浴于卯，水土沐浴于酉，金沐浴于午，皆谓无德而生，虽生犹败。故云五鬼之外第六以沐浴为害，逢沐浴败之，与鬼害同也。旺相峥嵘者，亦为五行旺所之谓。五行长生为一旺，冠带为二旺，临官为三旺，帝旺为四旺，衰为衰旺，共计五旺也。衰为何亦属旺地？木衰辰地为季春，火衰未地为季夏，金衰戌地为季秋，水衰丑地为季冬，乃临官帝旺与病死转角处，虽衰犹旺，故曰"衰为衰旺"。理同《消息赋》曰"祸旬向末，言福可以迎推；才入衰乡，论灾宜其逆课"也（参见上文第四十九章）。何为"杀为老，成'病之旺'"？如某杀处病地，老衰而成病；杀虽病犹旺，杀气犹在，不可妄动，故旺地数目有六位也。"峥嵘"者，如山之峻高；"休囚灭死墓"者，常以死病与骨肉五行及子孙凶恶相联系。"逢生"者，若从三命看，人之命与纳音身在长生、帝旺、临官、冠带、衰、病此六处旺所生者，易多生子孙骨肉也。"六处生者"观点与卷末第七十七章"六位旺处"有差异（参见其上文第三章、下文第七十七章）。

［万版］"值病忧病"，以休囚灭绝为言。"逢生得生"，以旺相峥嵘为义。"值病忧病"者，五行病中逢鬼是也。木值辛巳金，火值甲申水，土遇庚寅木，金逢乙亥火，如此之类。休囚灭绝，逢生得生者，五行生处逢生是也。木临癸亥水，火得庚寅木，水值壬申金，金逢丁巳土，如此之类。旺相峥嵘，或值之于当生，或逢之于岁运，更看始终，随宜消息。五行生我者父母，我生者子孙；克我者官鬼，我克者妻财，比和者兄弟，忌在空亡死绝之地，忧居、休囚、衰败之乡，随眷属所得言之。此总论正行生乎天地之间，寓于十二支内，有长生、沐浴、冠带、临官、帝旺、衰、病、死、墓、绝、胎、养，内有四吉、四凶、四平也。

［疏证］万注开头至"忌在空亡死绝之地，忧居、休囚、衰败之乡"

引自昙莹注。认为五行眷属寓十二宫分四吉、四凶、四平。考《三命通会·五行寄生十二宫》则云："凡推造化，见生旺者未必便作吉论，见休囚死绝未必便作凶言。如生旺太过，宜乎制伏，死绝不及，宜乎生扶，妙在识其通变。古以胎生旺库为四贵，死绝病败为四忌，余为四平，亦大概言之。"故原命旺衰须配岁运方可断吉凶祸福也。

第五十四章

墓在鬼中，危疑者甚。足下临丧，面前可见。

［徐注］库绝位逢鬼，或流年岁命前后一辰也。若人生时辰生日犯之，则主早克父母也。乃有生离远地。或生日生时之干来克太岁。“下”者［“干者”不合］，尤凶。“面前可见”者，言其为凶运［“为凶速”合义］。

［疏证］徐注认为“墓在鬼中”有两种，即“库绝位逢鬼或流年岁命前后一辰也”。以日干为主看，“库绝位逢鬼”是指其处墓或绝位又逢鬼；“流年岁命前后一辰”是指流年遇命前或后一辰（下一章徐注曰，前一辰谓之控神杀，又谓之邀神杀；后一辰谓之窥神杀，又谓迫神杀），处墓或绝位在鬼中，如金人壬寅畏己丑火，木人庚申忧乙未金，水人乙卯惧丙辰土，土人己卯虑戊辰木，火人丁酉怕壬戌水”（参见本章下文昙莹注）。前者原命逢之主夭，后者流年太岁遇之则凶。除以上两种情景，若人生时辰生日犯年命之辰，则主早克父母也，或一生离远故乡地。或生日生时之干来克流年太岁，则如“足下临丧”者，即下者犯上，尤凶。“面前可见”者，言其为凶运在前不远也。

［新编］王注曰，辰戌丑未为五行之“墓”，五行以克我者之谓“鬼”。“墓”者，阴阳气之所钟藏也。或行乎岁运遇五行本音，墓中逢克我之鬼，以占患者，危疑之甚也。譬之辛亥金人得己丑之运，金至丑入墓逢己丑火为鬼，斯所谓“墓在鬼中”者欤。“足下临丧”者，辛亥人以命前二辰为丧门，见己丑乃足下同为祸，则面前立可见矣。

李注曰，若人行运值库墓之乡，兼纳音逢旺鬼伤于本主，又值丧吊之位，必见忧疑灾危丧服也。

［疏证］王注曰，辰戌丑未为五行之“墓”，五行以克我者之谓“鬼”。“墓”者，阴阳气所钟藏之地。假如有命行岁运遇五行本纳音之墓，却其中又逢克我之鬼，以此占断患者危凶之极也。譬之辛亥纳音金人得己丑之

运，金至丑入墓逢己丑纳音火克为鬼，此所谓“墓在鬼中”也。“足下临丧”者，辛亥人以命前二辰为丧门，见己丑入墓兼丧门，乃足下同为祸，则面前之危立可见矣。

李注见下文。

［释注］昙莹注曰，“墓在鬼中”者，以其五行墓中逢鬼是也，只如金畏己丑火，木忧乙未金，水惧丙辰土，土虑戊辰木，火怕壬戌水，如此之格，危疑者甚。“足下临丧，面前可见。”以其命前二辰为丧门，命后二辰为吊客，或太岁、诸杀、大小运临，忧其不测之灾，虑有外服之象。

［疏证］昙莹注曰，“墓在鬼中”者，以其五行墓中逢鬼是也（观点同王注），只如金人畏己丑火，木人忧乙未金，水人惧丙辰土，土人虑戊辰木，火人怕壬戌水，如此之格，危疑者甚。“足下临丧，面前可见”者，干为首，支为足。因其命前二辰为丧门，命后二辰为吊客，如遇太岁、诸杀、大小运临带丧门吊客降临，则忧其不测之灾，虑有外服戴孝之象。

［新雕］李注曰，“论其眷属”者，但以本命纳音为身，生我者为母，克母者为父［“克我者为父”者?］，我克者为妻［妾］，妻生者为子［“我生者为子孙”?］，或其人运气在眷属死绝［处也］。〈更墓在鬼中，定有凶危之事。墓在鬼中，卷末有例。〉［若人行运值库墓之乡，兼纳音逢旺鬼伤于本主，又值丧吊之位，必见忧疑灾危丧服也。］

东疏曰，若墓在其鬼中者，支命与纳音身墓有鬼入墓中，则危疑者甚。用逐年太岁起建十干于墓上，详有鬼则危也。又于命后一辰，其得者如在面前，可见危疑。假令丙申火身，以戌为火墓，若戌上见壬戌月，壬是水为火鬼，名鬼入墓也。以逐年太岁自巳丧门在未。命后有丧，又云“足下临丧者”。太岁在癸巳，以“五子元建”从正月起甲寅，二月乙卯，三月丙辰，四月丁巳，五月戊午，六月己未，七月庚申，八月辛酉，九月壬戌是丙申火鬼墓也。故“墓在其鬼中，危疑者甚”也。

［疏证］《新雕》李注脱漏“若人行运值库墓之乡”至“必见忧疑灾危丧服也”句，却将上章《新编》李注文“论其眷属者”至“或其人运气在眷属死绝”句归入此章。但“更墓在鬼中，定有凶危之事。墓在鬼中，卷

末有例”句在《新编》中未见。

“论其眷属”者，《新雕》李注是：“但以本命纳音为身，生我者为母；克母者为父；我克者为妻；妻生者为子。”而《新编》李注是：“但以本命纳音为身。生我者为母，克我者为父，我克者为妻妾，我生者为子孙。”两者差异明显。在六亲关系方面，本书诸注表述确实存有分歧，如上文第二十八章东疏所谓：“若推亲族以纳音取之，若是水身以火为父，以金为母，以水为兄弟，以火为妻，以土为子，各随其五行旺衰生月日时言之。”；上文五十三章徐注曰：“如壬寅日人要丙丁为妻财，戊己为官印，庚为壬之母，乙为壬之子。”；下文第五十六章王注曰：“五行相生曰父子，相合者为夫妻，我生者曰子，生我者曰父，我克之谓妻，克我之谓夫，是此谓也”；除王注“相合者为夫妻”外，诸家差别主要体现在父、母、子三者。对此，后人切莫简单去彼存此，因为每个观点产生皆有其各自角度所致，如第五十六章王注举例：“且以丙寅火大运至戊申，火虽病而以丙寅火为戊申之父，父虽病而戊申土至申而长生。其子禄既生，父承子禄之荫，而虽病亦不至于死也。”按此论相信“我生者曰子，生我者曰父”并无不妥。按当今观点看，上面李注应以《新雕》合义，但由于《新雕》《新编》均非李注原版，孰正孰讹则难以确定。

接下来，有人运气在眷属死绝处，甚至墓在鬼中，则定有凶危之事。并曰“墓在鬼中，卷末有例”，但因《新雕》所脱，只可从本章上文昙莹注观点去理解。“墓在鬼中，危疑者甚”者，指若人行运值库墓之乡，兼纳音逢旺鬼伤于年日本主，则危疑矣。“足下临丧，面前可见”者，指又值丧吊之位，则必见忧疑灾危丧服也

东疏曰，若是墓在其鬼中者，即支命与纳音身墓其一有鬼入墓中，则危疑者甚。逐年即流年。用流年太岁起建十干于墓上者，详有鬼则危也。又用流年太岁排得丧门之辰，于命后一辰，犹身后随鬼，其得者如在面前，可见危疑也。此处读者要留意，东疏是以流年太岁来起推月建和丧门。看其举例：

（五十四）——甲造

乾：丙　○　○　○　　　流年太岁：癸　　　月建：壬
　　申　○　○　○　　　　　　　　巳　　　　　戌

假如丙申人火身，以戌为火墓，若戌上见壬戌月纳音水，壬是水为火鬼，名鬼入墓也。五十八岁流年太岁自巳推前二辰，丧门在未，未在申后一辰，谓命后有丧，犹如“足下临丧者”也。太岁在癸巳，以“五子元遁”从正月起甲寅，二月乙卯，三月丙辰，四月丁巳，五月戊午，六月己未，七月庚申，八月辛酉，九月壬戌，壬戌是丙申火鬼墓也。故“墓在其鬼中，危疑者甚”也。

尽管东疏观点颇为牵强，却是古法中断流月吉凶不多案例之一，可供学者借鉴。

［万版］墓在鬼中，乃五行墓中逢鬼，如金畏己丑火，木防乙未金，水愁丙辰土。土忌戊辰木，火怕壬戌水，如此之格，或行乎岁运，主危疑之甚。足下临丧，以命前二辰为丧门，如辛亥人见己丑，既入墓又临丧，乃足下同为祸。面前可见，言其凶速也。若太岁、诸杀、大小运临之，忧其不测之灾，防有外服之象。

［疏证］万注除“如辛亥人见己丑，既入墓又临丧，乃足下同为祸。面前可见，言其凶速也”外，均引自昙莹注。辛亥金人见己丑纳音火，既遇鬼入墓又临丧，乃足下同为祸。“足下同为祸。”指纳音是下元为火鬼，丑墓亦为支下，亥命前二辰为临丧亦为支下，三者同为祸。面前可见，言其凶速至也。此乃万注少有自见之言。

第五十五章

凭阴察其阳祸，岁星莫犯于孤辰。恃阳鉴以阴灾，天年忌逢于寡宿。

［**徐注**］阴以阳为对，阳以阴为偶。如说阳卦多阴，阴卦多阳，其理一也。既知其阴，则阳亦可知也。阴既得时而有立，则阳祸可知矣。故曰“凭阴察其阳祸”也。“岁星”者，太岁也，不可在孤神之上。假令寅卯辰人，遇太岁在巳上是也。寅人勾绞，卯人丧吊，辰人谓之控神杀，又谓之邀神杀，主阻碍抑塞。“天年”者，亦太岁也，不可在寡宿之上。又如寅卯辰人，遇太岁在丑是也，辰人勾绞，卯人丧吊，寅人谓之窥神杀，又谓迫神杀，主人窥窃、逼迫、陷害。其或三元刑战，岁运不和，或是五行财禄为害之年，则尤为凶甚。

［**疏证**］徐注曰，阴以阳为相对，阳以阴为成双，故他多我少，我多他少。如说阳卦多阴，阴卦多阳，其道理相同也。既知其阴盛衰，则阳之高下亦可知也。阴既得时令而占有优势，则阳祸可知矣。徐此处是从太极阴阳辨证角度来理解“凭阴察其阳祸”与“恃阳鉴以阴灾”。“岁星”者，太岁也，不可在孤神（即孤辰，与寡宿同参见上文第二十七章东疏）之上，假如寅卯辰人，遇太岁在巳上即是也。寅人见巳为勾绞（参见下文第六十四章），卯人见巳为丧吊（此处应为丧门，参见上一章昙莹注），辰人见巳谓之控神杀，又谓之邀神杀，主阻挡、妨碍、压抑、阻塞之不顺。“天年”者，亦太岁也，不可在寡宿之上。又如寅卯辰人，遇太岁在丑是也，辰人见丑为勾绞，卯人见丑为丧吊（应为吊客，参见上一章昙莹注），寅人见丑为谓之窥神杀，又谓迫神杀，主人窥窃、逼迫、陷害。其四柱原三元（子平以天干为天元、以支中藏气为人元、以地支为支元，参见上文第一章）刑战，又遇岁运不和，或是五行财禄为害之年，则尤为凶甚。

［**新编**］王注曰，阳司生，阴司杀，阴阳所以神变化者也。言阳则未尝无阴，言阴则未尝无阳，故凭阴可以察阳，恃阳可以鉴阴也。求“岁星”之法者，子年起卯，丑年在寅，阳道顺行，阴杀逆运。由来之未年，属阴星在甲。甲乃为未之孤辰，为之祸也。故曰“凭阴察其阳祸，岁星莫犯于孤辰”者也。求“天年”之法者，子年起亥，丑年起戌，亦阳顺而阴逆。如未年为阴，未年在辰，辰乃未之寡宿，为灾也。巳午未人，孤神在申，寡宿在辰，故曰“恃阳鉴以阴灾，天年忌逢于寡宿”也。《经》云：“岁星，一行一次，四时一终。万物毕死，不可犯之。”

李注曰，凡求“岁星”之法，子命在卯，丑命在寅，寅命在丑，卯命在子，辰命在亥，巳命在戌，午命在酉，未命在申，申命在未，酉命在午，戌命在巳，亥命在辰，逆匝配求为岁星之位。“孤辰”者，亥子丑人在寅，寅卯辰在巳，巳午未在申，申酉戌在亥，值此生者，终是不利，若为官亦无寿。凡求“天年”之法，子命在亥，丑命在戌，寅命在酉，卯命在申，辰命在未，巳命在午。寡宿者，亥子丑在戌，寅卯辰在丑，巳午未在辰，申酉戌在未，值此生者，与孤辰灾福并同也。

［**疏证**］王注曰，阳主生发，阴主萧杀，阴阳交替，所以能神奇变化也。言阳，其中未尝无阴；言阴，其中未尝无阳。故凭阴胜可以察阳衰，恃阳旺可以鉴阴弱也。求“岁星”之法者，如子年起卯，丑年在寅（其余参见下文李注）。“阳道顺行”，指按子丑寅卯辰巳午未申酉戌亥年排得岁星；“阴杀逆运”，指逆向环绕卯寅丑子亥戌酉申未午巳辰各支配对成岁星。以未命岁星在申，生之未年，属阴星在申（原文“甲”不合），申乃为未之孤辰，为之祸也，故曰“凭阴察其阳祸，岁星莫犯于孤辰”者也。求“天年”之法者，子年起亥，丑年起戌，亦阳顺而阴逆，如未年为阴，未年在辰，辰乃未之寡宿，为灾也。巳午未人，孤神在申，寡宿在辰，故曰“恃阳鉴以阴灾，天年忌逢于寡宿”也。

《经》云：“岁星，一行一次，四时一终。万物毕死，不可犯之。”疏在本章下文万注。

李注见下文。

［**释注**］昙莹注曰，尝试论其寅卯辰人，巳为孤辰，丑为寡宿，其寅

辰是阳之位，丑巳为阴之位，故云“凭阴察其阳祸，岁星莫犯于孤辰”。己未以申为孤辰，辰为寡宿，未巳为阴之位，辰申是阳之位，故曰“恃阳鉴以阴灾，天年忌逢于寡宿”。“天年”犹小运也，“岁星”犹太岁也。阳以孤辰为重，阴以寡宿为深。

[疏证] 昙莹注尝试论其观点，认为寅卯辰人，巳为孤辰，丑为寡宿，其寅辰是阳之位，丑巳为阴之位，故云“凭阴察其阳祸，岁星莫犯于孤辰”。又认为己未人以申为孤辰，辰为寡宿，未巳为阴之位，辰申是阳之位，故曰“恃阳鉴以阴灾，天年忌逢于寡宿”。“天年”犹小运也，“岁星”犹太岁也。阳命怕遇小运太岁以孤辰为重，阴命忌逢小运太岁以寡宿为深。其意为：阳命子寅辰午申戌最怕孤辰，阴命丑卯巳未酉亥最忌孤寡。或意为：男怕孤辰，女忌寡宿也。（“孤辰寡宿”者，参见本章下文李注。）

[新雕] 李注曰，凡求“岁星”之法，子命在卯，丑命在寅，寅命在丑，卯命在子，辰命在亥，巳命在戌，午命在酉，未命在申，申命在未，酉命在午，戌命在巳，亥命在辰，逆匝配求为岁星之位。“孤辰”者，亥子丑人在寅，寅卯辰在巳，巳午未在申，申酉戌在亥［值此生者，终是不利，若为官亦无寿］。凡求“天年”之法，子命在亥，丑命在戌，寅命在酉，卯命在申，辰命在未，巳命在午。“寡宿”者，亥子丑在戌，寅卯辰在丑，巳午未在辰，申酉戌在丑未［“申酉戌在未”合义］，值此生者，与孤辰灾福一同。

东疏曰，阴察阳祸，阳鉴阴灾；推阳则问干禄，详阴则看支命。若干于死墓绝胎处生，其大运却行至长生、冠带、临官位上旺，所欲祸生。若支命在长生冠带临官旺处生，大运行至死墓绝胎位上，发福也。若小运在阴，察其阳；若在阳，鉴其阴。小运在阴，发阴中，大运之祸；小运在阳，发阳中，大运之灾。推岁星者，寅以申为岁星，卯以丑，辰以子，巳以亥为岁星也，午以戌，未以酉，申以寅，酉以未，戌以午，反复皆以为岁星也。其阳祸岁星莫犯孤辰，六个阳命也。将本岁星上建顺行一岁，实排一位，却临孤辰位是也。假令乙卯人四十八在丑，丑是卯人寡宿。推孤辰例寡宿例。如寅卯辰人巳为孤辰，丑为寡宿也。他仿此。

[疏证] 李注曰，凡求“岁星之法”，子命人在卯，丑命人在寅，寅命

人在丑，卯命人在子，辰命人在亥，巳命人在戌，午命人在酉，未命人在申，申命人在未，酉命人在午，戌命人在巳，亥命人在辰，下面再沿“子命人在卯，丑命人在寅”等依次轮回配对。匝，即绕圈、环绕。逆匝，即逆向环绕而行。“逆匝配求为岁星之位”，是指子丑寅卯辰巳午未申酉戌亥各命，逆向环绕卯寅丑子亥戌酉申未午巳辰各支配对成“岁星之位”。“岁星莫犯于孤辰”，是忌岁星与孤辰同一辰也。“孤辰”者，亥子丑人在寅，寅卯辰人在巳，巳午未人在申，申酉戌人在亥。值孤辰生者，终是不利，纵有官禄亦无寿。

李注曰，凡求“天年之法”，子命在亥，丑命在戌，寅命在酉，卯命在申，辰命在未，巳命在午。寡宿者，亥子丑人在戌，寅卯辰人在丑，巳午未人在辰，申酉戌人在未。“天年忌逢于寡宿”，故“值此生者，与孤辰灾福一同”，似乎是指天年与寡宿遇同一辰生者，乃与孤辰灾福同。但推天年与寡宿同一辰生者，仅丑命在戌而已；岁星与孤辰为同一辰生者，亦仅丑命在寅、未命在申而已。详寡宿者，申酉戌人应在未，原注文“应在丑未”之“丑”则为赘字。“值此生者”，指天年与寡宿遇同一辰生者，如同岁星与孤辰遇同一辰生者之灾福也。此外，李注对“凭阴察其阳祸”、“恃阳鉴以阴灾”未作解释。

东疏曰，“阴察阳祸，阳鉴阴灾；推阳则问干禄，详阴则看支命”。其中阴阳指明暗之分，大意指从隐蔽阴暗之面可察觉到阳明公开之方是否有灾祸产生，从公开阳明之方亦可借鉴到隐蔽阴暗之面是否有灾祸发生；推测阳明公开之事（如官贵利禄）则问干禄，详阴暗隐蔽（自身与家人之关系及安康）之情则看支命。指岁星犯孤辰虽属支命，主阴暗隐蔽，但亦可以此鉴察干禄，即官贵利禄之事。若干于死墓绝胎处生，本无生气，其大运却行至长生、冠带、临官位上旺，所欲所获皆为祸生也。若支命在长生冠带临官旺处生，大运岁星犯孤辰而行至死墓绝胎位上，则发福也。

东疏曰，若小运岁星犯孤辰在阴辰，可察其官贵名望深浅；若小运岁星犯孤辰在阳辰，可鉴其自身与家人。小运岁星犯孤辰在阴辰，发旺于阴辰中，为大运之祸；小运岁星犯孤辰在阳辰，发旺于阳辰中，为大运之灾。东疏推岁星与王注李注不同。东疏曰：“推岁星者，寅以申为岁星，卯以丑，辰以子，巳以亥为岁星也，午以戌，未以酉，申以寅，酉以未，戌以午，反复皆以为岁星也。”其阳祸，指阳命岁星犯孤辰，共六个阳命，即子、寅、辰、午、申、戌也。将本岁星所在位属于该命三会方上建顺行一岁，实排一位，却临孤辰位是也。或将本岁星所在位属于该命三会方上建逆行一岁，实排一位，却临寡宿位是也。假如乙卯人四十八在丑，卯命以丑为岁星，丑所在位属于卯命三会木方，寅卯辰逆行一位为寡宿。推孤辰例寡宿例者，如寅卯辰人遇巳为孤辰，遇丑为寡宿也。其他仿此。东疏对“天年”未批注，但从此例可知其对“天年”理解与徐主相同，即“天年者，亦太岁也”。

［**万版**］寅卯辰人，巳为孤辰，丑为寡宿。其寅辰为阳之位，丑巳为阴之位，故曰“凭阴察其阳祸，岁星莫犯于孤辰”。巳午未人，以申为孤辰，辰为寡宿，未巳为阴之位，申辰为阳之位，故曰“恃阳鉴以阴灾，天年忌逢于寡宿”。“天年”犹小运也，“岁星”犹太岁也。阳以孤辰为重，阴以寡宿为重。徐曰：阴以阳为对，阳以阴为偶，言阳则未尝无阴，言阴则未尝无阳，故凭阴可以察阳，恃阳可以鉴阴。“岁星”者，太岁也，不可在孤辰之上。假令寅卯辰人，遇太岁在巳，寅人勾绞，卯人丧吊，辰人谓之控神杀，又谓之邀神杀，主阻碍抑塞。“天年”，亦太岁，不可在寡宿之上，如寅卯辰人，遇太岁在丑，辰人勾绞，卯人丧吊，寅人谓之窥神杀，又谓之迫神杀，主人窥窃、逼迫、陷害。其或三元刑战，岁运不和，是五行禄马为害之年，则为凶尤甚。

［**疏证**］万注前半部分至“阳以孤辰为重，阴以寡宿为重”为昙莹注，后半部分申明为徐注。释注本昙莹注曰“己未以申为孤辰，辰为寡宿，未巳为阴之位，辰申是阳之位”，万版与《五行精纪》所载昙莹注云皆为“巳午未人，以申为孤辰，辰为寡宿，未巳为阴之位，申辰为阳之位”，显然以后者为是。

此章诸家对“岁星”“天年”观点有差异。徐注曰，“岁星者，太岁也”，“天年者，亦太岁也”。昙莹注则曰，“天年犹小运也，岁星犹太岁也”。而万注则兼取徐注昙莹注二家见。考《五行精纪》所载“赵氏新注云：‘岁星’者，寅人在丑，丑人在寅，子人在卯，卯人在辰，辰人在亥，亥人在辰，巳人在戌，戌人在巳，午人在酉，酉人在午，未人在申，申人在未。'天年'者，子人在亥，亥人在子，丑人在戌，戌人在丑，寅人在酉，酉人在寅，卯人在申，申人在卯，辰人在未，未人在辰，巳人在午，午人在巳，岁星兼孤辰，天年兼寡宿，皆主孤独。"故王注李注与赵寔观点相同，而东疏"岁星"之见与诸家皆不同。考《五行大义》云："岁星，木之精，其位东方，主春，苍帝之子，人主之象，五星之长。司农之官，主福庆。凡有六名：一名摄提、二名重华、三名应星、四名缠星、五名纪星、六名修人星。其所主国，曰吴、齐。超舍而前为盈，退舍为缩。行邪则主邪，行正则主正。政急则行疾，政缓则行迟。酷则行阴，和则行阳，行阳则旱，行阴则水。治则顺度，乱则逆行。以其主岁，故名岁星。"由此可知，"岁星"主东方，为木，五星之长，一岁之首，后来发展为"太岁"之谓，徐注王注昙莹注皆持此见。故王注引《经》云："岁星，一行一次，四时一终。万物毕死，不可犯之。"指六十岁星（太岁）每行一次为四时（四季），一年而终，期间不可犯之，否则灾重必死也。亦有禄命家将"岁星"与孤辰、"天年"与寡宿相配，则非赋原义也。

（"岁星天年"诸家观点汇总表参见书后附录：表十二。）

第五十六章

先论二气，次课延生。父病推其子禄，妻灾课以夫年。

[徐注]“二气”者，阴阳也。“延生”者，命运也。分别阴阳，既分命运，自然回应。“父病推其子禄，妻灾［“妻火”不合］课以夫年”者，亦是明阴阳进退之象也。假令庚辰人十月生，庚金病在亥，是父母病也。庚生壬为子，壬禄［“禄壬”亦合］在亥，是子有禄也。“妻灾课以夫年”者，庚以乙为妻，大运到巳，乙木败于巳［“病于巳”合义］，是妻灾也。而庚金复得延年，是妻灾课以夫年，此大槩之论也。假令丙戌日生人，下取辛为妻年，辛生癸为子，却行亥子运，丙到亥子则衰病，而癸禄厚也。如壬癸日生人，行亥子运，则父母灾病或丁忧也。又丙以辛为妻，运行寅卯，辛金绝于寅卯，则妻灾也。却丙火逢生，是夫却得延年也。如丙丁日生，运行寅卯者，则灾或丧偶也，其余准此。

[疏证]徐注曰，“二气”者，阴阳二气也。“延生”者，命运也。分阴阳之命，别乾坤之造，定命运顺逆之序，自然则可回应祸福吉凶矣。“父病推其子禄”者，亦是明阴阳进退之象也。假如庚辰人十月生，庚以壬为子，遇亥为壬之临官，子之禄地，则庚金病在亥，则身为父母病也。“妻灾课以夫年”者，庚以乙为妻，大运到巳，乙木败于巳，是妻灾也。而庚金长生于巳复得延年，是谓妻灾则课以夫之年如何，此大概之论也。假如丙戌日生人，丙取辛为妻，辛生癸为子，却行亥子运，丙人到亥子则衰病，而癸为其子，则禄厚也。又如壬癸日生人，虽行亥子运得禄，则父母为金而灾病，或丁妻忧也。又如丙以辛为妻，运行寅卯，但辛金绝于寅卯，则妻灾，却丙火逢寅卯得生，是故丙自为夫却得延年也。如丙丁日生，庚辛运行寅卯为绝地，则妻灾或丧偶也，其余准此。

[新编]王注曰，“二气”者，大小二运也。五行寓于二运，得生气，则生之可延矣；得死气，则生之不可以延矣。人之修短死生之理，察大小

二运可以延推也，故为“先论二气，次课延生”者欤。“父病推其子禄，妻灾课以夫年”者，五行相生曰父子，相合者为夫妻，我生者曰子，生我者曰父，我克之谓妻，克我之谓夫，是此谓也。且以丙寅火大运至戊申，火虽病而以丙寅火为戊申之父，父虽病而戊申土至申而长生，其子禄既生，父承子禄之荫，而虽病亦不至于死也。《字说》曰：“火事已见灰，其藏深矣。”故曰“父病推其子禄”者欤。或丁卯火人行运至甲午，火克金为妻，至午而败，斯可谓“妻灾”矣。而以丁卯火旺在午，又逢天禄，金火相得，阴阳相合而生造化，所以妻随夫贵也。虽五行妻为之灾，以夫年之旺，旺而不为凶矣。

李注曰，“二气”者，禄马之气也。“延生”者，行年也。“父病推其子”者，命若遇凶神，则父患必深矣。若夫命遇凶神；则妻病亦深。禄马之气，卷末有例。

[疏证] 王注曰，“二气”者，为大小二运也。五行寓于二运，得生旺之地，则纳音生之可延矣；得死绝之地，则纳音生之不可以延矣。如丙寅纳音火人至庚寅运，遇寅为火之长生，兼得庚寅纳音木，则课其延生；如丙寅纳音火人至辛酉运，遇酉为火之死地，而得辛酉纳音木生之，亦不能课其延生也。大小皆吉则得福，大吉小凶或大凶小吉则平，大小皆凶则得祸。人命之长短死生之理，察大小二运可以延推，故谓“先论二气，次课延生”。可见王注认为此言是先论二运之气，后断是否延生之义。

王注曰，“父病推其子禄，妻灾课以夫年”者，五行相生曰父子，相合者为夫妻，我生者曰子，生我者曰父，我克之谓妻，克我之谓夫，此乃古法之谓也。如以丙寅纳音火人大运至戊申，火遇申虽病，而因丙寅纳音火为戊申纳音土之父，父火虽病而其子戊申土至申而长生；其子禄既得长生，父承子禄之荫，而虽病亦不至于死也。《字说》（疑为北宋王安石所著，今遗有辑本）曰：“火事已见灰，其藏深矣。”指火已病死，其气在墓中深藏，故惟有以其子土成败方可言之祸福。故曰“父病推其子禄”也。考宋朝江澄《道德真经疏义》曰：“若火事已而见灰，其藏深矣，不可测究，世何足以识之?”有大智若愚之义，故江疏又曰：“此颜子如愚，孔子贤之。”至于丁卯纳音火人行运至甲午纳音金，火克金为妻，金坐午自败，可谓妻灾矣。而因丁卯火人旺在午，又逢天禄丁在午，金火相得，阴阳相合（指火为阳为夫、金为阴为妻）而生造化，故妻随夫贵也。虽看五行妻为之灾地，因为夫年之旺，则妻不为凶矣。故曰“妻灾课以夫年。”

李注见下文。

[释注] 昙莹注曰，五行相生为父子，其为传受之气，青赤等类是也。阴阳相制为夫妻，其为交合之辰，支干等类是也。假令金病，无疑畏火，急求水以救之，盖金生水为子水克火，故也。又如金之灾者，恐值火也，且看火之休旺如何，盖克我者为夫，此乃救解二法最为详要。

[疏证] 五行相生为父子，彼此为传受之气，如木青生火赤等类是也。阴阳相制为夫妻，彼此为交合之辰，支干等类，干与干如甲己，支与支如申卯，干与支如甲午、丙申、戊子、庚寅、壬午是也。假如金病，无疑畏火再相侵，急求水以救之。因金生水为子水克火鬼，故“父病推其子禄”以相救也。又如金之灾者，虽恐值火也，姑且看火之休旺如何，盖女命以克我者为夫，如火处病败死绝之地，则妻不得其福，故“妻灾课以夫年”以得解也。断人命祸福以五行救解二法最为详要。

[新雕] 李注曰，“二气”者，阴阳二气也［“二气者，禄马之气也”不合］。〈阳男阴女气有逆顺，故须先论。〉谓“延生”者，行年也。父病推其子禄，若［“命若”合义］遇凶神，则父患则必深。若夫命遇凶神，则妻病亦深。［禄马之气，卷末有例。］

东疏曰，“二气”，天地也。阳为干禄，阴为支命。支干二气课筭延生之数也。“父病推其子禄”，其子小运有克禄鬼在父死之位，父凶也。夫妻同此，若有克禄鬼在夫位、妻位，来往相刑位上，亦然。

[疏证]《新雕》李注曰，“先论二气”者，“二气”，阴阳也。阳男阴女气有逆顺，故须“先论”。“次课延生”者，“课”，占卜也；“延生”，即行年小运也。此二句指推命测运需先论男女阴阳，阳男阴女顺起大运，阴男阳女逆起大运，然后再论行年小运（参见上文第三章东疏）。“父病推其子禄，若遇凶神则父患。”指子禄遇凶神则难以制鬼，如木之火为子，火禄处申酉为死绝，难以制金，故木受金克，父病则必深。“若夫命遇凶神，则妻病亦深”，如丁酉纳音火人遇辛亥孤辰为凶神，辛亥纳音金为妻处病地，故夫命遇凶，则妻病尤深也。上一章李注以“生我者为母”是从伦理

角度而言，此处以木火作父子则是出于福荫关系来推演，与当时社会世袭环境相适应。清朝任铁樵先生在《滴天髓阐微》中曰："子平之法，以财为妻，财是我克。人以财来侍我，此理出于正论，又以财为父者，乃后人谬也。若据此为确论，则翁女同宗，岂不失伦常乎?"其实从父克母为妻伦理角度看，我将父当作财看亦不无妥当，况且在漫长的男权社会中，家庭经济来源大都以父财为主。《新编》李注曰为"二气者，禄马之气也"，且注末有"禄马之气，卷末有例"，但本注中无驿马之述，故以《新雕》合义。

东疏曰，"二气"指天地也，阳为干禄，阴为支命。支干二气是课筭（"筭"为"算"之异体字）延生（按下句理解，此处"延生"是指小运）之数也。"父病推其子禄"者，指子（命主）小运有克禄之鬼，此鬼（克禄之气）又在父死之位，父凶也。如木青生火赤为子，丙逢壬为克禄之鬼，此鬼又在父死之位为壬午，午为甲死之地，甲为丙之父也。"夫妻同此，若有克禄鬼在夫位、妻位，来往相刑位上，亦然。"如甲申人遇庚为克禄鬼，寅为妻己土死之地，庚寅又与甲申相刑是也。

［万版］五行相生为父子，其为传受之气，青赤等类是也。阴阳相制为夫妻，其为交合之辰，支干等类是也。假令金病，无疑畏火，急求水以救之，以金生水为子，能克火故也。又如金之灾者，恐值火也，且看火之休旺何如，此乃救解二法，最为详要。徐曰："二气"者，阴阳也。"延生"者，命运也。先别阴阳，次分命运。父病二句，是明阴阳进退之象也。假令庚辰人，十月生，庚金病于亥，是"父病"也。庚生壬为子，壬禄在亥，是子有禄也。庚以乙为妻，大运到巳，乙木病于巳，是"妻灾"也，而庚金复得延年，五行俱如此类。如壬癸日生人，以庚辛为父，行亥子运，金病死亥子，主父母灾，或丁忧。丙丁日生人，以庚辛为妻，行寅卯运，金绝寅卯，主妻灾或丧偶。又如丙寅人，大运至戊申，火虽病，而丙寅为戊申之父，土至申长生，子禄既生，父承子禄之荫，虽病亦不至死。如丁卯人，行运至甲午，火克金为妻，金至午而败，可谓"妻灾"。丁卯火旺于午，又逢天禄，金火相得，阴阳相合，虽五行妻灾，以夫年旺而不为凶。盖父子天合，夫妻人合，是人之至亲骨肉也。故观其夫子之命

遇凶神恶杀，当刑伤父母妻子，则父病必深，妻灾必重。

［疏证］万注前半部分为昙莹注。中间部分标明为徐注，但阙“假令丙戌日生人”一例。后部分“又如丙寅人”至注末则基本出自王注，由于万注对其文句重新组合，部分文义略有变化，下面本书按万注完整起疏：

又如丙寅火人，大运至戊申土，火遇申虽病，而丙寅火为戊申土之父，子土至申长生（水土同行），子禄既遇生地，父承子禄之荫，虽病亦不至死。又如丁卯火人，行运至甲午金，火克金为妻，金至午而败，可谓妻灾。但丁卯火人旺于午，又自逢天禄丁火（“天禄”参见第二十四章李注）；火见金为财为妻，金见火为官为夫，谓之彼此相得；火为阳，金为阴，可谓彼此阴阳相合。故虽丁卯火人遇午为五行妻灾，却以夫年旺而不为凶，即妻凭夫贵也。大概来说，父子、夫妻关系之紧密，是人之至亲骨肉所致也。故观其夫子之命遇凶神恶杀，当断其刑伤父母妻子，即子凶父病必深，夫伤妻灾必重也。

以上所言，其观点与诸家有区别。如诸注皆立足于父病推其子禄，反则子禄断其父病，或妻灾课以夫旺，反则夫旺断其妻灾。万注则立足于父子、夫妻之间要相互参照，只要命主自身遇凶是否有六亲相救，或凶神强弱如何，有救者适当减免，反之尤重。

第五十七章

三宫元吉，祸迟可以延推。始末皆凶，灾忽来而迅速。[①]

［徐注］前论阴阳之始终，此说人命有吉凶。如命内天元、人元、支元，内外岁月时中值贵禄，不居休败，或值行年太岁运同乖危［“运命乖危”不合］之地，虽是凶运，然亦可推祸以迟延也。夫何故？以根基主本，三元元吉，故也。若三元内外，虽有禄马贵气，却八字中冲刑破害，不唯有贵而不贵，又终为凶人之命也。如遇吉运，则防因福生祸，则灾忽来而迅速，故也。

［疏证］徐注曰“前论阴阳之始终，此说人命有吉凶”，指前章论阴阳之别对人命祸福有何影响，此章则说三宫先天之状态对人命岁运吉凶有何影响。认为“三宫”即天元、人元、支元。如命内天元、人元、支元，内外岁、月、时中值贵禄（徐以官贵为禄），且不居休败，即使值行年、太岁、大运同临乖危之地，虽是凶运，然亦可推祸以迟延也。为何如此？因世间万物以根基主本，人命四柱三元原本为吉（“三元元吉”之“元吉”指原命吉祥也），故遇行年、岁运虽凶，亦可推祸以迟延也。反之，若三元内外虽有禄马贵气（“禄马”参见上文第二章徐注），却八字中冲刑破害，不仅是有贵而不贵，反而终为凶人之命也。此类命造即使遇到吉运，亦需防因福生祸。如复遇凶运，则灾忽来而迅速。徐以原命四柱为“始”，以岁运为“末”。命运始末遇恶煞及冲刑破害，则灾祸速速也。

［新编］王注曰，生死者，虽圣人不可以为知也。虽然以五行三元推之，亦可以预定其修短也。“三宫元吉”，曰乃禄命身三元长生之宫也。四柱寓之，是宫得逢禄马贵人，五行生旺，虽行年岁运逢凶神恶杀欲为之祸，或病者寓之于其中，以三宫元吉亦可延推其寿，筭而不为夭折者哉。

① 万版为“祸逢可以延推”。

三元五行无气加以恶杀来临，为福之深，故曰“灾忽来而迅速”。

李注曰，此论九宫看灾临迟速。“三宫”者，一吉，二宜，三生，此为三吉宫也。四杀，五鬼，六害，七伤，八难，九厄，此为五凶宫也。“元”者，始也。谓人之生处元得三宫吉位为始，行年到凶位五处为末，此为始吉终凶，祸迟灾慢，故可延而推之。假令上元甲子阳男得一宫，为其始吉，至三十四岁五鬼为凶，此是甲子人始吉终凶。云“始末皆凶”者，假令上元己巳阴男，元得五凶宫年为始，三十岁命入中宫，此为始末皆凶，灾来必速也。

[疏证] 王注曰，生与死，虽为圣人亦不可以预知也。然而以五行三元推之，却可以预定其命长短也。“三宫元吉”，乃禄命身三元原处长生之宫也。四柱寓之，此宫得逢禄马贵人，又五行生旺，虽行年岁运逢凶神恶杀欲为之祸，或病者寓之于其中，因三宫原吉亦可延推其寿，推算不为夭折也。反之三元五行原无气，加以行年岁运恶杀来临，为祸极深，故曰“灾忽来而迅速”。

李注见下文。

[释注] 昙莹注曰，三元得地而吉，四柱递合为祟。盖“三元”者，禄命身也。互乘［“五乘”不合］旺气，福德加临，如此者得祸延迟，获福非鲜，其或始终驳克，高下相陵，则福且远矣，灾来速矣。

[疏证] 昙莹注曰，三元得地旺而吉，四柱递合（交替相合）为祟。盖“三元”者，干禄、支命、纳音身也，互乘旺气，福德加临，如此者即使得祸亦可延迟，获福非鲜（少、浅）也。其命或始终驳（参杂）克（刑冲克害），高下相陵（相侵），则福至且远矣，灾来而速矣。

[新雕] 李注曰，此论九宫看灾福［“灾临”合义］迟速。“三宫”者，一吉，二宜，三生，此为“三吉宫”也。四杀，五鬼，六害，七伤，八难，九厄，此为“五凶宫”也。“元”者，始也。谓人之生处元得三宫吉位为始，行年到凶位五处为末，此为始吉终凶，祸迟灾慢，故可延而推之。假令上元甲子阳男得一宫，为其始吉，至三十四岁五鬼为凶，此是甲子人始吉终凶。云“始末皆凶”者，假令上元己巳阴男，元得五凶宫为始［“宫年为始”不合］，三十岁命入中宫，此为始末皆凶，灾来必速也。

东疏曰，“三宫元吉”者，是三元本吉宫。又“三命”天元干禄、地元支命、人元纳音身也。“元吉”者，受胎所五行得生旺共月，三命又建生时，禄命有力。若运上逢恶杀、天罡、河魁、灾杀、六厄所临，祸可以延推，必慢也。若胎月生月与生时禄命身在五行死绝墓胎，若遇末位，所名“始末皆凶，灾来迅速”也，余课准此。

[疏证] 李注本章围绕三元九宫论命展开。

九宫图：

巽 （辰、巳） 四杀	离 （丙丁、午） 九厄	坤 （女未、申） 二宜
震 （甲乙、卯） 三生	中央 （戊己、男未女丑） 五鬼	兑 （庚辛、酉） 七伤
艮 （寅、男丑） 八难	坎 （壬癸、子） 一吉	乾 （亥戌） 六害

李注认为此章是论九宫看灾临迟速，而诸家观点皆放在禄命范围内阐述。

李注曰，“三宫”者，一吉、二宜、三生，此为“三吉宫”也。四杀、五鬼、六害、七伤、八难、九厄，此为“五凶宫”也。“元”者，始也。谓人之生年处得三宫吉位为始，行年到凶位五处为凶末，即为始吉终凶。如此则祸迟灾慢，可延而推灾降临也。推论“三元九宫”，须分上、中、下三元，一元六十年，每元甲子年起宫位置皆不同。九宫分坎一宫、坤二宫、震三宫、巽四宫、中五宫、乾六宫、兑七宫、艮八宫、离九宫，分别配以一吉、二宜、三生、四煞、五鬼、六害、七伤、八难、九厄之神杀。据敦煌考古所发现星命古籍残本中有推男女行年九宫“三生五鬼法”：

男子上元丙寅八宫起，八、七、六、五、三、四、二、一、九。

男子中元丙寅二宫起，二、一、九、八、七、六、五、四、三。

男子下元丙寅五宫起，五、四、三、二、一、九、八、七、六。

女子上元壬申二宫起，二、三、四、五、六、七、八、九、一。

女子中元壬申五宫起，五、六、七、八、九、一、二、三、四。

女子下元壬申八宫起，八、九、一、二、三、四、五、六、七。

先看上元甲子阳男，按男命“上元甲子起一宫”，推得第一宫坎卦位，为“一吉”命宫，故“为其始吉”。男命行年（小运）起丙寅，男子上元八宫起推，三十四岁小运己亥行年入坤二宫转入中五宫，为五鬼凶宫（男二女八入五宫），故谓“此是甲子人始吉终凶”也。

再看上元己巳阴男，按男命“上元甲子起一宫”，按罡步逆推至第六宫得中五为命宫，故谓“元得五凶宫年为始”，即原命宫在中五宫为五鬼凶宫。男命小运起丙寅，男子上元丙寅八宫起推，三十一岁小运己亥行年入中五宫为五鬼（《新雕》和《新编》皆讹为“三十岁命入中宫”），亦为凶宫。此为“始末皆凶”，灾来必速也。（参见书后附录：略谈“三元九宫”起推法。）

东疏曰，“三宫元吉”者，“三元”是指三命，即天元干禄、地元支命、人元纳音身也。（不同于王、李二注以干禄为天元，以地元为人元，以纳音为地元，亦与其上文第四十章观点不同。参见书后附录：表六。）“元吉”者，是指三命受胎月所得五行生旺，并又建旺于生时（即生月、生时），故禄命有力，若运上逢恶杀、天罡、河魁、灾杀、六厄所临，则祸可以延推，凶必慢也。若禄命身三命遇胎月、生月与生时皆在五行死绝墓胎，胎主祖宗，月主早限，日主中限，时在末位主晚限，故所名“始末皆凶”，则逢灾运而祸来迅速也。余课准此。

［万版］“三宫”，乃禄命身三元。三元长生之宫，四柱寓居是宫，逢禄马贵人，五行生旺，谓之“元吉”。虽行年岁运逢凶神恶杀，欲为之祸，亦迟延而不至于夭折。三元五行无气，加以岁运凶神恶杀来临，是始末皆

凶，其祸之至，迅速而不可救。徐曰：前论阴阳始终，此说人命吉凶，如命内天元、人元、支元，内外岁月时中值贵禄，不居休败，是根基主本，三元元吉，或值行年、太岁、运命乖危之地，然亦可以推祸以迟延也。若三元内外，虽有禄马贵气，却八字中冲刑破害，不唯有贵而不贵，又终为凶人之命。如遇吉运，则防因福生祸；遇凶运，则灾忽来而迅速。二解同一义也。

［**疏证**］万注上半部分“三宫”至“迅速而不可救”句，基本出自王注，下半部分标明所引为徐注。此将上半部分起疏如下：

“三宫”乃禄命身三元。三元在长生之宫，又四柱寓居此宫之位，逢禄马贵人，并五行生旺，谓之“元吉”。虽逢行年岁运逢凶神恶杀，欲为之以祸，亦迟延而不至于夭折。假如三元五行无气，加以岁运凶神恶杀来临。是谓始末皆凶，其祸之降临，迅速而不可救也。

诸家对“三宫元吉”观点简列如下：

徐注：如命内天元、人元、支元，内外岁月时中值贵禄，不居休败。

王注：三宫元吉，曰乃禄命身三元长生之宫也。四柱寓之，是宫得逢禄马贵人，五行生旺。

李注：“三宫”者，一吉，二宜，三生，此为三吉宫也。四杀，五鬼，六害，七伤，八难，九厄，此为五凶宫也。“元”者，始也。谓人之生处元得三宫吉位为始，行年到凶位五处为末，此为始吉终凶，祸迟灾慢，故可延而推之。

昙莹注：三元得地而吉，四柱递合为崇。盖“三元”者，禄命身也。

东疏：又“三命”天元干禄、地元支命、人元纳音身也。“元吉”者，受胎所五行得生旺共月，三命又建生时，禄命有力。

万注：同王注。

（“三元”诸家观点汇总参见本书附录：表六）

第五十八章

宅墓受杀，落梁尘以呻吟。丧吊临人，变宫商为薤露。[①]

［徐注］岁命前后五辰为“宅墓”，人生日时与岁运不宜，逢之受杀也。如见丙丁是腾蛇，见戊己即是勾陈，见庚辛即是白虎，见壬癸即是玄武，见甲乙即是青龙。看类而［“类丙”不合］言之，故云“受杀”。凡遇此者，皆主家宅阴小财畜不和［“不利”合义］。岁命前后二辰为“丧吊”，如人岁运日时犯之，主孝服哭泣，轻者外服远亲，不利家宅［“不利家宅迁改”合义］，骨肉离异。

［疏证］徐曰，岁命前五辰为“宅”，后五辰为“墓”。人生之日时与岁运逢之不宜，谓“受杀”也。如宅墓见丙丁是腾蛇，主惊恐怖畏；见戊己即是勾陈，主官司诤讼；见庚辛即是白虎，主病灾杀戮；见壬癸即是玄武，主亡遗盗贼；见甲乙即是青龙，主钱财得而复失，看类而言之，故云“受杀”。凡遇此者，皆主家宅、阴小（即妻为阴、子为小）、财畜不利。岁命前二辰为“丧门”，后二辰为“吊客”，人生之日时与岁运犯之，主孝服哭泣，轻者外服远亲，不利家宅迁移及其骨肉离异。

不过，上文第八章王注曾批驳前人《消息赋》注解“以勾陈真武二神取其宅位，以决吉凶。”可见徐注将腾蛇、勾陈、白虎、玄武、青龙等六神（遗漏朱雀）与宅墓相联系，亦是参照前人之观点。《五行精纪》载：“凡命前五辰为宅舍，若遇有气之乡，及有吉神临之，主有好宅舍，门阀崇峻，宗族贵盛，子孙华显。”徐注将宅墓遇青龙皆谓之“受杀”，则言之过甚矣。但不管如何，凡神煞当依上一章所谓“三宫元吉，祸迟可以延推。始末皆凶，灾忽来而迅速”去推，方验。

［新编］王注曰，阳以动为体，主进，其道也顺；阴以静为体，主退，

① 释注本为“丧吊临门”。

其道也逆。所谓“宅墓”者，阴阳二宅也。阳宅之宅，故曰命前顺数五辰者是也；阴墓之墓，故曰命后五辰逆数者是也。或遇行年太岁带杀，未破本命二宅，其家纵使歌落梁尘，忽变作灾而为呻吟之声，更若丧门吊客来临人元，则变宫商而为薤露之音矣。君甲子生人，以巳为宅，以未为墓，或遇戊子岁运，巳上受子之劫杀，未上受子之岁杀，戊子火克甲子金为本家之鬼，此所谓“宅墓受杀，落梁尘以呻吟”者欤。子命前二辰寅为丧门，后二辰戌为吊客，行年岁运更加其上，所谓“丧吊临人元”。所谓“呻吟”者，必不可救矣，而变宫商为薤露也。

李注曰，《竹轮经》云：“甲子生人以己巳为宅，以未上为墓。”命前五辰为“宅”，命后五辰为“墓”。“受杀”者，假如太岁遇申子辰年，劫杀在巳，灾杀在午，天杀在未，是宅墓受其三煞，必生伤败亡失，可以回避免灾。《易》云：“移宫避会，可免灾厄。”若就宅不移，必见妨害灾厄也。又论宅墓二位，若遇逐年太岁丧门、吊客、黄幡、豹尾、太阴、大耗、将军诸恶杀入宅者，一主呻吟，二主忍痛，三主分离，四主哭泣，此为四声入宅皆不祥也。古人有歌者落其梁尘，既宅墓受杀，反为呻吟之声，丧门吊客临人宅墓，则变宫商之乐而为《薤露》挽歌之曲。

[疏证] 王注曰，阳以动为体，主进，其道顺行；阴以静为体，主退，其道逆行。所谓“宅墓”者，阴阳二宅也。“宅”是对阳宅而言，故曰命前顺数五辰者是也；“墓”是针对阴墓而言，故曰命后五辰逆数者是也。如遇行年太岁带杀来破（原注文“未破”应为“来破”之讹）本命二宅，其家有歌落梁尘之忧，忽变作灾而为呻吟之声；或如遇丧门吊客来临人元（第一章王注曰：“故中有十二支主命，谓之人元。”），则变宫商而为薤露之音（参见下文昙莹注）。如君为甲子年生纳音金人，命带巳为宅、未为墓，或遇戊子纳音火岁运，加上巳为子人劫杀，未为子人岁杀（即劫杀前一辰为灾杀，前二辰为岁杀），戊子火克甲子金为本家之鬼，此所谓“宅墓受杀，落梁尘以呻吟”也。从三命看，甲禄处巳午为病死，遇子为败；人元子命逢宅墓受杀；地元纳音身逢本家鬼克，故三元皆死也。或甲子带宅墓见前二辰寅为“丧门”、后二辰戌为“吊客”，行年岁运遇之，此所谓“丧吊临人元”也。所谓“呻吟”者，必不可救矣，而“变宫商为薤露”也。

［释注］昙莹注曰，古之善歌者有绕梁之声，善唱者合宫商之曲。今易以呻吟愁叹变为《薤露》挽歌，则“丧吊临门”“宅墓受杀”故也。常以命前五辰为“宅”，命后五辰为“墓”，又以命前二辰为“丧门”，命后二辰为“吊客”，其或太岁凶杀临并，大小运限刑冲，必致凶祸，切宜预避［“预备”不合］。

［疏证］昙莹注曰，古之歌者有绕梁之声，善唱者合宫商之曲（宫、商、角、徵、羽为古代五音，“宫商”泛指曲调）。今因命逢丧吊，又临门宅墓受杀，故呻吟愁叹而曲落梁尘（优美之曲可绕梁，呻吟愁叹如落梁之尘也），变宫商之调为《薤露》挽歌也。“薤（xiè）”，一种细长叶子植物；“露”，露水。北宋学者郭茂倩收编之《乐府诗集·相和歌辞二·薤露》歌云：“薤上露，何易晞。露晞明朝更复落，人死一去何时归。”后人将其作为古代挽歌代表来引用。常以命前五辰为“宅”，命后五辰为“墓”，又以命前二辰为“丧门”，命后二辰为“吊客”。在岁运逢宅墓丧吊同时，又逢太岁凶杀临并，大小运限来刑冲，必致凶祸，切宜预避。

［新雕］李注曰，《竹轮经》云：“甲子生人以己巳为宅，以未上为墓。”［命前五辰为“宅”，命后五辰为“墓”。“受杀”者，］假令太岁遇申子辰年，劫杀在巳，灾杀在午，天杀在未，是宅墓又三杀，必定伤败亡失，可回门易户［“可以回避免灾”不合］。［《易》云］：“移宫避会，可免灾厄。”若就宅不移，必见灾厄妨滞。此论宅墓二位，〈命前五辰为宅，命后五辰为墓〉，若遇逐年随太岁丧门、吊客、黄幡、豹尾、太阴、大耗、将军诸恶杀入宅者，〈各为四声入宅〉，一主呻吟，二主忍痛，三主分离，四主哭泣，［此为四声入宅］皆不祥。古人善歌者落其梁尘，既宅墓受杀，则支为［“反为”合义］呻吟之声，丧门吊客临人宅墓，则变宫商之乐而为《薤露》挽歌之曲也。

东疏曰，命前五辰为“宅”，命后五辰为“墓”。若宅是金，以丑为宅墓；况宅是木，以未为宅墓，其余准此求之。若小运入宅墓，以逐年太岁下杀投于本命，正为本命授杀也。其杀者，七杀者，七杀也。唯劫与灾及亡辰三杀最紧也。假令申人以后五辰是卯木为宅本，以五子小运入宅也。若逐年太岁在巳，以巳酉丑起寅为劫杀，卯为灾杀，辰为岁杀，巳为天杀，午为月杀，未为地杀，申为亡辰，其申受亡辰之杀，运入宅墓受杀也。如此即变梁尘歌尽作呻吟之声也。小运在卯后二辰，丑为吊客。若前二辰即是元本丧门也，值此使宫商之调变为《薤露》挽歌也。

［**疏证**］李注曰，《竹轮经》云："甲子生人以己巳为宅，以未上为墓。"命前五辰为"宅"，命后五辰为"墓"。"受杀"者，假如太岁申子辰年生人遇巳为劫杀，遇午为灾杀，遇未为天杀，则甲子人遇巳未是宅墓又是三杀（巳未为其中之二杀），必定伤败亡失。故可回门（拒出门）易户（迁家居）。《易经》云："移宫避会，可免灾厄。"（《易经》中无此言）指迁移宫殿，避外聚会，可免灾厄。若将就原宅不移，必见灾厄妨滞。根据《竹轮经》观点，李注认为宅墓二位，即命前五辰为"宅"，命后五辰为"墓"，要与逐年（流年）随当年太岁丧门、吊客、黄幡、豹尾、太阴、大耗、将军等联系起来，若遇逐年诸恶杀入宅墓者，则名为四声入宅，一主呻吟，二主忍痛，三主分离，四主哭泣，此四声皆主不祥。古人遇此者，使善歌者落其梁尘，成为呻吟之声；使宫商之乐，变为《薤露》挽歌之曲也。

清朝康熙年间《御定星历考原》（卷二）对黄幡、豹尾、太阴、大耗、将军（大将军）均有解释：

引《广圣历》曰："黄幡者，寅午戌岁在戌；申子辰岁在辰；亥卯未岁在未；巳酉丑岁在丑。"

又曰："豹尾者，亦旌旗之象。用豹尾为之，盖取所向疾速之义也。常居黄幡对冲，其所在之方，不可嫁娶、纳奴婢、进六畜及兴造。犯之者，破财物损小口。"即寅午戌岁在辰；申子辰岁在戌；亥卯未岁在丑；巳酉丑岁在未也。

又引《神枢经》曰："太阴者，岁后也，常居岁后二辰。所理之地，不可兴修。"如子年则在戌，丑年则在亥，寅年则在子，与吊客同也。

又引《明时总要》曰"常居岁冲之地"为大耗。其永与丧门、吊客相会，即午人以申为丧门、以辰吊客，则三合水拱子为大耗也。

又曰"大将军者，统御武臣之职，有护卫虎贲之象。故居四正之位，而从岁君之后。如寅卯辰岁在东方，则居正北（即子）；己午未岁在南方，则居正东（即卯）；申酉戌岁在西方，则居正南（即午）；亥子壬岁在北方，则居正西（酉）也。"

东疏曰，命前五辰为“宅”，命后五辰为“墓”。另有一说，“若宅（“干禄本位住处为宅”参见下文第六十四章东疏）是金，以丑为宅墓，况宅是木，以未为宅墓，其余准此求之”，即金人以见丑为宅墓，木人以未为宅墓等等，不必非按命前后五辰推。若看小运入宅墓，则以流年太岁起杀定宅墓投于本命，正为本命授杀也。其杀者，是指七杀，即劫杀、灾杀、岁杀、天杀、月杀、地杀、亡辰。七杀中，唯劫与灾及亡辰三杀最紧也。假如申人以后五辰是卯木为宅墓，本以五子中（即甲子、丙子、戊子、庚子、壬子）小运（即丁卯、己卯、辛卯、癸卯、乙卯五干支）入宅墓也。若按前句“若小运入宅墓，以逐年太岁下杀投于本命，正为本命授杀也”解，是指若逐年太岁在巳，以巳酉丑起寅为劫杀，卯为灾杀，辰为岁杀，巳为天杀，午为月杀，未为地杀，申为亡辰，则卯为小运又逢逐年灾杀投于本命；如丑人后五辰是申金为宅墓小运，逐年太岁在巳，其申受亡辰之杀，则谓小运入宅墓受杀，如此即变成梁尘歌尽作呻吟之声也。反之，宅墓卯为太岁，卯后二辰是丑为吊客小运，若在卯前二辰是巳，小运即是元本丧门也，则谓宅墓太岁与丧吊小运临人命，值此使宫商之调变为《薤露》挽歌也。东疏不但以逐年太岁定杀有别与其他命家，其轻大运重小运及逐年（流年）太岁之观点亦与众家不同。

［万版］命前五辰为宅，命后五辰为墓。“杀”，劫杀、灾杀、岁杀也。命前二辰为“丧门”，命后二辰为“吊客”。“人”，人元也。古之善歌者有绕梁之声；善唱者合宫商之曲。今易以呻吟愁叹变为《薤露》挽歌，则丧吊临门宅基受杀，故也。其或太岁、凶杀临并，大、小运限刑冲，必致凶祸，切宜预备。或宅墓二位，若遇逐年太岁、丧门、吊客、黄旗、豹尾、太阴、大耗、将军诸恶杀入宅，一主呻吟，二主忍痛，三主分离，四主哭泣，此为四声入宅。或云移居避舍，可免。此言流岁所遇之凶杀也，人命原有尤重。

［疏证］万注前半部分至“必致凶祸，切宜预备”句为引昙莹注，其中“‘杀’，劫杀、灾杀、岁杀也”出自李注“‘受杀’者，假令太岁遇申子辰年，劫杀在巳，灾杀在午，天杀在未”。后半部分除最后“此言流岁所遇之凶杀也，人命原有尤重”句外为引李注。

第五十九章

干推两重，防灾于元首之间。支折三轻，慎祸于股肱之内。下元一气，周居去住之期。[①]

［徐注］假令壬寅人逢戊为太岁、戊为月建者，两戊克壬，则为干推两重。遇之者为元首头目之灾，轻者为股肱之患也，此论未祥。此赋意论三元动静之理，物我轻重之别，四时变通之义。如壬寅人，壬为天元，为首，为尊长，见戊谓之七杀。如遇戊为太岁，为尊长，太岁则大人尊长之事，是以太岁为尊，月建为卑也。此谓支干推也，推则有刚柔相推之义。两重者，视壬与戊两干势孰重，戊重则克［“财克”不合］壬，防有尊长不喜，不利见大人。壬重，见戊不我克，唯人事而已，或头目作疾，此太岁之事也。与月建相克者轻，戊重则僚友不和，壬重则小人为害，或腰膝作疾。更月［“更取”不合］支下三合，如或有救，则为灾轻也。折有变义，故云“支折三轻，慎祸于股肱之内”，此月建之事也。上文论干禄支命，天元十干常动，地元十二支常静。复言下元一气者，支也。以壬为天元，如四柱别有丁或有已，则壬应而合之，或为官印，或为财帛，是干未常不动也。支者虽遇巳时［“四时”不合］，周流往还变易，而支未常不静也。“周”者，循环也。“居”者，安居也。“期”者，如期限之期。“去住”者，气也。此言四时周流循环，无有终始，〈无有〉穷极，而下元之辰，未尝不善守其限也，只可以三合取之。或干克太岁者，看两干势力轻重而言之，或为尊长头目之灾，或在僚友左右之嫉［“之侧”不合］，此与轻重较量［“降量”不合］不殊。

［疏证］假如壬寅人逢戊为太岁和月建者，两戊克壬，则为“干推两重”。原赋文对遇之者（即干推两重），重为元首头目之灾，轻者为股肱

① 释注本为“防灾于元首之门”。

（股，大腿；肱，胳膊）之患，未作详论。其实赋意是论三元动静之理，物我轻重之别，四时变通之义。如壬寅人，壬为天元，相对于地元（徐注以地支作为地元）来讲为首为尊长。壬见戊谓之七杀，如遇戊为太岁，太岁则大人尊长之事，故同为天元，则壬以戊为尊长。又太岁月建同为七杀，则以太岁为尊，月建为卑也。此谓支干推也，即次主之分。有支干即次主之分，然后推则有刚柔相推之义也。“两重”者，是指物我两者轻重之别，如视壬与戊两干势孰重，戊杀重则克壬日（徐注以日干为我），防有尊长不喜，不利见大人，即不利见长官；壬日重见戊，不使我被克伤，唯人事纠纷而已，或头目作疾，此属犯太岁之事也。日与月建相克者轻，如壬日见戊月，戊重则僚友不和，壬重则小人为害，或腰膝作疾。认为“支折三轻”，是指“干推两重”只要“更（再）月支下三合，如或有救，则为灾轻也”。并曰“‘折’有‘变’义”，据此可理解为，“支”指“支辰”，“折”指“变成”，“三”指“三合”，“轻”指“灾轻”。故云“支折三轻，慎祸于股肱之内”。又曰“此月建之事也”。为何不言年支，而独以月支下三合有救为灾轻耶？盖子平以日主得月令之气为喜，较之年支，月支下三合三会更得真旺之气。故“更月支下三合，如或有救，则为灾轻也”，是指壬日逢太岁或流月戊杀，只要命中得月支下三合水局或三会水方，则为有救而灾轻也。

上文（指“干推两重，防灾于元首之间；支折三轻，慎祸于股肱之内”）论干禄支命（徐注对“禄“有二种提法，一种是看四柱地支是否临官，一种是看官禄。参见上文第二章徐注），论干禄是指论干或支之临官受生克，论支命是指论地支刑冲合会，如前曰“更月支下三合，如或有救，则为灾轻也”。天干为阳，地支为阴，故天元十干常动，地元十二支常静。由于徐注以地元而不以纳音为下元，故“复言下元一气者，支也”。以壬为天元，如四柱别有丁或有己，则壬应而合丁为财帛，或受己克为官印，故是干受生克合化未常不动，即天元主动也。“支者虽遇巳时，周流往还变易，而支未常不静也”之句，按开头“假令壬寅人”推，则寅为地元，遇巳相刑，且为金长生之地相冲克，故周流十二支往还有变易，但虽如此却难以改变其地支主静之特点。“周”者，循环也。“居”者，安居也。“期”者，如期限之期。“去住”者，气也。此言四时周流循环，无有终始，无有穷极，“而下元之辰，未尝不善守其限也，只可以三合取之”是指下元之辰虽无法摆脱“周流往还变易”之轮回，但可取三合三会守稳避凶，“如或有救，则为灾轻也”。干虽主动，亦非皆美。如日主与太岁相克而动者，看两干势力轻重而言之，或为尊长头目之灾，或在僚友左右之嫉，此与人际轻重较量无区别。

［**新编**］王注曰，以干为禄，以支为命，以纳音为身之谓“三命”，又曰“三元”，此后论三元所主之意。所谓“干推两重”者，干为天元，以象元首，遇德见官者吉，逢杀值鬼者凶。如甲子生得庚午月，见庚为禄干之鬼，加以庚午之日，是一甲不胜两庚之制，为禄鬼之重也。故防灾元首之间，重者主伤于父母家长，轻则有头目之疾，盖干以象元首之义也。“支折三轻”者，支由人之肢节也，主之于命，或带三合六合者吉，逢四冲三刑者凶。“三折”者，如辛酉人得庚寅月丁巳日戊申时，寅以刑巳、巳以刑申，此所谓“五行相战”。三折相刑，会四孟破碎，归于本命，斯可以之谓灾矣！其所以不为灾之甚者，刑不刑于命，故谓之“三轻”也。重者，则防害于本命；轻则防肢节手足之患。盖支以象股肱之义也。“三刑”者，如丑戌未者亦是也。下元气者，以纳音为身之谓，下元也。是五行之福气，则为刚为柔，相继相治，循环于命，周而复始，积之以为福，灾之以为祸。故曰“周居去住之期”者欤。

李注曰，此论十干，遇大运在本命上值干克反太岁，干克名为鬼临头，则患头面之疾也。此论十二支辰，若身命逢生死旺五鬼，须有四肢腰脚之疾，此于干为轻也，复言气运。《陶隐居歌》曰：“甲己五年乙庚四，丙辛三岁丁壬二，戊癸须从一岁推。只有纳音行运气，相生福德相克凶。五行比顺皆如意，金人遇金防凶祸，木人见木营求遂，水人慎水主动摇，运顺气逆还须记。”假令癸酉人命男三月生，三月建丙辰，便从丙辰起三岁，丁巳十二岁，此五年纳音是土，别无刑克。戊午住二年，己未住五年，此六年纳音是火，金遇火凶。庚申上四年，辛酉三年，此十年纳音是木，自十二至十八营求称遂。仿此循环数之，亦多有取生日或生时六合纳音为气。其如一住十年，以此详之，不长于此，或一宫住五年，或住一年，故云“去住之期”。《经》云：气旺未午运，旺是大运见。或在恶处，三命与禄马二气皆长，仍当以此参考，以定生死。若大运住在旺乡，设使气有相制，则不能为害。

[**疏证**] 王注曰，以干为禄，以支为命，以纳音为身之谓“三命”，又曰“三元”，后人论三元所含之意则为“三命”也。所谓“干推两重”者，干为天元，以喻元首，故以干遇德见官者吉，逢杀值鬼者凶。如甲子人生得庚午月，见庚为禄干之鬼，再加以庚午之日，是一甲不胜两庚之克，为禄鬼之重也。故防灾元首之间，重者主伤于父母家长，轻则自有头目之疾，乃天干象命主元首之义也。“支折三轻”者，支犹如人之肢节也，主之于命，如带三合六合者则吉，如逢四冲三刑者则凶。“三折”者，如辛酉人得庚寅月丁巳日戊申时：

（五十九）——甲造：

乾：辛　庚　丁　戊

　　酉　寅　巳　申

此命寅月刑巳日、巳日刑申日，三支相刑，所谓“五行相战，三折相刑”。“会四孟”即寅申巳亥相聚。四孟为五气长生处，如相刑冲破碎归于本命，斯可以之谓灾矣！寅巳申、未丑戌皆为三支相刑，之所以不为灾之深者，是相刑却不刑于命，故谓之“三轻”。“重”者，指本命原有三支相刑，再逢运岁相刑，则要防害于本命。“轻”者，指本命原无三支相刑，惟见命运岁相刑，则防肢节手足之患。盖支象下肢乃股肱之义也。“三刑”者，如寅巳申、丑戌未者是也。所谓“下元一气”者，以纳音为身之谓，下元也，是五行之福气云云，故曰“周居去住之期”者也。

李注见下文。

[**释注**] 昙莹注曰，三元［“天元”合义］两值受克，防灾于头目胸背之间，支辰三次逢伤，遭祸于腹脏股肱之内。下元一气，纳音是也。其主宰五行逐支干迁变。故曰“周居去住之期”而成否泰。

[**疏证**] 释注本中所引原文“防灾于元首之间”为“防灾于元首之门”，从其下面解释看，应为误印所致。

昙莹注曰，天元干禄两重受克，需防灾于头目胸背之间；中元支辰三次逢伤，遭祸于腹脏股肱之内。下元一气，纳音是也。“其主宰五行逐支干迁变”是指纳音五行主宰四柱，五行支干迁变次之。古法常以纳音身五行定祸福，如壬寅人纳音金，谓金人也。“故曰‘周居去住之期’而成否泰”是指以纳音身五行言之。

[新雕] 李注曰，此论十干，若遇大运在本命上值干克及［“克反”不合］太岁，干克名为鬼临头，则当患头面之疾。此论十二支也，若身命逢生死旺三鬼［“五鬼”合义］，须有四肢腰脚之疾，此于干为轻也。此言［“复言”不合］气运。《陶隐居歌》曰：“甲己五年乙庚四，丙辛三岁丁壬二，戊癸须从一岁推。只用纳音行运气，相生福德相克凶。五行比顺皆如意，［金人遇］金防凶祸，木人见木营求遂，水人值水主动摇，运顺气逆还须记。”假令癸丑木命［“癸酉人命”不合］男三月生，三月建丙辰，便从丙辰起三岁，丁巳上二岁［“丁巳十二岁”不合］，此五年纳音是土，别无刑克。戊午上一年［“住二年”不合］，己未上五年，此六年纳音是火，［金遇火凶］，〈亦无所妨〉。庚申上四年，辛酉三年，此七年［“此十年”不合］纳音是木，自十二至十八营求称遂。依此循环数之，亦多有取生日或生时六合纳音为气。其如一住十年，以此详之，不长于此，或一宫住五年，或住一年，故云“去住之期”。《经》云：〈“气主夭年，运主祸福。”〉［气旺未午运旺是］若大运见在恶处，三命与禄马二气皆衰［“皆长”不合］，仍当以此参考，以定生死。若大运正在旺乡，设使气有相制，不能为其害也。

东疏曰，“干推两重”者，本干月重鬼克禄干也。假令壬子人，小运五十八至己亥在亡辰上，见己土克壬水，是一重鬼克禄也，却以行年己上起“五子元建”月，从正月建丙寅，二月建丁卯，三月建戊辰，四月建己巳，其己土又克壬水，是两重鬼克禄也。“防灾于元首”，首者其己巳在甲子之元也。“支折三轻”者，命也。假令命辰土在二月生，是土死之位，更在巳日，是土绝之地，若是午时，土又无气，其月日时三位土都绝无气不旺，是五行轻滓之地。若大运到五行大旺之地，若遇午时上又无气，土主于脾，脾主肌肉，故“慎祸于肱股之内”也。下元一气者，纳音身也。上元则干禄，中元则支命。“下元周居”者，五年小运转六十个月，“周”也。“去”者，归也。“期”者，行也。是过去如明有应验也，有于期信是也。

[**疏证**] 李注曰，“干推两重，防灾于元首之间”此论十干，若遇大运在本命上值干克及太岁，干克本命或太岁名为鬼临头，则当患头面之疾。“支折三轻，慎祸于股肱之内”此论十二支也，若身命逢生死旺三鬼（参见上文第二十四章王注），而《新编》李注则为“若身命逢生死旺五鬼”，上文第二十四章释注本李注亦为“生死旺五鬼，呼为五鬼。”故断不同版李注中“生死旺三鬼，呼为五鬼”为传抄之讹。李认为支若身命逢生死旺五鬼，须有四肢腰脚之疾，此较之于天干被伤为轻也。“下元一气，周居去住之期”此言气运。陶隐居（陶弘景，字通明，人称“山中宰相”，为公元456—536年，南朝梁代人。参见本书第十四章王注。）有歌曰：“甲己五年乙庚四，丙辛三岁丁壬二，戊癸须从一岁推。只用纳音行运气，相生福德相克凶，五行比顺皆如意，金人遇金防凶祸，木人见木营求遂，水人值水主动摇，运顺气逆还须记。”

举例：

（五十九）——乙造

乾：癸	丙	○	○	运气：丙	丁	戊	己	庚	辛
丑	辰	○	○	辰	巳	午	未	申	酉
				纳音：土	土	火	火	木	木
				年数：3	2	1	5	4	3

假如癸丑木命男三月生，三月建丙辰，按上面《陶歌》“丙辛三岁丁壬二”，便从生月丙辰起推，一至三岁为首个纳音运气，丁巳上走二岁纳音运气。此五年运气纳音是土，运土对身木无反克，辰巳对丑也无刑冲，故曰“别无刑克”。按《陶歌》推，戊午上走一年纳音运气，己未上走五年纳音运气，虽丑未刑冲，但此六年纳音是火来生土（《新编》衍句“金遇火凶”不合），亦无所妨。接下庚申上走四年纳音运气，辛酉走三年纳音运气，此七年运气纳音是木，属于“木人见木营求遂”，故自十二岁至十八岁营求称遂。营求，即谋求。遂，即成功。称遂，即如愿。按《陶歌》推十天干共为三十年，依此六甲旬循环数之。除以生月起纳音运气外，亦多有取生日或生时六合纳音为气。所谓“六合纳音为气”是指《陶歌》中纳音运气年数皆以天干六合类分。为何除以生月起纳音运气外，亦

多有取生日或生时六合纳音为气？或为当时不同流派所致也。李注又曰，纳音五行运气法如同大运干支运气法，后者一住十年，以此详论行年太岁吉凶，十年交脱一运；纳音五行运气法亦不长于一运，其或一宫住五年，或住一年，故云“周居去住之期”。《经》云：“气主天年，运主祸福。”天年是指阳寿，祸福是指富穷吉凶。《新编》“气旺未午运旺是”衍句不合。若大运见在衰恶处，三命与禄马二者遇纳音运气皆衰，仍当以此（即所谓“气主天年，运主祸福”）参考，以定生死。若大运正在旺乡，即使纳音运气有来相制，亦不能为其害也。

以上李注引用陶弘景所流传“纳音行运气”法，简称“纳音行气”法，并举例论命，阐述与常见“干支行运”法不同之处。《陶歌》“相生福德相克凶，五行比顺皆如意，金（人遇金）防凶祸，木人见木营求遂，水人值水主动摇”，是指纳音五行之气与纳音身，相生为福德，相克则凶祸，比顺亦可大致如意。但金人遇金须防凶祸，木人见木要努力方成功，水人值水则易动摇不定。至于土人见土、火人见火不列其中，大概真正归于“五行比顺皆如意”之类。

东疏认为“干推两重”者，指本命三元中，禄干遇运或年之鬼，又逢月之鬼重重来克也。假如壬子人，五十八岁至己亥小运在亡辰上（申子辰见亥为亡辰），见己土克壬水，是一重鬼克禄也。“却以行年己上起五子元建月”是何义？盖五十八岁值己酉流年太岁，从正月建丙寅，二月建丁卯，三月建戊辰，四月建己巳，起所起建月己土不仅乘太岁之力，又借行年之力尤大，其己土又克壬水，是两重鬼克禄也。上文第三章东疏中，明确小运为行年。《渊海子平》云：“小运又名行年，不可不究。”故不可将行年当成流年。

东疏又曰，“防灾于元首”者，指假如上例壬子人“四月建己巳”之重鬼在甲子旬里，甲子旬属于六甲旬之元首，故须防灾于头面。“支折三轻”者，指的是命也。以五行十二宫水土同行看，举例：

（五十九）——丙造

乾：〇　〇　〇　〇

　　辰　卯　巳　午

假如命辰土在二月卯生，是土死之位；更在巳日，是土绝之地；土尚为胎，其月日时三位土都衰而不旺，是五行轻滓（轻浮低贱）衰极之地，今人谓之“从衰”也。若大运到五行大旺之地为灾，即“衰见旺为凶”（参见书后附录：探索东方明“旺衰吉凶”之我见）。此运若遇午时（指太岁、流月）上又无气则为病灾，因土主于脾，脾主肌肉（支主四肢），故慎祸于肱股之内也。“下元一气”者，纳音身也。上元则指干禄，中元则指支命。下元周居者，五年太岁与小运共转六十个月，六甲一周为六十纳音也。“去”者，归也。“期”者，行也。如此往返明显有应验之处，则必于行而信之也。

本章诸家对“干推两重”、“支折三轻”、“下元一气”各执观点，其中东疏较为繁琐。

[万版]“干推两重”者，干为天元，以象元首。遇德见贵者吉；逢杀值鬼者凶。天元两值受克，如甲子生，得庚午月，加以庚午日，谓之重者。干不胜重克，故也。防灾于头目胸背之间。“支折三轻”，支犹人之支节，主之于命带三合六合者吉；逢“四冲”“三刑”者凶。支辰三刑逢伤，如辛酉人得庚寅月丁巳日戊申时。谓之轻者，刑不至于本命，故也。慎祸于腹脏、股肱之内，或以三合逢伤，亦通。下元一气，纳音是也。其主宰五行，逐干支迁变而成否泰，其灾祸不拘元首股肱，故云“周居去住之期”。天干推两重，况三乎？支折三轻，况两乎？此干支轻重之别也。

或曰此论十干，遇大运在本年上值干反克太岁，干克名为鬼临头，患头面之疾。十二支辰，若身命逢生死旺五鬼，须有四肢腰脚之疾，比于干为轻也。复言气运，《陶隐居歌》曰：“甲己五年乙庚四，丙辛三岁丁壬二，戊癸须从一岁推。又有纳音行运气，相生福德相克凶，五行恭顺皆如意。金人遇金犯凶祸，木人见木营求遂，水人值水主动摇，运顺逆气须还记。”假令癸酉男命三月生，三月建丙辰，便从丙辰起三岁，丁巳土二岁，此五年纳音是土，别无刑克。戊午住一年，己未住五年，此六年纳音是火，金遇火凶。庚申上四年，辛酉三年，此七年纳音是木，自十二至十八，主营求称遂。余仿此循环数之。或一宫住五年，或住一年，故云“去住之期”。大运住在旺乡，设使气有相制，则不能为害。

[疏证]万注“干推两重者”至“周居去住之期”段，基本出自王注，

由于其字句组合有差异，此按万注重新疏义：

"干推两重"者，干为天元，以象元首。遇德见贵者（上文第一章东疏把"德"分干德和天德，干之"贵"指官贵也），为吉；逢杀值鬼者，即阳见阳杀，阴见阴鬼，则凶。天元两值受克，如甲子年生，得庚午月，加以庚午日，谓之重复者。天干不胜重复被克，故凶也。须防灾于头目胸背之间。"支折三轻"者，支辰犹人之四肢，虽有刑冲折断，只要命带三合、六合者，为吉；连带四冲、三刑者，则凶。支辰三刑逢伤，如辛酉人，得庚寅月，丁巳日，戊申时，虽寅与巳、寅与申相刑冲，却因申巳六合而谓之轻者，刑不至于本命，故也；但须慎祸于腹脏、股肱之内。或者以三合逢刑伤来解释"支折三轻"，亦通。以上"干推两重""支折三轻"观点与徐注有相近之处。但徐对此"干推两重"尚有"此论未祥"之异议（参见本章上文徐注）。万注曰，"下元一气"者，纳音是也，则与徐注"复言下元一气者，支也"相左，可见明代万注仍沿袭古禄命路线。又曰"其（即下元纳音）主宰四柱五行，逐（跟随）六十干支迁变而成否奏，其不拘于元首（干推两重所致）与股肱（支折三轻所致），而造成全面灾祸，故云"周居去住之期"。

万注自云，"天干推两重，况三乎？"是指天干连两重克都无法承受，何况三重克？"支折三轻，况两乎？"是指支辰即使三处有伤折，程度亦不至于严重，何况两处？此干支轻重之别也。至于"重"者，诸家或倾向于"重复"之义，或倾向于"严重"之义，本书认为从原文对偶字义角度来看，以后者恰当。

下半部分"或曰此论十干"至注末，皆引自李注，见上文。

第六十章

仁而不仁，虑伤伐于戊己。至于寝食侍卫，物有鬼物，人有鬼人。逢之为灾，去之为福。[①]

［徐注］仁者是甲乙木也，在五常为仁。今反言不仁者，以其克伐乎土［“克戊己土”亦合］也。如甲见己则为仁，乙见戊则为仁，以其阴阳造化五物［“万物”合义］代之以为生也。若甲见戊，乙见己，偏阴偏阳，万物危脆，则五行为不仁也。赋中引甲乙戊己为例，其余五行则可以例求焉。“侍卫”者，是人养生之至近也。又云“寝食”者，则又近。侍卫者至亲也，寝食［者］奉养也，此二者慎不可轻忽也。夫物中有鬼物，人中有鬼人者，言吉凶之变〈迁〉，及远近速［“自近及远为速”合义］之甚也。以看命言之，且如六戊日生人，用乙为官印，六己日生人，用甲为官印，木与土比和，阴与阳唱和，则为仁也。如戊见甲，己见乙，则仁而不仁也。又如戊见甲为不仁，或岁月时中见庚辛，则为仁矣，或见己亦为仁矣。且戊见甲亦为仁者［“且戊见甲为不仁者”合义］，谓甲己合，己侍卫甲也。见庚则为仁者，谓戊食庚者；逢之为灾，则是［“则如”不合］戊不逢庚己，被甲来［“甲木”合义］克制，与七杀同论。“去之为福”者，如戊见甲，则岁月时中有庚戊己求［“庚或己来”合义］救助，则为福也，余仿此。

［疏证］“仁”者，是甲乙木也，在五常为仁。“五常”（参见上文第六章王、李、昙莹注）指仁、义、礼、智、信。五行中木主仁、金主义、火主礼、水主智、土主信。今反言木不仁者，以其为得财而克伐于土之故也。如甲见己则为仁，乙见戊则为仁，以其阴阳造化万物代之五行出现。若甲见戊，乙见己，偏阴偏阳相克，万物危险脆弱，则五行不仁也。《消

① 释注本“至于寝食侍卫”及以下句归下章。

息赋》中引甲乙戊己为例，其余五行则可照例求焉。“寝食侍卫”者，指人养生之近亲，此（寝食与侍卫）二者慎不可轻忽也。夫物中有鬼物，人中有鬼人者，言吉凶之变迁，自近及远，为祸极速。以看命言之，且如六戊日生人，用乙为官印，六己日生人，用甲为官印，木与土比和，阴与阳唱和，则为仁也。如戊见甲，己见乙，阳克阳，阴克阴，则仁而不仁也。又如戊见甲木为不仁，但岁月时中见庚辛制七杀甲木，则甲为仁矣，或见己合七杀甲木救戊亦为仁，乃己侍卫甲木成仁也。有戊见庚则为仁者，谓戊食养庚制甲木；有戊逢甲为灾者，则是戊不逢庚己，被甲木克制，则与七杀同论。“去之为福”者，如戊见甲，则岁月时中有庚或己来“去甲”救助戊土，则为福也，余仿此。

［**新编**］王注曰，甲乙为东方之木，得天三之数，物化为鬼，真性死囚，所以主仁。戊己乃中宫之土，得天五之数，物化为魄，其性无旺，所以主信。木仁土性，性之所司或仁而不仁，信而不信者，盖阴阳之数失其偶而已。譬之甲见己、乙见戊，则刚柔相乘，两得其所，民不夭疾，家用平康，戊己抱信，甲乙全仁也。或甲见戊、乙见己，纯阴纯阳为克、为伐、为孤、为背。甲乙不能施于仁，戊己不能保于信，故“仁而不仁，虑伤伐于戊己”者哉！五行变化与人事之相通，“至于寝食侍卫”皆不外于仁而已。五行我克之谓“财”，克我之谓“鬼”。譬之辛卯遇之丁酉，辛禄在酉，逢丁为辛之鬼。所谓“财禄”，皆为鬼物而已。卯支命属木，支为酉，金之为鬼来克人元。所谓“人有鬼人，物有鬼物”者欤。格局中类此者，运逢之则为灾，去之则为福矣。

李注曰，假令甲乙木性本仁，遇戊己为禄财，必获天财，故以不仁而伤之也。大凡克我者为鬼，当宜远之矣。又以古法非八卦，甲壬属乾，乙癸属坤，庚属震，辛属巽，戊属坎，己属离，丙属艮，丁属兑。依纳甲之法云：若择生气天医福德之人在寝食侍卫左右则吉；五鬼绝命之人，逢则为灾，去则为福也。假令庚人，以震为本卦，一变上为离，则己为生气之人也。二变中为乾，则甲壬为天医之人也。三变下为巽，则辛为绝体之人也。四变中为艮，则丙为游魂之人也。五变上为坤，则乙癸为五鬼之人也。六变中为坎，则戊为福德人也。七变下为兑，则丁为绝命之人也。八变中复为震，是归魂也。

[疏证] 王注曰，甲乙为东方之木，得天三之数，出自《尚书·洪范》曰："五行：一曰水，二曰火，三曰木，四曰金，五曰土。""物化为鬼，真性死囚，所以主仁。"指木遇五鬼，身处死囚之地不制土信，所以主仁。戊己乃中宫之土，得天五之数。"物化为魄，其性无旺，所以主信。"指土化为五鬼之魂，身处无旺之地不制水智，所以主信。但木仁与土性（"性"应为"信"之讹），其本性之所主导，或仁而或不仁，或信而或不信者，皆因五行阴阳之数失其相配所致，如甲见己、乙见戊，则木土刚柔相乘，双方得其所，民不夭于疾患，齐家平康，戊己土既能抱信，甲乙木亦全仁也。反之甲见戊、乙见己，皆纯阴纯阳相制，为克、为伐、为孤、为背，则甲乙木不能施于仁，戊己土不能保于信，故"仁而不仁，虑伤伐于戊己"者也！五行变化与人事之相通，王认为"'至于寝食侍卫'皆不外于仁而已"则超越"木为仁"之概念，如举例：五行我克之谓鬼，辛卯遇之丁酉，辛禄在酉，逢丁火为辛金之鬼。如酉作为丁火所谓"财禄"看，皆为来路不正之鬼财（后人谓之"偏财"）而已。辛卯人卯支命属木，遇辛酉支为酉金，阴金克阴木之为鬼来克人元。"阴阳之数失其偶"，故所谓"人有鬼人，物有鬼物"者也。格局中类此者，运逢之则为灾，如能"至于寝食侍卫"，时刻护卫，可去鬼为福，各得其仁也。

李注见下文。

[释注] 昙莹注曰，"仁"者，木也。"戊己"，土也。木本性仁［"惟仁"不合］，虑贪戊己利动，君子反有不仁，此则逢之为灾，去之为福。君子晨兴暮寝，常宜摄卫护持，其或食息弗调，动过生疾，于是合中逢鬼，吉内获凶［"藏凶"合义］，虽或人情所为，亦被［"亦备"不合］阴阳所宰［然也］。

[疏证] "仁"者，木也；"戊己"，土也。木本性仁，因念贪戊己之财而利欲熏心，君子反有不仁，此则逢之为灾，宜去之为福。昙莹注将财视作不仁之灾，不惜去之为福，盖与其僧人相关。至于"君子晨兴暮寝"等云云，皆非命理之解也。

[新雕] 李注曰，假令甲乙木生［"木性"合义］本仁，遇戊己为禄

财，必获天财，故以不仁而伤之矣。大凡克我者为鬼，当宜远之，又占法飞八卦［“以古法非八卦”不合］，甲壬属乾，乙癸属坤，庚属震，辛属巽，戊属坎，己属离，丙属艮，丁属兑。依纳甲之法，其法云：若择生气天医福德之人，在寝食侍卫左右则吉；五鬼绝命之人，逢则为灾，去则为福也。假令庚人，以震为本卦，一变上为离，则己为生气［“生气之人”合义］也。二变中为乾，则甲壬为天医之人也。三变下为巽，则辛为绝体［“纯体”不合］之人也。四变中为艮，则丙为游魂之人也。五变上为坤，则乙癸为五鬼之人也。六变中为坎，则戊为福德人也。七变下为兑，则丁为绝命之人也。八变中复为震，是归魂也。

东疏曰，“不仁”者，是木鬼也。木性能仁，水能智，火能礼，土能信，金能义。刚伤，木鬼则能不仁；水鬼则能不智；火鬼则能不礼；土鬼则能不信；金鬼则能不义。木鬼则能伐土信，水鬼则能伐火礼，火鬼则能伐金义，金鬼则能伐木仁，土鬼则能伐水智。又木仁能滋火礼，水智能滋木仁，火礼能滋土信，土信能滋金义，金义能滋水智。在五行旺地生者，多智能相滋；若五行死绝墓胎所生，皆相伐也。“至于寝食侍卫，物有鬼物，人有鬼人”，其鬼人其鬼物，皆详身财。若身在财旺之地生，则为物；若在死墓绝胎成形沐浴上生者，皆为鬼人也。鬼物则能害旺财，鬼人则能伐生物，其财之与物，是五常造化之功。其物也，若逢五行不仁、不义、无礼、失信、少智者，去之为福，逢之为灾。若犯财鬼生人，多灾。此五常之理也。若遇财旺生人，能于五常相善也。只如立屋，以侍木为受气，作胎月也；以架木为成形，作生月；以上梁为生日；以成就为生时。木为屋命，以土为屋身，详何年立木，何月上梁，何时成。则详木土成败休旺。若在木土旺年月日时修立，却太岁移在○旺之年，其屋须发旺气，即招福德人住也。若在木土休败死绝处，即太岁○，在旺年，即招贫败人来住。若犯火鬼，则有火焚之灾。犯水鬼，则遇渍○○○鬼，则有倒损摧折，如犯木土鬼，人难住。木土之鬼，则得年多安○○○物床箦。木土动用并随木推之；金铁等以金推之；衣物绢帛以火推之；文字经典以水推之，皆取其物如造。下手之日，为受胎以成形作生月，以成就作生日，以了毕作生时，以立五行旺衰定之。

［**疏证**］李注曰，假如甲乙木性本仁，遇戊己土为禄财，必为获天财

而弃仁伤之矣。五行大凡以克我者为鬼，木鬼亦不例外，当宜远之。又有书以占九宫飞星八卦法释之，依《京房易经》云："分天地乾坤之象，益之以甲乙壬癸。震巽之象配庚辛，坎离之象配戊己，艮兑之象配丙丁。"即甲壬属乾，乙癸属坤，庚属震，辛属巽，戊属坎，己属离，丙属艮，丁属兑。翻卦若为生气、天医、福德之人在寝食侍卫左右则大吉；若为绝体、游魂、归魂之人，逢则小吉；若为五鬼、绝命之人，逢则为灾，去之为福也。假如庚年人，以震为本卦，一变上爻为离，则己为生气之人也。二变中爻为乾，则甲壬为天医之人也。三变下爻为巽，则辛为绝体之人也。四变中爻艮，则丙为游魂之人也。五变上爻为坤，则乙癸为五鬼之人也。六变中爻为坎，则戊为福德人也。七变下爻为兑，则丁为绝命之人也。八变中爻复为震，庚是归魂也。则庚年人遇甲壬戊己人为大吉，遇丙庚辛人为小吉，遇乙丁癸人为鬼人，故曰"逢之为灾，去之为福"也。

李注引用九宫飞星八卦配合京房纳甲，施以游年翻卦定吉凶。此类以翻卦得出诸如生气、天医、绝体、游魂、五鬼、福德、绝命、归魂所属天干来定命主之吉凶，是四柱与其他术数之融合。在诸家注疏中，东方明和李仝将四柱与其他术数结合运用较为常见（可参见上文第二十五章徐、李、东注疏，上文第五十七章李注）。

东疏曰，"不仁"者，是指木鬼也。木性能仁，水性能智，火性能礼，土性能信，金性能义，五行为五常也。刚伤（指力伤）者来自木鬼，木则能不仁；刚伤来自水鬼，水则能不智；刚伤来自火鬼，火则能不礼；刚伤来自土鬼，土则能不信；刚伤来自金鬼，金则能不义。从被刚伤者看，木鬼则能伐土信，水鬼则能伐火礼，火鬼则能伐金义，金鬼则能伐木仁，土鬼则能伐水智。又木仁能滋火礼，水智能滋木仁，火礼能滋土信，土信能滋金义，金义能滋水智。在五行旺地生者，多智（聪明）又能相滋生；若五行死绝墓胎所生，皆少智又相克伐也。"至于寝食侍卫，物有鬼物，人有鬼人"者，其中鬼人与鬼物，皆详以身财衰旺言之。若身在财旺之地生，财则为物，反之为鬼物；若身在死、墓、绝、胎、成形（即"养"）、沐浴上生者，皆为鬼人也。鬼物则能害旺财，鬼人则能伐生物（即生命）。命中财要成现实之物，是五常（指仁、义、礼、智、信。参见上文第六章王、李、昙莹注）造化之功。人之财物，若逢五行不仁、不义、无礼、失信、少智者，则逢之（指财物）为灾，去之（指财物）为福。若犯财鬼（指财地和鬼地）生人，则身衰而多灾，此五常之理也。若遇财旺（指财地和身旺之地）生人，则能于五常相善也。就如立屋（即建房），以运木到场作为受气，作胎月也；以架木为成形，作生月也；以上梁为生日；以成屋入住为生时。木为屋之命，以土为屋之身，详何年立木，何月上梁，何时成屋，则详木土条件成败休旺如何。若在木土旺年月日时修立，恰太岁移在发旺之年，其立屋亦发旺气，即招福德人住也。若在木土休败死绝处，即太岁不在发旺之年，即招贫败人来住。若修立之年犯火鬼，则有火焚之灾；犯水鬼，则遇浸渍之灾；犯金鬼，则有倒损摧折之灾；如犯木鬼土鬼，人难入住。“木土之鬼，则得年多安〇〇〇物床箦”句脱三字以上，根据上下文义大概指建房犯木土之鬼，则须长年安祛邪避灾之物于床箦（zé 竹榻）。如动犯木土者，一并随木推之避灾；动犯金铁等，以金推之避灾；动犯衣物绢帛者，以火推之避灾；动犯文字经典者，以水推之避灾，如断命造吉凶，皆取其所犯之物而定，列出四柱。如动犯土木者为木命，动犯金铁者为金命，动犯衣物绢帛者为火命，动犯文字经典者为水命。下手开工之日为受胎，以大致成形作生月，以基本成就作生日，以最终了毕作生时，以立五行旺衰定之。显然东疏将“至于寝食侍卫，物有鬼物，人有鬼人。逢之为灾，去之为福”与阳宅风水择日相联系，并效仿人之命造起四柱定动犯之喜忌，此对研究古代择日课题方面无疑有帮助。

［万版］甲乙木五常为仁，今反言不仁，以其克戊己，凶也。如甲见戊，乙见己，偏阴偏阳，为克为伐，为孤为背，则五行为不仁也。若甲见己，乙见戊，刚柔相乘，两得其所，未可以不仁言也。赋中举甲乙戊己为例，其余五行可以例求。五行变化，与人事相通。至于寝食侍卫，皆不外于仁而已。五行，我克之谓财，克我之谓鬼。譬之辛卯人，遇丁酉。辛禄在酉，逢丁为辛之鬼，是之谓禄头逢鬼，物有鬼物。命支属木，酉支属金，金来克木，是之谓人元受克，人有鬼人。格局中类此者，运逢之则为灾，去之则为福。或曰：君子晨兴暮寝，常宜摄卫护持，其或食息弗调，动过生灾，于是合中逢鬼，吉内藏凶。虽或人情所为，亦被阴阳所宰然也。“寝食”，言调养之至切也。“侍卫”，言左右之至近也。此二者，甚不

可轻忽。以物中有鬼物，人中有鬼人，吉凶之变，自近及远，为速之甚也。且如戊见甲为不仁，或岁月时中见庚辛则为仁。谓戊食庚，庚来制甲，或见己亦为仁，谓己合甲，能侍卫甲也。戊逢甲，木不仁为灾，有庚己寝食侍卫，是谓“去之为福”。

［**疏证**］万注首尾部分大致为引徐注，即“甲乙木五常为仁”至“其余五行可以例求”、“寝食，言调养之至切也”至“是谓去之为福”。中间“五行变化”至“去之则为福”为王注。“或曰”至“亦被阴阳所宰然也”乃为昙莹注。

第六十一章

就中裸形夹杀，魄往丰都。所犯有伤，魂归岱岭。[①]

［徐注］“裸形”者，五行沐浴也。如人本音沐浴，大运逢之者灾，水土人运在酉，木人运在子，火人运在卯，金人运在午，鬼谷子谓之“波浪限”也。“夹杀”者［“侠杀者”不合］，元辰七杀也。如人运在淋浴之上，与太岁［“夫岁”不合］并者灾重，或当生岁时元有伤犯之辰［“之神”不合］，则“魂归岱岭，魄往丰都”，此至凶名也。

［疏证］徐注有四点须注意：

一、“裸形者，五行沐浴也。如人本音沐浴。”指沐浴乃针对命主纳音五行而言。按后面提到鬼谷子，可理解“本音”应属古禄命中之年纳音身，而非子平命理中之日主天干。

二、“大运逢之者灾，水土人运在酉，木人运在子，火人运在卯，金人运在午。”可知徐遵循五行十二宫水土同行。

三、“鬼谷子谓之波浪限也。”指五行裸形或沐浴被鬼谷子谓之波浪限，大概取义裸形沐浴在波浪之中也。但《李虚中命书》只引《鬼谷遗文》“三元九限”，曰“运限之道，有天官限者”是其一。其余八限是李虚中注文，其中所载：“有波浪限，金人运到亥子，岁乃小运上是也。木人大危，余人意思不调，飘泛如舟也。”是指惟有纳音身金人或木人运到亥子，且太岁亦逢小运亥子方为“波浪限”，此取金沉浪底或木舟飘泛不定之义，故木人与金人皆大危。“余人意思不调”是指其余火人、土人、水人遇亥子水，则与波浪限意思不相称。故李虚中（非鬼谷子原文）对波浪限之定义是源于五行性情本义，而徐注对波浪限之理解是建立在五行十二宫沐浴之上。至于《李虚中命书》原文到底是“金人运到亥子”，还是

① 《新编》、《新雕》、万版为“就中裸形侠杀”。

"金人运在午"？同是南宋命理家廖中所编纂《五行精纪》（公元 1228 年刊行）载有天官限、得势限、龟藏限、波浪限、风雨限、布素限、失所限、破碎限、灾位限等"九限"，虽亦全部标注引自《鬼谷遗文》（盖与古书雕板或传抄中原文与注文混淆有关），但其中谓"波浪限"是"金人到亥子岁运是也，木人在此大厄，飘泛如舟"，与今人所见《李虚中命书》版本大致相同。

四、"夹杀者，元辰七杀也。"是指命中四柱原夹凶杀之神，而非"阳男阴女冲前一辰、阴男阳女冲后一辰"，上文徐注曰："所以宣父畏以元辰者，是宣父命中元有杀害之辰也。"（参见上文第十三章）故本章徐最后曰："如人运在沐浴之上，与太岁并者灾重，或当生岁时元（原）有伤犯之辰，则魂归岱岭，魄往丰都，此至凶名也。"指"裸形夹杀"是大运与太岁并沐浴之上，或大运在沐浴之上，复遇太岁犯命中原凶杀之辰，谓至凶也。《新雕》、《新编》中"侠杀"之"侠"，为"夹"之讹。"丰都"、"岱岭"则是传说中之阴府所在地。

[新编] 王注曰，五行生旺则为官为印，鬼则为杀为鬼。"裸形杀"者，五行之败气也。纳音长生，前辰是也。行年岁运遇之，其上加以恶煞，并于厄会，占病者得之，魄往丰都矣。由之甲子金人得戊午不好，金之暴败乃是裸形，加以戊午旺火，夹带自刑、返吟、灾杀来破甲子之命，如此则所犯有伤，魄归岱岭也。"丰都"、"岱岭"，死者所归之地，言其杀之凶亦有如此。

李注曰，"裸形"喻全无衣也。如干支到死绝胎之乡，又到死休败之位，更夹灾恶凶杀，此为厄会必死，故云"魄往酆都，魂归岱岭"是也。旧注引辛酉人运至子近之矣，若根蒂年实，日共时有救，虽有灾而不死也，他皆仿此。

[疏证] 王注曰，五行生旺则为官为印，五行处五鬼（上文第三十六章其曰："五鬼"者，以纳音克我之谓鬼，鬼在生败旺死绝五处见者是也。参见本书附录：表四），则为杀为鬼。"裸形杀"者，五行之沐浴败气也。纳音长生在沐浴前辰是也。行年岁运遇沐浴败气谓之"裸形"，其上加以恶煞，并于厄会，占病者得之谓"裸形夹杀"，则魄往丰都矣。如甲子金

人得戊午火不喜，因金遇午火乃为暴败裸形，加以戊午纳音旺火，夹带午午自刑、午子返吟、子见午灾杀来破甲子之命，如此则所犯有伤，魄归岱岭也。“丰都”、“岱岭”，皆为死者所归之地，言其杀之凶万劫不复也。

李注见下文。

[释注] 昙莹注曰，尝论裸形戴花，乃沐浴中带合也，加以凶神交并，恶杀刑冲，得之于人，则耽荒财色，逐妄耗真。所犯之神［“所和有伤”不合］，积亏成损。有如此者，中道而夭，曾不尽其天年。“岱岭”、“丰都”，乃阴府冥山之谓也。常以庚辰人逢乙酉引之为喻，盖天地合中金旺水败。

[疏证] 昙莹注“尝论”应为“尝试评论”之义。尝试评论“裸形”，犹如裸体者戴桃花，乃沐浴中带二合三合（合含交媾之义），犯邪淫之灾也。“裸形夹杀”者，沐浴加以凶神交并，恶杀刑冲，得之于人命，则耽荒财色，追逐妄念，耗空真精。所犯之贵神，落得积亏成损。有如此者，人生中道而夭，曾不尽其天年。“岱岭”、“丰都”，乃阴府冥山之谓也。“常以庚辰人逢乙酉引之为喻，盖天地合中金旺水败。”是指庚辰人逢乙酉为天地交合化金，庚辰纳音金遇乙酉纳音水处沐浴地，有鸳鸯交合沉桃花池之义也。

[新雕] 李注曰，“裸形”喻全无衣也。如干支到死绝胎没之乡［“死绝胎之乡”合义］，又财死［“又到死”合］休败之位，更侠［“更夹”合义］灾恶凶杀，此为厄会必死，故云“魄往酆都，魂归岱岭”。旧注引辛酉人运至子逝亡矣［“子近之矣”不合］，若根蒂牢实［“年实”不合］，日［共］时有救，虽有灾而不死也，［他皆仿此］。

东疏曰，“裸形”者，身在沐浴也。“侠杀”者，在沐浴上逢灾杀也。假令丁未水身人，小运三十二岁癸酉，酉是水人沐浴所名裸形，以申为劫杀，酉为灾杀。若更得八月二十五日已后卯时者，约八岁行大运，逆行抵己酉，十八戊申，二十八丁未，其二十八已上，三十八已下，在丙午上为之厄。命前有灾，命后有厄，为所伤也。正为“裸形侠杀”。“魄往酆都”、“魂归岱岭”，谓魂魄往酆都山去者，阴府有酆都、罗山、岱岭，亦阴府之狱也。

［疏证］李注曰，“裸形”喻全无衣，沐浴败身也。如大运到干支死绝胎之乡，身衰；又命财处死休败之位，更夹灾恶凶杀，中下休囚，二元厄会，纵为干禄旺乡亦“魄往酆都，魂归岱岭”。故三命之法比后人只论日主财官更为全面，盖财官之旺乃社会仕途，与身命又不同矣。李曰“旧注”引辛酉纳音木人运至子水裸形，败地逝亡矣。“旧注”未知何文，但木人运至子水，既是沐浴败地，裸形亦谓波浪限（参见本章徐注和《李虚中命书》“三元九限”章），故犯淫厄也。李又曰，若根蒂（胎月、生月为根蒂）牢实，日时共（生日、生时为花果）有救，虽有灾杀之运而不死也。

东疏曰，“裸形”者，身在沐浴也；“夹杀”者，在沐浴上逢灾杀也。举例：

（六十一）——甲造

乾：	丁	己	○	○	大运：	己	戊	丁	丙	小运：	丁
	未	酉	○	卯		酉	申	未	午		酉

假如丁未纳音身水人，生于己酉月，又小运三十二岁丁酉（癸酉小运为讹。男小运即行年一岁起丙寅计，参见上文第三章东疏）。酉是水人之沐浴，所名裸形。又未以申为劫杀，以酉为灾杀，故曰“裸形夹杀”。如该命又是阴历八月二十五日已后（以后）卯时生者，约八岁起大运，阴男逆行自生月己酉起，十八岁戊申大运，二十八岁丁未大运，其二十八岁已上（以前），三十八岁已下（以后），在丙午大运上为之厄。“命前有灾”是指原造丁未水人生酉月为裸形夹带灾杀；“命后有厄”是指大运逢酉为灾杀，逢申为劫杀，逢午为六厄，为所伤也。丁未人逢丁未大运（二十八岁至三十八岁）见禄比和无凶，故惟“其二十八岁已上（以前），三十八岁已下（以后）”除丁未大运外，皆有“魄往酆都，魂归岱岭”之灾。所谓魂魄往酆都岱岭山去者，是指阴府有酆都、罗山、岱岭之地，亦即阴府之狱也。

上例东疏为何要言丁未水身人“若更得八月二十五日已后卯时者”，难道此命造是东方明年代相近者？按其“约八岁行大运，逆行抵己酉”推，符合其上文第三章所谓“其大运从月干而起”之理论。故为八岁起己酉大运、十八岁戊申大运，二十八岁丁未大运，三十八岁丙午大运。但查

《万年历》，推丁未年阴历八月二十五日在寒露前属酉月者，整个宋朝，惟有南宋淳熙十四年（即公元 1187 年）和南宋淳佑七年（即公元 1247 年）符合。此时间与上文第三十六章东疏提到北宋“天圣甲子”之年（公元 1024 年）相距两百年左右。本书认为东方明举例此造列出阴历年月日，并非是强调该造为真实命例，亦非欲详言该造四柱干支，而是旨在说明此造“约八岁行大运，逆行抵己酉”由“得八月二十五日巳后卯时者”造成。一般看，阴历八月二十五日处于寒露前后，处寒露后则为戌月。如处寒露前之酉月，亦多在秋分后，距白露节气大约二十日左右。按年柱阴男阳女之生日逆数至上一个节气计起大运年份（以三日为一年、一日为四个月、三时辰为一个月、一时辰为十天），算出此丁未人“约八岁行大运，逆行抵己酉”云云，故略去其日柱干支不表。

［万版］“就中”是本上文“鬼物”“鬼人”言。就中所遇极重者，五行沐浴之地，谓之“裸形”。如本音沐浴，大运逢之者灾。水土人运在酉；木人运在子；火人运在卯；金人运在午，鬼谷子谓之“波浪限”。“侠杀”者，元辰七杀也。如人运在沐浴之上，与太岁并者灾。或当生岁时原有所犯之神，则“魂归岱岭，魄往酆都”，此至凶之名也。或云侠杀，拱七熬也。裸形见杀，尤为不吉。午乃辛杀，酉乃乙杀，子乃丁杀，卯乃己杀。假如辛巳日，乙未时，是裸形侠杀，余仿此。或以甲子金人，得戊午岁，金裸形在午，加以戊午旺火，夹带自刑，反吟灾杀，破甲子之命。如此，则所犯有伤。

［疏证］万注曰，“就中”是指本书上文（第六十章）中“鬼物”“鬼人”而言。“就”作介词，“就中”即“从中”之义。从上文“物有鬼物，人有鬼人”中所遇最严重者，为五行沐浴之地，谓之“裸形”。“如本音沐浴”至“此至凶之名也”，乃为徐注。至于“或云侠杀，拱七熬也”，《新编》、《新雕》、万版引原赋文为“就中裸形侠杀”。“侠（xiá）”原为仗义之举，假借为“夹”。《新编》王李注文皆作“夹杀”，《新雕》李注东疏皆作“侠杀”，《四库》万注亦作“侠杀”，义皆作“夹”解。“七熬”应为“七煞”之讹。“裸形见杀，尤为不吉。午乃辛杀，酉乃乙杀，子乃丁杀，卯乃己杀”是指纳音五行见沐浴带杀。假如辛巳日，乙未时，是辛巳日纳

音金，巳未拱午为裸形，辛遇午为七煞（同七杀），故谓“裸形侠杀”也，余仿此。“或以甲子金人”至“则所犯有伤”为王注。指甲子金人，得戊午岁，金裸形（沐浴）在午，加以戊午旺火（戊午纳音火，坐午宫为帝旺），夹带自刑（午火自刑），反吟灾杀（子见午为反吟、为灾杀），谓破甲子之命。故如此，则所犯有伤也。但万注引王注“或以甲子金人”之例与徐注“夹杀者，元辰七杀也”之观点不一致。徐强调四柱原有七杀之辰，岁运在复见，方为大凶，而万注则仅仅强调岁运。另外万注既以辛巳日主为例，又以年甲子金为例论命，反映出明朝四柱三命法与日主论命法共存之状况。

第六十二章

或乃行来出入，抵犯凶方。嫁娶修营，路登黄黑。[1]

［徐注］“出入”者，言运出运入之异也。如壬癸日生人，运行在戌，为土火之聚，则为［“财为”不合］吉运。运交亥，亥为火之绝，此为凶运，乃是行来出入，抵犯凶方。我克者为之妻财，妻财在旺乡，则为之娶。克我者为官鬼，又为天官［“又为夫官”不合］喜在［“与喜要在”不合］长生、财旺之地［“财为之禄”不合］。赋意总说，要扶同五行，体用阴阳，或运来克命而为官贵之乡，日克运宫乃是发财之地。皆以生月起建，阳男阴女，则顺。阴男阳女，则逆。如运到黄道，凡百皆利；运至黑道，凡百抑塞。凡人行为［“运为”不合］动作，进退向背，莫不本乎阴阳体合，运气吉凶俱不能逃也。故云“嫁娶修营，路登黄黑”。

［疏证］徐注曰，行来出入，是言运出运入之异也。如壬癸日生人，运行在戌，为土官火财之库聚，则为吉运。运交亥，亥为火财之绝地，为凶运。此乃是“行来出入，抵犯凶方”也。我克者为之妻财，妻财在旺乡，则为之娶。克我者为官鬼，又为天官，吉在长生财旺之地，则为之嫁。《消息赋》大概说，一方面看吉方虽要生扶同五行（针对前句“妻财”“天官”而言），却要分辨体用阴阳；另一方面看运来克命而为官贵之乡，日克运宫乃是发财之地，皆要以生月起建定进退。具体说，阳男阴女，则顺行；阴男阳女，则逆行，如上文第四章所谓“其为气也，将来者进，功成者退”也。如运到黄道，凡事皆利；运至黑道，凡事压抑阻塞（黄道黑道详见本章下文昙莹注）。凡人行为动作，进退向背，莫不遵循阴阳体合之道，运气吉凶俱不能逃也。故云“嫁娶修营，路登黄黑”。

---

[1] 释注本“路登黄黑”句末续有“灾福在岁年之位内，发觉由时日之击扬”。《新编》卷五终。

［新编］王注曰，行则不止，来则不往，出则不入，入则不出，所谓“出子入丑”之类是也。或火人行运而至北方，五行运在病衰，所谓“抵犯凶方”者欤。“嫁娶”者，五行我克之谓妻，妻在乎五行生旺之地，则可以谓娶，娶之则为助也。克我之谓夫，夫生五行生旺之地，则可以谓媒，嫁之则为福也。此盖言出于有夫妇可以成嫁娶之义也。“修营”者，则言五行虽有止性，而间有不常之变，是以君子修德营生以待时而已矣。此盖论人之运气自运元而行来，出入吉凶之地，遇五行相克相生，有嫁娶修营之理者也。“路登黄黑”者，涉运元月建上行黑道，十年顺行至除满，上行黄道，三命必参用此法。珞琭子纵横之谈，皆不出于五行之命而已矣。

李注曰，珞琭子既说三命五行，又述出入方所，当避四魔、五鬼、六害、七伤、八难、九厄为凶方，一德、三生为吉方也。取逐年太岁宅黄道为吉，黑道为凶也。

［疏证］王注曰，“行则不止，来则不往；出则不入，入则不出”是指在运气吉凶交替，当凶运未行止时，吉运不会真正到来；当祸运出现时福气则难以进入，即使福气进入祸运亦难以显现，此所谓“出子入丑”之类是也。子与丑皆为北方之地，如火人行运而至北方，五行运在病衰之地，即使“出子入丑”，亦是所谓“抵犯凶方”者也。“嫁娶”者，五行中我克之谓妻财，妻财在于五行生旺之地，则可以谓娶时，娶之则为助喜也。五行中克我之谓夫，夫生于五行生旺之地，则可以谓媒嫁，嫁之则为助福也。此大概言男女欲结为夫妇可以成嫁娶之义也。“修营”者，则言五行虽有行止消息之性，而其间有不常之变，所以君子修德营生以待时而动矣。此大概论人之运气要与运元（指三元九运，参见上文第三十六章东疏。）相配合，出入吉凶之地，遇五行相克相生，看何时嫁娶修营之时出现。“路登黄黑”者，涉及到运元月建上行，黑道十年顺行，至除满上行黄道，论三命吉凶必参用此法（参见本章下文昙莹注）。珞琭子纵横之谈，皆不出于五行之命而已。

李注见下文。

［释注］昙莹注曰，殊常异旧，变处为萌。其或嫁娶修营，行方出入，宜择善地，先要预防。虽非三命之谈，亦备九宫之法。详以逐年神杀，身

黑身黄，[喻之何也？盖黄道吉，黑道凶，凡人意欲动上施为，故吉凶悔吝由此生焉。]〈其由时日击扬，必在岁年位内。〉

[疏证] 昙莹注曰，“殊常异旧，变处为萌”是指平常习惯之事发生殊异变化，皆由细微萌芽发展而来。有时远方往来，嫁娶婚喜和修缮营建，事先宜择善方吉时，作为预防。昙莹注曰此章原文“虽非三命之谈，亦备九宫之法”。详细来讲，不以三命四柱五行阐述，只以逐年（值年太岁）九宫神杀，或以身处黑黄之道定吉凶。前者主要以三元推年紫白星和月紫白星为主，后者主要以择日时黄道黑道为主，故其吉凶非针对某命造而具有广泛性。推三元紫白星有九宫“罡步”按特定轨迹进行，可参阅坊间相关堪舆书籍，此处仅重点提示如何择日时之黄道黑道。

择日黄道黑道，原以十二个日值，即建、除、满、平、定、执、破、危、成、收、开、闭所在日定。十二值神来源于十二月值，《选择守镜》按月建十二神以除、危、定、执、成、开为吉，建、满、平、破、收、闭为凶。故以除、危、定、执、成、开是黄道日；建、满、平、破、收、闭是黑道日。具体值日是以每年立春后第一个寅日为建，翌日（卯日）为除，依次类推，遇到每月节气当天之神值则重复前日之十二神值，直至立春后第一个寅日复始为建。

但由于十二值神各有其适用范围，简单将其分为黄道黑道来定吉凶则过于粗略，故通常择日黄道黑道法是以十二个星神，即青龙、明堂、天刑、朱雀、金贵、天德、白虎、玉堂、天牢、玄武、司命、勾陈与日值配，至今仍为坊间老黄历采用。凡青龙、明堂、金贵、天德、玉堂、司命六日为黄道；凡天刑、朱雀、白虎、天牢、玄武、勾陈六日为黑道。具体值日是以“寅申需加子，卯酉却居寅。辰戌位辰上，巳亥午间存。子午临申地，丑未戌上寻”起。即寅月、申月都从子日起青龙，依次丑日为明堂，寅日为天刑等，顺推至亥日为勾陈；如是卯月、酉月则从寅日起青龙，依次卯日为明堂，辰日为天刑，顺推至丑日为勾陈。余月仿此推。

至于择时亦以“寅申需加子，卯酉却居寅。辰戌位辰上，巳亥午间存。子午临申地，丑未戌上寻”起。即寅日、申日都从子时起青龙，依次丑时为明堂，寅时为天刑等，顺推至亥时为勾陈；如是卯日、酉日则从寅时起青龙，依次卯时为明堂，辰时为天刑，顺推至丑时为勾陈。余日仿此推。一般来说以十二个星神（即青龙、明堂、天邢等）推出黄道日时为吉、推出黑道日时为凶，但具体到某事则各有宜忌之分，最终尚须结合十二值神（即建、除、满等）来择定良辰吉日日。

昙莹注曰，虽世人以黄道吉、黑道凶，但凡人意欲贪婪，倒行逆施，故吉凶悔吝区别由此生焉。最后曰“其由时日击扬，必在岁年位内”，应指择日择时之吉凶，必须放在年月大背景下斟酌，方为恰当。

［**新雕**］李注曰，珞琭子既述三命五行，又述出入方所，当避四竞［“四魔”合义］、五鬼、六害、七伤、八难、九厄为凶［“为凶方”合义］，一德、〈二宜〉、三生为吉方也。取逐［“取逐年”合义］太岁择［“太岁宅”合义］黄道为吉，黑道为凶，〈此不备述〉。

东疏曰，“行来出入”者，是运出入。“抵犯凶方”者，命禄有凶方吉方，抵犯之吉凶在旺位上生，却运入衰乡显旺力是吉方也。若在死绝胎墓上生，行运却入五行旺位，其见到生地则凶方，正为抵犯凶方也。却以嫁娶修营路登于黄黑之道，未可罔于命中凶也。

［**疏证**］李注认为珞琭子既以三命五行述祸福，又以出入九宫方所述黄黑吉凶，直接将三吉五凶与黄道黑道联系起来。以处四杀（四魔）、五鬼、六害、七伤、八难、九厄为凶方，以临一德、二宜、三生为吉方。由于李注无举例推演，后人对其方法难以确定。按其注中所谓“取逐年太岁宅，黄道为吉，黑道为凶”来看，可借鉴“三元九宫”推命宫（命宅）法。如上元男命遇乙丑年太岁，按男命“上元甲子起一宫”，推得第九宫离卦位，为“九厄”岁宅，处黑道。故断此岁不利南方远行，小心家宅火烛。（参见书后附录：略谈“三元九宫”起推法。）

东疏曰，“行来出入”者，是指行命运出入，与李、昙莹出入九宫方所观点相左，却与徐注不谋而合。“抵犯凶方”者，是指命禄有凶方吉方，如抵犯之吉凶或为支命或为干禄；命禄本在旺位上生，却运入衰乡逢生地显旺力是吉方，衰乡复逢死绝胎墓为凶方也。若命禄在死绝胎墓上生，行运却入五行旺位，其见到生地则凶方，正是“抵犯凶方也”。为何如此？须留意下文第六十三章，东疏从阴阳方面进行阐明其理，在“从格”理论研究方面进行了探索。最后，“却以嫁娶修营路登于黄黑之道，未可罔于命中凶也”指有人仅以黄道黑道来求人生嫁娶、修营、路登，却罔顾禄命显示之吉凶祸福，体现出东方明结合禄命来推论九宫之观点。如上文第三十六章东疏，运用三元九宫起命宫位得原卦，对照小运行年之宫位作为变卦，并结合神杀来定吉凶，比之李注仅论九宫内诸神杀吉凶来得更为系统可靠。（参见书后附录：略谈“三元九宫”起推法。）

［**万版**］行来出入，动作施为也。嫁娶修营，乃动作施为中之大者。“吉凶悔吝生乎动。”故君子慎焉。珞琭子既谈三命五行，又述出入方所，当避四魔、五鬼、六害、七伤、八难、九厄为凶，方一德二生为吉。方取逐年太岁、神杀看之，行黄道为吉，黑道为凶也。或曰：此论人运气，自运元而行来出入吉凶之地，遇五行相克相生，有嫁聚修营之理。五行，我克之谓妻，妻在五行生旺之地则可娶，娶之则为助。克我之谓夫，夫在五行生旺之地，则可嫁，嫁之则为福。言出于夫妇，可以成嫁娶之义也。“修营”者，言五行虽有正性，两间有不常之变，是以君子修德、营生，以待时而已。“路登黄黑”，指运元月建上行黑道十年，顺行至“除满”，上行黄道。如运到黄道，凡事皆利；运至黑道，凡百抑塞。凡人修为动作，进退向背，莫不本乎阴阳体合，运气吉凶俱不能逃。

［**疏证**］万注前半部分大致引李注观点，后半部分引徐注观点。但注文开头“行来出入，动作施为也。嫁娶修营，乃动作施为中之大者。吉凶悔吝生乎动，故君子慎焉。”观点基本出自昙莹注，其中“行来出入”解为“动作施为”，与李注“出入（九宫）方所”和徐注“言运出运入之异”皆异。“四魔”在《新雕》李注为“四竞”，对照他章应皆为“四杀”。“或曰”以下基本为引徐注观点，但将“修营者”注解为“君子修德营生以待时而已”。至于“路登黄黑”者，在徐注“运到黄道，凡百皆利；运至黑道，凡百抑塞”观点基础上进一步指出，如运起正月（即元月）之寅，“建”上行黑道十年，顺行至除满（卯辰）二运，则上行黄道。最初建、除、满、平、定、执、破、危、成、收、开、闭十二值神来源于十二月值，故以“建”代表正月之寅、“除”代表二月之卯、“满”代表三月之辰，依次类推。万注以十二值神起大运，故“建”行十年至“除”，再十年至“满”。“除”为除旧迎新之兆，故曰“上行黄道”（参见本章上文昙莹注）。

第六十三章

灾福在岁年之位内，发觉由时日之击扬。五神相克，三生定命。每见贵人食禄，无非禄马之乡。源浊伏吟，惆怅歇宫之地。[①]

[徐注] 凡说岁中休祥，专责［“专看”合义］日时与太岁相克、刑害、冲破言之。生日为妻，时为子。日时与太岁和合及财官有用，无诸坏者，依事类而言之。如太岁与日时相刑，或六合［“六害”不合］、三合中有元辰七杀者，凶。亦看类而言之。故下文云不过是“五神相克，三生定命”也。“每见贵人食禄，无非禄马之乡。源浊伏吟，惆怅歇宫之地。”上卷有例。

[疏证] 徐认为此章前二句，大凡指流年岁中灾福休祥，专看命中日时与太岁是否相克、刑害、冲破言之。“发觉”指发生之义。“击扬”指冲击动荡。徐以生日干为主，日辰为妻，时为子。“日时与太岁和合及财官有用，无诸坏者，依事类而言之。”指日时与流年太岁三合六合，财官旺盛起作用（子平术以财官为重），且命运中无其他来损坏者，则依所求事类言之。如流年太岁与日时相刑，或六合、三合中有元辰七杀者凶（“元辰七杀”见上文第十三章徐注），亦须依所求事类而言之。故下句云，（岁年之灾福）不过是“五神相克，三生定命”也。“三生”者，回看上文第十三章其对“峨眉阐以三生”评注有“昔者，峨眉先生精通三命”云云。按承接前章理解，徐本章意在黄道黑道择日择时基础上，进一步强调命中五行三元及日时对流年太岁产生灾福之重要性。“每见贵人食禄，无非禄马之乡。”指人遇高官厚禄，无非是遇到命中原有禄马之乡。“源浊伏吟，惆怅歇宫之地。”指命中源浊，运岁复遇谓之伏吟，乃为惆怅歇宫之地也。“歇宫”，为衰退、消灭之宫位。最后，“上卷有例”是指，“每见贵人食

---

① 《新雕》为“无非在禄马之乡”、“惆怅于歇官之地”。《新雕》“发觉由时日之击扬”句为卷中终，“五神相克”句起于卷下。

禄，无非禄马之乡”可参见上文第三十一章徐对“禄马同乡，不三台而八座”之评注，“源浊伏吟，惆怅歇宫之地”可参见上文第十八章徐对“若乃初凶后吉，似源浊而流清”之评注。（徐注将《消息赋》分为上下二卷，第一至三十二章归“卷上”，第三十三章至末章为“卷下”。故云“上卷有例”也。）

［新编］王注曰，“吉凶悔吝，生乎动也。”人之灾福，未尝不本于行运也。然其吉凶发觉之由，必待于时日之击扬者。形冲之象，贵命不刑不冲不发，是此意也。“五神”者，五行往来于天地之间，未始有终穷者，非神而何？其代旺代废，相生相克，为祸福之由也。“三元”者，三元长生之气，可以定人命之吉凶否泰者欤。“每见贵人食禄，无非禄马之乡”者，“禄马之乡”乃五行生旺之地也，贵人得之以食禄焉。“歇宫”乃五行犯绝歇宫之地也。故运至彼加以源浊伏吟而惆怅焉。

李注曰，虽用太岁行年之位，内看其灾福，亦须泽吉日吉时乃可用事也。“五神”者，绝体、游魂、五鬼、绝命、归魂也。“三生”者，生气、天医、福德，看详在于何方。此已上谓出入、嫁娶、修营之法，非三命之说。虽亦为之注，其来贵贱又不在兹乎。又如运逢禄马之乡，是贵人荣达之处。凡人生月胎月在于休囚死绝恶杀之位为源浊，言又行运至惆怅处即灾。“惆怅”者，子人见亥，卯人见寅，午人见巳，酉人见申是也。

［疏证］王注曰，《易经》：“吉凶悔吝，生乎动者也。”人之灾福，未尝不出自于行运也。然其吉凶发觉之诱因，必待于某时某日之击发应验。人命形冲（应为“刑冲”）之象，有贵有贱，如贵命不得时日之刑之冲，则不发福，乃此意也。“五神”者，五行往来于天地之间，未始亦无终，非神而有何乎？以五神格物，其世间万事万物则可代旺代废，相生相克，如此觅得祸福之缘由也。“三元”者，三元禄命身长生之气，可以定人命之吉凶否泰也。“每见贵人食禄，无非禄马之乡”者，“禄马之乡”乃干禄驿马五行生旺之地也，贵人得之以食禄进爵。“歇宫”乃五行犯绝歇宫五鬼之地也。故运至彼乡，加以三命源浊则运伏吟而惆怅，即命运皆坏焉。

李注见下文。

［释注］昙莹注曰，［“岁年”者，太岁行年也。故人运遇流年岁君，

凶则为灾、吉则为福，皆由于五年中“时日之击扬”，灾福应响应于岁位也。]“五神”，五行也；“三生”，三元也。凡观人命须究根基，用三元定官，以五行相配，况吉凶祸福岂偶然哉？与夫析理精微，不在支离蔓述。此法以日时禄马［“日禄时马”不合］五子元求之，或相生于本命建旺之乡，或驳克于当生灭绝之地，至若运限加临，必有吉凶之兆。凡遇五行而造化灭绝空亡，更逢运限刑冲，恶星交并，主多忧少乐，必招夭亡，惆怅呻吟，故号“歇宫之地”。

［疏证］昙莹注将“岁年”看作太岁行年，即太岁流年。故曰人运遇流年岁君（即流年太岁），凶则为灾，吉则为福。皆由五年中“时日之击扬”，灾福应该响应于某岁位也。“五神”者，五行也；“三生”者，三元也。凡观人命须究四柱原有根基，用三元定官贵，以五行相配看旺衰，何况吉凶祸福绝非会偶然出现。分析命理在于精准细微，不在支离蔓述。此法以日时“五子元遁”求禄马看之。“或相生于本命建旺之乡，或驳克于当生灭绝之地。”指命中日时禄马贵人当月令是否旺衰。“至若运限加临，必有吉凶之兆。”指遇有与日时之限相对应之大运，或旺者逢旺，或衰者遇衰，则必有吉凶之兆呈现。大凡命遇五行而造化灭绝空亡，更逢运限相对刑冲，恶星交并，主多忧少乐，必招夭亡而惆怅呻吟，故号称“歇宫之地”也。

［新雕］李注曰，虽用太岁行年之位，内看其灾福，亦须泽吉日吉时乃可用事。“五神”者，绝体、游魂、五鬼、绝命、归魂也。“三生”者，生气、天医、福德也，看详在于何方。此已上谓出入、嫁娶、修营之法，非三命之说。虽亦为之注［“之法”不合］，其求［“其来”不合］贵贱又不在兹也。如运逢禄马之乡，是贵人荣达之处。凡人生月胎月在于休囚死绝恶杀之位官源浊［“之位为源浊”亦合］，又行运至［惆怅处即灾。“惆怅”者，子人见亥，卯人见寅，午人见巳，酉人见申是也。]〈伏吟，或五行路绝身命休败，谓之“歇官”，则多惆怅也。〉

东疏曰，“灾福在岁年之内”者，若逐年太岁是本干者喜神，同是贵神或干德合者，主有福发也。其发觉由时由元，初生所有无也。若以营运出入抵犯凶方者，以鬼人抵犯旺方则凶，若犯凶方则吉。况取生所，吉人犯吉方则凶，凶人犯凶方则吉。又以嫁娶言之，以凶命相偶得凶人则凶，偶得吉人则吉。若生所吉人相偶得吉人，则却以两吉相凶。若吉人相偶得凶人，则却吉。其凶者是阴气也，吉者阳气也；阳求阴即吉，阴求阳则凶。若以阴求阴则吉，阳求阳则凶；两阴相见吉，两阳相见凶。在五行旺所，皆其吉。杀绝胎墓死所，皆凶。“日之击扬”者，若阳命遇阴日生，其上带德者贵。若阴命阴日生，带德者贵。若阳命阳日生，带印即贵。阴命阳日生，带印亦贵。其带印者，日上见印为德。

东疏曰，“三生定命”者，却以三命上定喜神、食神、三财、官印、德贵。其五神相克者，详五行金木水火土旺衰，相生相克也。若以气命旺，则必贵神官印干上无力也。若印财德喜食神上干旺，则必三命无力也。若得贵官印旺，如三命则受福也。若三命旺，如三财食喜之神，则福少也。若三命在胎月主月日时独旺，则少病寿长也。若人三命在于衰绝死墓胎上见贵神及财王，虽受其福，则多病促寿也。或若三命与贵神德神停，则有福少病。故曰“三生定命”也。

东疏曰，有贵印，又遇禄马同乡则必贵。若无贵印，遇禄马同乡亦不贵也。贵印贵神遇前后第五神上干德合，若更重合，又须时建印及建旺。若更贵神亦复遇带印，亦须重带，又要三才建旺。若大小运行年至禄马同乡位，则食禄必大旺。若以官印无力，三才绝败，本合无合，禄命枯绝，虽在禄马所同乡位生，亦须贫贱不贵也。若运逢禄马同乡所〇〇〇灾害也。

东疏曰，“伏”者，藏也。“吟”者，呻也。“歇官”者，五行不化歇旺之地，若在五行死地生，而旺所歇，即如此之说。假令乙卯水人五月生，其乙木与卯木死，身水又无气，却以大运逆行，约五年在壬午，鬼在鬼乡为欢乐之地，反复呻吟为欢乐也。十五入辛巳，渐反欢乐作呻吟也。二十五入庚辰，渐入东方旺木，木被伏主死，其本必乃惆怅呻吟也。三十五入己卯为〇吟。将相乡为反吟，谬也。又谓歇官者转，不是。其死木在旺木中，被旺木伏，主死木必反吟惆怅也。

［疏证］此章东疏乃《新雕》中最能体现其论命思想之核心部分，本书按原版段落配李注一起疏解，以利读者对照阅读。

一、灾福在岁年之位内，发觉由时日之击扬：

李注曰，虽处太岁行年之位要与四柱三命相联系，但内看其灾福，亦须泽吉日吉时乃可用事。此与其上文所谓“珞琭子既述三命五行，又述出入方所”相一致。

东疏本段针对“灾福在岁年之位内”分为四点来注解。

1. 从本命与逐年（注意此处东疏将流年谓之“逐年”，区别于小运“行年”）太岁关系看，若流年太岁是本命干者喜神，同是贵神或干德合者，主有福发也。即指其灾福发觉来自本命生时，由时上原来所带喜忌决定，人命初生之时包含所有所无之一切。

2. “若以营运出入抵犯凶方者”看，应是指人命出入大运，其上一章疏曰：“行来出入者，是运出入。抵犯凶方者，命禄有凶方吉方，抵犯之吉凶在旺位上生，却运入衰乡显旺力是吉方也。若在死绝胎墓上生，行运却入五行旺位，其见到生地，则凶方，正位抵犯凶方也。”可知其吉凶之方皆由大运定。“以鬼人抵犯旺方则凶，若犯凶方则吉”所谓“鬼人”，应指下文第七十七章东疏所谓：“其五行有六位旺处，六位绝处，古今定矣，无有移改。夫六位旺处是：长生、冠带、临官、帝旺、衰、成六位也。六位绝处：病、死、墓、绝、胎、沐浴。”其中六位绝处之人。但在实际推论时，东疏基本上将“病”归属“旺处”、“成形”归属“衰处（即绝处）”（参见书后附录：探索东方明“旺衰吉凶”之我见）。

3. “况取生所”应指取阳宅吉凶，套用《三元经》口诀：“九宫建宅，男命上元甲子起坎一，中元甲子起巽四，下元甲子起兑七，逆行九宫。女命上元甲子起中五，中元甲子起坤二，下元甲子起艮八，顺行九宫。”（参见上文第三十六章东疏）定出八宅法中东西各四命。但东疏不以四吉方四凶方论祸福，而是以禄命定“吉人犯吉方则凶，凶人犯凶方则吉”。

4. “又以嫁娶言之”，以凶命相偶（通“遇”）得凶人则凶，偶（遇）得吉人则吉。

为何第二、第三点会出现类似“若生所吉人，相偶得吉人，则却以两吉相凶。若吉人相偶得凶人，则却吉”之情况？即第二点中“以鬼人抵犯旺方则凶，若犯凶方则吉”、第三点中“吉人犯吉方则凶，凶人犯凶方则吉”。其实上文第十八章东疏就引《经》云：“旺处生而死处发，以死绝处生，旺处败也。”此处东疏详叙曰：“其凶者是阴气也，吉者阳气也。阳求阴即吉，阴求阳则凶。若以阴求阴则吉，阳求阳则凶。两阴相见吉，两阳相见凶。”至于“在五行旺所，皆其吉。杀绝胎墓死所，皆凶。”是针对前面第二第三点中“吉”与“凶”下定义。由此联系上章东疏“抵犯凶方者，命禄有凶方吉方，抵犯之吉凶在旺位上生，却运入衰乡显旺力是吉方也。若在死绝胎墓上生，行运却入五行旺位，其见到生地则凶方，正为抵犯凶方也”，其理论出发点则变得触手可及（参见书后附录：探索东方明“旺衰吉凶”之我见）。不过前章立足于运与岁，而此章皆是从命与运（第二点）、命与宅（第三点）而言。最后命与嫁娶（第四点）以凶命相遇得凶人则凶，遇得吉人则吉，乃常理之中也。

至于“日之击扬者，若阳命遇阴日生，其上带德者贵。若阴命阴日生，带德者贵。”其中所谓“德者”，可参见上文第一章东疏“其甲日月中见己，其己月日以从甲。庚日月有乙异，辛月日用丙亲，壬日月发丁力，癸月日以戊功。以上十干名天德相合，阴阳交会。”“若阳命阳日生，带印即贵。阴命阳日生，带印亦贵。其带印者，日上见印为德。”指“阳命阳日生”有别于“阳命遇阴日生”，“阴命阳日生”有别于’阴命阴日生”，不以带德者贵，而以日上见印为德为贵。可见东疏将“发觉由时日之击扬”分作“发觉由时”与“日之击扬”两句来解释，亦不乏其理。

总之，以上是东疏对上一章所谓“却以嫁娶修营路登于黄黑之道，未可罔于命中凶也”之展开补充。

二、五神相克，三生定命：

李注曰：“‘五神’者，绝体、游魂、五鬼、绝命、归魂也。‘三生’者，生气、天医、福德也。”此与诸家将“五神”“三生”解为“五行”“三元”不同。生气、天医、福德、绝体、游魂、五鬼、绝命、归魂八神皆由翻卦入九宫八卦之位（可参见上文第三十六章东疏）。“详看在于何方”是指详看吉凶在于何方。翻八卦虽可以辅断人命吉凶，但离不开原命旺衰，此观点在其上文第二十三章所谓“若天元羸弱，九宫虽遇一吉三生，不能解救其灾也……此言二命有气，虽八卦遇五鬼绝命也不成灾也”中已经有所表达。故又曰，虽以上《赋》文在方所出入、婚姻嫁娶、修缮营建等堪舆方面有所涉及，但其终非三命之说。故李虽亦为之注，又言求贵贱不在于兹，仍以禄命为主也。（参见李序曰：“所有数处说住宅修造、行方嫁娶之事，今亦为注。是攻阴阳二宅之流，所用固非三命之说，学者尤宜详之至哉!”）

东疏曰“三生定命”者，“却以三命上定喜神、食神、三财、官印德贵”，即分别以三命为主，确定喜神、食神、三财、官印、德贵，详各自喜忌。其上文第十三章中曰：“播三命翻为九命也，干禄一命，支为二命，纳音身为三命，禄财四命，命财五命，身财六命，以官为七命，所为八命，职为九命，各取生月日时金木水火土旺衰言之，无不中也。”观点已有表达。其“五神相克”者，详析五行金木水火土旺衰，相生相克也。如何将“五神相克”与“三生定命”结合起来论命？东疏列出“七若”阐明立场：若以五气推三命皆旺，则贵神官印干上必无力也；若印、财、德、喜、食神上干旺，则三命必无力也；若得贵官印旺，如三命则受福也；若三命旺，则三财（即禄财，命财，身财）食喜之神必福少也；若三命在胎月生月生日生时独旺（东疏原文“若三命在胎月主月日时独旺”，应为“若三命在胎月、生月日时独旺”。“主月”乃“生月”之讹。古法以年上三命为本，以胎、月、日、时四柱断旺衰也），则少病寿长也；若人三命在于衰绝死墓胎上见贵神及财旺，虽受其福，则多病而短寿也；若有人三命与贵神德神两停，则有福少病。故“三生定命”指以五行全面分析三命，定祸福寿夭。

三、每见贵人食禄，无非在禄马之乡：

李注将“贵人”当贵命之人，“食禄”为享受官禄荣华。禄为临官，马为驿马。“禄马之乡”亦谓“禄马同乡”。其上文第三十一章曰“假令六甲申子辰人正月生之类”，即甲见寅为禄，申子辰见寅为马，可谓禄马同乡。命带禄马同乡，大运复逢之，是贵人荣耀发达之处也

东疏曰，人命有贵印（即官星），又遇禄马同乡则必贵。若无贵印，遇禄马同乡亦不贵也。所谓“贵印”在疏文中仅出现于本章与第四十七章（“假令甲子金人，庚子、庚寅如烟，遇甲申、庚戌如焰，乃金有合贵印相助，则为焰也”），东疏视烟为凶、视焰为吉，故以甲子金人遇申金为禄、遇戌土为官印，视作“贵印”，乃戌中有火也。“贵印”与贵神（如财、德、喜、食神）遇在前后第五神（前后第五辰）上，又各自干德合（隋朝

萧吉《五行大义》曰："干德者，甲德自在，乙德在庚，丙德自在，丁德在壬，戊德自在，己德在甲，庚德自在，辛德在丙，壬德自在，癸德在戊。"可参见上文第一章东疏），若再加重合，又须时上建印及建旺地。若再有贵神亦要复遇带印（官星），即亦须重带贵印，并要三才（禄命身）建旺。惟有如此，大小运行年至禄马同乡位，则食禄（享受俸禄）必大旺。若以官印无力，三才处绝败，本喜合而无合，禄命处枯绝之地，虽在禄马所同乡位生，亦必贫贱不贵也。"若运逢禄马同乡，所〇〇〇灾害也"根据上下文，其义大概所遇必为灾害也。

四、源浊伏吟，惆怅歇官之地：

李注曰，凡人命生月胎月在于休囚死绝恶煞之地，官气源浊，又行运至伏吟。《新雕》则为"又行运至惆怅处即灾。惆怅者，子人见亥，卯人见寅，午人见巳，酉人见申是也。"此皆亡神之地，故惆怅为灾也。《新雕》衍文"伏吟，或五行路绝身命休败，谓之歇官，则多惆怅也。"指伏吟如为身命（纳音）五行路绝、休败之地，可谓之歇官失意，亦多为惆怅也。

东疏认为，"伏"者，主覆中藏也；"吟"者，呻吟也。"歇官"者，歇即消停也，是指五行因"源浊"逢旺受不得生化，反成歇旺之地。就如人命在五行死地生，而遇旺地覆藏所消停，即为如此之说，故成惆怅歇官之地也。此观点与其上文第六十二章中所谓"若在死绝胎墓上生，行运却入五行旺位，其见到生地则凶方，正为抵犯凶方也"相呼应，其理论基础在上节所谓"其凶者是阴气也，吉者阳气也；阳求阴即吉，阴求阳则凶；若以阴求阴则吉，阳求阳则凶；两阴相见吉，两阳相见凶"之中。举例：

（六十三）——甲造

乾：乙　壬　〇　〇　　大运：壬　辛　庚　己

　　卯　午　〇　〇　　　　　午　巳　辰　卯

假令乙卯水人五月壬午生，其禄命乙木与卯木均死于午，身水见午又无气，却以男命阴年起大运逆行，约五年后在壬午大运。"鬼在鬼乡为欢乐之地，反复呻吟为欢乐也。"是指乙卯人生于午月三命无气为鬼人，鬼人为阴。根据上面所谓"两阴相见则吉"观点，生于午月再遇午运，则两凶呻吟反为欢乐也。十五岁入辛巳大运，下运为季春辰土，带有木气，故渐与欢乐相反而朝呻吟方向转化。二十五岁入庚辰大运，渐入东方旺木之地，死木被旺木伏主死，其禄命将覆藏为本，必仍朝惆怅呻吟方向继续发展。三十五岁入己卯大运完全为呻吟。"将相乡为反吟，谬也"是指亥卯未见卯为将星（其上文第七章曰："将星，亡辰前一辰也。"），将相即将星也，反吟即吟笑也（东疏将反吟分为二层含义：一是相冲；一是呻吟之反面，作吟笑也。可参见其上文第三十五章），指将乙卯人见己卯将星之乡而当作得意欢乐乃是荒谬。"又谓歇官者转，不是"即又将乙卯人见己卯将星之乡，作为歇官者转吉之地看，亦不是。真正来看，其乙卯死木在己卯旺木中，被旺木伏，主死木必反吟（欢乐变成不欢乐）实为惆怅（歇官）也。前言"鬼在鬼乡为欢乐之地，反复呻吟为欢乐也"中呻吟是欢乐，那么再反吟就是惆怅。可见东疏确定反吟之性质是取决于原呻吟是欢乐还是惆怅，而非仅以干支冲克定之。

[万版] 凡说岁中休祥，专看日时与太岁生克刑冲言之。生日为妻，生时为子。日时与太岁和合及财物有用，无诸坏者，依事物而言之。如太岁与日时相刑，或六合三合中有元辰七杀者，凶。亦看类而言之，故下文云云。或曰：岁年，指太岁行年。言凡人命遇流年岁君，凶则为灾，吉则为福，皆由五行中日时之激扬、响应于岁位。"五神"者，五行也。"三生"者，三元也。凡观人命，须究根基，用三元定宫，以五行相配。此法以日时、禄马五子元求之，或相生于本命建旺之乡，或驳克于当生减绝之地。至若运限加临，必有吉凶之兆。凡遇五行而造化灭绝、空亡，更逢运限、刑冲，恶星交并，主多忧少乐，必招夭殒，惆怅呻吟，故号"歇宫之地"。或指"惆怅"为杀名，子人见亥，卯人见寅，午人见巳，酉人见申。指"五神"为绝体、游魂、五鬼、绝命、本宫。"三生"为生气，天医、福德。此以上谓出入、嫁娶、修营之法，非三命之说。谓用太岁五行之位内，看其灾福，亦须择吉日、吉时，乃可用事。其说亦通。

[疏证] 万注开头"凡说岁中休祥"至"故下文云云"出自于徐注。"或曰"至"故号歇宫之地"，所引引自昙莹注。最后"或指'惆怅'为杀名"至注末皆出自李注。

第六十四章

狂横起于勾绞，祸败发于元亡。宅墓同处，恐少乐而多忧。万里回还，乃是三归之地。

［**徐注**］岁命前三辰为“勾”，后三辰为“绞”，不可在元命日时，二运之上遇之者，主非灾横祸，更或与元辰七杀并者，尤凶。岁命前后五辰为宅墓，如戊子生，遇辛未太岁者，是也。亦须未子日上〈及时上本有〉，［有日时］或大运同宫者，则重。凡遇此者，不利阴小家宅也。此言大运在十二辰之间顺逆回环，在三元本禄本财终须之地，遇此者，则为优安之福厚。更晚年遇财禄归聚之处，则尤有所长也。根本元无者，无所长也。

［**疏证**］徐曰，“勾绞”者，岁命前三辰为“勾”，后三辰为“绞”。不可在元（“元”通“原”）命日时之辰出现，如再大小二运上遇之者，主非（飞）灾横祸；如更遇元辰（指原命四柱）七杀并现运中者，尤凶。“宅墓”者，岁命前后五辰为宅墓，如戊子生，遇辛未太岁者，是也。亦须与勾绞一样，如未子日及时上本有，或再遇大运同宫者，则灾重。《新编》徐注与万版引徐注为“亦须未子日上有，日时或大运同宫者，则重。”不如此版合义。

徐在上文曰“岁命前后五辰为宅墓，人生日时与岁运不宜，逢之受杀也（参见上文第五十八章“宅墓受杀，落梁尘以呻吟”），凡遇此者不利阴小（妻为阴、子为小）家宅也。“万里回还，乃是三归之地”者，徐将其与上一章“五神相克，三生定命。每见贵人食禄，无非禄马之乡”联系起来。言大运虽在十二辰之间顺逆回环“万里”，但求贵人食禄仍在“在三元本禄本财终须之地”。将三元（徐以干为天元、支为地元，支中藏干为人元）定为“三生”“三归”之地，三元本有禄财，为命里有时终须有，遇此者则福禄优厚。更有时日带禄财者，主晚年归聚之处，则尤有所长也。“根本元无者无所长”是指命中原无莫强求也。徐借贵人食禄来指勾绞宅墓均要“万里回还”至“三归”（即三元或三生之地）定祸福。

［**新编**］王注曰，神杀者，天地五行精气也，各有所主吉凶。谈命者，先推五行休旺，论其体格，然后入神，然观其事类。阳男阴女后三辰为“勾”，前三辰为“绞”，行年岁运遇则多因狂横起祸，故曰“狂横起于勾绞”。“元亡”者，乃元辰亡神二杀也，遇之则所为多致于伤败，所谓“祸败发于元亡”耳。命前五辰曰“阳宅”，命后五辰为“阴墓”，何以谓之“同处”？譬之癸亥生前五辰见戊辰，乃水之墓，行年岁运若带杀来“同处”，其中故曰“宅墓同处，恐少乐而多忧”也。“三归”者，乃三元五行皆可以归宿之地，或行年大运至三元本音长生之所者，虽身客万里长途，将有回还之理也。如甲子人得亥年，为木禄之一归也；得申月是水命二归也；巳运是身人金之三归也。或木人得亥未，亦可则之谓“三归之地”也。

李注曰，阴命前三辰为“勾”，阳命后三辰为“勾”。阴命后三辰为“绞”，阳命前三辰为“绞”。运至狂横事勾死绞之厄，此位上有吉神则不必言灾祸也。“元”者，元辰是也，上文云“宣父畏彼元辰”，注中详矣。“亡”者，亡神也，从劫杀数至第七位为亡神。天官符遇之多败祸也。或凶恶神杀，更与宅墓同处，运至则多忧，卷末有例。“万里回还”者，此言行运也。假令丙寅生人、戊戌月、癸巳日、丙辰时，五十七岁壬戌年内，大小二运辰戌对冲。火居水墓，水居火墓，空亡也，罗网也，六虚也，魁罡也。“三归”者，三垢之地也。辰戌丑未为三垢五墓者，此防三命俱入墓位也。

［**疏证**］王注曰，神杀者，天地五行精气所致，各有所主吉凶，神得福，杀致祸也。谈命者，先推五行休旺，论其体格大小，然后看神杀吉凶，再观其事类福祸如何。阳男阴女，后三辰为勾，前三辰为绞；阴男阳女，前三辰为勾，后三辰为绞。行年岁运遇之则多因狂横起祸，故曰“狂横起于勾绞”。联系上章“源浊伏吟，惆怅歇官之地”看，遇“歇官之地”本应惆怅勿动而避祸，却“行年岁运遇勾绞，则多因狂横而起灾”（引自《五行精纪》王注），实非人意可免之也。“元亡”者，乃元辰亡神二杀，人遇之则所作所为多致于伤败，所谓“祸败发于元亡”也！命前五辰曰

"阳宅"，命后五辰为"阴墓"，何以谓之"同处"？譬之癸亥水人，生前五辰见戊辰为宅，乃水之墓，行年岁运遇辰墓带恶杀（辰上透戊土为水之鬼）来同处，其中故曰"宅墓同处，恐少乐而多忧"也。"三归"者，乃三元五行皆可以归宿之地，如癸亥三元水人遇辰墓归宿之地，或以行年大运至三元本音长生之地者，虽身客万里长途疲惫，将有回还生发之理也。如甲子人得亥年，为木禄之一归也；得申月是水命二归也；巳运是身人金之三归也。甚至以木人得亥未虚拱卯木，亦可谓"三归之地"也。

李注见下文。

［释注］昙莹注曰，阳命以前三辰为"勾"，后三辰为"绞"；阴命以前三辰为"绞"，后三辰为"勾"，其或交临运限，乃招狂横之灾。此论元辰亡神也，元辰以阳男阴女冲前一辰，阴男阳女冲后一辰，其次亡神以寅午戌在巳，巳酉丑在申，申子辰在亥，亥卯未在寅，更值当生凶杀岁运刑星，多因官事勾连、讼端［"无端"不合］萦绊，加以宅墓同处，少乐多忧，故下文云。"三归之地"乃辰戌丑未，此云"三邱"，亦云"五墓"，故以归根复命，返本还源。凡此四辰，以应回还之象。

［疏证］阳命以前三辰为"勾"，后三辰为"绞"；阴命以前三辰为"绞"，后三辰为"勾"。"其或交临运限，乃招狂横之灾"是指勾绞所临大运与四柱中早中晚限相交，乃招狂横之灾。"祸败发于元亡"之"元亡"，昙莹注与李注（见下文李注）均认为是元辰和亡神，王注亦云："元亡者，乃元辰亡神二杀也。"此又与东疏认为元亡即是亡辰（亡神）观点相左（见下文东疏）。元辰为阳男阴女冲前一辰，阴男阳女冲后一辰；其次，亡神为寅午戌在巳，巳酉丑在申，申子辰在亥，亥卯未在寅。昙莹注认为二者更值（逢）当生凶杀成岁运刑星，多因此而官事勾连、讼端萦绊，加以宅墓同处，少乐多忧。故下文云"万里回还，乃是三归之地"。认为三归即三邱（"邱"通"坵"或"丘"。参见本章下文李注，及下文第七十一章"夹杀持邱，亲姻哭送"），亦云五墓之地，乃辰戌丑未也。"故以归根复命，返本还源，凡此四辰以应回还之象。"是指运逢勾绞宅墓为三归五墓之地者，则哭送叶落，魂丧归根也。

［新雕］李注曰，阳命前三辰为勾［阴命前三辰为勾?］，阳命后三辰

为绞［阳命后三辰为勾?］。阴命后三辰为勾［阴命后三辰为绞?］，阴命前三辰为绞［阳命前三辰为绞?］。运至主横事勾牵缠绞之厄，此位为亡辰官符遇之多祸败也［“运至狂横事勾死绞之厄，此位上有吉神则不必言灾祸也”亦合］。

东疏曰，“勾绞”者，运气杀神也，五行相校。又云：气逢勾绞，狂横相烧。以月干为气，今行者大运是月干来，在大运前三辰为“勾”，后三辰为“绞”。“狂横起于勾绞”者，以小运运干用“五子元建”，从寅起禄，大运前后三辰上是勾绞，所遇何干，其干是大运本位鬼者，是狂横起也。又以小运起七杀，若劫杀在勾绞在鬼，则狂横必起也。假令丙申人十月生，五岁约大运顺行在己亥上，十五庚子，二十五辛丑，三十五壬寅，四十五癸卯，五十五甲辰上，后入乙巳。其申入后三辰为勾，再变却巳位大运〇也。前三辰见寅为勾，后三辰见申为绞。又小运五十八入丁亥，又将小运上丁从正月建壬寅，大运之绞，丙火在大运巳上而有鬼，二月癸卯，三月甲辰，四月乙巳，五月丙午，六月丁未，七月戊申，是大运之绞，其绞戊午巳上作鬼也，又以小运丁亥起七杀，亥卯未申为劫杀，杀在鬼上，在横起绞也。正谓“狂横起于勾绞”，咎不可免也。

李注曰，“元辰”者［“元者，元辰是也”亦合］，上文云“宣父畏以元辰”者，注中详矣。“亡神”者，从劫杀数至第七位为亡神。“天官”者［“天官符”合义］遇之多败祸也。

东疏曰，“祸败发于元亡”者，亡辰也。是元本干禄，若小运亡辰上干禄见鬼，则以祸发本命元辰。更受杀则败，绞也，故“祸败发于元亡”。今将冲前一辰作元亡，则非也。其元亡是二呼之，若作一者是不分解也。将自己元命值于亡辰杀也。

李注曰，或凶恶神杀，更在宅墓同处，运多至多忧，卷末有例。［万里回还者］此言行运也。假令有人生年丙寅、生月戊戌。生日癸巳、生时丙辰，五十七岁壬戌年［内］，大小二运辰戌对冲。火居水墓，水居火墓，空亡也，罗网也，六虚也，魁罡也。“三归”者，三丘［“三坵”亦合］之地也。辰戌丑未为三丘［“三坵”亦合］五墓之位，此防三命俱入墓已［“俱入墓位也”亦合］。

东疏曰，“宅墓同位”者，又非宅宇也，干禄本位住处为宅。《洪范》

云："五常居宅。"如甲乙住东宅，庚辛西宅，丙丁南宅，壬癸北宅。又细分以甲在寅宅，乙在卯宅，丙在午宅，丁在未宅，戊在戌宅，己在丑宅，庚在申宅，辛在酉宅，壬在子宅，癸在丑宅，其宅在者，五行墓木在未上为墓，亦以五行取之为墓，其大运同位及小运在墓上见本干者是也，主少乐多忧。假令六丙人，位运到丙戌是也，他皆准此。"三归之地"者，干禄至本位在于一归之地，前五辰上遇干合为二归之地，后五辰上遇干合为三归之地。假令甲子人小运至甲寅，名禄归，到己未名德归，到己酉名合归之地。若丘墓之记，地上有财旺，必后喜庆也。

［疏证］李注东疏按《新雕》原版分段注解：

一、狂横起于勾绞：

李注曰，阳命前三辰为"勾"，阳命后三辰为"绞"；阴命后三辰为"勾"，阴命前三辰为"绞"。（《新雕》与《新编》李注"勾绞"观点不同，参见本章万注。）逢运至勾绞，主勾牵缠绞之厄，此位再为亡辰（亡神）官符遇之，则多飞灾横祸也。《新编》则为："此位上有吉神则不必言灾祸也。"二者皆通。

东疏曰，"勾绞"者，运气杀神也，主五行相校（jiào，囚于木枷），遇之者狂横相桡（náo，扰乱）。以月干为气，今行起大运是自月干来（东疏此处所谓"月干"即指生月干支之义也，如其上文第三章曰"其大运从月干而起，则便是气运也。"），指在大运前三辰为"勾"、后三辰为"绞"是以月辰看。"狂横起于勾绞"者，以小运运干用"五子元遁"建月（用"五寅遁元"起建月更适用），从寅起禄，大运前后三辰上是勾绞。所遇勾绞何干？其干是大运本位之鬼者，则狂横起灾也。又以小运起七杀，若劫杀在勾绞在鬼，则狂横必起也。举例：

（六十四）——甲造

乾：	丙	己	○	○	大运：	己	庚	辛	壬	癸	甲	乙
	申	亥	○	○		亥	子	丑	寅	卯	辰	巳

假如丙申人十月生，阳命男五岁约大运顺行在己亥上，十五庚子，二十五辛丑，三十五壬寅，四十五癸卯，五十五甲辰上，后入乙巳大运。其申命在巳前三辰为勾，是因变为巳位大运定前后辰也。如以生月己亥起勾绞，则前三辰见寅为勾，后三辰见申为绞。东疏意在说明从不同角度起勾

绞，前后顺序则相反。由于勾绞之厄在于相校相桡，故下面东疏不分前后，但凡隔三辰者均谓之逢绞。再看丙申人小运五十八岁入丁亥（男命小运起丙寅应为癸亥），又将小运上丁从正月建壬寅（东疏以行年小运起“五寅遁元”），在巳后三辰，大运之绞也。“丙火在大运巳上而有鬼”是指壬寅之壬水是大运巳火本气丙之鬼。二月癸卯，三月甲辰，四月乙巳，五月丙午，六月丁未，七月戊申在巳前三辰，亦是大运之绞。其绞戊干在午巳火运主燥土，巳运乃申金之长生地，亦主金之本位，见燥土之戊谓之运上作鬼矣。以上即所谓“大运前后三辰上是勾绞，所遇何干，其干是大运本位鬼者，是狂横起也。”同样亦适用于小运见流月勾绞，又以丁亥小运见七月戊申为绞，戊为小运亥水本气之七杀，亥卯未见申为劫杀，故前谓“劫杀在勾绞在鬼，则狂横必起”，咎不可免也。以小运起神殺，东疏中不止此处，其他诸家未见也。

二、祸败发于元亡：

李注认为“元亡”是元辰与亡神之合称，后来影响到昙莹注。其曰“元辰”者，上文第十三章“宣父畏以元辰“者，注中详矣。亡神者，从劫杀数至第七位为亡神。《五行精纪》引《三命钤》云：“亡神在劫杀前六辰是也。”（参见上文第七章东疏）二者辰位相符。天官者，《五行精纪》引载《并壶中子》曰：“亡神为天宫符，亦名贯索星，更附凶神者，必被人伤害或伤害人。”遇之多败祸也。

东疏曰，认为“元亡”是“元命值于亡辰杀也”。“元”通“原”，即原命以生年查胎月、生月、生日、生时，见四柱中有亡辰（亡神）者，谓祸败发于元亡也。又曰“元本干禄，若在小运亡辰上干禄见鬼”是指原命干禄在小运亡辰上见流年流月之杀鬼，如甲申人原命见乙亥为亡神，小运复逢之，亥上乙禄被流年流月杀鬼所害，则以祸发本命元辰论之。“更受杀则败，绞也”是指如同上一节“小运起七杀，若劫杀在勾绞在鬼，则狂横必起也”，指干禄坐亡神，更受杀鬼，则败无疑，如同勾绞与劫杀所并，如此方可谓“故祸败发于元亡”。言外之意，原命四柱中恶煞之凶，除二煞并一辰，更要复见于大小运，且由流年流月之煞引动方可灵验。东又曰，今人将冲前一辰（即“阳男阴女冲前一辰，阴男阳女冲后一辰”为元辰，参见上文第十三章）当作“元亡”，则非也。此处“元亡”是二义合而呼之（即“元命值于亡辰杀也”），若将其作一词则难分解其义，“将自己元命值于亡辰杀”方为真义也。

三、宅墓同处，恐少乐而多忧。万里回还，乃是三归之地：

李注认为前两句“宅墓同处，恐少乐而多忧”是指命带凶恶神杀，更在宅墓同处，运至则多忧也，卷末有例。后两句“万里回还，乃是三归之地”指此言行运也，举例：

（六十四）——乙造

乾：丙　戊　癸　丙　　　大运：己　庚　辛　壬　癸　甲

　　寅　戌　巳　辰　　　　　　亥　子　丑　寅　卯　辰

假如有人生年丙寅、生月戊戌、生日癸巳、生时丙辰，五十七岁大运甲辰、小运壬戌，大小二运辰戌对冲。火居水墓，水居火墓，如遇辰戌空亡也（参见上文第二十七章）、罗网也（参见上文第三十六章），六虚也（参见上文第二十七章），魁罡也（参见上文第三十四章东疏及第三十九章），则虽大运万里而终回还于三归之地也。“三归”者，三丘之地也。何为“三丘”?《后汉书·张衡传》曰：“过少皞之穷野兮，问三丘乎句芒。”“少皞”为远古之帝王，代表西方金；句芒为远古之春神，代表东方木。三丘为东海之三山，谓蓬莱、方丈、瀛洲。中国文化历来将东方仙境作为极乐世界去追求，故人生就是由西向东，历经“穷野”千辛万苦向东海“三丘”探索之过程。由于“三丘”代表山，后世《晋书·食货志》中“河滨海岸，三丘八薮，耒耨所不至者，人皆受焉。”将三丘与八薮（薮为沼泽地）同归于耒耨（犁锄）所不至之荒地，由无田之民受耕。如此原本为人身后东方极乐仙境之“三丘”，渐渐在命理术语中变成冢墓坟山之代名词。故李注曰“辰戌丑未为三丘五墓之位，此防三命俱入墓已”（“已”为“矣”语气词用），直接将五行库墓与三丘联系在一起。坊间命书又有“三丘煞”之说，即人命生于寅午戌月，则墓丘在戌方；生在卯未亥月，墓丘在未方；生在辰申子月，墓丘在辰方；生在巳酉丑月，墓丘在丑方。

东疏曰，“宅墓同位”者，又非宅宇之义，而是忧伤也。根据其上文第五十八章曰“命前五辰为宅，命后五辰为墓。若宅是金，以丑为宅墓；况宅是木，以未为宅墓，其余准此求之。”分析出东疏观点，认为前后五辰之宅墓主悲忧哀伤，五行墓库则既主宅墓吊丧，也主宅宇库藏。五行之宅，即干禄本位住处为宅。《洪范》云："五常居宅。"五常即五行也（参见上文第六章）。如从五行角度看，甲乙住东方木宅，庚辛住西方金宅，丙丁住南方火宅，壬癸住北方水宅。又细分以阴阳干支角度看，则甲在寅宅，乙在卯宅，丙在午宅，丁在未宅，戊在戌宅，己在丑宅，庚在申宅，辛在酉宅，壬在子宅，癸在丑宅。其四柱有宅在命者，又五行见墓，亦作"宅墓同位"论。如木人之禄在未上为墓，亦以五行取之为墓，其大运同位及小运在墓上见本干者是也，主少乐多忧。假如六丙人，位运到丙戌是也。按"亦以五行取之为墓"理解，六丁人位运到丙戌亦属于"其大运同位及小运在墓上见本干者是也"，他皆准此。"三归之地"者，干禄至本位在于一归之地，前五辰上遇干合为二归之地，后五辰上遇干合为三归之地。假如甲子人小运至甲寅，名禄归之地，为其一；到本禄前五辰己未，名德归之地，为其二；到本禄后五辰己酉，名合归之地，为其三。"若丘墓之记，地上有财旺，必后喜庆也"是指运至禄归、德归、合归三地，犹如墓丘之碑记，立于财旺之地，必致后代发达喜庆也。

［万版］神杀者，天地五行精气也，各有所主吉凶。谈命者，先推五行休旺格局，然后参以神杀，观其事类。阳命以前三辰为"勾"，后三辰为"绞"；阴命以前三辰为"绞"，后三辰为"勾"。或交临运限，乃招狂横之灾。元辰亡神二杀名，更值当生凶杀。岁运刑星，多因官事勾连，无端营绊；加以宅基同处于勾绞元亡之上，尤凶。譬癸亥生前五辰见戊辰，乃水之墓，流年岁运若带杀来，同处其中，是"宅基同处"也。"三归"者，乃辰戌丑未，此云"三丘"，亦云"五墓"。万物归根复命，反本还元。凡此四辰，以应回环之象。或以三元、五行归宿之地为三归。如甲子人得亥年，为木禄之一归；得申月，是水命之二归；巳运，是身金之三归，皆指三元本音长生之位而言。虽身客万里长途，将有回还之理也。徐曰："勾绞，不可在元命、日时二运之上，更或与元辰、七杀并者，尤凶。"宅墓"，如戊子生、遇辛未太岁，亦须未子日上有，日时或大运同宫者，则重，主不利阴人，小口家宅。此言大运在十二辰之间顺逆回环，在三元、本禄、本财、终宿之地。遇此者，优安享福。"

［疏证］万注开头"神杀者"至"将有回还之理也"之中，除"阳命

以前三辰为勾”至“尤凶”，以及“三归者”至“以应回环之象”为昙莹注外，其余皆王注。最后部分则标明出自“徐曰”。

“三归之地”：徐注持“在三元本禄本财终须之地”观点，李注昙莹注皆持“五墓三坵（诸家“邱”或“丘”通用）”之观点，王注持三命遇“四库、长生或虚拱”之观点，东疏以“干禄至本位在于一归之地，前五辰上遇干合为二归之地，后五辰上遇干合为三归之地”为观点，各有其理，学者须详辨焉。

“勾绞”之说，廖中《五行精纪》中载有勾绞三法：

一是不分男女，廖中曰：“阳命人前三辰为绞，后三辰为勾；阴命人后三辰为绞，前三辰为勾，曰阴后阳前三是绞，阳后阴前三是勾。”如《新编》李注为此观点。

二是引《珞琭子林开五命》，亦不分男女，但前后三辰相反，所谓“皆以阳命人前三辰为勾，后三辰为绞；阴命人前三辰为绞，后三辰为勾。”如释注本昙莹注、《新雕》李注、万注皆为此观点。

三是引《三命提要》，分男女，曰：“勾绞二杀至凶之神，各随本命求之，阳男阴女，命前三辰为绞，后三辰为勾；阴男阳女，命前三辰为勾，后三辰为绞。”如《新编》王注为此观点。

其中李注在《新编》《新雕》两版中观点相异，而徐注起“勾绞”则更为简单，曰：“岁命前三辰为勾，后三辰为绞。”东疏则有别于诸家年命起“勾绞”，曰：“以月干为气，今行者大运是月干来，在大运前三辰为勾，后三辰为绞。”虽诸家众说纷纭，大致可定人命前后三辰为凶杀。《三命提要》言“勾绞”：“二杀与人为灾，而不为福，值勾绞两位全者，灾重，一位者灾轻。又云：‘以上杀有鬼则灾重，无鬼则灾轻。’”

万注引王注云“谈命者，先推五行休旺格局，然后参以神杀，观其事类。”（《新编》王注为“谈命者，先推五行休旺论其体格，然后入神，然观其事类。”）表达对古禄命过于注重神杀运用有异见，认为神杀虽为天地五行精气，其各有所主吉凶（神主吉、杀主凶），但谈命者应先推五行休旺格局，然后参以神杀，观其事类。万版所谓“先推五行休旺格局”与《新编》“先推五行休旺论其体格”句义相同，但要与后人以用神定命格区别开来。由于受清初沈孝瞻《子平真诠》影响，当代不少学者认为禄命论格起于明末清初，台湾梁湘润先生《格局生旺库今论》曰："在'禄命法'中，宋代以前没有'格'之一说。宋代之格尚与'卦'名并存。"而阅唐代《李虚中命书》，其中某某调鼎格、某某中贵格、某某无禄格、某某正贵格、某某上品格等等命格不胜枚举，并有"人生元命支干四柱，应以上诸格者主富贵"和"入前格而贵者"，诸如此言。故万在《三命通会·论年月日时》中曰："唐李虚中独以日干为主，却以年月时合看生克制化，旺相休囚，取立格局。"万又在《三命通会·论古人立印食官财名义》中评论宋代徐子平曰："徐子平识破此理，故只论财官印食，分为六格。"可见禄命论五行生克制化而归纳成格起码自李虚中时代已经存在，只是命理格局之形成经过长期发展，至明清两代更为完善并被学者所重视而已。（"格局"之辨参见上文第四十四章王注。）

第六十五章

四杀之父，多生五鬼之男。六害之徒，命有七伤之事。[①]

[徐注] 辰戌丑未为四方之末季，为五行之库墓。言辰戌丑未中，藏纳五行死墓之气，如人运限逢之，生幽忧之疾，淹延之厄。如父子之相承，卒难不能救解。破命者谓之“害”［“谓六害”亦合］，如人运限逢之，皆主眷属难合［“眷属离分”亦合］，人情反复，或更六害中逢七杀克我者凶。

[疏证] 辰戌丑未为四方之末季，为五行之库墓。言库墓中，藏纳五行死墓之气，如人大运与生限（“生限”分早中晚三限）并临逢之，生幽忧（“幽”，深也；“忧”，劳也）之顽疾，淹延（拖延）于不绝之厄。如虽父子之相承，却卒难（“卒”cù，同猝；卒难，突发灾难）而不能救解。“破命”者，即刑破、冲破、克破、害破者也。（参见其上文第六十三章曰：“凡说岁中休祥，专责日时与太岁相克、刑害、冲破言之。”）破命者皆谓之“害”，如人大运与生限（早中晚限）并临逢之，皆主六亲眷属难合，处世人情反复，或更遇六害（寅巳、卯辰、丑午、未子、申亥、酉戌）中逢七杀克我者尤凶。徐注将“七伤”定义为七杀（参见其上文第三十六章曰：“七伤者，运中逢七杀是也。”诸家“七伤”之见列于书后附录：表四）。

[新编] 王注曰，故人之善恶，莫不由之于五行，吉凶之变在诸家杀。所谓“四杀之父”者，同以独取于寅申巳亥中。五行劫杀者，是盖五行生于四孟生者，万物之父也。“多生五鬼之男”者，是五行克我之谓鬼，人所遇生败旺死绝五变者是也。“六害者”，十二支不顺者，如寅人得巳是也，譬之甲申自生之水，为木人劫杀之夕而生，庚申木为子，甲乃庚之父

① 释注本“六害之徒，命有七伤之事”分作下章。

也。甲至申而绝，逢庚为鬼，加以丁亥，因为甲申之六害，如此则命有七伤之者欤。七伤者不害于六亲必伤乎自身矣。

李注曰，此以九宫行年，课其父子利害也。假令上元乙丑阴命男，配得离为宅。宅者，三十四行年临四杀之位，此岁若生儿是五鬼之男。《术》曰："得鬼其父，纵有家道必随散，不立。"七伤中如此，须先定三元甲子所生宫年，然后数起九宫备术，惟以阴阳二宅之人，常用此也。

[疏证] 王注曰，故人之善恶，莫不由之于五行相生相制，吉凶之变在诸家神杀岁运相见。所谓"四杀之父"者，是指寅申巳亥四长生同是"四劫杀"（申子辰见巳、亥卯未见申、寅午戌见亥，巳酉丑见寅），即以四孟为四杀，作为万物之父也。"多生五鬼之男"者，是五行克我之谓鬼，如我命带四劫杀，人再所遇生败旺死绝五变之运，则多生五鬼之男。王注以生败旺死绝五变称作五期或五鬼，乃衰病死败绝之地也。"六害者"，寅巳、卯辰、丑午、未子、申亥、酉戌是也。十二支相害不顺者，如寅人得巳是也。譬如甲申自生之水，虽为亥卯未人晚暮劫杀（原文"为木人劫杀之夕而生"之"夕"指晚暮或休囚），或为死绝之地，但申生水滋木，逢凶化劫也。又如甲申水人见庚申木为生子，甲乃庚之父也。甲至申而绝，逢庚为鬼，故庚申木为甲申水之"五鬼之男"。又如甲申人见丁亥之六害，如此则命有七伤（参见其上文第三十六章曰："七伤者，伤害父母妻子兄弟自身是也。"）。故又曰"七伤者，不害于六亲必伤乎自身矣。"

李注见下文。

[释注] 昙莹注曰，或云劫灾天地四杀，或以辰戌丑未为四阴杀。此用游年太岁或大小两运，全其四杀。三元受伤于年，养子乃是五鬼之男，反制受克不纯碎也。凡看人命，或值一两重六害，或展转凶杀并冲，如此之人命有七伤之事［决矣］。

[疏证] 昙莹注曰，有书曰劫灾二杀各为天地"四杀"，有书曰以辰戌丑未为"四阴杀"。《消息赋》在此则用原命见游年太岁或大小两运，成其"四杀"。"游年"者，流年也。年上三元受伤于流年四杀，被运年反制受克，三命之气不纯碎，故养子乃是五鬼之男。凡看人命，或值逢一处、两重六害，或辗转凶杀并刑冲，如此之人命有七伤之事定矣。（参见其上文

第三十六章所谓"'四杀'谓辰戌丑未，'五鬼'谓五行之鬼，'六害'谓寅巳之类，'七伤'谓劫杀等神"。）

［新雕］李注曰，此以九宫行年，课其父子利害也。假令上元乙丑阴命男，配得离为宅宇者，二十四［"三十四"不合］行年临四杀之位，此岁若生儿是五鬼之男。术曰："得鬼男继其父，纵有家道必隳散［"得鬼其父，纵有家道必随散"不合］［不立］。"七伤亦如此，须先定三元甲子所生宫宇［"宫年"不合］，然后数起［九宫］，此不备述［"备术"不合］。唯攻阴阳二宅之人，常见此也。

东疏曰，"四杀"者，在寅申巳亥四个劫杀，子午卯酉四个灾杀，辰戌丑未四个岁杀。"六害"者，子午为一害，丑未为二害，寅申为三害，卯酉为四害，辰戌为五害，巳亥为六害。寅申巳亥人，若四月受胎正月生，更孟日时者，四个劫杀。若犯正为四杀之人也。假令四月受胎正月生，申日亥时是也。又以子午卯酉人五月受胎，二月生，酉日子时生是也。又辰戌丑未人六月受胎三月生，戌日丑时生是也。亦名"四正"人也。若上见财力及官力得贵者，则亦有福也。"六害"者，来去生也。假令子午人八月受胎在五月子日午时生是也。"六害"唯此例。今将寅巳、卯辰、丑午、未子、申亥、酉戌为"六害"者，在五行用虚课也。若犯四杀生人，以时中一个杀上见孟者，必生五鬼之男。其"五鬼"者，五行死上一鬼，墓为二鬼，绝为三鬼，胎为四鬼，成形为"五鬼"。六害为人，若禄命在生时绝败，必有七伤之事，伤孝、伤物、伤仁、伤义、伤礼、伤智、伤信，为"七伤"。皆为伤绝，此七件凶恶之人也。故命有"七伤"也。

［疏证］李注上文第五十七章用三元九宫配合禄命行年小运看"灾福迟速"，以定"始末皆凶"，又在第六十二章用三元九宫配合禄命看黄黑之道，以定方所出入吉凶。本章李注则用三元九宫配合禄命课其父子利害、家族旺衰。上元乙丑阴男，同样按男命"上元甲子起一宫"（参见上文第三十六章东疏），逆推得第九宫离卦位，为九厄命宫（命宅）。男命小运起丙寅，男子上元八宫起推，二十四岁小运戊子行年入巽四宫，临四杀之位，亦为始末皆凶，故谓"此岁若生儿是五鬼之男"。"五鬼"既指中宫恶煞，亦泛指"四杀、六害、七伤、八难男、九厄"为五鬼。《术》书曰：

"得鬼男继其父，纵有家道必隳散，不立。"大概指九宫凶位之人，生子必得鬼男继其宅宇，即使有家财族道必隳散殆尽不立。七伤亦如此，须先定三元甲子所生宫宇，然后依男逆女顺数起，如行年在兑七宫，此岁必命有七伤之事也。何为"七伤之事"？上文第三十六章王注曰："七伤者，伤害父母妻子兄弟自身是也。"最后李注曰，"此以九宫行年，课其父子利害"属于"唯攻阴阳二宅之人，常见此也"，乃指堪舆之术，非推禄命者所为也。（参见书后附录：略谈"三元九宫"起推法。）

东疏曰，"四杀"者，在寅申巳亥四个劫杀，子午卯酉四个灾杀，辰戌丑未四个岁杀。即申子辰见巳为劫杀，亥卯未见申为劫杀，寅午戌见亥为劫杀，巳酉丑见寅为为劫杀，并推劫杀前一辰为灾杀、前二辰为岁杀。"六害"者，子午为一害，丑未为二害，寅申为三害，卯酉为四害，辰戌为五害，巳亥为六害（又言六冲）。从四劫杀来看，寅申巳亥人，若四月受胎正月生，更得孟日孟时者，若犯四正为四杀之人也。所谓"犯四正"，即胎、月、日、时四柱见寅申巳亥，或见子午卯酉，或见辰戌丑未也。举例：

（六十五）——甲造

	生　年	生月	生日	生时	胎月
乾：	○○○○	○	○	○	○
	寅申巳亥	寅	申	亥	巳

假如寅申巳亥人四月受胎，正月生，申日亥时，即"犯四正"，为四劫杀之人也。

（六十五）——乙造

	生　年	生月	生日	生时	胎月
乾：	○○○○	○	○	○	○
	子午卯酉	卯	酉	子	午

又如子午卯酉人五月受胎，二月生，酉日子时，亦"犯四正"，为四灾杀之人也。

（六十五）——丙造

	生　年	生月	生日	生时	胎月
乾：	○○○○	○	○	○	○
	辰戌丑未	辰	戌	丑	未

又如辰戌丑未人六月受胎，三月生，戌日丑时，亦“犯四正”，为四岁杀之人也。以上甲、乙、丙三例，虽命“犯四正”各为四劫杀、四灾杀、四岁杀，但如干上见财力及官力得贵者，则亦有福，可谓福祸参半也。

至于六害者，取来去对冲而生也（即六冲）。举例：

（六十五）——丁造

	生年	生月	生日	生时	胎月
乾：	○○	○	○	○	○
	子午	午	子	午	酉

假如子午人八月受胎，在五月子日午时生是也。“六害”（即子午、丑未、寅申、卯酉、辰戌、巳亥六冲）唯举此例，余仿此推。今人将寅巳、卯辰、丑午、未子、申亥、酉戌为六害者，其实是“在五行用虚课也”。指寅巳相害，是寅虚邀亥冲巳、巳虚邀申冲寅；卯辰相害，是卯虚邀戌冲辰、辰虚邀酉冲卯，余仿此推。

再看以上甲、乙、丙三例犯四杀生人，见时中一个劫杀、或一个灾杀、或一个岁杀，盖生时主子嗣，“孟者”为长子。“以时中一个杀上见孟者”是指生时属四杀，长子必为五鬼男。其五鬼者，五行死上一鬼，墓为二鬼，绝为三鬼，胎为四鬼，成形为五鬼（诸注“五鬼”以东疏最正最明），意为带四杀之父必生不肖之子也。再看丁造六害（即六冲）为人，若禄命在生时绝败，必有七伤之事，伤孝、伤物、伤仁、伤义、伤礼、伤智、伤信，为“七伤”。皆为伤绝，此七伤均属凶恶之人也。故时带四杀，生五鬼男，则“命有七伤”也。

［万版］此专论骨肉。“四杀”，指劫灾天地言。或以辰戌丑未为四阴杀。“五鬼”，乃子人见辰，丑见卯，寅见寅，卯见丑，辰见子，巳见亥，午见戌，未见酉，申见申，酉见未，戌见午，亥见巳是也。三元受伤于年，养子乃是五鬼之男，反制受克，不和顺也。“六害”，子穿未等例。十二支不顺，命值一两重六害或辗转，凶杀并冲，如此之人命，有七伤之事决矣。“七伤”，乃害六亲及本身也。或以四杀，专指四劫。五行生于四孟。“生”者，万物之父。五行克我为鬼，人所遇生败旺死绝五变者是也。

譬之甲申自生之水，为木人劫杀之父，而生庚申木为子，甲乃庚之父，至申而绝，逢庚为鬼，加以丁亥，因为甲申之六害如此，则命有七伤之事矣。“七伤”，亦神杀名。观赋前云或逢四杀、五鬼、六害、七伤可见。

［疏证］万注曰此章专论儿女骨肉而言。“四杀，指劫灾天地言”至“有七伤之事决矣”句内容大致引自昙莹注，但其间掺有所谓“五鬼，乃子人见辰，丑见卯，寅见寅，卯见丑，辰见子，巳见亥，午见戌，未见酉，申见申，酉见未，戌见午，亥见巳是也”则不知所出，且与其上文第三十六章万注“命前五辰曰五鬼，乃子人见辰，亥人见卯也”观点不符。“七伤，乃害六亲及本身也”与“或以四杀，专指四劫”之句，出自于上文第三十六章王注“‘七伤’者，伤害父母妻子兄弟自身是也”与“‘四杀’者寅申巳亥，四冲之劫者是也”。“专指四劫”以下皆为万自注。“五行生于四孟”，即寅申巳亥四长生，故为万物之父。“五行克我为鬼，人所遇生败旺死绝五变者是也”是指其上文第二十四章所言“灾有五期者，衰病死败绝，其为至凶之地”，五期之地复遇克我之鬼，或六害复遇克我之鬼，则命有“七伤之事”也。

举例：

（六十五）——戊造

	年	月	日	时
乾：	乙	甲	丁	○
	亥卯未	申	亥	○

（六十五）——己造

	年	月	日	时
乾：	庚	甲	丁	○
	申	申	亥	○

譬之戊造甲申月纳音自生之水，为亥卯未人劫杀，从纳音五行生乙木人看则为父。或己造甲申月纳音之水生庚申纳音木人为子，且甲乃庚之财为父。天干为父，亦故视甲为父，但二造之甲皆坐绝地，复加以丁亥，因为申亥六害，故甲申父命有七伤之事矣。“七伤”，亦神杀名（参见其第三十六章曰：“七伤，亡杀等神”）。此章参考本赋前文第三十六章云“或逢四杀五鬼，六害七伤”可见。万注本章是从父遇四杀、六害之角度阐述，

与上面诸家是围绕人命遇“四杀之父”、“六害之徒”，则“多生五鬼之男”、“命有七伤之事”角度不同。

（“四煞五鬼六害七伤等诸家观点汇总表”参见本书附录：表四。）

第六十六章

眷属情同水火，相逢于沐浴之乡。骨肉中道分离，孤宿尤嫌隔角。[①]

［徐注］水阴火阳，相合而为既济，相资而为仇雠，言其反复多变。或情通自乖而反合［“或情通而难乖而合”不合］，或情变自合而反乖，故曰“情同水火”也。义欲和而同、久而远者，必须在五行淋浴之时。五行休败，如人情处患难之时，未有不情同者也。以看命言之，如丙寅丁卯，贵在猪鸡，壬戌癸亥，贵于蛇兔。此无它［“无地”不合］。大率五行贵在于衰败之中，人情要处乎淡泊之际也。凡命运隔角者，主中道骨肉有离异之事。“隔”者，如卯日丑时，丑日卯时。鬼谷子曰：“枉多隔角。”余可例求焉。丑者，北方之气也；卯者，东方之气也，其趣不同，遇之者中道分离也。嫌疑孤神者，杀也。遇多孤立而未嫌〈甚〉，言隔角［“尤为隔角”合义］之重也。

［疏证］本章诸家观点多有不一。徐曰，水属阴，火属阳，相合而为既济，相资（针锋相对）而为仇雠（chóu 报仇），言其反复多变也。“或情通，自乖而反合；或情变，自合而反乖”是指水火相处，既有情势融通之时，来自二者对抗至极点反而转为交合；亦有情势恶变之时，来自二者交合至极点反而转向违背。故曰夫妻眷属“情同水火”也。乖，即违背之义。如要男女和而同心、情久而远者，必须经受五行淋浴（即沐浴）败地之考验。盖五行休败，如人情处患难之时，未有无情而同心者也。指如男女能经历休败患难而相濡以沫，一定是真正有情同心者也。以看命言之，如丙寅丁卯在猪鸡，即亥酉为天乙贵人；壬戌癸亥于蛇兔，即巳卯为天乙贵人，再遇淋浴（即沐浴）之败地，尤能患难见真情。此外无它义，大率

① 释注本为“孤宿犹嫌于隔角”。

讲五行贵气显在于衰败之中，人间情暖要处乎淡泊之际也。故看贵神之验，并非命运俱足，却在跌宕起伏之间呈现也。凡人命运有隔角者，主中道骨肉有离异之事。“隔”者，如卯日丑时，丑日卯时。鬼谷子曰：“枉多隔角。”（枉，弯曲，可形容命运曲折），但《鬼谷遗文》原作“一方前后，柱多隔角。”徐注“枉”乃“柱”之讹也。李虚中注前句（指“一方前后”）：“如木命人，巳丑之类”，指寅卯辰东方木，前辰为巳、后辰为丑；注后句（指“柱多隔角”）：“辛丑得辛卯，甲子得甲戌。”指隔寅角与亥角，皆为孟辰。按虚中观点，隔角前后之柱须同天干，犹如同屋方可称为隔角之柱，其理与三会方虚拱子午卯酉同，如此则余例可求焉。丑者北方水之气，卯者东方木之气，其方位志趣不同，故遇隔角者主中道（中途）分离也。徐注承虚中之见，以寅申巳亥四孤神（孤辰）为隔角，但要将生离死别归咎于孤辰，则与命中鬼杀相关。如命遇多孤（辰），却嫌（责疑）未有眷属分离之厉害，尤其为隔角之重复所致也。指命中同一隔角重复出现，则无分离之忧也。

［新编］王注曰，火之于水为妇道也。水之为物为精，火之为物为神。天下之至神，精与神会一而不离变化，所以在我也。或水火俱临生旺之地，火得水所以刑为会，阴阳配偶于五行有性情之处，则为夫为妇，二情相逐，水火相济，则曰“眷属”而无所不会也，或水火俱临死败之乡，加以阴阳偏独，则水不一而精不全，火不明而礼必乱。五行思中生害，使为夫妇眷属亦不能远保也。加以孤辰寡宿而合乎隔角之地，所谓眷属夫妇则不免于中道分离而已。男命生于妻绝之地，而逢孤辰，则平生难于婚偶者也，女命生于夫绝之位，而遇寡宿，则虽嫁而不能偕老者也，由之辛丑人得庚寅为丑之孤辰，丑为寅寡宿，丑寅互为孤寡也。所谓“隔角”者，言丑寅之不宜，而中有艮卦之隔者哉。乾坤艮巽曰四维之隔角也。

李注曰，“隔角”者，丑寅、辰巳、未申、戌亥，此八辰是也。孤辰寡宿二位凶神，尤怕临隔角之位，若人有此之相妨，定主分离也。

［疏证］王注曰，火遇水成为妇道也。水之为物为精，故肾水为精。火之为物为神，故心火为神。天下之至神，惟在人心火与肾水相交，精与神会一而不离变化，所以天地在我也。如水火双方俱临生旺之地，火得水

以刑克作为相会之济，阴阳配偶对于五行性情而言，则为夫为妇，二情相逐，水火既济，则曰“眷属”而无所不会也。如水火俱临死绝衰败之乡，加以阴阳偏独，则水不专而精不全，火不明而神必乱。五行相互生害，使为夫妇眷属亦不能长远保全也。加以四柱孤辰寡宿而合乎隔角之地，所谓眷属夫妇则不免于中道分离也。男命生于妻绝之地，而逢孤辰，则其平生难于婚偶者也；女命生于夫绝之位，而遇寡宿，则虽嫁而不能偕老者也。犹如辛丑土人得庚寅为水妻之病地，且寅为丑之孤辰，丑为寅寡宿，丑寅互为孤寡，故难娶也。所谓“隔角”者，言丑寅之不宜，而中有艮卦之隔截不遇。乾坤艮巽曰四维之隔角也。如以此说，惟有丑人见寅或寅人见丑、未人见申或申人见未、戌人见亥或亥人见戌、辰人见巳或巳人见辰，则谓之“隔角”也。

李注见下文。

［释注］昙莹注曰，凡本命沐浴中相克是也，此主六亲寡合，朋友匪和，凡处求谋，故难成就。子午卯酉中有死气，辰戌丑未四墓之乡，人或值之，孤中孤也。斯主夫妻睽隔，财散人离，眷属丧亡，与时相逆，常以寅卯辰居午，巳午未在酉，申酉戌逢子，亥子丑临卯，此是孤神也。辰戌丑未寡宿亦然，以寅申巳亥为天地之四角，盖〈隔〉此四位孤神也。

［疏证］昙莹注曰，凡本命遇沐浴之辰相克，如木人见酉，土人见卯，金水人见午，火人见子，则主六亲寡合，朋友匪（非）和，凡处求谋，故难成就。子午卯酉沐浴中有死气，再逢辰戌丑未四墓之乡，人如值逢之，则成孤中孤也。此主夫妻睽（犹二目不同视也）隔（隔离），财散人离，眷属丧亡，与时相逆。“常以寅卯辰居午，巳午未在酉，申酉戌逢子，亥子丑临卯，此是孤神（即孤辰））也。辰戌丑未寡宿亦然，以寅申巳亥为天地之四角，盖隔此四位孤神也。”此段在《五行精纪》为“常以寅卯辰居午，巳午未在酉，申酉戌逢子，亥子丑临卯，此是孤辰隔角也。辰戌丑未亦然，以寅申巳亥为天地之角，盖隔此四位孤辰也。”是指寅卯辰居午，巳为孤辰，为隔角；巳午未在酉，申为孤辰，为隔角；申酉戌逢子，亥为孤辰，为隔角；亥子丑临卯，寅为孤辰，为隔角。并曰“辰戌丑未寡宿亦然”，以寅申巳亥为天地之四角，前后二气被孤辰所隔，四季则成寡宿之

地也。《五行精纪》引《玉门关集》云："寅申巳亥为角，辰戌丑未为隔。"又引《天元变化书》曰："本季之方，前后为隔角，与孤辰寡宿同，如巳午未则在辰申也。"由此可推，孤辰寡宿应出自隔角之说。

［新雕］李注曰，〈若水火夫妻行年至酉，夫在沐浴，妻在死乡，凡勘婚看夫妇如此者灾。〉"隔角"者，〈四隅之方是〉寅丑，巳辰，申未，亥戌［此八位］是也。孤辰寡宿〈早是〉［二位］凶神，尤怕临隔角之位，若人有此之相妨，定主分离也。

东疏曰，甲取己为妻，乙嫁庚为夫，丙将辛为妇，丁适壬为夫，戊配癸为妻，皆眷属同也。"水火"者，阴阳也。皆要全在长生与冠带上，皆是沐浴之乡也。大体言阴阳，言水火也，水火是阴阳根蒂。大凡出沐浴而入冠带，是阴阳登显交合之道。

东疏曰，东方春到巳"孤"，辰至丑为"寡宿"，中道则寅卯辰；南方夏到申"孤"，未至辰为"寡宿"，中道则巳午未；西方秋到亥为"孤"，戌至未为"寡宿"，中道则申酉戌；北方冬到寅为"孤"，丑至戌为"寡宿"，中道为亥子丑。"尤嫌隔角"者，是阴阳孤寡之位，若人生月与时犯者，妇妨害夫，妇之伤夫也。若大小运或乃相逢，主离散骨肉也。

［疏证］李注曰，"眷属情同水火，相逢于沐浴之乡"，是指若水火夫妻行年至酉，夫（水）十二宫在沐浴，则妻（火）十二宫在死乡，余仿此推，凡勘婚（合婚）看夫妇如此者必灾。"隔角"者，四隅（yú角落）之方是，寅丑，巳辰，申未，亥戌八位也。孤辰寡宿原是二位凶神，尤怕互临隔角之位，若人有此之相妨（阻碍）者，定主分离之灾也。

东疏曰，"甲取己为妻，乙嫁庚为夫，丙将辛为妇，丁适壬为夫，戊配癸为妻，皆眷属同也。"应指天干五合。水火者，阴阳也。"眷属情同水火"，皆要全取长生与冠带上为方兴未艾，二者皆是沐浴之同乡（即同季）也。大体而言，阴阳言水火也，水火是阴阳根蒂。将夫妇眷属当作水火，大凡男女出沐浴而入冠带，是突显阴阳交合之道，即夫妻必经沐浴交合方成百年之好也。前李注曰；"若水火夫妻行年至酉，夫在沐浴，妻在死乡，凡勘婚看夫妇如此者灾。"而东疏所谓"大凡出沐浴而入冠带，是阴阳登显交合之道"可理解为合婚男女之命五行比和同行十二宫为吉也。相较于诸家，东疏此观点别具一格。

东疏曰，东方春到巳为“孤”，辰后三位至丑为“寡宿”，中道则寅卯辰三节，即东方三命人见巳为孤，至丑为寡宿；南方夏到申为孤，未后三位至辰为寡宿，中道则巳午未三节，即南方三命人见申为孤，至辰为寡宿；西方秋到亥为孤，戌后三位至未为寡宿，中道则申酉戌三节，即西方三命见亥为孤，至未为寡宿；北方冬到寅为孤，丑后三位至戌为寡宿，中道则亥子丑三节，即北方三命见寅为孤，至戌为寡宿。人命尤嫌（此“嫌”作厌恶之义）“隔角”者，是因隔角是阴阳孤寡之位，若人生月与时犯者，妇之伤夫也。若大小运或乃相逢，主离散骨肉也。

[万版] 此合上文言也。沐浴杀，长生第二位，子午卯酉是也。孤辰寡宿已论于前。“隔角”，寅申巳亥是也。有人命逢沐浴相克，又孤辰、寡宿临于隔角之位，如卯日丑时，丑日卯时之例。丑者，北方之气；卯者，东方之神，其趣不同眷属，情同水火，言不相合也。分离则又甚矣。

[疏证] 万注“此合上文言也”，是指上一章云凶父多生鬼男，恶徒命带七伤，本章则言眷属夫妻于沐浴而情同水火，家人骨肉处隔角而中道分离，皆合乎六亲而言。有人命逢沐浴，兼四柱天克地冲，又带孤辰寡宿临于隔角之位，皆不利六亲，故曰中道分离又甚矣。其中“如卯日丑时，丑日卯时之例。丑者，北方之气；卯者，东方之神，其趣不同眷属，情同水火，言不相合也”大致出自徐注。至于“隔角”之说，则以李注最明，除子午卯酉四正方之外，四隅之方寅丑、巳辰、申未、亥戌皆为隔角，此八辰为相邻二气转化处。下面分列：

阳男阴女顺行十二辰以寅申巳亥为隔角，如亥子丑北方水至寅卯辰东方木，以寅为隔角；寅卯辰东方木至巳午未南方火，以巳为隔角；巳午未南方火至申酉戌西方金，以申为隔角；申酉戌西方金至亥子丑北方水，以亥为隔角。男命尤忌，谓之“孤辰”也。

阴男阳女逆行十二辰以辰戌丑未为隔角，如亥子丑北方水至申酉戌西方金，以戌为隔角；申酉戌西方金至巳午未南方火，以未为隔角；巳午未南方火至寅卯辰东方木，以辰为隔角；寅卯辰东方木至亥子丑北方水，以丑为隔角。女命尤怕，谓之“寡宿”也。

综合诸家之见，本书认为亥子丑命，阳男阴女以寅为隔角，阴男阳女以戌为隔角；寅卯辰命，阳男阴女以巳为隔角，阴男阳女以丑为隔角；巳午未命，阳男阴女以申为隔角，阴男阳女以辰为隔角；申酉戌命，阳男阴女以亥为隔角，阴男阳女以未为隔角。

（参见书后附录：表五。）

第六十七章

须要明其神杀，轻重较量。身克杀而尚轻，杀克身而尤重。[①]

［徐注］“神杀”者，官印禄马贵贱之别名也。如前说，上克下则不贵，下克上即贵，意义不殊。“杀克身”者，是官来克我者，是下克上者也。如“身克杀”，是我克官，即不贵也。故《赋》曰“须要明其神杀”。神譬官印、杀比、财帛。但官财是克我，则为之杀克身；我克官财，则为之身克杀。此明贵贱之本也，更祥其轻重量［“轻重降量”不合］而言之。

［疏证］徐认为，“神杀”者，乃官印禄马贵贱之别名也。又曰神譬为官（官神）、印（印神）、杀（杀神）、比（比神）、财帛（食神、财神）。下文万注批驳道：“禄马、财官、印绶、食神，乃五行生克正理，不可以神杀名之”。至于“如前说，上克下则不贵，下克上即贵，意义不殊”，前文未见徐注如是说。联系上文第二十九章徐所谓“若当生岁时原有申金位，则依前申寅篇内究之”，更可推测徐注《消息赋》是其命书之一部分。关于“上克下”“下克上”之观点，上文第七章李注、第三十九章王注皆与徐注立场完全不同（亦可参考上文第二十四章王注中所引李虚中之观点）。不过李虚中“上克下曰制，下贱上曰伐”是围绕年尊与他柱，或禄命身之间关系而言；徐却从日主与十神之间关系，立足于官本主义出发，认为官财旺克我，则谓之杀克身，是下克上，贵重也；如是我旺压官财，则谓之身克杀，是上克下，贵轻也。从徐注阐述看，不但其与诸家三命尊卑角度完全不同，且“杀克身”、“身克杀”似乎亦未结合日主旺衰论贵贱，表面上忽视其在上文第二十三章和第三十章有关日元旺衰之观点，更与《渊海子平》中《继善篇》所谓“用神不可损伤，日主最宜健旺”理论不吻合。但最后一句“此明贵贱之本也，更祥其轻重量而言之”，“祥”，

① 《新雕》为“轻重斟量”。

原为吉凶之兆，即根据身杀轻重捕捉其中吉凶之兆；又疑为“详”之讹，详细分析也。二者均作动词用。指“上克下则不贵，下克上即贵”虽为贵贱之本，但亦要详细分析“杀克身”“身克杀”之旺衰轻重而言吉凶。

古法是以年三命克“彼”为印为贵（参见第九章东疏），而徐却以“彼”克我为官为印（参见上文第十六章徐注），完全是论命角度不同造成的。古今禄命皆以年为本为尊，古三命以年尊出发，理应以克“他人”作为自己统治对象，得财亦谓得官印也。子平以日为主为己出发，相对于年尊（上文第一章徐注谓之“本命”，为祖宗宫，异于古法三命以“胎月”为祖宗宫），属卑下，故以“他神”来克我而为臣，“为臣”则有官禄而得印，颇有“天将降大任于斯人也”含义。故下文第七十三章王注从古三命角度言：“我克彼则为权，彼克此则为鬼。是克是财，不克不食。”虽与徐表述有异，乃诸途同归矣。

［新编］王注曰，五行所司者，命也。论命必先之以五行四柱格局，次论以神杀吉凶，可以较量祸福之轻重而已。所谓先论五行者，则见其根基之厘薄也。次之神杀者，可以分格局高下也。二者相参以五行为最。纳音身中五行禀气之生旺，而来克以年，运岁所犯之神杀之变，我之克则为权为治而为灾之尚轻也。或本命五行无气，兼为杀神之来克我之身，则为鬼为伐为灾之尤重也。譬之辛亥得庚申，虽申坐六害劫杀之为灾矣，而以辛亥之金至申而旺克庚申绝木为财，故曰“身克杀而尚轻”者哉。或辛巳人得丙寅火，带三刑六害劫杀来克辛巳之金，金至寅绝，此所谓“杀克身而为灾尤重”者哉！

李注曰，虽有一百二十吉凶神杀，须要明其可用与不可用，则知轻重也。如己身克杀则轻，杀若克身则重。亦在临机消息。若克凶杀则好，若克犯贵神则不为福也。

［疏证］王注曰，把握五行所主之气者，则知其命也。论命必先以五行确定四柱格局，次论以神杀吉凶，则可以较量祸福之轻重而已。所谓先论五行者，则见其三命根基之厚薄（“厘薄”为“厚薄”之讹）也。次论神杀者，可以分格局高下也。“格”无所谓高下，惟有“格”与“局”结合在一起，方有“高下”之分（“格局”之辨参见上文第四十四章王注，

第六十四章万注）。二者相参照以五行为最要。纳音身中五行禀气之生旺，而来克以年（行年）、运（大运）、岁（太岁）所犯之神杀，我克之则为权为治，而为灾亦尚轻也。如本命五行无气，又被杀神之来克我之身，则为鬼为伐为灾之尤重也。譬如辛亥纳音金人得庚申，虽申坐六害及劫杀之为灾矣，而以辛亥之金至申而禄旺，又克庚申绝木为财，故曰“身克杀而尚轻”也。又如辛巳纳音金人得丙寅火，带巳寅三刑、六害、劫杀来克辛巳之金，金至寅绝，此所谓“杀克身而为灾尤重”也！

李注曰，虽有一百二十吉神凶杀，须要明确其可用与不可用，即知轻重也。看凶杀，若己身强克杀，则杀轻而无用，如杀强克身，则杀重而用之为凶也。当然看吉神又不同，亦在临机消息，若四柱克凶杀则好，若四柱克犯贵神则不为福也。

[释注] 昙莹注曰，吉凶神杀百有余［“坐”不合］，〈年〉或得于日时之间，或逢于岁运之内，但以杀克身而重，身克杀而轻，更要随器审详，临机消息。

[疏证] 释此注大致引自李注（见本章下文），曰吉神凶杀上百个有余，一般以年为主查，或得于日时之间，或逢于岁运之内。灾祸以杀旺克身（“身”指年上三命）而重，身强克杀而轻。此处“杀”，包含七杀在内所有恶杀。此外更要随四柱对该器（指神杀）审核详尽，应五行旺衰而临机消息，方得祸福深浅矣。

[新雕] 李注曰，虽有一百二十吉凶神杀，须要明其可用与不可用，则知轻重也。若己身克杀则轻，杀若克身则重。亦在临机消息。若身克凶杀则好，若克犯贵神则不为福也。

东疏曰，“斟量”者，详审也。详七杀与孤寡并所轻重也。大都五行不见身克杀，杀克身也。凡以三命、三才、官印及德贵皆于七杀上审量轻重也。假令丁巳土身人三月生，得甲辰月是岁杀，又是寡宿，甲木为杀克土身也。若二运克如此则重甚也。若况以己巳木人三月生得戊辰月，虽是寡宿岁杀二杀，却见木克戊土也。若小运如此，身克杀尤轻也。又以辛巳人得火为官，若三月生遇壬辰，其丁得壬为官生为印，虽是寡宿岁杀，建官建印也。五行之临建印大贵也。若小运如此，以加官禄也。又以丁丑人正月遇壬寅，正月是劫杀孤辰，却与壬合。《五行记》云：“杀合其德，为人清贵。”遇大小运上如此，必建官添禄。又癸丑人，正月生遇甲寅月，其甲克丑土，是命逢杀，复是孤辰上杀克身命，若二运如此，慎横亡恶伤也。此已上六人为例，若劫杀孤寡无生者重也。

[疏证] 李注见上文。

诸家原赋文为“轻重较量”，《新雕》为“轻重斟量”，其义不殊。

东疏曰，“斟量”者，详审（思考分析）也。详细分析七杀与孤寡并临所凶之轻重。禄命五行大都不见身克杀（可理解为少见），杀克身则为常见也。凡论三命、或三才、或官印及德贵者，皆要于七杀上审量轻重，方断灾祸之深浅也。“三命”者，禄命身；“三才”者，天地人（“三才”参见上文第一章诸解）。举例：

（六十七）——甲造

乾：丁　甲　〇　〇

　　巳　辰　〇　〇

假如丁巳身土人三月生，得甲辰月是岁杀，又是寡宿，甲木为杀克土身也。若遇大小二运并克，如此则灾重甚也。“岁杀”参见上文第七章东疏“劫杀前一辰为灾杀、前二辰为岁杀”。

（六十七）——乙造

乾：己　戊　〇　〇

　　巳　辰　〇　〇

假如己巳身木人三月生，得戊辰月，虽与前甲造同是寡宿岁杀二杀，却见身木克戊土也。若小运再如此见戊辰，逢灾因身克杀尤轻也。

（六十七）——丙造

乾：辛　壬　丁　〇

　　巳　辰　〇　〇

假如辛巳人身金，得火为官，若三月生遇壬辰，若其时日有丁火为鬼，丁得壬合为官贵，又化木而为金之印（东疏以逢财为贵印，参见其上文第九章）。此造生月虽是寡宿岁杀，却又建官（指合杀）建印（指化财)。四柱五行以临建印地为大贵,若小运如此临印见官,可加官禄也。

(六十七)——丁造

乾:丁　壬　〇　〇

　　丑　寅　〇　〇

假如丁丑人身水,正月遇壬寅。正月是劫杀孤辰,却与壬合。《五行记》云:"杀合其德,为人清贵。"此杀指劫杀孤辰,合德指丁壬合也。遇大小运上如此者,必建官添禄。《五行记》疑指《墨子五行记》(参见上文第十七章东疏)。

(六十七)——戊造

乾:癸　甲　〇　〇

　　丑　寅　〇　〇

假如癸丑人土命,正月生遇甲寅月,其甲克丑土,是命逢杀,又是劫杀孤辰上杀克身之命,若大小二运如此克命,慎横亡恶伤也。

东疏总结,此以上六人(实为五命)为例,若遇劫杀孤辰寡宿,或禄或命或身无印无合生助者,灾重也。此处不过是阐述如何"明其神杀,轻重较量",真正分析四柱五行仍须三命兼顾定吉凶也。

[万版] 五行所司者,命也。论命,必先之以五行四柱格局,次论神杀吉凶,可以较量祸福之轻重而已。先论五行,见根基之厚薄,分格局之高下,二者相参,庶不差误。"神杀",上文勾绞、元亡、孤辰、寡宿、隔角、沐浴、宅基、丧吊、伏吟、反吟、三归、四杀、五鬼、六害、七伤等名是也。禄马、财官、印绶、食神,乃五行生克正理,不可以神杀名之。"身",指岁干言,或以岁干支纳音言。吉凶神杀,或得于日时之间,或逢于岁运之内。但以杀克身而重,身克杀而轻。更要随五行、四柱格局,详审消息。

[疏证] 万注"五行所司者"至"见根基之厚薄"为王注。本章上文李注曰:"虽有一百二十吉凶神杀,须要明其可用与不可用,则知轻重也。"由此可知,早在北宋时期古三命学者对神杀已有清晰认识,而徐子平为代表"以日为主"重财官轻神杀之禄命理论正是在此环境中得以传播发展起来。至明朝万民英时代,子平术影响力与三命神杀论命不相伯仲,

观其撰写《三命通会》如本赋注文，往往子平与古禄命理论掺杂在一起。故王注曰：看命先论五行，察根基之厚薄、分格局之高下，（此脱漏“次论以神杀吉凶”句）二者相互参考，庶（几乎）不误差矣。神杀，皆指上文勾绞、元亡、孤辰、寡宿、隔角、沐浴、宅基、丧吊、伏吟、反吟、三归、四杀、五鬼、六害、七伤等名目是也。“禄马、财官、印绶、食神，乃五行生克正理，不可以神杀名之”显然是针对上文徐注而言，却忽视子平术是以日为主定财官贵气论命，将财官杀、印枭、比劫、正偏财、食伤等作为十神来运用，正是子平术后世朝正五行生克论命方向发展之基础。万注又曰：“‘身’，指岁干言，或以岁干支纳音言。吉凶神杀，或得于日时之间，或逢于岁运之内。但以杀克身而重，身克杀而轻。”皆是对古三命神杀论命而言。最后曰：“更要随五行、四柱格局，详审消息。”则偏向于子平术而言。

第六十八章

至于循环八卦，因河洛以遗文。略之定为一端，究之翻成万绪。[1]

河图：

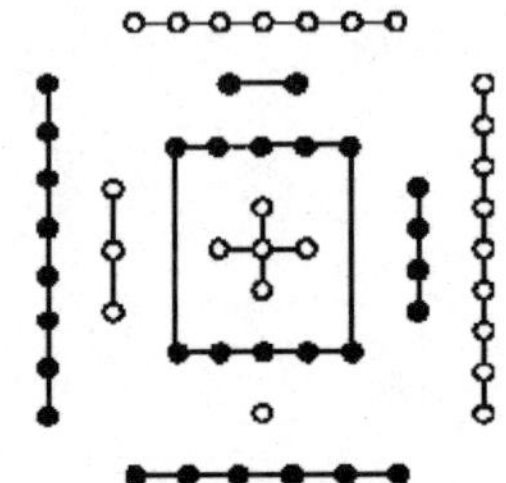

洛书：

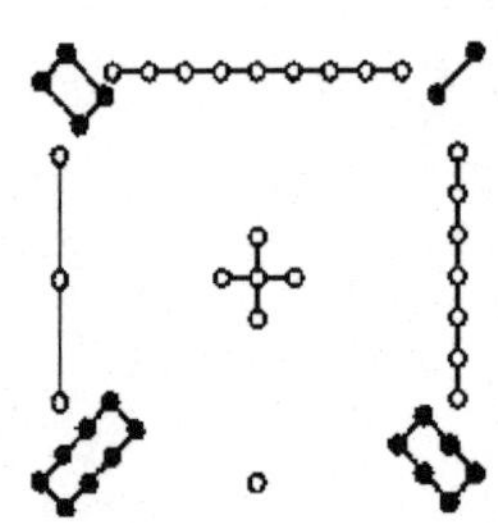

[**徐注**]《易》曰："河出图，洛出书，圣人则之。"以教后世。循环于四时之中，布八卦于四维［"四时"不合］之内，而成一岁之功。亘古穷今［"矩今"不合］，无有终穷者，道也。道分为阴阳，而人处乎其中，则吉凶悔吝存焉。是以动静屈伸，体天法地，莫不由乎命也。故下文云"一端"者，道降而为一也，二三数六［"数三"不合］，又三而成九，又九九而［"又九而"不合］成八十一数，自此以后，绕绕万绪，莫能纪极。以看命言之，不过五神相克，三生定命一也。其气有浅深者，运有向背，福有厚薄，寿有长短，要后人深求之，则得古人之妙也。

[**疏证**] 徐注，《易经》曰："河出图，洛出书，圣人则之。""则"者，为法则、为准则，作动词用。圣人以河洛作为法则撰写《易经》，以流传教化后世。五气循环于四时之中，布八卦于四方四隅之内，而成天地一岁之功。亘古穷今，始终不变，无有终穷之法则，惟有道也。道分为阴阳两仪，而人处乎其中，则吉凶悔吝存焉。是以人动静屈伸，体天法地，莫不

---

① 释注本、万版为"因河洛之遗文"。《新编》、《新雕》为"略之为定一端"。

由乎三才三命也。故下句云“一端”者，是指道降而为一也，一生天地，人在其中而成三才，故世事以三数倍之，二三数六，又三三而成九，又九九而成八十一数，自此以后，绕绕万绪，莫能纪极。纪极，终极也。《五行大义》引《淮南子》云：“数始于一，一而不能生，故分为阴。阴阳合而生万物，故一生二，二生三，三生万物。故三月为一时，所以祭有三饭，丧有三踊，兵有三令，皆以三为节。”又引《商书》云：“百僚师师，夏殷定名为百二十，以应天地阴阳之大数也，故有三公、九卿、二十七大夫、八十一元士。三三相参，合有百二十也。”最后徐曰，以看命言之，不过五神相生相克，三生定人一命也。“三生”即三元旺衰之气。子平理论以天干地支人元为三元（参见上文第六十三章）。故其气有浅深者，运有向背，福有厚薄，寿有长短，要后人深求之，则得古人之妙传也。

［**新编**］王注曰，天垂象见吉凶，圣人象之；河出图，洛出书，圣人则之。伏羲氏继天而王，变河图而始画八卦者是也。大禹之治水得洛书，法而陈之，则《洪范》者是也。圣人行其道而宝其真，是故贤者得前圣之遗文，循环不出于指顾之间，则天人之理皆可洞晓矣。五行之理，或略而言之为定一端而已。广而究之，则高之上穹，下极阴府。阴阳天地之中，洪纤巨细，皆不逃乎度数而已。故曰“略之为定”云云。

李注曰，《易》曰：“太极生两仪，两仪生四象，四象生八卦，八卦定吉凶。”河出八卦之图，洛出五行之书，始于一端，终成万绪，循环而不绝也。

［**疏证**］王注引《易经·系辞上》曰：“天垂象，见吉凶，圣人象之；河出图，洛出书，圣人则之。”“伏羲氏继天而王，变河图而始画八卦者是也”应出自《汉书·律历志序》：“庖牺继天而王，为百王先。”庖牺即伏羲氏。司马迁《史记》则将黄帝当作五帝之首，但也肯定“伏羲至纯厚，作《易》八卦”之说。大禹之治水得洛书，效法而传承之，则为《洪范》五行学说之源头。圣人行其道而以其真理为宝，所以贤者得前圣之遗文，左右循环不出于指顾之间，处处以阴阳五行衡量吉凶，则天人之理皆可洞晓矣。五行之真理，虽简单而言只是一事一物，但广而深究之，则高至上穹，下极阴府。阴阳天地之中，洪纤巨细，皆不逃五行之数而已。故曰

"略之为定"云云。

李注引自《易经·系辞上传》第十一章中"是故，易有太极，是生两仪，两仪生四象，四象生八卦，八卦定吉凶，吉凶生大业。""河出八卦之图，洛出五行之书"指上古伏羲氏时，洛阳地区黄河中浮出龙马，背负"河图"呈给伏羲。伏羲依此而演成先天八卦，后为《易经》来源。到大禹时期，洛阳洛河中浮出神龟，背驮"洛书"献给大禹。大禹依此治水成功，遂划天下为九州岛，又依此制定出治理社会之"九章大法"，被后人收入《尚书·洪范》。周文王推演后天八卦亦来源于"洛书"。"始于一端，终成万绪，循环而不绝"源自于"道生一，一生二，二生三，三生万物"也。

[释注] 昙莹注曰，易有太极，是生两仪，两仪生四象，四象生八卦，河出八卦之图，洛出五行之书。然后圣人以蓍龟之象数信乎，其不疑矣。于是作易而明吉凶，以断天下疑，以定天下之业。故曰：刚柔相摩，八卦相荡，终成万续，始出一端。

[疏证] 昙莹注中提到蓍龟之象数，是指上古先人以蓍草与龟甲占卜。蓍草占法可参见《周易》中"大衍之数"，龟甲占法可参见《史记》中《龟策列传》。蓍龟占卜与禄命四柱分属两个不同预测系统，此不详述。其余部分与本章上文李注多有重合，此略。

[新雕] 李注曰，[《易》曰：] 太极生两仪，两仪生四象，四象生八卦，[八卦定吉凶]，河出八卦之图，洛出五行之书，始于一端，终成万绪，循环而不绝也。

东疏曰，阴阳从道体而生。道生于天地之先，从虚空生气，气化为风，风引万物而生焉。生气便为一气也，故一气真运万物，化生在五行：一水、二火、三木、四金、五土。奇数为阳，偶数为阴。用三个阳因聚数得九，故乾之数得九也。二个阴气合数得六，故坤之数受六也。乾坤者，阴阳之门户，而生五行，五行生五物，循环四季。春则寅卯震木，兼辰○发令，化○以和气，万物始动，风引气，化而生"循环"。"八卦"者，上古圣人因河出图，洛出书，尽八卦象言，演《归藏》，改为《连山》，今为《周易》也。混沌初分，五行开启，隐在一端也。四季翻成变通，尽于一岁也。

［**疏证**］李注见上文。

东疏曰，阴阳二气从道体而生，道生于天地之先，从无到有，虚空生气，气化为风。“风引万物而生焉”是指巽卦为风，辰处巽位，故五行之气逢辰而生。如甲已年为戊辰月、乙庚年为庚辰月、丙辛年为壬辰月、丁壬年为甲辰月、戊癸年为丙辰月，所谓“逢龙则化”也。道生气便为一气也，故一气真运而行，万物化生。在五行，数分一水、二火、三木、四金、五土，奇数为阳，偶数为阴。用一水、三木、五土三个阳数，因聚加累数得九，故乾阳之数得九也。用二火、四金二个阴气合数得六，故坤阴之数受六也。“乾坤者，阴阳之门户，而生五行，五行生五物，循环四季。春则寅卯震木，兼辰〇发令，化〇以和气，万物始动，风引气，化而生“循环”。”是指辰处巽卦，太岁干禄之气“逢龙则化”而循环。至于“八卦”者，指“河出图，洛出书”。《归藏》、《连山》与《周易》合称为“三易”，前二易已经失传。“混沌初分，五行开启，隐在一端也。四季翻成变通，尽于一岁也。”是指五行变化皆依道运行，如四季春夏秋冬，尽于一岁，又周而复始，寓意人命祸福无常，但仍不离五气之变也。

［**万版**］《珞碌子》言三命五行，不外九宫八卦，循环推究，便有许多道理出焉。此非臆说，乃因《河洛》遗文而为之也。始出一端，《易》有太极是也。终成万绪，变六十四卦、三百八十四爻、吉凶悔吝，不啻万绪而已。一端万绪，在学者略之究之。或曰“略之定为一端”，即元一气兮先天也；究之，翻成万绪，即赋中所说五行、三元、运气、行年、禄马、贵德诸吉凶神杀是也。

［**疏证**］万注曰，珞碌子作《消息赋》言三命五行，终不离九宫八卦之说，循环推究便有许多道理出焉。此非妄言臆说，乃皆因《河洛》二遗文而为之也。从《易经》角度阐述，曰“始出一端”者，《易》有太极是也；“终成万绪”者，变六十四卦、三百八十四爻、吉凶悔吝，不啻万绪而已。万注认为，一端成万绪，在学者宜略之究之。有书则从三命角度阐述，曰“略之定为一端”，即元一气兮先天也；“究之翻成万绪”，即赋文所说五行、三元、运气、行年、禄马、贵德诸吉凶神杀是也。此章万注对“略之定为一端，究之翻成万绪”之解说较为清晰和完整，后者更符合赋文本义。

第六十九章

若值攀鞍践禄，逢之则佩印乘轩。马劣财微，遇之则流而不返。

［徐注］“攀鞍践禄”者，乃贵人［“士人”亦合］之美称也。“马劣财微”者，乃众人所恶也。凡人镃基岁月带禄者，日时得地，运顺禄而向官乡，则佩印乘轩，固不难矣。此言根本元有官禄，运更向而不背者也。“马劣财微”者，其财必微，言人命岁月本无祖财及无父母财，虽日时得地，后运遇财绝之乡，即财帛［“即财多”］散如水东流，往而不返，此明根本元无者也。

［疏证］徐注曰，“攀鞍践禄”者，形容攀马上鞍，沿官禄大道阔步而行，乃贵人之美称也；“马劣财微”者，指马作为古代财富主要象征者劣弱不堪，则意味财微身贱，乃众人所恶也。从神杀看，《五行精纪》曰“攀鞍”为“马后一辰是，前马后将，逢见禄合，则倍福力。”（“前马后将”参见上文第七章徐注）何谓“践禄”？徐注以官为禄，故曰“凡人镃基岁月带官禄者”，（“镃基”，古代主要生产资料，如大农具。此处指人命四柱中最有具有影响力之五行，后人则借指为用神）因日时又得地，且运顺禄而向官乡（参见上文第二章徐注），则佩印（指佩戴朝廷所授官印）乘轩（大夫高官专用马车称轩），固不难矣。此言“若值攀鞍践禄”为人命中根本元有官禄，运更向禄而不背者，则佩而印乘轩也。“马劣财微”者，古禄命以驿马为马，子平术以财为马，故马劣弱，则其财必微。此言人命岁月本无祖财，因岁月为祖上，故主无父母财。虽有人财气在日时得地，但后运如遇财绝之乡，即财帛散如水东流，往而不返，此可明晓该命中财气根本元无者也。言外之意，如人命岁月有财，即使后运遇财绝之乡，亦不至于财帛尽散如水东流也。可见徐所谓“根本元有”或“根本元有”之财官，乃指岁月二柱，而非泛指原命四柱也。

［新编］王注曰，一生二、二生三、三生万物。“三”者，阳成生变之数也。数至于九九者，究也。“究”，穷数之所。终而极于九九者，九阳太过，穷极生化之数也。人之贵贱成败之理，莫不由之于数而已矣。譬之癸酉生壬戌月丁亥日庚子时坐天禄，月日时中纳音水土，得三阳生旺之成数，阴生命三辰会于“禄马攀鞍”之上。斯命也，必致身于贵显也。故曰“若值攀鞍践禄，逢之则佩印乘轩”是也。“马劣财微”者，且如乙酉生丁亥月己卯日丁亥时命，亥月虽乘水马，遇丁亥土以克之为鬼，卯日虽坐天禄，以水土俱死于己卯而遇身鬼冲破本命。所谓禄马者，返以为鬼灾矣。禄马既已两失，必藉之以身财也。水以火财遇乙亥时，坐火之自绝，生月日时皆临三财死绝之处。此乃五行数之穷极者也。虽有禄马身财，尽为鬼物之所夺也。纵使得运，以其数之终穷而祸败，则流而不返矣。故曰“马劣财微，遇之则流而不返”。

李注曰，若生处及行运值马休败死绝，则流散而不返也。

［疏证］王注接上章“阴阳天地之中，洪纤巨细，皆不逃乎度数而已”言，引老子“道生一，一生二，二生三，三生万物”观点继续阐述。“三”者，是阳成生变万物之基数也。数至于九之九者，乃终究之义。“究”者，个位数终极之处也。终而极于九之九者，乃是九阳太过之义，乃终极而生变之数也。前者之“九”数仅用于计算，后者之“九”则为五行消息之极致也。人之贵贱成败之理，莫不由之于生变数而定。譬如癸酉生壬戌月丁亥日庚子时坐天禄：

（六十九）——甲造

乾：癸　壬　丁　庚

　　酉　戌　亥　子

“坐天禄”者，与年干同五行谓天禄，指癸禄四柱内逢亥子。“月日时中纳音水土，得三阳生旺之成数”者，“成数”应为“生数”之讹。古人以一、二、三、四为生数，六、七、八、九为成数，五为均数，十为全数。此指壬戌月纳音水得日时水地而为三阳生数，丁亥日、庚子日两纳音土得九月戌土亦为三阳生数，阴生命人得三阳生数为吉。且癸以月日时三辰为土官水禄，又酉命人逢月戌攀鞍、日亥驿马、时子禄，谓此三辰会于“禄马攀鞍”上。如此之命，必致身于贵显，故曰“若值攀鞍践禄，逢之则佩印乘轩”也。

“马劣财微”者，且如乙酉生丁亥月己卯日丁亥时命：

（六十九）——乙造

乾：乙　丁　己　丁

　　酉　亥　卯　亥

乙酉身水人，亥月虽乘水马，遇丁亥纳音土克之为鬼。卯日虽为乙之天禄，却因水土十二宫俱死于卯，而又遇身鬼己土坐卯冲破本命为贱。“所谓禄马返以为鬼灾矣。”指卯禄带己鬼天克地冲、亥马带纳音土亦为鬼。禄马既失二用，必须以得身财为资本为急，却水以火财自绝于亥。更看生月日时，皆临三财死绝之地，身财火自绝于亥，禄财土亦死卯（以水土同行看），命财卯木与年命酉金相冲为凶。三命财皆破，此五行之财气穷数也。虽有禄马与命财（原文“身财”不合）尽为鬼物所夺，纵使后运行财乡，终因子之终穷而休败，飘荡而不返，故曰：“马劣财微，遇之则流而不返。”

李注见下文。

［释注］昙莹注曰，攀鞍有位与天元带合者，人得之贵也。须要加临吉将，身运资生更于旺相之宫，始可言其福矣。驿马微劣，财命休囚，则涂炭辛勤，终无成立，此以四柱临之可定飘荡无归。

［疏证］昙莹注曰：“攀鞍有位与天元带合者，人得之贵也。须要加临吉将，身运资生更于旺相之宫，始可言其福矣。”此与《五行精纪》曰“攀鞍”为“马后一辰是，前马后将，逢见禄合，则倍福力。”意思完全相同。人命带攀鞍与将星（马后二辰），又天元带合，则驰骋沙场而无恙，贵人旺相之福也。但释昙莹对“践禄”并无注解。《五行精纪》道：“攀鞍践禄马，长卿奉使来。”其中引《壶中子》言：“乙亥、乙未、乙卯人，禄在卯、攀寄辰，其攀鞍先历卯而后辰，故曰“践禄”也；辛巳、辛酉、辛丑人，禄在酉，攀鞍在戌，故曰“践禄”。遇此格者，有使者之贵。”指亥卯未见巳为马，卯禄在巳马後二位，攀鞍辰在巳马后一位；巳酉丑见亥为马，酉禄在亥马后二位，攀鞍戌在亥马后一位，乃贵人践禄攀鞍上马次第义也。古三命之禄为临官，虽与子平官杀之义不同，但均为官贵之格，逢

之皆佩印乘轩也。“马劣财微”者，即人命驿马微劣，财命休囚，故涂炭辛勤，终无成家立业。此以四柱临之则可定妻财飘荡无归矣。

［**新雕**］李注曰，〈若生值攀鞍、建禄，或运二逢之，则君子禄位显贵。〉若生处及行运值马休败、〈财〉死绝，则流散而无返也。

东疏曰，值攀鞍、驿马，建生禄，本命前三辰带印，又复带印者，贵也。假令己卯人三月戊辰月生，是攀鞍、驿马、践禄也。却得壬子日生，是壬带印，又己卯木为官，生木者为印也，壬水是印也。“逢三带印”者，第三辰带印也，其卯阴逆数到子，逢三带印也，又遇癸卯时生者，其子到卯顺数三辰是官乡，又带印也，最为贵。四处攀鞍为上，于攀鞍上更逢戊己是践禄也。若以无带印，命前三辰得生月，亦贵也。假令丁酉人九月生，得庚戌月，其丁火以九月为官，庚金九月为带印。若复得庚午日，是逢三带印。得丙戌时生亦贵。准此二命为例，举而推之，故云：“攀鞍践禄，逢三佩印以乘轩也。”

东疏曰，“马”者，四个驿马。寅为木马，巳为火马，申为金马，亥为水马。若生在马胎、死、墓、绝、成形五位生者，为马劣也。若命身二财在墓、死、绝、胎、成形五位生者，皆为财微也。若生月日也，时遇此者，虽二运流行，其福力不返也。假令乙巳人二月生更遇丁卯日癸卯，将其巳人得亥水为官，马在二月死，其巳火身火得金为财，金二月胎上，财恶。鱼马又在死位，此正马劣财微也。又甲辰旬，寅卯落空其也，虽随九阳气流行，贫薄难以返富也。

［**疏证**］李注曰，本章前半部分是指，如人命原值逢攀鞍、建禄，又大小运值此二神逢之，则君子禄位显贵矣。曰后半部分是指，如人命生处及行运值驿马休败、财气死绝，则财帛流散而无返也。

《新雕》此章属目录“第下卷”中“逢三佩印篇·第十八”，东疏下面围绕“逢三佩印”进行详细阐述，但所引原赋文却为“逢之则佩印乘轩”，而其中李注中对“逢三佩印”无任何涉及。由此推李仝命工刻印时，其书非吾人如今所见排版。《新雕》上中下卷共二十篇目录应东方明所定，而其中所引原赋文则为李注本中所载。故更有理由可断《新雕》乃后人撮合李东两家注文撰编而成。

东疏曰，值攀鞍、驿马，建生禄，本命前三辰带印，又复带印者，贵也。举例：

（六十九）——丙造

乾：己　戊　壬　癸

　　卯　辰　子　卯

假如己卯人三月戊辰月生，是攀鞍、驿马（无）、践禄也。却得壬子日生，是见壬财为带印，又己以卯木为官，生木者为印，故壬水是贵印也。“逢三带印”者（即逢三佩印），则指命辰前后第三辰带印也，本卯为阴命逆数到子，子水为己人之财乡，可谓“逢三带印”也。己人又遇癸卯时生者，癸为财为印，卯为官乡亦为印，其子印到卯印顺数三辰是官乡，又带印也，最为贵。东疏此处强调“逢三佩印”，其观点在上文第二十八章中已有铺垫：“若推财福之人，亨于阳命前三辰、阴命后三辰，上见喜神、食神、贵神及三财，主者为营利福德也。”其中贵神应包括佩印在内。至于为何以见财官为贵印，可参见其上文第九章。“四处攀鞍为上”是指申子辰攀鞍在丑、寅午戌攀鞍在未、巳酉丑攀鞍在戌、亥卯未攀鞍在辰，攀鞍之上为贵。“于攀鞍上更逢戊己是践禄也”是指己人见戊己谓之得禄，坐攀鞍上则为行禄。践，履行也。即使无带财之官印，命前三辰得生禄之月，亦贵也。

（六十九）——丁造

乾：丁　庚　庚　丙

　　酉　戌　午　戌

假如丁酉人九月生，得庚戌月。“其丁火以九月为官。”指丁之官是壬水，而壬以戌为冠带，故为生官之地。金为财，故庚金九月带印。若复得庚午日，则谓酉命后三辰午上带庚印。“得丙戌时生亦贵”亦指三秋生官之地，水旺也。准此二命为例，举而推之，故云：“攀鞍践禄，逢三佩印以乘轩也。”指“攀鞍践禄”以命前后三辰逢官印（实为财官）来看乘轩之贵。对照上文第二十八章东疏“如看官位，阳命前五辰，阴命后五辰”、“若推财福之人，亨于阳命前三辰、阴命后三辰”，但此处两例却以后者“推财福之人”来论“佩印乘轩”，可见其运用范围不可执一。从其上文第二十九章“若详财看命，推贵详禄，看官推位。”可知支命主财，干禄主贵，命前后辰位主官位。但东此章为何要强调见官佩印（即见官逢财）以“命前后三辰”为瞻，则篇中无详。考《五行精纪》曰：“真官者，盖取命前三辰月干与命干合也。假令丙子人二月生，为命前三辰，是辛卯，丙与辛合也，故丙子二月生人为真官中生也。余彷此，若人遇之，当受圣眷，职隆近辅，小人逢之，亦主家富。”其中“真官者，盖取命前三辰月干与命干合也”与东疏上文第二十八章所谓“如看官位，阳命前五辰，阴命后五辰，见干德相合”有相似处，学者可以此作为分析本章“逢三佩印以乘轩”之参考。（有关“印”之概念，参见上文第九章东疏。）

东疏曰，“马”者，指四个驿马：寅为木马，巳为火马，申为金马，亥为水马。若马生在胎、死、墓、绝、成形五位，为马劣也。若命身二财在墓、死、绝、胎、成形五位处出生，皆为财微也。若生月日得马得财，却时遇马劣财微者，虽二运流行马财，其福力仍不返也。举例：

（六十九）——戌造

乾：乙　己　丁　癸

　　巳　卯　卯　卯

假如乙巳身火人二月生，更遇丁卯日癸卯时，将其巳人得亥水为官马，水官在二月死于卯。其乙巳命火、身火以得金为财，金财二月胎上，为财恶地。其鱼马（亥为水马或鱼马）又在三卯死位，此正“马劣财微”也。又乙巳为甲辰旬，寅卯落空其命也。“虽随九阳气流行”是指月日时为东方木地，虽可生九阳火气（即巳命）流行至老，但因禄空命败而一生“贫薄难以返富也”。

［**万版**］数起于一而终于九。“九”者，究也。究穷数之终，而极于九。“九”者，九阳太过，穷极生化之数也。人贵贱成败之理，莫不由之于数而已。譬癸酉生，壬戌月、丁亥日，庚子时坐天禄，月、日、时中纳音水土，得三阳生旺之成数。阴生命，三辰会禄，马攀鞍之上，斯命也，必致身午贵显，故曰“若值”云云。如乙酉生，丁亥月、己卯日，丁亥时命，亥月虽乘水马，遇丁亥土克之为鬼。卯日虽坐天禄，以水土俱死于卯，而遇身鬼冲破本命，所谓禄马返以为鬼灾矣。禄马既失，必得身财为资，如水以火财自绝于亥，生月日时，皆临三财死绝之地，此五行之穷数

也。虽有禄马身财，尽为鬼物所夺，纵使得运，以数之终穷休败，飘荡无归，故曰“马劣”云云。或曰：马前一辰为攀鞍，马后一展为鞭策。攀按有位，与天元带合者，人得之贵也。须要加临吉将，岁运资身，更于旺相之宫，始可言福。驿马微劣，财命休囚，则涂炭辛勤，终无成立。此以四柱临之，定主飘蓬。

[疏证] 万注此处亦继续上一章“略之定为一端，究之翻成万绪”句之观点，曰：“数起于一而终于九。“九”者，究也。”考《列子·天瑞篇》曰：“一变而为七，七变而为九，九变者，究也。”故可将“究”作为穷数之终，而极于九。亦视“九”作九阳太过解，为穷极生化之数也。“‘九’者，究也”至“故曰‘马劣’云云”部分，皆引自王注。

万注下半部分曰，命书多以“马后一辰为攀鞍，马后二辰为将星”。又有书以“马前一辰为攀鞍，马后一展为鞭策”，可前文有“马前一辰为六厄”之说（参见上文第二十四章东疏），故以前者为是。又曰，看攀鞍有位，与天元带合者，主人得鞍位之贵也。攀鞍须要加临吉将，岁运资身，更于旺相之宫，始可言福。如驿马微劣，财命休囚，则涂炭辛勤，终身难立。此以四柱临之（即马劣财微），定主平生飘蓬异乡。

本章万注所引王注两例皆以三命古法阐述，可证万注所处明朝，子平术尚未被禄命界普遍认可。

第七十章

占除望拜，甲午以四八为期。口舌文书，己亥慎三十有二。[①]

［徐注］前文说有禄者吉，无财者凶。此说元无禄者，遇有财禄运，则崇迁〈而〉荣。无官者，遇鬼则退职也。如甲午人，下有丁己。甲以己为财，而无官印。“占除望拜，四八为期”者，四月为金长生，甲以金为官印，四月是官长生，八月是金帝旺。如甲乙日生人，或问食禄在几时，须言在四月、八月为食禄之期也。“口舌文书，己亥慎三十有二”者，言己亥日生人，亥中有甲木长生，元有官禄也，或运行巳或到酉者，则为口舌文书。口舌见［“口舌则”亦合］讼事，文书则口章。己用甲为官印，巳上［“巳土”不合］木病，酉上木绝。［才］三十二者，亦是四八之数也。此言戊己日生人，如遇巳或到酉运，则宜退身而避位也。

［疏证］“占除望拜”者，“除”，去旧官迎新职；“占除”，占测升官之期；“望拜”，祭拜贵禄。“前文说有禄者吉”是指上一章“若值攀鞍践禄，逢之则佩印乘轩”，“无财者凶”指上一章“马劣财微，遇之则流而不返”。此章则说原命无禄（徐注以官为禄）者，遇有财禄运，则崇迁（高升）而荣。无官者，遇鬼则退职也。举例：

（七十）——甲造

乾：〇　〇　甲　〇

　　〇　〇　午　〇

如甲午人，下支有丁己。甲以己为财，而无金官印。“占除望拜，四八为期”者，指四月巳为金长生，八月酉为金帝旺，甲以金为官印，官印为禄。故甲乙日生人，或问官印食禄在几时，须言在四月八月官气长生帝旺，则为食禄之期也。

① 万版“己亥慎三十有二”句末续文：“善恶相伴，摇动迁移。夹杀持邱，亲姻哭送”。

（七十）——乙造

乾：○　○　己　○

　　○　○　亥　○

“口舌文书，己亥慎三十有二”者，是言己亥日生人，己以甲木为官印，亥中有甲木长生，命中原有官禄也。如运行至巳或到酉者，则为口舌文书缠身。口舌见讼事，文书则口章（被人口头告发）。己用甲为官印，逢四月巳上木病，遇八月酉上木绝。（《新编》中此处之“才”为赘字）三十二者，亦是指四乘八之数也。此言戊己日生人，如遇巳或到酉运，则宜退身而避位也。但甲、乙两造，却未有“无官者，遇鬼则退职也”之解说。

［释注］王注曰，《玉册》曰：“天数得平，地数得终。”天地合得中，运之凶吉，五行之数有太过不及，皆非吉兆。此篇论以行年大小运，由之于数而已。数有奇偶之变，吉凶至此以生也。所谓甲午以四八为期者，四八三十二岁是年也。太岁［“火岁”不合］乙丑，小运丁酉，乙丑乃金人五行正印，盖遇天乙贵神，丁酉是甲人天官［“丁酉是申人天音”不合］，暗印之乡，而运与岁之合旺气，故有“占除望拜”之兆也。“己亥慎三十有二”者，以是年太岁庚午，小运丁酉，木至午死酉绝，亥午酉会之自刑，巳为敛口，丁为吹舌，方刑为文字。故曰：“口舌文书，巳亥慎三十有二。”

李注曰，此举甲午人一例，欲使后人用游年太岁求其灾福。“四八”者，三十二岁也。甲午人及己亥木为命宅，三十二岁逢乙丑年驿马入宅，故有“占除望拜”之期也，又太岁乙丑金上中下全克巳亥木之宅，仍用客太阴入宅，故亦有“口舌文书”之灾，须以贵贱言之也。

昙莹注曰，甲午生人，三十二上小运丁酉，金家旺乡乙酉太岁，本音正库，又逢驿马入宅，天乙加临，故有“占除望拜”之喜。［又曰］己亥生，三十二小运丁酉在吊客，太岁庚午在死乡，仍为六厄之宫，三元受克，故有“口舌文书”之患。自“行来出入”至“夹杀持丘”，此一节文亦备阴阳地理三元九宫之例，用游年太岁求其灾福，非尽三命之理不更备述，又以岁运交宫当须意会。［如占除望拜，口舌文书，祸福交故，吉凶相伴，未有不因迁变而具。故云“善恶相伴，摇动迁移”，则吉凶悔吝生乎动也。]

[**疏证**] 王注引《玉册》曰：“天数得平，地数得终。”出自唐代启玄子《天元玉册》中：“天数得平，地数得中，天地合德，中运皆吉。”《易经·系辞上》曰：“天一，地二；天三，地四；天五，地六；天七，地八；天九，地十。”“天数”为奇，象征阳性；“地数”为偶，象征阴性。天地合得适中，主行运之凶吉。如五行之数有太过不及者，皆非吉兆。此篇论以行年大小运（即大小运每年行太岁之气），皆由之于数而定。数有天地奇偶之变，吉凶至此以生也。所谓“甲午以四八为期”者，四八乘数，三十二岁是年龄也。举例：

（七十）——丙造

乾：甲　○　○　○　　　三十二岁小运：丁　　　太岁：乙

　　午　○　○　○　　　　　　　　　　　酉　　　　　　丑

甲午身金人，三十二岁值太岁乙丑，小运丁酉。第一，太岁乙丑乃金人之五行正印，乃大贵。古法五印：即乙丑金印、癸未木印、壬辰水印、甲戌火印、丙辰土印。印有正偏之分，区别在于是否是本家印，即是否为同五行。如身金人得乙丑金印，是本家印，为正印；非金人得乙丑金印，则非本家印，为偏印（参见上文第九章东疏），余仿此推。第二、甲人见太岁乙丑遇天乙贵神，亦大贵。第三、甲以金为官，见小运酉是天官之旺地，因未透干，故谓暗印之乡也。第四、甲午身金人得运岁酉丑之合禄旺气，故有“占除望拜之兆”也。

又例：

（七十）——丁造

乾：己　○　○　○　　　三十二岁小运：丁　　　太岁：庚

　　亥　○　○　○　　　　　　　　　　　酉　　　　　　午

己亥身木人，“慎三十有二”指三十二岁须谨慎守成为上也。因该年太岁庚午，小运丁酉，身木与天官（禄为土，天官为木）至午死，至酉绝，大灾也。又亥午酉身岁运三会自刑，大祸也。己为阴土，主收敛闭藏；丁为阴火，主咽喉口舌。三会自刑主口舌开合无常，谗言奏为文字。故曰：“口舌文书，己亥慎三十有二。”

李注曰，此举甲午人一例，欲使后人用游年（即流年）太岁求其灾福。“四八”者，三十二岁也。“甲午人及己亥木为命宅”指午命见亥为宅（参见其上文第五十八章“此论宅墓二位，命前五辰为宅，命后五辰为墓。”）。

（七十）——戊造

乾：甲　〇　己　〇　　　三十二岁小运：丁　　　太岁：乙

　　午　〇　亥　〇　　　　　　　　　　酉　　　　　　丑

甲午身金人，日或时得己亥为命宅。“三十二岁逢乙丑年，驿马入宅。”指巳酉丑驿马在亥，表面看乃用游年（即流年）太岁定原命神杀求其灾福，与一般以年上三命定岁运神杀求其吉凶不同。如将“此举甲午人一例，欲使后人用游年太岁求其灾福”，解释为以游年太岁求原命之神杀，乃曲解《消息赋》本义也。按李注之意，命宅亥见于丑为驿马，属于游年驿马入宅，故有“占除望拜”之预期也。又以游年太岁乙丑金，“上中下全克己亥木之宅。”指乙木克己土为上克，丑土克亥水为中克，乙丑纳音金克己亥纳音木为下克。释注本李注和《新编》李注“仍用客太阴入宅”句应以下文《新雕》李注“仍吊客太阴入宅”句为正。吊客与太阴皆为恶煞，皆为命后二辰。此处李注用游年（即流年）太岁定原命神杀求其灾福，游年太岁为乙丑，吊客与太阴则为亥，故曰“入宅”。宅主室内，故亦有口舌文书不详之灾，轻重须以原命贵贱而言之也。

昙莹注曰，甲午年生金人，三十二岁上小运丁酉，酉乃金家旺乡。“乙丑太岁，本音正库。”指乙丑纳音金，坐金库，谓之“金印”，金人本家遇之为“正印”（参见本章上文王注），大贵也。午人见酉见丑皆非马非宅，曰“又逢驿马入宅”，则不知所云。

“天乙加临。”指甲人见太岁乙丑遇天乙贵神，故有“占除望拜”之喜。己亥年生木人，三十二岁小运丁酉在吊客，禄土逢酉为死地，身木逢太岁庚午在死乡，亥命见午无气为六厄之宫（《三命通会》载：“厄者遭乎难，常居驿马前一辰，劫杀后二辰”），可谓三元受克，故有口舌文书之患。自“行来出入”（指上文第六十二章“或乃行来出入，抵犯凶方。嫁娶修营，路登黄黑。”）至“夹杀持丘”（指下文第七十一章“善恶相伴，摇动迁移。夹杀持邱，亲姻哭送。”），包括此一章节赋文亦可兼用阴阳地理中三元九宫法作为案例（指占除望拜，口舌文书），但如涉及用游年太岁求人灾福，则非尽三命之理不更备述，如本章甲午人以四八为期定贵，己亥人慎三十有二为灾，当须以岁运交宫意会凶吉也。

故占除望拜，口舌诉讼，祸福交故，吉凶相伴，皆无一不因迁变动荡而兴（“兴 xìng”为“兴”之异体字，发生也）。故云“善恶相伴，摇动迁移”，则如《易经》所谓“吉凶悔吝，生乎者动者也”。

［新雕］ 李注曰，此举甲午人一例，欲一使［“欲使”合义］后人用游年太岁求其灾福。“四八”者，三十二岁也。甲午人以己亥木命宅，三十二般逢乙丑年驿马入宅，故有“占除望拜”之期也。又太岁乙丑金，上中下金克己亥木之宅，仍吊客太阴入宅［“仍用客太阴入宅”不合］，故亦有“口舌文书”之灾也，［须以贵贱言之也］。

东疏曰，甲午、己亥占除望拜，阴阳共合也。“占”者，恃也。“除”者，配合也。甲午前后数，四八三十二年至乙丑，其午为阳位，后五辰见丑是阴位也。阴阳会上见其贵神，又丑与己亥同北方之地，又以小运三十二在丁酉，其酉共丑二合。若生月与时，前后三辰上带壬辰，正印更要宫建，必有受禄望拜之喜也。己亥亦前数三十二年到庚午年上，其三命俱是胎死之地，故慎“口舌文书”相竞也。

［疏证］《新雕》李注“仍吊客太阴入宅”勘正了释注本李注和《新编》李注“仍用客太阴入宅”讹句。“三十二般逢乙丑年驿马入宅”中“般”作“实岁”解。又注末脱漏“须以贵贱言之也”句。其余同。

东疏曰，甲午、己亥占除望拜，在于阴阳共合之理也。认为“占”者，占有、恃有也；“除”者，配合升迁也。举例见上文（七十）——戊造

乾：甲　〇　己　〇　　　三十二岁小运：丁　　　太岁：乙

　　午　〇　亥　〇　　　　　　　　　　　酉　　　　　　丑

要理解东疏对此造批注，须参考上文第二十八章东疏“如看官位，阳命前五辰，阴命后五辰”、“若推财福之人，亨于阳命前三辰、阴命后三辰”，及上文其对（六十九）——乙造之批注。要看甲午人、己亥人凭借祭拜贵禄来配合升迁，须看其前后辰数是否有三、五之位相合。如“四八”为三十二岁至乙丑太岁，其午为阳位，后五辰见丑是阴位也。第一，

"阴阳会上见其贵神。"指午人遇后五辰丑位是阴阳相会，午上之甲见丑得天乙贵神。第二，"又丑与己亥同北方之地。"指乙丑与命中己亥同属北方水地，与甲午南方火地阴阳配合，二者又为甲午人前后五辰，贵也。第三，又以小运三十二在丁酉，其酉共丑二合金，为甲午金人之旺地，大吉。第四，"若生月与时，前后三辰上带壬辰，正印更要宫建"是指辛丑年或日生人遇前三辰壬辰为生月或生日，以及辛未年或日生人遇后三辰壬辰为生月或生日。但辛丑辛未纳音为土，得水印非本家印，偏印也。如要正印须要本宫建，即纳音水见壬辰为是，如丙子丙午纳音水见壬辰为正印，却又非前后三辰。宋代《五行精纪》曰："偏印也，亦作贵命断之，而次于本家印。"故前后三辰见偏印，亦必有受禄望拜之喜也。（相关"印"之阐述参见上文第九章东疏。）

己亥年生人前数三十二岁到庚午年上，举例见上文（七十）——丁造

乾：己 〇 〇 〇　　三十二岁小运：丁　　太岁：庚

　　亥 〇 〇 〇　　　　　　　　　　酉　　　　　午

己亥木人后五辰庚午年上，"其三命俱是胎死之地。"指木死于午，水土同行胎于午。又亥命后五辰午位为宅墓，宅墓皆主内。三命处宅墓为胎为死，故慎因内部口舌文书而至相竞之灾也。

[万版] 此论行年大小运，由之于数，数有奇偶之变，吉凶自此以生也。甲午生人，三十二，小运丁酉，金家旺乡，乙丑太岁，本音正库，又逢驿马入宅，天乙加临，故"占除望拜"之喜。己亥生人，三十二小运丁酉在吊客，大岁庚午在死乡，仍为六厄之宫，三元受克，故有口舌文书之患。又岁运交宫，当须意会；吉凶相伴，祸福交攻，未有不因迁变而兴。故云"善恶相伴，摇动迁移，则吉凶悔吝，生乎动者"也。辰戌丑未，谓之"四杀"，亦云"三丘"之地，各以五行、五墓。假令己巳木命，得乙未日生，此是本家三丘，又加以羊刃，故曰"夹杀持丘"、"危疑者甚"。自"行来出入"，止"夹杀持丘"，此一节文，亦备阴阳地理三元九宫之例。用游年太岁，决其灾福，非尽三命之理，兹不尽述。

[疏证] 万版将下文第七十一章中珞琭子原文"善恶相伴，摇动迁移。夹杀持邱，亲姻哭送"归入此章。注文中"吉凶相伴"至"危疑者甚"句

引自下章昙莹注，前半部分注文“甲午生人”至“故有口舌文书之患”，及“自行来出入”至注末“兹不尽述”皆引自本章昙莹注。本注文惟有开头“此论行年大小运，由之于数，数有奇偶之变，吉凶自此以生也”句，或许出自万本人手笔。

第七十一章

善恶相伴，摇动迁移。夹杀持邱，亲姻哭送。兼须详其操执，观厥秉持。厚薄论其骨状，成器藉于心源。木气盛而仁昌，庚辛亏而义寡。[①]

［徐注］“善恶”者，吉凶也。“相伴”者，不偏也。如人运行至此吉凶争胜之年，皆主身心不宁动摇迁改，在阴阳则有所忌。《易》曰：“吉凶悔吝，生乎动也。”动则多凶，宜守慎详，约以处之，乃吉。“夹杀持邱”［“夹杀符丘”不合］者，如人运命遇太岁月建大运与元辰七杀并临于五行墓绝之位者，此年慎不可吊丧问病也。如《赋》云“物有鬼物，人有鬼人。逢之为凶，去之为福”是也。如遇此年，尤宜慎处，向吉背凶，则无不利矣。前说岁运休祥，复明根本作用也。且如木人秋生，木被金克，则为性有操执也。甲申、乙酉、乙巳、乙丑、甲戌生人，不背官禄也。或生于三春九夏，季木气盛时，秉受旺气，有所执持也。故云：“观厥［“观以”不合］秉持。”又须生时在西北方金土之中，或大运到金土分野，则有官印长远。若或甲申、乙酉、乙巳、乙丑、甲戌日生人，生于秋三月，或三春夏季，不背官禄，有所执持［“执戟”合义］，才能操执。却岁月时居火木盛时、火木旺地，或行运在东南有丙丁火旺，早年虽发福，晚年萧条也。赋意之要，言令后人观五行造化向背，而详言之。如前论甲申、乙酉、乙巳、乙丑、甲戌者，虽居官印之位，然物有厚薄之不齐，则吉凶修短之有异。何以言之？木旺则天元厚，天元厚则有操持，有操持则权重也。金旺则禄厚，禄厚则官重，官重则有秉持也。若金木之气俱薄，则官禄何可长也？故曰“厚薄论其骨状”是也。“成器藉于心源”者，谓如金若不遇木，［而］须用火为官印也。且如庚辛日生人，要在三春九夏，则

① 释注本、万版为“观其秉持”；《新雕》为“善恶相半”；《新编》、《新雕》为“夹杀持丘”、“观以秉持”。

财官两美也。所云［“赋云”合义］“乘轩衣冕，金火何多”是也。“心源”者，离宫也，属火。金得火乃成器也。前说木遇金为操持，次论金遇火而成器，皆因五行相克而成造化。更看金火之器不偏，运向禄而不背，则为福长久也。又下文云木仁也，金义也。木盛而逢金，则刚柔得中，如由豫之盍簪，有以利天下，则仁而昌。庚辛履而［“弱而”不合］逢火，似井泥之而不食，不能广济，则寡于义，此又何疑焉？《赋》云“兼须详其操执，观厥［“观以”不合］秉持”者，以言其金木之体厚薄，论其骨状。“成器藉于心源”者，以言其金火之才，各得其宜，则为好命。至于金木气偏，“木气盛而仁昌，庚辛亏而义寡”者，是财用不相宜，金木各不仁［“不一”不合］，则［吉］凶悔吝从之。

［疏证］徐注曰，“善恶相伴，摇动迁移”者，“善恶”，吉凶也；“相伴”者，相聚不偏也。如人运行至此善恶相伴、吉凶争胜之年，皆主身心不宁、动摇迁改，在阴阳五行方面则要有所顾忌。其义源于《易经》“吉凶悔吝，生乎动者也”。“悔吝”，悔恨难舍也。“生乎动者。”指善恶相伴、吉凶隐伏之岁运，要慎于修缮动土、迁移远行。在六爻中，六亲六神善恶参半，卦象吉凶难辨，惟凭其动爻所变，方定祸福也。在堪舆中，“入山寻水口，登穴看明堂”（唐朝卜应天《雪心赋》）亦取吉凶生乎动，水口与明堂皆为行动之地，故定阴阳之变也。如人命遇吉凶参半之运，动则凶多吉少，宜守成，慎周详，约己处静，乃吉。

“夹杀持邱”者，“杀”，七杀也；“邱”，通“丘”，丘冢也。如人运命遇太岁、月建、大运与元辰七杀，并临于五行墓绝之位者，此年要谨慎出入，不可吊丧问病，以免亲姻间哭送也。如《赋》云“物有鬼物，人有鬼人。逢之为凶，去之为福”是也（参见其上文第六十章）。如遇此年，尤宜慎处，向吉背凶，则无不利矣。

“兼须详其操执，观厥秉持”者，是针对前二句“善恶相伴”、“夹杀持邱”而言。“厥（jué）”，古义“其”也。“前说岁运休祥。”指前章“甲午以四八为期”、“己亥慎三十有二”之句，此处重复说明其阴阳五行根本作用也。“操执”，掌握也；“秉持”，凭借也。且如木人秋生，木被金克，则为性有操执官气也。如甲申、乙酉、乙巳、乙丑、甲戌生人，木坐金地，不背官禄也。或生于三春九夏（参见上文第十七章徐注），春夏二季木气盛时，秉受旺气，木人有所执持也。故云："观厥秉持。"木人遇春夏秉持其旺气（木人火乡须凭借水土而气盛），又须生时在西北方金土之中，或大运到金土分野（范围），则有官印长远。如甲申、乙酉、乙巳、乙丑、甲戌日生人，生于秋之三月，或值三春三夏之季，不背官禄，（参见其上文第二章："以干为禄，向背定其贫富。以支为命，详逆顺以循环。"）惟有掌握兵权统治，才能享有官贵之禄。

"厚薄论其骨状"者，"厚薄"针对官禄而言，"骨状"喻作原命格局。若或甲申、乙酉、乙巳、乙丑、甲戌日生人，遇岁月时（子平以日为主）皆居火木盛时和火木旺地，或行运在东南有丙丁火旺，早年虽可发福，晚年难免萧条也。原因为木人大运虽从东南朝西而行向禄，但原命无官禄之气，早运金地官乡一过，则背禄而去，加之原命时上火木主晚限，如复行运在东南，老来岂有福禄哉？此处赋意之要，言提醒后人观五行造化，须详其向背而言之。如前面论甲申、乙酉、乙巳、乙丑、甲戌者，虽自居官印之位，然物有厚薄之不齐，则吉凶修短之有异。何以言之？木人生旺则天元（指日主）厚，天元厚则有操持之力，有操持则权重也。木人操持金旺则禄厚，禄厚则官重，官重则禄有秉持也（子平以官为禄）。若金木之气俱薄，则官禄如何长久？故曰"厚薄论其骨状"是也。

"成器藉于心源"者，子平以财官为重，谓金人若不遇木为财美（财可生官），则须用火为官贵（官可生印）也。且如庚辛日生金人，要在三春九夏，东南地则财官两美也。上文所云"乘轩衣冕，金火何多"（参见第四十六章）即是也。"心源"者，心属火，离宫也。前说木遇金利为操持（修缮之器），此次论金遇火炼而成器皿，皆因五行相克而成造化。"更看金火之器不偏"指无论克与被克，双方均要有所秉持旺气，并运向禄而不背，则为福长久也。

"木气盛而仁昌，庚辛亏而义寡"者，此云木仁也，金义也。木盛而逢金，则刚柔得中。"如由豫之盍簪"是指豫卦第四爻辞曰："九四，由豫，大有得；勿疑，朋盍簪。"（"豫"，兽名，性多疑，后凡指人临事迟疑不决者。"盍（hé）"，合也；"簪（zān）"，发簪也。盍簪者，聚首商议也。）指九四是卦内唯一阳爻，犹如一根发簪，将其他五阴爻串盘在一起，由众多犹豫不决之人团结在一个高瞻远瞩人物周围，就会获得伟大成就；

又形容众多朋友聚首共商大事，解决问题毋庸置疑。指柔木茂盛须得旺金，才可“由豫，大有得”，如众人同心协力，有以利天下，则木人仁而昌也。“庚辛履而逢火”是指庚辛金人被人践踏在地，即使逢火亦因尘土难以成器，犹似井水泥污而不食，不能广济人间。故曰“庚辛亏而义寡”，此又何疑焉？

最后，徐注曰《消息赋》云“兼须详其操执，观厥秉持”者，是言其金木之人命体厚薄，论其骨状格局。“成器藉于心源”者，乃言其金火之气各得其宜，如旺金须得旺火，旺火须得旺金，则为好命。至于“木气盛而仁昌，庚辛亏而义寡”者，从金木气偏无制角度来看，“是财用不相宜”指无法胜任被克为财之地位，即一山不容二虎，金木各不仁，则吉凶悔吝从之。“仁”，此处被当作生发之义；“昌”，古同“猖”，凶猛也。此解与前面其所谓“木盛而逢金，则刚柔得中，如由豫之盍簪，有以利天下，则仁而昌”，对比观点相左。

［**新编**］王注曰，“善”者，恶之对；“吉”者，凶之对。善胜恶则为吉庆，恶胜善则为祸殃，善恶相伴则吉凶择而未萌。因其行年岁运，五行刑克推动迁移，则祸福自此以彰矣！盖吉凶悔吝生乎动也。是以君子待时而动，合道而进，则无往而不利也。小人不知天命，以人灭天，以力胜命，强起过来，不失时变，失于轻动，遂致非夭，岂不悲夫？所谓“夹杀持丘”者，譬之乙未人得己丑之运，金人以丑未为三坧五墓，己丑火夹带反吟，月杀破命，兼为身鬼，病者得之，则亲姻哭送矣。“兼须详其操执，观以秉持，厚薄论其骨状，成器藉于心源”者，荀子曰：“相形不如论心，论心不如择术。”观其操执秉持，则君子小人之间矣。虽然人之贤愚贵贱亦莫由之于命而已。《经》所谓：“否塞则人物不昌，和静则鬼神不扰。”斯五行气之所主者哉！故禀金者，则坚刚而有义，赋木者，则温柔而足仁。火燥爆而不廉踈，水渊奥而难测，土敦厚而纯信，禀受者儿亦丰隆也。故知形神吉善者，命必向禄迎财风；儿稍恠定犯三刑五鬼，是知命者生成之本。“相”者，因命而成者也，有命必有相，有相必有命，二者相为表里，未尝不相合也。或谓“成器藉于心源”，所谓“心源”者，亦由心见籍命也，盖表端则心正，心正则吉表，欺则心曲，心曲则凶，观其表

则知其里，则吉凶由此以见矣。故相命已乏，鬼神不疑也。要之于命，甲乙木盛则仁昌，庚辛金亏则义寡，由此以见其相命也。故人之道德仁义，吉凶悔吝，皆不能逃于五行之数。

李注曰，此言虽用五行见其贵贱灾福，虑有持杰非常之人，似冰鼠火龟，难穷罕测之类，又须详观操履往时为事，邪正仍相其骨状厚薄，气禀大小人焉，瘦哉，木盛者则仁多之矣！金气衰者，则义寡之矣，其理灼然可见也。

［**疏证**］王注曰，“善”者，恶之对立；“吉”者，凶之对立。善强胜恶则为吉庆，恶强胜善则为祸殃，善恶两停相伴，则吉凶未萌难择。或因其行年太岁大运，五行相互刑克，引起人事动荡迁移，则祸福自此以彰显矣！此《易经》所谓“吉凶悔吝，生乎动者也”。故识时务者待时而动，合道而进，则无往而不利也。小人则不知天命，以人之欲，灭天之理，以妄力图胜命运，强起过去与未来之气，不想失去因时而变之事，反而亏于轻举妄动，遂导致非合天道之结果产生也，岂不悲夫？所谓“夹杀持丘”者，譬之乙未身金人得己丑火之运，金人以丑未为三垢五墓。“三垢五墓”即辰戌丑未，所谓“三元五行皆可以归宿之地”。（参见上文第六十四章王注曰“三归”者：“乃三元五行皆可以归宿之地，或行年大运至三元本音长生之所者。”）己丑纳音火夹带反吟，月杀冲破未命，兼为身金之鬼，病者占得之，则亲姻披麻哭送矣。“兼须详其操执，观以秉持，厚薄论其骨状，成器藉于心源”者，《荀子・非相》曰：“相形不如论心，论心不如择术。”观察人外形不如考察其思想，考察其思想不如衡量其处世立命之手段。观察其操执秉持所为，则是区别君子与小人之良法矣。故人虽然有贤愚贵贱，亦非一定由之于命而已。《经》所谓：“否塞则人物不昌，和静则鬼神不扰。”《后汉书・周举传》曰：“阴阳闭隔，则二气否塞（pǐ sāi）。”阴阳不调即谓“否塞”，和静则相对于妄动而言，“不昌”与“不扰”皆由五行气之所主哉！故禀金主气者，则坚刚而有义；赋木主气者，则温柔而足仁；近火者主气者，则燥爆而不廉踈；临水主气者，则渊奥而难测；驻土主气者，敦厚而纯信，禀受土者，其儿亦丰隆也。故知形神吉善者，命必向禄迎财风，儿（男为儿，女为婴，此泛指后辈）稍恠（guài，为“怪”之异体字）异于常人，定犯三刑五鬼，是知其命生成之根本所然也。“相”

者，乃人之外形和行为，因四柱五行之命而成者也。有其命必有其相，有其相必有其命，二者为表里统一，未尝不相吻合也。或谓“成器藉于心源”，所谓“心源”者，亦由心见籍于命而成也。大概来讲，外表端正则证其心正，心正则吉象反映在外表，欺人者则因其心扭曲，心邪不正则外表凶恶，观其表则知其里，则吉凶由此以见矣。故人之相，本由命已𡧡（dìng，“定”之异体字），鬼神不疑也。善恶关键在于命，如甲乙木盛则仁昌，庚辛金亏则义寡，其余类推。由此可知，外表之相，乃命也。故人之道德仁义，吉凶悔吝，皆不能逃于五行之数也。

李注见下文。

［**释注**］昙莹注曰，〈如上占除望拜，口舌文书，祸福交攻，吉凶相伴，有不用迁变而兴。故云“善恶相伴，摇动迁移”，则“吉凶悔吝，生乎动者”也。〉辰戌丑未，谓之四大杀，亦云“三邱”之地，各以五行入墓。假令己巳木命得乙未日生，此是本家三邱，又以加临羊刃，故曰“夹杀持邱”，危疑者甚。［又云］秉持操执，观人所为也。骨状心源，定人厚薄也。然以五行论命，亦须藉于德行，由是“视其所以，〈观其所由〉，察其所安，人焉廋哉！”故《术》云：“有心无相，相逐心生；有相无心，心随相灭。”此以五行配于无常，定人之器重也。甲乙木主仁，丙丁火主礼，戊己土主信，庚辛金主义，壬癸水主智。木盛则仁昌，金亏则义寡，余皆象事知器，占事知来。

［**疏证**］如上一章“占除望拜”，“口舌文书”，到此章遇祸福交攻，吉凶相伴，有不用迁变而兴之说。故云凡“善恶相伴，摇动迁移”者，则“吉凶悔吝，生乎动者”也。（参见本章上文徐注）。辰戌丑未，谓之四大杀（参见其上文第三十六章），亦云三邱之地（参见上文第六十四章昙莹注、李注），各以五行入墓为是。举例：

（七十一）——甲造

乾：己　〇　乙　〇

　　巳　〇　未　〇

假如己巳木命得乙未日生，“此是本家三邱”，是指身木人得木库未墓为本家丘冢（参见上文第六十四章李注）。“又以加临羊刃”，指巳命遇未宫是羊刃，恶杀也，故曰“夹杀持邱”，危疑者甚也。三命古法中，五阴干羊刃与今不同，即乙见辰，丁己见未，辛见戌，癸见丑（“羊刃”参见上文第二章）。考《渊海子平》《三命通会》皆趋向只有阳刃而无阴刃之观点，但其书仍然将五阴之刃与五阳之刃一并列出，乃意在便于后学者研究。

“夹杀持邱，亲姻哭送”在《五行精纪》中引载王廷光注云：“如乙未人得己丑，金人以丑为三丘五墓，己丑火夹带返吟破命，兼为身鬼，故凶。”见下例：

（七十一）——乙造

乾：乙　己　○　○

　　未　丑　○　○

如乙未身金人得己丑，金人以丑为本家三丘五墓，己丑纳音火夹带返吟，冲金身破木命为二灾，兼为身鬼，故凶致“亲姻哭送”也。

“兼须详其操执，观厥秉持；厚薄论其骨状，成器藉于心源”者，“秉持”，凭借也；“操执”，掌握也，以观人世间所为也。“骨状”，格局形状也；“心源”，内心精神也，以此定人贵贱厚薄也。然以五行论命，亦须凭借于人德行，如《论语》中“子曰：视其所以，观其所由，察其所安，人焉廋哉？人焉廋哉？”指欲知其人何命，不仅须以五行论之，尚要以德行角度出发，了解其言行动机，观察其处世习惯，考察其所处环境，其人命运岂能隐藏乎？外人又怎么能被其蒙蔽乎？故《术》云：“有心无相，相逐心生；有相无心，心随相灭。”按道家思想论，“有心无相”指善心者则无恶相，恶心者无善相，“相逐心生”指善恶之相皆由心生；“有相无心”指善相者则无恶心，恶相者无善心，“心随相灭”指善心随善相消而灭，恶心随恶相灭而消。“有心无相，相逐心生”乃内心决定外表而言，即骨状论其外表厚薄；“有相无心，心随相灭”指通过外表可观其内心，乃藉成器以反观心源也。但本章下文《新雕》李注为：“又《相术》云：有心无相，相逐心生；有相无心，相随心灭。”显然昙莹注“《术》云”乃引自李注“《相术》云”，或为后人传抄之漏所致。李注“《相术》云”最后一句“相随心灭”是指善相随善心消而灭，恶相随恶心灭而消，更多强调内在心源对外形骨状之主导，较昙莹注“《术》云”最后一句“心随相灭”

更符合原义。

“木气盛而仁昌，庚辛亏而义寡”者，此以五行配于五常，定人之器重也。“五常”者，即甲乙木主仁，丙丁火主礼，戊己土主信，庚辛金主义，壬癸水主智。木盛则仁昌，金亏则义寡，余皆象事知器，占事知来。（参见上文第六章“其为常也，立仁立义；其为事也，或见或闻”。）

［新雕］李注曰，〈亦言上文甲午生人至乙丑年吉凶相半，太岁克宅生动摇。假令寅卯辰生人，丑为三丘。或大小运太岁，鬼在丑上，又值寅午戌年，是“夹杀持丘”，故云“亲姻哭送”也。〉此言虽用五行见其贵贱灾福，虑有奇杰［“持杰”不合］非常之人，以冰鼠火龟难穷测之类，又须详观操履住持［“往时”不合］为事。邪正仍相其骨法［“骨状”亦合］厚薄、器识［“气禀”亦合］大小，人焉廋哉！木盛者则仁多，金气衰者，则义寡，其理灼然［可见也］。〈又《相术》云：“有心无相，相逐心生，有相无心，相随心灭。此之义也。”〉

东疏曰，“善恶”者，五行凶吉也。阴沉静而阳转动。甲乙丙丁四个干好动，戊己庚辛壬癸六个干好静。若在二运上验见吉凶，若凶多则不欲动也，若吉多则欲动也。动静吉凶相半，主多迁移。其三命与财、官、印、妻、子皆以旺处生者，是吉也。若大运至凶位上，则发吉。若在绝死胎墓上生，即却运入旺地，必被旺气发，凶。五行死绝生人，若运入死绝上，必却发其吉。五行于凶入凶，则吉；运吉者，凶也。“夹杀持丘”者，必须前见杀，后见厄杀，厄上逢鬼，禄与命身及在丘墓之上。假令壬辰水人十一月中旬生，约五年起大运在壬子，十丙癸丑，二十五甲寅，三十五已下皆在乙卯，又小运从寅起一岁，二十八至巳，巳其辰，人至巳为劫杀。大运在卯为六厄，是命前有杀，命后有厄，辰上水土之丘墓。此言“夹杀持丘，亲姻亡失”，假送也。又以己巳人，假令大运在午，太岁在辰，亦是“夹杀持丘”，辰以巳为劫杀，午以巳为亡辰，又名“夹杀之辰”，又为“劫杀之灾”。若遇此者，非徙亲姻哭送，盖自灾厄也。又以大运在辰戌丑未四墓上，却以小运在大运前三辰天罡上，后三辰河魁，亦有“夹杀持丘”，多有哭泣。小运与大运相对为阴错，却与大运同位为伏吟者，呻吟也。如此者，是呻吟之病，哭送之灾也。

东疏又曰，“厚薄骨状”者，五行旺衰也。“成器心源”者，五行根本也。“操执秉持”者，是向贵贱也。“厚”者，金木水火土得长生、冠带、临官及旺与衰五位，皆为五行厚盛之地。“薄”者，死、绝、胎、墓、成形五位也。“成器心源”者，十干为心，十二支为源，支干相合纳音身成器。若人生月生时建官，则操持其官；若建德则秉持其德；若建财印及贵神、喜神，皆名操秉也。木气盛而仁昌者，木主仁，金主义，水主智，火主礼，土主信，若逐五行旺位，则五常行正也。若于死绝墓胎位在，则五常皆乱也。

［疏证］ 李注曰，“善恶相半，摇动迁移”者，亦言上文（七十）——戌造

乾：甲 ○ 己 ○　　三十二岁小运：丁　　太岁：乙
　　午 ○ 亥 ○　　　　　　　　　　酉　　　　　丑

甲午人以己亥木命宅，三十二般逢乙丑年驿马入宅，故有“占除望拜”之期，吉也。又太岁乙丑金，上中下金克己亥木之宅，仍吊客太阴入宅，故亦有口舌文书，灾也（参见上文第七十章李注）。此谓“善恶相半”，慎于“摇动迁移”也。

李注曰，“夹杀持丘，亲姻哭送”者，“假令寅卯辰生人，丑为三丘”是指寅卯辰年木命人，生月日时见丑，丑为木之墓杀，谓三丘夹金杀也（“三丘”参见其上文第六十四章）。“或大小运太岁，鬼在丑上，又值寅午戌年，是夹杀持丘。”指生值寅午戌年火命人，逢大小运太岁，癸鬼在丑上，夹杀持丘也。二者皆云“亲姻哭送”。“兼须详其操执”至“庚辛亏而义寡”者，此言用五行干支虽可察见常人贵贱灾福，但疑有奇杰非常之人，“以冰鼠火龟，难穷测之类”是指寒人（即水人）以冰地为贵，暑人（即火人）以火地为福，不以调候为美，非常理可解，属难以穷测之类（参见其上文第十六章）。故除用五行外，又须详观其人平日操（行为）、履（履行）、住（处境）、持（持势）为事方验。观人恶善邪正，仍须凭借相其骨法厚薄、器识大小，“人焉廋哉！”（本章上文昙莹注亦引之）。木盛者则仁多，金气衰者则义寡，其理灼然而明。又相术云：“有心无相，相逐心生，有相无心，相随心灭。”此之义也（参见上文本章昙莹注）。

东疏曰，“善恶”者，在五行为凶吉也。阴主沉静而阳主转动。甲乙丙丁四个干为木火，主阳好动；戊己庚辛壬癸六个干为土金水，主阴好

静。若在大小二运上验见吉凶，若凶多则命主不欲动也，若吉多则命主欲动也。大小二运动静吉凶相半，主人多迁移。《新雕》李注东疏将赋原文“善恶相伴”解释成“善恶相半”亦通。从三命旺衰吉凶角度看，“其禄命身三命与财、官、印、妻、子皆以旺处生者是吉也，若大运至凶位上，则发吉。”与其上文第六十二章所谓“抵犯之吉凶在旺位上生，却运入衰乡显旺力是吉方也。”观点相同；“若在绝死胎墓上生，即却运入旺地，必被旺气发，凶。”与其上文第六十二章所谓“若在死绝胎墓上生，行运却入五行旺位，其见到生地，则凶方。”观点相同；“五行死绝生人，若运入死绝上，必却发其吉。五行于凶入凶则吉，运吉者凶也。”与其上文第六十三章所谓“阴求阴则吉”（即凶求凶则吉）观点相同（参见书后附录：表八—东方明论旺衰吉凶汇总表）。但遇“夹杀持丘”者，则无须论原命旺衰吉凶，仅须前见杀，后见厄杀，厄上逢鬼，禄与命身及在丘墓之上，即灾祸临头也。举例：

（七十一）——丙造

乾：壬　壬　〇　〇　　　大运：壬　癸　甲　乙　　　小运：已
　　辰　子　〇　〇　　　　　　子　丑　寅　卯　　　　　　巳

假令壬辰水人十一月中旬生，约五年起大运在壬子，十丙（“丙”为“五”字讹）岁癸丑，二十五岁甲寅，三十五岁已（通“以”字）下（应为“上”之讹）皆在乙卯大运，又小运从丙寅起一岁，二十八至癸巳。“巳其辰”是指巳对辰命来看，故曰人至巳为劫杀。大运三十五岁后在卯为六厄（即申子辰见卯、寅午戌见酉、亥卯未见午、巳酉丑见子。参见其上文第二十四章），三十五岁前小运至巳为劫杀。“是命”，此命也。故此命二十八岁至三十五岁间前有杀，命后有厄，辰又为水人之丘墓，即所谓“禄与命身及在丘墓之上”也。此言“夹杀持丘”者，前杀后厄入墓，寓意亲（血缘关系）姻（联姻关系）亡失，外人（非亲姻关系）为命主送葬为假送也。

又以己巳人，假令大运在午，太岁在辰，亦是“夹杀持丘”。辰以巳为劫杀，午以巳为亡辰，又名“夹杀之辰”，又为“劫杀之灾”。若遇此者，非徒（仅）亲姻哭送，盖自灾厄也。指此己巳人较之前面（七十一）——丙造，同是夹杀持丘，也遇自灾厄，但因是“用游年太岁求其灾福”（参见上文李注（七十）——丁造），其较之用原三命求灾福轻矣。在东疏中，虽无李注般明确“用游年太岁求其灾福”，但其实际批注命例却不乏其见。又以大运在辰戌丑未四墓上，却以小运在大运前三辰天罡上，后三辰河魁（参见其上文第三十四章），与命相冲，亦谓“夹杀持丘”，多有哭泣。又有小运与大运相对前后为阴错（上文其第三十五章曰：“阴错阳差者，错综也，差异也。”），指“阴错”是与“相对”而言，如上文第三十五章李注曰：“阴错，谓阳女阴男，元辰在冲后一辰；阳差，谓阳男阴女，元辰在冲前一辰也。”又有小运与大运同位为伏吟者，呻吟也。如此者（指阴错或伏吟在四墓之丘），皆是呻吟之病，较之于前面夹杀或夹厄持丘，不至落得孤魂野鬼，有亲姻哭送乃灾中有福也。

“厚薄骨状”者，指三命五行在四柱中旺衰之格局。“成器心源”者，指纳音身得禄命根本之气也。“操执秉持”者，指三命向背贵贱也。所谓“厚”者，指金木水火土五行得长生、冠带、临官及旺与衰五宫，皆为五行厚盛之地。所谓“薄”者，指死、绝、胎、墓、成形五位也（参见本书附录：探索东方明“旺衰吉凶”之我见）。所谓“成器”与“心源”者，具体讲是十干为心，十二支为源，支干相合纳音身成器，故“成器”根本在于“心源”也。《荀子·解蔽篇》曰：“心者，形之君也，而神明之主也。”指心是形体与神明之君主。犹如十干为天，主阳，是万物之君，众神之主，即天元也；十二支为地，主阴，是五气之根，万物之源，即地元也；干支天地相合纳音成器为人身，即人元也。故其上文第五十七章曰：“又三命天元干禄、地元支命、人元纳音身也。”但其上文第四十章曰：“人元，卯木也。有害，则酉金刑卯木，故人元有害也。”观点自相矛盾。在“三元”观点上，除王注万注外，其他诸家前后注文或不同版本亦存在不一致现象。如徐注中第一章、第二十三章与第三十六章不一致；李注、昙莹注中第二十三章和第二十八章，释注本、《新编》、《新雕》皆有相异之处（参见书后附录：表六）。本书认为三命论吉凶祸福，侧重纳音身论五行厚薄，东疏本章三元之说（天元干禄、地元支命、人元纳音身）与《李虚中命书》“三元”观点一致，相对可靠。

所谓“操执”与“秉持”者，若人生月生时建官，则操持其官；若建德，则秉持其德；若建财印及贵神、喜神，皆名操秉也。所谓木气盛而仁昌者，木主仁，金主义，水主智，火主礼，土主信，若要逐得五行旺位，即“长生、冠带、临官及旺与衰五宫，皆为五行厚盛之地”，则五常行正也；若于死、绝、墓、胎、(成形) 位在，则五常皆偏乱也，何以仁、义、智、礼、信言之?

［**万版**］此言虽用五行定命，见其贵贱灾福，虑有特杰非常之人，似冰鼠火龟，难穷罕测之资，则三元五行不足以尽之也。兼须详其操执秉持、骨状心源，则视其所以，观其所由，察其所安，心术制行，两得之矣。相貌德行，互见之矣。人焉廋哉！人焉廋哉！此珞琭子观人之法，而有合于吾儒之论也。《麻衣》：“有心无相，相逐心生；有相无心，心随相灭。”亦是此义。甲乙木主仁，丙丁火主礼，戊己土主信，庚辛金主义，壬癸水主智。木盛则仁昌，金亏则义寡，余皆象事知器，占事知来，此以五行配五常，定人之器量也。

［**疏证**］万民英对“善恶相伴，摇动迁移。夹杀持邱，亲姻哭送。”注评见上一章。“此言虽用五行定命，见其贵贱灾福，虑有特杰非常之人，似冰鼠火龟，难穷罕测之资。”句引自李注，此外基本出自昙莹注。其中“有心无相，相逐心生；有相无心，心随相灭”句与昙莹注一致，并说此言出自《麻衣相法》，可今坊间流传版本中未见。从万注引述李、昙莹两家注文来看，亦将“厚薄论其骨状，成器藉于心源”作为相术来辅助三命推断贵贱灾福。

第七十二章

恶曜加而有喜，疑其大器。福星临而祸发，以表凶人。[1]

[徐注] 详注见上卷“初至衰乡，犹披尠福［“微披斟福”不合］”内，更不重载。

[疏证] 徐曰，此章详注见上卷“初至衰乡，犹披尠福”（上文第二十二章）。但本章是指吉人遇恶曜（“yào”，原指夜空发光星体，泛指星辰也）之运，或凶人逢福星之运，而第二十二章却是针对财官旺运转入衰运，或财官衰运转入旺运而言。其实本章是上章文义之衍生，所谓“有喜”之“大器”是因“成器藉于心源”而致；所谓“祸发”之“凶人”是由木衰不仁、金亏不义而生，原命五行凶人临福星皆不富贵也。

[新编] 王注曰，人之所生有贵贱贤愚之间者，盖由禀受五行之气，而有休囚旺相之殊。命之四柱五行，或皆乘生旺之气，未曾发福，欲其恶曜加之，以其凶不胜福则变凶以为喜，故谓“疑其大器”者欤。或五行四柱而俱在五行休囚死绝之内，未曾发祸，以其吉星临之，吉不胜凶，变反以为祸，是谓“以表凶人”，是知五行根基为神杀之先，运气又次之矣。

李注曰，气识远大之人，必即善即得，设使恶时加临，或有喜者，如景公发善言，荧惑退舍，或为臣不忠，为子不孝，虽福星临命，必有祸发。此作贼者，垂戒之深旨也。

[疏证] 王注曰，人之所生有贵贱贤愚之分，因命禀受五行之气，遂有休囚旺相之不同。禄命身之四柱五行，或皆乘生旺之气，未曾发福，如恶曜（即恶杀）加之，因其凶不胜福，则变凶以为喜，故谓“疑其大器”者也。或三命五行四柱而俱在五行休囚死绝之内，未曾发祸，以其吉星临之，吉不胜凶，变反以为祸，是故谓“以表凶人”。是知看命以五行根基

① 万版为“拟其大器”。

在神杀之先，运气又次之矣。

李注见下文。

［释注］昙莹注曰，修之于身，其德乃真。故曰："忠孝仁义，德之顺也。"虽临诸杀，反为权星。富贵而骄，自贻［"自赂"不合］其咎。故曰："悖傲无礼，德之逆也。"善不失善报，而恶自招殃，此珞琭子深戒之也。

［疏证］昙莹注认为，人只有修道之于身，其福德乃真。故曰："忠孝仁义，德之顺也。"其人虽临恶曜诸杀，反成贵星。如人富贵而骄横，自贻（yí 遗留）其咎（灾祸）。故曰："悖傲无礼，德之逆也。"可谓善人终不失善报，而恶人自招灾殃，此乃珞琭子以之深戒世人也。昙莹注中二处"故曰"，出自北齐学者刘昼《防欲》："忠孝仁义，德之顺也；悖傲无礼，德之逆也。顺者福之门，逆者祸之府。"

［新雕］李注曰，器识远沃之炁［"气识远大之人"?］，必积善积德［"必即善即得"不合］。设使恶曜［"恶时"不合］加临，或有喜者，如景公发善言，荧惑退三舍［"退舍"不合］也。或为臣不忠，为子不孝，虽福星临照［"临命"亦合］，必有祸发此。作识者［"作贼者"不合］，垂诫之深旨者也。

东疏曰，春化木，夏化火，秋化金，冬化水，四季化土，此各归五行。其五行疑为日月化为五星，五行所化而成人，人是五行之秀气，岂于福星临而祸发并恶曜也？凡灾祸本定，祸福无形，唯人自召，是人之自作也。若生月日旺相，所得五行秀气全者，即五行成其器用。"恶曜加而有喜"者，恶曜不能灾有福之人、为善之士也。"福星临而祸发"者，假令人受五行凶恶之气，为人贫贱凶恶。若有好福曜临之，亦不能改祸作福，本主致也。寿年长短，贫贱秽行，莫不由五行而生也。荣枯喜怒哀乐之情，皆自性作。若人生逢旺，所一世荣盛于受用也，岂有恶星临主本，根基好，坚厚也。若人生在衰谢之位，主有贫病困厄灾苦，岂无福星所临照于财帛宫也？至若身与命在败绝之上，却作长寿无病之人也，故恶星加临而有喜，疑其自己元受者。五行大器在福星临而祸发，是自己本受五行之绝气也。

［疏证］李注曰，人器宇见识有深远之气，必为前生今世广积善德之命。此类命造即使有恶曜加临，或许反而有喜，“如景公发善言，荧惑退三舍也”。“景公”指春秋末期宋国君主，本名子头曼，“荧惑”又名赤星或火星，被古代占星家认为祸星和妖星。“三舍”者，地上一舍三十里；天上二十八宿，一舍为一宿。据《吕氏春秋·制乐》记载，宋景公当政时，火星侵犯“心宿”中帝位，认为是上天处罚宋国之恶兆。当时朝中占星官子韦提议弃车保帅，欲做法事将灾殃转移于宰相、或百姓、或岁收。而宋景公曰回以三言，一曰：“宰相所使治国家也，而移死焉。”二曰：“民死，寡人将谁为也？宁独死！”三曰：“民饥，必死。为人君而欲杀其民以自活也，其谁以我为君者乎？是寡人命固尽也，子毋复言。”景公死难当前而不失仁慈，其三善言感动上苍，“是夕也，火星果徙三舍”，并延其年二十一岁矣。相反有些世人，或为臣不忠，或为子不孝，虽命有福星临照，必有灾祸发于此人。珞琭子作此见识者，其深旨在于垂诫后人也。对照本章昙莹注文，其意皆出自于此。

东疏曰，春化木，夏化火，秋化金，冬化水，四季化土，此各归五行。其五行疑是日月所化之五星（古人认为日为阳、月为阴，先阴阳后五行），五行所化而成人。人既是五行之秀气，岂因于福星临而祸发，并因恶曜而有喜？凡灾祸本命原定，祸福无形，唯人自召，是人之自作也。若人生月生日旺相，所得五行秀气全者，即五行成其器用（如木盛得金、金顽得火等等）。“恶曜加临而有喜”者，是因恶杀不能加祸于有福之人、为善之士也。至于“福星临而祸发”者，假如人命原受五行凶恶之气，为人贫贱凶恶，若有好福曜临之，亦不能改祸作福，乃命本主所致也。人命寿年长短，贫贱秽行（即丑行），莫不由五行四柱而生也。故生平荣枯喜怒哀乐之情，皆自性随作。若人生时逢旺，所经一世荣盛足以受用也，岂俱恶星临主本？乃原命根基好，坚厚也。若人生在衰谢之位，主有贫病困厄灾苦，岂无福星所临照于财帛宫也？言外之意，每人皆有福星临照于财帛宫之岁运，为何总有人一世苦厄不堪？最后总结道：“至若身与命在败绝之上，却作长寿无病之人也，故恶星加临而有喜，疑其自己元受者。五行大器在临福星旺地反而祸发，是自己原本受五行绝气之地所致也。”即所谓“衰见衰则吉，衰见旺则凶”也。（参见书后附录表八：东方明论旺衰吉凶汇总表。）

［万版］ 修之于身，其德乃真，故曰："忠孝仁义，德之顺也。"虽临诸杀，反为权星。富贵而骄，自贻厥咎。故曰："悖傲无礼，德之逆焉。"善不失善报，为恶自招殃。此珞琭子深戒之也。"拟、表"二字最有味。恶曜宜加祸，而反有喜，非大器之君子不能也。盖器识远大之人，忠孝仁义，慎礼守法，祸焉能干？故曰"拟"。其福星临宜喜而反有祸，乃小人恃命而妄作也。不忠不孝，不仁不义、悖逆无礼，祸焉能逃？故曰"以表"。《语》曰：凶人凶其吉，吉人吉其凶。此之谓也。此承上文"操执"、"秉持"、"骨状"、"心源"而言，君子小人见矣。

［疏证］ 万注开头"修之于身"至"此珞琭子深戒之也"句，引自于昙莹注。万注版将《消息赋》原文"疑其大器"作"拟其大器"，故曰"拟、表"二字最有味。"拟"，相似也；"表"，显示、暴露也。常人遇恶曜应加祸为灾，而其反有喜，则非拟大器之君子不能也。盖器识远大之人，忠孝仁义，慎礼守法，祸焉能与之相干？故曰"拟"，即拟似大器君子为是也。常人临福星宜喜为吉，而反有祸，乃小人恃命而妄作也。此类人不忠不孝，不仁不义、悖逆无礼，祸焉能逃？故曰"以表"，即小人伺机而作以暴露其凶恶本性。故《语》曰："凶人凶其吉，吉人吉其凶。"其中"凶其吉"之凶、"吉其凶"之吉，皆作动词用。此指凶人以逢吉运为凶作，吉人以遇凶运为吉显也。此章承上文"操执"、"秉持"、"骨状"、"心源"而言，君子小人可见矣。

第七十三章

处定求动，克未进而难迁。居安问危，可凶中而卜吉。[1]

［徐注］此卷末总言其妙旨也。“处定”者，凡言人命，用法处者，欲定其贵贱也。贵贱既明，故曰“处定”也。“求动”者，人命虽见官印财帛，而不贵富者，宜于处定之中复求其变动也。既见其贵中未贵，财中未财，则当克未进而难迁也。“未进”者，未当升进。“难迁”者，难为迁移［“迁荣”合义］也。此与上文云“息一气以凝神，消五行而通道”之义不殊。“居安”者，如是贵命，见行官禄所向，集福之运以为安也。“问危”者，未可便言终吉，况前云吉中有凶，当于岁月时中扶合行年太岁，三合三会，问危疑神杀，参详而言之。如见有危疑之神，则必有危疑之事，则当惩戒，积善以禳之，则凶中复吉矣。如《易》说［“如忧说”不合］“忧悔吝者，存乎介［“存乎戒”不合］”者是也。

［疏证］徐曰此章已近卷末，乃总言《消息赋》妙旨也。本书认为应从上文第七十一章至下文第七十五章，合为《消息赋》之“卷末总言”，主要观点在于，提示读者批断三命四柱须参考命主所处环境、体形相貌、德行品格，勿以形而上之教条推出悖离实际之结论。

徐曰，“‘处定’者，凡言人命，用法处者，欲定其贵贱也。”“处”，分别也。《晋书·杜预传》：“处分既定，乃启请伐吴之期。”徐意指，凡断言人命者，皆用命法辨其旺衰吉凶，欲以确定其贵贱也。如贵贱既明，可谓“鉴定”，故曰“处定”也。“求动”者，指人命虽被鉴定有官印财帛，而实际不贵富者，应于“处定”之中复求其变动也。如断六爻，六亲六神善恶参半，卦象吉凶难辨，惟凭其动爻所变，方定祸福也（参见上文第七十一章徐注“善恶相伴，摇动迁移”）。推三命，既见其贵中未贵，财中

① 《新编》、万版为“克未尽而难迁”。

未财，则当“克未进而难迁”也。“克”与“合”相反，克主动主凶，合主静主吉。但当命“贵中未贵，财中未财”时，其中必有“未进而难迁”之气，须以凶制凶，克之方验。“未进”者，未当升进。“难迁”者，难迁致荣也。此与上文云“息一气以凝神，消五行而通道”之义不殊。（参见其上文第十四章）居安者，如是贵命人，以见行官禄所向集福（子平以见官禄为贵为福）之运为安也。“问危”者，是指既得运中“居安”，未可便言终吉，况前云“吉中有凶”（参见上文第四十八章），当于原命岁月时中（子平以日为主，故推吉凶于岁月时）扶合行年太岁，于三合三会之间，求问有无危疑神杀，参详而言之。如见有危疑之神，则必有危疑之事，则当惩戒反省，积善以禳（ráng，原义为祀除疠殃）除之，则凶中复吉矣。如《易经》说“忧悔吝者，存乎介者”，指忧虑于悔恨与牵挂之人，总是留意于端倪未辨之间，此喻论命者“差之毫厘，谬以千里”也。

［新编］王注曰，天命在德亦当论克，我克彼则为权，彼克此则为鬼，是克是则，不克不食。所谓“处定求动，克未进而难迁”者，譬之〇式之臣，乆处定位，次约行年岁运，五行来克本命，为官不能迁动也。五行克之，未进则难于迁动也。“居安问危，可凶中而卜吉”者，“君子居则观其象而玩其辞，动则观其变而玩其占”，是故圣人稽疑，或谋之于〇士庶人，或谋之龟筮，是谓圣人设卦，观象龟筮可从。所〇卜凶而不卜吉者，则可以凶中而卜吉矣。

李注曰，君居静求动，克见退而来进，则难迁，可盘桓俟时而动也，安不忘危，故当问也。上文云：“凶中有吉，吉乃先凶。”

［疏证］王注曰，“天命在德亦当论克”指天命（即禄命身三命中之天元）有干德虽为贵神，但不离克我克彼之论。我克彼则为权得财，彼克我则为鬼为灾。“是克是则”之“则”为“财”之讹，与“不克不食”连起来，指此（即我）克彼是财，不克之则谓不得官印权贵，虽有干德贵神亦徒有虚名（参见上文第六十九章徐注）。“处定求动，克未进而难迁”者，“譬之〇式之臣，乆（jiǔ，为“久”之异体字）处定位。”此句个别字脱，其大意指为臣仕途久不升迁。如遇行年岁运，五行来克本命，以下犯上，为官者不能升迁发动，宜守静以待之。“五行克之”作本命克行年岁运五

行解。“克未进”是指尚未到以“克财”而致贵获福之时，则难以发达或超越也。“居安问危，可凶中而卜吉”者，《易经·系辞上》曰：“君子居则观其象而玩其辞，动则观其变而玩其占”（参见本章下文昙莹注），是故圣人稽考疑问，或谋之于志士（学问之人）庶人（民间百姓），或谋之龟筮占卜。是谓圣人起卦，或观天地万象、或龟卜筮蓍皆可从。所占卜为凶而不得吉卦者，则可以凶卦中得到警示，而使事情发展朝吉利方向发展。

李注曰，若人命居静求动，克（含克己或克他）后吉运见退而未进，则显示此地动而难升迁，可盘桓滞留以候时而动也。“克见退而来进”之“来进”乃为“未进”之讹。应居安不忘危殆，故须常自问有否灾祸降临也。上文第四十八章云“凶中有吉”，言乃先凶后吉之义也。指凶运中含有吉之因素，只须处安勿动，顺时而动，后运会渐渐出现转机。李注上文对“每见凶中有吉，吉乃先凶。吉中有凶，凶为吉兆”观点为：“凡行运有前五年凶，后五年吉者；前五年吉，后五年凶者。”可见凶吉之运并非一成不变，如能顺时而安、乘势而动，可逢凶化吉，反之遇吉成凶矣。

[释注] 昙莹注曰，“君子居则观其象而玩其辞，动则观其变而玩其占，是以自天佑之，吉无不利。”且吉凶祸福之兴也，非圣人孰能知之于未有之前哉？若能趋吉［“趣吉”不合］背凶，此居安虑危之道也。

[疏证] 昙莹注开头句引自《易经·系辞上》：“是故君子所居而安者，《易》之序也；所乐而玩者，爻之辞也。是故君子居则观其象而玩其辞，动则观其变而玩其占，是以自天佑之，吉无不利。”大意指君子平居所安时，要仔细琢磨《易经》卦象及其序数之理，并以玩（专研）其文辞作为一种乐趣，如生活中一有异常变动，则可玩（练习）其占筮而得吉凶矣。“大有”卦第六爻辞：“上九：自天佑之，吉无不利。”恰为此义也。又曰：况且吉凶祸福之兴（发生），非圣人孰（谁）能知之于未出现之前哉？若能趋吉背凶，惟有此时就遵循居安虑危之道也。

[新雕] 李注曰，若居静求动，克见退而未进［“来进”不合］，则难迁，可盘桓候时而动也。安不忘危，故常问也。上文云“凶中有吉，言乃先凶［“吉乃先凶”合义］”也。

东疏曰，处五行安静之位。“动”者，气也。阳干好动，阴支好静，以火木者，是万物之喜神也，好动。水土则好静。又大运好安静之地，小运好动。大凡二气阴阳，阴安静而阳变动也。大运在北方皆安之地，于支上阴支是也。春夏则动，秋冬则安。以上五行动静，若有静处求退而难成也，况在动处求进而亦难就也。在动中求退，喜；静中求进，则吉。小运二逢干德，并与本禄干相和，皆为静，相克为动也。“居安问危，可凶中而卜吉”者，且居安，即在好运发福力之地，食禄受福之时，须思运气动也。转入凶运，宜在有福之地修阴德，可以消祸为福也。居安则可以问危。凶中而占吉者，在恶运贫困之时，又亦宜在贫中而修仁，蕴善即可以有福也。

［**疏证**］李注见上文。

东疏曰，“处定”者，指处五行安静之位。“定”者，安定也。“动”者，气动也。阳干好动，阴支好静。以火木者看，是万物中向上生发之喜神也，好动；以水土（金）看，则好静；又从大运看，则好安静之地，小运好动；大凡阴阳二气，阴主安静而阳主变动也；从方位看，大运在北方玄武水地，皆为安静之地；从地支本身看，阴支主静；从四季看，春夏为阳则动，秋冬为阴则安。从以上五行动静角度看，即水土（金）相对于火木为静，大运相对于小运为静，北方玄武相对于南方朱雀为静，秋冬相对于春夏为静，若在静处求退而难成也，在动处求进亦难就也。只有在动中求退，则喜；静中求进，则吉，此乃动静阴阳相配也。至于如何理解动静，东疏又以小运二逢干德为例，并与本禄干相和，皆为静，相克为动也。“二逢干德”是指甲或己见二甲、乙或庚见二庚、丙或辛见二丙、丁或壬见二壬、戊或癸见二戊之类也（参见上文第一章东疏）。“与本禄干相和”是指如小运本禄甲以见己德为相和也。“居安问危，可凶中而卜吉”者，指人且居安所，即在好运发福力之地，食禄（享官）受福之时，须思运气或有变动也。如已转入凶运，则宜在有福之地修阴德，可以消祸为福也。如此提前居安问危，即使转入凶运亦无大灾也。凶中而占卜为吉者，指在恶运贫困之时，又亦宜在贫中而修身成仁，蕴（藏）善积德即可以有福也。

［**万版**］此珞琭子教人求名谋动，起吉避凶之道也。天命在德亦当论

克我克彼。我克彼则为权，彼克此则为鬼。是克是财，不克不食。“处定求动，克未尽而难迁”，行年岁运，五行来克本命为官，不能迁动，宜守静以待之。不冲不克，则难以发越。“居安问危，可凶中而卜吉”者，君子居则观其象而玩其词，动则观其变而玩其占。是以自天佑之，吉无不利。且吉凶祸福之兴也，非圣人孰能察于未萌之前哉？若能趋吉避凶，居安虑危，亦庶乎其无咎矣。

［**疏证**］万注曰，此章为珞琭子教人求名谋动，起吉避凶之道也。“天命在德亦当论克我克彼”至“五行来克本命为官，不能迁动”部分引自王注。诸家版载《消息赋》原文“克未进而难迁”，惟有《新编》、万版为“克未尽而难迁”，但阅各家注文均以“进”字解，故知后者为讹矣。“居安问危，可凶中而卜吉”者，则基本出自昙莹注，其中“君子居则观其象而玩其词，动则观其变而玩其占”句最先被王注引用。

第七十四章

贵而忘贱，灾自奢生。迷而不返，祸从惑起。

［**徐注**］“贵而忘贱”，是后人不明贱意［“赋意”合义］。引大道之妙，而执方守隅，见贵命贵而言贵，不知贵中有贱，或始贵而终贱者，则灾自奢生，与“赊”同一，其源则妙理，赊自远也。此说见贵忘贱之误［“之悮”亦合］也，其或有不遇至人，不明道理者，执迷而见，寡陋偏学，滋蔓偏求，理无所出者，则是“祸从惑起”者是也。

［**疏证**］徐注曰，“贵而忘贱”者，是后人不明《消息赋》真义之所在。“引大道之妙”是指其上一章所引“如《易》说‘忧悔吝者，存乎介者’是也。”后人本应“引大道之妙”，居安问危，而有人偏执守隅于一方，自以见贵命者身处贵所而言贵，不知贵中有贱，或始贵而终贱者，则灾祸自奢而生。“奢”，指过分，奢侈；“赊（shē）”，指长远，欠账。古代“奢”可为“赊”异体字，故徐曰“与‘赊’同一”，认为“字源理妙”。“灾自奢生”指不仅有奢侈忘贱而生灾之义，亦指凶因存乎介者，经过长远发展终成灾祸。“奢”与“赊”同音，即祸自远而来也。此说见贵忘贱之误，是指命中原有“贱”象，却因得意时忘乎所以而后招灾也。“迷而不返，祸从惑起”者，指世人不明大道之妙，其中或有学命者不遇至人，不明道理，执迷而见，寡陋偏学，滋蔓偏求，理无所出者，则是灾祸自迷惑处所起之因也。

［**新编**］王注曰，君子见天命，而不能求福于天；小人慢天命，而不正福于己。贵而忘贱，迷而不返，虚而为盈，奢而为逊，盖三命中无清神生炁，五行内有浊禄，墓库阴阳不明，禀赋愚昧自处，富贵矜庄自骄，贪婪无厌，祸从感起，如声音应相，随断可见矣！孔子所谓：“贵与富，是人之所欲也；不以其道得之，不处也。”是以君子得之固穷，小人得之轻命。

李注曰，此作赋者，成人贵而妄贱，奢后则灾生，今之有因戒而叨功，付势而窃位，迷惑而不能返照正性，则祸起所当然也。

［疏证］王注曰，君子重天命，而不奢求厚福于天；小人轻天命，而不珍惜自己得到之福。人贵而忘贱、迷而不返，则反以虚为盈，以骄横当作谦恭，皆因“三命中无清神生炁，五行内有浊禄，墓库阴阳不明。”“清神”指干透之禄，“浊禄”指支中藏禄混杂，如藏墓库之中则谓阴阳不明矣。禀赋愚昧源自所处天命，富贵矜庄出于自信，贪婪出于无厌，祸从感（“感”为“惑”之讹）起，如声与音彼此相应，随意加以区别可显现矣！《说文解字》曰：“生于心，有节于外，谓之音。宫商角徵羽，声也。丝竹金石匏土革木，音也。《乐记》曰：‘知声而不知音者，禽兽是也。’”大意指，宫商角徵羽是客观存在之五声音阶，谓之“声”，而通过丝弦、竹子、金属、玉石、匏瓜、陶土、皮革、树木等材料制成乐器所演奏出来之音乐，由于含有人们内心情感，则谓之“音”。亦可说，“声”是自然界非人类为抒发内心所发出之响声，“音”是人类为抒发内心情感所发出之声音。故曰“知声而不知音者，禽兽是也。”“知声”不一定“知音”，惟有“知音”才能心心相印也。孔子所谓：“富与贵，是人之所欲也；不以其道得之，不处也，贫与贱，是人之所恶也；不以其道得之，不去也。”指君子得其道而不处富贵，只是穷困；小人得富贵而不得其道，终究轻命。

李注见下文。

［释注］昙莹注曰，贵必以贱为本，高必以下为基，有附势而叨功，因贱而窃禄，殊不知祸兮福所倚，福兮祸所伏，是故鬼神嫉之困于不道。

［疏证］昙莹注曰，贵必以贱为本原（起点），高必以下为基础。“有附势而叨功”者，出自《后汉书·卢植传》“岂横叨天功以为己力乎?”（“叨”tāo，古义贪婪篡位。）“因贱而窃禄”指位贱而欲无功受禄，为此迷而不返。以上二句皆引自本章下文李注“今之有因贼而叨功，附势而窃位”也。殊不知世事如《道德经》所言：“祸兮福之所依倚，福兮祸之所伏。”祸从惑起，皆由鬼神憎恨之（窃禄），故困于不道也。

［新雕］李注曰，此作赋者，〈所以〉○○贵而忘贱［“成人贵而妄贱”合义］，奢○○○生［“奢后则灾生”合义］，今之有因贼而叨功［“戒而叨

功”不合]，附势而窃位，迷惑而不能返照正性，祸起理常然［“祸起所当然”亦合］也。

东疏曰，饮食分精，五行神力定也。若〇好运不亦有恶运，奢泰之，天鉴临，故灾自奢生。若好运之时，能俭约、积行、修德，却至前凶运，福力尚在降咎，成灾亦须轻薄。迷而不惺者，为心无变通，愈益迷惑于耳目，日增奢溢，灾咎从此起。老子云：是以圣人去甚、去奢、去泰。其道是五行阴阳之所化，自然也。

［疏证］李注曰，《消息赋》作者认为世人成贵而忘贱（“妄”为“忘”之讹），过分享受后则灾生。今人因贼心而贪功，附权势而窃位，迷惑而不能返照正性，祸起此理（指灾自奢生，祸从惑起）则常如此也。

东疏曰，“饮食分精，五行神力定也。”指人生活享用有高低之分，饮食有粗精之分，皆由命中五行神力定也。若在好运以为不再有恶运，则奢侈之、泰（骄纵）之，天上神明鉴临，故“灾自奢生”也。若好运之时，能俭约、积行、修德，却至凶运前，福力尚足以降咎，成灾亦一定轻薄。迷而不惺（xīng 清醒）者，为心无变通，愈益迷惑于耳目之贪，日增奢溢（满则溢），故灾咎从此起。《道德经》云：“是以圣人去甚（极端）、去奢、去泰。”其道是五行阴阳之所化，与自然通也。

［万版］君子见天命，而不敢求福于天；小人慢天命，而不知正福于己。贵而忘贱，迷而不返，不能居安问危，而转处定求动，是以灾自奢生，祸从惑起，至于亡身败家而不悔，不亦深可哀哉？

［疏证］君子畏见天命，而不敢肆意求福于天；小人慢（不畏、怠慢）天命，而不知正财正福（区别于偏财偏福）于己足矣。贵而忘贱，迷而不返，不能居安问危，而于转处定之时反而求动变，是以灾自奢生，祸从惑起，至于亡身败家而不悔，不亦深可哀哉？

第七十五章

殊常易旧，变处为萌。福善祸淫，吉凶异兆。

［徐注］“殊常”者，知变也。“易旧”者，善通也。“变处为萌”者，知其幽微也。曾遇明师，必通［“心通”合义］道理者，诚有如《易》所谓［“识之如《易》所为”不合］：“苟非其人，道不虚行”是也。古人为道者，皓首穷经，专心致志，惟恐失于妙道。虽行坐服食［“眠食”亦合］，未尝心不在五行之中，则能知幽妙。有殊常易旧，变处为萌，是知大道［“天道”亦合］福善而祸淫，故君子修身以俟命。

［疏证］徐注曰，“殊常”者，殊别于平常，知变也。“易旧”者，易（异）于以往，善变通也。“变处为萌”者，知其幽微处方得“殊”“易”之萌也。如学者曾遇明师，必通道理者，诚有如《易经·系辞》所谓：“苟非其人，道不虚行”是也。“其人”指明师或传道者。指“殊常易旧，变处为萌”之妙，如果不是由明师贤者来指引，其中道理难以凭空被大众遵循或施行。古人为道者，皓首穷经，专心致志，惟恐失于妙道。平日虽行坐服食，未尝心不在五行之中，则能知幽妙。只有遵循“殊常易旧，变处为萌”之理，是知福于善而祸于淫之大道。“淫”，贪也，过分也。故君子修身以俟命。“俟命”，指等待命中祸福降临。语出《孟子·尽心上》：“夭寿不贰，修身以俟之，所以立命也。”

［新编］王注曰，动静为利害之枢机，智虑乃祸福之门户，术不可不慎，机不可不密，小人不知天命，不知天命不中常道，轻生易物，则祸淫由此而始也。君子得时而动，失时而守，体天行道，畏于轻动，则福善由此而生也。如此则君子小人吉凶异见矣。虽然斯亦莫若于命也，此大率戒人之轻动或救时治道。而至动则不然，盖以无心应物则无所不至矣。《易》曰：“知进退存亡，其唯圣人乎？”

李注曰，吉人安常变动，则有吉凶之萌，为善则福至，为凶则祸来，故云异兆亦成之也。

[疏证] 王注曰，动静为利害之枢机（关键），智慧与谋思乃祸福之门户，术（手段）不可不慎，机（计划）不可不密。小人不知天命，则不中（不偏不倚谓之“中”，谓之遵守）常道（“不知天命不中常道”句中“不知天命”为赘字），轻视生命，任意改变事物规律，则贪淫祸害由此而始也。君子得时而进取，失时而退守，体（“体”为“替”之讹）天行道，畏于轻举妄动，则福善由此而生也。如此则君子小人，或吉凶异兆（zhào，为“兆”之异体字）显现矣。虽然此间道理亦莫若于命理最明，此章乃珞琭子大率预先告戒世人勿轻动或救时治道。而对已经妄动导致恶果者则不然，如有人因无心顾及客观事物，则无所不祸矣。王引《易经》曰：“知进退存亡，其唯圣人乎？”真正出处在《易经·乾·文言》，全句应为：“知进而不知退，知存而不知亡，知得而不知丧，其唯圣人乎？知进退存亡而不失其正者，其圣人乎？”指一个人如果能知进、知退、知存、知亡，而不失其正道者，其难道不是圣人乎？“不失其正者”指遵守天地五行或五常之规律也。

李注见下文。

[释注] 昙莹注曰，有变动然后吉凶生焉，故曰“吉凶悔吝，生乎动者也”。又曰“吉凶者，失得之象”也，“积善之家，必有余庆；积不善之家，必有余殃。”《易》之戒也。

[疏证] 昙莹注曰，有变动然后吉凶生焉，故《易经》曰“吉凶悔吝，生乎动者也”，其在上文第三十四章中亦引此语，阐述大运出入之年动荡而虑招不测之咎。对三命而言，岁运复逢原命神杀，及生合拱化、刑冲克穿皆谓之“动”，对六爻与堪舆而言，惟“动”可得吉凶之辨（参见上文第七十一章徐注）。又曰“吉凶者，失得之象”也，出自《易经·系辞下》云：“吉凶者，得失之象也。悔吝者，忧虞之象也。”“积善之家，必有余庆；积不善之家，必有余殃”者，参见《易经·坤·文言》。以上均乃《易经》对世人之告戒也。

[新雕] 李注曰，言人改常［“吉人安常”不合］变动，则有吉凶之萌。为善则福至，为恶［“为凶”亦合］则祸来，故云：“异兆”亦识之

［“亦成之”不合］者也。

东疏曰，“常”者，久也。“殊”，异也，人多得将异事变改久常之道。“祸淫”者，殊常变异之人。“变处为萌”，兆初见吉。吉凶异兆，分明在乎人为。五行有殊异之变，孰不知十干为阳，十二支为阴，二气随四时之化，然为常道也。古者，以甲寄寅，乙卯、丙巳、丁午、戊辰戌、己丑未、庚申、辛酉、壬亥、癸子，是殊异也。且于六十甲子，寅并无丙巳丁午壬亥癸子，是谬误，故吉凶异兆，使用无应。又以五行异常，凡易其旧也。至若五行受气，金正、木七、火十、水土四月，又言受气于巳，别有冠带临官帝旺，非也。

［疏证］李注曰，此章言人改守常变为变动，则有吉凶之萌芽出现。人为善则福至，为恶则祸来，故云异兆亦可识别吉凶也。

东疏曰，“常”者，长久也。“殊”，异常也，指人多作异事而改变平常之道。“祸淫”者，指前句“殊常易旧”之人往往祸于贪欲。“变处为萌”者，指留意到变化之初兆者为吉。但要辨别吉凶性质不同之兆，明察在乎人为。断五行吉凶，天干与地支有殊异之变，孰（谁）不知十干为阳，十二支为阴，但二气随四时之化，其中有常道（即相似处）也。自古以来者，虽以甲寄寅，乙寄卯、丙寄巳、丁寄午、戊寄辰戌、己寄丑未、庚寄申、辛寄酉、壬寄亥、癸寄子，无非是二者干支殊异却五行相同也。且于六十甲子，至甲寅旬，并无丙巳、丁午、壬亥、癸子，阴阳相错是谬误也。指巳火虽藏丙火，却为阴支；午火虽藏丁火，却为阳支；亥水虽藏壬水，却为阴支；子水虽藏癸水，却为阳支，即不可以藏干阴阳来配对干支，否则吉凶异兆，使用无应验矣。又有人以五行生旺方面去搬弄异常是非，针对传统标新立异，甚至若五行受气，本来金正月、木七月、火十月、水土四月受气，却言金巳月、木亥月、火寅月、水土申受气，另定冠带、临官、帝旺之位，皆谬也、非也。言外之意“殊常易旧”不可贪求离经叛道，不然难以明察吉凶异兆也。

［万版］动静为利害之枢机，智虑乃祸福之门户。术不可不慎，机不可不察。小人不知天命，不中常道，轻生易物，则祸淫由此而始也。君子得时而动，失时而守，体天行道，畏于轻动，则福善由此而生也。《易》

曰：”吉凶悔吝，生乎动者也。”又曰：“吉凶者，得失之象也。”“积善之家，必有余庆；积不善之家，必有余殃。”又曰：“知进退存亡之道，其唯圣人乎?”此珞琭子篇终之大戒也。

［**疏证**］万注“动静为利害之枢机”至“则福善由此而生也”，及其“又曰：‘知进退存亡之道，其唯圣人乎?’”句，皆引自王注。但王注原文末句为“知进退存亡，其唯圣人乎?”无“之道”二字，乃万注引自下章徐注之句也。其余出自昙莹注。从上文第七十一章至本章，《消息赋》撰者阐明之主要观点，是三命四柱既离不开参考命主所处环境、体形相貌、德行品格，更离不开天地之道，否则离经叛道，难以得出吉凶之论。

第七十六章

至于公明季主，尚无变识之文。景纯仲舒，不载比形之妙。[①]

[徐注]《易》曰："知变化之道者，其知神之所为乎？"知进退存亡之道者，其唯圣人乎？以此究之，阴阳之道［"阴阳也"不合］，难终又难穷［"又谁穷"不合］也。故《赋》云管公明、董仲舒、郭景纯、司马季主者，皆王佐之才，博通经史，洞达阴阳，遗文教于后世，可谓贤矣。

[疏证] 徐注引《易经·系辞上》孔子曰："知变化之道者，其知神之所为乎？"指知晓阴阳变化之道者，岂非通晓神之所为乎？"知进退存亡之道者，其唯圣人乎？"之句上一章被万注所用，大意指如果能掌握知进退存亡之道者，岂非惟有圣人乎？以此推而究之，学阴阳之道，难终又难穷也。故《消息赋》云：管公明、董仲舒、郭景纯、司马季主者，皆是辅佐国王之才，博通经史，洞达阴阳，流传著作教导于后世，可谓至贤矣。然而从致君泽民之实际角度看，古贤们于当时环境中，尚不能利用阴阳五行全面而深远剖析三命吉凶祸福。（参见下章徐注。）

[新编] 王注曰，至于管公明、司马季主、董仲舒、郭景纯之徒，有王位之才，博通经史，洞达阴阳，各烛今古，可谓贤矣！而尚无变识之文，不载比形之妙，是谓君子尽性命之理，应操守之变，莫适而不可也。不知命无以为君子，故众人所观者圣人，圣人所观者天命。天命既定，鬼神不拘。

李注曰，郭景纯、董仲舒通阴阳之理，亦不在五行比刑之妙也。

[疏证] 管辂（公元 209 年—256 年），字公明。三国时期曹魏术士，著《周易通灵诀》《占箕》等书。司马季主，西汉方士，《史记·日者列传》载："楚人司马季主，通《易经》，述黄帝、老子，博闻远见。"董仲

① 《新雕》为"不载比形之妙妙"。

舒（公元前179—前104），汉代大儒。著有《天人三策》、《春秋繁露》等。郭璞（公元276年—324年），字景纯，吾国堪舆集大成者，其著《葬经》。

王注曰，至于如管公明、司马季主、董仲舒、郭景纯之徒，皆有王位之才，又博通经史，洞达阴阳，明鉴今古，可谓贤者矣，而尚无留变识阴阳之文，不载比形之妙理于世也。何为“比形”?《庄子·秋水》云：“而吾未尝以此自多者，自以比形于天地，而受气于阴阳。吾在于天地之间，犹小石小木之在大山也。”指“吾”从不敢以此自傲，自认为从天地那里得到相应形体，并且配以五行阴阳之气。“吾”存在于天地之间，犹如一小石子、一小树木存在于大山之中。故将人事与天地与五行阴阳相对应之理，谓之“比形之妙”也。此谓君子得天地之气，尽阴阳性命之理，应遵守自然之变，切莫该适而不可。孔子曰：“不知命无以为君子。”故众人所仰慕者，圣人也；圣人所观测者，天命也。天命既定，鬼神亦不可控制其祸福也。

李注见下文。

［释注］昙莹注曰，管辂公明、司马季主、郭景纯、董仲舒此四贤者，探天人之赜［“之颐”不合］，原性命之理，穷阴阳象数，知来物吉凶，尚无变识之文，不载比形之妙言，造物深奥，不易度量。

［疏证］昙莹注曰，管辂公明、司马季主、郭景纯、董仲舒此四贤者，探天人之赜（zé奥秘），原（“原”通“源”，追溯也）性命之理，穷阴阳象数，知来物（通晓未来事物发展）吉凶。“尚无变识之文，不载比形之妙言，造物深奥不易度量。”指古贤们虽精通天人之赜、性命之理、阴阳象数，却无留下专门辨识命运祸福变化之文，更无传载给世人比形具体事物吉凶之妙言，皆因天地造物深奥不易度量也。昙莹认为此乃珞琭子为最后自言“今者参详得失，补缀遗踪”作好铺垫。

［新雕］李注曰，〈管公明、司马季主此二人通天文，尚无变识之作也。〉郭景纯、董仲舒通阴阳之理，亦不载五行比形之妙说也［“亦不在五行比刑之妙也”不合］。

东疏曰，管公明、司马季主，大善阴阳，言人间事十有九中。与失言也，别立阴阳之理，亦乃从令于五行。旧移言五行四季，论行年差殊之多，广寻虚谬神杀，疑惑不定迷乾宗，元是差殊也。景纯、仲舒深于二宅，时至有难年，回避安形之妙为，造化不可无也。命若逆来修营，岂可回避？以上四人，皆明造化之功。

［疏证］李注曰，管公明、司马季主此二人通天文，却尚无三命变识之作也。郭景纯、董仲舒通阴阳之理，亦不载四柱五行比形之妙说也。众知以上四贤除司马季主著作不明外，其余诸人均有阴阳著作流传于世。故推“尚无变识之文”、“不载比形之妙”仅指禄命之说也。从上文第十三章《消息赋》原文“鬼谷播其九命，约以星观”可知，珞琭子阅过《鬼谷遗文》，但嫌其九命之说是“偏见之能”也。

东疏曰，管公明、司马季主，颇善阴阳五行，言人间事十有九中。与失言者不同，其虽另立阴阳（其他流派）之理，亦令之服从于五行之道。旧时论命移言断五行四季吉凶，众人论同一命造行年差殊之多，皆因“广寻虚谬神杀，疑惑不定迷乾宗”。“乾”，头脑也；“宗”，根本也。元（原）是术者本身观点之差殊也。景纯、仲舒深于二宅（郭景纯善阴宅，董仲舒善阳宅），时至有灾难之年，则采取回避凶险而安静守形之妙为，顺造化不可无也。命若遇凶运而逆来妄动修营，岂可回避？以上四人，皆对造化有明察之功。

［万版］管公明，司马季主，郭景纯，董仲舒，此四贤者，探天人之奥，原性命之理，穷阴阳象数，知未来吉凶，尚无识变之文，不载比形之妙，言造化深隐不易度量。珞琭子不言姓氏，不知何时人。观其《赋》中，自云出自兰野，又称及于郭景纯，疑六朝时人，梁昭明其近之。昭明所居，乃兰陵之野也。或以为周灵王太子子晋，则诬。（参见上文第十四章东疏。）

［疏证］万注前半部分引自昙莹注。后曰珞琭子不言姓氏，不知何朝人。观其《赋》第十四章中自云“臣出自兰野”，此章又称及于两晋郭景纯，故万注疑珞琭子为两晋后六朝时人，与梁武帝时代太子昭明相近。相传梁昭明出生乃兰陵（现位于常州市西北）也，自幼文才出众，可惜未登基而卒，流传有《昭明文选》。万注推测珞琭子以梁昭明自喻，虽出自兰陵郊野，一生仕途失意，但文采盖世，通天地阴阳，补缀遗踪，永挂清台

也。据本书上文推测，《消息赋》大约问世于南朝梁武帝时，且最有可能是珞琭子其人乃当时被誉为“山中宰相”陶弘景道士（参见上文第十四章王注）。“或以为周灵王太子子晋，则诬。”此观点与《四库》徐注本“提要”相同：“朱弁《曲洧旧闻》云：‘世传《珞琭子三命赋》不知何人所作，序而释之者以为周世子晋所为’。然考其赋所引，有秦河上公。又如悬壶化仗之事，皆后汉末壶公、费长房之徒，则非周子晋明矣。”上文第十四章王注曰：“东方朔疏序，又以为周灵王太子子晋之遗文。”误将东方明讹传为东方朔，既然《消息赋》为两晋后六朝时人作，西汉人东方朔焉为其疏？（参见上文第十四章。）

第七十七章

详其往圣，鉴以前贤。或指事以陈谋，或约文而切理。多或少剩，二义难精。今者参详得失，补缀遗踪。窥为心鉴，永挂清台。引例终编，千希得一。①

［徐注］然则致君泽民，于当时则不能全身远害也。或指事以陈谋，约文而切理者，有之矣。珞琭萃众妙［“率众妙”不合］之说，将少者补［“少补”不合］其详博，剩者遗其繁芜。故云“补缀遗踪”。“窥”者，所见者小也。“心鉴”，言自谦，心有所见甚少也。“引列终编”者［“终于诸者”不合］，是探索［“探颐”不合］前贤往圣，〈尽善〉尽美之至道也。得之于心，则永挂清台。善用者，千希得一也。

［疏证］徐注上章云，管、董、郭、司马四贤皆博通经史，洞达阴阳，遗文教于后世，然则从利君泽民角度看，古贤们限于当时环境，尚不能利用阴阳五行全面而深远剖析三命吉凶祸福，或有书不乏指事以五行陈谋（陈述计谋），约文（省约其言，精炼其文）而切合五行之理者，古来早有之矣。今珞碌子萃（采集）众妙之说，将少者补其详博，剩者遗其繁芜。故云“补缀遗踪”。但“遗踪”应为遗留踪迹之义，可解成对古人命理旧见加以提炼整合更为恰当。“窥”者，所见者小也。“心鉴”，言自谦，心有所见甚少也。本书认为徐注此解颇牵强，应理解成珞琭子通过“补缀遗踪”，可让后人一窥其心鉴（“鉴”jiàn 水中明月，镜也），心鉴喻作心中明理。“永挂清台”者，《三辅黄图·台榭》：“汉灵台，在长安西北八里，始曰‘清台’，本为候者观阴阳天文灾变，更名灵台。”言此《赋》如清台之灵，可为世人留作命理指南也。“引列终编”者，指探索前贤往圣著作（《新编》“探颐”为“探赜”之讹。）从中引出尽善尽美之至道，终编为一

① 《新雕》为“多惑少剩”。《新编》、《新雕》为“引例终诸”。徐注本卷下终，释注本卷下终，《新编》卷六终，《新雕》卷下终。

册，永挂清台。善用此《赋》者，从千百珍稀之言中得其一足矣。

[新编] 王注曰，珞琭子终于此谈者，可以观古而鉴今，指文而陈理，此书之作也。文博而言约，道妙而义深，显仁藏用，乃五行命书之指南也。后学者继而发明之，使聩者聪、瞽者明，历百世而无穷，统一性之常在。观其始末，通神合变，纵横之论，皆不溺于他术。尽宗于三命若珞琭子者，岂非圆机之士哉。天气始于甲，地气终于子。

李注曰，究其前贤，察其约理，真清台之宝鉴，为万世之秘文，发诸世之簧鼓，启百代之聋聩，皆能知命为君子者矣。

[疏证] 王注"珞琭子终于此谈者"，指前贤"多或少剩，二义难精"现象被终结于《消息赋》，珞琭子通过其观古而鉴今，指文而陈理之表述，揭示此书所作之宗旨也。此赋文体磅礴而言辞简约，道理玄妙且含义深奥，显仁慈藏功用，乃五行三命之指南也（出自李仝序曰"予观《珞琭子消息赋》，乃三命五行之指南也"）。后学者可在此赋基础上继承发展以明示世人，使聩（kuì 耳聋）者聪，瞽（gǔ 目盲）者明，其贡献将历百世而无殆穷。"统一性之常在"者，指"后学者继此而发明之"，但其中阴阳五行干支之命理原则具有统一性而与天地共存。观此赋始末，有通天地之神、合阴阳之道规律在其中运行变化，其合纵（约文切理合阴阳之道）连横（指事陈谋明吉凶之理）之论，皆不溺（"溺"为"弱"假借字）于其他术数。世间有尽（完全）宗（归宗）于三命（禄命身）若珞琭子者，岂非圆机之士哉！"圆机之士"者，指通晓五行干支四柱者也。"地气终于子"乃"地气始于子"之讹。《黄帝内经·素问·六微旨大论》中歧伯曰："天气始于甲，地气始于子，子甲相合，命曰岁立，谨候其时，气可与期。"故上中下三元，每元六十太岁以甲子为始也。

李注曰，《消息赋》深究三命前贤，细察五行约理，实为真正清台之经典，为万世之秘文。"发诸世之簧鼓"者，"簧鼓"原指以美言蛊惑世人，此凡指以戒谕警示世人也。从而启发百代之聋聩，皆能知命为君子者矣。

[释注] 昙莹注曰，凡论五行，离道者，非也；离世法者，非也；离人物者，亦非也。或约文而切理，或指事以陈谋，于中神杀交参，吉凶互

体，是知五行通道，致物难穷，流布其间，岂云小补哉?

[疏证] 昙莹注曰，凡论五行，离天地之道者，非也；离世间法理者，非也；离人与物者，亦非也。"或约文而切理。"指以精炼而恰当之文字来阐述阴阳五行道理。"或指事以陈谋。"指在遵守阴阳五行道理基础上结合人、物及世法来陈述与探讨。"于中神杀交参。"指其中神杀相互参照。"吉凶互体。"指凶中有吉，吉中有凶。"是知五行通道，致物难穷。"指以五行来对照万事万物总是难以穷尽。"流布其间，岂云小补哉?"指将阴阳五行干支流布到世间方方面面，岂仅在往圣前贤基础上稍微补缀遗踪就可达到乎? 言外之意，《消息赋》命理成就远远超过前人。

[新雕] 东疏曰，子晋详前贤，多恐指事陈谋，言五行旺衰之理，约五行动静之文，多惑少剩，二义难精。其五行有六位旺处，六位绝处，古今定矣，无有移改。夫"六位旺处"是：长生、冠带、临官、帝旺、衰、成六位也。"六位绝处"：病、死、墓、绝、胎、沐浴。若遇旺位主人，大运入鬼，绝上生；却入旺地发，败绝也。鬼地逢鬼，败却生；旺地，则必衰。此是阴阳难精，来往之用，旺衰之力也。今者，言造赋，学造赋，参详得失，其验五行为得，无验为失于时。子晋补缀，贵前人应验者，成在《赋》同。"窥为心镜"者，看觑神验，一如心镜。"永挂清台，引列诸终"者，引诸家五行千条中，有得一于十卷中，采择五行之说，实根本苗裔，发谢有时，结实有日，验阴阳抱五行之力，惟人最灵，《赋》义理深邃，于诸家三命之书也。

[疏证] 李注（阙），见上文。

上文第十四章东疏认为"臣出自兰野"中"臣者，是子晋于君臣父子之称"。故此章又曰"子晋详前贤"云云，但其上章又云"景纯、仲舒深于二宅"，郭景纯为两晋时期人士，东周公子子晋岂可"补缀贵前人"乎?应该说，就三命古法学术价值和系统性而言，六家之中数东方明居首，但从其推论珞琭子时代背景来讲但从其推论珞琭子时代背景来讲，如此不符史实之谬，竟讹传其书，可谓千古之憾。

东疏曰，子晋（代指珞琭子）详考前贤五行之说。"多恐指事陈谋"指前人著述多不愿对具体事物明其是非，而是把精力放在"言五行旺衰之理”上。“约五行动静之文，多惑少剩”指总结提炼五行动静之理于文时，不是因多繁乱致惑，则是因少详义未尽。“二义难精”指“言五行旺衰之理”由于“多惑”，“指事陈谋”由于“少剩”，二者皆有得失。其五行有六位旺处，六位绝处，古今定矣，无有移改。言外之意，何必过多言五行旺衰之理？五行“六位旺处”是：长生、冠带、临官、帝旺、衰、成形（养）共六位也。“六位绝处”是：病、死、墓、绝、胎、沐浴。若遇旺位主人，大运入鬼乡（病、死、墓、绝、胎、沐浴），虽绝犹生也；却入旺地（长生、冠带、临官、帝旺、衰、成形）发，虽生而败绝也。若遇鬼地主人，大运逢鬼乡，虽败却得生机也；逢旺地，则必衰。（参见书后附录：表八—东方明论旺衰吉凶汇总表。）此是阴阳难精之处，来往吉凶运用，皆在断旺衰之功力也。今著此书者，自言造（撰写）赋、学造赋，详细参考前人得失，其凡经过命理检验，则得五行之道，无验为失于时光检验。子晋（代指珞琭子）补缀之论述，贵在前人得应验者中取得借鉴，从而成为与本《赋》旨相同之一部分。“窥为心镜”者，看覷（窥视）神验，一如心镜之明，喻己无私奉献，只待世人阅后评说。“永挂清台，引列诸终”者（《新雕》原文为“引例终诸”），引诸家五行之理于千句万言中，有得一言于十卷百籍中，采择五行之妙说，探根本（胎为祖宗）苗裔（时为子嗣）之实，旺衰发（生）谢（萎）看月气时令，结实大小由日而定；利用五行之功力，检验阴阳是非，惟有断人命最为灵验。故《消息赋》义理深邃，皆源于前贤诸家三命之书也。

[万版] 凡论五行，离道者非也，离世事者，非也，离人物者亦非也。或约文而切理，或指事以陈谋，于中神杀交参，吉凶互体，是知五行通道，志物难穷，流布其间，岂云小补？珞琭终于此谈，言是赋之作，详往圣之遗文，鉴前贤之得失，文博而言约，道妙而义深，显仁藏用，乃五行三命之指南也。后学者继此而发明之，使聩者聪，瞽者明，历百世而无穷，统一性之常在。观其始末，通神合变，纵横之谕，皆不溺于他术；戒谕之言，多有合于至道。若珞琭者，岂非圆机之士，高尚之流也哉？

[疏证] 万注开头至“岂云小补？”为昙莹注。“珞琭终于此谈”至注末为王注。其中“纵横之谕（yù，言辞，动词用）”在王注为“纵横之

论”。最后曰，若珞琭子者，岂非圆机（见识超然、处世圆通、随机应变）之士，高尚如君子之流也。古人对“之流”“同流”诸如运用并非贬义，如李仝序中“是攻阴阳二宅之流”，又如释昙莹序中“将使来者用广其传，凡我同流无视轻耳”，犹如今“同志”义也。

（卷终）

附 录

一、学术研究 …………………………………………………………… 505
1. 略谈“三元九宫”起推法 …………………………………………… 506
2. 探索东方明“旺衰吉凶”之我见 ……………………………………… 511
3. 从《珞琭子三命消息赋注》考证徐子平之朝代 ……………………… 520

二、附表 ………………………………………………………………… 527
1. 表一（八孤五墓六虚等诸家观点汇总表） …………………………… 527
2. 表二（三奇六仪诸家观点汇总表） ………………………………… 530
3. 表三（干德合支德合诸家观点汇总表） …………………………… 532
4. 表四（四杀五鬼六害七伤等诸家观点汇总表） …………………… 534
5. 表五（隔角诸家观点汇总表） ……………………………………… 538
6. 表六（三元诸家观点汇总表） ……………………………………… 539
7. 表七（水土同行十二宫诸家观点汇总表） ………………………… 540
8. 表八（东方明论旺衰吉凶汇总表） ………………………………… 541
9. 表九（十二月人元司令诸版观点对比表） ………………………… 542
10. 表十（天罗地网诸家观点汇总表） ……………………………… 543
11. 表十一（起首步大运异同诸家汇总表） ………………………… 544
12. 表十二（岁星天年诸家观点汇总表） …………………………… 545

附　录

一、学术研究

略谈“三元九宫”起推法

本书李注和东疏中有部分涉及到“三元九宫”之内容，并利用其推演吉凶，为方便读者理解和研究其中步骤，本书在此进行归纳性阐述，供大家参考。

“三元九宫”所用九宫图由后天八卦图演变而来，星命者根据其所求测事项填入相应神杀，采用不同起宫方式推论吉凶。其使用范围颇广，如：起命宫、推行年（小运）、推黄道黑道、合婚、堪舆等等。

为何称“三元九宫”？因为推论九宫涉及到起始宫位，不同年代、不同范围、不同流派都要根据上中下“三元”来定，每元为六十年，共一百八十年，周而复始。以近代为例：一八六四年至一九二三年为上元，一九二四年至一九八三年为中元，一九八四年至二零四三年为下元。一旦确定起始宫位，则可按“罡步图”顺推或逆推至九宫中某一宫位，如此所测干支之宫位吉凶即可明矣。

九宫罡步图：

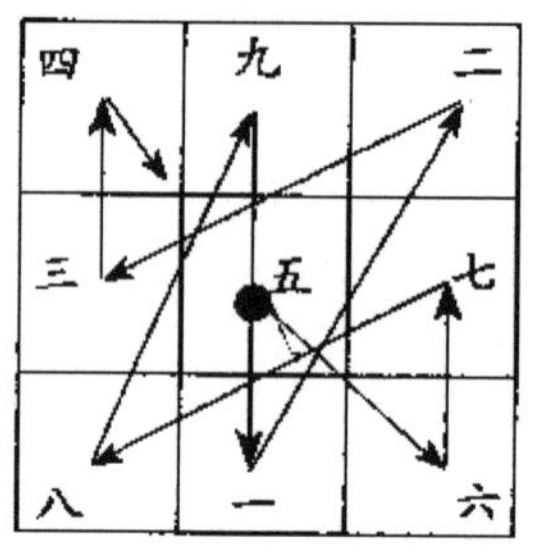

九宫图（一）：

巽 （辰、巳） 四杀	离 （丙丁、午） 九厄	坤 （女未、申） 二宜
震 （甲乙、卯） 三生	中央 （戊己、男未女丑） 五鬼	兑 （庚辛、酉） 七伤
艮 （寅、男丑） 八难	坎 （壬癸、子） 一吉	乾 （亥戌） 六害

起命宫（命宅）：

配一吉、二宜、三生为三吉宫；四杀、五鬼（男二女八入五宫）、六害、七伤、八难男、九厄为五凶宫，男二女八各入五宫，故称“三吉宫”、“五凶宫”。

推人生年命宫吉凶，需起命宫。依第三十六章东疏：“若遇上元甲子起一宫、中元起四（宫）、下元起七宫，男逆女则顺。一年一移，二岁移一宫，看生时者，年是第几宫。”即谓起命宫。“二岁移一宫”指第二年换一宫。如本书第六十五章李注：“上元乙丑阴命男，配得离为宅宇者。”按男命“上元甲子起一宫”罡步逆推，就是第九宫离卦位，乃为“九厄”宫，即生年命宫为凶，属于“始凶”。至于人生流年吉凶为何，则要推行年（禄命称之为“小运”）来定。

推行年（小运）：

配一吉、二宜、三生为三吉宫；四杀、五鬼（男二女八入五宫）、六害、七伤、八难男、九厄为五凶宫。

推行年与起命宫方式不同，据考敦煌发现有《三元九宫行年》古本，其中亦配有“一吉、二宜、三生、四煞、五鬼、六害、七伤、八难、（脱漏‘九厄’）”之图标，并载有行年起宫：“凡数法，男一岁（从）三生顺数，女一岁从二宜，亦顺算起岁。”但以此法推本书李注行年起宫皆不符。又获考古家在敦煌星命残本中发现有推男女行年“三生五鬼法”（男逆女顺）：

男子上元丙寅八宫起罡步：八、七、六、五、三、四、二、一、九。

男子中元丙寅二宫起罡步：二、一、九、八、七、六、五、四、三。

男子下元丙寅五宫起罡步：五、四、三、二、一、九、八、七、六。

女子上元壬申二宫起罡步：二、三、四、五、六、七、八、九、一。

女子中元壬申五宫起罡步：五、六、七、八、九、一、二、三、四。

女子下元壬申八宫起罡步：八、九、一、二、三、四、五、六、七。

以此对本书李注东疏二家推三元九宫行年案例进行分析，发现基本吻合，如下：

如本书第五十七章李注：“谓人之生处元得三宫吉位为始，行年到凶位五处为末，此为始吉终凶，祸迟灾慢，故可延而推之。假令上元甲子阳男得一宫，为其始吉，至三十四岁五鬼为凶，此是甲子人始吉终凶。云‘始末皆凶’者，假令上元己巳阴男，元得五凶宫年为始，三十岁命入中宫，此为‘始末皆凶’，灾来必速也。”

先看上元甲子阳男，按男命“上元甲子起一宫”，推得第一宫坎卦位，为“一吉”命宫，故“为其始吉”。男命小运起丙寅，上元八宫起推，三十四岁小运己亥行年入坤二宫转入中五宫为鬼（男二女八入五宫），故谓“此是甲子人始吉终凶”也。

再看上元己巳阴男，按男命“上元甲子起一宫”，按罡步逆推至第六宫得中五为命宫，故谓“元得五凶宫年为始”，即原命宫在中五宫为五鬼凶宫。男命小运起丙寅，男子上元丙寅八宫起推，三十一岁小运己亥行年入中五宫为五鬼（《新雕》和《新编》皆讹为“三十岁命入中宫”），亦为凶宫，故谓“始末皆凶”也。

又如第六十五章李注：“此以九宫行年，课其父子利害也。假令上元乙丑阴命男，配得离为宅宇者，二十四行年临四杀之位，此岁若生儿是五鬼之男。《术》曰：‘得鬼男继其父，纵有家道必隳散不立。’七伤亦如此，须先定三元甲子所生宫宇，然后数起九宫，此不备述。唯攻阴阳二宅之人，常见此也。”上元乙丑阴男，同样按男命“上元甲子起一宫”，逆推得第九宫离卦位，为九厄命宫（命宅）。男命小运起丙寅，男子上元八宫起推，二十四岁小运戊子行年入巽四宫，临四杀之位，亦为始末皆凶，故谓“此岁若生儿是五鬼之男”。“五鬼”既指中宫恶煞，亦泛指“四杀、六害、七伤、八难男、九厄”为五鬼。

又如第三十六章东疏“一年一移，二岁移一宫，看生时者，年是第几宫，人以小运在几宫上，二位相合，变成八卦，详吉凶。若小运在（此处脱“亥”字）子上为坎一宫，在未上为坤二宫，在寅卯上震三宫，在辰为巽四宫，男未女丑为中五宫，在戌为乾六宫，在申酉为兑七宫，在丑为艮八宫，在巳午为离九宫也。假令在坤二宫生，小运入亥子为坎一宫，坤变入坎为绝命，更建劫灾二杀，是祸并危疑也。若坤二宫生人，小运在申酉兑七宫，坤变入兑为福德，是福臻成庆。若福臻则扶兮速速，求事快利。祸则求事，逆乃迟迟也。”

按东疏阐述十二支所属八卦位，九宫应改为下图：

九宫图（二）：

巽 辰 四杀	离 丙丁、巳午 九厄	坤 女未 二宜
震 甲乙、卯寅 三生	中央 戊己、男未女丑 五鬼	兑 庚辛、申酉 七伤
艮 男丑 八难	坎 壬癸、亥子 一吉	乾 戌 六害

如前“起命宫”所述，一年一移，第二岁换一宫，看生是第几宫为命宫。再推小运行年在第几宫，二位相合，变成八卦，此与李仝仅凭“三吉宫”“五凶宫”定行年吉凶更复杂。如中元年丙寅男命，中元甲子起四宫，逆行经三宫至坤二宫为命宫，逢小运行年入亥子为坎一宫，坤卦翻得坎卦“只变中爻是绝命”，又寅逢见亥为劫杀、见子为灾杀，故“是祸并危疑也”。若坤二宫生人，小运在申酉之兑七宫，坤卦变入兑卦乃“变中下爻是天医”（与福德延年同为大吉），故福臻成庆，如此则扶兮速速，求事顺便快利；反之则祸，求事逆乃迟迟而困顿也。至此可知，东疏运用三元九宫起命宫位得该宫原卦，对照小运行年之宫位作为变卦，并结合神杀来定吉凶，比之李注仅论九宫内诸神杀吉凶来得更具有系统性。但由于其十二地支中寅申巳亥四辰对应八卦位置与众不同，其实际运用价值尚需进一步研究。

岁宫（岁宅）：

配一吉、二宜、三生为黄道；四杀、五鬼（男二女八入五宫）、六害、七伤、八难男、九厄为黑道。

推黄道黑道，须起岁宫。本书第六十二章李注曰：“珞琭子既述三命五行，又述出入方所，当避四魔（四杀）、五鬼、六害、七伤、八难、九厄为凶方，一德、二宜、三生为吉方也。取逐年太岁宅，黄道为吉，黑道为凶，此不备述。”李注认为珞琭子既以三命五行述祸福，又以出入九宫方所述黄黑吉凶，直接将三吉五凶与黄道黑道联系起来。以处四杀、五鬼、六害、七伤、八难、九厄为凶方，以临一德、二宜、三生为吉方。由于李注无举例推演，后人对其方法难以确定。按其注中所谓“取逐年太岁宅，黄道为吉，黑道为凶”来看，可借鉴上面推命宫（命宅）法。如上元男命遇乙丑年太岁，按男命“上元甲子起一宫”，推得第九宫离卦位，为“九厄”岁宅，处黑道。故断此岁不利南方远行，小心家宅火烛。

又阅晋代郭璞所撰《玉照定真经》（《四库》版）张颙注“明路九宫，更辨阳男得失”句：“九宫者，坎一、坤二、震三、巽四、中五、乾六、兑七、艮八、离九，将生时上下数，共合多少数，便提所得之宫起之九宫者：一吉、二宜、三生、四杀、五鬼、六害、七伤、八难、九厄。假令甲子时上下十八数也，甲九子九上下一十八数也，于九宫算，外令（零）数，入九宫也。假令乙卯时，乙八卯六，六八四十八，于九宫除之九爻，渐退有零数是也，五九四十五，外有三也。从震上起三生宫，阳人顺，阴人逆也。九宫一吉二宜三生吉也。”“明路九宫”指通过起九宫明辨黄黑之道，可推阳命（即男命）四时之得失。如男命丙寅人遇甲子太岁，依太玄数“甲己子午九，乙庚丑未八，丙辛寅申七，丁壬卯酉六，戊癸辰戌五，巳亥四数终”计，甲子干支上下二九合一十八数，除九宫之九数得一，一九得九，则余个位数九入离宫为所起之宫。男命按罡步顺推，依次甲子九宫、乙卯一宫，得丙寅二宫为宜，则丙寅人遇甲子太岁为黄道，尤利于西南方也。又如男命丙寅遇乙卯太岁，亦依太玄数计乙八卯六，六八四十八，除九宫之九数得五，五九四十五，余个位数三入震宫为所起之宫。男命顺推，依次甲子三宫、乙卯四宫，得丙寅入中五宫为凶，则丙寅人遇乙卯太岁为黑道，诸事不宜也。张颙“将生时上下数，共合多少数”分作加法和乘法列出上述二例推演，乃为后人参考之用。

经过漫长历史实践，上述几个九宫星命结合运用在吾国大陆民间命师中至今尚有流传，如华南地区部分职业命师在终身批书中常配以“五星七政图”、“命配八宅图”、“地盘八卦图”来分析命主田宅、婚姻、六亲、财官、健康、祸福等等。其中人们还常依《三元经》口诀：“九宫建宅，男命上元甲子起坎一，中元甲子起巽四，下元甲子起兑七，逆行九宫。女命上元甲子起中五，中元甲子起坤二，下元甲子起艮八，顺行九宫。”来推男女“三元合婚法”或谓“宫度合婚法”。至于本书第三十六章东疏起“九宫”：“若遇上元甲子起一宫、中元起四（宫）、下元起七宫，男逆女则顺。”明显不如《三元经》所载口诀完整。另外《三元经》此口诀在八宅、紫白及玄空等堪舆术中亦广泛运用，不过对于禄命推演来讲，诸如此法皆起辅助参考作用。正如李仝序言：“是攻阴阳二宅之流，所用固非三命之说，学者尤宜详之至哉！”

探索东方明“旺衰吉凶”之我见

根据本书附录“东方明论旺衰吉凶汇总表”中所统计东疏观点：“旺见衰则吉；衰见旺则凶；旺见旺则凶；衰见衰则吉。”其中“旺见”之旺为“旺极”，“衰见”之衰为“衰极”。

古禄命论“三命”旺衰离不开五行十二宫。在《新雕》东疏文中：

第三章曰："旺休死绝，五行当旺盛为强，死、绝、胎、墓、成形（即"养"）、沐浴皆为休是也。"

第二十六章曰："其五行有旺衰，死、绝、胎、墓、成形、沐浴六位，皆为余盛帝旺之地也。"

第三十章曰："若火为身命人，皆十月鬼旺身衰，四月生身火旺鬼为绝，仍须生月与时都在申酉戌亥子丑，皆为鬼旺之地。若月与时都在寅卯辰巳午未，身旺鬼绝位，皆准此推之矣。"

第六十九章曰："若生在马胎、死、墓、绝、成形五位生者，为马劣也。若命身二财在墓、死、绝、胎、成形五位生者，皆为财微也。"

第七十一章曰："'厚'者，金木水火土得长生、冠带、临官及旺与衰五位，皆为五行厚盛之地。'薄'者，死、绝、胎、墓、成形五位也。"

上面章选基本上将"死、墓、绝、胎、成形、沐浴"归为六处死败，从而与第五十三章"若人之命与纳音身在长生、帝旺、临官、冠带、衰、病此六处生者"相对立。

但文末第七十七章其又所谓"夫'六位旺处'是：长生、冠带、临官、帝旺、衰、成六位也。'六位绝处'：病、死、墓、绝、胎、沐浴。"与前面观点有差异。差异之处体现在"病"与"成形"难以确定在"旺处"或"衰处"。从东疏全书阐述来看，基本上将"病"归属"旺处"、"成形"归属"衰处"。故不排除第七十七章所谓"六位旺处""六位绝处"乃后人讹传所致。

由于单凭"病"和"成形"二宫定旺衰几率有限，如四柱其他支辰皆在"五旺"或"五衰"之位，则可定三命"旺极"或"衰极"。在实际推演旺衰时，第三十章东疏又将长生、沐浴、冠带、临官、帝旺、衰归为"六旺"，将病、死、墓、绝、胎、成形归为"六衰"，与今人旺衰观点接近，姑且在此作为本文旺衰案例之依据。

根据本书研究，东方明断"旺极""衰极"主要看生月生日生时三柱，但部分亦兼顾胎月论之。凡四柱得三柱旺即"旺极"，凡四柱得三柱衰即"衰极"。为了帮助古三命学者研究东方明"旺见衰则吉；衰见旺则凶；旺见旺则凶；衰见衰则吉"四种推演吉凶方式，予姑且抛砖引玉撰写"我见"以探索，下面对《新雕》东疏部分命例进行分类剖析。

第十八章东疏引《经》（即《五行经》）云：“‘旺处生而死处发，以死绝处生，旺处败也。’若发旺者，由发财、发禄、贵人发德、发官、发印或子孙，各取生月日时五行旺力而发也。”可知上面四类吉凶推演方式可用于推财、推禄、推官、推子孙等等。

本书（十八）——乙造为发财者例：

乾：	甲	丙	丙	辛	大运：	丙	丁	戊	己	庚
	子	寅	寅	卯		寅	卯	辰	巳	午

以甲子身金人得木为财，如生在正月丙寅日辛卯时，木财三处皆旺，为旺极。却因大运入庚午路旁土，木在午为死处，乃发本命之财，此所谓“旺处生而死处发”。指旺极之财至大运庚午为死地不贫反而发达，即“旺见衰则吉”。“却以死绝生而旺处败也。”指反过来讲，若原命身财生于死绝之地为衰极之财，遇大运财旺之乡则不发反贫，乃因身财生于衰败位而遇强旺之地为凶，即“衰见旺则凶”也。

本书（十八）——丙造为发禄者例：

乾：	丙	己	壬	庚	大运：	己	庚	辛	壬	癸	甲	乙
	申	亥	戌	子		亥	子	丑	寅	卯	辰	巳

丙得纳音身火禄，但禄身二火生在十月壬戌日子时，火以亥为绝地，以戌为墓地，以子为胎，皆为休败之薄地，衰极也。其大运行至乙巳上，由原局火墓绝处，却至巳上火位临官，衰极之禄遇旺而败，即“衰见旺则凶”。“福德宫印贵神并及鬼杀”皆可仿此为判断何为吉、或为凶也。

本书（十八）——丁造为发官者例：

乾：	丙	己	〇	辛	大运：	己	庚	辛	壬	癸
	午	亥	〇	丑		亥	子	丑	寅	卯

如丙午十月辛丑时，寅为胎月官病。其丙火得亥月丑时，如日辰又遇

申酉戌亥子丑之地，谓官遇建旺之乡为旺极也。若大运至癸卯上，卯为水死地，官旺处生而死处发，反而为建官之地，即“旺见衰则吉”。

本书（十八）——戊造为孤苦者例：

乾：丙　辛　丁　己　大运：　辛　壬　癸　甲　乙　丙　丁
　　子　丑　亥　酉　　　　　丑　寅　卯　辰　巳　午　未

东疏此处将胎月视为“根”，将生月生日生日皆视为苗裔，主人一生。此造禄为火，命与身皆水以火为财。丙子年十二月生人，火受胎是三月辰冠带，谓之根甘也。生于辛丑月丁亥日己酉时，丑月火为养地，丁亥日火绝，己酉时火死，火为衰极。虽然其运行入壬寅大运后一路木火，皆是火旺之地，却不见显明发旺，乃因其原为死绝之火也，名之谓命中苗苦也。从此可知，胎主生前祖宗，月日时是生后自得之气。虽胎得冠带，但四柱一旺三衰，乃为衰极。故东认为惟有月日时“主命终一生贫苦厄困，是名终凶也。”此例符合“以死绝处生，旺处败”，即“衰见旺则凶”。可谓其真正“根甘苗苦”也。

从以上命例可知，确定三命旺极或衰极之标准，须四柱胎月生月生日生时有三柱皆处旺位或衰位，方可依“旺见衰则吉；衰见旺则凶；旺见旺则凶；衰见衰则吉”理论推之。故在大多数情况下，东疏仅凭生月生日生时三柱皆旺或皆衰即可断为“旺极”或“衰极”。

再举例：

（三十）——甲造

乾：丙　丁　〇　〇　　　或　　　丙　己　〇　〇
　　申　酉　〇　〇　　　　　　　申　亥　〇　〇

（三十）——乙造

乾：丙　癸　〇　〇
　　申　巳　〇　〇

假令丙申火命，酉月或亥月生，以为水官又为身鬼，酉月火死，或亥月火绝。反之却于巳月生身火旺，鬼水则绝也。同样为火人，不论是酉月鬼旺身衰，抑或巳月身旺鬼衰，前者（甲造）胎月在子为胎，仍须生日或时亦在申酉戌亥子丑，方为身衰鬼旺之地；后者（乙造）胎月在申为病，则须日柱时柱二辰皆在寅卯辰巳午未，方可谓身旺鬼绝位。即胎月、生月、生日、生时四柱中至少三柱同为旺或衰，方可按“旺极”“衰极”推而无误。

再如下面三造：

本书（二十九）——丁造

乾：	丁	丁	己	辛	五岁起大运：	丁	丙	乙	甲	乙
	酉	未	未	未		未	午	巳	辰	卯

如丁酉六月丁未月己未日辛未时，丁为火禄，酉为金命，纳音火身。其火以金为财，财与命皆金，金在六月未地冠带也。如丁酉六月丁未月己未日辛未时，丁为火禄，酉为金命，纳音火身。其火以金为财，财与命皆金，金在六月未地冠带也。况月日并时都在财旺之乡为旺极，故置胎月不论亦可断为旺极，似生来有大财富也。不但支命与纳音身俱旺，连禄火亦临官三个未时（即“丁火亦三六月”）而旺极。虽得“三旺”为富贵，亦须行运较量轻重。乾造阴命大运逆行，五岁起丁未，十五岁丙午，二十五乙巳，约三十五甲辰。其火禄向木火而行，禄身二命属于“旺见旺则凶”，行运贵浅。但支命与身财二金至大运辰卯木地衰败，身财与命反而为吉，即“旺见衰则吉”也。故此命从行运角度看乃禄少财多，不利仕途而利商贾也。

本书（四十三）——甲造

乾：	壬	壬	〇	〇	受胎：	癸	大运：	壬	癸	甲	乙	丙	丁
	子	子	子	子		卯		子	丑	寅	卯	辰	巳

壬子纳音木人，癸卯月受胎，十一月又子日子时生，其纳音身木克土

为财。东疏以水土为同生同死，故虽土在卯月受胎为死，但子乃水土之旺地，即十一月身财土神大旺，即生月日时“旺三”为旺极也。东疏以生月为首个大运，约五岁起壬子大运，十五岁起癸丑，二十五入甲寅，三十五入乙卯，四十五丙辰，自此后入南方丁巳运。原身财旺极之土临巳火为绝而吉（水土同行），即“旺见衰而吉”，东疏谓之“此十年以获厚利。”而原命财火临胎月卯地为旺，但处生月生日生时三子为衰极，命财临巳火旺地为凶看，应“衰见旺则凶”。可谓身富命贫，常人也。

本书（四十八）——甲造

乾：	乙	丁	○	○	大运：	丁	丙	乙	甲	癸	壬
	巳	亥	亥	子		亥	戌	酉	申	未	午

乙巳人十月亥日子时生，三柱为水也。三命看旺衰皆以五行为主，虽木禄胎月申金为绝，但亥子三柱乘旺为旺极也。其命巳火、身纳音火皆在亥子绝胎地为衰极也。阴命男大运逆行，起运五岁丁亥绝地，十五岁交丙戌运，二十五岁交乙酉运，三十五岁交甲申运，四十五岁交癸未运上住，是吉中开始显凶兆也。因其乙木逢癸未墓地显吉，即“旺见衰则吉”。但未土有火余气，故巳命火与纳音身火明显凶始于四十五岁后，五十五岁入壬午大运火旺之乡，虽旺禄遇死地是“旺见衰则吉”。但命身二绝火遇午地大旺，故“返（反而）凶也”，即“衰见旺则凶”，可谓“吉中有凶者”，亦谓三命得二命之凶所至也。

本书（四十八）——乙造

乾：	丙	己	○	○	大运：	己	庚	辛	壬	癸	甲
	午	亥	亥	子		亥	子	丑	寅	卯	辰

丙午人十月己亥及亥日子日时生，亦同“吉中有凶”也。“吉，则得贵神官旺”是指丙人见亥为天乙贵人，贵人又是官星，官星月日时三柱皆旺地为旺极。“凶，则为禄命无气”是指丙午禄命皆为火，虽以胎月寅为长生，但处亥子三柱为无气衰极也。从官星之水看，“以大运约自五岁己

亥，十五庚子，二十五辛丑，三十五壬寅是凶中有吉也。”指前三运亥子丑水地，官因旺极见旺为凶，寅运是因官旺极见衰为吉，故此四大运谓“凶中有吉”。至于“壬刑丙火则凶，其生月贵神壬者官力，旺上显吉也。”指三十五岁交壬寅大运壬刑克丙禄为杀为凶，但由于壬是生月天乙贵人亥中之主气，故壬寅运透贵神显旺为吉，亦谓“凶中有吉”也。四十五岁交癸卯大运，因原命中生月日时为亥子，故卯运干上透癸水谓之有官力为吉。但从禄命之火看，五十五岁后入甲辰运上，原命禄命丙午衰极之火，遇辰冠带旺地，则显绝火之凶运，即“衰见旺则凶”，故谓癸卯甲辰二运“吉中有凶”也。学者留意，东疏此处“吉中有凶”“凶中有吉”皆是围绕前后不同大运之吉凶来阐述。

以上东疏所列之造大都直接以生月生日生时旺衰举例，但亦有参考胎月推旺衰吉凶者。如本书第六十三章东疏曰：“若三命在胎月、生月日时独旺，则少病寿长也。”

举例：

本书（五十二）——甲造

乾：	丙	丙	〇	〇	受胎：	丁	大运：	丙	丁	戊	己	庚	辛	壬
	寅	申	〇	〇		亥		申	酉	戌	亥	子	丑	寅

丙寅人生在七月丙申，十月丁亥月受胎，丙人见亥为天乙贵人，贵人又是官星。生七月丙申建禄其驿马，丙以水为官，又以身火之金为财，在七月长生有力。虽大运顺行申酉戌一路背禄，却如《赋》云：“但看财命有气，逢背禄而不贫”也。再从旺衰行运角度看，丙寅身禄火在胎月亥水为绝，加之生申月为病（如日或时亦为“六衰”），则火为“衰极”。七月申破寅命有绝患之象，但有胎月亥水为木之长生，寅命不可谓之死绝。大运约五岁从七月丙申起，十五岁丁酉大运，二十五岁戊戌大运，三十五岁己亥大运，四十五岁庚子大运，五十五岁辛丑大运，后入六十五岁壬寅，其身禄之绝火到寅运却生，绝火逢生则为病，即“衰见旺则凶”。又因七月绝木逢寅运再旺，因原胎中亥水得长生木气，不属衰极之命（前提应以日时二柱有一旺），故“旺则却发”而吉也。加之身财之金遇寅为绝，寅

运三命二凶一吉又绝财，则祸多于福也。

本书（五十二）——乙造

乾：	丁	己	○	○	受胎：庚	大运：己	戊	丁	丙
	卯	酉	○	○	子	酉	申	未	午

丁卯人身禄火得八月生，在丙寅年庚子月受胎，庚为财，子为官。东将“带财”名为“带印”，将“庚财”谓带“庚印”。况己土是丁火之食神，酉金是丁人之天乙贵神，又是火人之财，亦谓“财命有气”，乃富贵也。再从旺衰行运角度看，丁卯纳音火人，八月酉破卯命，禄火身火在胎月子为胎，在酉为死，（如日柱或时柱亦为衰）则身禄二命衰极。逆行约五岁起运从己酉始，十五岁戊申大运，二十五岁丁未大运，三十五岁后入丙午大运。卯命虽生于酉月为胎不旺，可因胎月在子水，（如日柱时柱亦旺衰两停）亦不可谓之木衰极。故卯木见午为死地为凶，而其禄身死火见午为帝旺反熄灭，“主作事凶”，即“衰见旺则凶”。加之金财遇午为败，可谓此运乃“财绝命衰，纵建禄而不富”也。

虽依据受胎、生月、生日、生时确定三命旺衰后，则可依“旺见衰则吉；衰见旺则凶；旺见旺则凶；衰见衰则吉”方式推之，却亦并非一成不变。除了要兼顾早中晚三限，或“源浊而流清”、或“根甘而裔苦”而有所变通外，尚须参照命运中神杀断之。

举例：

本书（三十二）——丁造

乾：	乙	辛	○	○	受胎：	壬	
	巳	巳	未	未		申	空亡：寅卯

乙巳纳音火人未日未时生，受胎于壬申月，生月辛巳。此造巳命为火，身纳音亦为火，火之财为金。受胎壬申月纳音金财临官，生月辛巳纳音金财长生，生日生时金逢未土为冠带，故曰“详受胎月与日时四处皆金财旺也”，即旺极。大运逆行至寅卯二运，金财为绝胎，符合“旺见衰则

吉”。但寅卯二运衰位合发旺金只得小盈。因巳命见寅为“劫”、见卯为“灾”，二凶杀也。又寅卯为乙巳本命空亡之支，有劫灾之害命，并为落空之禄，反而损财，故得小盈而大亏也。若他运遇行年小运至丑，旺金财入墓为衰得吉，是小盈。却丑行年下来是寅卯行年，复遇劫或灾杀，虽小运旺财亦因小运破荡家财，可谓先得小盈而后大亏也。（有关东方明旺衰命例断小运吉凶可参见本书第三十四章东疏。）

本书（六十一）——甲造

乾：	丁	己	〇	〇	大运：	己	戊	丁	丙，
	未	酉	〇	卯		酉	申	未	午

以丁未纳音水人生於酉月沐浴谓之“裸形”。又酉为灾杀，故曰“裸形夹杀”。大运遭六厄，推其有“魄往酆都，魂归岱岭”之灾。又因身水临午运无气，可断丙午大运为其大限也。不过，若身水旺极或衰极，临衰地反无大灾也。可见三命四柱乃是系统工程，五行旺衰生克、神杀出没须相互参照，不可偏废也。

以上“旺见衰则吉；衰见旺则凶；旺见旺则凶；衰见衰则吉”皆依胎月、生月、生日、生时确定三命旺衰后推之，如四柱中五气厚薄交加，处于旺衰两停之间，则以五行生吉克凶正常论之。

举例：

本书（三十五）——乙造

乾：	癸	辛	〇	〇	大运：	庚	己	戊	小运：	乙
	亥	酉	〇	〇		申	未	午		未

东疏批曰：“癸亥人八月生，大运二十五后入戊午上，又却三十小运在癸未，其二运都在财旺之乡。戊午与癸亥阴阳合为吉，喜癸未与戊午六合，此为吉会。”小运癸未乃“乙未”之讹。癸亥人八月辛酉生，禄命身三水以火为财，胎月子水乃火之胎，生月酉金乃火之死地，皆为衰。如上

面旺极衰极理论来推，原命死财遇旺地总是凶，即使原命旺财遇旺地亦是凶。故反推此造三命之财在生日生时二柱为旺也，原命之财处于旺衰之间，故以见旺为吉，见衰为凶矣。如此则大运戊午小运乙未火旺之地财发也。

本书（四十）——甲造

乾：	癸	己	○	○	受胎：庚	大运：己	戊	丁	丙
	酉	未	○	○	戌	未	午	巳	辰

癸酉身金人己未月生，受胎庚戌，身命皆金以木为财，木处未墓戌养皆为五鬼衰地，如衰木行东方辰地则发旺为凶。但东疏却曰："其癸水禄克丙火是天元有财也。"三命古法以身命论财为主，如身命二财为凶，禄财发旺亦为小盈大亏。可知东疏乃从旺衰两停角度来看身命二财，原命日柱时柱必为六旺位，则木临东方辰地可发旺得财。加上癸人见巳为天乙贵人，辰年透巳火丙禄，"故进发财自天来"也。

本文以古三命旺衰角度对《新雕》东疏论命思路进行初步探索，从而使得被后人归入子平学说的《元理赋》中："不从不化，淹留仕路之人。"谓之"从化"；《四言独步》中"阴火酉月，弃命就财。"谓之"从财"；《继善篇》中："独水三犯庚辛，号曰体全之象。"谓之"从旺"；乃至清朝任铁樵先生在《滴天髓阐微》中提出围绕日主从衰从旺之理论皆可在此觅得雏形。虽然今人对所谓"从格"研究趋之若鹜，但就古三命来讲对所谓"从旺""从衰"之推演并不盛行。仅就本书六家注本看，除东疏外，仅有第五章徐注有"从无"方面之论述："此五行论于绝地而建贵也，五行绝处有禄马。假令丁亥、丙子、庚寅、甲申、乙酉、戊寅、壬午、癸巳、己卯、己亥，皆从无。天元受绝休囚之地，却成贵强之位。"

其他诸家皆以五行生吉克凶与四柱神贵杀恶相结合来阐述。东疏除四柱旺极或衰极须以"旺见衰则吉；衰见旺则凶；旺见旺则凶；衰见衰则吉"方式推之外，一般推财、推禄、推贵人发德、推官、推印、推子孙乃至推寿之命例皆以正常生克和神杀为依据。三命归属各有所重，东疏曰："克禄者为官，克身者为鬼，又克三命者为鬼也。若详寿数者，惟克身者为鬼。”李注曰：“身者以纳音言之也。以克我者为鬼。十二支定寿数，是命与身定其修短也。”三命中断二命同吉同凶，则祸福十之八九定矣。

从《珞琭子三命消息赋注》考证徐子平之朝代

对于徐子平大致朝代，学术界仅从万民英《三命通会·卷七·子平说辩》里略悉。万曰：“考《濯缨笔记》，子平姓徐，名居易，子平其字也。东海人，别号沙涤先生，又称蓬莱叟，隐于太华西棠峰洞。子平之法，以人所生年月日时推其禄命，无有不中。”今考《濯缨笔记》实为明代学者戴冠（字章甫）所著《濯缨亭笔记》，其第八卷有“子平源流辨说”，其中“成化间吴有沈诚者，尝以‘子平源流辨说’一通视予，略曰”后面才引出“子平姓徐，名居易，子平其字也。东海人，别号沙涤先生，又称蓬莱叟，隐于太华西棠峰洞”云云。从中得知《濯缨亭笔记》作者戴冠先生，亦只不过是在成化年间从一位来自吴地叫沈诚之人那里，闻到有关徐子平之“略曰”（即略说），里面提到“五代时则有麻衣道者、希夷先生及子平辈”，但未有子平生卒之年月。明成化年间至《三命通会》成书之隆庆万历年间有一百多年，《濯缨亭笔记》中此段沈诚“略曰”之“子平源流辨说”被万育吾引用。清朝《四库全书》总纂官纪昀等人为徐子平《珞琭子三命消息赋注》作提要中载有：“相传宋有徐子平者，精于星学，后世术士宗之，故称子平。又云，子平名居易，五季人。与麻衣道者、陈图南、吕洞宾俱隐华山，盖异人也。”或许与此不无干系，故后人多以五代及宋初人谓之。予今疏《消息赋》诸家古注，考徐子平注本中有十例四柱命造，其中六例为“假令”命造，四例为“实例”命造。假设《四库》版《珞琭子三命消息赋注》确实为徐子平真著，吾人或许可从此四实例命造中洞察到其所处之大致年代。下面对此四命例展开分析：

其一：第二十六章“闻喜不喜，是六甲之亏盈；当忧不忧，赖五行之救助”中徐注举例：“如胡茂老，丁卯年、庚戌月、戊寅日、癸亥时。九月二十八生，八岁八个月退运，节气极深。起运将年月日时节气向背，乃上下三元匹配，有两三奇，八字俱无一字闲，皆禄马同乡，不三台而八座。”大凡古代命书所举实名命造以当时官宦或名人居多，何况此造在徐看来“八字俱无一字闲，皆禄马同乡，不三台而八座”，应该在当时属显赫之士。考南宋抗金名将李弥大（公元1080年—1140年，字似矩，号无碍居士，曾任户部尚书、兵部尚书，晚年隐居太湖西洞庭山）曾为苏州水月禅寺一处甘泉题的《无碍泉诗序》中云："水月寺东入小青坞，至缥渺峰下，有泉泓澄莹澈，冬夏不涸，酌之甘凉，异于它泉而未名。绍兴二年（公元1132年）七月九日，无碍居士李似矩、静养居士胡茂老，饮而乐之，静养以无碍名泉，主僧愿平为煮泉烹水月芽。为赋诗云：鸥研水月先春焙，鼎煮云林无碍泉，将谓苏州能太守，老僧还解觅诗篇"。《诗序》出现"静养居士胡茂老"是南宋绍兴年间。期间又有个叫李正民人（《四库全书·李正民传》中记载此人撰有《大隐集》、《己酉航海记》，"知其高宗时为中书舍人……绍兴二十一年（公元1151年），卒，葬湖州乌程县南衡山中"），他留下来有一首悼念胡茂老的诗作，题为《挽胡茂老枢密》。从身份地位上看，枢密院官员在南宋属于军事机构，符合徐所谓"不三台而八座"之地位；从地理位置看，湖州与苏州皆在太湖边上，相距甚近，中书舍人李正民与枢密官员胡茂老生前相识亦不无可能；从时间上看，胡茂老与李弥大在苏州无碍泉"饮而乐之"为绍兴二年（公元1132年），而据李正民《己酉航海记》里自述在南宋高宗时任中书舍人（宋高宗时期有两个年号，即建炎立于公元1127年和绍兴立于公元1131年，李正民于绍兴二十一年，即公元1151年去世），其诗作《挽胡茂老枢密》证明胡茂老在世不超过绍兴二十一年，从时间看李正民与在绍兴二年在苏州水月禅寺泉边"饮而乐之"的无碍居士李弥大和静养居士胡茂老，均属于南宋初年高宗时期的官场人物，只不过李正民是礼部吏部侍郎属文职，而李弥大胡茂老二人属军界人物。如果徐子平所举的胡茂老与南宋绍兴年间此位松年胡茂老是同一人的话，徐作为五代及宋初人之可能性则何以存在？

其二：第三十一章"背禄逐马，守穷途而凄惶；禄马同乡，不三台而八座"中徐注举例："谓如太宰唐公命，丙午年，庚子月，壬午日，丙午时。何谓贵？谓壬午日，干起丙午上，丙字来克子上庚，字上庚即被丙来克，则避丙却于午位，壬字乃庚之子，再得丙午时，丙又不与壬位，又来子位，二丙在子，皆为丙鼠，两丙皆历贵地。"相传太宰一职起于先秦殷周及春秋时期，秦、汉、魏皆不置。晋以避司马师讳，曾置太宰以代太师，至隋唐均不见。五代袭唐制度，亦无太宰称呼。至北宋徽宗政和年间

(公元1111—1117年)，曾改左仆射为太宰、右仆射为少宰，至宋钦宗靖康元年(公元1126年)复名左右仆射，南宋孝宗乾道年间又改名为左右丞相。可见徐注中“太宰唐公”是个丞相级人物，由于宋徽宗改左仆射为太宰，相当于左丞相。予推此太宰唐公生年丙午应为公元1066年，至宋钦宗靖康元年(公元1126年)为六十岁，恰好是官场资历最为显赫之时。如徐子平是五代及北宋初人，安可列出北宋末期一个太宰命造哉?

其三：第三十二章“官崇禄显，定知夹禄之乡。小盈大亏，恐是劫财之地”中徐注举例：“假令宋景阳郎中命，庚午年，丁亥月，己未日，己巳时。两己夹午中之禄也，却不合庚午太岁，实了午位，又十月冲动，己巳夹禄不稳，即不至清显也。如此之命，华而不实也。凡见夹禄不稳，徒有虚声耳，不可作夹禄论之。假如王中命，甲寅日，甲子时，二甲夹丑，丑乃金库之乡，乃甲之贵地。公运行辛丑，除通判。丑运足而交庚子，被大运庚子克了子上甲字，乃夹禄不住，走了贵气，一旦坏尽。”所载“郎中”一职始于战国秦汉，掌管门户、车骑等行政事务，内充侍卫，亦外从作战。隋唐宋迄明清，各部皆设郎中，为尚书、侍郎之下的高级官员，相当于现今厅级甚至部级职位。由于郎中在历朝各代大都设置，故要确定宋景阳郎中为何朝人士非常困难，但徐注其中另外提到“假如王中命，甲寅日，甲子时……公运行辛丑，除通判”云云，意思说有叫个王中的人，在行辛丑大运时被朝廷授予通判官职，可交庚子大运走漏了贵气，不禄。“通判”一职，在宋朝之前历代均未设置。宋初，为了加强对地方官的监察和控制，防止类似唐末至五代地方割据势力的出现，宋太祖创设“通判”一职。通判通常由皇帝直接委派，辅佐州政，可视为知州副职，但有直接向皇帝报告的权力，用以与地方行政长官形成制衡，从而大大加强了两宋时期的中央集权制。不过因为这个通判官王中在两宋时期所处具体年代难以确定，继而亦难以之确定徐子平所处大致年代，但可以藉此确定子平在宋朝的可能性远远大过五代。

其四：第三十三章“生月带禄，入仕居赫奕之尊；重犯奇仪，蕴藉抱出群之器”中徐注举例：“且如向公安抚命：戊寅年，甲子月，乙丑日，庚辰时。何以为贵?戊以乙为官印，乙丑自居官乡，乙见戊为偏官，戊居寅为禄位，又见庚辰时，乙丑见庚为官印，庚自居辰，辰中有乙为财帛，乙丑六合甲子月是乙见鼠贵，则知宗族贵家，是名乙戊向庚为三奇之贵也。”所载一个叫“向公”者，担任是“安抚使”官职。虽然“安抚使”一职始于隋唐，但因经过五代藩镇之祸（五代时期朝廷权利空虚，安抚制度被废弃），为加强中央集权，削除藩镇割据，宋朝廷对州、县地方政务进行二级制管理，并委派“通判”“安抚”官员协助掌控地方民政甚至军事事务，可见吾国古代中央政府对地方民情的重视程度丝毫不逊色于现代，故宋代是中国历史上实行“安抚使”最普及之朝代。如此看来徐注中“向公安抚”极有可能是宋朝之士，亦足以证明徐子平出生在宋朝的可能性远远大过五代时期。

下面本文按静养居士胡茂老与无碍居士李似矩在南宋绍兴二年（公元1132年）在苏州水月禅寺“饮而乐之”时间推算，将上述四个命造由徐注的干支生年依次转换成公元纪年：

胡茂老生于丁卯年，公元1087年（北宋元佑二年），公元1132年（南宋绍兴二年）则为四十五周岁。

太宰唐公生于丙午年，公元1066年（北宋治平三年），公元1132年（南宋绍兴二年）则为六十六周岁。

宋景阳郎中生于庚午年，公元1090年（北宋元佑五年），公元1132年（南宋绍兴二年）则为四十二周岁。

向公安抚生于戊寅年，公元1098年（北宋元符元年），公元1132年（南宋绍兴二年）则为三十四周岁。

当然徐子平在批注《珞琭子三命消息赋注》时也许不会恰好在南宋绍兴二年，但从四个命例所表达出来的官职地位来推论，四人的官职与其年龄大致是吻合的。为了证实上述推论之可靠性，予对南北宋时期的官职制度进行考究，特别把“太宰唐公”之历史真实性作为突破口，最后在《宋史·唐恪传》里还愿了其部分历史真相。

“唐恪，字钦叟，杭州钱塘人……宣和初，迁尚书，帝许以二府。为宰相王黼所陷，罢知滁州……靖康初，金兵入汴，李邦彦荐之，拜同知枢密院事，至则为中书侍郎。八月，进拜少宰兼中书侍郎之唐恪，帝注礼之甚渥。然恪为相，无济时大略。金骑再来，邀割三镇，恪集廷臣议，以为当与者十九，恪从之……二年正月，复幸，恪曰：‘一之谓甚，其可再乎？’及金人逼百官立张邦昌，令吴开、莫俦入城取推戴状，恪既书名，仰药而死。”

此唐公正是在靖康元年（公元1126年）八月，受主和派代表李邦彦推荐，进拜少宰兼中书侍郎之唐恪，但“恪为相，无济时大略”，随朝廷众议，被金人邀割三镇。故同年受众人排挤被宋钦宗御笔罢少宰。可有近代文章记载唐恪被罢少宰后，又被任命为太宰，予查阅南宋李心传（1167—1240）撰《建炎以来系年要录》中却未有此说。靖康二年（公元1127年）徽、钦二帝被金人掳而北去，并立汉奸张邦昌为傀儡帝，派人入城取“推戴状”书，逼迫唐书名，唐笔后仰药而死。死前叹曰：“吾为大臣而国家至此，顾力不能救，独有死耳！”

让人费解的是唐恪既被罢少宰，却又在徽、钦二帝被金人掳去后代替朝廷在“推戴状”上签名，不是太宰又是何官职？至此为止，基本可以确定，徐子平所谓“太宰唐公”就是北宋末年之唐恪，且此君尚是“靖康之耻”的重要人物。可以想象，在坊间术士眼里少宰与太宰皆是丞相级别，两者混淆亦不奇怪。予查《宋史·唐恪传》里只有唐恪“仰药而死”之年份（公元1127年），并无记载其生年，今由本书考徐注“太宰唐公”命例而补之，自北宋治平三年丙午（公元1066年）生起计，终年六十一岁。

予又考《建炎以来系年要录》，查胡茂老之线索，书载：“绍兴日历二年十一月乙亥，唐恪男琢进状：‘先臣恪任观文殿学士，中太一宫使以臣僚上言，任少宰日不合，许割三镇事落职，乞依赦追复。’有旨，唐恪追复文殿学士。丁丑，中书舍人胡松年奏：‘琢陈请，其父不获伸迎二圣之谋，乃饮药以死。圣恩或谓累经赦宥，特与复职。臣不敢轻议，若曰嘉其死节，臣愿诏有司更加详考实状……”云云。大意为：绍兴日历二年阴历十一月乙亥（予推是绍兴四年甲寅年，即公元1134年乙亥月），唐恪自杀后第七年，其子唐琢向宋高宗进状，曰其父“先臣唐恪原任观文殿学士，因臣僚弹劾上言，告其任少宰不合其位，故其父因许割三镇事件而落职，现乞请皇上依照赦免政策予以追复名誉。”皇果然有旨，将其父唐恪追复为文殿学士。同年丁丑月，中书舍人胡松年上奏：‘唐琢陈请，其父唐恪因拯救徽、钦二圣计划失败，乃饮药以死，宣称是效忠朝廷之义举。圣开恩赦免其过，特与复职。臣不敢轻议此事是否恰当，但若欲嘉奖其死节为壮举，臣请愿诏令相关部门予以详考实际情状而定。”云云。

“中书舍人胡松年上奏”是何人？

予经查阅其他资料，确定上面所谓“中书舍人胡松年”就是绍兴二年在苏州水月禅寺泉边与无碍居士李弥大“饮而乐之”的静养居士胡茂老。至此胡茂老的历史真相终于揭开：胡松年，字茂老，生于北宋哲宗元佑二年（公元1087年，与徐注所称丁卯年完全一致），海州怀仁（今江苏省赣榆区）人。高宗年间，为中书舍人，先后自左朝奉大夫拜吏部尚书，任职枢密院事，又进礼部尚书、参知政事（副宰相）。为人刚正，秦桧当政，胡拒“曲意阿附”。宋绍兴五年，胡因遭攻讦而引疾辞职，改任宣州知州。因其曾出任平江（今苏州）知府，故临县湖州当官同为中书舍人的李正民在其死后题诗《挽胡茂老枢密》。胡卒于绍兴十六年（公元1146年），比李正民早逝五年，终年五十九，墓葬宣城默林。

若以上四个命例推算之出生时间符合其各自实际年代，且《四库》版《珞琭子三命消息赋注》作者徐子平与“提要”中所谓“相传宋有徐子平者，精于星学，后世术士宗之，故称子平”为同一人，将意味着徐子平最终被锁定在北宋后期至南宋初期，从而彻底终结《濯缨亭笔记》和《三命通会》中所谓“五代时则有麻衣道者、希夷先生及子平辈”之讹传，并证《四库》“提要”中“又云，子平名居易，五季人”之说乃以讹传讹，与史实不符。

二、附表

表一 （八孤五墓六虚等诸家观点汇总表）

章目	分类	八孤	五墓	戊未东行	六虚	六虚下于空亡	自乾南首
第二十七章	徐			戌东行见丑，未东行见辰。			
	王	八孤者，三位中除辰戌丑未，乃五行之墓，其余八位者……如申酉人孤在亥而寡宿居未也。		五行之墓寄于四季之中，其气皆随月建而东行也，犹之戌与未，乃木火之墓，木自亥生，火从寅起，火木之气，皆自寅道之东行，而钟藏于戌未之墓，故曰“八孤临于五墓，戌未东行”者欤。	六虚乃六位空亡对冲辰是也	“六虚下于空亡”者，六虚乃六位空亡对冲辰是也。譬如乙丑生人，以亥为六阴正空，亥冲巳为六虚，亥为乾天，巳为巽地，巳乃南方之首辰，故曰：“六虚下于空亡，自乾南首。”	
	释注本李注					八孤对处为六虚，是六八虚位下先从孤数至虚，故云下于空亡。	孤既东行，虚则西回，故云“自乾南首。”

续表

章目	分类	八孤	五墓	戌未东行	六虚	六虚下于空亡	自乾南首
第二十七章	《新雕》李注	八孤者，六甲旬内空亡之位，地支有十二位，此言八孤者，内除五行墓位，辰戌丑未四辰，故只言八，以分孤墓之异。		戌未东行，火墓在戌，金墓在丑，水墓在辰，木墓在未。东行者，随斗建皆从东向南行也。	六虚者，甲子旬亥，甲戌旬酉，甲申旬未，甲午旬巳，甲辰旬卯，甲寅旬丑。		是则随六甲天轮自乾而南向左旋也。
	昙莹注		辰戌丑未五墓之乡		甲子旬中戌亥为空亡，盖空亡对冲为太虚，乃辰巳也。		
	东疏	八孤：亥子，寅为孤；寅卯，巳为孤；巳午，申为孤；申酉，亥为孤。	以五行临于五墓，火墓在戌，水墓在辰，金墓在丑，木墓在未。	若以空亡六虚上见临五墓，戌未东行，以此推之也。			

续表

章目	分类	八孤	五墓	戌未东行	六虚	六虚下于空亡	自乾南首
第二十七章	万注	如申酉人，孤辰在亥，而寡宿居未。		故寅申巳亥四孤之地，辰戌丑未五墓之乡，向戌未而东行，顺空亡而逆转。五行之墓，寄于四气之中，其气皆随月建而来，行东之戌与未乃火木之墓，木自亥生，火从寅起，火木之气，皆自寅首之东行，而钟藏于戌未之墓。	甲子旬中，戌亥为空亡，对冲为六虚。	如乙丑生人，以亥为六阴，正空亡，亥冲巳为六虚，亥为乾天，巳为巽地。巳乃南方之首神，或云六虚下于空亡。	甲子旬中，戌亥为空亡，对冲为六虚，乃辰巳也。戌亥是乾金之位，在西极之北隅迤逦，甲戌甲申，自乾南首。
	提示	纵观本章诸家之注，“八孤”之解王李二家异于东疏，以前者在理；“戌未东行”以徐注最明了；“六虚”者，王李东三家观点相同，万引昙莹注文，徐无表达；“自乾南首”者，以李注最明。					

表二 （三奇六仪诸家观点汇总表）

<table>
<tr><td rowspan="2" colspan="2">分类</td><td colspan="10">观点分类</td></tr>
<tr><td>乙丙丁</td><td>甲戊庚</td><td>天上三奇日月星，则乙为日奇、丙为月奇、丁为星奇；地下三奇甲戊庚，则甲为阳木之魁，戊为阳土之君，庚为阳金之精，</td><td>《三奇歌》云："甲己六辛头，乙戊向庚求，丙辛遭癸美，丁庚壬更优，戊癸逢乙妙，己壬并甲游，庚乙丁须聽，辛甲丙同周，壬丁己堪重，癸丙戊何愁。"</td><td>乙为日奇，丙为月奇，丁为星奇，以上须六乙人前后五辰上见庚，六丙人前后五辰上见辛，六丁人前后五辰上见壬也。</td><td>甲子旬戊，甲戊旬己，甲申旬庚，甲午旬辛，甲辰旬壬，甲寅旬癸，</td><td>戊己庚辛壬癸</td><td>议者，常以子加于寅，顺数至年月，见本命即是重犯奇仪也。</td><td>五行各有奇仪，须分逆顺。甲戊庚金奇，喜辰戌丑未或金方；乙丙丁火奇，喜寅午戌或酉方；丙辛癸水奇，喜亥子丑申辰方；丁壬甲木奇，喜寅卯辰亥方；甲己丙土奇，喜四季及寅亥午申方。岁胎月日时者顺，时日月胎岁者逆。</td><td>天上三奇甲戊庚，地下三奇乙丙丁，人中三奇壬癸辛。</td></tr>
<tr><td rowspan="5">《消息赋》第七章</td><td>徐</td><td></td><td></td><td></td><td>三奇</td><td></td><td></td><td></td><td></td><td></td><td></td></tr>
<tr><td>王</td><td colspan="2">三奇</td><td></td><td></td><td></td><td></td><td></td><td></td><td></td><td></td></tr>
<tr><td>李</td><td colspan="2">三奇</td><td></td><td></td><td></td><td></td><td></td><td></td><td></td><td></td></tr>
<tr><td>东</td><td></td><td></td><td></td><td></td><td>三奇</td><td></td><td></td><td></td><td></td><td></td></tr>
<tr><td>万</td><td>三奇</td><td></td><td></td><td></td><td></td><td></td><td></td><td></td><td></td><td></td></tr>
</table>

续表

《消息赋》第三十三章	徐										
	王	三奇						六仪			
	李	三奇							仪		
	昙莹	三奇、天地二仪									
	东	三奇						六仪			
	万	三奇						六仪			
《五行精纪》	赵氏	三奇		三奇			六仪				
《鬼谷遗文》	鬼谷子									三奇	
《渊海子平》	徐大升										三奇

表三　（干德合支德合诸家观点汇总表）

分类	干德	支德	干德合	支德合	天德合
徐		第十六章：丙以癸为官印，戊与癸为匹配，子与丑支德六合，			
王					
李					
昙莹					
东	第一章：以上十干名天德相合，阴阳交会。若人胎月日时干德相合，是名德也。		第三十七章：若前后五辰干德合为第一也。第六十三章：贵印，贵神遇前后第五神上干德合，若更重合，又须时建印及建旺。	第二章：六阳支顺行，六阴支逆行，阴阳支干皆前后五辰两处，名支德合。若人生月日时得遇者，如不隔位，又后遇者，主有大福。假令壬寅人，六月丁未，又得丁酉日是也。第三十四章：若大运上逢喜神、食神等于德合并六合，前后各五辰支德合皆为喜运也	第一章：其甲日月中见己，其己月日以从甲。庚日月有乙异，辛月日用丙亲，壬日月发丁力，癸月日以戊功。以上十干名天德相合，阴阳交会。

续表

分类	干德	支德	干德合	支德合	天德合
万		第七章：德者，日支德辰，即六合也。如壬寅年、庚戌月，癸卯日，乙卯时，九月将在卯，扶其生日；五行九月，金土六合，卯戌合，乙庚合，戊癸合。			
《五行大义》	干德者，甲德自在，乙德在庚，丙德自在，丁德在壬，戊德自在，己德在甲，庚德自在，辛德在丙，壬德自在，癸德在戊。此十干者，甲、丙、戊、庚、壬为阳尊，故德自处；乙、丁、己、辛、癸为阴卑，故配德于阳，有从夫之义，所以不自为德。”可见干德者，仅是年上阳干见四柱阳干或年上阴干见四柱阳干为是，即甲见甲、乙见庚、丙见丙、丁见壬、戊见戊、己见甲、庚见庚、辛见丙、壬见壬、癸见戊而已，如年上阳干见四柱阴干，即甲见四柱己、丙见四柱辛、戊见四柱癸、庚见四柱乙、壬见四柱丁或年上阴干见四柱阴干，皆非干德也。	支德者，子德在巳、丑德在午、寅德在未、卯德在申、辰德在酉、巳德在戌、午德在亥、未德在子、申德在丑、酉德在寅、戌德在卯、亥德在辰。			

续表

分类	干德	支德	干德合	支德合	天德合
《五行精纪》	（岁干德）为甲己年见甲、乙庚年见庚、丙辛年见丙、丁壬年见壬、戊癸年见戊；“月干德”为甲己月见甲、乙庚月见庚、丙辛月见丙、丁壬月见壬、戊癸月见戊是也。				引《神白经》：正丁二坤宫，三壬四辛同，五亥六是甲，七癸八艮宫，九丙十乙处，子己必有功，庚居丑月内，值此必兴隆。（一明疏：即正月丁为天德，二月申为天德，三月壬为天德，四月辛为天德，五月亥为天德，六月甲为天德，七月癸为天德，八月寅为天德，九月丙为天德，十月乙为天德，十一月己为天德，十二月庚为天德是也。）

表四　（四杀五鬼六害七伤等诸家观点汇总表）

分类	四杀	五鬼	五期	六害	七伤	天罗	地网
徐	第36章：元命犯辰戌丑未在四柱中，或大运又行到或辰戌丑未之上者。	第36章：五鬼如大运干为鬼，制财克官印，此五行之鬼也，与太岁同。	第24章：若太岁、本命八字及大运内外不合，更大运在鬼旺之乡，五期之岁，定作災矣。	第36章：且如丑未生人，四柱中复有丑未，更大运在辰戌丑未之上，卻遇太岁在子午卯酉者。	第36章：运中逢七杀是也。	第36章：戌人不得见亥，亥人不得见戌，谓之正天罗。	第36章：辰人不得见巳，巳人不得见辰，谓之真地网。

续表

分类	四杀	五鬼	五期	六害	七伤	天罗	地网
王	第36章：四杀者寅申巳亥，四冲之劫者是也。	第36章：五鬼者，以纳音克我之谓鬼，鬼在生败旺死绝五处见者是也。	第24章：灾有五期，旧注以生旺死三鬼呼为五鬼者，又何谓之五期也。五期者，以干支禄马旺变遇死绝之地者是也。一说以太岁月建日辰大小运五处皆来朝会凶杀，所聚于五行天地之气，刑克本命，斯亦谓之灾，有五期者与。譬之癸亥生辛酉月壬戌日庚子时叶命，四十岁大运丁巳，小运乙巳，太岁壬寅，月建戌申，日辰庚申是日也。凶神恶杀为灾，集会于元辰，此谓之杀会五期者也。	第36章：六害者，如寅人得巳，卯人得辰者是也。	第36章：七伤者，伤害父母妻子兄弟自身是也。	第36章：天罗地网乃阳气入墓绝灭之地，遇者故多凶也。	

续表

分类	四杀	五鬼	五期	六害	七伤	天罗	地网
李	第36章：一吉二宜三生四杀五鬼六害七伤八难九厄，此是三元九宫内诸神杀之名。	第23章：中谓支也，下谓纳音也，此言三命有气，虽八卦遇五鬼绝命，亦不成灾也。第24章："五期"者，五鬼是也。生死旺五鬼，呼为五鬼。《经》云："三元逢五鬼，阎罗三使追。"第25章：此论八卦立成变法，假令泽风大过卦，初爻发动，变巽入乾，呼为五鬼。从第三位，一变上为生气，二变中为天医，三变下为绝体，四变中为游魂，五变上为五鬼。第35章：如逢长生之鬼乡，宜退而避灾也。若人生月并大小运逢三元生死旺三鬼，呼为五鬼，定须有灾。第36章：一吉二宜三生四杀五鬼六害七伤八难九厄，此是三元九宫内诸神杀之名。第57章："三宫"者，一吉，二宜，三生，此为三吉宫也。四杀，五鬼，六害，七伤，八难，九厄，此为五凶宫也。第60章：依纳甲之法云：若择生气天医福德之人在寝食侍卫左右则吉；五鬼绝命之人，逢则为灾，去则为福也。	第24章：五期者，五鬼是也。生死旺五鬼，呼为五鬼。《经》云："三元逢五鬼，阎罗三使追。"	第36章：一吉二宜三生四杀五鬼六害七伤八难九厄，此是三元九宫内诸神杀之名。			
昙莹	第36章：四杀谓辰戌丑未。	第36章：五鬼谓五行之鬼。	第24章：灾有五期者，衰病死败绝，其为至凶之地。	第36章：六害谓寅巳之类。	第36章：七伤谓劫杀等神。	第36章：戌亥谓之天罗。	第36章：辰巳谓之地网。

续表

分类	四杀	五鬼	五期	六害	七伤	天罗	地网
东	第65章：四杀者，在寅申巳亥四个劫杀，子午卯酉四个灾杀，辰戌丑未四个岁杀。	第25章：其大过初爻凶多，是大过卦发动初爻也，巽木变初爻，兆化巽木作乾金，木化为金，是五鬼之乡，故凶多吉少。第36章：寅午戌以亥为火劫之辰，酉为火杀之鬼；亥卯未以申为木劫之辰，午为木杀之鬼；巳酉丑以寅为金劫之辰，以子为金杀之鬼；申子辰以巳为水土劫之辰，以卯为水土杀之鬼，已上是五鬼四杀。其七杀皆为伤也，唯灾杀上逢鬼则是五行五鬼，四个杀也。第53章：《洪范》云："有五鬼六害。"其五鬼者，一死墓、二鬼、三绝、四胎，成形之五鬼。其五鬼，五行在此处并皆为鬼也。第65章：若犯四杀生人，以时中一个杀上见孟者，必生五鬼之男。其五鬼者，五行死上一鬼，墓为二鬼，绝为三鬼，胎为四鬼，成形为五鬼。	第24章：若逢鬼名灾，有五期也。若大运逢鬼刑禄为一期；小运逢鬼刑禄为二期；六厄上逢鬼刑禄为三期；灾杀上逢鬼刑禄为四期；在行年建月运上刑禄为五期。	65章：六害者，子午为一害，丑未为二害，寅申为三害，卯酉为四害，辰戌为五害，巳亥为六害。寅申巳亥人。今将寅巳、卯辰、丑午、未子、申亥、酉戌为六害者，在五行用虚课也。	第65章：若禄在命生时绝败，必有七伤之事，伤孝、伤物、伤仁、伤义、伤礼、伤智、伤信，为七伤。皆为伤绝，此七件凶恶之人也。故命有七伤也。	第36章：天罗非戌亥也，地网非辰巳也。谓戌亥为绝阳之地，其天有十阳之辰，从子起一阳，顺数排至酉为十，唯戌亥二位阳气灭绝，故为天罗；其地亦有十阴之辰，卻从午上起，顺行数至卯，为十辰，唯辰巳二位阴气灭绝也，故为"地网"也。若大运入本旬空亡，皆曰"罗网"耳。阳男阴女初入空运，前十年为网，后十年为罗。若上逢鬼克禄者，正为罗网也。	

续表

分类	四杀	五鬼	五期	六害	七伤	天罗	地网
万	第36章：命前四辰曰四杀，乃寅申巳亥四冲之劫杀也。或指辰戌丑未为四杀。第65章：四杀，指劫灾天地言。或以辰戌丑未为四阴杀…或以四杀，专指四劫。	第36章：命前五辰曰五鬼，乃子人见辰，亥人见卯也。或五行遇克为五鬼。第65章：五鬼，乃子人见辰，丑见卯，寅见寅，卯见丑，辰见子，巳见亥，午见戌，未见酉，申见申，酉见未，戌见午，亥见巳是也。	第24章：灾有五期者，衰病死败绝，其为至凶之地。	第36章：六害，寅巳之例。	第36章：七伤，亡杀等神。		
	第63章：或以一吉、二宜、三生、四杀、五鬼、六害、七伤、八难、九厄，皆是三元九宫内诸神杀之名，岁运逢之，故多为凶。						

表五　（隔角诸家观点汇总表）

分类	徐	李	王	昙莹	东	万
第六十六章	凡命运隔角者，主中道骨肉有离異之事。隔者，如卯日丑时，丑日卯时。鬼谷子曰："枉多隔角。"余可例求焉。丑者北方之气也，卯者东方之气也，其趣不同，遇之者中道分离也。	隔角者，四隅之方是。寅丑，巳辰，申未，亥戌是此八位也。孤辰寡宿早是凶神，尤怕临隔角之位，若人有此之相妨，定主分离也。	所谓隔角者，言丑寅之不宜，而中有艮之卦隔截哉。乾坤艮巽曰四维之隔角也。	斯主夫妻睽隔财散人，眷属丧亡，与时相逆，常以寅卯辰居午，巳午未在酉，申酉戌逢子，亥子丑临卯，此是孤神也。辰戌丑未寡宿亦然，以寅申巳亥为天地之四角，盖隔此四位孤神也。	东方春到巳孤，辰至丑为寡宿，中道则寅卯辰；南方夏到申孤，未至辰为寡宿，中道则巳午未；西方秋到亥为孤，戌至未为寡宿，中道则申酉戌；北方冬到寅为孤，丑至戌为寡宿，中道为亥子丑。尤嫌隔角者，是阴阳孤寡之位。若人生月与时犯者，妇妨害夫，妇之伤夫也。若大小运或乃相逢，主离散骨肉也。	隔角，寅申巳亥是也。有人命逢沐浴相克，又孤辰、寡宿临于隔角之位，如卯日丑时，丑日卯时之例。丑者，北方之气；卯者，东方之神，其趣不同眷属，情同水火，言不相合也。分离则又甚矣。
提示	本书认为亥子丑命，阳男阴女以寅为隔角，阴男阳女以戌为隔角；寅卯辰命，阳男阴女以巳为隔角，阴男阳女以丑为隔角；巳午未命，阳男阴女以申为隔角，阴男阳女以辰为隔角；申酉戌命，阳男阴女以亥为隔角，阴男阳女以未为隔角。					

表六　（三元诸家观点汇总表）

分类	甲类	乙类	丙类
	以干天元；以支为地元；以藏气为人元。	以干为禄，为天元；以支为命，为人元；以纳音为身，地元。	以干为禄，为天元；以支为命，为地元；以纳音为身，人元。
徐	第一、二十三章		第三十六章
王		第一、二十三、二十四章、二十八章	
李		第二十八章（《四库》、《新编》）	第二十八章（《新雕》）
昙莹		第二十三章（《四库》版）	第二十三章（《新编》）
东		第四十章	第五十七章
万		第一、二十三章	
《李虚中命书》	干为“天元”禄，故主贵爵衣食之正本也。支为“地元”财命，至此比形立象始终之元，故主贫富运动荣枯。纳音为“人元”身命，故主贤愚好丑形貌材能度量，凡有生则披我生克爱憎，故为人伦亲眷也。		
提示	徐注持“甲类”、“丙类”二种观点。王注持“乙类”观点。释注本李注和《新编》李注为“乙类”观点，《新雕》李注为丙类观点。释注本昙莹注为乙类观点，而《新编》昙莹注为丙类观点。东疏在《新雕》中有乙类丙类二种观点。万注与王注同为乙类观点。《李虚中命书》为丙类观点。《消息赋》第二十八章为乙类观点。		

表七　(水土同行十二宫诸家观点汇总表)

分类	水土同行	水土不同行
徐	第二十九章：正月土病，甲以戊己为财，寅卯乃土病之地，虽建甲之正禄旺，而无祖也。 第六十一章：裸形者，五行淋浴也。如人本音淋浴，大运逢之者灾，水土人运在酉，木人运在子，火人运在卯，金人运在午。	第二十九章：六壬人十月生是也，壬以丙丁为财，十月火绝，以戊己上绝。赋云："已巳戊辰度乾宫而脱厄"是也。常术以水土绝于四月，其水固绝，土非也。土绝在亥，故以土日生人，运到亥为厄运也。其壬十月无土无火，乃财绝命衰也。壬亦以戊己为鬼，十月戊己绝，假令岁时位有戊己或戌丑未，可作官印用，亦不为鬼。《赋》云："若乃身旺鬼绝，虽破命而长年"是也。
王	第八章：水土者，五行变化之本，四孟受气，水土同源，二物俱生于申也。	
李	第八章：言勾陈得位者，戊己人生于七月，母在子乡有信而仁。玄武当权者，壬癸人生于七月，又为学堂，故有大才分得瑞气也。	第二章：十干为禄，甲禄在寅，乙禄在卯，丙戊禄在巳，丁巳禄在午，庚禄在申，辛禄在酉，壬禄在亥，癸禄在子是也。
昙莹	第二十四章：水土申子辰。第五十三章：值病忧病者，五行病中逢鬼是也；其如木值辛巳金，火值甲申水，土遇庚寅木，金逢乙亥火如此之类。	
东	第一章：其水是五行之初，土是五行之末，水能包含滋养万物，万物从水土而生，故水土所生同归路而行	

表八　（东方明论旺衰吉凶汇总表）

分类	旺见衰则吉	衰见旺则凶	旺见旺则凶	衰见衰则吉
第十八章	《五行经》云：旺处生而死处发。	《五行经》云：以死绝处生旺处败也 。		
第二十六章	《五行经》云："旺入衰乡旺力显。"	《五行经》云："衰入旺乡而衰力乘。"	《五行经》云："旺入旺乡衰中亨。"	
第四十二章	其旺入衰处为衰……在衰中显旺之功。	五行不以绝入旺乡为旺……在旺中显衰之力。	若旺人入旺，则两旺相伤。	又衰人入衰则卻是旺地。
第六十二章	抵犯之吉凶在旺位上生，卻运入衰乡显旺力是吉方也	若在死绝胎墓上生，行运卻入五行旺位，其见到生地则凶方，正为抵犯凶方也。		
第六十三章	阳求阴即吉。	阴求阳则凶。	阳求阳则凶。	阴求阴则吉。
	以鬼人…… 若犯凶方则吉。	以鬼人抵犯旺方则凶	况取生所，吉人犯吉方则凶	凶人犯凶方则吉。
第七十一章	其三命与财、官、印、妻、子皆以旺处生者，是吉也。若大运至凶位上，则发吉。	若在绝死胎墓上生，即卻运入旺地，必被旺气发，凶。		五行死绝生人，若运入死绝上，必卻发其吉。五行于凶入凶则吉，运吉者凶也。
第七十二章		五行大器在福星临而祸发，是自己本受五行之绝气也。		至若身与命在败绝之上，卻作长寿无病之人也，故恶星加临而有喜，疑其自己元受者。
第七十七章	若遇旺位主人，大运入鬼，绝上生。	鬼地（生），（临）旺地，则必衰。	若遇旺位主人……卻入旺地发，败绝也。	鬼地逢鬼，败卻生。
提示	东疏确定五行旺衰，在命例中基本上将"死、墓、绝、胎、成形、沐浴"归衰位，将"长生、冠带、临官、帝旺、衰、病"归旺位。			

表九　（十二月人元司令诸版观点对比表）

月份		寅				卯			辰			巳			午			未					申				酉			戌					亥				子			丑			
藏气人元		戊	己	丙	甲	甲	乙	癸	乙	癸	戊	庚	丙	戊	丙	丁	己	丁	甲	乙	己	壬	己	戊	壬	庚	庚	辛	丁	辛	丙	丁	戊	己	戊	甲	壬	癸	壬	癸	辛	癸	庚	辛	己
《渊海子平》	暗藏总诀			A23	B7	A15	B15		A10	B8	C12		B15	A15	B23		A7	A10		B3	C13	D4			A10	B20	A7	B23		A7		B8		C15		C8	B15	A7	A7	B23		A7		B13	C10
		30日				30日			30日			30日			30日			30日					30日				30日			30日					30日				30日			30日			
	又节气歌	A7		B7	C16	A10	B20		A9	B3	C18	A9	C16	A5	A10	C10	B9	A9		B3	C18		A7	B3	C3	D17	A10	B20		A9		B3	C18		A7	B5	C18		A10	B20		A9		B3	C18
		30日				30日			30日			30日			29日			30日					30日				30日			30日					30日				30日			30日			
《三命通会》	用神经	A5		B5	C20	A7	B23		A7	B5	C18	B5	C18	A7	A7	B23		A7	B5		C18		A5		B5	C20	A7	B23		A7	B5		C18		A5	B5	C20		A7	B23		A7	B5		C18
		30日				30日			30日			30日			30日			30日					30日				30日			30日					30日				30日			30日			
	玉井奥诀		A7	B5	C18	B9	A18	C3	B9	C3	A18	C5	A18	B7	B9	A18	C3	C7		B5	A18		B7	C3	D3	A17	B7	A20	C5	B7		C5	A18		C7	B5	A18		B5	A18	C3	B7		C5	A18
		30日				30日			30日			30日			29日			30日					30日				32日			30日					30日				30日			30日			

说明：表中A. B. C. D等字母为人元藏气司令前后顺序，数字代表司令天数。

表十 （天罗地网诸家观点汇总表）

分类	徐	王	李	昙莹	东	《五行精纪》
第三十五章	如元命与运在东南而遇太岁西北者，谓之天冲。元命与运在西北，而太岁在东南者，谓之地击	天冲地击者，戌亥曰天罗，辰巳为地网。	天冲者谓戌亥，为天门；地击者谓辰巳，为地户。		若阳对冲谓天冲；如阴地冲为地击。	
第三十六章	戌人不得见亥，亥人不得见戌，谓之正天罗。辰人不得见巳，巳人不得见辰，谓之真地网。	天罗地网乃阴阳气入墓绝灭之地，遇者故多凶也。		戌亥谓之天罗，辰巳谓之地网。	阳男阴女初入空运，前十年为网，后十年为罗。若上逢鬼克禄者，正为罗网也。阴男阳女初入十年空运，前十年为罗，后十年为网。	引《烛神经》曰："世谓男忌天罗，戌亥，阴之终也。女忌地网，辰巳，阳之终也。"

表十一　（起首步大运异同诸家汇总表）

分类	以月令为首个大运		不以月令为首个大运				
著者	东方明	徐子平	东方明	徐子平	王廷光	李仝	释昙莹
章目	13—孔子	36—乙	22—乙	26—胡茂老	22—甲	39—甲	
	23—乙		23—甲				
	29—丁		24—乙	34—甲	24—叶某		
	40—甲		35—甲	36—甲			
	40—乙		35—乙	49—甲			
	43—甲		35—丙				
	48—甲		39—乙				
	48—乙						
	52—甲						
	52—乙						
	52—丙						
	61—甲						
	63—甲						

表十二 （岁星天年诸家观点汇总表）

分类	徐	王	李	昙莹	东	万	《五行精纪》所载赵寔注
第五十五章	“岁星”者，太岁也，不可在孤神之上。“天年”者，亦太岁也，不可在寡宿之上。	求“岁星”之法者，子年起卯，丑年在寅，阳道顺行，阴杀逆运。求“天年”之法者，子年起亥，丑年起戌，亦阳顺而阴逆，如未年为阴，未年在辰，辰乃未之寡宿，为灾也。	凡求“岁星”之法，子命在卯，丑命在寅，寅命在丑，卯命在子，辰命在亥，巳命在戌，午命在酉，未命在申，申命在未，酉命在午，戌命在巳，亥命在辰，逆匝配求为岁星之位。凡求“天年”之法，子命在亥，丑命在戌，寅命在酉，卯命在申，辰命在未，巳命在午。寡宿者，亥子丑在戌，寅卯辰在丑，巳午未在辰，申酉戌在未，值此生者，与孤辰灾福并同也。	“天年”犹小运也，“岁星”犹太岁也。阳以孤辰为重，阴以寡宿为深。	推岁星者，寅以申为岁星，卯以丑，辰以子，巳以亥为岁星也，午以戌，未以酉，申以寅，酉以未，戌以午，反复皆以为岁星也。	“天年”犹小运也，“岁星”犹太岁也……“天年”，亦太岁，不可在寡宿之上。	赵氏新注云：岁星者，寅人在丑，丑人在寅，子人在卯，卯人在辰，辰人在亥，亥人在辰，巳人在戌，戌人在巳，午人在酉，酉人在午，未人在申，申人在未。天年者，子人在亥，亥人在子，丑人在戌，戌人在丑，寅人在酉，酉人在寅，卯人在申，申人在卯，辰人在未，未人在辰，巳人在午，午人在巳。
提示	王、李、赵三人观点相同；徐、昙莹二人“岁星”观点相同；万“岁星天年”观点兼取徐、昙莹二家，东疏则独树一帜。